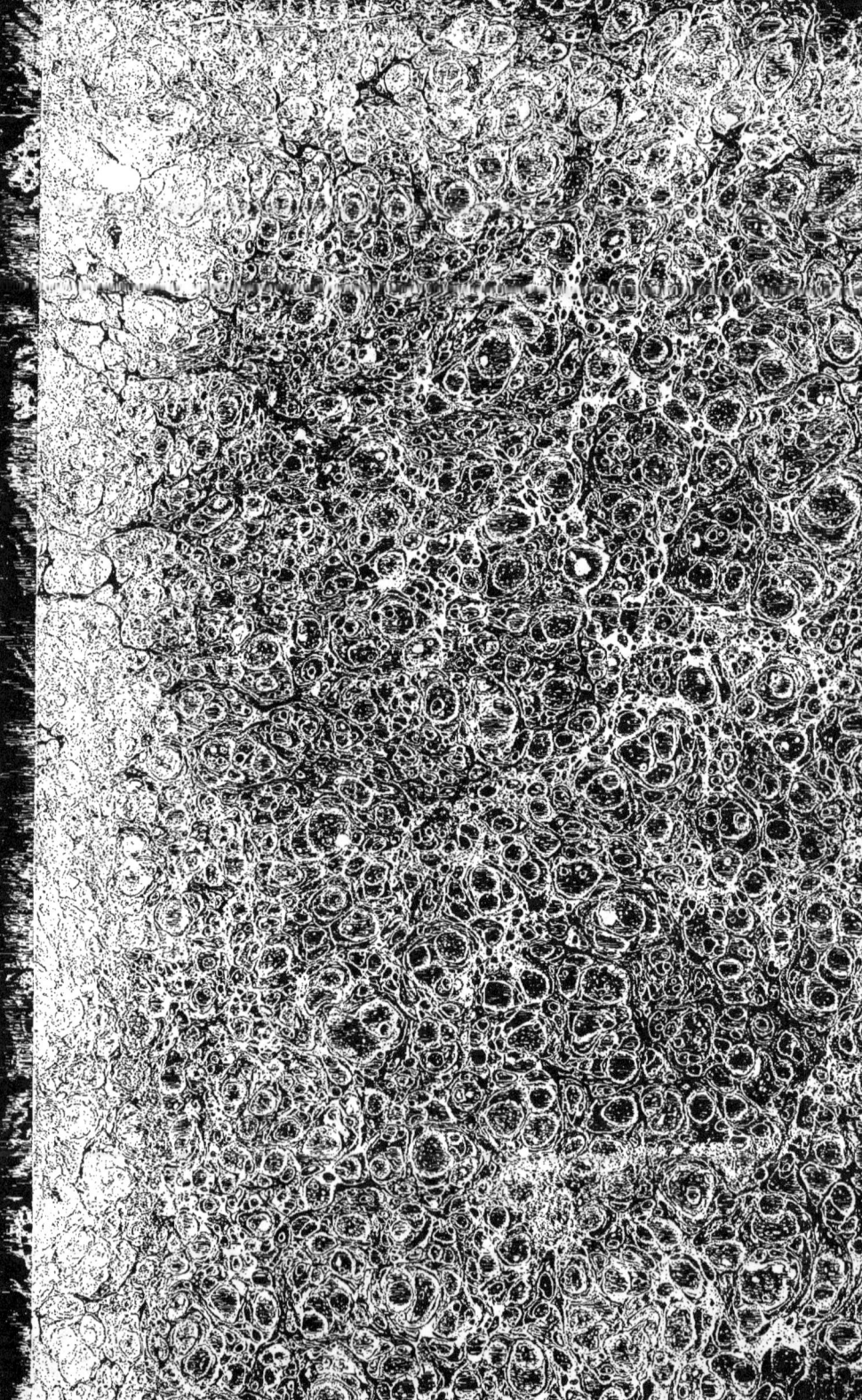

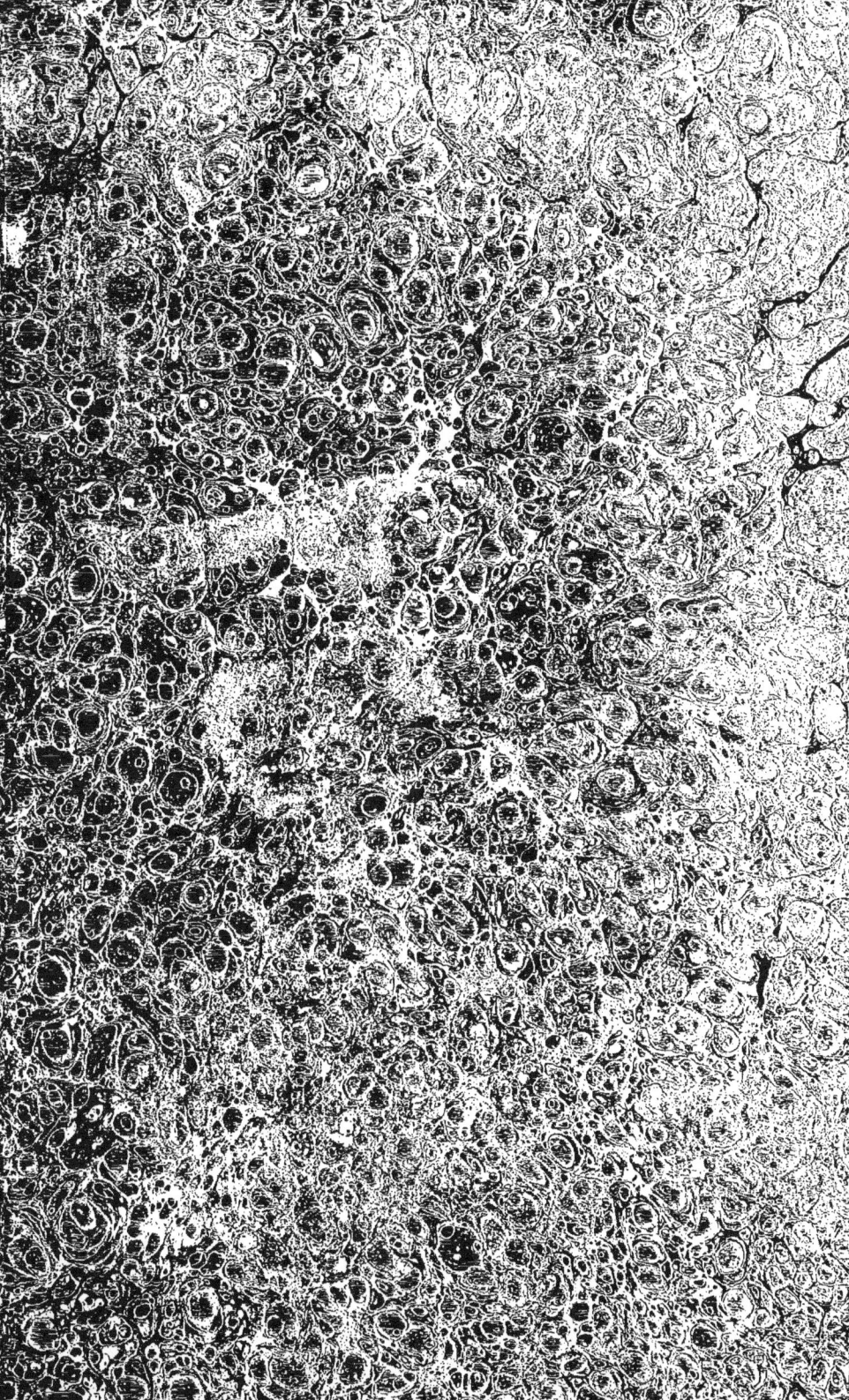

86
4185 - S.A

HISTOIRE

NATURELLE

DE BUFFON,

TOME VI.

HISTOIRE

NATURELLE

DE BUFFON,

RÉDUITE A CE QU'ELLE CONTIENT DE PLUS
INSTRUCTIF ET DE PLUS INTÉRESSANT,

PAR P. BERNARD.

HISTOIRE DES QUADRUPÈDES,
TOME III.

HACQUART, Imprimeur et propriétaire de l'édition,
rue Gît-le-Cœur, n°. 16.

A PARIS,

Chez RICHARD, CAILLE et RAVIER, Libraires, rue Haute-
Feuille, n°. 11.

AN VIII.

TABLE
DES ARTICLES
CONTENUS DANS CE VOLUME.

DOMESTIQUES DU NOUVEAU CONTINENT.

Du Lama et du Paco . . . . pag. 21.
De l'Alco. . . . . 31.

SAUVAGES DU NOUVEAU CONTINENT.

Du Tapir. . . . . 33.
Du Pecari. 40.
Du Cabiai. 45.
De l'Agouti. . . . . 47.
Du Paca. . . . . 50.
De l'Ondatra ou rat musqué de Canada. . . . . 57.
De l'Unau et de l'Aï. . . . . 63.
Du Tamanoir, du Tamandua et du Fourmiller. 72.
Des Tatous. . . . . 77.
Du Jaguar. 89.
Du Couguar. . . . . 93.
De l'Ocelot . . . . 97.
Du Margay. . . . . 100.
Du Raton. 103.
Du Coati. 108.
Des Mouffettes. . . . . 111.
Du Vampire. 116
Du Sarigue ou Opossum. . . . . 118.
De la Marmose. . . . . 123.

TABLE.

LES SINGES... pag. 125.

Des Orangs-Outangs. . . . . 149.
Du Pithèque. . . . . 173.
Du Gibbon. 179.
Du Magot. 181.
Des Babouins. . . . . 184.
Des Guenons . . . . 191.
Des Sapajous et des Sagoins. . . . . 203.
De l'Ouarine et de l'Alouate. . . . . 205.
Du Coaita et de l'Exquima. . . . . 213.
Du Sajou. 217.
Du Tamarin . . . . 219.

LES QUADRUPÈDES AMPHIBIES.

De l'Hippopotame . . . . 221.
Du Castor. 233.
De la Loutre. . . . . 256.
De la Saricovienne ou Loutre-marine. . . . . 264.
Des Phoques, des Morses et des Lamantins. . 271.
Des Phoques. . . . . 274.
De l'Ours-marin. . . . . 292.
Du Lion-marin. . . . . 304.
Du Morse ou de la Vache-marine. . . . . . . 314.
Du Lamantin. . . . . 324.

NOTICES.

I. Quadrupèdes propres au nouveau continent. . 339.
II. Quadrupèdes qui ont rapport aux Babouins et aux Guenons. . . . . 359.
III. Quadrupèdes qui ont rapport aux Sapajous et Sagoins. . . . . 371.
IV. Quadrupède qui a rapport au Morse. . . . 375.

HISTOIRE

HISTOIRE

NATURELLE

DES QUADRUPÈDES

ÉTRANGERS

PROPRES AU NOUVEAU CONTINENT.

L'homme est le seul des êtres vivans dont la nature soit assez forte, assez étendue, assez flexible pour pouvoir subsister, se multiplier partout, et se prêter aux influences de tous les climats de la terre. Aucun des animaux n'a obtenu ce grand privilège; loin de pouvoir se multiplier partout, la plupart sont bornés et confinés dans de certains climats et même dans des contrées particulières. L'homme est en tout l'ouvrage du ciel; les animaux ne sont, à beaucoup d'égards, que des productions de la terre ; ceux d'un continent ne se trouvent pas dans l'autre ; ceux qui s'y trouvent sont altérés, rapetissés, changés souvent au point d'être méconnoissables. En faut-il plus pour être convaincu que l'empreinte de leur forme n'est pas inaltérable; que leur nature, beaucoup moins constante que celle de l'homme, peut se varier et même se changer absolument avec le temps; que, par la même raison, les espèces les moins parfaites, les plus délicates, les plus

Tome VI. A

pesantes, les moins agissantes, les moins armées, ont déjà disparu ou disparoîtront? leur état, leur vie, leur être dépendent de la forme que l'homme donne ou laisse à la surface de la terre.

Le prodigieux *mahmout*, animal quadrupède, dont nous avons souvent considéré les ossemens énormes avec étonnement, et que nous avons jugé six fois au moins plus grand que le plus fort éléphant, n'existe plus nulle part ; et cependant on a trouvé de ses dépouilles en plusieurs endroits éloignés les uns des autres, comme en Irlande, en Sibérie, à la Louisiane. Cette espèce étoit certainement la première, la plus grande, la plus forte de tous les Quadrupèdes : puisqu'elle a disparu, combien d'autres plus petits, plus foibles et moins remarquables ont dû périr aussi sans nous avoir laissé ni témoignages ni renseignemens sur leur existence passée? combien d'autres espèces s'étant dénaturées, c'est-à-dire perfectionnées ou dégradées par les grandes vicissitudes de la terre et des eaux, par l'abandon ou la culture de la Nature, par la longue influence d'un climat devenu contraire ou favorable, ne sont plus les mêmes qu'elles étoient autrefois? et cependant les animaux quadrupèdes sont, après l'homme, les êtres dont la nature est la plus fixe et la forme la plus constante : celle des oiseaux et des poissons varie davantage ; celle des insectes, encore plus ; et, si l'on descend jusqu'aux plantes que l'on ne doit point exclure de la Nature vivante, on sera surpris de la promptitude avec laquelle les espèces varient, et de la facilité qu'elles ont à se dénaturer en prenant de nouvelles formes.

Nous avons remarqué comme une chose très-singulière, que dans le nouveau continent les animaux des contrées méridionales sont très-petits en comparaison des animaux des pays chauds de l'ancien continent. Il n'y a en effet nulle comparaison pour la grandeur de l'éléphant, du rhinocéros, de l'hippopotame, de la giraffe, du chameau, du lion et du tigre, tous animaux naturels et propres à l'ancien continent (1), et du tapir, du cabiai, du fourmiller, du lama, du puma, du jaguar, qui sont les plus grands animaux du nouveau monde; les premiers sont quatre, six, huit et dix fois plus gros que les derniers. Une autre observation qui vient encore à l'appui de ce fait général, c'est que tous les animaux qui ont été transportés d'Europe en Amérique, comme les chevaux, les ânes, les bœufs, les brebis, les chèvres, les cochons, les chiens, tous ces animaux, dis-je, y sont devenus plus petits; et que ceux qui n'y ont pas été transportés et qui y sont allés d'eux-mêmes, ceux en un mot qui sont communs aux deux mondes, tels que les ours, les loups, les renards, les cerfs, les chevreuils, les

---

(1) Les espèces du cheval, de l'âne, du zèbre, du bœuf, du buffle, de la brebis, de la chèvre, du cochon, du chien, de l'hyène, du chacal, de la genette, de la civette, du chat, de la gazelle, du chamois, du bouquetin, du chevrotain, du lapin, du furet, des rats, des souris, des loirs, des lérots, des mangoustes, des blaireaux, des zibelines et des hermines, de la gerboise, des makis et de plusieurs singes, n'existoient point en Amérique à l'arrivée des Européens, et sont également toutes propres et particulières à l'ancien continent.

élans (1) sont aussi considérablement plus petits en Amérique qu'en Europe, et cela sans aucune exception.

Il y a donc dans la combinaison des élémens et des autres causes physiques, quelque chose de contraire à l'agrandissement de la Nature vivante dans ce nouveau monde : il y a des obstacles au développement et peut-être à la formation des grands germes ; ceux même qui, par les douces influences d'un autre cli-

---

(1) Si l'on joint à ces espèces les castors, les lynx, les lièvres, les écureuils, les hérissons, les rats musqués, les loutres, les martes, les putois, les fouines, les marmottes, les musaraignes, les chauve-souris et les taupes, on aura à très-peu près, tous les animaux qu'on peut regarder comme communs aux deux continens de l'ancien et du nouveau monde, et de ce nombre qui, comme l'on voit, n'est pas très-considérable, on doit retrancher peut-être encore plus d'un tiers, dont les espèces, quoiqu'assez semblables en apparence, peuvent cependant être réellement différentes. Mais en admettant même dans tous l'identité d'espèce avec ceux d'Europe, on voit que le nombre de ces espèces communes aux deux continens, est assez petit, en comparaison de celui des espèces qui sont propres et particulières à chacun d'eux. On voit aussi que non-seulement les animaux des climats les plus chauds de l'Afrique et de l'Asie, manquent à l'Amérique, mais même que la plupart de ceux des climats tempérés de l'Europe y manquent également, et qu'il n'y a de tous ces animaux que ceux qui habitent ou fréquentent les terres du nord qui soient communs aux deux mondes ; et l'on ne peut guère se refuser à croire qu'ils ont autrefois passé comme nous l'avons dit ailleurs, de l'un à l'autre continent, par les terres du nord.

mat, ont reçu leur forme plénière et leur extension toute entière, se resserrent, se rapetissent sous ce ciel avare et dans cette terre vide, où l'homme en petit nombre étoit épars, errant; où loin d'user en maître de ce territoire comme de son domaine, il n'avoit nul empire; où ne s'étant jamais soumis ni les animaux ni les élémens, n'ayant ni dompté les mers, ni dirigé les fleuves, ni travaillé la terre, il n'étoit en lui-même qu'un animal du premier rang, et n'existoit pour la Nature que comme un être sans conséquence, une espèce d'automate impuissant, incapable de la réformer ou de la seconder; elle l'avoit traité moins en mère qu'en marâtre en lui refusant le sentiment d'amour et le desir vif de se multiplier. Car, quoique le sauvage du nouveau monde soit à peu près de même stature que l'homme de notre monde, cela ne suffit pas pour qu'il puisse faire une exception au fait général du rapetissement de la Nature vivante dans tout ce continent : le sauvage est foible et petit par les organes de la génération; il n'a ni poil, ni barbe et nulle ardeur pour sa femelle; quoique plus léger que l'européen parce qu'il a plus d'habitude à courir, il est cependant beaucoup moins fort de corps; il est aussi bien moins sensible, et cependant plus craintif et plus lâche; il n'a nulle vivacité, nulle activité dans l'ame; celle du corps est moins un exercice, un mouvement volontaire qu'une nécessité d'action causée par le besoin; ôtez-lui la faim et la soif, vous détruirez en même temps le principe actif de tous ses mouvemens; il demeurera stupidement en repos sur ses jambes ou couché pendant des jours entiers.

Il ne faut pas aller chercher plus loin la cause de la vie dispersée des sauvages, et de leur éloignement pour la société : la plus précieuse étincelle du feu de la Nature leur a été refusée ; ils manquent d'ardeur pour leur femelle, et par conséquent d'amour pour leurs semblables ; ne connoissant pas l'attachement le plus vif, le plus tendre de tous, leurs autres sentimens de ce genre sont froids et languissans ; ils aiment foiblement leurs pères et leurs enfans ; la société la plus intime de toutes, celle de la même famille, n'a donc chez eux que de foibles liens ; la société d'une famille à l'autre n'en a point du tout : dès-lors nulle réunion, nulle république, nul état social. Le physique de l'amour fait chez eux le moral des mœurs ; leur cœur est glacé, leur société froide et leur empire dur. Ils ne regardent leurs femmes que comme des servantes de peine ou des bêtes de somme qu'ils chargent, sans ménagement, du fardeau de leur chasse, et qu'ils forcent sans pitié, sans reconnoissance, à des ouvrages qui souvent sont au-dessus de leurs forces : ils n'ont que peu d'enfans ; ils en ont peu de soin ; tout se ressent de leur premier défaut ; ils sont indifférens parce qu'ils sont peu puissans, et cette indifférence pour le sexe est la tache originelle qui flétrit la Nature, qui l'empêche de s'épanouir, et qui, détruisant les germes de la vie, coupe en même temps la racine de la société.

L'homme ne fait donc point d'exception ici. La Nature en lui refusant les puissances de l'amour, l'a plus maltraité et plus rapetissé qu'aucun des animaux. Mais avant d'exposer les causes de cet effet général, nous ne devons pas dissimuler que si la Nature a rapetissé dans le nouveau monde tous les animaux quadrupèdes, elle paroît avoir maintenu les reptiles et agrandi les insectes ; car quoiqu'au Sénégal il y ait encore de plus gros lézards et de plus longs serpens que dans l'Amérique méridionale, il n'y a pas à beaucoup près la même différence entre ces animaux qu'entre les quadrupèdes ; le plus gros serpent du Sénégal n'est pas double de la grande couleuvre de Cayenne, au lieu qu'un éléphant est peut-être dix fois plus gros que le tapir qui, comme nous l'avons dit, est le plus grand quadrupède de l'Amérique méridionale ; mais à l'égard des insectes, on peut dire qu'ils ne sont nulle part aussi grands que dans le nouveau monde : les plus grosses araignées, les plus grands scarabées, les chenilles les plus longues, les papillons les plus étendus se trouvent au Bresil, à Cayenne et dans les autres provinces de l'Amérique méridionale ; ils l'emportent sur presque tous les insectes de l'ancien monde, non-seulement par la grandeur du corps et des ailes, mais aussi par la vivacité des couleurs, le mélange des nuances, la variété des formes, le nombre des espèces et la multiplication prodigieuse des individus dans chacune. Les crapauds, les grenouilles et les autres bêtes de ce genre sont aussi très-grosses en Amérique. Nous ne dirons rien des oiseaux ni des poissons, parce que pouvant passer d'un monde à l'autre, il seroit presqu'impossible de distinguer ceux qui appartiennent en propre à l'un ou à l'autre, au lieu que les insectes et les reptiles sont à peu près comme les Quadrupèdes, confinés chacun dans son continent.

Voyons donc pourquoi il se trouve de si grands reptiles, de si gros insectes, de si petits quadrupèdes et des hommes si froids dans ce nouveau monde. Cela tient à la qualité de la terre, à la condition du ciel, au degré de chaleur, à celui d'humidité, à la situation, à l'élévation des montagnes, à la quantité des eaux courantes ou stagnantes, à l'étendue des forêts, et surtout à l'état brut dans lequel on y voit la Nature. La chaleur est en général beaucoup moindre dans cette partie du monde, et l'humidité beaucoup plus grande : si l'on compare le froid et le chaud dans tous les degrés de latitude, on trouvera qu'à Québec, c'est-à-dire sous celle de Paris, l'eau des fleuves gèle tous les ans de quelques pieds d'épaisseur, qu'une masse encore plus épaisse de neige y couvre la terre pendant plusieurs mois, que l'air y est si froid que tous les oiseaux fuient et disparoissent pour tout l'hiver. Cette différence de température sous la même latitude dans la zône tempérée, quoique très-grande, l'est peut-être encore moins que celle de la chaleur sous la zône torride : on brûle au Sénégal, et sous la même ligne on jouit d'une douce température au Pérou ; il en est de même sous toutes les autres latitudes qu'on voudra comparer. Le continent de l'Amérique est situé et formé de façon que tout concourt à diminuer l'action de la chaleur ; on y trouve les plus hautes montagnes, et par la même raison les plus grands fleuves du monde : ces hautes montagnes forment une chaîne qui semble borner vers l'ouest le continent dans toute sa longueur. Le vent d'est qui, comme l'on sait, est le vent constant et général entre les tropiques, n'arrive en

Amérique qu'après avoir traversé une très-vaste étendue d'eau sur laquelle il se rafraîchit; et c'est par cette raison qu'il fait beaucoup moins chaud au Brésil, à Cayenne, qu'au Sénégal, en Guinée, où ce même vent d'est arrive chargé de la chaleur de toutes les terres et des sables brûlans qu'il parcourt en traversant et l'Afrique et l'Asie. Les nuages qui interceptent la lumière et la chaleur du soleil, les pluies qui rafraîchissent l'air et la surface de la terre, sont périodiques et durent plusieurs mois à Cayenne et dans les autres contrées de l'Amérique méridionale. Cette première cause rend donc toutes les côtes orientales de l'Amérique beaucoup plus tempérées que l'Afrique et l'Asie; et lorsqu'après être arrivé frais sur ces côtes, le vent d'est commence à reprendre un degré plus vif de chaleur en traversant les plaines de l'Amérique, il est tout-à-coup arrêté, refroidi par cette chaîne de montagnes énormes dont est composée toute la partie occidentale du nouveau continent; en sorte qu'il fait encore moins chaud sous la ligne au Pérou qu'au Brésil et à Cayenne, à cause de l'élévation prodigieuse des terres : aussi les naturels du Pérou ne sont que d'un brun rouge et tanné moins foncé que celui des Brasiliens. Supprimons pour un instant la chaîne des Cordillères, ou plutôt rabaissons ces montagnes au niveau des plaines adjacentes, la chaleur eût été excessive vers ces terres occidentales, et l'on eût trouvé les hommes noirs au Pérou, tels qu'on les trouve sur les côtes occidentales de l'Afrique.

Ainsi, par la seule disposition des terres de ce nouveau continent, la chaleur y seroit déjà beaucoup moindre que dans l'ancien ; et en même temps nous allons voir que l'humidité y est beaucoup plus grande. Les montagnes étant les plus hautes de la terre et se trouvant opposées de face à la direction du vent d'est, arrêtent, condensent toutes les vapeurs de l'air, et produisent par conséquent une quantité infinie de sources vives, qui par leur réunion forment bientôt des fleuves les plus grands de la terre : il y a donc beaucoup plus d'eaux courantes dans le nouveau continent que dans l'ancien, proportionnellement à l'espace; et cette quantité d'eau se trouve encore prodigieusement augmentée par le défaut d'écoulement : les hommes n'ayant ni borné les torrens, ni dirigé les fleuves, ni séché les marais, les eaux stagnantes couvrent des terres immenses, augmentent encore l'humidité de l'air et en diminuent la chaleur : d'ailleurs, la terre étant partout en friche et couverte dans toute son étendue d'herbes grossières, épaisses et touffues, elle ne s'échauffe, ne se sèche jamais; la transpiration de tant de végétaux, pressés les uns contre les autres, ne produit que des exhalaisons humides et mal saines; la Nature, cachée sous ses vieux vêtemens, ne montra jamais de parure nouvelle dans ces tristes contrées ; n'étant ni caressée ni cultivée par l'homme, jamais elle n'avoit ouvert son sein bienfaisant, jamais la terre n'avoit vu sa surface dorée de ces riches épis qui font notre opulence et sa fécondité. Dans cet état d'abandon, tout languit, tout se corrompt, tout s'étouffe; l'air et la terre surchargés de vapeurs humides et nuisibles, ne peuvent s'épurer ni profiter des influences de l'astre de la vie ; le soleil darde inutilement ses rayons les plus vifs sur cette masse froide, elle est hors d'état de répondre à son ardeur; elle ne produira que des êtres humides, des plantes, des reptiles, des insectes, et ne pourra nourrir que des hommes froids et des animaux foibles.

C'est donc principalement parce qu'il y avoit peu d'hommes en Amérique, et parce que la plupart de ces hommes, menant la vie des animaux, laissoient la Nature brute et négligeoient la terre, qu'elle est demeurée froide, impuissante à produire les principes actifs, à développer les germes des plus grands quadrupèdes auxquels il faut, pour croître et se multiplier, toute la chaleur, toute l'activité que le soleil peut donner à la terre amoureuse; et c'est par la raison contraire que les insectes, les reptiles et toutes les espèces d'animaux qui se traînent dans la fange, dont le sang est de l'eau, et qui pullulent par la pourriture, sont plus nombreuses et plus grandes dans toutes les terres basses, humides et marécageuses de ce nouveau continent.

Lorsqu'on réfléchit sur ces différences si marquées qui se trouvent entre l'ancien et le nouveau monde, on seroit tenté de croire que celui-ci est en effet bien plus nouveau, et qu'il a demeuré plus longtemps que le reste du globe sous les eaux de la mer; car à l'exception des énormes montagnes qui le bornent vers l'ouest, et qui paroissent être des monumens de la plus haute antiquité du globe, toutes les parties basses de ce continent semblent être des terrains nouvellement élevés et formés par le dépôt des fleuves et le limon des eaux; on y trouve en effet, en plusieurs endroits, sous la première couche de la terre végétale, les coquilles et les madrépores de la mer formant déjà des bancs, des masses de pierre à chaux, mais d'ordinaire moins dures et moins compactes que nos pierres de taille qui sont de même nature. Si ce continent est réellement aussi ancien que l'autre, pourquoi y a-t-on trouvé si peu d'hommes? pourquoi y étoient-ils presque tous sauvages et dispersés? pourquoi ceux qui s'étoient réunis en société, les Mexicains et les Péruviens, ne comptoient-ils que deux ou trois cents ans depuis le premier homme qui les avoit rassemblés? pourquoi ignoroient-ils encore l'art de transmettre à la postérité des faits par des signes durables, puisqu'ils avoient déjà trouvé celui de se communiquer de loin leurs idées et de s'écrire en nouant des cordons? pourquoi ne s'étoient-ils pas soumis les animaux et ne se servoient-ils que du lama et du paco qui n'étoient pas comme nos animaux domestiques résidens fidèles et dociles? Leurs arts étoient naissans comme leur société, leurs talens imparfaits, leurs idées non développées, leurs organes rudes et leur langue barbare. Les noms qu'ils ont donnés à leurs animaux sont presque tous si difficiles à prononcer, qu'il est étonnant que les Européens aient pris la peine de les écrire.

Tout semble donc indiquer que les Américains étoient des hommes nouveaux, ou pour mieux dire des hommes si anciennement dépaysés, qu'ils avoient perdu toute notion, toute idée de ce monde dont ils étoient issus. Tout semble s'accorder aussi pour prouver que la plus grande partie des continens de l'Amérique étoit une terre nouvelle encore hors de la main de l'homme, et dans laquelle la Nature n'avoit pas eu le temps d'établir tous ses plans, ni celui de se développer dans toute son étendue; que les hommes y sont froids et les animaux petits, parce que l'ardeur des uns et la grandeur des autres dépendent de la salubrité et de la chaleur de l'air; et que dans quelques siècles, lorsqu'on aura défriché les terres, abattu les forêts, dirigé les fleuves et contenu les eaux, cette même terre deviendra la plus féconde, la plus saine, la plus riche de toutes, comme elle paroît déjà l'être dans toutes les parties que l'homme a travaillées. Cependant nous ne voulons pas en conclure qu'il y naîtra pour lors des animaux plus grands : jamais le tapir et le cabiai n'atteindront à la taille de l'éléphant ou de l'hippopotame; mais au moins les animaux qu'on y transportera ne diminueront pas de grandeur comme ils l'ont fait dans les premiers temps : peu à peu l'homme remplira le vide de ces terres immenses qui n'étoient qu'un désert lorsqu'on les découvrit.

Les premiers historiens qui ont écrit les conquêtes des Espagnols ont, pour augmenter la gloire de leurs armes, prodigieusement exagéré le nombre de leurs ennemis : ces historiens pourront-ils persuader à un homme sensé qu'il y avoit des millions d'hommes à Saint-Domingue et à Cuba, lorsqu'ils disent en même temps qu'il n'y avoit parmi tous ces hommes ni monarchie, ni république, ni presque aucune société ; et quand on sait dailleurs que dans ces deux grandes îles voisines l'une de l'autre, et en même temps peu éloignées de la terre ferme du continent, il n'y avoit en tout que cinq espèces d'animaux quadrupèdes, dont la plus grande étoit à peu près de la grosseur d'un écureuil ou d'un lapin ? Nos officiers qui ont été de Québec à la belle rivière de l'Ohio, et de cette rivière à la Louisiane, conviennent tous qu'on pourroit souvent faire cent et deux cents lieues dans la profondeur des terres, sans rencontrer une seule famille de sauvages. Tous ces témoignages indiquent assez jusqu'à quel point la Nature est vide et déserte dans les contrées même de ce continent, où la température est la plus agréable. Les terres immenses du nouveau monde n'étoient pour ainsi dire que parsemées de quelques poignées d'hommes, et je crois qu'on pourroit dire qu'il n'y avoit pas dans toute l'Amérique, lorsqu'on en fit la découverte, autant d'hommes qu'on en compte actuellement dans la moitié de l'Europe. Cette disette dans l'espèce humaine faisoit l'abondance, c'est-à-dire le grand nombre dans chaque espèce des animaux naturels au pays; ils avoient beaucoup moins d'ennemis et beaucoup plus d'espace; tout favorisoit donc leur multiplication, et chaque espèce étoit relativement très-nombreuse en individus; mais il n'en étoit pas de même du nombre absolu des espèces, et si on le compare avec celui des espèces de l'ancien continent, on trouvera qu'il ne va peut-être pas au quart et tout au plus au tiers. Si nous comptons deux cents espèces d'animaux quadrupèdes dans toute la terre habitable ou connue, nous en trouverons plus de cent trente espèces dans l'ancien continent, et moins de soixante-dix dans le nouveau ; et si l'on en ôtoit encore les espèces communes aux deux continens, c'est-à-dire celles seulement qui par leur nature peuvent supporter le froid, et qui ont pu communiquer par les terres du nord de ce continent dans l'autre, on ne trouveroit guère que quarante espèces d'animaux propres et particuliers à l'Amérique.

Si l'on y réfléchit, il paroîtra singulier que dans un monde presque tout composé de naturels sauvages, dont les mœurs approchoient beaucoup plus que les nôtres de celles des bêtes, il n'y eût aucune société, ni même aucune habitude entre ces hommes sauvages et les animaux qui les environnoient, puisque l'on n'a trouvé des animaux domestiques que chez les peuples déjà civilisés : cela ne prouve-t-il pas que l'homme dans l'état de sauvage, n'est qu'une espèce d'animal incapable de commander aux autres, et qui n'ayant comme eux que les facultés individuelles, s'en sert de même pour chercher sa subsistance et pourvoir à sa sûreté en attaquant les foibles, en évitant les forts, et sans avoir aucune idée de sa puissance réelle et de sa supériorité de nature sur tous ces êtres, qu'il ne cherche point à se subordonner ? En jetant un coup d'œil sur tous les peuples entièrement, ou même à demi policés, nous trouverons partout des animaux domestiques ; chez nous, le cheval, l'âne, le bœuf, la brebis, la chèvre, le cochon, le chien et le chat; le buffle en Italie, le renne chez les Lapons ; le lama, le paco et l'alco chez les Péruviens; le dromadaire, le chameau et d'autres espèces de bœufs, de brebis et de chèvres chez les Orientaux ; l'éléphant même chez les peuples du midi ; tous ont été soumis au joug, réduits en servitude ou bien admis à la société, tandis que le sauvage cherchant à peine la société de sa femelle, craint ou dédaigne celle des animaux. Il est vrai que de toutes les espèces que nous avons rendues domestiques dans ce continent, aucune n'existoit en Amérique; mais si les hommes sauvages dont elle étoit peuplée, se fussent anciennement réunis, et qu'ils se fussent prêté les lumières et les secours mutuels de la société, ils auroient subjugué et fait servir à leurs usages la plupart des animaux de leur pays; car ils sont presque tous d'un naturel doux, docile et timide, et il y en a peu de malfaisans, et presqu'aucun de redoutable. Ainsi ce n'est ni par fierté de nature, ni par indocilité de caractère, que ces animaux ont conservé leur liberté, évité l'esclavage ou la domesticité, mais par la seule impuissance de l'homme, qui ne peut rien en effet que par les forces de la société; sa propagation même, sa multiplication en dépend.

Le plus grand des animaux du nouveau monde est le tapir. Quoiqu'il ne soit que de la taille d'un âne, il ne peut cependant être comparé qu'à l'éléphant, au rhinocéros et à l'hippopotame; il est dans son continent le premier pour la grandeur, comme l'éléphant l'est dans le sien. Il a, comme le rhinocéros, la lèvre supérieure musculeuse et avancée, et comme l'hippopotame, il se tient souvent dans l'eau : seul il les représente tous trois à ces petits égards, et sa forme qui en tout tient plus de celle de l'âne que d'aucune autre, semble être aussi dégradée que sa taille est diminuée. Le cheval, l'âne, le zèbre, l'éléphant, le rhinocéros et l'hippopotame n'existoient point en Amérique, et n'y avoient même aucun représentant, c'est-à-dire qu'il n'y avoit dans ce nouveau monde aucun animal qu'on pût leur comparer, ni pour la grandeur, ni pour la forme. Le tapir est celui dont la nature sembleroit

bleroit être la moins éloignée de tous; mais en même temps elle paroît si mêlée, et elle approche si peu de chacun en particulier, que malgré les petits rapports que cet animal se trouve avoir avec le rhinocéros, l'hippopotame et l'âne, on doit le regarder non-seulement comme étant d'une espèce particulière, mais même d'un genre singulier et différent de tous les autres.

Ainsi le Tapir n'appartient ni de près ni de loin à aucune espèce de l'ancien continent, et à peine porte-t-il quelques caractères qui l'approchent des animaux auxquels nous venons de le comparer. Le cabiai se refuse de même à toute comparaison; il ne ressemble à l'extérieur à aucun autre animal, et ce n'est que par les parties intérieures qu'il approche du cochon d'Inde, qui est de son même continent, et tous deux sont d'espèces absolument différentes de toutes celles de l'ancien continent.

Le lama et la vigogne paroissent avoir des signes plus significatifs de leur ancienne parenté, le premier avec le chameau, et le second avec la brebis. Le lama a, comme le chameau, les jambes hautes, le cou fort long, la tête légère, la lèvre supérieure fendue; il lui ressemble aussi par la douceur du naturel, par l'esprit de servitude, par la sobriété, par l'aptitude au travail; c'étoit chez les Américains le premier et le plus utile de leurs animaux domestiques; ils s'en servoient comme les Arabes se servent du chameau pour porter des fardeaux : voilà bien des convenances dans la nature de ces deux animaux, et l'on peut encore y ajouter celle des stigmates du travail; car quoique le dos du lama ne soit pas déformé par des bosses comme celui du chameau, il a néanmoins des callosités naturelles sur la poitrine, parce qu'il a la même habitude de se reposer sur cette partie de son corps. Malgré tous ces rapports, le lama est une espèce très-distincte et très-différente de celle du chameau ; d'abord il est beaucoup plus petit et n'a pas plus du quart ou du tiers du volume du chameau ; la forme de son corps, la qualité et la couleur de son poil sont aussi fort différentes ; le tempérament l'est encore plus ; c'est un animal pituiteux, et qui ne se plaît que dans les montagnes, tandis que le chameau est d'un tempérament sec, et habite volontiers dans les sables brûlans. Il n'en est pas ainsi du pecari ; quoiqu'il soit d'une espèce différente de celle du cochon, il est cependant du même genre ; il ressemble au cochon par la forme et par tous les rapports apparens ; il n'en diffère que par quelques petits caractères, tels que l'ouverture qu'il a sur le dos, la forme de l'estomac et des intestins. On pourroit donc croire que cet animal seroit issu de la même souche que le cochon, et qu'autrefois il auroit passé de l'ancien monde dans le nouveau, où par l'influence de la terre, il aura dégénéré au point de former aujourd'hui une espèce distincte et différente de celle dont il est originaire.

Les fourmilliers qui sont des animaux très-singuliers, et dont il y a trois ou quatre espèces dans le nouveau monde, paroissent aussi avoir leurs représentans dans l'ancien ; le pangolin et le phatagin leur ressemblent par le caractère unique de n'avoir pas de dents, et d'être forcés comme eux à tirer la langue et vivre de fourmis; mais si on veut leur supposer une origine commune, il est assez étrange qu'au lieu d'écailles qu'ils portent en Asie, ils se soient couverts de poils en Amérique.

De même les tigres d'Amérique que nous indiquerons sous les dénominations de jaguars, couguars, ocelots et margays, quoique d'espèces différentes de la panthère, du léopard, de l'once, du guépard et du serval de l'ancien continent, sont cependant bien certainement du même genre; tous ces animaux se ressemblent beaucoup tant à l'extérieur qu'à l'intérieur; ils ont aussi le même naturel, la même férocité, la même véhémence de goût pour le sang; ce qui les rapproche encore de plus près pour le genre, c'est qu'en les comparant on trouve que ceux du même continent diffèrent autant et plus les uns des autres que ceux de l'autre continent; par exemple, la panthère de l'Afrique diffère moins du jaguar du Brésil que celui-ci ne diffère du couguar, qui cependant est du même pays; de même le serval de l'Asie et le margay de la Guiane sont moins différens entr'eux qu'ils ne le sont de tous ceux de leur propre continent.

Il ne seroit donc pas impossible que, même sans intervertir l'ordre de la nature, tous ces animaux du nouveau monde ne fussent dans le fond les mêmes que ceux de l'ancien, desquels ils auroient autrefois tiré leur origine. On pourroit dire qu'en ayant été séparés ensuite par des mers immenses ou par des terres impraticables, ils auront avec le temps reçu toutes les impressions, subi tous les effets d'un climat devenu nouveau lui-même, et qui auroit aussi changé de qualité par les causes mêmes qui ont produit la séparation ; que par conséquent ils se seront avec le temps rapetissés et dénaturés. Mais cela ne doit pas nous empêcher de les regarder aujourd'hui comme des animaux d'espèces différentes : de quelque cause que vienne cette différence, qu'elle ait été produite par le temps, le climat et la terre, ou qu'elle soit de même date que la création, elle n'en est pas moins réelle : la Nature, je l'avoue, est dans un mouvement de flux continuel ; mais c'est assez pour l'homme de la saisir dans l'instant de son siècle, et de jeter quelques regards en arrière et en avant, pour tâcher d'entrevoir ce que jadis elle pouvoit être, et ce que dans la suite elle pourroit devenir.

DOMESTIQUES
DU NOUVEAU CONTINENT.

DU LAMA ET DU PACO (1).

Il y a exemple, dans toutes les langues, qu'on donne quelquefois au même animal deux noms différens, dont l'un se rapporte à son état de liberté et l'autre à celui de domesticité ; le sanglier et le cochon ne font qu'un même animal, et ces deux noms ne sont pas relatifs à la différence de la nature, mais à celle de la condition de cette espèce, dont une partie est sous l'empire de l'homme et l'autre indépendante. Il en est de même des Lamas et des Pacos, qui étoient les seuls animaux domestiques des anciens Américains. Ces noms sont ceux de leur état de domesticité ; le lama sauvage s'appelle *huanacus* ou *guanaco*, et le paco sauvage *vicunna* ou *vigogne*. J'ai cru cette remarque nécessaire pour éviter la confusion des noms. Ces animaux ne se trouvent pas dans l'ancien continent, mais appartiennent uniquement au nouveau ; ils affectent même de certaines terres hors de l'étendue desquelles on ne les trouve plus : ils paroissent attachés à la chaîne des montagnes qui s'étend depuis la Nouvelle Espagne jusqu'aux terres Magellaniques ; ils habitent les régions

---

(1) *Lama*, nom que les Espagnols ont donné à cet animal ; ils l'appellent aussi au Pérou mouton de terre.

les plus élevées du globe terrestre, et semblent avoir besoin pour vivre de respirer un air plus vif et plus léger que celui de nos plus hautes montagnes.

Le Lama est dans le nouveau continent le représentant du chameau dans l'ancien ; il semble en être un beau diminutif; car sa figure est élégante, et sans avoir aucune des difformités du chameau, il lui tient néanmoins par plusieurs rapports et lui ressemble à plusieurs égards. Comme le chameau, il est propre à porter des fardeaux ; il a le poil laineux, les jambes assez minces, les pieds courts et conformés à peu près comme les jambes et les pieds du chameau ; mais il en diffère en ce qu'il n'a point de bosse, qu'il a la queue courte, les oreilles longues, et qu'en général il est beaucoup mieux fait et d'une forme plus agréable par les proportions du corps; son cou long, bien couvert de laine, et sa tête qu'il tient toujours haute, lui donnent un air de noblesse et de légéreté que la Nature a refusé au chameau.

Le Pérou est le pays natal, la vraie patrie des Lamas. Ils font seuls toute la richesse des Indiens et contribuent beaucoup à celle des Espagnols. Leur chair est bonne à manger; leur poil est une laine fine d'un excellent usage, et pendant toute leur vie ils servent constamment à transporter toutes les denrées du pays. Leur charge ordinaire est de cent cinquante livres, et les plus forts en portent jusqu'à deux cent cinquante ; ils font des voyages assez longs dans des pays impraticables pour tous les autres animaux; ils marchent assez lentement et ne font que quatre ou cinq lieues par jour; leur démarche est grave et ferme, leur pas assuré; ils descendent des ravines précipitées et surmontent des rochers escarpés où les hommes mêmes ne peuvent les accompagner. Ordinairement ils marchent quatre ou cinq jours de suite, après quoi ils veulent du repos et prennent d'eux-mêmes un séjour de vingt-quatre ou trente heures avant de se remettre en marche. On les occupe beaucoup au transport des riches matières que l'on tire des mines du Potosi. Bolivar dit que de son temps on employoit à ce travail trois cent mille de ces animaux.

Leur accroissement est assez prompt et leur vie n'est pas bien longue; ils sont en état de produire à trois ans, en pleine vigueur jusqu'à douze, et ils commencent ensuite à dépérir, en sorte qu'à quinze ils sont entièrement usés; leur naturel paroît être modelé sur celui des Américains; ils sont doux et flegmatiques, et font tout avec poids et mesure. Lorsqu'ils voyagent et qu'ils veulent s'arrêter pour quelques instans, ils plient les genoux avec la plus grande précaution, et baissent le corps en proportion afin d'empêcher leur charge de tomber ou de se déranger; et dès qu'ils entendent le coup de sifflet de leur conducteur, ils se relèvent avec les memes précautions et se remettent en marche : ils broutent chemin faisant et partout où ils trouvent de l'herbe, mais jamais ils ne mangent la nuit, quand même ils auroient jeûné pendant le jour; ils emploient ce temps à ruminer : ils dorment appuyés sur la poitrine, les pieds repliés sous le ventre, et ruminent aussi dans cette situation. Lorsqu'on les excède de travail et qu'ils succombent une fois sous le faix, il n'y a nul moyen de les faire relever; on les frappe inutilement ; la dernière ressource pour les aiguillonner est de leur serrer les testicules, et souvent cela est inutile ; ils s'obstinent à demeurer au lieu même où ils sont tombés, et si l'on continue de les maltraiter, ils se désespèrent et se tuent, en battant la terre à droite et à gauche avec leur tête. Ils ne se défendent ni des pieds, ni des dents, et n'ont, pour ainsi dire, d'autres armes que celles de l'indignation ; ils crachent à la face de ceux qui les insultent, et l'on prétend que cette salive qu'ils lancent dans la colère, est âcre et mordicante, au point de faire lever des ampoules sur la peau.

Le Lama est haut d'environ quatre pieds, et son corps, y compris le cou et la tête, en a cinq ou six de longueur ; le cou seul a près de trois pieds de long. Cet animal a la tête bien faite, les yeux grands, le museau un peu alongé, les lèvres épaisses, la supérieure fendue et l'inférieure un peu pendante. Il manque de dents incisives et canines à la mâchoire supérieure ; les oreilles sont longues de quatre pouces, il les porte en avant, les dresse et les remue avec facilité ; la queue n'a guère que huit pouces de long, elle est droite, menue et un peu relevée ; les pieds sont fourchus comme ceux du bœuf, mais ils sont surmontés d'un éperon en arrière, qui aide à l'animal à se retenir et à s'accrocher dans les pas difficiles ; il est couvert d'une laine courte sur le dos, la croupe et la queue, mais fort longue sur les flancs et sous le ventre ; du reste les lamas varient par les couleurs ; il y en a de blancs, de noirs et de mêlés ; leur fiente ressemble à celle des chèvres. Le mâle a le membre génital menu et recourbé, en sorte qu'il pisse en arrière. C'est un animal très-lascif et qui cependant a beaucoup de peine à s'accoupler. La femelle a l'orifice des parties de la génération très-petit ; elle se prosterne pour attendre le mâle, et l'invite par ses soupirs; mais il se passe toujours plusieurs heures et quelquefois un jour entier avant qu'ils puissent jouir l'un de l'autre, et tout ce temps se passe à gémir, à gronder et sur-tout à se conspuer; et comme ces longs préludes les fatiguent plus que la chose même, on leur prête la main pour abréger et on les aide à s'arranger. Ils ne produisent ordinairement qu'un petit et très-rarement deux. La mère n'a aussi que deux mamelles, et le petit la suit au moment qu'il est né. La chair des jeunes est très-bonne à manger, celle des vieux est sèche et trop dure ; en général celle des lamas domestiques est bien meilleure que celle des sauvages, et leur laine est aussi beaucoup plus douce. Leur peau est assez ferme; les Indiens en faisoient leur chaussure, et les Espagnols l'emploient pour faire des harnois. Ces animaux si utiles et même si nécessaires dans le pays qu'ils habitent, ne coûtent ni entretien ni nourriture; comme ils ont le pied fourchu, il n'est pas nécessaire de les ferrer ; la laine épaisse dont ils sont couverts dispense de les bâter; ils n'ont besoin ni de grain, ni d'avoine, ni de foin; l'herbe verte qu'ils broutent eux-mêmes leur suffit, et ils n'en prennent qu'en petite quantité ; ils sont encore plus sobres sur la boisson : ils s'abreuvent de leur salive qui, dans cet animal, est plus abondante que dans aucun autre.

Le huanacus ou lama dans l'état de nature est plus fort, plus vif et plus léger que le lama domestique;

il court comme un cerf et grimpe comme le chamois sur les rochers les plus escarpés : sa laine est moins longue et toute de couleur fauve. Quoiqu'en pleine liberté, ces animaux se rassemblent en troupes, et sont quelquefois deux ou trois cents ensemble ; lorsqu'ils aperçoivent quelqu'un, ils regardent avec étonnement sans marquer d'abord ni crainte, ni plaisir ; ensuite ils soufflent des narines et hennissent à peu près comme les chevaux, et enfin ils prennent la fuite tous ensemble vers le sommet des montagnes ; ils cherchent de préférence le côté du nord et la région froide ; ils grimpent et séjournent souvent au-dessus de la ligne de neige : voyageant dans les glaces, et couverts de frimats, ils se portent mieux que dans la région tempérée ; autant ils sont nombreux et vigoureux dans les Sierras, qui sont les parties élevées des Cordillères, autant ils sont rares et chétifs dans les Lanos qui sont au-dessous. On chasse ces lamas sauvages pour en avoir la toison ; les chiens ont beaucoup de peine à les suivre; et si on leur donne le temps de gagner leurs rochers, le chasseur et les chiens sont contraints de les abandonner. Ils paroissent craindre la pesanteur de l'air autant que la chaleur ; on ne les trouve jamais dans les terres basses ; et comme la chaîne des Cordillères, qui est élevée de plus de trois mille toises au-dessus du niveau de la mer au Pérou, se soutient à peu près à cette même élévation au Chily et jusqu'aux terres Magellaniques, on y trouve des huanacus ou lamas sauvages en grand nombre ; au lieu que du côté de la Nouvelle Espagne où cette chaine de montagnes se rabaisse considérablement, on n'en trouve plus, et l'on n'y voit que les lamas domestiques que l'on prend la peine d'y conduire.

Les Pacos ou vigognes sont aux Lamas une espèce succursale, à peu près comme l'âne l'est au cheval; ils sont plus petits et moins propres au service, mais plus utiles par leur dépouille; la longue et fine laine dont ils sont couverts est une marchandise de luxe aussi chère, aussi précieuse que la soie : les Pacos que l'on appelle aussi alpaques, et qui sont les vigognes domestiques, sont souvent tout noirs et quelquefois d'un brun mêlé de fauve. Les vigognes ou pacos sauvages sont de couleur de rose sèche, et cette couleur naturelle est si fixe, qu'elle ne s'altère point sous la main de l'ouvrier : on fait de très-beaux gants, de très-bons bas avec cette laine de vigogne; l'on en fait d'excellentes couvertures et des tapis d'un très-grand prix. Cette denrée seule forme une branche dans le commerce des Indes espagnoles; le castor du Canada, la brebis de Calmouquie, la chèvre de Syrie, ne fournissent pas un plus beau poil; celui de la vigogne est aussi cher que la soie. Cet animal a beaucoup de choses communes avec le Lama; il est du même pays, et comme lui il en est exclusivement, car on ne le trouve nulle part ailleurs que sur les Cordillères; il a aussi le même naturel et à peu près les mêmes mœurs, le même tempérament. Cependant comme sa laine est beaucoup plus longue et plus touffue que celle du Lama, il paroît craindre encore moins le froid; il se tient plus volontiers dans la neige, sur les glaces et dans les contrées les plus froides : on le trouve en grande quantité dans les terres Magellaniques.

Les vigognes ressemblent aussi par la figure aux Lamas, mais elles sont plus petites; leurs jambes sont plus courtes et leur muffle plus ramassé; elles n'ont point de cornes; elles habitent et passent dans les endroits les plus élevés des montagnes; la neige et la glace semblent plutôt les récréer que les incommoder; elles vont en troupes et courent très-légèrement; elles sont timides, et dès qu'elles aperçoivent quelqu'un, elles s'enfuient en chassant leurs petits devant elles. Les anciens rois du Pérou en avoient rigoureusement défendu la chasse, parce qu'elles ne multiplient pas beaucoup; et aujourd'hui il y en a infiniment moins que dans le temps de l'arrivée des Espagnols. La chair de ces animaux n'est pas si bonne que celle des huanacus; on ne les recherche que pour leur toison et pour les bézoards qu'ils produisent. La manière dont on les prend prouve leur extrême timidité, ou, si l'on veut, leur imbécillité. Plusieurs hommes s'assemblent pour les faire fuir et les engager dans quelques passages étroits où l'on a tendu des cordes à trois ou quatre pieds de haut, le long desquelles on laisse pendre des morceaux de linge ou de drap; les vigognes qui arrivent à ces passages sont tellement intimidées par le mouvement de ces lambeaux agités par le vent, qu'elles n'osent passer au-delà, et qu'elles s'attroupent et demeurent en foule, en sorte qu'il est facile de les tuer en grand nombre; mais s'il se trouve dans la troupe quelques huanacus, comme ils sont plus hauts de corps et moins timides que les vigognes, ils sautent par-dessus les cordes; et dès qu'ils ont donné l'exemple, les vigognes sautent de même et échappent aux chasseurs.

A l'égard des vigognes domestiques ou pacos, on s'en sert comme des lamas pour porter des fardeaux; mais indépendamment de ce qu'étant plus petits ou plus foibles ils portent beaucoup moins, ils sont encore plus sujets à des caprices d'obstination; lorsqu'une fois ils se couchent avec leur charge, ils se laisseroient plutôt hacher que de se relever. Les Indiens n'ont jamais fait usage du lait de ces animaux, parce qu'ils n'en ont qu'autant qu'il en faut pour nourrir leurs petits. Le grand profit que l'on tire de leur laine avoit engagé les Espagnols à tâcher de les naturaliser en Europe ; ils en ont transporté en Espagne pour les faire peupler, mais le climat se trouva si peu convenable, qu'ils y périrent tous. Cependant, comme je l'ai déjà dit, je suis persuadé que ces animaux, plus précieux encore que les lamas, pourroient réussir dans nos montagnes, et sur-tout dans les Pyrénées ; ceux qui les ont transportés en Espagne, n'ont pas fait attention qu'au Pérou même ils ne subsistent que dans la région froide, c'est-à-dire dans la partie la plus élevée des montagnes; ils n'ont pas fait attention qu'on ne les trouve jamais dans les terres basses, et qu'elles meurent dans les pays chauds ; qu'au contraire elles sont encore aujourd'hui très-nombreuses dans les terres voisines du détroit de Magellan, où le froid est beaucoup plus grand que dans notre Europe méridionale, et que par conséquent il falloit pour les conserver, les débarquer, non pas en Espagne, mais en Ecosse ou même en Norwège, et plus sûrement encore aux pieds des Pyrénées ou des Alpes, où elles eussent pu grimper, et atteindre la région qui leur convient : je n'insiste sur cela, que parce que j'imagine que ces animaux seroient une excellente acquisition pour l'Europe, et produiroient plus de bien réel que tout le métal du nouveau monde, qui n'a servi qu'à nous charger d'un poids inutile, puisqu'on avoit auparavant pour un gros d'or ou d'argent ce qui nous coûte une once de ces mêmes métaux.

Les Lamas et les Pacos, dans leur état de liberté, donnent de beaux bézoards; ceux qu'ils produisent dans leur condition de servitude, sont petits, noirs et sans vertu; les meilleurs sont ceux qui ont une couleur de vert-obscur, et ils viennent ordinairement des vigognes, sur-tout de celles qui habitent les parties les plus élevées de la montagne et qui paissent habituellement dans les neiges; de ces vigognes montagnardes, les femelles comme les mâles produisent des bézoards, et ces bézoards du Pérou tiennent le premier rang après les bézoards orientaux, et sont beaucoup plus estimés que ceux de la Nouvelle Espagne qui viennent des cerfs et sont les moins efficaces de tous.

DE L'ALCO.

Nous avons dit qu'il y avoit au Pérou et au Mexique, avant l'arrivée des Européens, des animaux domestiques nommés *Alco*, qui étoient de la grandeur et à peu près du même naturel que nos petits chiens, et que les Espagnols les avoient appelés chiens du Mexique, chiens du Pérou, par cette convenance et parce qu'ils ont le même attachement, la même fidélité pour leurs maîtres; en effet l'espèce de ces animaux ne paroît pas être essentiellement différente de celle du chien; et d'ailleurs il se pourroit que le mot Alco fût un terme générique et non pas spécifique. Recchi nous a laissé la figure d'un de ces alcos, qui s'appeloit en langue Mexicaine, *Ytzcuinte Portzolli*; il étoit prodigieusement gras et probablement dénaturé par l'état de domesticité, et par une nourriture trop abondante; la tête est représentée si petite qu'elle n'a, pour ainsi dire, aucune proportion avec la grosseur du corps; il a les oreilles pendantes, autre signe de domesticité; le museau ressemble assez à celui d'un chien, tout le devant de la tête est blanc, et les oreilles sont en parties fauves; le cou est si court qu'il n'y a point d'intervalle entre la tête et les épaules; le dos est arqué et couvert d'un poil jaune; la queue est blanche et courte; elle est pendante et ne descend pas plus bas que les cuisses; le ventre est gros et tendu, marqué de taches noires, avec six mamelles très-apparentes; les jambes et les pieds sont blancs; les doigts sont comme ceux du chien, et armés d'ongles longs et pointus. Il y a encore en Amérique deux autres espèces qui sont assez semblables aux nôtres par la nature et les mœurs, et qui n'en diffèrent pas infiniment par la forme. Le premier est couvert de poil, et pour la grandeur est assez semblable à nos petits chiens de Malte. Il est marqué de blanc, de noir et de jaune. Il est singulier par sa difformité, ayant le dos bossu et le cou si court, qu'il semble que sa tête sorte immédiatement de ses épaules, on l'appelle *Michuacanens*, du nom de son pays. Le second de ces chiens se nomme *Techichi*; il est assez semblable à nos petits chiens, mais il a la mine sauvage et triste. Les Américains en mangent la chair.

Je suis donc persuadé que le mot Alco étoit un nom générique, qui désignoit ces espèces, et peut-être encore d'autres races et variétés que nous ne connoissons pas; car indépendamment de l'alco gras et potelé qui servoit de chien bichon aux dames péruviennes, il y avoit un alco maigre et à mine triste qu'on employoit à la chasse, et il est très-possible que ces animaux, quoique de races très-différentes en apparence de celle de tous nos chiens, soient cependant issus de la même souche. Les chiens de Laponie, de Sibérie et d'Islande ont dû passer comme les renards, et les loups d'un continent à l'autre, et se dénaturer ensuite comme les autres chiens par le climat et la domesticité.

1. LE LAMA. *2.* LE TAPIR *ou* LANTA.

SAUVAGES
DU NOUVEAU CONTINENT.

DU TAPIR (1).

C'est ici l'animal le plus grand de l'Amérique, de ce nouveau monde où, comme nous l'avons dit, la nature vivante semble s'être rapetissée, ou plutôt n'avoir pas eu le temps de parvenir à ses plus hautes dimensions ; au lieu des masses colossales que produit la terre antique de l'Asie, au lieu de l'éléphant, du rhinocéros, de l'hippopotame, de la giraffe et du chameau, nous ne trouvons dans ces terres nouvelles que des sujets modelés en petit, des tapirs, des lamas, des vigognes, des cabiais, tous vingt fois plus petits que ceux qu'on doit leur comparer dans l'ancien continent : et non-seulement la matière est ici prodigieusement épargnée, mais les formes mêmes sont imparfaites et paroissent avoir été négligées ou manquées ; les animaux de l'Amérique méridionale, qui seuls appartiennent en propre à ce nouveau continent, sont presque tous sans défenses, sans cornes et sans queue ; leur figure est bizarre, leur corps et leurs mem-

---

(1) Nom de cet animal au Brésil. On le nomme *Maïpouri* dans la langue Galibi, sur les côtes de la Guiane. Les Portugais du Brésil l'appellent *Anta.*

bres sont mal proportionnés, mal unis ensemble; et quelques-uns, tels que les fourmiliers, les paresseux, sont d'une nature si misérable, qu'ils ont à peine les facultés de se mouvoir et de manger ; ils traînent avec douleur une vie languissante dans la solitude du désert, et ne pourroient subsister dans une terre habitée, où l'homme et les animaux puissans les auroient bientôt détruits.

Le Tapir est de la grandeur d'une petite vache, mais sans cornes et sans queue; les jambes courtes, le corps arqué comme celui du cochon; il porte au bout de la mâchoire supérieure, une trompe d'environ un pied de long dont les mouvemens sont très-souples, dans laquelle réside l'organe de l'odorat; il s'en sert, comme l'éléphant, pour ramasser des fruits qui sont une partie de sa nourriture. Sa queue est très-courte et presque sans poil; les jambes sont courtes et grosses, les pieds larges et un peu ronds; le pelage uniforme, d'un brun-foncé; ses poils sont plus gros et plus longs que ceux de l'âne ou du cheval, mais plus fins et plus courts que les soies du cochon et beaucoup moins épais; sa crinière, dont les crins sont seulement un peu plus longs que les poils du reste du corps, s'étend depuis le sommet de la tête jusqu'au commencement des épaules. Il a dix dents incisives et dix dents molaires à chaque mâchoire, caractère qui le sépare entièrement du genre des bœufs et des autres animaux ruminans.

On voit que l'espèce de trompe qu'il porte au bout du nez, n'est qu'un vestige ou rudiment de celle de l'éléphant. C'est le seul caractère de conformation par lequel on puisse dire que le Tapir ressemble à l'éléphant. On n'auroit jamais pensé à comparer deux animaux aussi disproportionnés, si le Tapir, indépendamment de cette espèce de trompe, n'avoit pas quelques habitudes semblables à celles de l'éléphant; il va très-souvent à l'eau pour se baigner; il se nourrit d'herbes comme l'éléphant et ne produit qu'un petit.

Il paroît que le Tapir est un animal triste et ténébreux, qui fuit le voisinage des lieux habités, et demeure aux environs des marécages et des rivières qu'il traverse souvent pendant le jour et même pendant la nuit. La femelle se fait suivre par son petit, et l'accoutume de bonne heure à entrer dans l'eau où il joue et plonge devant sa mère qui semble lui donner des leçons pour cet exercice. Le père n'a point de part à l'éducation; car on trouve les mâles toujours seuls, à l'exception du temps où les femelles sont en chaleur.

La mère tapir paroît avoir grand soin de son petit. Non-seulement elle lui apprend à nager, jouer et plonger dans l'eau, mais encore, lorsqu'elle est à terre, elle s'en fait constamment accompagner ou suivre; et si le petit reste en arrière, elle retourne de temps en temps sa trompe dans laquelle est placé l'organe de l'odorat, pour sentir s'il suit ou s'il est trop éloigné, et dans ce cas elle l'appelle et l'attend pour se mettre en marche.

Quand on les chasse ils se réfugient dans l'eau où il est aisé de les tirer; mais quoiqu'ils soient d'un naturel tranquille et doux, ils deviennent dangereux lorsqu'on les blesse. On en a vu se jeter sur le canot d'où le coup étoit parti, pour tâcher de se venger en le renversant; il faut aussi s'en garantir dans les forêts; ils y font des sentiers, ou plutôt d'assez larges chemins battus par leurs fréquentes allées et venues, car ils ont l'habitude de passer et repasser toujours par les mêmes lieux ; et il est à craindre de se trouver sur ces chemins, dont ils ne se détournent jamais (1), parce que leur allure est brusque, et que, sans chercher à offenser, ils heurtent rudement tout ce qui se rencontre devant eux.

On ne les voit guère s'écarter des cantons qu'ils ont adoptés; ils courent lourdement et lentement; ils n'attaquent ni les hommes ni les animaux, à moins qu'ils ne soient poursuivis par les chiens; ils n'ont pas d'autre cri qu'une espèce de sifflet vif et aigu que les chasseurs et les sauvages imitent assez parfaitement pour les faire approcher et les tirer de près; comme ils ont la peau très-ferme et très-épaisse, il est rare qu'on les tue du premier coup de fusil. Quand ils sont poursuivis par les chiens qu'on dresse pour les chasser, ils cou-

---

(1) Un voyageur m'a raconté qu'il avoit failli d'être la victime de son peu d'expérience à ce sujet ; que dans un voyage par terre il avoit attaché son hamac à deux arbres, pour y passer la nuit, et que le hamac traversoit un chemin battu par les tapirs. Vers les neuf à dix heures du soir, il entendit un grand bruit dans la forêt ; c'étoit un tapir qui venoit de son côté ; il n'eut que le temps de se jeter hors de son hamac et de se serrer contre un arbre ; l'animal ne s'arrêta point ; il fit sauter le hamac aux branches et froissa cet homme contre l'arbre ; ensuite, sans se détourner, il passa au milieu de quelques nègres qui dormoient à terre auprès d'un grand feu, et il ne leur fit aucun mal.

rent aussitôt vers quelque rivière qu'ils traversent promptement pour tâcher de se soustraire à leur poursuite. Ils s'en défendent même très-bien, sur-tout quand ils sont blessés, et ils les tuent assez souvent soit en les mordant, soit en les foulant aux pieds. L'hiver, pendant lequel il pleut tous les jours à Cayenne, est la saison la plus favorable pour les chasser.

Le Tapir, bien loin d'être amphibie comme quelques Naturalistes l'ont dit, vit continuellement sur la terre et fait son gîte sur les collines et dans les endroits les plus secs ; il est vrai qu'il fréquente les lieux marécageux, mais c'est pour y chercher sa subsistance et parce qu'il y trouve plus de feuilles et d'herbes que sur les terreins élevés. Comme il se salit beaucoup dans les endroits marécageux et qu'il aime la propreté, il va tous les matins et tous les soirs traverser quelque rivière ou se laver dans quelque lac. Malgré sa grosse masse, il nage parfaitement bien et plonge aussi fort adroitement ; mais il n'a pas la faculté de rester sous l'eau plus de temps que tout autre animal terrestre ; aussi le voit-on à tout instant tirer sa trompe hors de l'eau pour respirer.

Il ne mange point de poisson ; il se nourrit ordinairement de rejetons et de pousses tendres, et sur-tout des fruits tombés des arbres. C'est plutôt la nuit que le jour qu'il cherche sa nourriture ; cependant il se promène le jour, sur-tout pendant la pluie ; il a la vue et l'ouïe très-fines ; au moindre mouvement qu'il entend, il s'enfuit et fait un bruit considérable dans le bois. Cet animal très-solitaire est fort doux et même assez timide. Lorsqu'il est élevé en domesticité, il semble être susceptible d'attachement; il aime qu'on le caresse et est grossièrement familier. Un observateur de Cayenne dit en avoir nourri un qu'on lui apporta jeune et qui n'étoit pas encore plus gros qu'un mouton ; il parvint à l'élever fort grand, et cet animal prit pour lui une espèce d'amitié ; il le distinguoit à merveille au milieu de plusieurs personnes ; il le suivoit comme un chien suit son maître ; il paroissoit se plaire beaucoup aux caresses qu'il lui faisoit ; il lui léchoit les mains ; enfin il alloit seul se promener dans les bois et quelquefois fort loin, et il ne manquoit jamais de revenir tous les soirs d'assez bonne heure. On en a vu un autre également apprivoisé, se promener dans les rues de Cayenne, aller à la campagne en toute liberté et revenir chaque soir; néanmoins lorsqu'on voulut l'embarquer pour l'amener en Europe, dès qu'il fut à bord du navire, on ne put le tenir ; il cassa des cordes très-fortes avec lesquelles on l'avoit attaché ; il se précipita dans l'eau, gagna le rivage à la nage et entra dans un fort de palétuviers, à une distance assez considérable de la ville ; on le crut perdu ; mais le soir même il se rendit à son gîte ordinaire. Comme on avoit résolu de l'embarquer, on prit de plus grandes précautions qui ne réussirent que pendant un temps ; car environ moitié chemin de l'Amérique en France, la mer étant devenue fort orageuse, l'animal se mit de mauvaise humeur, brisa de nouveau ses liens, enfonça sa cabane, et se précipita dans la mer d'où on ne put le retirer.

On trouve ces animaux communément au Brésil, au Paraguai, à la Guiane, aux Amazones et dans toute l'étendue de l'Amérique méridionale, depuis l'extrémité du Chili jusqu'à la Nouvelle Espagne. L'espèce ne s'est pas étendue au-delà de l'isthme de Panama, et c'est probablement parce qu'il n'a pu franchir les montagnes de cet isthme; car la température du Mexique et des autres provinces adjacentes auroit convenu à la nature de cet animal, puisque Samuel Wallis et quelques autres voyageurs disent en avoir trouvé, ainsi que des lamas, jusque dans les terres du détroit de Magellan.

La chair du Tapir se mange, mais n'est pas d'un bon goût; elle est pesante, fade, semblable pour la couleur et par l'odeur à celle du cerf. Les seuls morceaux assez bons sont les pieds et le dessus du cou.

DU PECARI (1).

L'ESPÈCE du Pecari est une des plus nombreuses et des plus remarquables parmi les animaux du nouveau monde. Le Pecari ressemble au premier coup-d'œil à notre sanglier, ou plutôt au cochon de Siam. Aussi a-t-il été appelé sanglier ou cochon d'Amérique. Cependant il est d'une espèce particulière, et il diffère du cochon par plusieurs caractères essentiels, tant à l'extérieur qu'à l'intérieur; il est de moindre corpulence et plus bas sur ses jambes; il a l'estomac et les intestins différemment conformés; il n'a point de queue; ses soies sont beaucoup plus rudes que celles du sanglier; et enfin il a sur le dos, près de la croupe, une fente de deux ou trois lignes de largeur, qui pénètre à plus d'un pouce de profondeur, par laquelle suinte une humeur ichoreuse fort abondante et d'une odeur très-désagréable. C'est de tous les animaux le seul qui ait une ouverture dans cette région du corps.

Le Pecari pourroit devenir animal domestique comme le cochon; il est à peu près du même naturel; il se nourrit des mêmes alimens; sa chair, quoique plus sèche et moins chargée de lard que celle du cochon, n'est pas mauvaise à manger; elle deviendroit meilleure par la castration; lorsqu'on veut manger de cette viande, il faut avoir grand soin d'enlever au mâle non-seulement les parties de la génération, comme l'on fait au sanglier, mais encore toutes les

---

(1) Sanglier *Pecari*, nom que les François habitués dans l'Amérique méridionale, ont donné à cet animal.

glandes qui aboutissent à l'ouverture du dos dans le mâle et dans la femelle ; il faut même faire ces opérations au moment qu'on met à mort l'animal ; car si l'on attend seulement une demi-heure, sa chair prend une odeur si forte qu'elle n'est plus mangeable.

Les Pecaris sont très-nombreux dans tous les climats chauds de l'Amérique méridionale ; ils vont ordinairement par troupes, et sont quelquefois deux ou trois cents ensemble ; ils ont le même instinct que les cochons pour se défendre, et même pour attaquer ceux sur-tout qui veulent ravir leurs petits ; ils se secourent mutuellement ; ils enveloppent leurs ennemis, et blessent souvent les chiens et les chasseurs. Dans leur pays natal, ils occupent plutôt les montagnes que les lieux bas ; ils ne cherchent pas les marais et la fange comme nos sangliers ; ils se tiennent dans les bois où ils vivent de fruits sauvages, de racines, de graines ; ils mangent aussi les serpens, les crapauds, les lézards qu'ils écorchent auparavant avec leurs pieds ; ils produisent en grand nombre, et peut-être plus d'une fois par an ; les petits suivent bientôt leur mère et ne s'en séparent que quand ils sont adultes ; on les apprivoise, ou plutôt on les prive aisément en les prenant jeunes ; ils perdent leur férocité naturelle, mais sans se dépouiller de leur grossièreté ; car ils ne connoissent personne, ne s'attachent point à ceux qui les soignent ; seulement ils ne font point de mal, et l'on peut, sans inconvéniens, les laisser aller et venir en liberté ; ils ne s'éloignent pas beaucoup, reviennent d'eux-mêmes au gîte, et n'ont de querelle qu'auprès de l'auge ou de la gamelle, lorsqu'on la leur présente en commun : ils ont un grognement de colère plus fort et plus dur que celui du cochon, mais on les entend rarement crier ; ils soufflent comme le sanglier, lorsqu'on les surprend et qu'on les épouvante brusquement ; leur haleine est très-forte, leur poil se hérisse lorsqu'ils sont irrités ; il est si rude, qu'il ressemble plutôt aux piquans du hérisson qu'aux soies du sanglier.

L'espèce du Pecari s'est conservée sans altération et ne s'est point mêlée avec celle du cochon marron ; c'est ainsi qu'on appelle le cochon d'Europe transporté et devenu sauvage en Amérique : ces animaux se rencontrent dans les bois et vont même de compagnie sans qu'il en résulte rien ; il en est de même du cochon de Guinée qui s'est aussi multiplié en Amérique, après y avoir été transporté d'Afrique. Le cochon d'Europe, le cochon de Guinée et le Pecari sont trois espèces qui paroissent être fort voisines, et qui cependant sont distinctes et séparées les unes des autres, puisqu'elles subsistent toutes trois dans le même climat sans mélange et sans altération : notre sanglier est le plus fort, le plus robuste et le plus redoutable des trois. Le Pecari, quoiqu'assez féroce, est plus foible, plus pesant et plus mal armé ; ses grandes dents tranchantes qu'on appelle défenses, sont beaucoup plus courtes que dans le sanglier ; il craint le froid et ne pourroit subsister sans abri dans notre climat tempéré, comme notre sanglier ne peut lui-même subsister dans les climats trop froids : ils n'ont pu ni l'un ni l'autre passer d'un continent à l'autre par les terres du nord ; ainsi l'on ne doit pas regarder le Pecari comme un cochon d'Europe dégénéré ou dénaturé sous le climat d'Amérique, mais comme un animal propre et particulier aux terres méridionales de ce nouveau continent.

Ray et plusieurs autres auteurs ont prétendu que la liqueur du Pecari, qui suinte par l'ouverture du dos, est une espèce de musc, un parfum agréable, même au sortir du corps de l'animal ; que cette odeur agréable se fait même sentir d'assez loin et parfume les endroits où il passe et les lieux qu'il habite. J'avoue que nous avons éprouvé mille fois le contraire ; l'odeur de cette liqueur, au sortir du corps de l'animal, est si désagréable que nous ne pouvions la sentir, ni la faire recueillir sans un extrême dégoût ; il semble seulement qu'elle devienne moins fétide en se desséchant à l'air ; mais jamais elle ne prend l'odeur suave du musc, ni le parfum de la civette ; et on auroit parlé plus juste, si on l'eût comparée à celle du castoreum.

Un de nos correspondans nous a appris qu'il y a deux espèces de pecari à Cayenne, bien distinctes et qui ne se mêlent ni ne s'accouplent ensemble. Elles diffèrent par la couleur du poil, et sur-tout par la grandeur du corps : le pecari de la plus grosse espèce a le poil noir et pèse environ cent livres ; la plus petite espèce a le poil roux et ne pèse ordinairement que soixante livres : ceux de la grande espèce ne courent pas, comme ceux de la petite, après les chiens et les hommes. Les deux espèces habitent les grands bois et vont par troupes de deux ou trois cents ; dans le temps des pluies, ils habitent les montagnes ; dans les autres temps on les trouve constamment dans les endroits bas et marécageux. On les chasse sans chiens et en les suivant à la piste : on peut les tirer aisément et en tuer plusieurs; car ces animaux, au lieu de fuir, se rassemblent et donnent quelquefois le temps de recharger et de tirer plusieurs coups de suite. Le même observateur raconte qu'étant un jour à la chasse d'un de ces animaux avec plusieurs autres personnes, et un seul chien qui s'étoit à leur aspect réfugié entre les jambes de son maître sur un rocher où tous les chasseurs étoient montés pour se mettre en sûreté, ils n'en furent pas moins investis par la troupe de ces cochons, et qu'ils ne cessèrent de faire feu sans pouvoir les forcer à se retirer qu'après en avoir tué un grand nombre : cependant, dit-il, ces animaux s'enfuient lorsqu'ils ont été chassés plusieurs fois. Les petits que l'on prend à la chasse, s'apprivoisent aisément; mais ils ne veulent pas suivre les autres cochons domestiques, et ne se mêlent jamais avec eux. Dans leur état de liberté, ils se tiennent souvent dans les marécages et traversent quelquefois les grandes rivières. Ils font beaucoup de ravage dans les plantations : leur chair est de meilleur goût, mais moins tendre que celle des cochons domestiques; elle ressemble à celle du lièvre, et n'a ni lard ni graisse. Il faut avoir soin, lorsqu'on les tue, d'ôter la glande qu'ils ont sur le dos; cette glande répand une odeur fétide qui donneroit un mauvais goût à la viande.

C'est la grande espèce dont nous avons donné la description; et à l'égard de la petite espèce, nous ne croyons pas que la différence qu'on a trouvée dans la couleur du poil et dans la grosseur du corps, puisse être autre chose qu'une variété produite par l'âge ou par quelqu'autre circonstance accidentelle.

DU CABIAI.

Cet animal d'Amérique n'avoit jamais paru en Europe ; celui que nous avons vu avoit été envoyé jeune et n'étoit pas encore tout-à-fait adulte lorsqu'un accident l'a fait mourir. Comme on l'avoit enfermé dans un grenier, il se jeta par la fenêtre et tomba dans un bassin où il se noya ; ce qui ne lui seroit pas arrivé s'il n'eût pas été blessé dans sa chûte sur les bords du bassin. Nous avons donc été à portée de le connoître et de le décrire, tant à l'extérieur qu'à l'intérieur. Ce n'est point un cochon, comme l'ont prétendu les Naturalistes et les voyageurs ; il ne lui ressemble même que par de petits rapports, et en diffère par de grands caractères; il ne devient jamais aussi grand ; le plus gros Cabiai est à peine égal à un cochon de dix-huit mois ; il a la tête plus courte, la gueule beaucoup moins fendue, les dents et les pieds tout différens, des membranes entre les doigts, point de queue ni de défenses; les yeux plus grands, les oreilles plus courtes ; et il en diffère encore autant par le naturel et les mœurs, que par la conformation : il habite souvent dans l'eau, où il nage comme une loutre, y cherche de même sa proie, et vient manger au bord le poisson qu'il prend et qu'il saisit avec la gueule et les ongles; il mange aussi des grains, des fruits et des cannes de sucre ; comme ses pieds sont longs et plats, il se tient souvent assis sur ceux de derrière. Son cri est plutôt un braiement comme celui de l'âne, qu'un grognement comme celui du cochon ; il ne marche ordinairement que la nuit, et presque toujours de compagnie, sans s'éloigner du bord des eaux; car, comme il court mal à cause de ses longs pieds et de ses jambes courtes, il ne pourroit trouver son salut dans la fuite; et, pour échapper à ceux qui le chassent, il se jette à l'eau, y plonge et va sortir au loin, ou bien il y demeure si longtemps, qu'on perd l'espérance de le revoir. Cependant on a remarqué que la hure n'en étoit pas mauvaise, et cela s'accorde avec ce que l'on sait du castor, dont les parties antérieures ont le goût de chair, tandis que les parties postérieures ont le goût du poisson. Le Cabiai est d'un naturel tranquille et doux; il ne fait ni mal ni querelle aux autres animaux; on l'apprivoise sans peine; il vient à la voix et suit assez volontiers ceux qu'il connoît et qui l'ont bien traité; on ne le nourrissoit à Paris qu'avec de l'orge, de la salade et des fruits. On nous écrit de Cayenne que ces animaux sont fort communs à la Guiane, et encore plus dans les terres qui avoisinent le fleuve de l'Amazone, où le poisson est très-abondant; ils vont toujours par couple, le mâle et la femelle; ils ne font qu'un petit; ils ne sont nullement dangereux, ne se jetant jamais ni sur les hommes ni sur les chiens; leur chair est blanche, tendre et de fort bon goût. Ce dernier fait semble contredire ce que disent les autres relateurs, que la chair du Cabiai a plutôt, comme celle de la loutre, le goût d'un mauvais poisson que celui d'une bonne viande; cependant il se pourroit que la chair du cabiai vivant de poisson eût ce mauvais goût, et que celle du cabiai, vivant de pain et de grains, fût en effet très-bonne.

DE L'AGOUTI (1).

CET animal est de la grosseur d'un lièvre, et a été regardé comme une espèce de lapin ou de gros rat par la plupart des auteurs de nomenclature en Histoire Naturelle ; cependant il ne leur ressemble que par de très-petits caractères, et il en diffère essentiellement par les habitudes naturelles ; il a la rudesse de poil et le grognement du cochon ; il a aussi sa gourmandise ; il mange de tout avec voracité ; et lorsqu'il est rassasié, rempli, il cache, comme le renard, en différens endroits ce qui lui reste d'alimens pour le trouver au besoin : il se plaît à faire du dégât, à couper, à ronger tout ce qu'il trouve. Lorsqu'on l'irrite, son poil se hérisse sur la croupe, et il frappe fortement la terre de ses pieds de derrière ; il mord cruellement ; il ne se creuse pas un trou comme le lapin, ni ne se tient pas sur terre à découvert comme le lièvre : il habite ordinairement dans le creux des arbres et dans les souches pourries. Les fruits, les patates, le manioc sont la nourriture ordinaire de ceux qui fréquentent autour des habitations ; les feuilles et les racines des plantes et des arbrisseaux sont les alimens des autres qui demeurent dans les bois et les savanes. L'Agouti se sert, comme l'écureuil, de ses pieds de devant pour saisir et porter à sa gueule ; il court d'une très-grande vîtesse en plaine et en montant ; mais comme il a les jambes de devant plus courtes que celles de derrière, il feroit la culbute s'il ne ralentissoit sa course en descendant. Il a la vue

---

(1) *Agouti*, nom indien. Au Brésil, vulgairement *Cotia*.

bonne et l'ouïe très-fine ; lorsqu'on le pipe, il s'arrête pour écouter. La chair de ceux qui sont gras et bien nourris n'est pas mauvaise à manger, quoiqu'elle ait un petit goût de sauvage et qu'elle soit un peu dure : on échaude l'Agouti comme le cochon de lait, et on l'apprête de même. On le chasse avec des chiens ; lorsqu'on peut le faire entrer dans des cannes de sucre coupées, il est bientôt rendu, parce qu'il y a ordinairement dans ces terreins de la paille et des feuilles de canne d'un pied d'épaisseur, et qu'à chaque saut qu'il fait il enfonce dans cette litière, en sorte qu'un homme peut souvent l'atteindre et le tuer avec un bâton. Ordinairement il s'enfuit d'abord très-vîte devant les chiens, et gagne ensuite sa retraite où il se tapit et demeure obstinément caché : le chasseur, pour l'obliger à en sortir, la remplit de fumée ; l'animal à demi suffoqué jette des cris douloureux et plaintifs, et ne paroît qu'à toute extrémité. Son cri, qu'il répète souvent lorsqu'on l'inquiète ou qu'on l'irrite, est semblable à celui d'un petit cochon. Pris jeune, il s'apprivoise aisément ; il reste à la maison, en sort seul et revient de lui-même. Ces animaux demeurent ordinairement dans les bois, dans les haies ; les femelles y cherchent un endroit fourré pour préparer un lit à leurs petits ; elles font ce lit avec des feuilles et du foin ; elles produisent deux ou trois fois par an ; chaque portée est, dit-on, de trois, quatre et même cinq petits ; elles transportent leurs petits comme les chattes, deux ou trois jours après leur naissance ; elles les portent dans des trous d'arbres, où elles ne les allaitent que pendant peu de temps : les jeunes agoutis sont bientôt en état

de

de suivre leur mère et de chercher à vivre. Ainsi le temps de l'accroissement de ces animaux est assez court, et par conséquent leur vie n'est pas bien longue. On les trouve communément au Brésil, à la Guiane, à Saint-Domingue et dans toutes les îles; ils ont besoin d'un climat chaud pour subsister et se multiplier.

Voici ce qu'on nous écrit de Cayenne au sujet de cet animal : « C'est le quadrupède le plus commun de la Guiane; sa peau est dure et propre à faire des empeignes de souliers qui durent très-longtemps. Il n'a point de graisse ; sa chair est aussi blanche et presqu'aussi bonne que celle du lapin, mais ceux du bord de la mer sont les meilleurs; on les prend avec des trappes; on les tue à l'affût; on les chasse avec des chiens. Les Indiens et les Nègres qui savent les siffler, en tuent tant qu'ils veulent. Quand ils sont poursuivis, ils se sauvent à l'eau, ou bien ils se cachent, comme les lapins, dans des trous qu'ils ont creusés, ou dans des arbres creux : ils mangent avec leurs pattes comme les écureuils; devenus domestiques ils ne vont pas courir loin, et reviennent à la maison volontiers ; cependant ils conservent un peu de leur humeur sauvage. En général ils restent dans leurs trous pendant la nuit, à moins qu'il ne fasse clair de lune; mais ils courent pendant la plus grande partie du jour, et il y a de certaines contrées où ils sont si nombreux, qu'on les rencontre souvent par vingtaines. »

DU PACA (1).

Le Paca est un animal du nouveau monde, qui se creuse un terrier comme le lapin, auquel on l'a souvent comparé, et auquel cependant il ressemble très-peu; il est beaucoup plus grand que le lapin, et même que le lièvre, il a le corps plus gros et plus ramassé, la tête ronde et le museau court: il est gras et replet, et il ressemble plutôt par la forme du corps à un jeune cochon, dont il a le grognement, l'allure et la manière de manger; car il ne se sert pas, comme le lapin, de ses pattes de devant pour porter à sa gueule, et il fouille la terre comme le cochon, pour trouver sa subsistance; il habite le bord des rivières et ne se trouve que dans les lieux humides et chauds de l'Amérique méridionale.

J'ai fait nourrir un de ces animaux dans ma maison, et voici quelques-unes des observations qu'on a faites sur sa manière de vivre.

On a fait construire pour ce paca, qui étoit une femelle, une petite loge en bois, dans laquelle elle demeuroit assez tranquille pendant le jour, sur-tout lorsqu'on ne la laissoit pas manquer de nourriture; elle semble même affectionner sa retraite tant que le jour dure, car elle s'y retire d'elle-même après avoir mangé; mais dès que la nuit vient, elle marque le desir violent qu'elle a de sortir, en s'agitant continuellement, et en déchirant avec ses dents les barreaux de sa pri-

---

(1) *Paca*, nom de cet animal au Brésil. On l'appelle aussi à la Guiane *Ourana*.

son, chose qui ne lui arrive jamais pendant le jour, à moins que ce ne soit pour faire ses besoins ; car non-seulement elle ne fait jamais, mais même elle ne peut souffrir aucune ordure dans sa petite demeure; elle va pour faire les siennes au plus loin qu'elle peut. Elle jette souvent la paille qui lui sert de litière dès qu'elle a pris de l'odeur, comme pour en demander de nouvelle; elle pousse cette vieille paille dehors avec son museau, et va chercher du linge et du papier pour la remplacer. Sa loge n'étoit pas le seul endroit qui parût lui plaire; tous les recoins obscurs sembloient lui convenir; elle établissoit souvent un nouveau gîte dans les armoires qu'elle trouvoit ouvertes, ou bien sous les fourneaux de l'office et de la cuisine; mais auparavant elle s'y préparoit un lit, et quand elle s'étoit une fois donné la peine de s'y établir, on ne pouvoit que par force la faire sortir de ce nouveau domicile; la propreté semble lui être si naturelle, que lui ayant donné un gros lapin mâle dans le temps qu'elle étoit en chaleur pour tenter leur union, elle le prit en aversion au moment qu'il fit ses ordures dans leur cage commune: auparavant elle l'avoit assez bien reçu pour en espérer quelque chose; elle lui faisoit même des avances très-marquées en lui léchant le nez, les oreilles et le corps; elle lui laissoit même presque toute la nourriture, sans chercher à la partager; mais, dès que le lapin eut infecté la cage, elle se retira sur le champ dans le fond d'une vieille armoire, où elle se fit un lit de papier et de linge, et ne revint à sa loge que quand elle la vit nette et libre de l'hôte malpropre qu'on lui avoit donné.

Le Paca s'accoutume aisément à la vie domestique, il est doux et traitable tant qu'on ne cherche pas à l'irriter; il aime qu'on le flatte, et lèche les mains des personnes qui le caressent : il connoît fort bien ceux qui prennent soin de lui, et sait parfaitement distinguer leur voix. Lorsqu'on le gratte sur le dos, il s'étend et se couche sur le ventre; quelquefois même il s'exprime par un petit cri de reconnoissance, et semble demander que l'on continue. Néanmoins il n'aime pas qu'on le saisisse pour le transporter, et il fait des efforts très-vifs et très-réitérés pour s'échapper.

Il a les muscles très-forts et le corps massif; cependant il a la peau si sensible que le plus léger attouchement suffit pour lui causer une vive émotion. Cette grande sensibilité, quoiqu'ordinairement accompagnée de douceur, produit quelquefois des accès de colère, lorsqu'on le contrarie trop fort ou qu'il se présente un objet déplaisant; la seule vue d'un chien qu'il ne connoît pas le met de mauvaise humeur. On l'a vu renfermé dans sa loge, en mordre la porte et faire en sorte de l'ouvrir, parce qu'il venoit d'entrer un chien étranger dans la chambre; on crut d'abord qu'il ne vouloit sortir que pour faire ses besoins, mais on fut assez surpris, lorsqu'étant mis en liberté, il s'élança tout d'un coup sur le chien qui ne lui faisoit aucun mal, et le mordit assez fort pour le faire crier; néanmoins il s'est accoutumé en peu de jours avec ce même chien. Il traite de même les gens qu'il ne connoît pas et qui le contrarient, mais il ne mord jamais ceux qui ont soin de lui; il n'aime pas les enfans et il les poursuit assez volontiers. Il manifeste sa colère par une espèce de claquement de dents, et par un grognement qui précède toujours sa petite fureur.

Cet animal se tient souvent debout, c'est-à-dire assis sur son derrière, et quelquefois il demeure assez longtemps dans cette situation ; il a l'air de se peigner la tête et la moustache avec ses pattes qu'il lèche et humecte de salive à chaque fois ; souvent il se sert de ses deux pattes à-la-fois pour se peigner ; ensuite il se gratte le corps jusqu'aux endroits où il peut atteindre avec ces mêmes pattes de devant, et pour achever sa petite toilette, il se sert de celles de derrière, et se gratte dans tous les autres endroits qui peuvent être souillés.

C'est cependant un animal d'une grosse corpulence et qui ne paroît ni délicat, ni leste, ni léger ; il est plutôt pesant et lourd, ayant à peu près la démarche d'un petit cochon ; il court rarement, lentement et d'assez mauvaise grâce ; il n'a de mouvemens vifs que pour sauter, tantôt sur les meubles et tantôt sur les choses qu'il veut saisir ou emporter. Il ressemble encore au cochon par sa peau blanche, épaisse et qu'on ne peut tirer ni pincer, parce qu'elle est adhérente à la chair.

La hauteur prise aux jambes de devant dans celui que nous décrivons étoit de sept pouces, et cette hauteur prise aux jambes de derrière étoit d'environ neuf pouces et demi, en sorte qu'en marchant son derrière paroît toujours bien plus haut que sa tête.

Le corps est couvert d'un poil court, rude et clairsemé, couleur de terre d'ombre et plus foncé sur le dos ; mais le ventre, la poitrine, le dessous du cou et les parties intérieures des jambes sont au contraire couverts d'un poil blanc sale ; et ce qui le rend très-remarquable, ce sont cinq espèces de bandes longitudinales formées par des taches blanches, la plupart séparées les unes des autres. Ces cinq bandes sont dirigées le long du corps, de manière qu'elles tendent à se rapprocher les unes des autres à leurs extrémités.

La tête est fort convexe, les yeux sont gros, saillans et de couleur brunâtre ; le bout du nez est large, de couleur presque noire, divisé en deux comme celui des lièvres ; les narines sont fort grandes. L'animal a beaucoup de force et d'adresse dans cette partie, car nous l'avons vu souvent soulever avec son nez la porte de sa loge qui fermoit à coulisse. Chaque mâchoire est armée en devant de deux dents incisives fort longues, jaunes comme du safran, et assez fortes pour couper le bois. On a vu cet animal, en une seule nuit, faire un trou dans une des planches de sa loge, assez grand pour y passer sa tête. Sa langue est étroite, épaisse et un peu rude. Nous n'avons pu voir ni compter les dents mâchelières par la forte résistance de l'animal ; chaque pied, tant de devant que de derrière, a cinq doigts, dont quatre sont armés d'ongles longs de cinq ou six lignes. Entre les jambes de derrière, à peu de distance des parties naturelles se trouvent deux mamelles de couleur brunâtre. Au reste, quoique la queue ne soit nullement apparente, on trouve néanmoins, en la recherchant, un petit bouton de deux ou trois lignes de longueur qui paroit en être l'indice.

Le paca domestique mange de tout ce qu'on veut lui

donner, et il paroît avoir un très-grand appétit. On le nourrissoit ordinairement de pain, et soit qu'on le trempât dans l'eau, dans le vin et même dans du vinaigre, il le mangeoit également; mais le sucre et les fruits sont si fort de son goût que, lorsqu'on lui en présentoit, il en témoignoit sa joie par des bonds et des sauts. Les racines et les légumes étoient aussi de son goût; il mangeoit également les navets, le céleri, les oignons et même l'ail et l'échalotte. Il ne refusoit pas les choux ni les herbes, même la mousse et les écorces de bois; nous l'avons souvent vu manger aussi du bois et du charbon dans les commencemens. La viande étoit ce qu'il paroissoit aimer le moins; il n'en mangeoit que rarement et en très-petite quantité. On pourroit aisément le nourrir de grain; car souvent il en cherchoit dans la paille de sa litière. Il boit comme le chien en soulevant l'eau avec la langue. Son urine est fort épaisse et d'une odeur insupportable. Sa fiente est en petites crottes plus alongées que celles des lapins et des lièvres.

D'après les petites observations que nous venons de rapporter, nous sommes très-portés à croire qu'on pourroit naturaliser cette espèce en France; et comme la chair en est bonne à manger, et que l'animal est peu difficile à nourrir, ce seroit une acquisition utile. Il ne paroît pas craindre beaucoup le froid, et d'ailleurs pouvant creuser la terre, il s'en garantiroit aisément pendant l'hiver. Un seul paca fourniroit autant de bonne chair que sept ou huit lapins. Elle est si grasse qu'on ne la larde jamais; on mange même la peau comme celle du cochon de lait; aussi lui fait-on continuellement la guerre; les chasseurs ont de la peine à le prendre vivant, et quand on le surprend dans son terrier qu'on découvre en devant et en arrière, il se défend et cherche même à se venger en mordant avec autant d'acharnement que de vivacité. Sa peau, quoique couverte d'un poil court et rude, fait une assez belle fourrure, parce qu'elle est régulièrement tachetée sur les côtés.

M. de la Borde dit que le Paca construit son terrier sur le bord des rivières, de manière qu'il peut y entrer ou en sortir par trois issues différentes. « Il n'en sort pendant le jour, dit-il, que pour faire ses besoins, et toutes les fois qu'il rentre, il a soin d'en boucher les issues avec des feuilles et des petites branches. Ces animaux ne produisent ordinairement qu'un petit qui ne quitte la mère que quand il est adulte ; et même si c'est un mâle il ne s'en sépare qu'après s'être accouplé avec elle. On en connoît de deux ou trois espèces à Cayenne, et l'on prétend qu'ils ne se mêlent point ensemble. Les uns pèsent depuis quatorze jusqu'à vingt livres, et les autres vingt-cinq à trente livres. »

DU L'ONDATRA OU RAT MUSQUÉ DE CANADA (1).

L'ONDATRA est de la grosseur d'un petit lapin et de la forme d'un rat; il a la tête courte et semblable à celle du rat d'eau; le poil luisant et doux avec un duvet fort épais au-dessous du premier poil, à peu près comme le castor; il a la queue longue et couverte de petites écailles comme celles des autres rats, mais elle est d'une forme différente : la queue des rats communs est à peu près cylindrique et diminue de grosseur depuis l'origine jusqu'à l'extrémité; celle du rat musqué est fort aplatie vers la partie du milieu jusqu'à l'extrémité, et un peu plus arrondie au commencement, c'est-à-dire à l'origine; les faces aplaties ne sont pas horizontales, mais verticales, en sorte qu'il semble que la queue ait été serrée et comprimée des deux côtés dans toute sa longueur : les doigts des pieds ne sont pas réunis par des membranes, mais ils sont garnis de longs poils assez serrés, qui suppléent en partie l'effet de la membrane et donnent à l'animal plus de facilité pour nager. Il a les oreilles très-courtes et non pas nues comme le rat domestique, mais bien couvertes de poils en dehors et en dedans; les yeux grands et de trois lignes d'ouverture; deux dents incisives d'environ un pouce de long dans la mâchoire inférieure, et deux autres plus courtes dans la mâ-

---

(1) *Ondatra*; nom de cet animal chez les sauvages de l'Amérique septentrionale.

choire supérieure : ces quatre dents sont très-fortes et lui servent à ronger et à couper le bois.

Les choses singulières que l'on a observées dans cet animal, sont, 1°. la force et la grande expansion du muscle peaucier qui fait que l'animal, en contractant sa peau, peut resserrer son corps et le réduire à un plus petit volume ; 2°. la souplesse des fausses côtes qui permet cette contraction du corps, laquelle est si considérable, que le rat musqué passe dans des trous où des animaux beaucoup plus petits ne peuvent entrer ; 3°. la manière dont s'écoulent les urines dans les femelles ; car l'urètre n'aboutit point, comme dans les autres quadrupèdes, au-dessous du clitoris, mais à une éminence velue située sur l'os pubis ; et cette éminence a un orifice particulier qui sert à l'éjection des urines ; organisation singulière qui ne se trouve que dans quelques espèces d'animaux, comme les rats et les singes, dont les femelles ont trois ouvertures. On a observé que le castor est le seul des quadrupèdes dans lequel les urines et les excrémens aboutissent également à un réceptacle commun qu'on pourroit comparer au cloaque des oiseaux. Les femelles des rats et des singes sont peut-être les seules qui aient le conduit des urines et l'orifice par où elles s'écoulent absolument séparés des parties de la génération ; cette singularité n'est que dans les femelles, car dans les mâles de ces mêmes espèces, l'urètre aboutit à l'extrémité de la verge, comme dans toutes les autres espèces de quadrupèdes. On a encore observé que les testicules qui, comme dans les autres rats, sont situés des deux côtés de l'anus, deviennent très-gros dans le temps du rut pour un animal aussi petit; mais qu'après la saison des amours, ils s'oblitèrent presque entièrement, et se réduisent au point de n'avoir pas plus d'une ligne de diamètre ; enfin les follécules qui contiennent le musc ou le parfum de cet animal, sous la forme d'une humeur laiteuse, et qui sont voisines des parties de la génération, éprouvent aussi les mêmes changemens; ils sont très-gros, très-gonflés; leur parfum est très-fort, très-exalté et même très-sensible à une assez grande distance dans le temps des amours ; ensuite ils se rident, se flétrissent et enfin s'oblitèrent en entier. Ce changement dans les follécules qui contiennent le parfum, se fait plus promptement et plus complettement que celui des parties de la génération.

Ainsi voilà des animaux quadrupèdes qui, partout le reste de la conformation ressemblent aux autres quadrupèdes, desquels cependant les parties de la génération se renouvellent et s'oblitèrent chaque année à peu près comme les laitances des poissons, ce sont-là de ces nuances par lesquelles la Nature rapproche secrètement les êtres qui nous paroissent les plus éloignés, de ces exemples rares, de ces instances solitaires qu'il ne faut jamais perdre de vue, parce qu'elles tiennent au système général de l'organisation des êtres, et qu'elles en réunissent les points les plus éloignés.

Comme l'Ondatra est du même pays que le castor, que comme lui il habite sur les eaux, qu'il est en petit à peu près de la même figure, de la même couleur et du même poil, on les a souvent comparés l'un à l'autre ; on assure même qu'au premier coup-d'œil on prendroit un vieux ondatra pour un castor qui n'auroit qu'un mois d'âge ; ils diffèrent cependant assez par la forme de la queue pour qu'on ne puisse s'y méprendre ; elle est ovale et plate horizontalement dans le castor ; elle est très-alongée et plate verticalement dans l'Ondatra : au reste ces animaux se ressemblent assez par le naturel et l'instinct ; les Ondatras, comme les castors, vivent en société pendant l'hiver ; ils font des petites cabanes d'environ deux pieds et demi de diamètre, et quelquefois plus grandes, où ils se réunissent plusieurs familles ensemble ; ce n'est point, comme les marmottes, pour y dormir pendant cinq ou six mois, c'est seulement pour se mettre à l'abri de la rigueur de l'air : ces cabanes sont rondes et couvertes d'un dôme d'un pied d'épaisseur ; des herbes, des joncs entrelacés mêlés avec de la terre grasse qu'ils pétrissent avec les pieds, sont leurs matériaux. Leur construction est impénétrable à l'eau du ciel, et ils pratiquent des gradins en dedans pour n'être pas gagnés par l'inondation de celle de la terre : cette cabane, qui leur sert de retraite, est couverte pendant l'hiver de plusieurs pieds de glaces et de neige sans qu'ils en soient incommodés. Ils ne font pas de provisions pour vivre comme les castors, mais ils creusent des puits et des espèces de boyaux au-dessous et à l'entour de leur demeure pour chercher de l'eau et des racines ; ils passent ainsi l'hiver fort tristement quoiqu'en société, car ce n'est pas la saison de leurs amours : ils sont privés pendant tout ce temps de la lumière du ciel ; aussi lorsque l'haleine du printemps commence à dissoudre les neiges et à découvrir les sommets de leurs habitations, les chasseurs en ouvrent le dôme, les offusquent brusquement de la lumière du jour, et assomment ou prennent tous ceux qui n'ont pas eu le temps de gagner les galeries souterraines qu'ils se sont pratiquées et qui leur servent de derniers retranchemens où on les suit encore ; car leur peau est précieuse et leur chair n'est pas mauvaise à manger. Ceux qui échappent à la main du chasseur quittent leur habitation à peu près dans ce temps ; ils sont errans pendant l'été, mais toujours deux à deux, car c'est le temps des amours : ils vivent d'herbes et se nourrissent largement des productions nouvelles que leur offre la surface de la terre ; la membrane adipeuse s'étend, s'augmente, se remplit par la surabondance de cette bonne nourriture ; les follécules se renouvellent, se remplissent aussi ; les parties de la génération se dérident, se gonflent ; et c'est alors que ces animaux prennent une odeur de musc si forte qu'elle n'est pas supportable; cette odeur se fait sentir de loin, et quoique suave pour les Européens, elle déplaît si fort aux sauvages, qu'ils ont appelé puante une rivière sur les bords de laquelle habitent en grand nombre ces rats musqués qu'ils appellent aussi rats puants.

Ils produisent une fois par an et cinq ou six petits à-la-fois ; la durée de la gestation n'est pas longue, puisqu'ils n'entrent en amour qu'au commencement de l'été et que les petits sont déjà grands au mois d'octobre, lorsqu'il faut suivre leurs père et mère dans la cabane qu'ils construisent de nouveau tous les ans; car on a remarqué qu'ils ne reviennent point à leurs anciennes habitations. Leur voix est une espèce de gémissement que les chasseurs imitent pour les piper et pour les faire approcher ; leurs dents de devant sont si fortes et si propres à ronger, que, quand on enferme un de ces animaux dans une caisse de bois dur, il y fait en très-peu de temps un trou assez grand pour en sortir ; et c'est encore une de ces facultés naturelles qu'il a commune avec le castor, que nous n'avons pu garder enfermé qu'en doublant de fer blanc la porte de sa loge. L'Ondatra ne nage ni aussi vîte ni aussi long-temps que le castor : il va plus souvent à terre, il ne court pas bien et marche encore plus mal en se berçant à-peu-près comme une oie. Sa peau conserve une odeur de musc, qui fait qu'on ne s'en sert pas volontiers pour fourrure; mais on emploie le second poil ou duvet dans la fabrique des chapeaux.

Ces animaux sont peu farouches, et en les prenant petits on peut les apprivoiser aisément ; ils sont même très-jolis lorsqu'ils sont jeunes ; leur queue, longue et presque nue, qui rend leur figure désagréable, est fort courte dans le premier âge ; ils jouent innocemment et aussi lestement que des petits chats; il ne mordent point, et on les nourriroit aisément si leur odeur n'étoit point incommode.

DE L'UNAU ET DE L'AÏ (1).

L'ON a donné à ces deux animaux l'épithète de paresseux, à cause de la lenteur de leurs mouvemens et de la difficulté qu'ils ont à marcher; mais nous avons cru devoir leur conserver les noms qu'ils portent dans leur pays natal, d'abord pour ne pas les confondre avec d'autres animaux presqu'aussi paresseux qu'eux, et encore pour les distinguer nettement l'un de l'autre; car quoiqu'ils se ressemblent à plusieurs égards, ils diffèrent néanmoins tant à l'extérieur qu'à l'intérieur, par des caractères si marqués, qu'il n'est pas possible, lorsqu'on les a examinés, de les prendre l'un pour l'autre, ni même de douter qu'ils ne soient de deux espèces très-éloignées. L'Unau n'a point de queue et n'a que deux ongles aux pieds de devant; l'Aï porte une queue courte et trois ongles à tous les pieds : l'Unau a le museau plus long, le front plus élevé, les oreilles plus apparentes que l'Aï; il a aussi le poil tout différent : à l'intérieur, ses viscères sont autrement situés et conformés différemment dans quelques-unes de leurs parties; mais le caractère le plus distinctif et en même temps le plus singulier, c'est que l'Unau a quarante six côtes, tandis que l'Aï n'en a que vingt-huit : cela seul suppose deux espèces très-éloignées l'une de l'autre; et ce nombre de quarante-six côtes dans un animal dont le corps est si court, est une espèce d'excès ou d'erreur de la Nature; car de tous les animaux,

---

(1) Noms de cet animal au Maragnon et au Brésil. Le dernier vient de son cri plaintif *aï*, *aï*.

même des plus grands et de ceux dont le corps est le plus long relativement à leur grosseur, aucun n'a tant de chevrons à sa charpente. L'éléphant n'a que quarante côtes, le cheval trente-six, le blaireau trente, le chien vingt-six, l'homme vingt-quatre. Cette différence dans la construction de l'Unau et de l'Aï, suppose plus de distance entre ces deux espèces qu'il n'y en a entre celles du chien et du chat qui ont le même nombre de côtes; car les différences extérieures ne sont rien en comparaison des différences intérieures; celles-ci sont pour ainsi dire les causes des autres qui n'en sont que les effets. L'intérieur dans les êtres vivans est le fond du dessin de la Nature ; c'est la forme constituante, c'est la vraie figure; l'extérieur n'en est que la surface ou même la draperie; car combien n'avons-nous pas vu, dans l'examen comparé que nous avons fait des animaux, que cet extérieur souvent très-différent, recouvre un intérieur parfaitement semblable; et qu'au contraire la moindre différence intérieure en produit de très-grandes à l'extérieur et change même les habitudes naturelles, les facultés, les attributs de l'animal? Combien n'y en a-t-il pas qui sont armés, couverts, ornés de parties excédantes, et qui cependant, pour l'organisation intérieure, ressemblent en entier à d'autres qui en sont dénués ?

Mais ce n'est point ici le lieu de nous étendre sur ce sujet, qui, pour être bien traité, suppose non-seulement une comparaison réfléchie, mais un développement suivi de toutes les parties des êtres organisés. Nous dirons seulement, pour revenir à nos deux animaux, qu'autant la Nature est vive, agissante, exaltée

tée dans les singes, autant elle est lente, contrainte et resserrée dans ces paresseux ; et c'est moins paresse que misère ; c'est défaut, c'est dénuement, c'est vice dans la conformation (1); les yeux obscurs et couverts, la mâchoire aussi lourde qu'épaisse, le poil plat et semblable à de l'herbe séchée, les cuisses mal emboîtées et presque hors des hanches, les jambes trop courtes, mal tournées et encore plus mal terminées ; point d'assiette de pied, point de pouces, point de doigts séparément mobiles, mais deux ou trois ongles excessivement longs, recourbés en dessous, qui ne peuvent se mouvoir qu'ensemble, et nuisent plus à la marche qu'ils ne servent à grimper : la lenteur, la stupidité, l'abandon de son être, et même la douleur habituelle, résultans de cette conformation bizarre et négligée ; point d'armes pour attaquer ou se défendre ; nul moyen de sécurité, pas même en grattant la terre ; nulle ressource de salut dans la fuite : confinés, je ne dis pas au pays, mais à la motte de terre, à l'arbre sous lequel ils sont nés ; prisonniers au milieu de l'espace, ne pouvant parcourir qu'une toise en une heure ; grimpant avec peine, se traînant avec douleur ; une voix plaintive et par accens entrecoupés, qu'ils n'osent

---

(1) M. Wosmaër m'a reproché d'avoir dit que l'Unau et l'Aï n'avoient point de dents. J'avoue très-volontiers que j'ai fait une méprise, et que le reproche de M. Wosmaër est fondé : je ne lui sais point du tout mauvais gré d'avoir remarqué cette erreur, qui n'est venue que d'une inattention. J'aime autant une personne qui me relève d'une erreur, qu'une autre qui m'apprend une vérité, parce qu'en effet une erreur corrigée est une vérité.

élever que la nuit; tout annonce leur misère, tout nous rappelle ces monstres par défaut, ces ébauches imparfaites mille fois projetées, exécutées par la Nature, qui ayant à peine la faculté d'exister, n'ont dû subsister qu'un temps, et ont été depuis effacées de la liste des êtres; et en effet si les terres qu'habitent l'Unau et l'Aï n'étoient pas des déserts, si les hommes et les animaux puissans s'y fussent anciennement multipliés, ces espèces ne seroient pas parvenues jusqu'à nous; elles eussent été détruites par les autres, comme elles le seront un jour. Nous avons dit qu'il semble que tout ce qui peut être, est. Ceci paroît en être un indice frappant. Ces paresseux font le dernier terme de l'existence dans l'ordre des animaux qui ont de la chair et du sang; une défectuosité de plus les auroit empêchés de subsister; regarder ces ébauches comme des êtres aussi absolus que les autres; admettre des causes finales pour de tels disparates, et trouver que la Nature y brille autant que dans ses beaux ouvrages, c'est ne la voir que par un tube étroit, et prendre pour son but les fins de notre esprit.

Pourquoi n'y auroit-il pas des espèces d'animaux créées pour la misère, puisque dans l'espèce humaine, le plus grand nombre y est voué dès la naissance? Le mal, à la vérité, vient plus de nous que de la Nature; pour un malheureux, qui ne l'est que parce qu'il est né foible, impotent ou difforme, que de millions d'hommes le sont par la seule dureté de leurs semblables? Les animaux sont en général plus heureux; l'espèce n'a rien à redouter de ses individus; le mal n'a pour eux qu'une source; il en a deux pour l'homme;

celle du mal moral qu'il a lui-même ouverte, est un torrent qui s'est accrû comme une mer, dont le débordement couvre et afflige la face entière de la terre; dans le physique, au contraire, le mal est resserré dans des bornes étroites; il va rarement seul; le bien est souvent au-dessus, ou du moins de niveau : peut-on douter du bonheur des animaux, s'ils sont libres, s'ils ont la faculté de se procurer aisément leur subsistance, et s'ils manquent moins que nous de la santé, des sens et des organes nécessaires ou relatifs au plaisir? Or le commun des animaux est à tous ces égards très-richement doué; et les espèces disgraciées de l'Unau et de l'Aï, sont peut-être les seules que la Nature ait maltraitées, les seules qui nous offrent l'image de la misère innée.

Voyons-la de plus près; ces pauvres animaux, réduits à vivre de feuilles et de fruits sauvages, consument du temps à se traîner au pied d'un arbre; il leur en faut encore beaucoup pour grimper jusqu'aux branches; et pendant ce lent et triste exercice qui dure quelquefois plusieurs jours, ils sont obligés de supporter la faim et peut-être de souffrir le plus pressant besoin; arrivés sur leur arbre, ils n'en descendent plus; ils s'accrochent aux branches (1); ils le dépouillent par parties, mangent successivement les feuilles de chaque rameau,

---

(1) La situation la plus naturelle à l'Unau, et qu'il paroît préférer à toutes les autres, est de se suspendre à une branche le corps renversé en bas; quelquefois même il dort dans cette position, les quatre pattes accrochées sur un même point; son corps décrivant un arc. *Note communiquée.*

passent ainsi plusieurs semaines sans pouvoir délayer par aucune boisson cette nourriture aride; et lorsqu'ils ont ruiné leur fonds et que l'arbre est entièrement nu, ils y restent encore retenus par l'impossibilité d'en descendre; enfin, quand le besoin se fait de nouveau sentir, qu'il presse et qu'il devient plus vif que la crainte du danger de la mort, ne pouvant descendre, ils se laissent tomber, et tombent très-lourdement, comme un bloc, une masse sans ressort; car leurs jambes roides et paresseuses n'ont pas le temps de s'étendre pour rompre le coup.

A terre, ils sont livrés à tous leurs ennemis : comme leur chair n'est pas absolument mauvaise, les hommes et les animaux de proie les cherchent et les tuent; il paroît qu'ils multiplient peu, ou du moins que s'ils produisent fréquemment, ce n'est qu'en petit nombre; car ils n'ont que deux mamelles : tout concourt donc à les détruire, et il est bien difficile que l'espèce se maintienne. Il est vrai que quoiqu'ils soient lents, gauches et presqu'inhabiles au mouvement, ils sont durs, forts de corps et vivaces, qu'ils peuvent supporter long-temps la privation de toute nourriture ; que couverts d'un poil épais et sec, et ne pouvant faire d'exercice, ils dissipent peu et engraissent par le repos, quelque maigres que soient leurs alimens ; et que, quoiqu'ils n'aient ni bois, ni cornes sur la tête, ni sabots aux pieds, ni dents incisives à la mâchoire inférieure, ils sont cependant du nombre des animaux ruminans, et ont, comme eux, plusieurs estomacs ; que par conséquent ils peuvent compenser ce qui manque à la qualité de la nourriture par la quantité qu'ils en prennent à la fois ; et ce qui est encore extrêmement singulier, c'est qu'au lieu d'avoir, comme les ruminans, des intestins très-longs, ils les ont très-petits et plus courts que les animaux carnivores. L'ambiguité de la Nature paroît à découvert par ce contraste ; l'Unau et l'Aï sont certainement des animaux ruminans ; ils ont quatre estomacs, et en même temps ils manquent de tous les caractères, tant extérieurs qu'intérieurs, qui appartiennent généralement à tous les autres animaux ruminans : encore une autre ambiguité ; c'est qu'au lieu de deux ouvertures au dehors, l'une pour l'urine et l'autre pour les excrémens, au lieu d'un orifice extérieur et distinct pour les parties de la génération, ces animaux n'en ont qu'un seul, au fond duquel est un égout commun, un cloaque comme dans les oiseaux.

Au reste, si la misère qui résulte du défaut de sentiment n'est pas la plus grande de toutes, celle de ces animaux, quoique très-apparente, pourroit ne pas être réelle ; car ils paroissent très-mal ou très-peu sentir : leur air morne, leur regard pesant, leur résistance indolente aux coups qu'ils reçoivent sans s'émouvoir, annoncent leur insensibilité ; et ce qui la démontre, c'est qu'en les soumettant au scalpel, en leur arrachant le cœur et les viscères, ils ne meurent pas à l'instant : Pison qui a fait cette dure expérience, dit que le cœur séparé du corps battoit encore vivement pendant une demi-heure, et que l'animal remuoit toujours les jambes comme s'il n'eût été qu'assoupi ; par ces rapports, ce quadrupède se rapproche non-seulement de la tortue, dont il a déjà la lenteur, mais encore des autres reptiles et de tous ceux qui n'ont pas un centre de sentiment unique et bien distinct. Or, tous ces êtres sont misérables sans être malheureux; et dans ses productions les plus négligées, la Nature paroît toujours plus en mère qu'en marâtre.

L'Unau et l'Aï appartiennent également l'un et l'autre aux terres méridionales du nouveau continent. Ils ne peuvent supporter le froid. Ils craignent aussi la pluie : les alternatives de l'humidité et de la sécheresse altèrent leur fourrure qui ressemble plus à du chanvre mal serancé, qu'à de la laine ou du poil.

Je ne puis mieux terminer cet article que par des observations faites à Cayenne sur ces paresseux. « On connoît à Cayenne deux espèces de ces animaux, l'une appelée paresseux honteux, l'autre mouton paresseux (1); celui-ci est une fois plus long que l'autre et de la même grosseur; il a le poil long, épais et blanchâtre, pèse environ vingt-cinq livres; il se jette sur les hommes depuis le haut des arbres, mais d'une manière si lourde et si pesante qu'il est aisé de l'éviter : il mange le jour comme la nuit. »

« Le paresseux honteux a des taches noires, peut peser douze livres, se tient toujours sur les arbres, mange des feuilles de bois canon, qui sont réputées poison. Leurs boyaux empoisonnent les chiens qui les mangent, et néanmoins leur chair est bonne à manger; mais ce n'est que le peuple qui en fait usage. »

« Les deux espèces ne font qu'un petit qu'ils portent tout de suite sur le dos. Il y a grande apparence

---

(1) Le paresseux mouton est celui que nous avons appelé Unau, et le paresseux honteux est l'Aï.

que les femelles mettent bas sur les arbres, mais on n'en est pas sûr. Les deux espèces sont également communes, mais un peu rares aux environs de Cayenne. Ils se pendent quelquefois par leurs griffes à des branches d'arbres qui se trouvent sur les rivières, et alors il est aisé de couper la branche et de les faire tomber dans l'eau; mais ils ne lâchent point prise et y restent fortement attachés avec leurs pattes de devant. »

« Pour monter sur un arbre, cet animal étend nonchalamment une de ses pattes de devant qu'il pose le plus haut qu'il peut sur le pied de l'arbre; il s'accroche ainsi avec sa longue griffe, lève ensuite son corps fort lourdement, et petit à petit pose l'autre patte et continue de grimper ainsi. Tous ces mouvemens sont exécutés avec une lenteur et une nonchalance inexprimables. Si on en élève dans les maisons, ils grimpent toujours sur quelques poteaux ou même sur les portes, et ils n'aiment pas se tenir à terre. Si on leur présente un bâton lorsqu'ils sont à terre, ils s'en saisissent tout de suite et montent jusqu'à l'extrémité, où ils se tiennent fortement accrochés avec les pattes de devant, et serrent avec tout le corps l'endroit où ils se sont ainsi perchés. Ils ont un petit cri fort plaintif et langoureux qui ne se fait pas entendre de loin. »

DU TAMANOIR, DU TAMANDUA ET DU FOURMILLER.

Il existe dans l'Amérique méridionale trois espèces d'animaux à long museau, à gueule étroite et sans aucunes dents, à langue ronde et longue qu'ils insinuent dans les fourmillières et qu'ils retirent pour avaler les fourmis dont ils font leur principale nourriture. Le premier de ces mangeurs de fourmis est celui que les Brasiliens appellent *Tamandua-guacu*, c'est-à-dire grand Tamandua, et auquel les François habitués en Amérique ont donné le nom de Tamanoir ; c'est un animal qui a environ quatre pieds de longueur depuis l'extrémité du museau jusqu'à l'origine de la queue, la tête longue de quatorze à quinze pouces, le museau très-alongé, la queue longue de deux pieds et demi, couverte de poils rudes et longs de plus d'un pied ; le cou court, la tête étroite, les yeux petits et noirs, les oreilles arrondies, la langue menue, longue de plus de deux pieds, qu'il replie dans sa gueule lorsqu'il la retire toute entière. Ses jambes n'ont qu'un pied de hauteur ; celles de devant sont un peu plus hautes et plus menues que celles de derrière : il a les pieds ronds ; ceux de devant sont armés de quatre ongles, dont les deux du milieu sont les plus grands ; ceux de derrière ont cinq ongles. Les poils de la queue, comme ceux du corps, sont mêlés de noir et de blanchâtre ; sur la queue ils sont disposés en forme de panache : l'animal la retourne sur le dos, s'en couvre tout le corps lorsqu'il veut dormir ou se mettre à l'abri de la pluie et de l'ardeur du soleil ; les longs poils de la queue et du corps ne sont pas ronds dans toute leur étendue; ils sont plats à l'extrémité et secs au toucher comme de l'herbe desséchée : l'animal agite fréquemment et brusquement sa queue lorsqu'il est irrité; mais il la laisse traîner en marchant quand il est tranquille, et il balaie le chemin par où il passe : les poils des parties antérieures de son corps sont moins longs que ceux des parties postérieures; ceux-ci sont tournés en arrière et les autres en avant; il y a plus de blanc sur les parties antérieures et plus de noir sur les parties postérieures : il y a aussi une bande noire sur le poitrail, qui se prolonge sur les côtés du corps et se termine sur le dos près des lombes : les jambes de derrière sont presque noires, celles de devant presque blanches avec une grande tache noire vers le milieu. Le Tamanoir marche lentement; un homme peut aisément l'atteindre à la course; ses pieds paroissent moins faits pour marcher que pour grimper et pour saisir des corps arrondis; aussi serre-t-il avec une si grande force une branche ou un bâton, qu'il n'est pas possible de les lui arracher.

Le second de ces animaux est celui que les Américains appellent simplement *Tamandua*, et auquel nous conserverons ce nom; il est beaucoup plus petit que le tamanoir; il n'a qu'environ dix-huit pouces depuis l'extrémité du museau jusqu'à l'origine de la queue : sa tête est longue de cinq pouces, son museau est alongé et courbé en-dessous; il a la queue longue de dix pouces et dénuée de poils à l'extrémité; les oreilles droites, longues d'un pouce, la langue ronde, longue de huit pouces, placée dans une espèce de gouttière ou de canal creux au-dedans de la mâchoire inférieure ; ses jambes n'ont guère que quatre pouces de hauteur, ses pieds sont de la même forme et ont le même nombre d'ongles que ceux du Tamanoir, c'est-à-dire, quatre ongles à ceux de devant et cinq à ceux de derrière. Il grimpe et serre aussi-bien que le Tamanoir, et ne marche pas mieux ; il ne se couvre pas de sa queue qui ne pourroit lui servir d'abri étant en partie dénuée de poil, lequel d'ailleurs est beaucoup plus court que celui de la queue du Tamanoir ; lorsqu'il dort, il cache sa tête sous son cou et sous ses jambes de devant.

Le troisième de ces animaux est celui que les naturels de la Guiane appellent *ouatiriouaou* ; nous lui donnons le nom de Fourmiller pour le distinguer du Tamanoir et du Tamandua ; il est encore beaucoup plus petit que le Tamandua, puisqu'il n'a que six ou sept pouces de longueur depuis l'extrémité du museau jusqu'à l'origine de la queue. Il a la tête longue de deux pouces, le museau proportionnellement beaucoup moins alongé que celui du Tamanoir ou du Tamandua ; Sa queue longue de sept pouces est recourbée en-dessous ; le poil est doux au toucher et d'une couleur brillante, d'un roux mêlé de jaune vif ; les pieds ne sont pas faits pour marcher, mais pour grimper et saisir ; il monte sur les arbres et se suspend aux branches par l'extrémité de la queue qui est dégarnie de poils. Sa langue est étroite, un peu aplatie et assez longue ; le cou est presque nul ; la tête est assez grosse à proportion du corps ; les yeux sont placés bas et peu éloignés des coins de la gueule ; les oreilles sont petites et cachées dans le poil ; les jambes n'ont que trois pouces de hauteur.

Le Tamandua fait, pour ainsi dire, la moyenne proportionnelle entre le Tamanoir et le Fourmiller pour la grandeur du corps ; il a, comme le Tamanoir, le museau fort alongé et quatre doigts aux pieds de devant ; mais il a, comme le Fourmiller, la queue dégarnie de poil à l'extrémité, par laquelle il se suspend aux branches des arbres. Le Fourmiller a aussi la même habitude : dans cette situation ils balancent leurs corps, approchent leur museau des trous et des creux d'arbres ; ils y insinuent leur longue langue, et la retirent ensuite brusquement pour avaler les insectes qu'elle a ramassés.

Au reste, ces trois animaux qui diffèrent si fort par la grandeur et par les proportions du corps, ont néanmoins beaucoup de choses communes, tant pour la conformation que pour les habitudes naturelles : tous trois se nourrissent de fourmis, et plongent aussi leur langue dans le miel et dans les autres substances liquides ou visqueuses ; ils ramassent assez promptement les miettes de pain et les petits morceaux de viande hachée ; on les apprivoise et on les élève aisément ; ils soutiennent longtemps la privation de toute nourriture ; ils n'avalent pas toute la liqueur qu'ils prennent en buvant, il en retombe une partie qui passe par les narines ; ils dorment ordinairement pendant le jour, et changent de lieu pendant la nuit ; ils marchent si mal qu'un homme peut les atteindre facilement à la course dans un lieu découvert. Les sauvages mangent leur chair, qui cependant est d'un très-mauvais goût.

On prendroit de loin le Tamanoir pour un grand renard, et c'est par cette raison que quelques voyageurs l'ont appelé renard américain. Il est assez fort pour se défendre d'un gros chien et même d'un jaguar lorsqu'il en est attaqué ; il se bat d'abord de bout, et comme l'ours, il se défend avec les mains, dont les ongles sont meurtriers, ensuite il se couche sur le dos pour se servir des pieds comme des mains, et dans cette situation il est presque invincible, et combat opiniâtrément jusqu'à la dernière extrémité, et même lorsqu'il a mis à mort son ennemi, il ne le lâche que très-longtemps après ; il résiste plus qu'aucun autre au combat, parce qu'il est couvert d'un grand poil touffu, d'un cuir fort épais, et qu'il a la chair peu sensible et la vie très-dure.

Le Tamanoir, le Tamandua et le Fourmiller sont des animaux naturels aux climats les plus chauds de l'Amérique, c'est-à-dire au Brésil, à la Guiane, au pays des Amazones; on ne les trouve point au Canada, ni dans les autres contrées froides du nouveau monde. On ne doit donc pas les retrouver dans l'ancien continent, quoique Desmarchais et Kolbe aient écrit qu'il y avoit de ces animaux en Afrique.

1 LE TAMANOIR. 2 LE KABASSOU. 3 L'ENCOUBERT.

DES TATOUS.

Lorsqu'on parle d'un quadrupède, il semble que le nom seul emporte l'idée d'un animal couvert de poil; et de même lorsqu'il est question d'un oiseau ou d'un poisson, les plumes et les écailles s'offrent à l'imagination, et paroissent être des attributs inséparables de ces êtres : cependant la Nature, comme si elle vouloit se soustraire à toute méthode et échapper à nos vues les plus générales, dément nos idées, contredit nos dénominations, méconnoît nos caractères, et nous étonne encore plus par ses exceptions que par ses lois. Les animaux quadrupèdes qu'on doit regarder comme faisant la première classe de la Nature vivante, et qui sont, après l'homme, les êtres les plus remarquables de ce monde, ne sont néanmoins ni supérieurs en tout, ni séparés par des attributs constans, ou des caractères uniques, de tous les autres êtres. Le premier de ces caractères, qui constitue leur nom et qui consiste à avoir quatre pieds, se retrouve dans les lézards, les grenouilles, lesquels néanmoins diffèrent des Quadrupèdes à tant d'autres égards, qu'on en a fait avec raison une classe séparée. La seconde propriété générale, qui est de produire des petits vivans, n'appartient pas uniquement aux Quadrupèdes, puisqu'elle leur est commune avec les cétacées. Et enfin le troisième attribut qui paroissoit le moins équivoque, parce qu'il est le plus apparent, et qui consiste à être couvert de poil, se trouve, pour ainsi dire, en contradiction avec les deux autres dans plusieurs espèces qu'on ne peut cependant retrancher de l'ordre des Quadrupèdes, puisqu'à l'exception de ce seul caractère, elles leur ressemblent par tous les autres. Et comme ces exceptions apparentes de la Nature ne sont dans le réel que les nuances qu'elle emploie pour rapprocher les êtres même les plus éloignés, il faut ne pas perdre de vue ces rapports singuliers, et tâcher de les saisir à mesure qu'ils se présentent. Les Tatous, au lieu de poil, sont couverts, comme les tortues, les écrevisses et les autres crustacées, d'une croûte ou d'un têt solide; les pangolins sont armés d'écailles assez semblables à celles des poissons; les porcs-épics portent des espèces de plumes piquantes et sans barbe, mais dont le tuyau est pareil à celui des plumes des oiseaux : ainsi, dans la classe seule des Quadrupèdes, et par le caractère même le plus constant et le plus apparent des animaux de cette classe, qui est d'être couverts de poil, la Nature varie en se rapprochant de trois autres classes très-différentes, et nous rappelle les oiseaux, les poissons à écailles et les crustacées. Aussi faut-il bien se garder de juger la nature des êtres par un seul caractère; il se trouveroit toujours incomplet et fautif; souvent même deux et trois caractères, quelque généraux qu'ils puissent être, ne suffisent pas encore; et ce n'est, comme nous l'avons dit et redit, que par la réunion de tous les attributs et par l'énumération de tous les caractères, qu'on peut juger de la forme essentielle de chacune des productions de la Nature. Une bonne description et jamais de définitions, une exposition plus scrupuleuse sur les différences que sur les ressemblances, une attention particulière aux exceptions et aux nuances même les plus légères, sont les vraies règles, et j'ose dire les seuls moyens que nous ayons de connoître la nature de chaque chose ; et si l'on eût employé à bien décrire tout le temps qu'on a perdu à définir et à faire des méthodes, nous n'eussions pas trouvé l'Histoire Naturelle au berceau, nous aurions moins de peine à lui ôter ses hochets, à la débarrasser de ses langes ; nous aurions peut-être avancé son âge, car nous eussions plus écrit pour la science et moins contre l'erreur.

Mais revenons à notre objet. Il existe donc parmi les animaux quadrupèdes et vivipares plusieurs espèces d'animaux qui ne sont pas couverts de poil. Les Tatous font eux seuls un genre entier dans lequel on peut compter plusieurs espèces qui nous paroissent être réellement distinctes et séparées les unes des autres : dans toutes, l'animal est revêtu d'un têt semblable pour la substance à celle des os ; ce têt couvre la tête, le cou, le dos, les flancs, la croupe et la queue jusqu'à l'extrémité ; il est lui-même recouvert au dehors par un cuir mince, lisse et transparent ; les seules parties sur lesquelles ce têt ne s'étend pas, sont la gorge, la poitrine et le ventre qui présentent une peau blanche et grenue, semblable à celle d'une poule plumée ; et en regardant ces parties avec attention, l'on y voit de place en place des rudimens d'écailles qui sont de la même substance que le têt du dos ; la peau de ces animaux, même dans les endroits où elle est la plus souple, tend donc à devenir osseuse ; mais l'ossification ne se réalise en entier qu'où elle est la plus épaisse, c'est-à-dire, sur les parties supérieures et extérieures du corps et des membres. Le têt qui recouvre toutes ces parties supérieures, n'est pas d'une seule pièce comme celui de la tortue ; il est partagé en plusieurs bandes sur le corps, lesquelles sont attachées les unes aux autres par autant de membranes qui permettent un peu de mouvement et de jeu dans cette armure. Le nombre de ces bandes ne dépend pas, comme on pourroit l'imaginer, de l'âge de l'animal; les tatous qui viennent de naître et les tatous adultes ont, dans la même espèce, le même nombre de bandes ; nous nous en sommes convaincus en comparant les petits aux grands ; et quoique nous ne puissions pas assurer que tous ces animaux ne se mêlent ni ne peuvent produire ensemble, il est au moins très-probable, puisque cette différence du nombre des bandes mobiles est constant, que ce sont ou des espèces réellement distinctes, ou au moins des variétés durables et produites par l'influence des divers climats.

Tous les Tatous sont originaires de l'Amérique ; ils étoient inconnus avant la découverte du nouveau-monde ; les anciens n'en ont jamais fait mention, et les voyageurs modernes ou nouveaux, en parlent tous comme d'animaux naturels et particuliers au Mexique, au Brésil, à la Guiane ; aucun ne dit en avoir trouvé l'espèce existante en Asie ni en Afrique. Quelques-uns ont seulement confondu les pangolins et les phatagins ou lézards écailleux avec les Tatous. Les Espagnols ayant nommé *armadillo* ces lézards écailleux, aussi bien que les Tatous, il ne faut pas s'étonner que cette erreur se soit multipliée sous la plume de nos descripteurs de cabinets, et de nos nomenclateurs qui ont non-seulement admis des Tatous aux Indes

Indes orientales, mais en ont créé en Afrique, quoiqu'il n'y en ait jamais eu d'autres dans ces deux parties du monde, que ceux qui y ont été transportés d'Amérique.

Les deux plus grandes espèces de Tatous, sont le kabassou et l'encoubert; les petites espèces sont l'apar, le tatuète, le cachicame et le cirquinçon. Le kabassou, le plus grand de tous, a la tête plus grosse, plus large et le museau moins effilé que les autres, les jambes plus épaisses, les pieds plus gros, la queue sans têt, particularité qui seule suffiroit pour faire distinguer cette espèce de toutes les autres; cinq doigts à tous les pieds, et douze bandes mobiles qui n'anticipent que peu les unes sur les autres. Le bouclier des épaules et celui de la croupe sont composés de pièces quadrangulaires assez grandes. Le casque de la tête est aussi composé de pièces assez grandes, mais irrégulières. Entre les jointures des bandes mobiles et des autres parties de l'armure, s'échappent quelques poils pareils à des soies de cochon; il y a sur la poitrine, sur le ventre, sur les jambes et sur la queue, des rudimens d'écailles qui sont ronds, durs et polis comme le reste du têt, et autour de ces petites écailles on voit de petites houpes de poil.

L'encoubert a le corps entier revêtu d'un têt osseux, très-dur et composé de plusieurs pièces assez grandes et très-élégamment disposées; il a deux boucliers, l'un sur les épaules et l'autre sur la croupe, tous deux d'une seule pièce; il y a seulement au-delà du bouclier des épaules et près de la tête, une bande mobile entre deux jointures, qui permet à l'animal de

Tome VI. F

courber le cou. Le bouclier des épaules est formé par cinq rangs parallèles, composés de pièces dont les figures sont à cinq ou six angles avec une espèce d'ovale dans chacune. La partie du têt qui est entre les deux boucliers est partagée en six bandes qui anticipent peu les unes sur les autres, et qui tiennent entre elles, et au bouclier par sept jointures d'une peau souple et épaisse; de cette peau des jointures, il sort quelques poils blanchâtres, et semblables à ceux qui se voient aussi en très-petit nombre sous la gorge, la poitrine et le ventre; toutes ces parties inférieures ne sont revêtues que d'une peau grenue et non pas d'un têt osseux, comme les parties supérieures du corps; le têt de la tête est long, large et d'une seule pièce, jusqu'à la bande mobile du cou. L'encoubert a le museau aigu, les yeux petits et enfoncés, la langue étroite et pointue, les oreilles sans poil et sans têt, nues, courtes et brunes comme la peau des jointures du dos; dix-huit dents de grandeur médiocre à chaque mâchoire, cinq doigts à tous les pieds avec des ongles assez longs, arrondis et plutôt étroits que larges; la tête et le groin à peu près semblables à ceux du cochon de lait; la queue grosse à son origine, et diminuant toujours jusqu'à l'extrémité où elle est fort menue et arrondie par le bout. La couleur du corps est d'un jaune-roussâtre; l'animal est ordinairement épais et gras, et le mâle a le membre génital fort apparent. Il fouille la terre avec une extrême facilité, tant à l'aide de son groin que de ses ongles; il se fait un terrier où il se tient pendant le jour, et n'en sort que le soir pour chercher sa subsistance; il boit souvent; il vit de fruits, de racines, d'insectes et d'oiseaux lorsqu'il peut en saisir.

L'apar a la tête oblongue et presque pyramidale, le museau pointu, les yeux petits, les oreilles courtes et arrondies, le dessus de la tête couvert d'un casque d'une seule pièce; il a cinq doigts à tous les pieds; la queue est très-courte; elle n'a que deux pouces de longueur et elle est revêtue d'un têt tout autour; le corps a un pied de longueur sur huit pouces dans sa plus grande largeur; la cuirasse qui le couvre est partagée par quatre commissures ou divisions et composée de trois bandes mobiles et transversales qui permettent à l'animal de se courber et de se contracter en rond; la peau qui forme les commissures est très-souple. Marcgrave remarque que quand l'apar se couche pour dormir ou que quelqu'un le touche et veut le prendre avec la main, il rapproche et réunit pour ainsi dire en un point ses quatre pieds, ramène sa tête sous son ventre et se courbe si parfaitement en rond, qu'alors on le prendroit plutôt pour une coquille de mer que pour un animal terrestre. Cette contraction si serrée se fait au moyen de deux grands muscles qu'il a sur les côtés du corps, et l'homme le plus fort a bien de la peine à le deserrer et à le faire étendre avec les mains.

Le tatuète a la tête petite, le museau pointu, les oreilles droites, un peu alongées, les yeux petits et noirs, quatre doigts aux pieds de devant et cinq à ceux de derrière; la tête est couverte d'un casque, les épaules d'un bouclier et le corps d'une cuirasse composée de huit bandes mobiles qui tiennent entr'elles et aux boucliers par neuf jointures de peau flexible, et qui sont marquées par des figures triangulaires; le têt des boucliers n'est pas dur ; le plus petit plomb suffit pour le percer et pour tuer l'animal dont la chair est fort blanche et très-bonne à manger.

Le cachicame ou tatou à neuf bandes, ne fait pas une espèce réellement distincte du tatuète qui n'en a que huit, et auquel, à l'exception de cette différence, il nous a paru ressembler à tous autres égards. Il se pourroit même que le tatuète ou tatou à huit bandes, fût le mâle, et le cachicame ou tatou à neuf bandes, la femelle, et que le plus grand nombre de rangs qu'il a sur le bouclier de la croupe appartînt aux femelles de ces espèces, comme nécessaire pour faciliter la gestation et l'accouchement dans des animaux dont le corps est si étroitement cuirassé. Ce qui nous le fait conjecturer, c'est que nous avons deux tatous à huit bandes qui sont desséchés et qui paroissent être deux mâles ; nous avons sept ou huit tatous à neuf bandes, un bien entier qui est femelle, et les autres desséchés, dans lesquels nous n'avons pu reconnoître le sexe.

Tous les autres tatous ont deux boucliers chacun d'une seule pièce, le premier sur les épaules et le second sur la croupe ; le cirquinçon n'en a qu'un, et c'est sur les épaules : on lui a donné le nom de tatou-belette, parce qu'il a la tête à peu près de la même forme que celle de la belette. Son corps, depuis le bouclier des épaules jusqu'à la queue, est couvert de bandes mobiles et séparées les unes des autres par une membrane souple ; ces bandes sont au nombre de dix-huit ; la poitrine, le ventre et les oreilles sont nus comme dans les autres espèces ; il semble que de tous les tatous, celui-ci ait le plus de facilité pour se contracter et se serrer en boule, à cause du grand nombre de ses bandes mobiles qui s'étendent jusqu'à la queue.

Dans les plus grandes espèces de tatous, le têt est beaucoup plus solide et plus dur que dans les petites, et la chair aussi bien que la peau est plus dure et moins bonne. Ce têt si singulier dont ils sont revêtus, est un véritable os composé de petites pièces contiguës, et qui, sans être mobiles ni articulées, excepté aux commissures des bandes, sont réunies par symphyse et peuvent toutes se séparer les unes des autres, et se séparent en effet si on les met au feu. Lorsque l'animal est vivant, ces petites pièces, tant celles des boucliers que celles des bandes mobiles, prêtent et obéissent en quelque façon à ses mouvemens, sur-tout à celui de contraction; si cela n'étoit pas, il seroit difficile de concevoir qu'avec tous ses efforts il lui fût possible de s'arrondir. Ces petites pièces offrent, suivant les différentes espèces, des figures différentes toujours arrangées régulièrement, comme de la mosaïque très-élégamment disposée. La pellicule ou le cuir mince dont le têt est revêtu à l'extérieur, est une peau transparente qui fait l'effet d'un vernis sur tout le corps de l'animal : cette peau relève de beaucoup et change même les reliefs des mosaïques qui paroissent différens lorsqu'elle est enlevée. Au reste, ce têt osseux n'est qu'une enveloppe indépendante de la charpente et des autres parties intérieures du corps de l'animal, dont les os et les autres parties constituantes du corps sont composées et organisées comme celles de tous les autres quadrupèdes.

Les Tatous en général sont des animaux innocens et

qui ne font aucun mal, à moins qu'on ne les laisse entrer dans les jardins où ils mangent les melons, les patates et les autres légumes ou racines. Quoiqu'originaires des climats chauds de l'Amérique, ils peuvent vivre dans les climats tempérés ; j'en ai vu un en Languedoc, il y a plusieurs années, qu'on nourrissoit à la maison, et qui alloit partout sans faire aucun dégât ; ils marchent avec vivacité, mais ils ne peuvent, pour ainsi dire, ni sauter, ni courir, ni grimper sur les arbres, en sorte qu'ils ne peuvent guère échapper par la fuite à ceux qui les poursuivent ; leurs seules ressources sont de se cacher dans leur terrier, ou s'ils en sont trop éloignés, de tâcher de s'en faire un avant que d'être atteints ; il ne leur faut que quelques momens ; car les taupes ne creusent pas la terre plus vite que les Tatous ; on les prend quelquefois par la queue avant qu'ils n'y soient totalement enfoncés, et ils font alors une telle résistance, qu'on leur casse la queue sans amener le corps : pour ne les pas mutiler, il faut ouvrir le terrier par-devant, et alors on les prend sans qu'ils puissent faire aucune résistance ; dès qu'on les tient, ils se resserrent en boules ; et pour les faire étendre, on les met près du feu. Leur têt, quoique dur et rigide, est cependant si sensible que quand on le touche un peu ferme avec le doigt, l'animal en ressent une impression assez vive pour se contracter en entier. Lorsqu'ils sont dans des terriers profonds, on les en fait sortir en y faisant entrer de la fumée ou couler de l'eau : on prétend qu'ils demeurent dans leurs terriers sans en sortir pendant plus d'un tiers de l'année ; ce qui est plus vrai, c'est qu'ils s'y retirent pendant le jour, et qu'ils n'en sortent que la nuit pour chercher leur subsistance. On chasse le tatou avec des petits chiens qui l'atteignent bientôt; il n'attend pas même qu'ils soient tout près de lui pour s'arrêter et pour se contracter en rond ; dans cet état on le prend et on l'emporte. S'il se trouve au bord d'un précipice , il échappe aux chiens et aux chasseurs ; il se resserre, se laisse tomber et roule comme une boule sans briser son écaille et sans ressentir aucun mal.

Ces animaux sont gras, replets et très-féconds ; le mâle marque par les parties extérieures, de grandes facultés pour la génération ; la femelle produit, dit-on, chaque mois quatre petits ; aussi l'espèce en est-elle très-nombreuse. Et comme ils sont bons à manger, on les chasse de toutes les manières : on les prend aisément avec des piéges que l'on tend au bord des eaux et dans les autres lieux humides et chauds qu'ils habitent de préférence; ils ne s'éloignent jamais beaucoup de leurs terriers qui sont très-profonds et qu'ils tâchent de regagner dès qu'ils sont surpris. On prétend qu'ils ne craignent pas la morsure des serpens à sonnette, quoiqu'elle soit aussi dangereuse que celle de la vipère; on dit qu'ils vivent en paix avec ces reptiles, et que l'on en trouve souvent dans leurs trous. Les sauvages se servent du têt des tatous à plusieurs usages ; ils le peignent de différentes couleurs ; ils en font des corbeilles, des boîtes et d'autres petits vaisseaux solides et légers. Monard, Ximénès, et plusieurs autres après eux, ont attribué d'admirables propriétés médicinales à différentes parties de ces animaux. Ils ont assuré que le têt réduit en poudre et pris intérieurement, même à petite dose, est un puissant sudorifique ; que l'os de la hanche, aussi pulvérisé, guérit du mal vénérien ; que le premier os de la queue appliqué sur l'oreille fait entendre les sourds. Nous n'ajoutons aucune foi à ces propriétés extraordinaires ; le têt et les os des tatous sont de la même nature que les os des autres animaux. Des effets aussi merveilleux ne sont jamais produits que par des vertus imaginaires.

DU JAGUAR (1).

Le Jaguar ressemble à l'once par la grandeur du corps, par la forme de la plupart des taches dont sa robe est semée, et même par le naturel ; il est moins fier et moins féroce que le léopard et la panthère. Les François, sans fondement de relation, l'ont appelé tigre ; car il n'a rien de commun avec cet animal. Il diffère aussi de la panthère par la grandeur du corps, par la position et la figure des taches, par la couleur et la longueur du poil qui est crêpé dans la jeunesse, et lisse quand il devient adulte, et qui est toujours moins lisse que celui de la panthère.

Nous n'avons pas vu cet animal vivant, mais on nous l'a envoyé bien entier et bien conservé dans une liqueur préparée : il avoit été pris tout petit, et élevé dans la maison jusqu'à l'âge de deux ans, qu'on le fit tuer pour nous l'envoyer ; il n'avoit donc pas encore acquis toute l'étendue de ses dimensions naturelles ; mais il n'en est pas moins évident par la seule inspection de cet animal, âgé de deux ans, qu'il est à peine de la taille d'un dogue ordinaire ou de moyenne race, lorsqu'il a pris son accroissement entier. C'est cependant l'animal le plus formidable, le plus cruel, c'est en un mot le tigre du nouveau monde, dans lequel la Nature semble avoir rapetissé tous les genres d'animaux quadrupèdes. Le Jaguar vit de proie comme le tigre, mais il ne faut pour le faire fuir que lui présenter un tison allumé ; et même lorsqu'il est repu,

---

(1) Nom de cet animal au Brésil.

il perd tout courage et toute vivacité; un chien seul suffit pour lui donner la chasse; il se ressent en tout de l'indolence du climat; il n'est léger, agile, alerte que quand la faim le presse. Les sauvages, naturellement poltrons, ne laissent pas de redouter sa rencontre ; ils prétendent qu'il a pour eux un goût de préférence, que quand il les trouve endormis avec des Européens, il respecte ceux-ci, et ne se jette que sur eux. On conte la même chose du léopard ; on dit qu'il préfère les hommes noirs aux blancs, qu'il semble les connoître à l'odeur, et qu'il les choisit la nuit comme le jour (1).

---

(1) Depuis que cet article a été écrit, j'ai reçu d'un de nos correspondans quelques bonnes observations sur les Jaguars de la Guiane, que je crois devoir publier. « Le Jaguar dit-il, n'a pas le poil crêpé lorsqu'il est jeune ; j'ai vu de très-jeunes jaguars qui avoient le poil aussi lisse que les grands. Quant à la taille, j'ai eu deux peaux de jaguar, que l'on m'a assuré appartenir à des sujets de deux ou trois ans, dont l'une avoit près de cinq pieds de long, depuis le bout du museau jusqu'à l'origine de la queue, laquelle avoit deux pieds de longueur ; la couleur de la peau varie suivant l'âge ; les jeunes l'ont d'un fauve très-foncé, presque roux et même brun ; cette couleur s'éclaircit à mesure que l'animal vieillit. »

« Quant au goût de préférence que l'on suppose au Jaguar, pour les naturels du pays plutôt que pour les nègres et les blancs, je présume que c'est un conte. A Cayenne j'ai trouvé cette opinion établie ; mais j'ai voyagé avec les sauvages dans des endroits où les tigres d'une grandeur démesurée étoient communs ; jamais je n'ai remarqué qu'ils aient une peur bien grande de ces animaux; ils suspendoient comme nous, leurs hamacs à des arbres, s'éloignoient à quelque distance de nous,

Une autre espèce à laquelle on a encore donné le nom de tigre, et qui en est tout aussi éloignée que les précédentes, est le jaguarète, qui est à-peu-près de la taille du Jaguar, et qui lui ressemble aussi par les habitudes naturelles, mais qui en diffère par quelques caractères extérieurs : on l'a appelé tigre noir; parce qu'il a le poil noir sur tout le corps, avec des taches encore plus noires, qui sont séparées et parsemées comme celles du Jaguar. Il se pourroit au reste que ce ne fût qu'une variété de la même espèce; d'autant plus, que dans le Jaguar la couleur du fond du poil et celle des taches dont il est marqué varient dans les différens individus de cette même espèce. La différence totale de la couleur, c'est-à-dire, du blanc, du gris ou du fauve au noir, se retrouve dans plusieurs autres espèces d'animaux; il y a des loups noirs, des renards noirs, des écureuils noirs, et si ces variations de la Nature sont plus rares dans les animaux sauvages que dans les animaux domestiques, c'est que le nombre

---

et ne prenoient pas la même précaution que nous, d'allumer un grand feu ; ils se contentoient d'en faire un très-petit, qui le plus souvent s'éteignoit dans le cours de la nuit. Ces sauvages étoient cependant habitans de l'intérieur des terres, et connoissoient par conséquent le danger qu'il y avoit pour eux; j'assure qu'ils ne prenoient aucune précaution, et qu'ils paroissoient fort peu émus quoiqu'entourés de ces animaux. »

« La chair des Jaguars n'est pas bonne à manger ; ils font la guerre avec le plus grand avantage à toutes les espèces de quadrupèdes du nouveau continent, qui tous les fuyent et les redoutent. »

des hazards qui peuvent les produire est moins grand dans les premiers, et que dans les sauvages la vie étant plus uniforme, la nourriture moins variée, la liberté plus grande que dans les domestiques, leur nature doit être plus constante, c'est-à-dire moins sujette aux changemens et à ces variations qu'on doit regarder comme accidentelles quand elles ne tombent que sur la couleur du poil.

Le Jaguar se trouve au Brésil, au Paraguai, au Tucuman, à la Guiane, au pays des Amazones, au Mexique et dans toutes les contrées méridionales de l'Amérique. Il est maintenant moins commun au Brésil, qui paroît être son pays natal, qu'il ne l'étoit autrefois. On a mis sa tête à prix; on en a beaucoup détruit, et il s'est retiré loin des côtes dans la profondeur des terres. Le jaguarète a toujours été plus rare, ou du moins il s'éloigne encore plus des lieux habités.

DU COUGUAR (1).

Le Couguar a la taille aussi longue mais moins étoffée que le jaguar; il est plus levreté, plus effilé et plus haut sur ses jambes; il a la tête petite, la queue longue, le poil court et de couleur presqu'uniforme, d'un roux vif, mêlé de quelques teintes noirâtres, sur-tout au-dessus du dos; il n'est marqué ni de bandes longues comme le tigre, ni de taches rondes et pleines comme le léopard, ni de taches en anneaux ou en roses comme l'once et la panthère; il a le menton blanchâtre ainsi que la gorge et toutes les parties inférieures du corps. Quoique plus foible il est aussi féroce et peut-être plus cruel que le jaguar : il paroît être encore plus acharné sur sa proie et la dévore sans la dépecer dès qu'il l'a saisie; il l'entame, il la suce, la mange de suite et ne la quitte pas qu'il ne soit pleinement rassasié.

Cet animal est assez commun à la Guiane: autrefois on l'a vu arriver à la nage et en nombre dans l'île de Cayenne pour attaquer et dévaster les troupeaux; c'étoit au commencement un fléau pour la colonie; mais peu à peu on l'a chassé, détruit et relégué loin des habitations. On le trouve au Brésil, au Paraguai, au pays des Amazones.

Le Couguar par la légéreté de son corps et la plus grande longueur de ses jambes doit mieux courir que

---

(1) Nom que nous avons donné à cet animal, et que nous avons tiré par contraction de son nom Brasilien *Cuguacu, ara* que l'on prononce *Couguacouare*. On l'appelle Tigre rouge, à la Guiane.

le jaguar, et grimper aussi plus aisément sur les arbres ; ils sont tous deux également paresseux et poltrons, dès qu'ils sont rassasiés ; ils n'attaquent presque jamais les hommes à moins qu'ils ne les trouvent endormis. Lorsqu'on veut passer la nuit ou s'arrêter dans les bois, il suffit d'allumer du feu pour les empêcher d'approcher ; ils se plaisent à l'ombre dans les grandes forêts ; ils se cachent dans un fort ou même sur un arbre touffu d'où ils s'élancent sur les animaux qui passent : quoiqu'ils ne vivent que de proie et qu'ils s'abreuvent plus souvent de sang que d'eau, on prétend que leur chair est très-bonne à manger.

« Les jaguars et les couguars, nous écrit un observateur de Cayenne, sont fort communs dans toutes les terres qui avoisinent la rivière des Amazones jusqu'à celle de Sainte-Marthe. Leur peau est assez tendre pour que les Indiens leur envoient des flèches qui pénètrent avant, poussées avec de simples sarbacanes. Tous ces animaux ne sont pas absolument avides de carnage ; une seule proie leur suffit ; on les rencontre presque toujours seuls, et quelquefois deux ou trois ensemble quand les femelles sont en chaleur. »

« Lorsqu'ils sont affamés, ils attaquent les vaches et les bœufs en leur sautant sur le dos ; ils enfoncent les griffes de la patte gauche sur le cou, et lorsque le bœuf est courbé, ils le déchirent et trainent les lambeaux de la chair dans les bois, après lui avoir ouvert la poitrine et le ventre pour boire tout le sang dont ils se contentent pour une première fois. Ils couvrent ensuite avec des branches les restes de leur proie, et ne s'en écartent jamais guère ; mais lorsque la chair commence à se corrompre, ils n'en mangent plus. Quelquefois ils se mettent à l'affût sur des arbres pour s'élancer sur les animaux qui viennent à passer. Ils suivent aussi les troupes de cochons sauvages et tombent sur les traîneurs ; mais, s'ils se laissent une fois entourer par ces animaux, ils ne trouvent de salut que dans la fuite. »

« Au reste, les jaguars ainsi que les couguars ne sont pas absolument féroces; et n'attaquent pas les hommes, à moins qu'ils ne se sentent blessés ; mais ils sont intrépides contre les attaques des chiens, et vont les prendre près des habitations ; lorsque plusieurs chiens les poursuivent et les forcent à fuir par leur nombre, ils grimpent sur les arbres. Ces animaux rôdent souvent le long des bords de la mer, et ils mangent les œufs que les tortues viennent y déposer. Ils mangent aussi des caïmans, des lézards et du poisson ; quelquefois les bourgeons et les feuilles tendres des palétuviers. Ils sont bons nageurs et traversent des rivières très-larges. Pour prendre les caïmans, ils se couchent ventre à terre au bord de la rivière, et battent l'eau pour faire du bruit, afin d'attirer le caïman, qui ne manque pas de venir aussi-tôt et de lever la tête, sur laquelle le jaguar se jette; il le tue et le traîne plus loin pour le manger à loisir. »

« Les Indiens prétendent que les jaguars attirent l'agouti en contrefaisant son cri ; mais ils ajoutent qu'ils attirent aussi le caïman par un cri semblable à celui des jeunes chiens, ou en contrefaisant la voix d'un homme qui tousse, ce qui est plus difficile à croire. »

« Ces animaux carnassiers détruisent beaucoup de chiens de chasse qu'ils surprennent à la poursuite du gibier. Les Indiens prétendent qu'on peut préserver les chiens de leur attaque, en les frottant avec une certaine herbe dont l'odeur les éloigne. »

« Quand ces animaux sont en chaleur, ils ont un espèce de rugissement effrayant, et qu'on entend de fort loin. Ils ne font ordinairement qu'un petit, qu'ils déposent toujours dans des gros troncs d'arbres pourris. On mange, à Cayenne, la chair de ces animaux, sur-tout celle des jeunes, qui est blanche comme celle du lapin. »

Le couguar réduit en captivité, est presque aussi doux que les autres animaux domestiques.

« J'ai vu (dit l'auteur des recherches sur les Américains) un couguar vivant; il avoit la tranquillité d'un chien et beaucoup plus que la corpulence d'un très-grand dogue; il est haut monté sur ses jambes, ce qui le rend svelte et alerte; ses dents canines sont coniques et très-grandes. On ne l'avoit ni désarmé ni emmuselé, et on le conduisoit en lesse. Il se laissoit flatter de la main, et je vis de petits garçons monter sur son dos et s'y tenir à califourchon. Le nom de tigre poltron lui a été bien donné. »

DE L'OCELOT (1).

L'Ocelot est un animal d'Amérique féroce et carnassier, que l'on doit placer à côté du jaguar, du couguar, ou immédiatement après; car il en approche pour la grandeur, et leur ressemble par le naturel et par la figure. Le mâle et la femelle ont été apportés vivans à Paris; ils venoient des terres voisines de Carthagène, et ils avoient été enlevés tout petits à leur mère au mois d'octobre 1763; à trois mois d'âge, ils étoient déjà devenus assez forts et assez cruels pour tuer et dévorer une chienne qu'on leur avoit donnée pour nourrice; à un an d'âge, lorsque nous les avons vus, ils avoient environ deux pieds de longueur, et il est certain qu'il leur restoit encore à croître, et que probablement ils n'avoient pris alors que la moitié ou les deux tiers de leur entier accroissement. On les montroit sous le nom de chat-tigre, mais nous avons rejeté cette dénomination précaire et composée, avec d'autant plus de raison, qu'on nous a envoyé sous ce même nom le jaguar, le serval et le margay, qui cependant sont tous trois différens les uns des autres, et différens aussi de celui dont il est ici question.

De tous les animaux à peau tigrée, l'ocelot mâle a certainement la robe la plus belle et la plus élégamment variée; celle du léopard même n'en approche pas pour la vivacité des couleurs et la régularité du

---

(1) Ocelot, mot que nous avons tiré par abréviation de *Tlalocelotl*, nom de cet animal dans son pays natal au Mexique.

dessin, et celle du jaguar, de la panthère ou de l'once en approche encore moins ; mais dans l'ocelot femelle les couleurs sont bien plus foibles et le dessin moins régulier.

Lorsque l'Ocelot a pris son entier accroissement, il a selon Grégoire de Bolivar, deux pieds et demi de hauteur sur environ quatre pieds de longueur. Cet animal est très-vorace ; il est en même temps timide ; il attaque rarement les hommes ; il craint les chiens, et dès qu'il en est poursuivi, il gagne les bois et grimpe sur un arbre ; il y demeure et même y séjourne pour dormir et pour épier le gibier ou le bétail sur lequel il s'élance dès qu'il le voit à portée ; il préfère le sang à la chair, et c'est par cette raison qu'il détruit un grand nombre d'animaux, parce qu'au lieu de se rassasier en les dévorant, il ne fait que se désaltérer en leur suçant le sang.

Dans l'état de captivité, il conserve ses mœurs ; rien ne peut adoucir son naturel féroce, rien ne peut calmer ses mouvemens inquiets ; on est obligé de le tenir toujours en cage. « A trois mois, dit un observateur qui a amené ces animaux du continent de Carthagène, lorsque ces deux petits eurent dévoré leur nourrice, je les tins en cage et je les y ai nourris avec de la viande fraîche, dont ils mangent sept à huit livres par jour ; ils fraient ensemble mâle et femelle comme nos chats domestiques ; il règne entr'eux une supériorité singulière de la part du mâle ; quelqu'appétit qu'aient ces deux animaux, jamais la femelle ne s'avise de rien prendre que le mâle n'ait sa saturation, et qu'il ne lui envoie les morceaux dont il ne veut plus ; je leur ai donné plusieurs fois des chats vivans; ils leur sucent le sang jusqu'à ce que mort s'ensuive, mais jamais ils ne les mangent; j'avois embarqué pour leur subsistance deux chevreaux; ils ne mangent d'aucune viande cuite ni salée. »

Il paroît que ces animaux ne produisent ordinairement que deux petits. Il en est de l'Ocelot comme du jaguar, de la panthère, du léopard, du tigre et du lion : tous ces animaux remarquables par leur grandeur, ne produisent qu'en petit nombre, au lieu que les chats qu'on pourroit associer à cette même tribu, produisent en assez grand nombre, ce qui prouve que le plus ou le moins dans la production tient beaucoup plus à la grandeur qu'à la forme.

DU MARGAY (1).

Le Margay est beaucoup plus petit que l'ocelot; il ressemble au chat sauvage par la grandeur et la figure du corps; il a seulement la tête plus carrée, le museau moins court, les oreilles plus arrondies et la queue plus longue; son poil est aussi plus court que celui du chat sauvage, et il est marqué de bandes, de raies et de taches noires sur un fond de couleur fauve. Selon Fernandès, cet animal, lorsqu'il a pris son accroissement en entier, n'est pas tout-à-fait si grand que la civette; et selon Marcgrave, dont la comparaison nous paroît plus juste, il est de la grandeur du chat sauvage, auquel il ressemble aussi par les habitudes naturelles, ne vivant que de petit gibier et de volailles; mais il est très-difficile à apprivoiser, et ne perd même jamais son naturel féroce; il varie beaucoup pour les couleurs : c'est un animal très-commun à la Guiane, au Brésil et dans toutes les autres provinces de l'Amérique méridionale.

Nous devons rapporter à l'article du Margay le chat-tigre de Cayenne, dont un témoin oculaire parle dans les termes suivans : « Le chat-tigre est un peu moins gros que le renard, mais il en a toutes les inclinations; il détruit beaucoup de gibier, tels que les agoutis, les akouchis, perdrix, faisans et autres oiseaux qu'il prend dans leurs nids quand ils sont jeunes. Il est fort leste pour grimper sur les arbres, où il se tient caché; il ne court pas vîte, et toujours en sau-

---

(1) *Margay*, mot tiré de *Maragua* ou *Maragaia*, nom de cet animal au Brésil.

tant. Son air, sa marche, sa manière de se coucher, ressemblent parfaitement à celles du chat. J'en ai vu plusieurs dans les maisons de Cayenne, qu'on tenoit enchaînés ; ils se laissoient un peu toucher sur le dos ; mais il leur reste toujours dans la figure un air féroce : on ne leur donnoit pour nourriture que du poisson et de la viande cuite ou crue ; tout autre aliment leur répugne. Ils produisent en toutes saisons, soit l'été, soit l'hiver, et font deux petits à la fois dans des creux d'arbres pourris. »

Si nous faisons la révision de ces animaux cruels, dont la robe est si belle et la nature si perfide, nous trouverons dans l'ancien continent le tigre, la panthère, le léopard, l'once, le serval ; et dans le nouveau le jaguar, l'ocelot et le Margay, qui tous trois ne paroissent être que des diminutifs des premiers, et qui, n'en ayant ni la taille ni la force, sont aussi timides, aussi lâches que les autres sont intrépides et fiers.

Il y a encore un animal de ce genre qui semble différer de tous ceux que nous venons de nommer ; les fourreurs l'appellent guépard ; nous en avons vu plusieurs peaux ; elles ressemblent à celles du lynx par la longueur du poil, mais les oreilles n'étant pas terminées par un pinceau, le guépard n'est point un lynx ; il n'est aussi ni panthère ni léopard ; il n'a pas le poil court comme ces animaux, et il diffère de tous par une espèce de crinière ou de poil long de quatre ou cinq pouces qu'il porte sur le cou et entre les épaules ; il a aussi le poil du ventre long de trois à quatre pouces, et la queue à proportion plus courte que la panthère, le léopard ou l'once; il est à peu près de la taille de ce dernier animal, n'ayant qu'environ trois pieds et demi de longueur de corps : au reste sa robe qui est d'un fauve très-pâle, est parsemée, comme celle du léopard, de taches noires, mais plus voisines les unes des autres et plus petites, n'ayant que trois ou quatre lignes de diamètre.

J'ai pensé que cet animal devoit être le même que celui qu'indique Kolbe sous le nom de loup-tigre; c'est un animal commun dans les terres voisines du cap de Bonne-Espérance; tout le jour il se tient dans les fentes de rochers ou dans des trous qu'il se creuse en terre; pendant la nuit il va chercher sa proie; mais comme il hurle en chassant son gibier, il avertit les hommes et les animaux, en sorte qu'il est assez aisé de l'éviter ou de le tuer.

DU RATON.

Quoique plusieurs auteurs aient indiqué sous le nom de coati l'animal dont il est ici question, nous avons cru devoir adopter le nom qu'on lui a donné en Angleterre, afin d'ôter toute équivoque, et de ne le pas confondre avec le vrai coati, dont nous donnerons la description dans l'article suivant.

Le raton que nous avons eu vivant, et que nous avons gardé pendant plus d'un an, étoit de la grosseur et de la forme d'un petit blaireau; il a le corps court et épais, le poil doux, long, touffu, noirâtre par la pointe et gris par-dessous; la tête comme le renard, mais les oreilles rondes et beaucoup plus courtes; les yeux grands, d'un vert jaunâtre; un bandeau noir et transversal au-dessus des yeux; le museau effilé, le nez un peu retroussé, la lèvre inférieure moins avancée que la supérieure; les dents comme le chien, six incisives et deux canines en haut et en bas; la queue touffue, longue au moins comme le corps, marquée par des anneaux alternativement noirs et blancs dans toute son étendue; les jambes de devant beaucoup plus courtes que celles de derrière, et cinq doigts à tous les pieds, armés d'ongles fermes et aigus; les pieds de derrière portant assez sur le talon, pour que l'animal puisse s'élever et soutenir son corps dans une situation inclinée en avant. Il se sert de ses pieds de devant pour porter à sa gueule; mais comme ses doigts sont peu flexibles, il ne peut, pour ainsi dire, rien saisir d'une seule main, il se sert des deux à la fois, et les joint ensemble pour prendre ce qu'on lui donne. Quoiqu'il soit gros et trapu, il est cependant fort agile ; ses ongles pointus comme des épingles, lui donnent la facilité de grimper aisément sur les arbres, il monte légèrement jusqu'au-dessus de la tige, et court jusqu'à l'extrémité des branches ; il va toujours par sauts ; il gambade plutôt qu'il ne marche, et ses mouvemens quoiqu'obliques sont tous prompts et légers.

Cet animal est très-commun dans le climat chaud de l'Amérique et sur-tout à la Jamaïque. On ne le trouve pas en Canada ni dans les autres parties septentrionales de ce continent ; cependant il ne craint pas excessivement le froid. Klein en a nourri un à Dantzick, et celui que nous avions a passé une nuit entière les pieds pris dans de la glace, sans qu'il en ait été incommodé.

Il trempoit dans l'eau ou plutôt il détrempoit tout ce qu'il vouloit manger ; il jetoit son pain dans sa terrine d'eau, et ne l'en retiroit que quand il le voyoit bien imbibé, à moins qu'il ne fût pressé par la faim ; car alors il prenoit la nourriture sèche et telle qu'on la lui présentoit ; il furetoit partout, mangeoit aussi de tout, de la chair crue ou cuite, du poisson, des œufs, des volailles vivantes, des grains, des racines ; il mangeoit aussi de toutes sortes d'insectes ; il se plaisoit à chercher les araignées, et lorsqu'il étoit en liberté dans un jardin, il prenoit les limaçons, les hannetons, les vers. Il aimoit le sucre, le lait et les autres nourritures douces par-dessus toute chose, à l'exception des fruits auxquels il préféroit la chair et sur-tout le poisson. Il se retiroit au loin pour faire ses besoins ; au reste il étoit familier et même caressant, sautant sur les gens qu'il aimoit, jouant volontiers et d'assez bonne grâce, leste, agile, toujours en mouvement. Il m'a paru tenir beaucoup de la nature du maki et un peu des qualités du chien.

On m'écrit de Calais, le 29 octobre 1775, au sujet de cet animal, dans les termes suivans : « Mon raton a vécu toujours enchaîné avant qu'il m'appartînt. Sa chaîne s'est rompue quelquefois, et la liberté le rendoit insolent ; il s'emparoit d'un appartement et ne souffroit pas qu'on y abordât. Depuis son séjour chez moi, sa servitude a été fréquemment suspendue. Sans le perdre de vue, je le laisse promener avec sa chaîne, et chaque fois mille gentillesses m'expriment sa reconnoissance. Il n'en est pas ainsi quand il s'échappe de luimême ; alors il rode quelquefois trois ou quatre jours de suite sur les toits du voisinage, et descend la nuit dans les cours, entre dans les poulaillers, étrangle la volaille, lui mange la tête et n'épargne pas sur-tout les peintades. Sa chaîne ne le rendoit pas plus humain, mais seulement plus circonspect ; il employoit alors la ruse, et familiarisoit les poules avec lui, leur permettoit de venir partager ses repas, et ce n'étoit qu'après leur avoir inspiré la plus grande sécurité qu'il en saisissoit une et la mettoit en pièces. Quelques jeunes chats ont de sa part éprouvé le même sort. Cet animal, quoique très-léger, n'a que des mouvemens obliques, et je doute qu'il puisse attraper d'autres animaux à la course. Il ouvre merveilleusement les huîtres, il suffit d'en briser la charnière, ses pattes font le reste. Il doit avoir le tact excellent. Dans toute sa petite besogne, rarement se sert-il de la vue ni de l'odorat ; pour une huître, par exemple, il la fait passer sous ses pattes de derrière, puis, sans regarder, il cherche de ses mains l'endroit le plus foible; il y enfonce ses ongles, entr'ouvre les écailles, arrache le poisson par lambeaux, n'en laisse aucun vestige, sans que, dans cette opération, ses yeux ni son nez, qu'il tient éloignés, lui soient d'aucun usage. »

« Si le Raton n'est pas fort reconnoissant des caresses qu'il reçoit, il est singulièrement sensible aux mauvais traitemens; un domestique de la maison l'avoit un jour frappé de quelques coups de fouet; vainement cet homme a-t-il cherché depuis à se réconcilier : ni les œufs, ni les sauterelles marines, mets délicieux pour cet animal, n'ont jamais pu le calmer. A son approche, il entre dans une sorte de rage; les yeux étincelans, il s'élance contre lui, pousse des cris de douleur, tout ce qu'on lui présente alors il le refuse, jusqu'à ce que son ennemi disparoisse. Les accens de la colère sont chez lui singuliers; on se figureroit entendre, tantôt le sifflement du courli, tantôt l'aboiement enroué d'un vieux chien. »

« Si quelqu'un le frappe, s'il est attaqué par un animal qu'il croie plus fort que lui, il n'oppose aucune résistance; semblable à un hérisson, il cache et sa tête et ses pattes, forme de son corps une boule : aucune plainte ne lui échappe; dans cette position, il souffriroit la mort. »

« Les enfans sont un des objets de sa haine; leurs pleurs l'irritent; il fait tous ses efforts pour s'élancer sur eux. Une petite chienne qu'il aime beaucoup est sévèrement corrigée par lui quand elle s'avise d'aboyer avec aigreur. Je ne sais pourquoi plusieurs animaux détestent également les cris. En 1770, j'avois cinq souris blanches; je m'avisai par hasard d'en faire crier une; les autres se jetèrent sur elle; je continuai; elles l'étranglèrent. »

« Ce raton est une femelle qui entre en chaleur au commencement de l'été; le besoin de trouver un mâle dure plus de six semaines; pendant ce temps on ne sauroit la fixer; tout lui déplaît, à peine se nourrit-elle; cent fois le jour elle passe entre ses cuisses, puis entre ses pattes de devant, sa queue touffue qu'elle saisit par le bout entre ses dents et qu'elle agite sans cesse pour frotter ses parties naturelles. Durant cette crise elle est à tous momens sur le dos, grognant et appelant son mâle, ce qui me feroit penser qu'elle s'accouple dans cette attitude. »

« L'entier accroissement de cet animal ne s'est guère fait en moins de deux mois et demi. »

DU COATI.

Le Coati est très-différent du raton que nous avons décrit dans l'article précédent. Il est de plus petite taille; il a aussi les yeux beaucoup plus petits, les oreilles encore plus courtes, le poil moins long, plus rude et moins peigné. Il a le corps et le cou beaucoup plus alongés, la tête aussi plus longue ainsi que le museau, dont la mâchoire supérieure est terminée par une espèce de groin mobile qui déborde d'un pouce ou d'un pouce et demi au-delà de l'extrémité de la mâchoire inférieure. Ce groin retroussé en haut, joint au grand alongement des mâchoires, fait paroître le museau courbé et relevé en haut; il a les jambes plus courtes que le raton, les pieds plus longs et plus appuyés sur le talon. Il a comme le raton la queue annelée et cinq doigts à tous les pieds.

Le Coati est sujet à manger sa queue, qui, lorsqu'elle n'a pas été tronquée, est plus longue que son corps; il la tient ordinairement élevée, la fléchit en tout sens et la promène avec facilité. Lorsque ces animaux ont pris cette habitude, on ne peut pas les en corriger; ils continuent de ronger leur queue et finissent par mourir, quelque soin et quelque nourriture qu'on puisse leur donner. Il semble que cette inquiétude est produite par une vive démangeaison; mais peut-être les préserveroit-on du mal qu'ils se font en couvrant l'extrémité de leur queue avec une plaque de métal, comme l'on couvre quelquefois les perroquets sous le ventre pour les empêcher de se déplumer. Au reste ce goût singulier et qui paroît contre nature, n'est pas particulier au Coati; les singes, les makis et quelques autres animaux à queue longue, rongent le bout de leur queue, en mangent la chair et les vertèbres, et la raccourcissent peu à peu d'un quart ou d'un tiers. On peut tirer de-là une induction générale, c'est que dans des parties très-alongées et dont les extrémités sont par conséquent très-éloignées des sens et du centre du sentiment, ce même sentiment est foible, et d'autant plus foible que la distance est plus grande et la partie plus menue : car si l'extrémité de la queue de ces animaux étoit une partie fort sensible, la sensation de la douleur seroit plus forte que celle de cet appétit, et ils conserveroient leur queue avec autant de soin que les autres parties de leur corps. Au reste le Coati est un animal de proie qui se nourrit de chair et de sang, qui, comme le renard ou la fouine, égorge les petits animaux, les volailles, mange les œufs, cherche les nids des oiseaux; et c'est probablement par cette conformité de naturel, plutôt que par la ressemblance de la fouine, qu'on a regardé le Coati comme une espèce de petit renard.

On trouve dans le septième volume de l'académie des sciences de Suède, que cet animal approche de l'ours par la longueur de ses jambes de derrière, sa tête penchée, son poil épais, et par ses pattes; mais il est petit et familier, et sa queue est fort longue et rayée de différentes couleurs. M. le prince successeur de Suède avoit fait présent d'un de ces animaux à Linnæus. Son genre de vie étoit assez extraordinaire ; il dormoit depuis minuit jusqu'à midi; il veilloit le reste du jour, et se promenoit régulièrement depuis six heures du soir jusqu'à minuit, quelque temps qu'il fît. C'est apparemment le temps que la Nature a assigné à cette espèce d'animaux dans leur patrie, pour pourvoir à leurs besoins, et pour aller à la chasse des oiseaux et à la découverte de leurs œufs, qui font leur principale nourriture.

Quelques personnes qui ont séjourné dans l'Amérique méridionale, m'ont informé que les Coatis produisent ordinairement trois petits, qu'ils se font des tanières en terre comme des renards, que leur chair a un assez mauvais goût de venaison ; mais qu'on peut faire de leurs peaux d'assez belles fourrures ; ils m'ont aussi assuré qu'ils s'apprivoisent fort aisément, et qu'ils deviennent même caressans.

DES MOUFFETTES.

Nous donnons le nom générique de Mouffettes à plusieurs espèces d'animaux, qui renferment et répandent lorsqu'ils sont inquiétés une odeur si forte et si mauvaise qu'elle suffoque, comme la vapeur souterraine qu'on appelle mouffette. De quatre espèces que nous connoissons de ces animaux et que nous indiquerons sous les noms de coase, conepate, chinche et zorille, les deux dernières appartiennent aux climats les plus chauds de l'Amérique méridionale et pourroient bien être deux variétés et non pas deux espèces différentes. Les deux premières sont du climat tempéré de la Nouvelle Espagne, de la Louisiane, des Illinois, de la Caroline, et me paroissent être des espèces distinctes et différentes des deux autres, surtout le Coase qui a le caractère particulier de ne porter que quatre ongles aux pieds de devant, tandis que tous les autres en ont cinq. Ce Coase a environ seize pouces de long, y compris la tête et le corps, il a les jambes courtes, le museau mince, les oreilles petites, le poil d'un brun foncé, les ongles noirs et pointus ; il habite dans des trous, dans des fentes de rochers, où il élève ses petits ; il vit de scarabées, de vermisseaux, de petits oiseaux ; et lorsqu'il peut entrer dans une basse-cour, il étrangle les volailles desquelles il ne mange que la cervelle ; lorsqu'il est irrité ou effrayé il rend une odeur abominable ; c'est pour cet animal un moyen sûr de défense, ni les hommes ni les chiens n'osent en approcher ; son urine qui se mêle apparemment avec cette vapeur empestée tache et infecte d'une manière indélébile (1).

Au reste, ces animaux ont tous à peu près la même figure, le même instinct, la même mauvaise odeur,

---

(1) Il paroît que cette mauvaise odeur n'est point une chose habituelle. « On m'a envoyé de Surinam cet animal vivant, dit Séba ; je l'ai conservé en vie pendant tout un été, dans mon jardin, où je le tenois attaché avec une petite chaîne. Il ne mordoit personne, et lorsqu'on lui donnoit à manger, on pouvoit le manier comme un petit chien ; il creusoit la terre avec son museau, en s'aidant des deux pattes de devant, dont les doigts sont armés d'ongles longs et recourbés ; il se cachoit pendant le jour dans une espèce de tanière qu'il avoit faite lui-même ; il en sortoit le soir, et après s'être nétoyé, il commençoit à courir, et couroit ainsi toute la nuit à droite et à gauche, aussi loin que sa chaîne lui permettoit d'aller ; il furetoit partout portant le nez en terre ; on lui donnoit chaque soir à manger, et il ne prenoit de nourriture que ce qu'il lui en falloit, sans toucher au reste ; il n'aimoit ni la chair ni le pain, ni quantité d'autres nourritures ; ses délices étoient les panais jaunes, les chevrettes crues, les chenilles et les araignées. Sur la fin de l'automne, on le trouva mort dans sa tanière ; il ne put sans doute supporter le froid. » Nous observerons qu'on peut douter que ce fût le même animal dont il s'agit ici, parce que Séba ne fait aucune mention de son odeur détestable, et qu'il est difficile d'imaginer comment il a pu garder dans son jardin pendant tout un été, une bête aussi puante, et ne pas parler, en la décrivant, de l'incommodité qu'elle a dû causer à ceux qui l'approchoient ; mais le doute ne subsistera plus quand on saura que cet animal ne rend cette odeur empestée que quand il est irrité ou pressé ; et que plusieurs personnes en Amérique en ont élevé et apprivoisé.

et

et ne diffèrent pour ainsi dire que par les couleurs et la longueur du poil. Le conepate (1) a sur un fond de poil noir cinq bandes blanches qui s'étendent longitudinalement de la tête à la queue. Le chinche (2) est blanc sur le dos et noir sur les flancs, avec la

---

(1) « Cet animal ressemble beaucoup à la marte ; il est à peu près de la même grosseur ; il fait ses petits également dans des creux d'arbres et des terriers ; il ne reste pas seulement sur terre, mais il monte sur les arbres ; il est ennemi des oiseaux ; il brise leurs œufs et mange leurs petits, et quand il peut entrer dans un poulailler, il y fait un grand ravage. Quand il est chassé, soit par les chiens, soit par les hommes, il court tant qu'il peut ou grimpe sur un arbre, et lorsqu'il se trouve très-pressé, il lance son urine contre ceux qui le poursuivent ; l'odeur en est si forte qu'elle suffoque ; la plupart des chiens se rebutent et s'enfuient dès qu'ils en sont frappés ; il faut plus d'un mois pour l'enlever d'une étoffe. En 1749 il vint un de ces animaux près de la ferme où je logeois ; c'étoit en hiver et pendant la nuit ; les chiens étoient éveillés et le poursuivoient ; dans le moment il se répandit une odeur si fétide, qu'étant dans mon lit, je pensai être suffoqué. Les vaches beugloient de toutes leurs forces. Sur la fin de la même année, il s'en glissa un autre dans notre cave ; mais il ne répandit pas la plus légère odeur, parce qu'il ne l'a répand que quand il est chassé ou pressé. Une femme qui l'aperçut la nuit à ses yeux étincelans, le tua, et dans le moment il remplit la cave d'une telle odeur, que non-seulement cette femme en fut malade pendant quelques jours, mais que le pain, la viande et les autres provisions qu'on conservoit dans cette cave, furent tellement infectés, qu'on ne put en rien conserver, et qu'il fallut tout jeter dehors. » *Voyage de Kalm.*

(2) « Cet animal est appelé chinche par les Naturalistes

tête toute noire, à l'exception d'une bande blanche qui s'étend depuis le chignon jusqu'au chanfrein du nez; sa queue est très-touffue et fournit de très-longs poils blancs mêlés d'un peu de noir. Le zorille, qui s'appele aussi mapurita, paroît être d'une espèce plus petite; il a néanmoins la queue tout aussi belle et tout aussi fournie que le chinche, dont il diffère par la disposition des taches de sa robe; elle est d'un fond noir sur lequel s'étendent longitudinalement des bandes blanches depuis la tête jusqu'au milieu du dos, et d'autres espèces de bandes blanches transversalement sur les reins, la croupe et l'origine de la queue qui est noire jusqu'au milieu de sa longueur, et blanche depuis le milieu jusqu'à l'extrémité, au lieu que celle du chinche est partout de la même couleur.

---

du Brésil; il est de la grosseur d'un de nos chats; sa queue aussi longue que son corps, ne diffère pas de celle d'un renard; son poil est d'un gris-obscur et long comme celui de nos chats; il fait sa demeure dans la terre comme nos lapins; mais son terrier n'est pas si profond; j'eus une très-grande peine à faire perdre à mes habits la mauvaise odeur dont ils étoient imbus; elle dura plus de huit jours, quoique je les eusse lavés plusieurs fois, mouillés, séchés au soleil. On me dit que la mauvaise odeur de cet animal, étoit produite par son urine, qu'il l'a répand sur sa queue, et qu'il s'en sert comme de goupillon, pour la disperser et pour faire fuir ses ennemis par cette odeur horrible; qu'il urine de même à l'entrée de son terrier pour les empêcher d'y entrer; qu'il est fort friand d'oiseaux et de volailles, et que ce sont ces animaux qui détruisent principalement les oiseaux dans les campagnes de Buénos-ayres. ». *Journal du P. Feuillée.*

Tous ces animaux sont à peu près de la même figure et de la même grandeur que le putois d'Europe ; ils lui ressemblent encore par les habitudes naturelles, et les résultats physiques de leur organisation sont aussi les mêmes. Le putois est de tous les animaux de ce continent celui qui répand la plus mauvaise odeur ; elle est seulement plus exaltée dans les Mouffettes, dont les espèces ou variétés sont nombreuses en Amérique ; au lieu que le putois est seul de la sienne dans l'ancien continent.

Un de nos correspondans nous a rapporté la dépouille d'un individu qui semble appartenir à la même famille. Ses habitudes, sur lesquelles nous n'avons reçu aucune observation particulière, doivent être assez semblables à celles de ces animaux puans dont il se rapproche par sa conformation ainsi que par la distribution de ses couleurs. Cette mouffette se trouve au Chili.

DU VAMPIRE.

On trouve dans les pays les plus chauds du nouveau monde un quadrupède volant dont on ne nous a pas transmis le nom américain, et que nous appellerons Vampire, parce qu'il suce le sang des hommes et des animaux qui dorment, sans leur causer assez de douleur pour les éveiller. Cet animal d'Amérique est d'une espèce différente de celles de la roussette et de la rougette, qui toutes deux ne se trouvent qu'en Afrique et dans l'Asie méridionale. Le Vampire est plus petit que la rougette, qui est plus petite elle-même que la roussette; le premier, lorsqu'il vole, paroît être de la grosseur d'un pigeon; la seconde de la grandeur d'un corbeau, et la troisième de celle d'une grosse poule. La rougette et la roussette ont toutes deux la tête assez bien faite, les oreilles courtes, le museau bien arrondi et à peu près de la forme de celui d'un chien. Le Vampire au contraire a le museau plus alongé; il a l'aspect hideux comme les plus laides chauve-souris, la tête informe et surmontée de grandes oreilles fort ouvertes et fort droites; il a le nez contrefait, les narines en entonnoir avec une membrane au-dessus qui s'élève en forme de corne ou de crête pointue, et qui augmente de beaucoup la difformité de sa face. Ainsi l'on ne peut douter que cette espèce ne soit toute autre que celles de la roussette et de la rougette. Le Vampire est aussi malfaisant que difforme; il inquiète l'homme, tourmente et détruit les animaux. « Les chauve-souris, dit la Condamine, qui sucent le sang des chevaux, des mulets, et même des hommes quand ils ne s'en garantissent pas en dormant à l'abri d'un pavillon, sont un fléau commun à la plupart des pays chauds de l'Amérique ; il y en a de monstrueuses pour la grosseur ; elles ont entièrement détruit à Borja et en divers autres endroits le gros bétail que les missionnaires y avoient introduit, et qui commençoit à y multiplier. »

Nous avons cru devoir examiner comment il est possible que ces animaux puissent sucer le sang sans causer en même temps une douleur au moins assez sensible pour éveiller une personne endormie. S'ils entamoient la chair avec leurs dents, qui sont très-fortes et grosses comme celles des autres quadrupèdes de leur taille, l'homme le plus profondément endormi, et les animaux sur-tout dont le sommeil est plus léger que celui de l'homme, seroient brusquement réveillés par la douleur de cette morsure : il en est de même des blessures qu'ils pourroient faire avec leurs ongles ; ce n'est donc qu'avec la langue qu'ils peuvent faire des ouvertures assez subtiles dans la peau pour en tirer du sang et ouvrir les veines sans causer une vive douleur. Nous n'avons pas été à portée de voir la langue du Vampire, mais celle des roussettes semble indiquer la possibilité du fait : cette langue est pointue et hérissée de papilles dures très-fines, très-aiguës et dirigées en arrière ; ces pointes qui sont très-fines peuvent s'insinuer dans les pores de la peau, les élargir et pénétrer assez avant pour que le sang obéisse à la succion continuelle de la langue. Mais c'est assez raisonner sur ce fait dont toutes les circonstances ne nous sont pas bien connues, et dont quelques-unes sont peut-être exagérées ou mal rendues par les écrivains qui nous les ont transmises.

DU SARIGUE OU OPPOSSUM (1).

LE Sarigue ou l'Oppossum est un animal de l'Amérique qu'il est aisé de distinguer de tous les autres par deux caractères très-singuliers. Le premier de ces caractères est, que la femelle a sous le ventre une ample cavité dans laquelle elle reçoit et allaite ses petits. Le second est, que le mâle et la femelle ont tous deux le premier doigt des pieds de derrière sans ongle et bien séparé des autres doigts, tel qu'est le pouce dans la main de l'homme, tandis que les quatre autres doigts de ces mêmes pieds de derrière sont placés les uns contre les autres et armés d'ongles crochus, comme dans les pieds des autres quadrupèdes. Le premier de ces caractères a été saisi par la plupart des voyageurs et des Naturalistes, mais le second leur avoit entièrement échappé.

Edwvard Tison, médecin anglois, paroît être le premier qui l'ait observé dans l'individu qui lui a servi de sujet, et qu'il a décrit et disséqué. Il a cinq doigts aux pieds de devant, tous les cinq armés d'ongles crochus; autant de doigts aux pieds de derrière, dont quatre seulement sont armés d'ongles. Tous ces doigts sont sans poils et recouverts d'une peau rougeâtre ; ils ont près d'un pouce de longeur ; la paume des mains et des pieds est large, et il y a des callosités charnues sous tous les doigts. La queue n'est couverte de poils qu'à son origine juqu'à deux ou trois pouces de longueur, après quoi c'est une peau écailleuse et

---

(1) Nom de cet animal sur les côtes du Brésil.

lisse dont elle est revêtue jusqu'à l'extrémité ; ces écailles sont blanchâtres, à peu près hexagônes et placées régulièrement, en sorte qu'elles n'anticipent pas les unes sur les autres : les oreilles, comme les pieds et la queue, sont sans poil; elles sont si minces qu'on ne peut pas dire qu'elles soient cartilagineuses ; elles sont simplement membraneuses comme les ailes des chauve-souris ; elles sont très-ouvertes, et le conduit auditif paroît fort large. La mâchoire de dessus est un peu plus alongée que celle de dessous, les narines sont larges, les yeux petits, noirs, vifs et proéminens, le cou court, la poitrine large, la moustache comme celle du chat, le poil du devant de la tête est plus blanc et plus court que celui du corps ; il est d'un gris cendré mêlé de quelques petites houpes de poils noirs et blanchâtres sur le dos et sur les côtes, plus brun sur le ventre, et encore plus foncé sur les jambes. Sous le ventre de la femelle est une fente qui a deux ou trois pouces de longueur ; cette fente est fermée par deux peaux qui composent une poche velue à l'extérieur et moins garnie de poil à l'intérieur ; cette poche renferme les mamelles ; les petits nouveau-nés y entrent pour les sucer, et prennent si bien l'habitude de s'y cacher, qu'ils s'y réfugient, quoique déjà grands, lorsqu'ils sont épouvantés. Cette poche a du mouvement et du jeu ; elle s'ouvre et se referme à la volonté de l'animal ; la mécanique de ce mouvement s'exécute par le moyen de plusieurs muscles et de deux os qui n'appartiennent qu'à cette espèce d'animal. Le gland de la verge du mâle et celui du clitoris de la femelle sont fourchus, et paroissent doubles. Le vagin qui est simple à l'entrée, se partage ensuite en deux canaux. Cette conformation est en général très-singulière et différente de celle de tous les autres animaux quadrupèdes.

Le Sarigue est uniquement originaire des contrées méridionales du nouveau monde; il paroît seulement qu'il n'affecte pas aussi constamment que le tatou les climats les plus chauds. On le trouve non-seulement au Brésil, à la Guiane, au Mexique, mais aussi à la Floride, en Virginie, et dans les autres régions tempérées de ce continent. Il est par-tout assez commun, parce qu'il produit souvent et en grand nombre; la plupart des auteurs disent quatre ou cinq petits, d'autres six ou sept; Marcgrave assure avoir vu six petits vivans dans la poche d'une femelle; ces petits avoient environ deux pouces de longueur; ils étoient déjà fort agiles, ils sortoient de la poche et y rentroient plusieurs fois par jour : ils sont bien plus petits lorsqu'ils naissent ; certains voyageurs disent qu'ils ne sont pas plus gros que des mouches au moment de leur naissance, c'est-à-dire, quand ils sortent de la matrice pour entrer dans la poche et s'attacher aux mamelles. Ce fait n'est pas aussi exagéré qu'on pourroit l'imaginer ; car nous avons vu nous-mêmes, dans la marmose dont l'espèce est voisine de celle du Sarigue, des petits attachés à la mamelle qui n'étoient pas plus gros que des fèves ; et l'on peut présumer avec beaucoup de vraisemblance, que dans ces animaux la matrice n'est, pour ainsi dire, que le lieu de la conception, de la formation et du premier développement du fœtus, dont l'exclusion étant plus précoce que dans les autres quadrupèdes, l'accroissement s'achève dans la bourse où ils entrent au moment de leur naissance prématurée. Personne n'a observé la durée de la gestation de ces animaux, que nous présumons être beaucoup plus courte que dans les autres ; et comme c'est un exemple singulier dans la Nature que cette exclusion précoce, nous exhortons ceux qui sont à portée de voir des sarigues vivans dans leur pays natal, de tâcher de savoir combien les femelles portent de temps, et combien de temps encore après la naissance les petits restent attachés à la mamelle avant que de s'en séparer. Cette observation curieuse par elle-même pourroit devenir utile, en nous indiquant peut-être quelque moyen de conserver la vie aux enfans venus avant le terme.

Les petits sarigues restent donc attachés et comme collés aux mamelles de la mère pendant le premier âge, et jusqu'à ce qu'ils aient pris assez de force et d'accroissement pour se mouvoir aisément. On peut ouvrir la poche de la mère, regarder, compter et même toucher les petits sans les incommoder ; ils ne quittent la tétine qu'ils tiennent avec la gueule, que quand ils ont assez de force pour marcher ; ils se laissent alors tomber dans la poche et sortent ensuite pour se promener et pour chercher leur subsistance ; ils y entrent souvent pour dormir, pour teter, et aussi pour se cacher lorsqu'ils sont épouvantés ; la mère fuit alors et les emporte tous : elle ne paroît jamais avoir plus de ventre que quand il y a longtemps qu'elle a mis bas et que ses petits sont déjà grands ; car dans le temps de la vraie gestation on s'aperçoit peu qu'elle soit pleine.

A la seule inspection de la forme des pieds de cet animal, il est aisé de juger qu'il marche mal et qu'il court lentement ; aussi dit-on qu'un homme peut l'attraper sans même précipiter son pas. En revanche, il grimpe sur les arbres avec une extrême facilité, se cache dans le feuillage pour attraper des oiseaux, ou bien il se suspend par la queue dont l'extrémité est musculeuse et flexible comme une main, en sorte qu'il peut serrer et environner de plus d'un tour les corps qu'il saisit. Il reste quelquefois longtemps dans cette situation ; sans mouvement, le corps suspendu, la tête en bas, il épie et attend le petit gibier au passage ; d'autres fois il se balance pour sauter d'un arbre à un autre, à peu près comme les singes à queue prenante, auxquels il ressemble aussi par la conformation des pieds. Quoique carnassier, et même avide de sang qu'il se plaît à sucer, il mange assez de tout, des reptiles, des insectes, des cannes de sucre, des patates, des racines, et même des feuilles et des écorces. On peut le nourrir comme un animal domestique ; il n'est ni féroce, ni farouche, et on l'apprivoise aisément ; mais il dégoûte par sa mauvaise odeur qui est plus forte que celle du renard, et il déplaît aussi par sa vilaine figure ; car indépendamment de ses oreilles de chouette, de sa queue de serpent et de sa gueule fendue jusqu'auprès des yeux, son corps paroît toujours sale, parce que le poil qui n'est ni lisse, ni frisé, est terne et semble être couvert de boue. Sa mauvaise odeur réside dans la peau, et sa chair n'est pas mauvaise à manger ; c'est même un des animaux que les sauvages chassent de préférence, et duquel ils se nourrissent le plus volontiers.

1. LE SARIGUE femelle. 2. LA MARMOSE femelle.

DE LA MARMOSE (1).

L'ESPÈCE de la Marmose paroît être voisine de celle du sarigue; elles sont du même climat, dans le même continent; et ces deux animaux se ressemblent par la forme du corps, par la conformation des pieds, par la queue prenante qui est couverte d'écailles dans la plus grande partie de sa longueur, et n'est revêtue de poil qu'à son origine, par l'ordre des dents qui sont en plus grand nombre que dans les autres quadrupèdes: mais la Marmose est bien plus petite que le sarigue, elle a le museau encore plus pointu; la femelle n'a pas de poche sous le ventre comme celle du sarigue; il y a seulement deux plis longitudinaux près des cuisses entre lesquels les petits se placent pour s'attacher aux mamelles. Les parties de la génération, tant du mâle que de la femelle marmoses, ressemblent par la forme et par la position à celles du sarigue; le gland de la verge du mâle est fourchu comme celui du sarigue, il est placé dans l'anus; et cet orifice, dans la femelle, paroît être aussi l'orifice de la vulve. La naissance des petits semble être encore plus précoce dans l'espèce de la Marmose que dans celle du sarigue; ils sont à peine aussi gros que des petites fèves lorsqu'ils naissent et qu'ils vont s'attacher aux mamelles; les portées sont aussi plus nombreuses. Nous avons vu dix petites marmoses, chacune attachée à un mamelon, et il y avoit encore sur le ventre de la mère

---

(1) C'est le nom que les Brasiliens donnent à cet animal, selon Séba.

quatre mamelons vacans, en sorte qu'elle avoit en tout quatorze mamelles; c'est principalement sur les femelles de cette espèce qu'il faudroit faire les observations que nous avons indiquées dans l'article précédent; je suis persuadé que ces animaux mettent bas peu de jours après la conception, et que les petits au moment de l'exclusion ne sont encore que des fœtus qui, même comme fœtus, n'ont pas pris le quart de leur accroissement; l'accouchement de la mère est toujours une fausse couche très-prématurée, et les fœtus ne sauvent leur vie naissante qu'en s'attachant aux mamelles sans jamais les quitter, jusqu'à ce qu'ils aient acquis le même degré d'accroissement et de force qu'ils auroient pris naturellement dans la matrice, si l'exclusion n'eût pas été prématurée.

La Marmose a les mêmes inclinations et les mêmes mœurs que le sarigue; tous deux se creusent des terriers pour se réfugier, tous deux s'accrochent aux branches des arbres par l'extrémité de leur queue, et s'élancent de-là sur les oiseaux et sur les petits animaux; ils mangent aussi des fruits, des graines et des racines; mais ils sont encore plus friands de poisson et d'écrevisse qu'ils pêchent, dit-on, avec leur queue. Ce fait est très-douteux et s'accorde fort mal avec la stupidité naturelle qu'on reproche à ces animaux qui, selon le témoignage de la plupart des voyageurs, ne savent ni se mouvoir à propos, ni fuir, ni se défendre.

LES SINGES.

Si nous voulons considérer pour un instant les animaux de la terre sous un nouveau point de vue, nous trouverons que c'est sans raison suffisante qu'on leur a donné généralement à tous le nom de Quadrupèdes. Si les exceptions n'étoient qu'en petit nombre, nous n'attaquerions pas l'application de cette dénomination. Nous avons dit et nous savons que nos définitions, nos noms, quelque généraux qu'ils puissent être, ne comprennent jamais tout; qu'il existe toujours des êtres en-deçà ou au-delà; qu'il s'en trouve de mitoyens; que le nom général qu'on voudroit leur imposer est une formule incomplète, une somme dont souvent ils ne font pas partie; parce que la Nature ne doit jamais être présentée que par unités et non par aggrégats, parce que l'homme n'a imaginé les noms généraux que pour aider à sa mémoire, et tâcher de suppléer à la trop petite capacité de son entendement; parce qu'ensuite il en a fait abus en regardant ce nom général comme quelque chose de réel; parce qu'enfin il a voulu y rappeler des êtres et même des classes d'êtres qui demandoient un autre nom ; je puis en donner et l'exemple et la preuve sans sortir de l'ordre des Quadrupèdes, qui de tous les animaux sont ceux que l'homme connoît le mieux, et auxquels il étoit par conséquent en état de donner les dénominations les plus précises.

Le nom de Quadrupède suppose que l'animal ait quatre pieds; s'il manque de deux pieds comme le lamantin, il n'est plus quadrupède ; s'il a des bras et des mains comme le singe, il n'est plus quadrupède ; s'il a des ailes comme la chauve-souris, il n'est plus quadrupède, et l'on fait abus de cette dénomination générale lorsqu'on l'applique à ces animaux. Pour qu'il y ait de la précision dans les mots, il faut de la vérité dans les idées qu'ils représentent. Faisons pour les mains un nom pareil à celui qu'on a fait pour les pieds, et alors nous dirons avec vérité et précision que l'homme est le seul qui soit bimane et bipède, parce qu'il est le seul qui ait deux mains et deux pieds; que le lamantin n'est que bimane ; que la chauve-souris n'est que bipède, et que le Singe est quadrumane. Maintenant appliquons ces nouvelles dénominations générales à tous les êtres particuliers auxquels elles conviennent ; car c'est ainsi qu'il faut toujours voir la Nature; nous trouverons que sur deux ou trois cents espèces d'animaux qui peuplent la surface de la terre, et auxquelles on a donné le nom commun de quadrupède, il y a d'abord trente-cinq espèces de singes, babouins, guenons, sapajous, sagoins et makis qu'on doit en retrancher, parce qu'ils sont quadrumanes; qu'à ces trente-cinq espèces, il faut ajouter celles du loris, du sarigue, de la marmose, du cayopollin, du tarsier, du phalanger, qui sont aussi quadrumanes comme les singes, guenons, sapajous et sagoins : que par conséquent la liste des quadrumanes étant au moins de quarante espèces, le nombre réel des quadrupèdes est déjà réduit de près d'un cinquième : qu'ensuite ôtant douze ou quinze espèces de bipèdes, savoir les chauve-souris et les roussettes, dont les pieds de devant sont plutôt des ailes que des pieds, et en retranchant aussi trois ou quatre gerboises qui ne peuvent marcher que sur les pieds de derrière, parce que ceux de devant sont trop courts; en ôtant encore le lamantin qui n'a point de pieds de derrière, les morses, le dugon et les phoques auxquels ils sont inutiles, ce nombre de quadrupèdes se trouvera diminué de presqu'un tiers; et si on vouloit encore en soustraire les animaux qui se servent des pieds de devant comme de mains, tels que les ours, les marmottes, les coatis, les écureuils, les rats et beaucoup d'autres, la dénomination de quadrupède paroîtra mal appliquée à plus de la moitié des animaux : et en effet les vrais quadrupèdes sont les solipèdes et les pieds-fourchus; dès qu'on descend à la classe des fissipèdes, on trouve des quadrumanes ou des quadrupèdes ambigus, qui se servent de leurs pieds de devant comme de mains, et qui doivent être séparés ou distingués des autres. Il y a trois espèces de solipèdes, le cheval, le zèbre et l'âne; en y ajoutant l'éléphant, le rhinocéros, l'hippopotame, le chameau, dont les pieds quoique terminés par des ongles, sont solides et ne leur servent qu'à marcher, l'on a déjà sept espèces auxquelles le nom de quadrupède convient parfaitement : il y a un beaucoup plus grand nombre de pieds-fourchus que de solipèdes : les bœufs, les béliers, les chèvres, les gazelles, les bubales, les chevrotains, le lama, la vigogne, la giraffe, l'élan, le renne, les cerfs, les daims, les chevreuils sont tous des pieds fourchus et composent en tout un nombre d'environ quarante espèces; ainsi voilà déjà cinquante animaux, c'est-à-dire dix solipèdes et quarante pieds-fourchus, auxquels le nom de quadrupède a été bien appliqué : dans les fissipèdes, le lion, le tigre, les panthères, le léopard, les lynx, le chat, le loup, le chien, le renard, l'hyène, les civettes, le blaireau, les fouines, les belettes, les furets, les porcs-épics, les hérissons, les tatous, les fourmilliers et les cochons qui font la nuance entre les fissipèdes et les pieds fourchus, forment un nombre de plus de quarante autres espèces, auxquelles le nom de quadrupède convient aussi dans toute la rigueur de l'acception; parce que quoiqu'ils aient le pied de devant divisé en quatre ou cinq doigts, ils ne s'en servent jamais comme de main : mais tous les autres fissipèdes qui se servent de leurs pieds de devant pour saisir et porter à leur gueule, ne sont pas de purs quadrupèdes; ces espèces qui sont aussi au nombre de quarante, font une classe intermédiaire entre les quadrupèdes et les quadrumanes, et ne sont précisément ni des uns ni des autres : il y a donc dans le réel plus d'un quart des animaux auxquels le nom de quadrupède disconvient, et plus d'une moitié auxquels il ne convient pas dans toute l'étendue de son acception.

Les quadrumanes remplissent le grand intervalle qui se trouve entre l'homme et les quadrupèdes; les bimanes sont un terme moyen dans la distance encore plus grande de l'homme aux cétacées (1); les bipèdes avec des ailes font la nuance des Quadrupèdes aux

---

(1) Je n'entends parler ici que de l'homme physique, c'est à-dire, de la forme du corps de l'homme comparée à la forme du corps des animaux.

oiseaux

oiseaux, et les fissipèdes qui se servent de leurs pieds comme de mains, remplissent tous les degrés qui se trouvent entre les quadrumanes et les quadrupèdes. Mais c'est nous arrêter assez sur cette vue; quelqu'utile qu'elle puisse être pour la connoissance distincte des animaux, elle l'est encore plus par l'exemple et par la nouvelle preuve qu'elle nous donne, qu'il n'y a aucune de nos définitions qui soit précise, aucun de nos termes généraux qui soit exact, lorsqu'on vient à les appliquer en particulier aux choses ou aux êtres qu'ils représentent.

Mais par quelle raison ces termes généraux qui paroissent être le chef-d'œuvre de la pensée, sont-ils si défectueux? pourquoi ces définitions qui semblent n'être que les purs résultats de la combinaison des êtres, sont-elles si fautives dans l'application? est-ce erreur nécessaire, défaut de rectitude dans l'esprit humain? ou plutôt n'est-ce pas simple incapacité, pure impuissance de combiner et même de voir à la fois un grand nombre de choses? Comparons les œuvres de la Nature aux ouvrages de l'homme; cherchons comment tous deux opèrent, et voyons si l'esprit, quelqu'actif, quelqu'étendu qu'il soit, peut aller de pair et suivre la même marche, sans se perdre lui-même ou dans l'immensité de l'espace, ou dans les ténèbres du temps, ou dans le nombre infini de la combinaison des êtres. Que l'homme dirige la marche de son esprit sur un objet quelconque: s'il voit juste, il prend la ligne droite, parcourt le moins d'espace et emploie le moins de temps possible pour atteindre à son but; combien ne lui faut-il pas déjà de réflexions et de combinai-

Tome VI. I

sons pour ne pas entrer dans les lignes obliques, pour éviter les fausses routes, les culs-de-sacs, les chemins creux qui tous se présentent les premiers et en si grand nombre, que le choix du vrai sentier suppose la plus grande justesse de discernement ! Cela cependant est possible, c'est-à-dire n'est pas au-dessus des forces d'un bon esprit ; il peut marcher droit sur sa ligne et sans s'écarter ; voilà sa manière d'aller la plus sûre et la plus ferme : mais il va sur une ligne pour arriver à un point, et s'il veut saisir un autre point, il ne peut l'atteindre que par une autre ligne : la trame de ses idées est un fil délié, qui s'étend en longueur sans autres dimensions : la Nature au contraire ne fait pas un seul pas qui ne soit en tout sens : en marchant en avant, elle s'étend à côté et s'élève au-dessus ; elle parcourt et remplit à la fois les trois dimensions ; et tandis que l'homme n'atteint qu'un point, elle arrive au solide, en embrasse le volume et pénètre la masse dans toutes leurs parties. Que font nos Phidias lorsqu'ils donnent une forme à la matière brute ? à force d'art et de temps ils parviennent à faire une surface qui représente exactement les dehors de l'objet qu'ils se sont proposé : chaque point de cette surface qu'ils ont créée, leur a coûté mille combinaisons ; leur génie a marché droit sur autant de lignes qu'il y a de traits dans leur figure ; le moindre écart l'auroit déformée : ce marbre si parfait qu'il semble respirer, n'est donc qu'une multitude de points auxquels l'artiste n'est arrivé qu'avec peine et successivement, parce que l'esprit humain ne saisissant à la fois qu'une seule dimension, et nos sens ne s'appliquant qu'aux surfaces, nous ne pouvons pénétrer la matière et ne savons que l'effleurer : la Nature au contraire sait la brasser et la remuer à fond : elle produit ses formes par des actes presqu'instantanés ; elle les développe en les étendant à la fois dans les trois dimensions ; en même temps que son mouvement atteint à la surface, les forces pénétrantes dont elle est animée, opèrent à l'intérieur ; chaque molécule est pénétrée ; le plus petit atome, dès qu'elle veut l'employer, est forcé d'obéir ; elle agit donc en tout sens ; elle travaille en avant, en arrière, en bas, en haut, à droite, à gauche, de tous côtés à la fois, et par conséquent elle embrasse non-seulement la surface, mais le volume, la masse et le solide entier dans toutes ses parties : aussi quelle différence dans le produit, quelle comparaison de la statue au corps organisé ; mais aussi quelle inégalité dans la puissance, quelle disproportion dans les instrumens ! L'homme ne peut employer que la force qu'il a ; borné à une petite quantité de mouvemens qu'il ne peut communiquer que par la voie de l'impulsion, il ne peut agir que sur les surfaces, puisqu'en général la force d'impulsion ne se transmet que par le contact des superficies. Il ne voit, il ne touche donc que la surface des corps ; et lorsque pour tâcher de les mieux connoître, il les ouvre, les divise et les sépare, il ne voit et ne touche encore que des surfaces : pour pénétrer l'intérieur, il lui faudroit une partie de cette force qui agit sur la masse, qui fait la pesanteur et qui est le principal instrument de la Nature. Si l'homme pouvoit disposer de cette force pénétrante, comme il dispose de celle d'impulsion ; si seulement il avoit un sens qui y fût relatif, il verroit le fond de la matière, il pourroit l'arranger en petit, comme la Nature la travaille en grand : c'est donc faute d'instrumens, que l'art de l'homme ne peut approcher de celui de la Nature; ses figures, ses reliefs, ses tableaux, ses dessins ne sont que des surfaces ou des imitations de surfaces, parce que les images qu'il reçoit par ses sens sont toutes superficielles, et qu'il n'a nul moyen de leur donner du corps.

Ce qui est vrai pour les arts, l'est aussi pour les sciences; seulement elles sont moins bornées, parce que l'esprit est leur seul instrument, parce que dans les arts il est subordonné aux sens, et que dans les sciences il leur commande, d'autant qu'il s'agit de connoître et non pas d'opérer, de comparer et non pas d'imiter : or l'esprit, quoique resserré par les sens, quoique souvent abusé par leurs faux rapports, n'en est ni moins pur, ni moins actif; l'homme qui a voulu savoir, a commencé par les rectifier, par démontrer leurs erreurs; il les a traités comme des organes mécaniques, des instrumens qu'il faut mettre en expérience pour les vérifier et juger de leurs effets : marchant ensuite la balance à la main et le compas de l'autre, il a mesuré et le temps et l'espace : il a reconnu tous les dehors de la Nature, et ne pouvant en pénétrer l'intérieur par les sens, il l'a deviné par comparaison et jugé par analogie; il a trouvé qu'il existoit dans la matière une force générale, différente de celle d'impulsion, une force qui ne tombe point sous nos sens, et dont par conséquent nous ne pouvons disposer, mais que la Nature emploie comme son agent universel; il a démontré que cette force appartenoit à toute matière également, c'est-à-dire, proportionnellement à sa masse ou quantité réelle ; que cette force ou plutôt son action s'étendoit à des distances immenses, en décroissant comme les espaces augmentent ; ensuite tournant ses vues sur les êtres vivans, il a vu que la chaleur étoit une autre force nécessaire à leur production ; que la lumière étoit une matière vive, douée d'une élasticité et d'une activité sans bornes ; que la formation et le développement des êtres organisés se font par le concours de toutes ces forces réunies ; que l'extension, l'accroissement des corps vivans ou végétans suit exactement les lois de la force attractive, et s'opère en effet en augmentant à-la-fois dans les trois dimensions ; qu'un moule une fois formé doit, par ces mêmes lois d'affinité, en produire d'autres tout semblables, et ceux-ci d'autres encore, sans aucune altération de la forme primitive. Combinant ensuite ces caractères communs, ces attributs égaux de la Nature vivante et végétante, il a reconnu qu'il existoit et dans l'une et dans l'autre, un fonds inépuisable et toujours réversible de substance organique et vivante, substance aussi réelle, aussi durable que la matière brute ; substance permanente à jamais dans son état de vie, comme l'autre dans son état de mort ; substance universellement répandue, qui, passant des végétaux aux animaux par la voie de la nutrition, retournant des animaux aux végétaux par celle de la putréfaction, circule incessamment pour animer les êtres : il a vu que ces molécules organiques vivantes existoient dans tous les corps organisés, qu'elles y étoient combinées en plus ou moins grande quantité avec la matière morte, plus abondantes dans les animaux où tout est plein de vie, plus rares dans les végétaux où le mort domine et le vivant paroît éteint, où l'organique surchargé par le brut, n'a plus ni mouvement progressif, ni sentiment, ni chaleur, ni vie, et ne se manifeste que par le développement et la reproduction ; et réfléchissant sur la manière dont l'un et l'autre s'opèrent, il a reconnu que chaque être vivant est un moule auquel s'assimilent les substances dont il se nourrit ; que c'est par cette assimilation que se fait l'accroissement du corps ; que son développement n'est pas une simple augmentation du volume, mais une extension dans toutes les dimensions, une pénétration de matière nouvelle dans toutes les parties de la masse : que ces parties augmentant proportionnellement au tout, et le tout proportionnellement aux parties, la forme se conserve et demeure toujours la même jusqu'à son développement entier ; qu'enfin le corps ayant acquis toute son étendue, la même matière jusqu'alors employée à son accroissement est dès-lors renvoyée, comme superflue, de toutes les parties auxquelles elle s'étoit assimilée, et qu'en se réunissant dans un point commun, elle y forme un nouvel être semblable au premier, qui n'en diffère que du petit au grand, et qui n'a besoin, pour le représenter, que d'atteindre aux mêmes dimensions en se développant à son tour par la même voie de la nutrition. Il a reconnu que l'homme, le quadrupède, le cétacée, l'oiseau, le reptile, l'insecte, l'arbre, la plante, l'herbe, se nourrissent, se développent et se reproduisent par cette même loi, et que si la manière dont s'exécutent leur nutrition et leur génération paroît si différente, c'est que, quoique dépendante d'une cause générale et commune, elle ne peut s'exercer en particulier que d'une façon relative à la forme de chaque espèce d'êtres ; et chemin faisant (car il a fallu des siècles à l'esprit humain pour arriver à ces grandes vérités, desquelles toutes les autres dépendent), il n'a cessé de comparer les êtres ; il leur a donné des noms particuliers pour les distinguer les uns des autres, et des noms généraux pour les réunir sous un même point de vue ; prenant son corps pour le module physique de tous les êtres vivans, et les ayant mesurés, sondés, comparés dans toutes leurs parties, il a vu que la forme de tout ce qui respire est à-peu-près la même ; qu'en disséquant le Singe, on pouvoit donner l'anatomie de l'homme ; qu'en prenant un autre animal, on trouvoit toujours le même fonds d'organisation, les mêmes sens, les mêmes viscères, les mêmes os, la même chair, le même mouvement dans les fluides, le même jeu, la même action dans les solides ; il a trouvé dans tous, un cœur, des veines et des artères ; dans tous, les mêmes organes de circulation, de respiration, de digestion, de nutrition, d'excrétion ; dans tous, une charpente solide composée des mêmes pièces, à peu près assemblées de la même manière ; et ce plan toujours le même, toujours suivi de l'homme au singe, du singe aux quadrupèdes, des quadrupèdes aux cétacées, aux oiseaux, aux poissons, aux reptiles ; ce plan, dis-je, bien saisi par l'esprit humain, est un exemplaire fidèle de la Nature vivante, et la vue la plus simple et la plus générale sous laquelle on puisse la considérer : et lorsqu'on veut l'étendre et passer de ce qui vit à ce qui végète, on voit ce plan qui d'abord n'avoit varié que par nuances, se déformer par degrés des reptiles aux insectes, des insectes aux vers, des vers aux zoophytes, des zoophytes aux plantes ; et quoiqu'altéré dans toutes ses parties extérieures, conserver néanmoins le même fonds, le même caractère dont les traits principaux sont la nutrition, le développement et la reproduction ; traits généraux et communs à toute substance organisée, traits éternels et divins, que le temps, loin d'effacer ou de détruire, ne fait que renouveler et rendre plus évidens.

Si de ce grand tableau des ressemblances, dans lequel l'univers vivant se présente, comme ne faisant qu'une même famille, nous passons à celui des différences, où chaque espèce réclame une place isolée, et doit avoir son portrait à part, on reconnoîtra qu'à l'exception de quelques espèces majeures, telles que l'éléphant, le rhinocéros, l'hippopotame, le tigre, le lion, qui doivent avoir leur cadre, tous les autres semblent se réunir avec leurs voisins et former des groupes de similitudes dégradées, des genres que nos nomenclateurs ont présentés par un lacis de figures, dont les unes se tiennent par les pieds, les autres par les dents, par les cornes, par le poil et par d'autres rapports encore plus petits ; et ceux même dont la forme nous paroît la plus parfaite, c'est-à-dire la plus approchante de la nôtre, les Singes se présentent ensemble et demandent déjà des yeux attentifs pour être distingués les uns des autres, parce que c'est moins à la forme qu'à la grandeur qu'est attaché le privilége de l'espèce isolée, et que l'homme lui-même, quoique d'espèce unique, infiniment différente de toutes celles des animaux, n'étant que d'une grandeur médiocre, est moins isolé et a plus de voisins que les grands animaux. On verra dans l'histoire de l'orang-outang, que si l'on ne faisoit attention qu'à la figure, on pourroit également regarder cet animal comme le premier des singes ou le dernier des hommes, parce qu'à l'exception de l'ame, il ne lui manque rien de tout ce que nous avons, et parce qu'il diffère moins de l'homme pour le corps, qu'il ne diffère des autres animaux auxquels on a donné le même nom de singe.

L'ame, la pensée, la parole ne dépendent donc pas de la forme ou de l'organisation du corps ; rien ne prouve mieux que c'est un don particulier et fait à l'homme seul, puisque l'orang-outang qui ne parle ni ne pense, a néanmoins le corps, les membres, les sens, le cerveau et la langue entièrement semblables à l'homme, puisqu'il peut faire ou contrefaire tous les mouvemens, toutes les actions humaines, et que cependant il ne fait aucun acte de l'homme ; c'est peut-être faute d'éducation, c'est encore faute d'équité dans votre jugement ; vous comparez, dira-t-on, fort injustement le singe des bois avec l'homme des villes ; c'est à côté de l'homme sauvage, de l'homme auquel l'éducation n'a rien transmis, qu'il faut le placer pour les juger l'un et l'autre ; et a-t-on une idée juste de l'homme dans l'état de pure nature ? la tête couverte de cheveux hérissés ou d'une laine crépue ; la face voilée par une longue barbe, surmontée de deux croissans de poils encore plus grossiers, qui par leur largeur et leur saillie raccourcissent le front, et lui font perdre son caractère auguste, et non-seulement mettent les yeux dans l'ombre, mais les enfoncent et les arrondissent comme ceux des animaux ; les lèvres épaisses et avancées ; le nez aplati, le regard stupide ou farouche; les oreilles, le corps et les membres velus ; la peau dure comme un cuir noir ou tanné ; les ongles longs, épais et crochus ; une semelle calleuse en forme de corne sous la plante des pieds : et pour attributs du sexe, des mamelles longues et molles, la peau du ventre pendante jusque sur les genoux ; les enfans se vautrant dans l'ordure et se traînant à quatre ; le père et la mère assis sur leurs talons, tous hideux, tous couverts d'une crasse empestée. Et cette esquisse tirée d'après le sauvage hottentot, est encore un portrait flatté ; car il y a plus loin de l'homme dans l'état de pure nature à l'Hottentot, que de l'Hottentot à nous : chargez donc encore le tableau si vous voulez comparer le Singe à l'homme, ajoutez-y les rapports d'organisation, les convenances de tempérament, l'appétit véhément des singes mâles pour les femmes, la même conformation dans les parties génitales des deux sexes, l'écoulement périodique dans les femelles, et les mélanges forcés ou volontaires des négresses aux singes, dont le produit est rentré dans l'une ou l'autre espèce ; et voyez, supposé qu'elles ne soient pas la même, combien l'intervalle qui les sépare est difficile à saisir.

Je l'avoue, si l'on ne devoit juger que par la forme, l'espèce du singe pourroit être prise pour une variété dans l'espèce humaine : le Créateur n'a pas voulu faire pour le corps de l'homme un modèle absolument différent de celui de l'animal; il a compris sa forme, comme celle de tous les animaux, dans un plan général; mais en même temps qu'il lui a départi cette forme matérielle semblable à celle du singe, il a pénétré ce corps animal de son souffle divin; s'il eût fait la même faveur, je ne dis pas au Singe, mais à l'espèce la plus vile, à l'animal qui nous paroît le plus mal organisé, cette espèce seroit bientôt devenue la rivale de l'homme; vivifiée par l'esprit, elle eût primé sur les autres, elle eût pensé, elle eût parlé : quelque ressemblance qu'il y ait donc entre l'Hottentot et le Singe, l'intervalle qui les sépare est immense, puisqu'à l'intérieur il est rempli par la pensée et au dehors par la parole.

Qui pourra jamais dire en quoi l'organisation d'un imbécille diffère de celle d'un autre homme? Le défaut est certainement dans les organes matériels, puisque l'imbécille a son ame comme un autre : or, puisque d'homme à homme, où tout est entièrement conforme et parfaitement semblable, une différence si petite qu'on ne peut la saisir, suffit pour détruire la pensée ou l'empêcher de naître, doit-on s'étonner qu'elle ne soit jamais née dans le Singe qui n'en a pas le principe ?

L'ame en général a son action propre et indépendante de la matière; mais comme il a plu à son divin Auteur de l'unir avec le corps, l'exercice de ses actes particuliers dépend de la constitution des organes matériels : et cette dépendance est non-seulement prouvée par l'exemple de l'imbécille, mais même démontrée par ceux du malade en délire, de l'homme en santé qui dort, de l'enfant nouveau-né qui ne pense pas encore, et du vieillard décrépit qui ne pense plus : il semble même que l'effet principal de l'éducation soit moins d'instruire l'ame ou de perfectionner ses opérations spirituelles, que de modifier les organes matériels, et de leur procurer l'état le plus favorable à l'exercice du principe pensant : or il y a deux éducations qui me paroissent devoir être soigneusement distinguées, parce que leurs produits sont fort différens ; l'éducation de l'individu qui est commune à l'homme et aux animaux, et l'éducation de l'espèce qui n'appartient qu'à l'homme : un jeune animal, tant par l'incitation que par l'exemple, apprend en quelques semaines d'âge à faire tout ce que ses père et mère font ; il faut des années à l'enfant, parce qu'en naissant il est sans comparaison beaucoup moins avancé, moins fort et moins formé que ne le sont les petits animaux ; il l'est même si peu, que dans ce premier temps il est nul pour l'esprit relativement à ce qu'il doit être un jour.

L'enfant est donc beaucoup plus lent que l'animal à recevoir l'éducation individuelle ; mais par cette raison même il devient susceptible de celle de l'espèce ; les secours multipliés, les soins continuels qu'exige pendant longtemps son état de foiblesse, entretiennent, augmentent l'attachement des pères et mères : en soignant le corps ils cultivent l'esprit ; le temps qu'il faut au premier pour se fortifier, tourne au profit du second ; le commun des animaux est plus avancé pour les facultés du corps à deux mois, que l'enfant ne peut l'être à deux ans : il y a donc douze fois plus de temps employé à sa première éducation, sans compter les fruits de celle qui suit, sans considérer que les animaux se détachent de leurs petits dès qu'ils les voient en état de se pourvoir d'eux mêmes; que dèslors ils se séparent et bientôt ne se connoissent plus ; en sorte que tout attachement, toute éducation cessent de très-bonne heure, et dès le moment où les secours ne sont plus nécessaires ; or ce temps d'éducation étant si court, le produit ne peut en être que très-petit ; il est même étonnant que les animaux acquièrent en deux mois tout ce qui leur est nécessaire pour l'usage du reste de la vie ; et si nous supposions qu'un enfant dans ce même petit temps devînt assez formé, assez fort de corps pour quitter ses parens et s'en séparer sans besoin, sans retour, y auroit-il une différence apparente et sensible entre cet enfant et l'animal ? quelque spirituels que fussent les parens, auroient-ils pu dans ce court espace de temps préparer, modifier ses organes, et établir la moindre communication de pensées entre leur ame et la sienne ? pourroient-ils éveiller sa mémoire, ni la toucher par des actes assez souvent réitérés pour y faire impression ? pourroient-ils même exercer ou dégourdir l'organe de la parole ? il faut, avant que l'enfant prononce un seul mot, que son oreille soit mille et mille fois frappée du même son ; et avant qu'il ne puisse l'appliquer et le prononcer à propos, il faut encore mille et mille fois lui présenter la même combinaison du mot et de l'objet auquel il a rapport : l'éducation qui seule peut développer son ame, veut donc être suivie longtemps et toujours soutenue ; si elle cessoit, je ne dis pas à deux mois comme celle des animaux, mais même à un an d'âge, l'ame de l'enfant qui n'auroit rien reçu seroit sans exercice, et faute de mouvement communiqué demeureroit inactive comme celle de l'imbécille, à laquelle le défaut des organes empêche que rien ne soit transmis; et à plus forte raison, si l'enfant étoit né dans l'état de pure nature, s'il n'avoit pour instituteur que sa mère hottentote, et qu'à deux mois d'âge il fût assez formé de corps pour se passer de ses soins et s'en séparer pour toujours, cet enfant ne seroit-il pas au-dessous de l'imbécille, et quant à l'extérieur tout-à-fait de pair avec les animaux? mais dans ce même état de nature, la première éducation, l'éducation de nécessité exige autant de temps que dans l'état civil; parce que dans tous deux l'enfant est également foible, également lent à croître; que par conséquent il a besoin de secours pendant un temps égal; qu'enfin il périroit s'il étoit abandonné avant l'âge de trois ans. Or cette habitude nécessaire, continuelle et commune entre la mère et l'enfant pendant un si long temps, suffit pour qu'elle lui communique tout ce qu'elle possède; et quand on voudroit supposer faussement que cette mère dans l'état de nature ne possède rien, pas même la parole, cette longue habitude avec son enfant ne suffiroit-elle pas pour faire naître une langue? ainsi cet état de pure nature où l'on suppose l'homme sans pensée, sans parole, est un état idéal, imaginaire qui n'a jamais existé; la nécessité de la longue habitude des parens à l'enfant, produit la société au milieu du désert; la famille s'entend et par signe et par sons, et ce premier rayon d'intelligence, entretenu, cultivé, communiqué, a fait ensuite éclore tous les germes de la pensée. Comme l'habitude n'a pu s'exercer, se soutenir si longtemps sans produire des signes mutuels et des sons réciproques, ces signes ou ces sons toujours répétés et gravés peu à peu dans la mémoire de l'enfant deviennent des expressions constantes; quelque courte qu'en soit la liste, c'est une langue qui deviendra bientôt plus étendue, si la famille augmente, et qui toujours suivra dans sa marche tous les progrès de la société. Dès qu'elle commence à se former, l'éducation de l'enfant n'est plus une éducation purement individuelle, puisque ses parens lui communiquent non-seulement ce qu'ils tiennent de la Nature, mais encore ce qu'ils ont reçu de leurs aïeux et de la société dont ils font partie; ce n'est plus une communication faite par des individus isolés, qui comme dans les animaux, se borneroit à transmettre leurs simples facultés; c'est une institution à laquelle l'espèce entière a part, et dont le produit fait la base et le lien de la société.

Parmi les animaux même, quoique tous dépourvus du principe pensant, ceux dont l'éducation est la plus longue sont aussi ceux qui paroissent avoir le plus d'intelligence; l'éléphant, qui de tous est le plus long-temps à croître, et qui a besoin des secours de sa mère pendant toute la première année, est aussi le plus intelligent de tous : le cochon d'Inde, auquel il ne faut que trois semaines d'âge pour prendre tout son accroissement et se trouver en état d'engendrer, est peut-être par cette seule raison l'un des plus stupides; et à l'égard du Singe dont il s'agit ici de décider la nature, quelque ressemblant qu'il soit à l'homme, il a néanmoins une si forte teinture d'animalité, qu'elle se reconnoît dès le moment de la naissance; car il est à proportion plus fort et plus formé que l'enfant; il croît beaucoup plus vîte; les secours de la mère ne lui sont nécessaires que pendant les premiers mois; il ne reçoit qu'une éducation purement individuelle, et par conséquent aussi stérile que celle des autres animaux.

Il est donc animal, et malgré sa ressemblance à l'homme, bien loin d'être le second dans notre espèce, il n'est pas le premier dans l'ordre des animaux, puisqu'il n'est pas le plus intelligent: c'est uniquement sur ce rapport de ressemblance corporelle qu'est appuyé le préjugé de la grande opinion qu'on s'est formée des facultés du Singe; il nous ressemble, a-t-on dit, tant à l'extérieur qu'à l'intérieur; il doit donc non-seulement nous imiter, mais faire encore de lui-même tout ce que nous faisons. On vient de voir que toutes les actions qu'on doit appeler humaines, sont relatives à la société; qu'elles dépendent d'abord de l'ame, et ensuite de l'éducation dont le principe physique est la nécessité de la longue habitude des parens à l'enfant; que dans le Singe cette habitude est fort courte; qu'il ne reçoit comme les autres animaux qu'une éducation purement individuelle, et qu'il n'est pas même susceptible de celle de l'espèce; par conséquent il ne peut rien faire de tout ce que l'homme fait, puisqu'aucune de ses actions n'a le même principe ni la même fin; et à l'égard de l'imitation qui paroît être le caractère le plus marqué, l'attribut le plus frappant de l'espèce du

Singe

Singe, et que le vulgaire lui accorde comme un talent unique, il faut, avant de décider, examiner si cette imitation est libre ou forcée : le Singe nous imite-t-il parce qu'il le veut, ou bien parce que sans le vouloir il le peut? J'en appelle sur cela volontiers à tous ceux qui ont observé cet animal sans prévention, et je suis convaincu qu'ils diront avec moi, qu'il n'y a rien de libre, rien de volontaire dans cette imitation ; le Singe ayant des bras et des mains, s'en sert comme nous, mais sans songer à nous ; la similitude des membres et des organes produit nécessairement des mouvemens, et quelquefois même des suites de mouvemens qui ressemblent aux nôtres ; étant conformé comme l'homme, le Singe ne peut que se mouvoir comme lui ; mais se mouvoir de même n'est pas agir pour imiter. Qu'on donne à deux corps bruts la même impulsion ; qu'on construise deux pendules, deux machines pareilles, elles se mouveront de même, et l'on auroit tort de dire que ces corps bruts ou ces machines ne se meuvent ainsi que pour s'imiter. Il en est de même du Singe relativement au corps de l'homme ; ce sont deux machines construites, organisées de même, qui par nécessité de nature se meuvent a très-peu près de la même façon : néanmoins parité n'est pas imitation ; l'une gît dans la manière, et l'autre n'existe que par l'esprit. L'imitation suppose le dessein d'imiter ; le Singe est incapable de former ce dessein, qui demande une suite de pensées, et par cette raison l'homme peut, s'il le veut, imiter le Singe, et le Singe ne peut pas même vouloir imiter l'homme.

Et cette parité qui n'est que le physique de l'imita-

Tome VI. K

tion, n'est pas aussi complète ici que la similitude, dont cependant elle émane comme effet immédiat ; le Singe ressemble plus à l'homme par le corps et les membres que par l'usage qu'il en fait ; en l'observant avec quelque attention, on s'apercevra aisément que tous ses mouvemens sont brusques, intermittens, précipités, et que pour les comparer à ceux de l'homme, il faudroit leur supposer une autre échelle ou plutôt un module différent : toutes les actions du Singe tiennent de son éducation qui est purement animale ; elles nous paroissent ridicules, inconséquentes, extravagantes, parce que nous nous trompons d'échelle, en les rapportant à nous, et que l'unité qui doit leur servir de mesure est très-différente de la nôtre : comme sa nature est vive, son tempérament chaud, son naturel pétulant, qu'aucune de ses affections n'a été mitigée par l'éducation, toutes ses habitudes sont excessives et ressemblent beaucoup plus au mouvement d'un maniaque qu'aux actions d'un homme ou même d'un animal tranquille : c'est par la même raison que nous le trouvons indocile, et qu'il reçoit difficilement les habitudes qu'on voudroit lui transmettre : il est insensible aux caresses et n'obéit qu'au châtiment ; on peut le tenir en captivité, mais non pas en domesticité ; toujours triste ou revêche, toujours répugnant, grimaçant, on le dompte plutôt qu'on ne le prive : aussi l'espèce n'a jamais été domestique nulle part, et par ce rapport il est plus éloigné de l'homme que la plupart des animaux ; car la docilité suppose quelque analogie entre celui qui donne et celui qui reçoit ; c'est une qualité relative, qui ne peut être exercée que lorsqu'il se trouve des deux parts un certain nombre de facultés communes, qui ne diffèrent entr'elles, que parce qu'elles sont actives dans le maître et passives dans le sujet. Or le passif du Singe a moins de rapport avec l'actif de l'homme, que le passif du chien ou de l'éléphant qu'il suffit de bien traiter pour leur communiquer les sentimens doux et même délicats de l'attachement fidèle, de l'obéissance volontaire, du service gratuit et du dévouement sans réserve.

Le Singe est donc plus loin de l'homme que la plupart des autres animaux par les qualités relatives : il en diffère aussi beaucoup par le tempérament ; l'homme peut habiter tous les climats ; il vit, il multiplie dans ceux du nord et dans ceux du midi ; le Singe a de la peine à vivre dans les contrées tempérées, et ne peut multiplier que dans les pays les plus chauds : cette différence dans le tempérament en suppose d'autres dans l'organisation, qui quoique cachées n'en sont pas moins réelles ; elle doit aussi influer beaucoup sur le naturel ; l'excès de chaleur qui est nécessaire à la pleine vie de cet animal, rend excessives toutes ses qualités ; et il ne faut pas chercher une autre cause à sa pétulance, à sa lubricité et à ses autres passions, qui toutes nous paroissent aussi violentes que désordonnées.

Ainsi ce Singe, que les philosophes, avec le vulgaire, ont regardé comme un être difficile à définir, dont la nature étoit au moins équivoque et moyenne entre celle de l'homme et celle des animaux, n'est dans la vérité qu'un pur animal, portant à l'extérieur un masque de figure humaine, mais dénué à l'intérieur de la pensée et de tout ce qui fait l'homme ; un animal au-dessous de plusieurs autres par les facultés relatives, et encore essentiellement différent de l'homme, par le naturel, par le tempérament, et aussi par la mesure du temps nécessaire à l'éducation, à la gestation, à l'accroissement du corps, à la durée de la vie, c'est-à-dire par toutes les habitudes réelles qui constituent ce qu'on appelle nature dans un être particulier.

DES ORANGS-OUTANGS (1).

Comme endoctriner des écoliers ou parler à des hommes sont deux choses différentes ; que les premiers reçoivent sans examen et même avec avidité l'arbitraire comme le réel, le faux comme le vrai, dès qu'il leur est présenté sous la forme de documens ; que les autres au contraire rejettent avec dégoût ces mêmes documens lorsqu'ils ne sont pas fondés, nous ne nous servirons d'aucune des méthodes qu'on a imaginées pour entasser sous le même nom de Singe, une multitude d'animaux d'espèces différentes et même très-éloignées.

J'appelle Singe un animal sans queue dont la face est aplatie, dont les dents, les mains, les doigts et les ongles ressemblent à ceux de l'homme, et qui, comme lui, marche debout sur ses deux pieds. Cette définition tirée de la nature même de l'animal et de ses rapports avec celle de l'homme, exclut comme l'on voit tous les animaux qui ont des queues ; tous ceux qui ont la face relevée ou le museau long ; tous ceux qui ont les ongles courbés, crochus ou pointus ; tous ceux qui marchent plus volontiers sur quatre que sur deux pieds. D'après cette notion fixe et précise, voyons combien il existe d'espèces d'animaux auxquels on doive donner le nom de Singe. Les anciens n'en connoissoient qu'une seule ; le *pithecos* des Grecs, le *simia* des Latins, est un singe, un vrai singe, et c'est celui sur lequel Aristote, Pline et Galien ont institué toutes les

---

(1) *Orang-Outang.* Nom de cet animal aux Indes orientales.

comparaisons physiques et fondé toutes les relations du Singe à l'homme ; mais ce pithèque, ce singe des anciens, si ressemblant à l'homme par la conformation extérieure, et plus semblable encore par l'organisation intérieure, en diffère néanmoins par un attribut qui, quoique relatif en lui-même, n'en est cependant ici pas moins essentiel, c'est la grandeur ; la taille de l'homme en général est au-dessus de cinq pieds ; celle du pithèque n'atteint guère qu'au quart de cette hauteur ; aussi ce singe eût-il encore été plus ressemblant à l'homme, les anciens auroient eu raison de ne le regarder que comme un homoncule, un nain manqué, un pigmée capable tout au plus de combattre avec les grues, tandis que l'homme sait dompter l'éléphant et vaincre le lion.

Mais depuis les anciens, depuis la découverte des parties méridionales de l'Afrique et des Indes, on a trouvé un autre singe avec cet attribut de grandeur, un singe aussi haut, aussi fort que l'homme, aussi ardent pour les femmes que pour ses femelles ; un singe qui sait porter des armes, qui se sert de pierres pour attaquer et de bâton pour se défendre, et qui d'ailleurs ressemble encore à l'homme plus que le pithèque ; car indépendamment de ce qu'il n'a point de queue, de ce que sa face est aplatie ; que ses bras, ses mains, ses doigts, ses ongles sont pareils aux nôtres, et qu'il marche toujours debout, il a une espèce de visage, des traits approchans de ceux de l'homme, des oreilles de la même forme, des cheveux sur la tête, de la barbe au menton, et du poil ni plus ni moins que l'homme en a dans l'état de nature. Aussi les habitans de son pays, les Indiens policés n'ont pas hésité de l'associer à l'espèce humaine par le nom d'Orang-outang, homme sauvage ; tandis que les nègres presque aussi sauvages, aussi laids que ces singes, et qui n'imaginent pas que pour être plus ou moins policé l'on soit plus ou moins homme, leur ont donné un nom propre (*Pongo*), un nom de bête et non pas d'homme ; et cet orang-outang, ou ce pongo, n'est en effet qu'un animal, mais un animal très-singulier, que l'homme ne peut voir sans rentrer en lui même, sans se reconnoître, sans se convaincre que son corps n'est pas la partie la plus essentielle de sa nature.

Les Orangs-outangs sont de tous les singes ceux qui ressemblent le plus à l'homme, ceux qui par conséquent sont les plus dignes d'être observés. Ce mot indien, qui signifie homme sauvage, est en effet un nom générique, et nous avons reconnu qu'il existe réellement au moins deux espèces bien distinctes de ces animaux ; la première, à laquelle, d'après Battel, nous avons donné le nom de pongo et qui est bien plus grande que la seconde espèce que nous avons nommée jocko, d'après le même voyageur. Les principaux caractères qui distinguent ces deux espèces sont la grandeur, la différence de la couleur et de la quantité du poil, et le défaut d'ongle au gros orteil des pieds ou mains postérieures, qui toujours manque au jocko et qui se trouve toujours dans l'espèce du pongo. Il en est de même de leurs habitudes naturelles. Le pongo marche presque toujours debout sur ses deux pieds de derrière, au lieu que le jocko ne prend cette attitude que rarement et sur-tout lorsqu'il veut monter sur les arbres.

Battel assure que « le pongo est dans toutes ses proportions semblable à l'homme, seulement qu'il est plus grand, grand, dit-il, comme un géant; qu'il a la face comme l'homme, les yeux enfoncés, de longs cheveux aux côtés de la tête; le visage nu et sans poil, aussi bien que les oreilles et les mains, le corps légèrement velu, et qu'il ne diffère de l'homme à l'extérieur que par les jambes, parce qu'il n'a que peu ou point de mollets; que cependant il mange toujours debout; qu'il dort sur les arbres et se construit une hutte, un abri contre le soleil et la pluie; qu'il vit de fruits et ne mange point de chair; qu'il ne peut parler quoiqu'il ait plus d'entendement que les autres animaux; que quand les nègres font du feu dans les bois, ces pongos viennent s'asseoir autour et se chauffer, mais qu'ils n'ont pas assez d'esprit pour entretenir le feu en y mettant du bois; qu'ils vont de compagnie et tuent quelquefois des nègres dans les lieux écartés; qu'ils attaquent même l'éléphant, qu'ils le frappent à coups de bâton et le chassent de leurs bois; qu'on ne peut prendre ces pongos vivans, parce qu'ils sont si forts que dix hommes ne suffiroient pas pour en dompter un seul; qu'on ne peut donc attraper que les petits tout jeunes; que la mère les porte marchant debout, et qu'ils se tiennent attachés à son corps avec les mains et les genoux; qu'il y a deux espèces de ces singes très-ressemblans à l'homme, le pongo qui est aussi grand et plus gros qu'un homme, et l'enjocko qui est beaucoup plus petit. » C'est de ce passage très-précis que j'ai tiré les noms de pongo et de jocko. Battel dit encore que lorsqu'un de ces animaux meurt, les autres couvrent son corps d'un amas de branches et de feuillages.

Purchass ajoute en forme de note, que dans les conversations qu'il avoit eues avec Battel, il avoit appris de lui qu'un pongo lui enleva un petit nègre qui passa un an entier dans la société de ces animaux; qu'à son retour ce petit nègre raconta qu'ils ne lui avoient fait aucun mal; que communément ils étoient de la hauteur de l'homme, mais qu'ils sont plus gros et qu'ils ont à peu près le double du volume d'un homme ordinaire.

Gauthier Schoutten dit « que les singes appelés par les Indiens Orangs-outangs, sont presque de la même figure et de la même grandeur que les hommes, mais qu'ils ont le dos et les reins tout couverts de poil, sans en avoir néanmoins au-devant du corps : que les femelles ont deux grosses mamelles : que tous ont le visage rude, le nez plat, même enfoncé, les oreilles comme les hommes ; qu'ils sont robustes, agiles, hardis ; qu'ils se mettent en défense contre les hommes armés ; qu'ils sont passionnés pour les femmes ; qu'il n'y a point de sûreté pour elles à passer dans les bois où elles se trouvent tout d'un coup attaquées et violées par ces singes. » Dampier, Froger et d'autres voyageurs assurent qu'ils enlèvent des petites filles de huit ou dix ans, qu'ils les emportent au-dessus des arbres et qu'on a mille peines à les leur ôter. Un autre voyageur assure que les Orangs-outangs tâchent de surprendre des négresses ; qu'ils les gardent avec eux pour en jouir ; qu'ils les nourrissent très-bien : j'ai connu, dit-il, à Lowango une négresse qui étoit restée trois ans avec ces animaux ; ils croissent de six à sept pieds de haut; ils sont d'une force sans égale, ils cabanent et se servent de bâtons pour se défendre.

L'Orang-outang que j'ai vu et qui étoit un jeune pongo qui n'avoit que deux ans, marchoit toujours debout sur ses deux pieds, même en portant des choses lourdes; son air étoit assez triste, sa démarche grave, ses mouvemens mesurés, son naturel doux et très-différent de celui des autres singes; il n'avoit ni l'impatience du magot, ni la méchanceté du babouin, ni l'extravagance des guenons; il avoit été, dira-t-on, instruit et bien appris, mais les autres que je viens de citer et que je lui compare, avoient eu de même leur éducation; le signe et la parole suffisoient pour faire agir notre Orang-outang, il falloit le bâton pour le babouin, et le fouet pour tous les autres qui n'obéissent guère qu'à la force des coups. J'ai vu cet animal présenter sa main pour reconduire les gens qui venoient le visiter, se promener gravement avec eux et comme de compagnie; je l'ai vu s'asseoir à table, déployer sa serviette, s'en essuyer les lèvres, se servir de la cuiller et de la fourchette pour porter à sa bouche, verser lui-même sa boisson dans un verre, le choquer, lorsqu'il y étoit invité, aller prendre une tasse et une soucoupe, l'apporter sur la table, y mettre du sucre, y verser du thé, le laisser refroidir pour le boire, et tout cela sans autre instigation que les signes où la parole de son maître et souvent de lui-même. Il ne faisoit du mal à personne, s'approchoit même avec circonspection, et se présentoit comme pour demander des caresses; il aimoit prodigieusement les bonbons, tout le monde lui en donnoit, et comme il avoit une toux fréquente et la poitrine attaquée, cette grande quantité de choses sucrées contribua sans doute à abréger sa vie ; il ne vécut à Paris qu'un été, et mourut l'hiver suivant à Londres. Il mangeoit presque de tout, seulement il préféroit les fruits mûrs et secs à tous les autres alimens ; il buvoit du vin, mais en petite quantité, et le laissoit volontiers pour du lait, du thé ou d'autres liqueurs douces.

Mais si l'on veut reconnoître ce qui appartient en propre à cet animal, et si l'on veut séparer sa nature de son éducation, il faut comparer les faits dont nous avons été témoins avec ceux que nous ont donnés les voyageurs qui ont vu ces animaux dans leur état de nature, en liberté et en captivité. « Ces animaux, dit la Brosse, ont l'instinct de s'asseoir à table comme les hommes ; ils mangent de tout sans distinction ; ils se servent du couteau, de la cuiller et de la fourchette pour couper et prendre ce qu'on leur sert sur l'assiette ; ils boivent du vin et d'autres liqueurs. Nous en avions deux à bord ; quand ils étoient à table ils se faisoient entendre des mousses lorsqu'ils avoient besoin de quelque chose ; et quelquefois, quand ces enfans refusoient de leur donner ce qu'ils demandoient, ils se mettoient en colère, leur saisissoient les bras, les mordoient et les abattoient sous eux. Le mâle fut malade en rade ; il se faisoit soigner comme une personne ; il fut même saigné deux fois au bras droit : toutes les fois qu'il se trouva depuis incommodé, il montroit son bras pour qu'on le saignât, comme s'il eût su que cela lui avoit fait du bien. »

Henri Grosse dit : « qu'il se trouve de ces animaux vers le nord de Coromandel, dans les forêts du domaine du Raïa de Carnate; qu'on en fit présent de deux, l'un mâle et l'autre femelle, à M. Horne, gouverneur de Bombay; qu'ils avoient à peine deux pieds de haut, mais la forme entièrement humaine; qu'ils marchoient sur leurs deux pieds, et qu'ils étoient d'un blanc-pâle, sans autre cheveux ni poils qu'aux endroits où nous en avons communément; que leurs actions étoient très-semblables, pour la plupart, aux actions humaines, et que leur mélancolie faisoit voir qu'ils sentoient fort bien leur captivité; qu'ils faisoient leur lit avec soin dans la cage dans laquelle on les avoit envoyés sur le vaisseau; que quand on les regardoit, ils cachoient avec leurs mains les parties que la modestie empêche de montrer. La femelle, ajoute-t-il, mourut de maladie sur le vaisseau, et le mâle donnant toutes sortes de signes de douleur, prit tellement à cœur la mort de sa compagne, qu'il refusa de manger et ne lui survécut pas plus de deux jours. »

François Pyrard rapporte: « Qu'il se trouve dans la province de Sierra-liona une espèce d'animaux, appelée *baris*, qui sont gros et membrus, lesquels ont une telle industrie, que si on les nourrit et instruit de jeunesse, ils servent comme une personne; qu'ils marchent d'ordinaire sur les deux pattes de derrière seulement; qu'ils pilent ce qu'on leur donne à piler dans des mortiers; qu'ils vont querir de l'eau à la rivière dans de petites cruches qu'ils portent toutes pleines sur leur tête; mais qu'arrivant à la porte de la maison, si on ne leur prend bientôt leurs cruches, ils les laissent tomber, et voyant la cruche versée et rompue, ils se mettent à crier et à pleurer. »

Le témoignage de Schoutten, s'accorde avec celui de Pyrard au sujet de l'éducation de ces animaux ; « On en prend, dit-il avec des lacs, on les apprivoise, on leur apprend à marcher sur les pieds de derrière et à se servir des pieds de devant qui sont à peu-près comme des mains, pour faire certains ouvrages et même ceux du ménage, comme rincer des verres, donner à boire, tourner la broche. » J'ai vu à Java, dit le Guat, « un singe fort extraordinaire; c'etoit une femelle; elle étoit de grande taille et marchoit souvent fort droit sur ses pieds de derrière : alors elle cachoit d'une de ses mains l'endroit de son corps qui distinguoit son sexe ; elle avoit le visage sans autre poil que celui des sourcils, et elle ressembloit assez en général à ces faces grotesques des femmes hottentotes que j'ai vues au Cap : elle faisoit tous les jours proprement son lit, s'y couchoit la tête sur un oreiller, et se couvroit d'une couverture. Quand elle avoit mal à la tête, elle se serroit d'un mouchoir, et c'étoit un plaisir de la voir ainsi coiffée dans son lit. Je pourrois en raconter diverses autres petites choses qui paroissent extrêmement singulières, mais j'avoue que je ne pouvois pas admirer cela autant que le faisoit la multitude, parce que n'ignorant pas le dessein qu'on avoit de porter cet animal en Europe pour le faire voir, j'avois beaucoup de penchant à supposer qu'on l'avoit dressé à la plupart des singeries que le peuple regardoit comme lui étant naturelles : à la vérité c'étoit une supposition. Il mourut à la hauteur du cap de Bonne-Espérance dans un vaisseau sur lequel j'étois ; il est certain que la figure de ce singe ressembloit beaucoup à celle de l'homme. »

Gemelli Careri dit en avoir vu un qui se plaignoit comme un enfant, qui marchoit sur les deux pieds de derrière, en portant sa natte sous son bras pour se coucher et dormir. Ces singes, ajoute-t-il, paroissent avoir plus d'esprit que les hommes, à certains égards: car, quand ils ne trouvent plus de fruits sur les montagnes, ils vont au bord de la mer où ils attrapent des crabes, des huîtres et autres choses semblables. Il y a une espèce d'huîtres qu'on appelle *taclovo*, qui pèsent plusieurs livres et qui sont souvent ouvertes sur le rivage; or le singe craignant que quand il veut les manger, elles ne lui attrapent la patte en se refermant, il jette une pierre dans la coquille qui l'empêche de se fermer, et ensuite il mange l'huître sans crainte.

« Sur les côtes de la rivière de Gambie, dit Froger, les singes sont plus gros et plus méchans qu'en aucun endroit de l'Afrique; les nègres les craignent et ils ne peuvent aller seuls dans la campagne sans courir risque d'être attaqués par ces animaux qui leur présentent un bâton et les obligent à se battre. Souvent on les a vus porter sur les arbres des enfans de sept à huit ans qu'on avoit une peine incroyable à leur ôter; la plupart des nègres croient que c'est une nation étrangère qui est venue s'établir dans leur pays, et que s'ils ne parlent pas, c'est qu'ils craignent qu'on ne les oblige à travailler. »

« On se passeroit bien, dit un autre voyageur, de voir à Macacar un aussi grand nombre de singes, car leur rencontre est souvent funeste; il faut toujours être bien armé pour s'en défendre. Ils n'ont point de queue, ils se tiennent toujours droits comme des hommes, et ne vont jamais que sur les deux pieds de derrière. »

Bontius, qui étoit médecin en chef à Batavia, et qui nous a laissé de bonnes observations sur l'histoire naturelle de cette partie des Indes, dit expressément : « qu'il a vu avec admiration quelques individus de cette espèce marchant debout sur leurs pieds, et entr'autres une femelle (dont il donne la figure), qui sembloit avoir de la pudeur, qui se couvroit de sa main à l'aspect des hommes qu'elle ne connoissoit pas, qui pleuroit, gémissoit et faisoit les autres actions humaines, de manière qu'il sembloit que rien ne lui manquât que la parole. »

M. le professeur Allamand rapporte, qu'il a entendu dire la même chose de plusieurs personnes qui avoient été à Batavia, et qui sûrement ignoroient ce qu'en a écrit Bontius; et que s'étant adressé à quelqu'un qui demeure dans cette même ville de Batavia, pour le prier de lui envoyer un Orang-outang, et pour lui demander des observations sur cet animal en cas qu'il l'eût vu, il lui répondit qu'en 1759 il en avoit vu deux, mâle et femelle, qui étoient de grandeur humaine, et faisoient précisément tous les mouvemens que font les hommes, sur-tout avec leurs mains, dont ils se servoient comme nous. La femelle avoit des mamelles précisément comme celles d'une femme, quoique plus pendantes; la poitrine et le ventre étoient sans poils, mais d'une peau fort dure et ridée. Ils étoient tous les deux très-honteux quand on les fixoit trop; alors la femelle se jetoit dans les bras du mâle, et se cachoit le visage dans son sein, ce qui faisoit un spectacle véritablement touchant. Ils ne parlent point, mais ils ont un cri semblable à celui du singe, avec lequel ils ont le plus d'analogie par rapport à la manière de vivre, ne mangeant que des fruits, des racines, des herbages, et habitant sur des arbres dans les bois les moins fréquentés.

M. Dobsouville nous a communiqué ce qu'il avoit observé sur un de ces animaux. « L'Orang-outang, dit-il, ne paroît maintenant exister que dans quelques parties de l'Afrique et des grandes îles à l'est de l'Inde. D'après diverses informations, je crois pouvoir dire qu'on n'en voit plus dans la presqu'île en-deçà du Gange, et que même il est devenu très-rare dans les contrées où il propage encore. Auroit-il été détruit par les bêtes féroces, ou seroit-il confondu avec d'autres? »

« Un de ces individus que j'ai eu occasion de voir deux mois après qu'il fut pris, avoit quatre pieds huit ou dix pouces de haut; une teinte jaunâtre paroissoit dominer dans ses yeux, qui étoient du reste petits et noirs. Quoiqu'ayant quelque chose de hagard, ils annonçoient plutôt l'inquiétude, l'embarras et le chagrin, que la férocité. Sa bouche étoit fort grande; les os du nez très-peu proéminens et ceux des joues étoient fort saillans; son visage avoit des rides; le fond de sa carnation étoit d'un blanc bis ou basané; sa chevelure longue de quelques pouces, étoit brunâtre, ainsi que le poil du reste du corps qui étoit plus épais sur le dos que sur le ventre; sa barbe étoit peu fournie; sa poitrine large, les fesses médiocrement charnues, les cuisses couvertes, les jambes arquées, les pouces de ses pieds quoiqu'un peu moins écartés des autres doigts que ceux des autres singes, l'étoient cependant assez pour devoir lui procurer beaucoup de facilité pour grimper ou saisir. »

« Je n'ai vu ce satyre qu'accroupi ou debout ; mais quoique marchant habituellement droit, il s'aidoit, me dit-on, dans l'état de liberté, des mains ainsi que des pieds, lorsqu'il étoit question de courir ou de franchir un fossé ; peut-être même est-ce l'exercice de cette faculté qui contribue à entretenir dans l'espèce la longueur un peu excessive des bras, car l'extrémité des doigts de ses mains approchoit de ses genoux. Ses parties génitales étoient assez bien proportionnées ; sa verge, en état d'inertie, étoit longue d'environ six pouces, et paroissoit être celle d'un homme circoncis. »

« Je n'ai point vu de femelles, mais on dit qu'elles ont les mamelles un peu aplaties ; leurs parties sexuelles, conformées comme celles des femmes, sont aussi sujettes à un flux menstruel périodique : le temps de la gestation est présumé être d'environ sept mois. Elles ne propagent point dans l'état de servitude. »

« Le mâle dont je viens de parler, poussoit quelquefois une espèce de soupir élevé et prolongé, ou bien il faisoit entendre un cri sourd ; mais c'étoit lorsqu'on l'inquiétoit ou qu'on le maltraitoit : ainsi, ces modulations n'expriment que l'impatience, l'ennui ou la douleur. »

« Suivant les Indiens, ces animaux errent dans les bois et sur les montagnes de difficile accès, et y vivent en petites sociétés. »

« Les Orangs-outangs sont extrêmement sauvages ;

mais il paroît qu'ils sont peu méchans, et qu'ils parviennent assez promptement à entendre ce qu'on leur commande. Leur caractère ne peut se plier à la servitude; ils y conservent toujours un fond d'ennui et de mélancolie profonde, qui dégénérant en une espèce de consomption ou de marasme, doit bientôt terminer leurs jours. »

Voilà du moins, à très-peu-près, tout ce que les relateurs les moins crédules et les plus véridiques nous disent de cet animal; et pour qu'on puisse prononcer avec encore plus de connoissance sur sa nature, nous allons exposer aussi toutes les différences qui éloignent cette espèce de l'espèce humaine, et toutes les conformités qui l'en approchent. Il diffère de l'homme à l'extérieur par le nez qui n'est pas proéminent, par le front qui est trop court, par le menton qui n'est pas relevé à la base: il a les oreilles proportionnellement trop grandes, les yeux trop voisins l'un de l'autre; l'intervalle entre le nez et la bouche est aussi trop étendu: ce sont là les seules différences de la face de l'Orang-outang avec le visage de l'homme. Le corps et les membres diffèrent en ce que les cuisses sont relativement trop courtes, les bras trop longs, les pouces trop petits, la paume des mains trop longue et trop serrée, les pieds plutôt faits comme des mains que comme des pieds humains; les parties de la génération du mâle ne sont différentes de celles de l'homme, qu'en ce qu'il n'y a point de frein au prépuce; les parties de la femelle sont à l'extérieur fort semblables à celles de la femme.

A l'intérieur, cette espèce diffère de l'espèce humaine par le nombre des côtes; l'homme n'en a que douze, l'Orang-outang en a treize: il a aussi les vertèbres du cou plus courtes, les os du bassin plus serrés, les hanches plus plates, les orbites des yeux plus enfoncées : les reins sont plus ronds que ceux de l'homme, et les uretères ont une forme différente, aussi bien que la vessie et la vésicule du fiel qui sont plus étroites et plus longues que dans l'homme; toutes les autres parties du corps, de la tête et des membres, tant extérieures qu'intérieures, sont si parfaitement semblables à celles de l'homme, qu'on ne peut les comparer sans admiration, et sans être étonné que d'une conformation si pareille et d'une organisation qui est absolument la même, il n'en résulte pas les mêmes effets. Par exemple, la langue et tous les organes de la voix sont les mêmes que dans l'homme, et cependant l'Orang-outang ne parle pas ; le cerveau est absolument de la même forme et de la même proportion, et il ne pense pas : y a-t-il une preuve plus évidente que la matière seule, quoique parfaitement organisée, ne peut produire ni la pensée, ni la parole qui en est le signe, à moins qu'elle ne soit animée par un principe supérieur ? Comme l'homme, l'Orang-outang est le seul qui ait des fesses charnues et sans callosités, et des mollets ou gras de jambes, et qui par conséquent soit fait pour marcher debout : seulement comme les doigts des pieds de l'Orang-outang sont fort longs et que son talon pose plus difficilement à terre que celui de l'homme, il court plus facilement qu'il ne marche, et il auroit besoin de talons artificiels plus élevés que ceux de nos souliers, si l'on vouloit le faire marcher aisément et longtemps. Il est le seul qui ait la partie du dedans de la bouche faite comme l'homme, à la différence des guenons, des babouins, et même du magot et du gibbon, qui ont des abajoues, c'est-à-dire des poches au bas des joues où ils peuvent garder leurs alimens avant de les avaler. Il est encore le seul qui ait la poitrine large; les épaules aplaties et les vertèbres conformées comme l'homme; le seul dont le cerveau, le cœur, les poumons, le foie, la rate, le pancréas, l'estomac, les boyaux soient absolument pareils à ceux de l'homme; enfin l'Orang-outang ressemble plus à l'homme qu'à aucun des animaux, plus même qu'aux babouins et aux guenons, non seulement par toutes les parties que je viens d'indiquer, mais encore par la largeur du visage, la forme du crâne, des mâchoires, des dents, des autres os de la tête et de la face, par la grosseur des doigts et du pouce, par la figure des ongles, par le nombre des vertèbres lombaires et sacrées, par celui des os du coccix, et enfin par la conformité dans les articulations, dans la grandeur et la figure de la rotule, dans celle du sternum; en sorte qu'en comparant cet animal avec ceux qui lui ressemblent le plus, comme avec le magot, le babouin ou la guenon, il se trouve encore avoir plus de conformité avec l'homme qu'avec ces animaux, dont les espèces cependant paroissent être si voisines de la sienne, qu'on les a toutes désignées par le même nom de Singes : ainsi les Indiens sont excusables de l'avoir associé à l'espèce humaine par le nom d'Orang-outang, homme sauvage, puisqu'il ressemble à l'homme par le corps, plus qu'il ne ressemble aux autres singes ou à aucun autre animal.

D'après cet exposé que j'ai fait avec toute l'exactitude dont je suis capable, on voit ce que l'on doit penser de cet animal ; s'il y avoit un degré par lequel on pût descendre de la nature humaine à celle des animaux, si l'essence de cette nature consistoit en entier dans la forme du corps et dépendoit de son organisation, ce singe se trouveroit plus près de l'homme que d'aucun animal : assis au second rang des êtres, s'il ne pouvoit commander en premier, il feroit au moins sentir aux autres sa supériorité, et s'efforceroit de ne pas obéir ; si l'imitation qui semble copier de si près la pensée en étoit le vrai signe ou l'un des résultats, ce singe se trouveroit encore à une plus grande distance des animaux et plus voisin de l'homme ; mais comme nous l'avons dit, l'intervalle qui l'en sépare réellement n'en est pas moins immense ; et la ressemblance de la forme, la conformité de l'organisation, les mouvemens d'imitation qui paroissent résulter de ces similitudes, ni ne le rapprochent de la nature de l'homme, ni même ne l'élèvent au-dessus de celle des animaux.

Nous venons de présenter tous les faits que nous avons pu recueillir au sujet du pongo ou grand orang-outang ; il nous reste à parler du jocko ou petit orang-outang. On a vu les principaux caractères par lesquels il diffère du pongo. Le professeur Allamand parle d'un animal vivant de cette espèce ; c'étoit une femelle qu'on avoit envoyée du cap de Bonne-Espérance à la ménagerie de M. le prince d'Orange. « Dès que je fus averti de son arrivée, dit ce Naturaliste, j'allai lui rendre visite, et ce fut avec peine que je la vis attachée à un bloc par une grosse chaîne qui la prenoit par le cou et qui la gênoit beaucoup dans ses mouvemens ; je m'insinuai bientôt dans ses bonnes grâces par les bonbons que je lui donnai, et elle eut la complaisance de souffrir que je l'examinasse tout à mon aise. »

« La plus grande partie de son corps étoit couverte de poils roussâtres par-tout à peu près de la même longueur, excepté sur le dos où ils étoient un peu plus longs ; elle avoit les dents semblables à celles de l'homme, la partie inférieure de son nez étoit fort large et très-peu éminente ; ses narines étoient fort distantes de sa bouche, ses oreilles étoient semblables aux oreilles de l'homme, ses gras de jambes étoient fort peu visibles, on pourroit même dire qu'elle n'en avoit point ; ses fesses étoient velues et on ne remarquoit pas qu'il y eût des callosités ; quand elle étoit debout, sa longueur depuis la plante des pieds jusqu'au haut de la tête n'étoit que de deux pieds et demi ; ses bras étoient fort longs ; cependant quand l'animal se dressoit sur ses pieds, ils ne touchoient point à terre ; elle étoit originaire de Bornéo. »

« Elle n'avoit point l'air méchant ; elle donnoit volontiers la main à ceux qui lui présentoient la leur ; elle mangeoit sans gloutonnerie du pain, des carottes, des fruits, et même de la viande rôtie ; elle ne paroissoit pas aimer la viande crue ; elle prenoit la tasse qui contenoit sa boisson d'une seule main, la portoit à sa bouche, et elle la vidoit fort tranquillement. Tous ses mouvemens étoient assez lents, et elle temoignoit peu de vivacité ; elle paroissoit plutôt mélancolique : elle jouoit avec une couverture qui lui servoit de lit, et souvent elle s'occupoit à la déchirer. Son attitude ordinaire étoit d'être assise avec ses cuisses et ses genoux élevés ; quand elle marchoit elle étoit presque dans la même posture, ses fesses étoient peu éloignées de la terre; je ne l'ai point vue se tenir parfaitement debout sur ses pieds, excepté quand elle vouloit prendre quelque chose d'élevé, et même encore alors les jambes étoient toujours un peu pliées, et elle étoit vacillante. Ce qui me confirme dans ce que j'en ai dit ci-devant, c'est que les animaux de cette espèce ne sont pas faits pour marcher debout comme l'homme, mais comme les autres quadrupèdes, quoique cette dernière allure doive être assez fatigante pour eux à cause de la conformation de leurs mains : ils me paroissent principalement faits pour grimper sur les arbres, aussi notre femelle grimpoit-elle volontiers contre les barres de la fenêtre de sa chambre aussi haut que le lui permettoit sa chaîne. »

« M. Gordon m'a envoyé le dessin d'un Orang-outang de la même espèce dont le roi d'Asham, pays situé à l'est du Bengale, avoit fait présent avec plusieurs autres curiosités à M. Harwood, président du conseil provincial de Dinagipal. Son frère l'apporta au cap, où malheureusement il ne vécut qu'un jour, ayant été attaqué du scorbut sur le vaisseau qui le portoit. Voici ce qu'on en avoit appris ».

« Cet orang-outang, nommé vouloch dans le pays dont il est originaire, étoit une femelle qui avoit régulièrement ses écoulemens périodiques, mais qui cessèrent dès qu'elle fut attaquée du scorbut ; elle étoit d'un caractère fort doux ; il n'y avoit que les singes qui lui déplaisoient, elle ne pouvoit pas les souffrir.

Elle se tenoit toujours droite en marchant; elle pouvoit même courir très-vîte; quand elle marchoit sur une table, ou parmi de la porcelaine, elle étoit fort attentive à ne rien casser, lorsqu'elle grimpoit quelque part, elle ne faisoit usage que de ses mains; elle avoit les genoux comme un homme. Elle pouvoit faire un cri si aigu, que quand on étoit près d'elle, il falloit se tenir les oreilles bouchées pour n'en être pas étourdi; elle prononçoit souvent et plusieurs fois de suite les syllabes *yaa-hou*, en insistant avec force sur la dernière. Quant elle entendoit quelque bruit approchant de celui-là, elle commençoit d'abord aussi à crier; si elle étoit contente, on lui entendoit faire un grognement doux qui partoit de la gorge. Lorsqu'elle étoit malade, elle se plaignoit comme un enfant et cherchoit à être secourue. Elle se nourrissoit de végétaux et de lait; jamais elle n'avoit voulu toucher à un animal mort, ni manger de la viande; elle refusoit même de manger sur une assiette où il y en avoit eu. Quand elle vouloit boire, elle plongeoit ses doigts dans l'eau et les léchoit; elle se couvroit volontiers avec des morceaux de toile, mais elle ne vouloit point souffrir d'habits. Dès qu'elle entendoit prononcer son nom, qui étoit Jenny, elle venoit : elle étoit ordinairement assez mélancolique et pensive. Quand elle vouloit faire ses nécessités, lorsqu'elle étoit sur le vaisseau, elle se tenoit à une corde par les mains, et les faisoit dans la mer. »

M. Vosmaër a reçu, il y a quelques années, un individu femelle de la petite espèce de ce genre, qui n'est probablement qu'un jocko : il en a fait un récit qui contient quelques faits que nous donnons par extrait dans cet article. « Le 29 juin 1776, dit-il, l'on m'informa de l'heureuse arrivée de cet orang-outang femelle. Elle étoit d'un si bon naturel qu'on ne lui vit jamais montrer la moindre marque de méchanceté ou de fâcherie; on pouvoit sans crainte lui mettre la main dans la bouche; son air avoit quelque chose de triste ; elle aimoit la compagnie sans distinction de sexe, donnant seulement la préférence aux gens qui la soignoient journellement et qui lui faisoient du bien; souvent, lorsqu'ils se retiroient, elle se jetoit à terre étant à la chaîne, comme au désespoir, poussant des cris lamentables et déchirant par lambeaux tout le linge qu'elle pouvoit attraper dès qu'elle se voyoit seule. Son garde ayant quelquefois la coutume de s'asseoir auprès d'elle, à terre, elle prenoit du foin de sa litière, l'arrangeoit à son côté, et sembloit, par toutes ses démonstrations, l'inviter à s'asseoir auprès d'elle.

« Cet animal mangeoit presque de tout ce qu'on lui présentoit ; sa nourriture ordinaire étoit du pain, des racines, en particulier des carottes jaunes, toutes sortes de fruits et sur-tout des fraises ; mais il paroissoit singulièrement friand de plantes aromatiques, comme du persil et de sa racine ; il mangeoit aussi de la viande bouillie ou rôtie, et du poisson. On ne le voyoit point chasser aux insectes dont les autres espèces de singes sont d'ailleurs si avides. Je lui présentai un moineau vivant. Il en goûta la chair et il le rejeta bien vîte. Dans la ménagerie, et lorsqu'il étoit tant soit peu malade, je l'ai vu manger tant soit peu de viande crue, mais sans aucune marque de goût. Je lui donnai un œuf crud qu'il ouvrit des dents, et qu'il suça tout entier avec beaucoup d'appétit. Le rôti et le poisson étoient ses alimens favoris ; on lui avoit appris à manger avec la cuiller et la fourchette. Quand on lui donnoit des fraises sur une assiette, c'étoit un plaisir de voir comme il les piquoit une par une, et les portoit à sa bouche avec la fourchette, tandis qu'il tenoit de l'autre patte l'assiette. Sa boisson ordinaire étoit l'eau ; mais il buvoit très-volontiers toutes sortes de vins, et principalement le Malaga. Lui donnoit-on une bouteille, il en tiroit le bouchon avec la main, et buvoit très-bien dehors, de même que hors d'un verre à bière ; et cela fait, il s'essuyoit les lèvres comme une personne. Après avoir mangé, si on lui donnoit un cure-dent, il s'en servoit au même usage que nous. Il tiroit fort adroitement du pain et autres choses hors des poches. On m'a assuré qu'étant à bord du navire, il couroit librement parmi l'équipage, jouoit avec les matelots, et alloit querir, comme eux, sa portion à la cuisine. »

« A l'approche de la nuit, il alloit se coucher. Il ne dormoit pas volontiers dans sa loge, de peur, à ce qu'il me parut, d'y être enfermé. Lorsqu'il vouloit se coucher, il arrangeoit le foin de sa litière, le secouoit bien, en apportoit davantage pour former son chevet, se mettoit le plus souvent sur le côté, et se couvroit chaudement d'une couverture, étant fort frileux. De temps en temps nous lui avons vu faire une chose qui nous surprit extrêmement la première fois que nous en fûmes témoins. Ayant préparé sa couche à l'ordinaire, il prit un lambeau de linge qui étoit auprès de lui, l'étendit fort proprement sur le plancher, mit du foin au milieu en relevant les quatre coins du linge par-dessus, porta ce paquet avec beaucoup d'adresse sur son lit pour lui servir d'oreiller, tirant ensuite la couverture sur son corps. Une fois me voyant ouvrir à la clef et refermer ensuite le cadenas de sa chaîne, il saisit un petit morceau de bois, le fourra dans le trou de la serrure, le tournant et retournant en tout sens, et regardant si le cadenas ne s'ouvroit pas. On l'a vu essayer d'arracher des crampons avec un gros clou dont il se servoit comme d'un levier. Un jour lui ayant donné un petit chat, il le flaira partout ; mais le chat lui ayant égratigné le bras, il ne voulut plus le toucher. Lorsqu'il avoit uriné sur le plancher de son gîte, il l'essuyoit proprement avec un chiffon. Lorsqu'on alloit le voir avec des bottes aux jambes, il les nétoyoit avec un balai, et savoit déboucler les souliers avec autant d'adresse qu'un domestique auroit pu le faire; il dénouoit aussi fort bien les nœuds faits dans les cordes, quelque serrés qu'ils fussent, soit avec ses dents, soit avec ses ongles. »

« Jamais on ne l'entendoit pousser quelque cri, si ce n'est lorsqu'il se trouvoit seul, et pour lors c'étoit d'abord un son approchant de celui d'un jeune chien qui hurle ; ensuite il devenoit très-rude et rauque ; ce que je ne puis mieux comparer qu'au bruit que fait une grosse scie en passant à travers le bois. Cet animal avoit une force extraordinaire, mais elle étoit sur-tout apparente dans les pattes de devant ou mains dont il se servoit à tout, pouvant lever et remuer de très-lourds fardeaux. Sa marche ordinaire étoit à quatre pieds comme les autres singes ; mais il pouvoit bien aussi marcher debout sur les pieds de derrière, et muni d'un bon bâton, il s'y tenoit appuyé souvent fort longtemps; cependant il ne posoit jamais les pieds à plat à la façon de l'homme, mais recourbés en dehors ; de sorte qu'il se soutenoit sur les côtés extérieurs des pieds de derrière, les doigts retirés en dedans, ce qui dénotoit une habitude à grimper sur les arbres. Un matin nous le trouvâmes déchaîné et nous le vîmes monter avec une merveilleuse agilité contre les poutres et les lattes obliques du toit. On eut de la peine à le reprendre. On ne parvint qu'avec beaucoup de peine à le coucher sur le dos. Deux hommes vigoureux eurent chacun assez à faire à lui serrer les pieds, l'autre à lui tenir la tête, et le quatrième à lui repasser le collier par-dessus la tête et à le fermer mieux. Dans cet état de liberté, il avoit entre autres choses ôté le bouchon d'une bouteille contenant un reste de vin de Malaga qu'il but jusqu'à la dernière goutte, et remit ensuite la bouteille à sa même place. »

« Ses excrémens, lorsqu'il se portoit bien, étoient en crottes ovales; sa hauteur, mesuré debout, étoit de deux pieds et demi-rhénaux ; le ventre, sur-tout étant accroupi, étoit gros et gonflé ; les tetins des mamelles étoient fort petits et tout près des aisselles ; le nombril ressembloit beaucoup à celui d'une personne. »

LE JOCKO.

DU PITHÈQUE (1).

« Il y a, dit Aristote, des animaux dont la nature est ambiguë, et tient en partie de l'homme et en partie du quadrupède, tels que les pithèques, les kèbes et les cynocéphales ; le kèbe est un pithèque avec une queue ; le cynocéphale est tout semblable au pithèque, seulement il est plus grand et plus fort ; il a le museau avancé, approchant presque de celui du dogue, et c'est de là qu'on a tiré son nom ; il est aussi de mœurs plus féroces, et il a les dents plus fortes que le pithèque et plus ressemblantes à celles du chien. » D'après ce passage, il est clair que le pithèque et le cynocéphale indiqués par Aristote n'ont ni l'un ni l'autre de queue, puisqu'il dit que les pithèques qui ont une queue s'appellent kèbes, et que le cynocéphale ressemble en tout au pithèque, à l'exception du museau qu'il a plus avancé et des dents qu'il a plus grosses. Ce cynocéphale d'Aristote, est la troisième espèce que nous appelons magot. Il en a tous les caractères, il n'a point de queue ; il a le museau comme un dogue, et les dents canines grosses et longues. D'ailleurs il se trouve communément dans l'Asie mineure et dans les autres provinces de l'Orient qui étoient connues des Grecs. Le Pithèque est du même pays ; et comme il ressemble en tout au magot, à l'exception de la grandeur des mâchoires et de la grosseur des dents canines, ils ont souvent été pris l'un pour l'autre. »

Il paroît, par les témoignages des anciens, que le

---

(1) Lat. *Simia*.

Pithèque est le plus doux, le plus docile de tous les singes qui leur étoient connus, et qu'il étoit commun en Asie aussi bien que dans la Lybie, et dans les autres provinces de l'Afrique qui étoient fréquentées par les voyageurs grecs et romains. Je crois que c'est à cette espèce de singe qu'il faut rapporter le passage suivant de Marmol. « Ces animaux ont, dit-il, les pieds et les mains, et, s'il faut ainsi dire, le visage de l'homme, avec beaucoup d'esprit et de malice; ils vivent d'herbes, de blé, et de toutes sortes de fruits qu'ils vont en troupe dérober dans les jardins ou dans les champs; mais avant que de sortir de leur fort, il y en a un qui monte sur une éminence d'où il découvre toute la campagne, et quand il ne voit paroître personne, il fait signe aux autres, par un cri, pour les faire sortir, et ne bouge de là tandis qu'ils sont dehors; mais sitôt qu'il voit venir quelqu'un, il jette de grands cris, et sautant d'arbre en arbre, tous se sauvent dans les montagnes; c'est une chose admirable que de les voir fuir; car les femelles portent sur leur dos quatre ou cinq petits, et ne laissent pas avec cela de faire de grands sauts de branche en branche; il s'en prend quantité par diverses inventions quoiqu'ils soient fort fins; quand ils deviennent farouches, ils mordent; mais pour peu qu'on les flatte ils s'apprivoisent aisément; ils font grand tort aux fruits et au blé, parce qu'ils ne font autre chose que de cueillir, couper et jeter par terre, soit qu'il soit mûr ou non, et en perdent beaucoup plus qu'ils n'en mangent et qu'ils n'en emportent; ceux qui sont apprivoisés font des choses incroyables, imitant l'homme en tout ce qu'ils voient. »

Je suis également persuadé que c'est au Pithèque qu'il faut appliquer ce passage de Rubruquis, où il est fait mention des singes du Cathai. Il dit « qu'ils ont en toutes choses la forme et les façons des hommes ; qu'ils ne sont pas plus hauts qu'une coudée et tout couverts de poils ; qu'ils habitent dans les cavernes ; que pour les prendre on y porte des boissons fortes et enivrantes ; qu'ils viennent tous ensemble goûter de ce breuvage, en criant *chinchin*, dont on leur a donné le nom de *chinchin*, et qu'ils s'enivrent si bien qu'ils s'endorment, en sorte que les chasseurs les prennent aisément. »

M. Desfontaines, professeur d'histoire naturelle, a rencontré dans le royaume d'Alger, un singe qu'il a reconnu pour le Pithèque ; il l'a nourri pendant plusieurs mois en Barbarie ; à son retour en France il a bien voulu m'en faire hommage ; et j'ai eu la satisfaction de pouvoir reconnoître tous ses caractères et ses habitudes naturelles, depuis plus d'un an que je l'ai vivant et sous mes yeux. Je crois devoir donner les observations de ce savant Naturaliste sur la nature et les mœurs de cet animal. « Les singes pithèques, dit-il, vivent en troupe dans les forêts de l'Atlas qui avoisinent la mer, et ils sont si communs à Stora que les arbres des environs en sont quelquefois couverts. Ils se nourrissent de pommes de pin, de glands doux, de figues-d'Inde, de melons, de pastèques, de légumes qu'ils enlèvent des jardins des Arabes, quelques soins qu'ils prennent pour écarter ces animaux malfaisans. Pendant qu'ils commettent leurs vols, il y en a deux ou trois qui montent sur la cime des arbres et des rochers les plus élevés pour faire sentinelle, et dès que ceux-ci aperçoivent quelqu'un ou qu'ils entendent quelque bruit, ils poussent un cri d'alerte; aussi-tôt toute la troupe prend la fuite en emportant tout ce qu'ils ont pu saisir. »

« Le Pithèque n'a guère que deux pieds de hauteur lorsqu'il est droit sur ses jambes ; il peut marcher debout pendant quelque temps, mais il se soutient avec difficulté dans cette attitude qui ne lui est pas naturelle ; sa face est presque nue, un peu alongée et ridée, ce qui lui donne toujours un air vieux ; il se sert de ses pieds et de ses mains avec beaucoup d'adresse pour saisir les divers objets qui sont à sa portée ; j'en ai vu qui dénouoient leurs liens avec la plus grande facilité. La couleur du Pithèque varie du fauve au gris; la verge est grêle et pendante dans le mâle ; les testicules ont peu de volume. »

« Quoique ces animaux soient très-lubriques et qu'ils s'accouplent fréquemment dans l'état de domesticité, il n'y a cependant pas d'exemple qu'ils aient jamais produit dans cet état de servitude. Lorsqu'ils s'accouplent, le mâle monte sur la femelle qui est à quatre pieds, il lui appuie ceux de derrière sur les jambes, et il l'excite au plaisir en lui chatouillant les côtés avec les mains ; elle est sujette à un léger écoulement périodique, et je me suis aperçu que ses parties naturelles augmentoient alors sensiblement de volume. »

« Dans l'état sauvage elle ne produit ordinairement qu'un seul petit ; presqu'aussi-tôt qu'il est né, il monte sur le dos de la mère, lui embrasse étroitement le cou avec les bras, et elle le transporte ainsi d'un lieu dans un autre ; souvent il se cramponne à ses mamelles et s'y tient fortement attaché. »

« Celui de tous les singes avec lequel le Pithèque a le plus de rapport est le magot, dont il diffère cependant par des caractères si tranchés, qu'il paroît bien former une espèce distincte. Le magot est plus grand ; ses testicules sont très-volumineux ; ceux du Pithèque au contraire sont fort petits. Les dents canines supérieures du magot sont alongées comme les crocs des chiens ; celles du Pithèque sont courtes et à peu près semblables à celles de l'homme. Le Pithèque a des mœurs plus douces, plus sociales que le magot ; celui-ci conserve toujours dans l'état de domesticité un caractère méchant et même féroce ; le Pithèque au contraire s'apprivoise facilement et devient familier. Lorsqu'il a été élevé jeune, il mord rarement quelque mauvais traitement qu'on lui fasse subir. Il est naturellement craintif, et il sait distinguer avec une adresse étonnante ceux qui lui veulent du mal ; en revanche il reconnoît ceux qui lui font du bien ; il les caresse, les appelle, les flatte par des cris et par des gestes très-expressifs ; il leur donne même des signes d'attachement et de fidélité ; il les suit comme un chien, sans jamais les abandonner. »

« La frayeur se peint sur le visage du Pithèque : j'ai souvent vu ces animaux changer sensiblement de couleur lorsqu'ils étoient saisis d'effroi ; ils annoncent leur joie, leur crainte, leurs desirs, leur ennui même par des accens différens et faciles à distinguer. Ils sont très-malpropres et lâchent leurs ordures partout où ils se trouvent ; ils se plaisent à mal faire et brisent tout ce qui se rencontre sous leur main, sans qu'on puisse les en corriger, quelque châtiment qu'on leur inflige. Les Arabes mangent la chair du Pithèque, et la regardent comme un bon mets. »

Je dois ajouter à ces remarques les observations que j'ai faites moi-même sur les habitudes naturelles et même sur les habitudes acquises de ce singe que l'on nourrit depuis plus d'un an dans ma maison; c'est un mâle, mais qui ne paroît point avoir, comme les autres singes, aucune ardeur bien décidée pour les femmes. Son attitude de mouvement la plus ordinaire est de marcher sur ses quatre pieds, et ce n'est jamais que pendant quelques minutes qu'il marche quelquefois debout sur ses deux pieds, le corps un peu en avant et les genoux un peu pliés. En général, il se balance en marchant; il est très-vif et presque toujours en mouvement; son plus grand plaisir est de sauter, grimper et s'accrocher à tout ce qui est à sa portée. Il paroît s'ennuyer lorsqu'il est seul, car alors il fait entendre un cri plaintif; il aime la compagnie, et lorsqu'il est en gaîté il le marque par un grand nombre de culbutes et de petits sauts. Au reste, il est d'un naturel fort doux et ressemble par-là aux orangs-outangs; malgré sa grande vivacité, il mord très-rarement et toujours foiblement.

DU GIBBON.

Nous venons de voir deux animaux, le pithèque et l'orang-outang, auxquels on doit appliquer le nom de singe; il y en a un troisième auquel on ne peut guère le refuser, quoiqu'il soit difforme, et par rapport à l'homme et par rapport au singe : cet animal jusqu'à présent inconnu, et qui a été apporté des Indes orientales sous le nom de Gibbon, marche debout comme les deux autres, et a la face aplatie; il est aussi sans queue : mais ses bras, au lieu d'être proportionnés comme ceux de l'homme, ou du moins comme ceux de l'orang-outang ou du pithèque, à la hauteur du corps, sont d'une longueur si démesurée, que l'animal étant debout sur ses deux pieds, il touche encore la terre avec ses mains sans courber le corps et sans plier les jambes, et qu'il peut marcher à quatre pieds sans que son corps se penche; ce singe est le troisième et le dernier auquel on doive donner ce nom; c'est dans ce genre une espèce monstrueuse, hétéroclite, comme l'est dans l'espèce humaine la race des hommes à grosses jambes dite de Saint-Thomas (1). Nous avons vu le Gibbon vivant; il n'avoit pas trois pieds de hauteur; mais il étoit jeune, il étoit en captivité. Ainsi l'on doit présumer qu'il n'avoit pas encore acquis toutes ses dimensions, et que dans l'état de nature, lorsqu'il est adulte, il parvient au moins à quatre pieds de hauteur : il n'a nulle apparence de queue;

---

(1) Voyez le discours sur les variétés de l'espèce humaine, *Tome III de cet ouvrage.*

il a tout autour de la face un cercle de poil gris, de manière qu'elle se présente comme si elle étoit environnée d'un cadre rond, ce qui donne à ce singe un air très-extraordinaire; ses yeux sont grands, mais enfoncés, ses oreilles nues et bien bordées; sa face est aplatie, de couleur tannée et assez semblable à celle de l'homme; la femelle est sujette comme les femmes à un écoulement périodique de sang. Le Gibbon est après l'orang-outang et le pithèque celui qui approcheroit le plus de la figure humaine, si la longueur excessive de ses bras ne le rendoit pas difforme; car dans l'état de nature, l'homme auroit aussi une mine bien étrange; les cheveux et la barbe, s'ils étoient négligés, formeroient autour de son visage un cadre de poil assez semblable à celui qui environne la face du Gibbon.

Ce singe nous a paru d'un naturel tranquille et de mœurs assez douces; ses mouvemens n'étoient ni trop brusques ni trop précipités; il prenoit doucement ce qu'on lui donnoit à manger; on le nourrissoit de pain, de fruits, d'amandes. Il craignoit beaucoup le froid et l'humidité, et il n'a pas vécu longtemps hors de son pays natal. Il est originaire des Indes orientales, particulièrement des terres de Coromandel, de Malaca et des îles Moluques.

DU MAGOT (1).

Comme la Nature ne connoît pas nos définitions, qu'elle n'a jamais rangé ses ouvrages par tas, ni les êtres par genres, que sa marche au contraire va toujours par degrés, et que son plan est nuancé partout et s'étend en tout sens, il doit se trouver entre le genre du singe et celui du babouin quelque espèce intermédiaire qui ne soit précisément ni l'un ni l'autre, et qui cependant participe des deux. Cette espèce intermédiaire existe en effet, et c'est l'animal que nous appelons Magot; il se trouve placé entre nos deux définitions; il fait la nuance entre les singes et les babouins; il diffère des premiers en ce qu'il a le museau alongé et de grosses dents canines; il diffère des seconds parce qu'il n'a réellement point de queue, quoiqu'il ait un petit appendice de peau qui a l'apparence d'une naissance de queue; il n'est par conséquent ni singe ni babouin, et tient en même temps de la nature des deux. Cet animal, qui est fort commun dans la haute Egypte ainsi qu'en Barbarie, étoit connu des anciens. Les Grecs et les Latins l'ont nommé cynocéphale, parce que son museau ressemble assez à celui d'un dogue.

Cet animal est de tous les singes, c'est-à-dire de tous ceux qui n'ont point de queue, celui qui s'accommode le mieux de la température de notre climat. Nous en avons nourri un pendant plusieurs années. L'été il se plaisoit à l'air, et l'hiver on le pouvoit tenir dans une chambre sans feu. Quoiqu'il ne fût pas délicat, il étoit

(1) Nom ancien de ce singe en françois.

toujours triste et souvent maussade; il faisoit également la grimace pour marquer sa colère ou pour montrer son appétit; ses mouvemens étoient brusques, ses manières grossières et sa physionomie encore plus laide que ridicule. Pour peu qu'il fût agité de passions, il montroit et grinçoit les dents en remuant la mâchoire; il remplissoit les poches de ses joues de tout ce qu'on lui donnoit, et il mangeoit généralement de tout, à l'exception de la viande crue, du fromage et d'autres choses fermentées : il aimoit à se jucher pour dormir sur un barreau, sur une patte de fer; on le tenoit toujours à la chaîne, parce que malgré sa longue domesticité, il n'en étoit pas plus civilisé, pas plus attaché à ses maîtres; il avoit apparemment été mal éduqué; car j'en ai vu d'autres de la même espèce qui en tout étoient mieux, plus connoissans, plus obéissans, même plus gais et assez dociles pour apprendre à danser, à gesticuler en cadence, et à se laisser tranquillement vêtir et coiffer.

Ce singe peut avoir deux pieds et demi ou trois pieds de hauteur lorsqu'il est debout sur ses jambes de derrière; la femelle est plus petite que le mâle et sujette à l'écoulement périodique; il marche plus volontiers à quatre pieds qu'à deux : lorsqu'il est en repos, il est presque toujours assis et son corps porte sur deux callosités très-éminentes qui sont situées au bas de la région où devroient être les fesses; l'anus est plus élevé; ainsi il est assis plus bas que sur le cul : aussi son corps est plus incliné que celui d'un homme assis. Il diffère du pithèque, en ce qu'il a le museau gros et avancé comme un dogue, au lieu que le pithèque a la

1 LE MAGOT. 2 LE BABOUIN DES BOIS.

face aplatie ; en ce qu'il a de longues dents canines, tandis que le pithèque ne les a pas plus longues à proportion que l'homme ; en ce qu'il n'a pas les ongles des doigts aussi plats et aussi arrondis, et enfin parce qu'il est plus grand, plus trapu et d'un naturel moins docile et moins doux. Le Magot n'a point de queue, quoiqu'il ait un petit bout de peau qui en ait l'apparence ; il a des abajoues, de grosses callosités proéminentes sur les fesses ; la face relevée par le bas en forme de museau, semblable à celui du dogue. Il a du duvet sur la face, du poil brun verdâtre sur le corps et jaune-blanchâtre sous le ventre. Il paroît que l'espèce en est assez généralement répandue dans tous les climats chauds de l'ancien continent, et qu'on la trouve également en Tartarie, en Arabie, en Ethiopie, au Malabar, en Barbarie, en Mauritanie et jusque dans les terres du cap de Bonne-Espérance.

Au reste, il y a quelques variétés dans l'espèce du Magot ; nous en avons vu de différentes grandeurs et de poils plus ou moins foncés et plus ou moins fournis.

DES BABOUINS.

Après les singes se présente une autre famille d'animaux que nous indiquerons sous le nom générique de Babouin ; et pour les distinguer nettement de tous les autres, nous dirons que le Babouin est un animal à queue courte, à face alongée, à museau large et relevé, avec des dents canines plus grosses à proportion que celles de l'homme, et des callosités sur les fesses. Les anciens n'ont jamais eu de nom propre pour ces animaux. Aristote est le seul qui paroît avoir désigné l'un de ces babouins par le nom de *Simia porcaria* ; encore n'en donne-t-il qu'une indication fort indirecte. Nous connoissons trois espèces de ces animaux : le papion ou babouin proprement dit, le mandrill, l'ouanderou et le lowando, qui nous paroissent être d'une seule et même espèce, et auxquels cependant nous n'avons pas laissé de conserver le nom qu'ils portent dans leur pays natal, à Ceylan, parce qu'ils forment au moins deux races distinctes et constantes.

Dans l'homme la physionomie trompe, et la figure du corps ne décide pas de la forme de l'ame ; mais dans les animaux, on peut juger du naturel par la mine, et de tout l'intérieur par ce qui paroît au dehors : par exemple, en jetant les yeux sur nos Singes et nos Babouins, il est aisé de voir que ceux-ci doivent être plus sauvages, plus méchans que les autres ; il y a les mêmes différences, les mêmes nuances dans les mœurs que dans les figures. L'orang-outang qui ressemble le plus à l'homme, est le plus intelligent, le plus grave, le plus docile de tous ; le magot, qui commence à s'éloigner de la forme humaine, et qui approche par le museau et par les dents canines de celle des animaux, est brusque, désobéissant et maussade; et les Babouins, qui ne ressemblent plus à l'homme que par les mains, et qui ont une queue, des ongles aigus, de gros museaux, ont l'air de bêtes féroces, et le sont en effet.

Le premier des Babouins est le papion, ou le babouin proprement dit. J'ai vu vivant celui dont nous donnons ici la figure; il n'étoit point hideux, et cependant il faisoit horreur : grinçant continuellement les dents, s'agitant, se débattant avec colère; on étoit obligé de le tenir enfermé dans une cage de fer, dont il remuoit si puissamment les barreaux avec les mains, qu'il inspiroit de la crainte aux spectateurs. C'est un animal trapu, dont le corps ramassé et les membres nerveux indiquent la force et l'agilité; qui couvert d'un poil épais et long, paroît encore beaucoup plus gros qu'il n'est; mais qui, dans le réel, est si puissant et si fort, qu'il viendroit aisément à bout d'un ou de plusieurs hommes s'ils n'étoient point armés : d'ailleurs il paroît continuellement excité par cette passion qui rend furieux les animaux les plus doux; il est insolemment lubrique, et affecte de se montrer en cet état, de se toucher, de se satisfaire seul aux yeux de tout le monde; et cette action, l'une des plus honteuses de l'humanité, et qu'aucun animal ne se permet, copiée par la main du babouin, rappelle l'idée du vice, et rend abominable l'aspect de cette bête que la Nature paroît avoir particulièrement vouée à cette espèce d'impudence; car dans tous les autres animaux, et même dans l'homme, elle a voilé ces parties : dans le babouin au contraire, elles sont tout-à-fait nues, couleur de chair et d'autant plus évidentes que le corps est couvert de longs poils. Il a de même les fesses nues et d'un rouge couleur de sang, les bourses pendantes, l'anus découvert, la queue toujours levée; il semble faire parade de toutes ces nudités, présentant son derrière plus souvent que sa tête, sur-tout dès qu'il aperçoit des femmes pour lesquelles il déploie une telle effronterie, qu'elle ne peut naître que du desir le plus immodéré. Le magot et quelques autres ont bien les mêmes inclinations; mais comme ils sont plus petits et moins pétulans, on les rend modestes à coups de fouet; au lieu que le babouin est non-seulement incorrigible sur cela, mais intraitable à tous autres égards.

Quelque violente que soit la passion de ces animaux, ils ne produisent pas dans les pays tempérés; la femelle ne fait ordinairement qu'un petit qu'elle porte entre ses bras et attaché, pour ainsi dire, à sa mamelle; elle est sujette, comme la femme, à l'évacuation périodique, et cela lui est commun avec toutes les autres femelles de singe qui ont les fesses nues; au reste ces babouins, quoique méchans et féroces, ne sont pas du nombre des animaux carnassiers; ils se nourrissent principalement de fruits, de racines et de grains; ils se réunissent et s'entendent pour piller les jardins; ils se jettent les fruits de main en main et par-dessus les murs, et font de grands dégâts dans toutes les terres cultivées.

La seconde espèce de babouin est le mandrill (1);

---

(1) Nom que les Anglois qui fréquentent la côte de Guinée ont donné à ce singe.

ce babouin est d'une laideur désagréable et dégoûtante; indépendamment de son nez tout plat ou plutôt de deux naseaux dont découle continuellement une morve qu'il recueille avec la langue; indépendamment de son très-gros et long museau, de son corps trapu, de ses fesses couleur de sang et de son anus apparent, et placé, pour ainsi dire, dans les lombes, il a encore la face violette et sillonnée des deux côtés de rides profondes et longitudinales qui en augmentent beaucoup la tristesse et la difformité; il est aussi plus grand et peut-être plus fort que le papion, mais il est en même temps plus tranquille et moins féroce. Nous donnons ici la figure du mâle et de la femelle que nous avons vus vivans; soit qu'ils eussent été mieux éduqués, ou que naturellement ils soient plus doux que le papion, ils nous ont paru plus traitables et moins impudens sans être moins désagréables.

Cette espèce de babouin se trouve à la côte d'Or et dans les autres provinces méridionales de l'Afrique. Il paroît qu'après l'orang-outang, c'est le plus grand de tous les singes et de tous les babouins. Smith raconte qu'on lui fit présent d'une femelle mandrill, qui n'étoit âgée que de six mois et qui étoit déjà aussi grande à cet âge qu'un babouin adulte; il dit aussi que ces mandrills marchent toujours sur deux pieds; qu'ils pleurent et qu'ils gémissent comme des hommes; qu'ils ont une violente passion pour les femmes, et qu'ils ne manquent pas de les attaquer avec succès lorsqu'ils les trouvent à l'écart.

Le mandrill a des abajoues et des callosités sur les fesses; il a la queue très-courte, les dents canines beaucoup plus grosses et plus longues à proportion que celles de l'homme ; le museau très-gros et très-long, et sillonné des deux côtés de rides longitudinales profondes et très marquées ; la face nue et de couleur bleuâtre ; les oreilles nues aussi-bien que le dedans des mains et des pieds ; le poil long, d'un brun roussâtre sur le corps et gris sur la poitrine et le ventre ; il marche sur deux pieds plus souvent que sur quatre ; il a quatre ou quatre pieds et demi de hauteur lorsqu'il est debout, il paroît même qu'il y en a d'encore plus grands ; les femelles sont sujettes, comme les femmes, à l'écoulement périodique.

L'ouanderou a le corps couvert de poils bruns et noirs, avec une large chevelure et une grande barbe blanche ; au contraire le lowando a le corps couvert de poils blanchâtres avec la chevelure et la barbe noires. Indépendamment de ces deux variétés d'une même espèce que l'on trouve à Ceylan, il y a encore dans le même pays une troisième race ou variété qui pourroit bien être la tige commune des deux autres, parce qu'elle est d'une couleur uniforme et entièrement blanche, corps, chevelure et barbe ; ces trois animaux ne sont pas des singes, mais des babouins ; ils en ont tous les caractères tant pour la figure que pour le naturel ; ils sont farouches et même un peu féroces ; ils ont le museau alongé, la queue courte, et sont à peu près de la même grandeur et de la même force que les papions ; ils ont seulement le corps moins ramassé, et paroissent plus foibles des parties de l'arrière du corps : celui que nous avons vu nous avoit été présenté par les gens auxquels il appartenoit sous une fausse dénomination, tant pour le nom que pour le climat, comme il arrive assez ordinairement, surtout à ces montreurs d'ours et de singes, qui lorsqu'ils ignorent le climat et le nom d'un animal, ne manquent pas de lui appliquer une dénomination étrangère, laquelle vraie ou fausse est également bonne pour l'usage qu'ils en font. Au reste ces babouins-ouanderous, lorsqu'ils ne sont pas domptés, sont si méchans qu'on est obligé de les tenir dans une cage de fer, où souvent ils s'agitent avec fureur ; mais lorsqu'on les prend jeunes, on les apprivoise aisément, et ils paroissent même être plus susceptibles d'éducation que les autres babouins : les Indiens se plaisent à les instruire, et ils prétendent que les autres singes, c'est-à-dire les guenons, respectent beaucoup ces babouins, qui ont plus de gravité et plus d'intelligence qu'elles. Dans leur état de liberté (1), ils sont extrêmement sauvages et se tiennent dans les bois. Si l'on en croit les voyageurs, ceux qui sont tout blancs sont les plus forts et les plus méchans de tous ; ils

---

(1) « On trouve au Malabar quatre espèces de singes ; la première toute noir, le poil luisant avec une barbe blanche qui lui ceint le menton, et qui a une palme et plus de longueur; les autres singes ont tant de respect pour cette espèce, qu'ils s'humilient en sa présence comme s'ils étoient capables de reconnoître en elle quelque supériorité. Les princes et les grands estiment beaucoup ces singes à barbe, qui paroissent avoir plus de gravité et d'intelligence que les autres. On les éduque pour des cérémonies et des jeux, et ils s'en acquittent si parfaitement que c'est une chose admirable. » *Voyage du P. Vincent Marie.*

sont très-ardens pour les femmes et assez forts pour les violer lorsqu'ils les trouvent seules ; et souvent ils les outragent jusqu'à les faire mourir (1).

---

(1) « Les singes blancs qui sont quelquefois aussi grands et aussi méchans que les plus gros dogues d'Angleterre, sont plus dangereux que les noirs ; ils en veulent principalement aux femmes, et souvent après leur avoir fait cent outrages, ils finissent par les étrangler. Quelquefois ils viennent jusqu'aux habitations ; mais les Macacarois qui sont très-jaloux de leurs femmes n'ont garde de permettre l'entrée de leurs maisons à de si méchans galans ; ils les chassent à coups de bâton. » *Description du Macacar.*

DES GUENONS.

Après les singes et les babouins se trouvent les Guenons; c'est ainsi que j'appelle, d'après notre idiôme ancien, les animaux qui ressemblent aux singes ou aux babouins, mais qui ont de longues queues, c'est-à-dire des queues aussi longues ou plus longues que le corps. Le mot guenon a eu dans ces derniers siècles deux acceptions différentes de celle que nous lui donnons ici; l'on a employé ce mot guenon généralement pour désigner les singes de petite taille, et en même temps on l'emploie particulièrement pour nommer la femelle du singe; mais plus anciennement nous appelions singes ou magots les singes sans queue, et guenons ou mones ceux qui avoient une longue queue.

Le nom de guenon ne s'éloigne pas et peut-être a été dérivé de *kébós* ou *képos*, nom que les Grecs donnoient aux singes à longue queue. Nous connoissons neuf espèces de ces kébes ou guenons; ce sont le macaque et l'aigrette, le patas, le malbrouck et le bonnet chinois, le mangabey, la mone, la callitriche, le moustac, le talapoin et le douc.

Et comme la Nature est constante dans sa marche, qu'elle ne va jamais par sauts, et que toujours tout est gradué, nuancé, on trouve entre les babouins et les guenons une espèce intermédiaire comme celle du magot l'est entre les singes et les babouins. L'animal qui remplit cet intervalle et forme cette espèce intermédiaire, ressemble beaucoup aux guenons par sa taille qui est fort au-dessous de celle des babouins, et par la douceur de son naturel; et en même temps il a le museau fort large et la queue courte et arquée comme les babouins, mais dégarnie de poil. Ne lui connoissant point de nom, nous l'avons appelé maimon.

Edwards nous a donné la figure et la description de cet animal sous la dénomination de singe à queue de cochon; ce caractère particulier suffit pour le faire reconnoître; car il est le seul de tous les babouins et guenons qui ait la queue nue, menue et tournée comme celle du cochon. Il est à peu près de la grandeur du magot et ressemble si fort au macaque qu'on pourroit le prendre pour une variété de cette espèce, si sa queue n'étoit pas tout-à-fait différente; il a la face nue et basanée, les paupières noires, le nez plat, les lèvres minces avec quelques poils roides mais trop courts pour faire une moustache apparente. Il n'a pas comme les singes et les babouins, les bourses à l'extérieur et la verge saillante; le tout est caché sous la peau; aussi le maimon, quoique très-vif et plein de feu, n'a rien de la pétulance impudente des babouins : il est doux, traitable et même caressant. On le trouve à Sumatra et vraisemblablement dans les autres provinces de l'Inde méridionale; aussi souffre-t-il avec peine le froid de notre climat.

De toutes les Guenons ou singes à longues queues, le macaque est celui qui approche le plus des babouins; il a comme eux le corps court et ramassé, la tête grosse, le museau large, le nez plat, les joues ridées, et en même temps il est plus gros et plus grand que la plupart des autres guenons; il est aussi d'une laideur hideuse; en sorte qu'on pourroit le regarder comme une petite espèce de babouin,

s'il

s'il n'en différoit pas par la queue qu'il porte en arc comme eux, mais qui est longue et bien touffue : au lieu que celle des babouins en général est fort courte. Cette espèce est originaire de Congo et des autres parties de l'Afrique méridionale ; elle est nombreuse et sujette à plusieurs variétés pour la grandeur, les couleurs et la disposition du poil. Celui que nous appelons ici l'aigrette, parce qu'il a sur le sommet de la tête un épi ou aigrette de poil, ne nous a paru qu'une variété du premier auquel il ressemble en tout, à l'exception de cette différence et de quelques autres légères variétés dans le poil ; ils ont tous deux les mœurs douces et sont assez dociles ; mais indépendamment d'une odeur de fourmi ou de faux musc qu'ils répandent autour d'eux, ils sont si malpropres, si laids et même si affreux lorsqu'ils font la grimace, qu'on ne peut les regarder sans horreur et dégoût. Ces guenons vont souvent par troupes, et se rassemblent sur-tout pour voler des fruits et des légumes. Bosman raconte qu'elles prennent dans chaque patte un ou deux pieds de milhio, autant sous leurs bras, et autant dans leur bouche, qu'elles s'en retournent ainsi chargées, sautant continuellement sur les pattes de derrière, et que quand on les poursuit, elles jettent les tiges de milhio qu'elles tenoient dans les mains et sous les bras, ne gardant que celles qui sont entre leurs dents, afin de pouvoir fuir plus vîte sur les quatre pieds; au reste (ajoute ce voyageur), elles examinent avec la dernière exactitude chaque tige de milhio qu'elles arrachent, et si elle ne leur plaît pas, elles la rejettent à terre et en arrachent d'autres ; en sorte que par leur bizarre délicatesse, elles causent beaucoup plus de dommages encore que par leurs vols.

Le patas est encore du même pays et à peu près de la même grosseur que le macaque ; mais il en diffère en ce qu'il a le corps plus alongé, la face moins hideuse et le poil plus beau ; il est même remarquable par la couleur brillante de sa robe qui est d'un roux si vif qu'elle paroît avoir été peinte. Ces guenons sont moins adroites que les autres, et en même temps elles sont extrêmement curieuses. « Je les ai vues, dit Brue, descendre du haut des arbres jusqu'à l'extrémité des branches pour admirer les barques à leur passage ; elles les considéroient quelque temps, et paroissant s'entretenir de ce qu'elles avoient vu, elles abandonnoient la place à celles qui arrivoient après ; quelques-unes devinrent familières jusqu'à jeter des branches aux François, qui leur répondirent à coups de fusils ; il en tomba quelques-unes, d'autres demeurèrent blessées, et tout le reste tomba dans une étrange consternation ; une partie se mit à pousser des cris affreux, une autre à ramasser des pierres pour les jeter à leurs ennemis ; quelques-unes se vidèrent le ventre dans leur main et s'efforcèrent d'envoyer ce présent aux spectateurs ; mais s'apercevant à la fin que le combat étoit du moins égal, elles prirent le parti de se retirer. »

Il est à présumer que c'est de cette même espèce de guenon que parle le Maire : « on ne sauroit exprimer, dit ce voyageur, le dégât que les singes font dans les terres du Sénégal lorsque le mil et les grains dont ils se nourrissent sont en maturité ; ils s'assemblent quarante ou cinquante ; l'un d'eux demeure en sentinelle sur un arbre, écoute et regarde de tous côtés pendant que les autres font la récolte ; dès qu'il aperçoit quelqu'un, il crie comme un enragé pour avertir les autres, qui, au signal, s'enfuient avec leur proie, sautant d'un arbre à l'autre avec une prodigieuse agilité : les femelles qui portent leurs petits contre leur ventre s'enfuient comme les autres, et sautent comme si elles n'avoient rien. »

Le malbrouck et le bonnet chinois nous paroissent être de la même espèce, et sont du pays de Bengale. Le malbrouck a le museau large et relevé, les yeux grands, les oreilles grandes, minces et couleur de chair : il a le poil d'une couleur uniforme, d'un jaune-brun sur les parties supérieures du corps, et d'un gris jaunâtre sur celles de dessous : il marche à quatre pieds, et a environ un pied et demi de longueur depuis l'extrémité du museau jusqu'à l'origine de la queue. Le bonnet chinois diffère du malbrouck en ce qu'il a le poil du sommet de la tête disposé en forme de calotte ou de bonnet plat, et que sa queue est plus longue à proportion du corps. Les femelles dans ces deux races sont sujettes comme les femmes à l'écoulement périodique.

« Ces animaux, disent les voyageurs, dérobent les fruits et sur-tout les cannes de sucre ; l'un d'eux fait sentinelle sur un arbre pendant que les autres se chargent du butin ; s'il aperçoit quelqu'un, il crie *houp*, *houp*, *houp*, d'une voix haute et distincte ; au moment de l'avis, tous jettent les cannes qu'ils tenoient dans la main gauche ; ils s'enfuient en courant à trois pieds, et s'ils sont vivement poursuivis, ils jettent encore ce qu'ils tenoient dans la main droite, et se sauvent en grimpant sur les arbres qui sont leurs demeures ordinaires ; ils sautent d'arbres en arbres ; les femelles même chargées de leurs petits, qui les tiennent étroitement embrassées, sautent aussi comme les autres, mais tombent quelquefois. Ces animaux ne s'apprivoisent qu'à demi ; il faut toujours les tenir à la chaîne ; ils ne produisent pas dans leur état de servitude, même dans leur pays ; il faut qu'ils soient en liberté dans leurs bois. Lorsque les fruits et les plantes succulentes leur manquent, ils mangent des insectes, et quelquefois ils descendent sur les bords des fleuves et de la mer pour attraper des poissons et des crabes ; ils mettent leur queue entre les pinces du crabe, et dès qu'elles serrent, ils l'enlèvent brusquement et l'emportent pour le manger à leur aise. Ils cueillent les noix de cocos, et savent fort bien en tirer la liqueur pour la boire et le noyau pour le manger. Ils boivent aussi du zari qui dégoutte par des bamboches qu'on met exprès à la cime des arbres pour en attirer la liqueur, et ils se servent de l'occasion. On les prend par le moyen des noix de cocos où l'on fait une petite ouverture ; ils y fourrent la patte avec peine parce que le trou est étroit, et les gens qui sont à l'affût les prennent avant qu'ils ne puissent se dégager. Dans les provinces de l'Inde habitées par les bramans, qui, comme l'on sait, épargnent la vie de tous les animaux, les singes, plus respectés encore que tous les autres, sont en nombre infini ; ils viennent en troupe dans les villes ; ils entrent dans les maisons à toute heure, en toute liberté ; en sorte que ceux qui vendent des denrées, et sur-tout des fruits et des légumes, ont bien de la peine à les conserver. Il y a dans Amadabad, capitale du Guzarate, deux ou trois hôpitaux d'animaux où l'on nourrit les singes estropiés, invalides et même ceux qui sans être malades veulent y demeurer. Deux fois par semaine les singes du voisinage de cette ville se rendent d'eux-mêmes, tous ensemble dans les rues; ensuite ils montent sur les maisons qui ont chacune une petite terrasse, où l'on va coucher pendant les grandes chaleurs; on ne manque pas de mettre ces deux jours-là sur ces petites terrasses du riz, du millet, des cannes de sucre dans la saison, et autres choses semblables; car si par hasard les singes ne trouvoient pas leur provision sur ces terrasses, ils romproient les tuiles dont le reste de la maison est couvert et feroient un grand désordre. Ils ne mangent rien sans le bien sentir auparavant, et lorsqu'ils sont repus, ils remplissent pour le lendemain les poches de leurs joues. Les oiseaux ne peuvent guère nicher sur les arbres dans les endroits où il y a beaucoup de singes; car ils ne manquent jamais de détruire les nids et de jeter les œufs par terre. »

Les ennemis les plus redoutables pour les singes ne sont ni le tigre, ni les autres bêtes féroces; car ils leur échappent aisément par leur légéreté et par le choix de leur domicile au-dessus des arbres, où il n'y a que les serpens qui aillent les chercher et sachent les surprendre (1).

---

(1) Les singes sont en possession d'être maîtres des forêts; car il n'y a ni tigres, ni lions qui leur disputent le terrain; ils n'ont rien à craindre que les serpens qui nuit et jour leur font la guerre; il y en a de prodigieuse grandeur qui tout d'un

La mone est la plus commune des guenons ou singes à longue queue ; nous l'avons vue vivante pendant plusieurs années ; c'est avec le magot l'espèce qui s'accommode le mieux de la température de notre climat : cela seul suffiroit pour prouver qu'elle n'est pas originaire des pays les plus chauds de l'Afrique et des Indes méridionales ; et elle se trouve en effet en Barbarie, en Arabie, en Perse et dans les autres parties de l'Asie qui étoient connues des anciens ; ils l'avoient désignée par le nom de *kebos*, *cebus*, *caephus*, à cause de la variété de ses couleurs ; elle a en effet la face brune, avec une espèce de barbe mêlée de blanc, de jaune et d'un peu de noir ; le poil du dessus de la tête et du cou mêlé de jaune et de noir, celui du dos mêlé de roux et de noir ; le ventre blanchâtre aussi bien que l'intérieur des cuisses et des jambes ; l'extérieur des jambes et les pieds noirs, la queue d'un gris foncé, deux petites taches blanches, une de chaque côté de l'origine de la queue, un croissant de poil gris sur le front, une bande noire depuis les yeux jusqu'aux oreilles, et depuis les oreilles jusqu'à l'épaule et au bras ; quelques-uns l'ont appelée nonne par corruption de mone ; d'autres à cause de sa barbe grise, l'ont appelée le vieillard.

En général, les guenons sont d'un naturel beaucoup plus doux que les babouins, et d'un caractère moins triste que les singes ; elles sont vives jusqu'à

---

coup avalent un singe ; d'autres moins gros, mais plus agiles, les vont chercher jusques sur les arbres ; ils épient le temps où ils sont endormis. *Description du Macacar.*

l'extravagance et sans férocité, car elles deviennent dociles dès qu'on les fixe par la crainte ; la mone en particulier est susceptible d'éducation, et même d'un certain attachement pour ceux qui la soignent ; celle que nous avons nourrie se laissoit toucher et enlever par les gens qu'elle connoissoit, mais elle se refusoit aux autres et même les mordoit ; elle cherchoit aussi à se mettre en liberté ; on la tenoit attachée avec une longue chaîne ; quand elle pouvoit ou la rompre ou s'en délivrer, elle s'enfuyoit à la campagne, et quoiqu'elle ne revînt pas d'elle-même, elle se laissoit assez aisément reprendre par son maître. Elle mangeoit de tout, de la viande cuite, du pain et sur-tout des fruits ; elle cherchoit aussi les araignées, les fourmis, les insectes ; elle remplissoit ses abajoues, lorsqu'on lui donnoit plusieurs morceaux de suite. Cette habitude est commune à tous les babouins et guenons auxquels la Nature a donné ces espèces de poches au bas des joues où ils peuvent garder une quantité d'alimens assez grande pour se nourrir un jour ou deux.

Callitrix est un terme employé par Homère pour exprimer en général la belle couleur du poil des animaux. Ce n'est que plusieurs siècles après celui d'Homère que les Grecs ont en particulier appliqué ce nom à quelques espèces de guenons ou singes à longue queue, remarquables par la beauté des couleurs de leur poil ; mais il doit appartenir de préférence à celui dont il est ici question ; il est d'un beau vert sur le corps, d'un beau blanc sur la gorge et le ventre, et il a la face d'un beau noir ; d'ailleurs il se trouve en Mauritanie et dans les terres de l'ancienne Carthage ;

ainsi il y a toute apparence qu'il étoit connu des Grecs et des Romains, et que c'étoit l'une des guenons ou singes à longue queue auxquels ils donnoient le nom de *Callitrix*; il y a d'autres guenons de couleur blonde dans les terres voisines de l'Égypte, soit du côté de l'Éthiopie, soit de celui de l'Arabie, que les anciens ont aussi désignées par le nom générique de *Callitrix*.

Au reste, il paroît que le callitriche ou singe vert se trouve au Sénégal, aussi-bien qu'en Mauritanie et aux îles du cap Vert. Adanson rapporte que les environs des bois de Podor, le long du fleuve Niger, sont remplis de singes verts. « Je n'aperçus ces singes, dit cet auteur, que par les branches qu'ils cassoient au haut des arbres, d'où elles tomboient sur moi : car ils étoient d'ailleurs fort silencieux et si légers dans leurs gambades, qu'il eût été difficile de les entendre; je n'allai pas plus loin, et j'en tuai d'abord un, deux et même trois, sans que les autres parussent effrayés; cependant lorsque la plupart se sentirent blessés, ils commencèrent à se mettre à l'abri; les uns en se cachant derrière les grosses branches, les autres en descendant à terre; d'autres enfin, et c'étoit le plus grand nombre, s'élançoient de la pointe d'un arbre sur la cime d'un autre arbre. Pendant ce petit manège, je continuai toujours à tirer dessus, et j'en tuai jusqu'au nombre de vingt-trois en moins d'une heure et dans un espace de vingt toises, sans qu'aucun d'eux eût jeté un seul cri, quoiqu'ils se fussent plusieurs fois rassemblés par compagnie en sourcillant, grinçant des dents et faisant mine de vouloir m'attaquer ».

Le moustac nous paroît être du même pays que

le macaque, parce qu'il a comme lui le corps plus court et plus ramassé que les autres guenons ; il a les lèvres au-dessous du nez, d'une blancheur éclatante, tandis que le reste de sa face est d'un bleu noirâtre ; il a aussi deux toupets de poils jaunes au-dessous des oreilles, ce qui lui donne l'air très-singulier ; et comme il est en même temps d'assez petite taille, c'est de tous les singes à longue queue celui qui nous a paru le plus joli.

Le talapoin est de petite taille et d'une assez jolie figure ; le nom de cette guenon paroîtroit indiquer qu'elle se trouve à Siam et dans les autres provinces de l'Asie orientale ; mais nous ne pouvons l'assurer ; seulement il est certain qu'elle est originaire de l'ancien continent et qu'elle ne se trouve point dans le nouveau, parce qu'elle a des abajoues et des callosités sur les fesses, et que ces deux caractères n'appartiennent ni aux sagoins ni aux sapajous, qui sont les seuls animaux du nouveau monde qu'on puisse comparer aux guenons.

Le douc est le dernier de la classe des animaux que nous avons appelés singes, babouins et guenons ; sans être précisément d'aucun de ces trois genres, il participe de tous ; il tient des guenons par sa longue queue, des babouins par sa longue taille et des singes par sa face plate ; il a de plus un caractère particulier et par lequel il paroît faire la nuance entre les guenons et les sapajous. Ces deux familles d'animaux diffèrent entre elles en ce que les guenons ont les fesses pelées, et que tous les sapajous les ont couvertes de poil. Le douc est la seule des guenons qui ait du poil sur les fesses comme les sapajous : il leur ressemble aussi par l'aplatissement du museau ; mais en tout il approche infiniment plus des guenons que des sapajous, desquels il diffère en ce qu'il n'a pas la queue prenante, et aussi par plusieurs autres caractères essentiels : d'ailleurs l'intervalle qui sépare ces deux familles est immense, puisque le douc et toutes les guenons sont de l'ancien continent, tandis que tous les sapajous ne se trouvent que dans le nouveau. Indépendamment de ces rapports généraux, le douc a des caractères particuliers par lesquels il est très-remarquable et fort aisé à distinguer de tous les singes, babouins, guenons ou sapajous, même au premier coup d'œil ; sa robe variée de toute couleur semble indiquer l'ambiguité de sa nature, et en même temps différencier son espèce d'une manière évidente. Il porte autour du cou un collier d'un brun-pourpre ; autour des joues une barbe blanche ; il a les lèvres et le tour des yeux noirs, la face et les oreilles rouges, le dessus de la tête et le corps gris, la poitrine et le ventre jaunes, les jambes blanches en bas, noires en haut, la queue blanche, les pieds noirs avec plusieurs autres nuances de couleur.

Les voyageurs assurent que les grands singes des parties méridionales de l'Asie produisent des bézoards qu'on trouve dans leur estomac, et dont la qualité est supérieure à celle des bézoards des chèvres et des gazelles. Ces grands singes des parties méridionales de l'Inde sont l'ouanderou et le douc ; nous croyons donc que c'est à ces espèces qu'il faut rapporter la production des bézoards. On prétend que ces bézoards de singe sont toujours d'une forme ronde, au lieu que les autres bézoards sont de différentes figures.

1. LA GUENON A CAMAIL. 2. LA GUENON A LONG NEZ.

DES SAPAJOUS (1) ET DES SAGOINS (2).

Nous passons actuellement d'un continent à l'autre. Tous les animaux quadrumanes dont nous avons donné la description, et que nous avons compris sous les noms génériques de singes, babouins et guenons, appartiennent exclusivement à l'ancien continent, et tous ceux dont il nous reste à faire mention ne se trouvent au contraire que dans le nouveau monde. Nous les distinguons d'abord par deux noms génériques, parce qu'on peut les diviser en deux classes; la première est celle des Sapajous, et la seconde celle des Sagoins; les uns et les autres ont les pieds conformés à peu près comme ceux des singes, des babouins et des guenons; mais ils diffèrent des singes en ce qu'ils ont des queues; ils diffèrent des babouins et des guenons en ce qu'ils n'ont ni poches au bas des joues, ni callosités sur les fesses; et enfin ils diffèrent de tous trois, c'est-à-dire des singes, des babouins et des guenons, en ce que tous ceux-ci ont la cloison du nez mince, et les narines ouvertes à peu près comme celles de l'homme au-dessous du nez, au lieu que les Sapajous et les Sagoins ont cette cloison des narines fort large et fort épaisse, et les ouvertures des narines placées à côté et non pas au-dessous du nez : ainsi les Sapa-

---

(1) *Sapajou*, mot dérivé de *Cayouassou*; nom de ces animaux au Brésil, et qui se prononce *Sajouassou*.

(2) *Sagoin*, *Sagouin* mot dérivé de *Cagui* qui se prononce *Sagoui*, et qui est le nom de ces animaux dans leur pays natal au Brésil.

jous et les Sagoins sont non-seulement spécifiquement, mais même génériquement différens des singes, des babouins et des guenons. Et lorsqu'ensuite on vient à les comparer entr'eux, on trouve qu'ils different aussi par quelques caractères généraux. Car tous les sapajous ont la queue prenante, c'est-à-dire musclée, de manière qu'ils peuvent s'en servir comme d'un doigt pour saisir et prendre ce qui leur plaît ; cette queue qu'ils plient, qu'ils étendent, dont ils recoquillent ou développent le bout à leur volonté, et qui leur sert principalement à s'accrocher aux branches par son extrémité, est ordinairement dégarnie de poil en-dessous et couverte d'une peau lisse. Les Sagoins au contraire ont tous la queue proportionellement plus longue que les Sapajous, et en même temps ils l'ont entièrement velue, lâche et droite ; en sorte qu'ils ne peuvent s'en servir en aucune manière ni pour saisir, ni pour s'accrocher ; cette différence est si apparente qu'elle suffit seule pour qu'on puisse toujours distinguer un sapajou d'un sagoin.

DE L'OUARINE ET DE L'ALOUATE (1).

L'Ouarine et l'Alouate sont les plus grands animaux quadrumanes du nouveau continent; ils surpassent de beaucoup les plus grosses guenons et approchent de la grandeur des babouins; ils ont la queue prenante et sont par conséquent de la famille des sapajous, dans laquelle ils tiennent un rang bien distinct, non-seulement par leur taille, mais aussi par leur voix, qui retentit comme un tambour et se fait entendre à une très-grande distance. L'Ouarine a les narines ouvertes à côté et non pas au-dessous du nez; il n'a point d'abajoues, point de callosités sur les fesses; ces parties sont couvertes de poil comme le reste du corps; il a la queue prenante et très-longue, le poil noir et long; il est de la grandeur d'un lévrier; le poil long qu'il a sous le cou lui forme une espèce de barbe ronde; il marche ordinairement à quatre pieds.

« Marcgrave raconte que tous les jours, matin et soir, les Ouarines s'assemblent dans les bois; que l'un d'entr'eux prend une place élevée et fait signe de la main aux autres de s'asseoir autour de lui pour l'écouter; que dès qu'il les voit placés, il commence un discours à voix si haute et si précipitée, qu'à l'entendre de loin on croiroit qu'ils crient tous ensemble; que cependant il n'y en a qu'un seul, et que pendant tout le temps qu'il parle, tous les autres sont dans le plus grand silence; qu'ensuite lorsqu'il cesse il fait signe de la main aux autres de répondre, et qu'à l'instant tous se

---

(1) *Ouarin*, *Ouarine*, nom de cet animal au Maragnon.

mettent à crier, jusqu'à ce que par un autre signe de la main, il leur ordonne le silence ; que dans le moment ils obéissent et se taisent; qu'enfin alors le premier reprend son discours ou sa chanson, et que ce n'est qu'après l'avoir encore écouté bien attentivement, qu'ils se séparent et rompent l'assemblée. » Ces faits dont Marcgrave dit avoir été plusieurs fois témoin, pourroient bien être exagérés et assaisonnés d'un peu de merveilleux. Le tout n'est peut-être fondé que sur le bruit effroyable que font ces animaux. Ils ont dans la gorge une espèce de tambour osseux, dans la concavité duquel le son de leur voix grossit, se multiplie et forme des hurlemens par écho; aussi a-t-on distingué ces sapajous de tous les autres par le nom de hurleurs. Les femelles portent leurs petits sur le dos et sautent avec cette charge de branches en branches et d'arbres en arbres ; les petits embrassent avec les bras et les mains le corps de leur mère dans la partie la plus étroite, et s'y tiennent fermement attachés tant qu'elle est en mouvement. Au reste ces animaux sont sauvages et méchans; on ne peut les apprivoiser ni même les dompter; ils mordent cruellement, et quoiqu'ils ne soient pas du nombre des animaux carnassiers et féroces, ils ne laissent pas d'inspirer de la crainte tant par leur voix effroyable que par leur air d'impudence. Comme ils ne vivent que de fruits, de légumes, de graines et de quelques insectes, leur chair n'est pas mauvaise à manger. « Les chasseurs, dit Oexmelin, apportèrent sur le soir des singes qu'ils avoient tués dans les terres du cap Gracias à Dio ; on fit rôtir une partie de ces singes et bouillir l'autre, ce qui nous sembla fort bon ; la chair en est comme celle du lièvre ; mais elle n'a pas le même goût étant un peu douceâtre, c'est pourquoi il faut y mettre beaucoup de sel en la faisant cuire ; la graisse en est jaune comme celle du chapon, et plus même, et à fort bon goût ; nous ne vécûmes que de ces animaux pendant tout le temps que nous fûmes là, parce que nous ne trouvions pas autre chose ; si bien que tous les jours les chasseurs en apportoient autant que nous en pouvions manger. Je fus curieux d'aller à cette chasse, et surpris de l'instinct qu'ont ces bêtes, de connoître plus particulièrement que les autres animaux ceux qui leur font la guerre, et de chercher les moyens, quand ils sont attaqués, de se secourir et de se défendre. Lorsque nous les approchions, ils se joignoient tous ensemble, se mettoient à crier et à faire un bruit épouvantable, et à nous jeter des branches sèches qu'ils rompoient des arbres ; il y en avoit même qui faisoient leur saleté dans leurs pattes, qu'ils nous envoyoient à la tête ; j'ai remarqué aussi qu'ils ne s'abandonnent jamais et qu'ils sautent d'arbres en arbres si subtilement, que cela éblouit la vue ; je vis encore qu'ils se jetoient à corps perdu de branches en branches sans jamais tomber à terre ; car avant qu'ils puissent être à bas, ils s'accrochent, ou avec leurs pattes ou avec la queue : ce qui fait que quand on les tire à coups de fusil, à moins qu'on ne les tue tout-à-fait, on ne les sauroit avoir ; car lorsqu'ils sont blessés, et même mortellement, ils demeurent toujours accrochés aux arbres, où ils meurent souvent et ne tombent que par pièces. J'en ai vu de morts depuis plus de quatre jours, qui pendoient encore aux arbres, et fort souvent on en tiroit quinze ou seize pour en avoir trois ou quatre tout au plus; mais ce qui me parut plus singulier, c'est qu'au moment que l'un d'eux est blessé, on les voit s'assembler autour de lui, mettre leurs doigts dans la plaie, et faire de même que s'ils la vouloient sonder; alors s'ils voient couler beaucoup de sang, ils la tiennent fermée, pendant que d'autres apportent quelques feuilles, qu'ils mâchent et poussent adroitement dans l'ouverture de la plaie; je puis dire avoir vu cela plusieurs fois, et l'avoir vu avec admiration. Les femelles n'ont jamais qu'un petit, qu'elles portent de la même manière que les négresses portent leur enfant; ce petit sur le dos de sa mère, lui embrasse le cou par-dessus les épaules avec les deux pattes de devant; et des deux de derrière, il la tient par le milieu du corps : quand elle veut lui donner à teter, elle le prend dans ses pattes, et lui présente la mamelle comme les femmes. On n'a point d'autre moyen d'avoir le petit que de tuer la mère, car il ne l'abandonne jamais; étant morte, il tombe avec elle, et alors on le peut prendre. Lorsque ces animaux sont embarrassés, ils s'entr'aident pour passer d'un arbre ou d'un ruisseau à un autre, ou dans quelqu'autre rencontre que ce puisse être. On a coutume de les entendre de plus d'une grande lieue (1). »

Dampierre (2) confirme la plupart de ces faits;

---

(1) Histoire des aventuriers, par Oexmelin.

(2) « Les Singes qui se trouvent dans les terres de la baie de Campêche, sont les plus laids que j'aie vus de ma vie; néanmoins

néanmoins il assure que ces animaux produisent ordinairement deux petits. En général les Sapajous, même les plus petits, ne produisent pas en grand nombre,

---

ils sont beaucoup plus gros qu'un lièvre, et ont de grandes queues de près de deux pieds et demi de long; le dessous de leur queue est sans poil, et la peau en est dure et noire; mais le dessus, aussi bien que tout le reste du corps, est couvert d'un poil rude, long, noir et hérissé; ils vont de vingt ou trente de compagnie, roder dans les bois où ils sautent d'un arbre à l'autre; s'ils trouvent une personne seule, ils font mine de la vouloir dévorer. Lors même que j'ai été seul, je n'ai pas osé les tirer, sur-tout la première fois que je les vis; il y en avoit une grosse troupe qui se lançoient d'arbre en arbre par-dessus ma tête, craquetoient des dents et faisoient un bruit enragé; il y en avoit même plusieurs qui faisoient des grimaces de la bouche et des yeux, et mille postures grotesques; quelques-uns rompoient des branches sèches et me les jetoient; d'autres répandoient leur urine et leurs ordures sur moi; à la fin, il y en eut un plus gros que les autres, qui vint sur une petite branche au-dessus de ma tête et sauta tout droit contre moi, ce qui me fit reculer en arrière; mais il se prit à la branche au bout de la queue, et il demeura-là suspendu à se brandiller et à me faire la moue; enfin, je me retirai, et ils me suivirent jusqu'à nos huttes avec les mêmes postures menaçantes. Ces singes se servent de leur queue aussi bien que de leurs pattes, et ils tiennent aussi ferme avec elle. Si nous étions deux ou plusieurs ensemble, ils s'enfuyoient de nous. Les femelles sont fort embarrassées pour sauter après les mâles avec leurs petits, car elles en ont ordinairement deux; elles en portent un sous un de leurs bras, et l'autre qui est assis sur leur dos, se tient accroché à leur cou avec ses deux pattes de devant. Ces singes sont les plus farouches que j'aie vus de ma vie, et il ne nous fut jamais possible d'en

Tome VI.   O

et il est très-vraisemblable que ceux-ci qui sont les plus grands de tous ne produisent qu'un ou deux petits. L'ouarine ou le hurleur noir, quoique fort commun au Brésil, ne se trouve pas à la Guiane; l'Alouate ou le hurleur rouge au contraire, très-rare au Brésil, est très-commun dans les terres voisines de Cayenne. Ce grand sapajou a environ deux pieds de longueur; la face est sans poil, le nez aplati; les narines sont larges et les joues garnies sur les côtés de poils fauves et clair-semés, avec de grands poils noirs au-dessus des yeux. Ce que ce sapajou a de particulier, outre sa grande taille, ce sont ces longs poils d'un roux foncé sur les côtés de la tête et du cou qui lui forment comme une grande barbe sous le menton; il a les jambes et les bras fort courts relativement à la longueur de son corps qui est très-fourni de poils, sur-tout aux épaules où ils sont très-longs. La couleur générale du poil de ce sapajou l'a fait nommer singe rouge, parce qu'en effet il paroît rouge par l'opposition des couleurs des différens endroits où le poil est d'un roux brûlé mêlé de teintes brunes roussâtres; la queue a près de vingt pouces de longueur, elle va toujours en diminuant de grosseur, et n'est revêtue par-dessous que d'une

---

aprivoiser aucun, quelque artifice que nous missions en œuvre pour en venir à bout; il n'est guère plus aisé de les avoir quand on les a tirés, parce que s'ils peuvent s'attacher à quelques branches avec la queue ou avec les pattes, ils ne tombent point à terre pendant qu'il leur reste le moindre souffle de vie. Après en avoir tiré un, et quelquefois lui avoir cassé une jambe ou un bras, j'ai eu compassion de voir cette pauvre bête regarder fixement, manier la partie blessée et la tourner d'un côté ou d'autre. » *Voyage de Dampierre.*

peau sans poil sur une longueur de dix pouces vers l'extrémité, ce qui démontre que l'animal s'en sert pour s'attacher et s'accrocher, ou pour prendre les différentes choses qu'il veut amener à lui, comme le font les autres sapajous qui tous, à l'exception de l'Ouarine, sont plus petits que celui-ci. Au reste, cette queue, dont la peau est très-brune, est couverte en dessus de poils d'un roux-brun.

Ceux de ces animaux qu'on élève dans les maisons ont l'air triste et morne, et ne font point ces gentillesses qu'on nomme communément des singeries; ils portent ordinairement la tête basse et ne se remuent qu'avec lenteur et nonchalance. L'état de domesticité change leur humeur et influe trop sensiblement sur leurs habitudes naturelles, car ils ne vivent pas long-temps en captivité; ils y perdent leur voix, ou du moins ils ne la font jamais entendre, tandis qu'en liberté ils ne cessent de hurler : on entend leur cri plusieurs fois par jour dans les habitations voisines des forêts; leur carillon lugubre dure souvent quelques heures de suite. C'est ordinairement à deux heures après minuit qu'ils commencent à hurler ou crier, et ce cri qui retentit au loin se fait d'une manière singulière. Ils inspirent fortement et pendant longtemps l'air qu'ils rendent ensuite peu à peu, et ils font autant de bruit en l'inspirant qu'en le rendant; cela dépend, comme nous avons dit, d'une conformation particulière dans l'organe de la voix. Vers le milieu de la trachée-artère, on trouve une cavité osseuse qui ressemble par sa forme extérieure au talon d'un soulier de femme; cette cavité osseuse est attachée par des ligamens membraneux qui l'environnent ; l'air poussé des poumons par la trachée-artère dans cette cavité, passe en montant par un canal membraneux, épais et sinueux, se rétrécissant et s'ouvrant en manière d'une bourse à cheveux : c'est à l'entrée et à la sortie de ce conduit membraneux que l'air éprouve toutes les modifications qui forment les tons successifs de leur forte voix. Les femelles ont un organe osseux comme les mâles.

Un observateur qui a vu et nourri quelques-uns de ces animaux à Cayenne, m'a communiqué la note qui suit. « Les Alouates habitent les forêts humides qui sont près des eaux ou des marais ; on en trouve communément dans les îles boisées des grandes savannes noyées, et jamais sur les montagnes de l'intérieur de la Guiane ; ils vont en petit nombre, souvent par couple, et quelquefois seuls ; le cri ou plutôt le hurlement effroyable qu'ils font entendre est bien capable d'inspirer de la terreur ; il semble que la forêt retentisse des hurlemens de toutes les bêtes féroces rassemblées. » Nous pouvons ajouter à ces observations que la plupart des sapajous ont une physionomie triste et mélancolique, et que néanmoins les mâles marquent assez insolemment beaucoup de desir pour les femmes.

DU COAITA ET DE L'EXQUIMA.

LE Coaita est le plus laid de tous les Sapajous, et le plus grand après l'ouarine et l'alouate; par son naturel doux et docile, il diffère beaucoup de l'ouarine et de l'alouate qui sont indomptables et farouches ; il en diffère aussi en ce qu'il n'a pas comme eux une poche osseuse dans la gorge ; il a comme l'ouarine le poil noir, mais hérissé; il en diffère encore, aussi bien que de tous les autres Sapajous, en ce qu'il n'a que quatre doigts aux mains et que le pouce lui manque : par ce seul caractère et par sa queue prenante, il est aisé de le distinguer des guenons qui toutes ont la queue lâche et cinq doigts aux mains.

L'Exquima est d'une espèce très-voisine de celle du Coaita, et même n'en est peut-être qu'une simple variété. Il ressemble au Coaita par la grandeur, par la couleur et par la queue prenante; la seule différence remarquable, est que l'Exquima a du poil blanchâtre sur le ventre et qu'il porte au-dessous du menton une barbe blanche longue de deux doigts. Nos coaitas n'avoient ni ce poil blanc ni cette barbe; mais ce qui me fait présumer que cette différence n'est qu'une variété dans l'espèce du Coaita, c'est que j'ai reconnu par le témoignage des voyageurs, qu'il y en a de blancs et de noirs, les uns sans barbe, et d'autres avec une barbe : « Il y a, dit Dampierre (1), dans les terres de l'isthme de l'Amérique, de grands troupeaux de singes, dont les uns sont blancs et la plupart noirs ; les uns ont de la

---

(1) Voyage de Dampierre.

barbe, les autres n'en ont point; ils sont d'une taille médiocre. Ces animaux ont quantité de vers dans les entrailles; j'en tirai une fois ma pleine main du corps d'un que nous ouvrîmes, et il y en avoit de sept ou huit pouces de long. Ces singes sont fort drôles; ils faisoient mille postures grotesques lorsque nous traversions les bois; ils sautoient d'une branche à l'autre avec leurs petits sur le dos; ils faisoient des grimaces contre nous, craquetoient des dents et cherchoient l'occasion de pisser sur nous; quand ils veulent passer du sommet d'un arbre à l'autre, dont les branches sont trop éloignées pour y pouvoir atteindre d'un saut, ils s'attachent à la queue les uns des autres; ils se brandillent ainsi jusqu'à ce que le dernier attrape une branche de l'arbre voisin, et il tire tout le reste après lui. »

Ces sapajous sont intelligens et très-adroits; ils vont de compagnie, s'avertissent s'aident et se secourent. La queue dégarnie de poil en dessous vers l'extrémité, leur sert exactement d'une cinquième main. On assure qu'ils pêchent et prennent du poisson avec cette longue queue, et cela ne me paroît pas incroyable; car nous avons vu l'un de nos coaitas prendre de même avec sa queue et amener à lui un écureuil qu'on lui avoit donné pour compagnon dans sa chambre; ils ont l'adresse de casser l'écaille des huîtres pour les manger (1), et il est certain qu'ils se suspendent plusieurs les uns au bout

---

(1) « A l'île de Gorgonia sur la côte du Pérou, je remarquai des singes qui venoient écailler des huîtres lorsque la marée étoit basse, et qui les ouvroient de cette manière : ils en prenoient une qu'ils mettoient sur une pierre, et avec une

des autres, soit pour traverser un ruisseau, soit pour s'élancer d'un arbre à un autre. On diroit enfin qu'ils ont des yeux au bout de leur queue, tant le toucher en est délicat; ils y ont recours lorsqu'ils ne peuvent atteindre un objet avec leurs longs bras, et s'en servent pour ramasser les choses les plus minces, les brins de paille, les pièces de monnoie; ils l'introduisent même dans des trous étroits sans détourner la tête pour y voir.

Le Coaita s'apprivoise aisément, mais il n'a nulle gentillesse; il est peu vif, toujours triste et semble éviter la vue des hommes; il penche souvent sa tête sur son estomac comme pour la cacher. Lorsqu'on le touche, alors il regarde en jetant un cri plaintif et ayant l'air de demander grâce. Si on lui présente quelque chose qu'il aime, il fait entendre un cri doux qui témoigne sa joie. Ces animaux ne produisent ordinairement qu'un ou deux petits qu'ils portent toujours sur le dos; ils mangent du poisson, des vers et des insectes; mais les fruits sont leur nourriture la plus ordinaire.

Dans l'état de liberté, ils vivent en troupes très-nombreuses, et se livrent quelquefois à des actes de méchanceté; ils cassent des branches qu'ils jettent sur les hommes, et descendent à terre pour les mordre; mais un coup de fusil les disperse bientôt. Ces coaitas sauvages sont ordinairement très-gras, et leur graisse est jaune; mais ils maigrissent en domesticité: leur

---

autre pierre ils la frappoient jusqu'à ce qu'ils eussent rompu l'écaille en morceaux; ensuite ils en avaloient les poissons. » *Voyage de Dampierre.*

chair est bonne et préférable à celle de toutes les autres espèces de sapajous. Ils sont aussi très-délicats et supportent difficilement les fatigues du voyage, et encore moins le froid de nos climats.

Les grands sapajous noirs que M. de la Borde indique sous le nom de *quouata*, dans les notes qu'il m'a communiquées, sont, selon lui, plus gros que les alouates ou grands sapajous rouges. Il dit qu'ils ne sont point timides, qu'ils viennent à l'homme armés d'une branche sèche, cherchant à le frapper, ou qu'ils lui jettent le fruit d'une espèce de palmier, qu'ils lancent plus adroitement que nous ne pourrions faire : ils arrachent même de leur corps les flèches qu'on leur a lancées, pour les renvoyer; mais ils fuient au bruit des armes à feu; lorsqu'il y en a un de blessé et qu'il crie, les chasseurs doivent se retirer, à moins qu'ils n'aient avec eux des chiens que ces animaux craignent beaucoup. Ils sautent de branche en branche auxquelles ils s'attachent par l'extrémité de leur queue. Ils se battent souvent entr'eux ; ils vivent et se nourrissent comme les alouates ou grands sapajous rouges. Ils s'apprivoisent aisément, mais ils sont toujours mornes et tristes. Lorsqu'on leur jette une pierre, ils portent la main devant la tête pour se garantir du coup.

DU SAJOU (1).

Nous connoissons trois variétés dans cette espèce : le sajou brun qu'on appelle vulgairement le singe capucin, le sajou gris qui ne diffère du sajou brun que par les couleurs du poil, et enfin le sajou nègre. Ces animaux n'ont qu'un pied de longueur depuis l'extrémité du museau jusqu'à l'origine de la queue : ils marchent à quatre pieds ; ils sont très-vifs, très-agiles et très-plaisans par leur adresse et leur légéreté. Nous les avons eus vivans, et il nous a paru que de tous les Sapajous ce sont ceux auxquels la température de notre climat disconvenoit le moins ; ils y subsistent sans peine et pendant quelques années, pourvu qu'on les tienne dans une chambre à feu pendant l'hiver ; ils peuvent même produire, et nous en avons plusieurs exemples ; mais chaque portée n'est ici que d'un petit, au lieu que dans leur climat ils en font souvent deux. Au reste, ces Sajous sont fantasques dans leurs goûts et dans leurs affections ; ils paroissent avoir une forte inclination pour de certaines personnes, et une grande aversion pour d'autres, et cela constamment.

Nous avons observé dans ces animaux une singularité, qui fait qu'on prend souvent les femelles pour les mâles ; le clitoris est proéminent au dehors et paroît autant que la verge du mâle. La chair du Sajou est meilleure que celle de l'alouate, mais moins bonne que celle des coaïtas. Ils ont aussi des vers dans l'estomac et

---

(1) *Sajou*, mot abrégé de *Cayouassou* ou *Sajouassou*, nom de ces animaux au Maragnon.

dans les intestins, mais en plus petite quantité que les coaitas.

Ils font entendre un sifflement fort et monotone qu'ils répètent souvent. Ils crient lorsqu'ils sont en colère, et secouent très-vivement la tête en articulant aussi vivement ces trois syllabes, *pi, ca, rou.*

Ils vivent de fruits et de gros insectes dans l'état de liberté; mais ils mangent de tout ce qu'on leur donne lorsqu'ils sont apprivoisés. Ils boivent du vin et de l'eau-de-vie; ils recherchent soigneusement les araignées dont ils sont très-friands. Ils se lavent souvent les mains, la face et le corps avec leur urine; ils sont malpropres, lascifs et indécens; leur tempérament est aussi chaud que le climat qu'ils habitent; lorsqu'ils s'échappent, ils brisent, bouleversent et déchirent tout. Ils se servent de leur queue pour s'accrocher et saisir, mais avec beaucoup moins d'adresse que les coaitas.

Il y a un autre sajou ou sapajou aisé à distinguer des autres sajous ou sapajous par les deux bouquets de poils noirs en forme de cornes, qu'il porte sur les côtés du sommet de la tête; il a d'ailleurs beaucoup de rapports avec le sajou brun.

1 LE SAJOU NEGRE. 2 LE SAGOUIN ou SINGE DE NUIT.

DU TAMARIN (1).

Cette espèce est beaucoup plus petite que les autres sagoins, et en diffère par plusieurs caractères. Le Tamarin est remarquable par ses larges oreilles et ses pieds jaunes; c'est un joli animal, très-vif, aisé à apprivoiser, mais si délicat qu'il ne peut résister longtemps à l'intempérie de notre climat.

Il y a un autre tamarin qui ne diffère en effet de celui-ci que parce qu'il a la face noire, au lieu que l'autre l'a blanche, et parce qu'il a aussi le poil beaucoup plus noir. Au reste ces deux animaux se ressemblant à tous égards, ne paroissent former qu'une variété d'une seule et même espèce. M. de la Borde dit que les Sagoins-Tamarins sont moins communs que les sapajous. Ils se tiennent dans les grands bois, sur les plus gros arbres, et dans les terres les plus élevées; au lieu qu'en général les sapajous habitent les terreins bas où croissent les forêts humides. Il ajoute que les Tamarins ne sont pas peureux, qu'ils ne fuient pas à l'aspect de l'homme, et qu'ils approchent même d'assez près les habitations. Ils ne font ordinairement qu'un petit que la mère porte sur le dos; ils ne courent presque pas à terre, mais ils sautent très-bien de branche en branche sur les arbres. Ils vont par troupes nombreuses, et ont un petit cri ou sifflement fort aigu.

Ils s'apprivoisent aisément, et néanmoins ce sont peut-être de tous les Sagoins ceux qui s'ennuient le

---

(1) *Tamarin*, nom de cet animal à Cayenne.

plus en captivité ; ils sont colères et mordent quelquefois assez cruellement lorsqu'on veut les toucher, ils mangent de tout ce qu'on leur donne, pain, viandes cuites et fruits ; ils montent assez volontiers sur les épaules et sur la tête des personnes qu'ils connoissent et qui ne les tourmentent point en les touchant. Ils se plaisent beaucoup à prendre les puces aux chiens, et ils s'avisent quelquefois de tirer leur langue qui est de couleur rouge, en faisant en même temps des mouvemens de tête singuliers ; leur chair n'est pas bonne à manger.

LES QUADRUPEDES AMPHIBIES.

DE L'HIPPOPOTAME (1).

Quoique l'Hippopotame ait été célébré de toute l'antiquité, que les livres saints en fassent mention sous le nom de *behemoth*, que la figure en soit gravée sur les obélisques d'Égypte et sur les médailles romaines, il n'étoit cependant qu'imparfaitement connu des anciens. Aristote (2) ne fait pour ainsi dire que l'indiquer et dans le peu qu'il en dit, il se trouve plus d'erreurs

---

(1) Lat. *Hippopotamus* ; it. *Hippopotamo*.

(2) L'Hippopotame, selon Aristote, a la crinière du cheval, le pied du bœuf, le museau relevé, les dents un peu saillantes, la queue du sanglier, la voix du cheval ; il est de la taille de l'âne, et du nombre des animaux qui ne peuvent vivre que dans l'eau ; l'Hippopotame n'a pas de crinière comme le cheval ; il a la corne des pieds divisée en quatre et non pas en deux ; il n'a point de dents saillantes hors de la gueule ; il a la queue très-différente de celle du sanglier ; il est au moins six fois plus gros qu'un âne ; il peut vivre sur terre comme tous les autres Quadrupèdes ; car celui que Belon décrit, avoit vécu deux ou trois ans, sans entrer dans l'eau. Ainsi Aristote n'avoit eu que de mauvais mémoires au sujet de cet animal.

que de faits vrais. Pline (1) en copiant Aristote, loin de corriger ses erreurs, semble les confirmer et en ajouter de nouvelles. Ce n'est que vers le milieu du seizième siècle que l'on a eu quelques indications précises au sujet de cet animal. Belon étant alors à Constantinople, en vit un vivant, duquel néanmoins il n'a donné qu'une connoissance imparfaite ; car les deux figures qu'il a jointes à sa description ne représentent pas l'hippopotame qu'il a vu, mais ne sont que des copies prises du revers de la médaille de l'empereur Adrien, et du colosse du Nil à Rome : ainsi l'on doit encore reculer l'époque de nos connoissances exactes sur cet animal jusqu'en 1603, que Federico Zerenghi, chirurgien de Narni en Italie, fit imprimer à Naples l'histoire de deux hippopotames qu'il avoit pris vivans et tués lui-même en Égypte, dans une grande fosse qu'il avoit fait creuser aux environs du Nil, près de Damiète. Ce petit ouvrage écrit en italien, paroît avoir été négligé des Naturalistes contemporains, et a été depuis absolument ignoré ; cependant c'est le seul qu'on puisse regarder comme original sur ce sujet. La description que l'auteur donne de l'Hippopotame est aussi la seule qui soit bonne, et elle nous a paru si vraie que nous

---

(1) Pline dit de plus qu'Aristote, que l'Hippopotame habite les eaux de la mer aussi bien que celles des fleuves, et qu'il est couvert de poil comme le veau-marin. Ce dernier fait est avancé sans aucun fondement ; car l'Hippopotame n'a point de poil sur la peau, et il est certain qu'il ne se trouve point en pleine mer, et que s'il habite sur les côtes, ce n'est qu'à l'embouchure des fleuves.

croyons devoir en donner ici la traduction et l'extrait.

« Dans le dessein d'avoir un hippopotame (dit Zerenghi) j'apostai des gens sur le Nil, qui en ayant vu sortir deux du fleuve, firent une grande fosse dans l'endroit où ils avoient passé, et recouvrirent cette fosse de bois léger, de terre et d'herbes. Le soir en revenant au fleuve, ces hippopotames y tombèrent tous deux : mes gens vinrent m'avertir de cette prise; j'accourus avec mon janissaire; nous tuâmes ces deux animaux en leur tirant à chacun dans la tête trois coups d'arquebuse d'un calibre plus gros que les mousquets ordinaires : ils expirèrent presque sur le champ et firent un cri de douleur qui ressembloit un peu plus au mugissement d'un buffle qu'au hennissement d'un cheval. Cette expédition fut faite le 20 juillet 1600; le jour suivant je les fis tirer de la fosse et écorcher avec soin; l'un étoit mâle et l'autre femelle; j'en fis saler les peaux : on les remplit de feuilles de cannes de sucre pour les transporter au Caire, où on les sala une seconde fois avec plus d'attention et de commodité; il me fallut quatre cents livres de sel pour chaque peau. A mon retour d'Égypte en 1601, j'apportai ces peaux à Venise et de-là à Rome; je les fis voir à plusieurs médecins intelligens. Le docteur Jérôme Aquapendente et le célèbre Aldrovande furent les seuls qui reconnurent l'hippopotame par ses dépouilles; et comme l'ouvrage d'Aldrovande s'imprimoit alors, il fit de mon consentement dessiner la figure qu'il a donnée dans son livre, d'après la peau de la femelle. »

« L'Hippopotame a la peau très-épaisse, très-dure, et elle est impénétrable, à moins qu'on ne la laisse longtemps tremper dans l'eau; il n'a pas, comme le disent les anciens, la gueule d'une grandeur médiocre; elle est au contraire énormément grande; il n'a pas, comme ils le disent, les pieds divisés en deux ongles, mais en quatre; il n'est pas grand comme un âne, mais beaucoup plus grand que le plus grand cheval ou le plus gros buffle; il n'a pas la queue comme celle du cochon, mais plutôt comme celle de la tortue, sinon qu'elle est incomparablement plus grosse; il n'a pas le museau ou le nez relevé en haut, il l'a semblable au buffle, mais beaucoup plus grand; il n'a pas de crinière comme le cheval, mais seulement quelques poils courts et très-rares; il ne hennit pas comme le cheval, mais sa voix est moyenne entre le mugissement du buffle et le hennissement du cheval; il n'a pas les dents saillantes hors de la gueule, car quand la bouche est fermée, les dents, quoiqu'extrêmement grandes, sont toutes cachées sous les lèvres. Les habitans de cette partie de l'Egypte, l'appellent cheval de mer. Belon s'est beaucoup trompé dans la description de cet animal; il lui donne des dents de cheval, ce qui feroit croire qu'il ne l'auroit pas vu comme il le dit; car les dents de l'Hippopotame sont très-grandes et très-singulières. La longueur du corps de la femelle, prise depuis l'extrémité de la lèvre supérieure, jusqu'à l'origine de la peau, étoit de onze pieds deux pouces de Paris; la grosseur du corps en circonférence, de dix pieds; la hauteur, depuis la plante des pieds jusqu'au sommet du dos, de quatre pieds cinq pouces; celle des jambes, d'un pied six pouces six lignes; la longueur de la queue, de onze pouces quatre lignes; celle de la tête, de deux pieds quatre pouces, et celle des oreilles, de deux pouces neuf lignes. La peau sur le ventre est épaisse d'environ sept lignes ; cette peau est si dure lorsqu'elle est desséchée, qu'on ne peut la percer en entier d'un coup d'arquebuse. Les gens du pays en font de grands boucliers ; ils en coupent aussi des lanières, dont ils se servent comme nous nous servons du nerf de bœuf. Il y a sur la surface de la peau quelques poils très-rares de couleur blonde, que l'on n'aperçoit pas au premier coup-d'œil; il y en a sur le cou qui sont un peu plus gros que les autres ; ils sont tous placés un à un à plus ou moins de distance les uns des autres ; mais sur les lèvres, ils forment une espèce de moustache ; car il en sort dix ou douze du même point en plusieurs endroits ; ces poils sont de la même couleur que les autres ; seulement ils sont plus durs, plus gros et un peu plus longs. La queue n'est pas ronde ; mais depuis le milieu jusqu'au bout, elle est aplatie à peu près comme celle d'une anguille ; il y a sur la peau de la queue et sur celle des cuisses, quelques petites écailles rondes de couleur blanchâtre, larges comme de grosses lentilles. On voit aussi de ces petites écailles sur la poitrine, sur le cou et sur quelques endroits de la tête. »

« La gueule ouverte a de largeur un pied six pouces quatre lignes. Cette gueule est de forme carrée, et elle est garnie de quarante-quatre dents de figures différentes (1). Toutes ces dents sont d'une substance si

---

(1) Dans trois têtes d'hippopotame, que nous avons au Cabinet, il n'y a que trente-six dents ; comme ces têtes sont

dure qu'elles font feu avec le fer : ce sont sur-tout les dents canines dont l'émail a cette dureté; la substance intérieure de toutes ces dents n'est pas si dure. Lorsque l'hippopotame tient la bouche fermée, il ne paroît aucune dent au dehors; elles sont toutes couvertes et cachées par les lèvres, qui sont très-grandes. »

« A l'égard de la figure de l'animal, on pourroit dire qu'elle est moyenne entre celle du buffle et celle du cochon, parce qu'elle participe de l'une et de l'autre, à l'exception des dents incisives, qui ne ressemblent à celles d'aucun animal; les dents molaires ressemblent un peu en gros à celles du buffle ou du cheval, quoiqu'elles soient beaucoup plus grandes. La couleur du corps est obscure et noirâtre. On assure que l'Hippopotame ne produit qu'un petit, qu'il vit de poisson, de crocodiles, et même de cadavres et de chair; cependant il mange du riz et des grains, quoiqu'à considérer ses dents, il paroisse que la Nature ne l'a pas fait pour paître, mais pour dévorer les autres animaux. » Zerenghi finit sa description, en assurant que toutes les mesures ont été prises sur l'Hippopotame femelle, à laquelle le mâle ressemble parfaitement, à l'exception qu'il est d'un tiers plus grand dans toutes ses dimensions.

En comparant cette description avec les indications que nous avons tirées des voyageurs, il paroît que l'Hip-

---

beaucoup plus petites que celle de l'hippopotame de Zerenghi, on peut présumer que dans ces jeunes hippopotames, toutes les dents molaires n'étoient pas encore développées, et que les adultes en ont huit de plus.

popotame est un animal dont le corps est plus long et aussi gros que celui du rhinocéros ; que ses jambes sont beaucoup plus courtes ; qu'il a la tête moins longue et plus grosse à proportion du corps ; qu'il n'a de cornes ni sur le nez comme le rhinocéros, ni sur la tête comme les animaux ruminans ; qu'enfin son cri de douleur tient autant du hennissement du cheval que du mugissement du buffle.

Ce seul rapport de la ressemblance de la voix a suffi pour lui faire donner le nom d'Hippopotame, qui veut dire cheval de rivière, comme le hurlement du lynx qui ressemble en quelque sorte à celui du loup, l'a fait appeler loup cervier. Les dents incisives de l'Hippopotame, et sur-tout les deux canines dans la mâchoire inférieure sont très-longues, très-fortes et d'une substance si dure qu'elle fait feu contre le fer ; c'est vraisemblablement ce qui a donné lieu à la fable des anciens qui ont débité que l'Hippopotame vomissoit le feu par la gueule : cette matière des dents canines de l'Hippopotame est si blanche, si nette et si dure, qu'elle est de beaucoup préférable à l'ivoire pour faire des dents artificielles et postiches.

« L'Hippopotame, dit le professeur Allamand, a les yeux petits. Dans un de ces animaux qui avoit onze pieds quatre pouces de longueur, depuis l'extrémité du museau jusqu'à l'origine de la queue, leur plus long diamètre s'est trouvé de onze lignes et leur largeur de neuf lignes et demie. La prunelle est d'un bleu obscur, et le blanc de l'œil paroît peu. La queue varie en longueur ; celui-ci en avoit une de quinze pouces six lignes ; le penis, tiré hors de son fourreau, est long de deux pieds un pouce six lignes., et ressemble à celui du taureau ; sa circonférence près du corps est de neuf pouces, et à un pouce de son extrémité elle est de trois pouces neuf lignes; les testicules ne sont pas renfermés dans un scrotum extérieur, et tout ce qui appartient à ces parties est caché en dedans, excepté dans le temps du rut. L'Hippopotame femelle n'a point de mamelles pendantes, mais seulement deux petits mamelons ; quand on les presse il en jaillit un lait doux et aussi bon que celui de la vache ; on s'est assuré par l'ouverture de plusieurs hyppopotames jeunes et adultes, que ces animaux n'ont qu'un seul estomac et ne ruminent point, quoiqu'ils ne mangent que de l'herbe qu'ils rendent en pelote et mal broyée dans leurs excrémens. »

« Dans les lieux où ils sont peu inquiétés, ils ne sont pas fort craintifs ; quand on tire sur eux, ils viennent voir ce que c'est ; mais quand une fois ils ont appris à connoître l'effet des armes à feu, ils fuient devant les hommes en trottant pesamment comme les cochons; quelquefois même ils galoppent, mais toujours pesamment; cependant un homme doit marcher bien vîte, pour être en état de les suivre. »

« La chair de l'Hippopotame est bonne au goût et très-saine ; le pied rôti sur-tout est un morceau délicat, de même que la queue. »

Enfin pour donner une juste idée de la grandeur de l'Hippopotame, en augmentant d'un tiers les mesures de Zerenghi, parce que ces mesures, comme il le dit lui-même, n'ont été prises que d'après la femelle qui étoit d'un tiers plus petite que le mâle dans toutes ses dimensions, cet hippopotame mâle avoit par conséquent seize pieds neuf pouces de longueur depuis l'extrémité du museau jusqu'à l'origine de la queue; quinze pieds de circonférence ; six pieds et demi de hauteur; environ deux pieds dix pouces de longueur de jambes; la tête longue de trois pieds et demi et grosse de huit pieds et demi en circonférence; la gueule de deux pieds quatre pouces d'ouverture.

Avec une force prodigieuse de corps, l'Hippopotame pourroit se rendre redoutable à tous les animaux; mais il est naturellement doux ; il est d'ailleurs si pesant et si lent à la course, qu'il ne pourroit attraper aucun des quadrupèdes; il nage plus vîte qu'il ne court; il chasse le poisson et en fait sa proie; il se plaît dans l'eau et y séjourne aussi volontiers que sur la terre ; cependant il n'a pas, comme le castor ou la loutre, des membranes entre les doigts des pieds, et il paroît qu'il ne nage aisément que par la grande capacité de son ventre, qui fait que volume pour volume, il est à peu près d'un poids égal à l'eau; d'ailleurs il se tient longtemps au fond de l'eau, et y marche comme en plein air; et lorsqu'il en sort pour paître, il mange des cannes de sucre, des joncs, du millet, du riz, des racines ; il en consomme et détruit une grande quantité, et il fait beaucoup de dommage dans les terres cultivées; mais comme il est plus timide sur terre que dans l'eau, on vient aisément à bout de l'écarter. Il a les jambes si courtes, qu'il ne pourroit échapper par la fuite s'il s'éloignoit du bord des eaux : sa ressource, lorsqu'il est en danger, est de se jeter à l'eau, de s'y plonger et de faire un grand trajet avant de reparoître. Il fuit ordinairement lorsqu'on le chasse ; mais si l'on vient à le blesser, il s'irrite, et se retournant avec fureur, se lance contre les barques, les saisit avec les dents, en enlève souvent des pièces, et quelquefois les submerge. « J'ai vu, dit un voyageur, l'Hippopotame ouvrir la gueule, planter une dent sur le bord d'un bateau et une autre au second bordage depuis la quille, c'est-à-dire à quatre pieds de distance l'une de l'autre, percer la planche de part en part et faire couler ainsi le bateau à fond. J'en ai vu un autre le long du rivage de la mer, sur lequel les vagues poussèrent une chaloupe chargée de quatorze muids d'eau qui demeura sur son dos à sec; un autre coup de mer vint qui l'en retira sans qu'il parût du tout avoir senti le moindre mal. Lorsque les nègres vont à la pêche dans leurs canots et qu'ils rencontrent un hippopotame, ils lui jettent du poisson, et alors il passe son chemin sans troubler davantage leur pêche; il fait le plus de mal lorsqu'il peut s'appuyer contre terre; mais quand il flotte sur l'eau il ne peut que mordre; une fois que notre chaloupe étoit auprès du rivage, je le vis se mettre dessous, la lever avec son dos au-dessus de l'eau et la renverser avec six hommes qui étoient dedans; mais par bonheur il ne leur fit aucun mal. — Nous n'osions pas, dit un autre voyageur, irriter les hippopotames dans l'eau, depuis une aventure qui pensa être funeste à trois hommes; ils étoient allés avec un petit canot pour en tuer un dans une rivière où il y avoit huit ou dix pieds d'eau; après l'avoir découvert au fond où il marchoit selon sa coutume, ils le blessèrent avec une longue lance, ce qui le mit en une telle furie qu'il remonta d'abord sur l'eau, les regarda d'un air terrible, ouvrit la gueule, emporta d'un coup de dent une grosse pièce du rebord du canot, et peu s'en fallut même qu'il ne le renversât : mais il replongea presqu'aussitôt au fond de l'eau. » Ces deux exemples suffisent pour donner une idée de la force de ces animaux ; on trouvera quantité de pareils faits dans l'histoire générale des voyages, où M. l'abbé Prevôt a présenté avec avantage et avec cette netteté de style qui lui est ordinaire, un précis de tout ce que les voyageurs ont rapporté de l'Hippopotame.

L'Hippopotame se tient ordinairement dans l'eau pendant le jour et en sort la nuit pour paître. Le mâle et la femelle se quittent rarement. Les voyageurs hollandois disent que la femelle porte trois ou quatre petits ; mais ce fait me paroît très-suspect, et démenti par les témoignages que cite Zerenghi. D'ailleurs, comme l'Hippopotame est d'une grosseur énorme, il est dans le cas de l'éléphant et du rhinocéros, de la baleine et des autres grands animaux qui ne produisent qu'un petit, et cette analogie me paroît plus sûre que tous les témoignages.

Au reste, cet animal n'est en grand nombre que dans quelques endroits ; il paroît même que l'espèce en est confinée à des climats particuliers, et qu'elle ne se trouvoit guère que dans les fleuves de l'Afrique. La plupart des Naturalistes ont écrit que l'Hippopotame se trouvoit aussi aux Indes ; mais ils n'ont pour garants de ce fait que des témoignages qui me paroissent un peu équivoques ; le plus positif de tous seroit celui d'Alexandre dans sa lettre à Aristote, si l'on pouvoit s'assurer par cette même lettre, que les animaux dont parle Alexandre, fussent réellement des hippopotames : ce qui me donne sur cela quelques doutes ; c'est qu'Aristote en décrivant l'Hippopotame dans son histoire des animaux, auroit dit qu'il se trouvoit aux Indes, aussi bien qu'en Égypte, s'il eût pensé que ces animaux, dont lui parle Alexandre dans sa lettre, eussent été de vrais hippopotames. Les voyageurs s'accordent à dire que cet animal se trouve dans le Nil, le Sénégal ou Niger, la Gambra, le Zaïre et les autres grands fleuves, et même dans les lacs de l'Afrique, sur-tout dans la partie méridionale et orientale. Aucun d'eux n'assure positivement qu'il se trouve en Asie. Aujourd'hui l'Hippopotame, que les anciens appeloient cheval du Nil, est si rare dans le bas Nil, que les habitans de l'Égypte n'en ont aucune idée et en ignorent le nom ; il est également inconnu dans toutes les parties septentrionales de l'Afrique : le climat qu'il habite actuellement ne s'étend donc guère que du Sénégal à l'Ethiopie, et de-là jusqu'au cap de Bonne-Espérance.

1 LA LOUTRE. 2 L'HIPPOPOTAME mâle.

DU CASTOR (1).

Autant l'homme s'est élevé au-dessus de l'état de nature, autant les animaux se sont abaissés au-dessous : soumis et réduits en servitude, ou traités comme rebelles et dispersés par la force, leurs sociétés se sont évanouies, leur industrie est devenue stérile, leurs foibles arts ont disparu, chaque espèce a perdu ses qualités générales, et tous n'ont conservé que leurs propriétés individuelles, perfectionnées dans les uns par l'exemple, l'imitation, l'éducation, et dans les autres par la crainte et par la nécessité où ils sont de veiller continuellement à leur sûreté. Quelles vues, quels desseins, quels projets peuvent avoir des esclaves sans ame, ou des relégués sans puissance ? ramper ou fuir, et toujours exister d'une manière solitaire ; ne rien édifier, ne rien produire, ne rien transmettre, et toujours languir dans la calamité ; déchoir, se perpétuer sans se multiplier, perdre en un mot par la durée autant et plus qu'ils n'avoient acquis par le temps.

Aussi ne reste-t-il quelques vestiges de leur merveilleuse industrie, que dans ces contrées éloignées et désertes, ignorées de l'homme pendant une longue suite de siècles, où chaque espèce pouvoit manifester en liberté ses talens naturels et les perfectionner dans le repos en se réunissant en société durable. Les Castors sont peut-être le seul exemple qui subsiste comme un ancien monument de cette espèce d'intel-

---

(1) It. *Bivaro* ; all. *Biber.*

ligence des brutes, qui, quoiqu'infiniment inférieure par son principe à celle de l'homme, suppose cependant des projets communs et des vues relatives; projets qui ayant pour base la société, et pour objet une digue à construire, une bourgade à élever, une espèce de république à fonder, supposent aussi une manière quelconque de s'entendre et d'agir de concert.

Les Castors, dira-t-on, sont parmi les Quadrupèdes ce que les abeilles sont parmi les insectes. Quelle différence ! Il y a dans la Nature, telle qu'elle nous est parvenue, trois espèces de sociétés qu'on doit considérer avant de les comparer; la société libre de l'homme, de laquelle après Dieu il tient toute sa puissance; la société gênée des animaux, toujours fugitive devant celle de l'homme ; et enfin la société forcée de quelques petites bêtes, qui naissant toutes en même temps dans le même lieu, sont contraintes d'y demeurer ensemble. Un individu pris solitairement et au sortir des mains de la Nature, n'est qu'un être stérile, dont l'industrie se borne au simple usage des sens; l'homme lui-même dans l'état de pure nature, dénué de lumières et de tous les secours de la société ; ne produit rien, n'édifie rien. Toute société au contraire devient nécessairement féconde, quelque fortuite, quelqu'aveugle qu'elle puisse être, pourvu qu'elle soit composée d'êtres de même nature : par la seule nécessité de se chercher ou de s'éviter, il s'y formera des mouvemens communs, dont le résultat sera souvent un ouvrage qui aura l'air d'avoir été conçu, conduit et exécuté avec intelligence. Ainsi l'ouvrage des abeilles qui, dans un lieu donné, tel qu'une ruche ou le creux d'un vieux arbre, bâtissent chacune leur cellule ; l'ouvrage des mouches de Cayenne, qui non-seulement font aussi leurs cellules, mais construisent même la ruche qui doit les contenir, sont des travaux purement mécaniques qui ne supposent aucune intelligence, aucun projet concerté, aucune vue générale ; des travaux qui n'étant que le produit d'une nécessité physique, un résultat de mouvemens communs, s'exercent toujours de la même façon dans tous les temps et dans tous les lieux, par une multitude qui ne s'est point assemblée par choix, mais qui se trouve réunie par force de nature. Ce n'est donc pas la société, c'est le nombre seul qui opère ici ; c'est une puissance aveugle, qu'on ne peut comparer à la lumière qui dirige toute société : je ne parle point de cette lumière pure, de ce rayon divin, qui n'a été départi qu'à l'homme seul ; les Castors en sont assurément privés, comme tous les autres animaux : mais leur société n'étant point une réunion forcée, se faisant au contraire par une espèce de choix, et supposant au moins un concours général et des vues communes dans ceux qui la composent, suppose au moins aussi une lueur d'intelligence qui, quoique très-différente de celle de l'homme par le principe, produit cependant des effets assez semblables pour qu'on puisse les comparer, non pas dans la société plénière et puissante, telle qu'elle existe parmi les peuples anciennement policés, mais dans la société naissante, chez des hommes sauvages, laquelle seule peut avec équité être comparée à celle des animaux.

Voyons donc le produit de l'une et de l'autre de ces sociétés ; voyons jusqu'où s'étend l'art du Castor, et où se borne celui du sauvage. Rompre une branche pour s'en faire un bâton, se bâtir une hutte, la couvrir de feuillages pour se mettre à l'abri, amasser de la mousse ou du foin pour se faire un lit, sont des actes communs à l'animal et au sauvage ; les ours font des huttes, les singes ont des bâtons, plusieurs autres animaux se pratiquent un domicile propre, commode, impénétrable à l'eau. Frotter une pierre pour la rendre tranchante et s'en faire une hache, s'en servir pour couper, pour écorcer du bois, pour aiguiser des flèches, pour creuser un vase ; écorcher un animal pour se revêtir de sa peau, en prendre les nerfs pour faire une corde d'arc, attacher ces mêmes nerfs à une épine dure, et se servir de tous deux comme de fil et d'aiguille, sont des actes purement individuels que l'homme en solitude peut tous exécuter sans être aidé des autres; des actes qui dépendent de sa seule conformation, puisqu'ils ne supposent que l'usage de la main; mais couper et transporter un gros arbre, élever un carbet, construire une pyrogue, sont au contraire des opérations qui supposent nécessairement un travail commun et des vues concertées. Ces ouvrages sont aussi les seuls résultats de la société naissante chez des nations sauvages, comme les ouvrages des Castors sont les fruits de la société perfectionnée parmi ces animaux : car il faut observer qu'ils ne songent point à bâtir, à moins qu'ils n'habitent un pays libre, et qu'ils n'y soient parfaitement tranquilles. Il y a des castors en Languedoc, dans les îles du Rhône ; il y en a en plus grand nombre dans les provinces du nord de l'Europe ; mais comme toutes ces contrées sont habitées, ou du moins fort fréquentées par les hommes, les Castors y sont, comme tous les autres animaux, dispersés, solitaires, fugitifs, ou cachés dans un terrier; on ne les a jamais vus se réunir, se rassembler, ni rien entreprendre, ni rien construire; au lieu que dans ces terres désertes, où l'homme en société n'a pénétré que bien tard, et où l'on ne voyoit auparavant que quelques vestiges de l'homme sauvage, on a partout trouvé des castors réunis, formant des sociétés, et l'on n'a pu s'empêcher d'admirer leurs ouvrages. Nous tâcherons de ne citer que des témoins judicieux, irréprochables, et nous ne donnerons pour certains que les faits sur lesquels ils s'accordent : moins portés peut-être que quelques-uns d'entre eux à l'admiration, nous nous permettrons le doute et même la critique, sur tout ce qui nous paroîtra trop difficile à croire.

Tous conviennent que le Castor, loin d'avoir une supériorité marquée sur les autres animaux, paroît au contraire être au-dessous de quelques-uns d'entre eux pour les qualités purement individuelles ; et nous sommes en état de confirmer ce fait, ayant encore actuellement un jeune castor vivant, qui nous a été envoyé de Canada, et que nous gardons depuis près d'un an. C'est un animal assez doux, assez tranquille, assez familier, un peu triste, même un peu plaintif, sans passions violentes, sans appétits véhémens, ne se donnant que peu de mouvement, ne faisant d'effort pour quoi que ce soit; cependant occupé sérieusement du desir de sa liberté, rongeant de temps en temps les portes de sa prison, mais sans fureur, sans précipitation, et dans la seule vue d'y faire une ouverture pour en sortir; au reste assez indifférent, ne s'attachant pas volontiers, ne cherchant point à nuire et assez peu à plaire. Il paroît inférieur au chien par les qualités relatives qui pourroient l'approcher de l'homme; il ne semble fait ni pour servir, ni pour commander, ni même pour commercer avec une autre espèce que la sienne : son sens, renfermé dans lui-même, ne se manifeste en entier qu'avec ses semblables; seul, il a peu d'industrie personnelle, encore moins de ruses, pas même assez de défiance pour éviter des piéges grossiers : loin d'attaquer les autres animaux, il ne sait pas même se bien défendre; il préfère la fuite au combat, quoiqu'il morde cruellement et avec acharnement lorsqu'il se trouve saisi par la main du chasseur. Si l'on considère donc cet animal dans l'état de nature, ou plutôt dans son état de solitude et de dispersion, il ne paroîtra pas, pour les qualités intérieures, au-dessus des autres animaux; il n'a pas plus d'esprit que le chien, de sens que l'éléphant, de finesse que le renard. Il est plutôt remarquable par les singularités de conformation extérieure, que par la supériorité apparente de ses qualités intérieures. Il est le seul parmi les Quadrupèdes qui ait la queue plate, ovale et couverte d'écailles, de laquelle il se sert comme d'un gouvernail pour se diriger dans l'eau; le seul qui ait des nageoires aux pieds de derrière, et en même temps les doigts séparés dans ceux du devant, qu'il emploie comme des mains pour porter à sa bouche; le seul qui ressemblant aux animaux terrestres par les parties antérieures de son corps, paroisse en même temps tenir des animaux aquatiques par les parties postérieures : il fait la nuance des Quadrupèdes aux poissons, comme la chauve-souris fait celle des Quadrupèdes aux oiseaux. Mais ces singularités seroient plutôt des défauts que des perfections, si l'animal ne savoit tirer de cette conformation, qui nous paroît bizarre, des avantages uniques, et qui le rendent supérieur à tous les autres.

Les Castors commencent par s'assembler au mois de juin ou de juillet pour se réunir en société ; ils arrivent en nombre et de plusieurs côtés, et forment bientôt une troupe de deux ou trois cents : le lieu du rendez-vous est ordinairement le lieu de l'établissement et c'est toujours au bord des eaux. Si ce sont des eaux plates, et qui se soutiennent à la même hauteur comme dans un lac, ils se dispensent d'y construire une digue ; mais dans les eaux courantes, et qui sont sujettes à hausser ou baisser, comme sur les ruisseaux, les rivières, ils établissent une chaussée, et par cette retenue ils forment une espèce d'étang ou de pièce d'eau, qui se soutient toujours à la même hauteur : la chaussée traverse la rivière comme une écluse, et va d'un bord à l'autre ; elle a souvent quatre-vingts ou cent pieds de longueur sur dix ou douze pieds d'épaisseur à sa base. Cette construction paroît énorme pour des animaux de cette taille, et suppose en effet un travail immense (1) ; mais la solidité avec laquelle l'ouvrage est construit, étonne encore plus

---

(1) Les plus grands castors pèsent cinquante ou soixante livres, et n'ont guère que trois pieds de longueur depuis le bout du museau jusqu'à l'origine de la queue.

que sa grandeur. L'endroit de la rivière où ils établissent cette digue est ordinairement peu profond ; s'il se trouve sur le bord un gros arbre qui puisse tomber dans l'eau, ils commencent par l'abattre pour en faire la pièce principale de leur construction : cet arbre est souvent plus gros que le corps d'un homme ; ils le scient, ils le rongent au pied, et sans autre instrument que leurs quatre dents incisives, ils le coupent en assez peu de temps, et le font tomber du côté qu'il leur plaît, c'est-à-dire en travers sur la rivière ; ensuite ils coupent les branches de la cime de cet arbre tombé, pour le mettre de niveau et le faire porter partout également. Ces opérations se font en commun ; plusieurs castors rongent ensemble le pied de l'arbre pour l'abattre ; plusieurs aussi vont ensemble pour en couper les branches lorsqu'il est abattu ; d'autres parcourent en même-temps les bords de la rivière, et coupent de moindres arbres, les uns gros comme la jambe ; les autres comme la cuisse ; ils les dépècent et les scient à une certaine hauteur pour en faire des pieux ; ils amènent ces pièces de bois, d'abord par terre jusqu'au bord de la rivière, et ensuite par eau jusqu'au lieu de leur construction ; ils en font une espèce de pilotis serré, qu'ils enfoncent encore en entrelaçant des branches entre les pieux.

Cette opération suppose bien des difficultés vaincues ; car pour dresser ces pieux et les mettre dans une situation à peu près perpendiculaire, il faut qu'avec les dents ils élèvent le gros bout contre le bord de la rivière ou contre l'arbre qui la traverse ; que d'autres plongent en même temps jusqu'au fond de l'eau pour y creuser avec les pieds de devant un trou dans lequel ils font entrer la pointe du pieu, afin qu'il puisse se tenir debout. A mesure que les uns plantent ainsi leurs pieux, les autres vont chercher de la terre qu'ils gâchent avec leurs pieds et battent avec leur queue; ils la portent dans leur gueule et avec les pieds de devant, et ils en transportent une si grande quantité qu'ils en remplissent tous les intervalles de leur pilotis. Ce pilotis est composé de plusieurs rangs de pieux tous égaux en hauteur, et tous plantés les uns contre les autres; il s'étend d'un bord à l'autre de la rivière; il est rempli et maçonné partout: les pieux sont plantés verticalement du côté de la chûte de l'eau; tout l'ouvrage est au contraire en talus du côté qui en soutient la charge; en sorte que la chaussée qui a dix ou douze pieds de largeur à la base, se réduit à deux ou trois pieds d'épaisseur au sommet; elle a donc non-seulement toute l'étendue, toute la solidité nécessaires, mais encore la forme la plus convenable pour retenir l'eau, l'empêcher de passer, en soutenir le poids et en rompre les efforts. Au haut de la chaussée, c'est-à-dire dans la partie où elle a le moins d'épaisseur, ils pratiquent deux ou trois ouvertures en pente, qui sont autant de décharges de superficie qu'ils élargissent ou rétrécissent selon que la rivière vient à hausser ou baisser; et lorsque par des inondations trop grandes ou trop subites il se fait quelques brèches à leur digue, ils savent les réparer et travaillent de nouveau dès que les eaux sont baissées.

Il seroit superflu, après cette exposition de leurs travaux pour un ouvrage public, de donner encore le

Tome VI. Q

détail de leurs constructions particulières, si dans une histoire l'on ne devoit pas compte de tous les faits, et si ce premier grand ouvrage n'étoit pas fait dans la vue de rendre plus commodes leurs petites habitations : ce sont des cabanes ou plutôt des espèces de maisonnettes bâties dans l'eau sur un pilotis plein tout près du bord de leur étang avec deux issues, l'une pour aller à terre, l'autre pour se jeter à l'eau. La forme de cet édifice est presque toujours ovale ou ronde ; il y en a de plus grands et de plus petits, depuis quatre ou cinq jusqu'à huit ou dix pieds de diamètre ; il s'en trouve aussi quelquefois qui sont à deux ou trois étages ; les murailles ont jusqu'à deux pieds d'épaisseur ; elles sont élevées à plomb sur le pilotis plein, qui sert en même temps de fondement et de plancher à la maison. Lorsqu'elle n'a qu'un étage, les murailles ne s'élèvent droites qu'à quelques pieds de hauteur, au-dessus de laquelle elles prennent la courbure d'une voûte en anse de panier ; cette voûte termine l'édifice et lui sert de couvert ; il est maçonné avec solidité et enduit avec propreté en dehors et en dedans ; il est impénétrable à l'eau des pluies, et résiste aux vents les plus impétueux ; les parois en sont revêtues d'une espèce de stuc si bien gâché et si proprement appliqué, qu'il semble que la main de l'homme y ait passé ; aussi la queue leur sert-elle de truelle pour appliquer ce mortier qu'ils gâchent avec leurs pieds. Ils mettent en œuvre différentes espèces de matériaux, des bois, des pierres et des terres sablonneuses qui ne sont point sujettes à se délayer par l'eau ; les bois qu'ils emploient sont presque tous légers et tendres ; ce sont des aunes, des peupliers, des saules, qui naturellement croissent au bord des eaux, et qui sont plus faciles à écorcer, à couper, à voiturer, que des arbres dont le bois seroit plus pesant et plus dur. Lorsqu'ils attaquent un arbre, ils ne l'abandonnent pas qu'il ne soit abattu, dépecé, transporté ; ils le coupent toujours à un pied ou un pied et demi de hauteur de terre ; ils travaillent assis, et outre l'avantage de cette situation commode, ils ont le plaisir de ronger continuellement de l'écorce et du bois dont le goût leur est fort agréable, car ils préfèrent l'écorce fraîche et le bois tendre à la plupart des alimens ordinaires ; ils en font ample provision pour se nourrir pendant l'hiver ; ils n'aiment pas le bois sec. C'est dans l'eau et près de leurs habitations qu'ils établissent leur magasin ; chaque cabane a le sien proportionné au nombre de ses habitans, qui tous y ont un droit commun et ne vont jamais piller leurs voisins. On a vu des bourgades composées de vingt ou de vingt-cinq cabanes ; ces grands établissemens sont rares, et cette espèce de république est ordinairement moins nombreuse ; elle n'est le plus souvent composée que de dix ou douze tribus, dont chacune a son quartier, son magasin, son habitation séparée ; ils ne souffrent pas que des étrangers viennent s'établir dans leurs enceintes. Les plus petites cabanes contiennent deux, quatre, six, et les plus grandes dix-huit, vingt, et même, dit-on, jusqu'à trente castors, presque toujours en nombre pair, autant de femelles que de mâles ; ainsi, en comptant même au rabais, on peut dire que leur société est souvent composée de cent cinquante ou deux cents ouvriers associés, qui tous ont travaillé d'abord en corps pour élever le grand ouvrage public, et ensuite par compagnie pour édifier des habitations particulières. Quelque nombreuse que soit cette société, la paix s'y maintient sans altération ; le travail commun a resserré leur union ; les commodités qu'ils se sont procurées, l'abondance des vivres qu'ils amassent et consomment ensemble, servent à l'entretenir ; des appétits modérés, des goûts simples, de l'aversion pour la chair et le sang, leur ôtent jusqu'à l'idée de rapine et de guerre : ils jouissent de tous les biens que l'homme ne sait que desirer. Amis entr'eux, s'ils ont quelques ennemis au dehors, ils savent les éviter ; ils s'avertissent en frappant avec leur queue sur l'eau un coup qui retentit au loin dans toutes les voûtes des habitations ; chacun prend son parti, ou de plonger dans le lac, ou de se receler dans leurs murs qui ne craignent que le feu du ciel ou le fer de l'homme, et qu'aucun animal n'ose entreprendre d'ouvrir ou renverser. Ces asyles sont non-seulement très-sûrs, mais encore très-propres et très-commodes ; le plancher est jonché de verdure ; des rameaux de buis et de sapin leur servent de tapis sur lequel ils ne font ni ne souffrent jamais aucune ordure : la fenêtre qui regarde sur l'eau leur sert de balcon pour se tenir au frais et prendre le bain pendant la plus grande partie du jour ; ils s'y tiennent debout, la tête et les parties antérieures du corps élevées, et toutes les parties postérieures plongées dans l'eau ; cette fenêtre est percée avec précaution, l'ouverture en est assez élevée pour ne pouvoir jamais être fermée par les glaces qui, dans le climat de nos castors, ont quelquefois deux ou trois pieds d'épaisseur; ils en abaissent alors la tablette, coupent en pente les pieux sur lesquels elle étoit appuyée, et se font une issue jusqu'à l'eau sous la glace. Cet élément liquide leur est si nécessaire, ou plutôt leur fait tant de plaisir qu'ils semblent ne pouvoir s'en passer; ils vont quelquefois assez loin sous la glace ; c'est alors qu'on les prend aisément en attaquant d'un côté la cabane, et les attendant en même temps à un trou qu'on pratique dans la glace à quelque distance, et où ils sont obligés d'arriver pour respirer. L'habitude qu'ils ont de tenir continuellement la queue et toutes les parties postérieures du corps dans l'eau, paroît avoir changé la nature de leur chair; celle des parties antérieures jusqu'aux reins a la qualité, le goût, la consistance de la chair des animaux de la terre et de l'air ; celle des cuisses et de la queue a l'odeur, la saveur et toutes les qualités de celle du poisson : cette queue longue d'un pied, épaisse d'un pouce, et large de cinq ou six, est même une extrémité, une vraie portion de poisson attachée au corps d'un quadrupède; elle est entièrement recouverte d'écailles et d'une peau toute semblable à celle des gros poissons : on peut enlever ces écailles en les raclant au couteau, et lorsqu'elles sont tombées, l'on voit encore leur empreinte sur la peau, comme dans tous nos poissons.

C'est au commencement de l'été que les Castors se rassemblent ; ils emploient les mois de juillet et d'août à construire leur digue et leurs cabanes ; ils font leur provision d'écorce et de bois dans le mois de septembre ; ensuite ils jouissent de leurs travaux ; ils goûtent les douceurs domestiques, c'est le temps du repos; c'est mieux, c'est la saison des amours. Se connoissant, prévenus l'un pour l'autre par habitude, par les plaisirs et les peines d'un travail commun, chaque couple ne se forme point au hasard, ne se joint pas par pure nécessité de nature, mais s'unit par choix et s'assortit par goût : ils passent ensemble l'automne et l'hiver ; contens l'un de l'autre ils ne se quittent guère ; à l'aise dans leur domicile, ils n'en sortent que pour faire des promenades agréables et utiles ; ils en rapportent des écorces fraîches qu'ils préfèrent à celles qui sont sèches ou trop imbibées d'eau. Les femelles portent, dit-on, quatre mois; elles mettent bas sur la fin de l'hiver et produisent ordinairement deux ou trois petits ; les mâles les quittent à peu près dans ce temps ; ils vont à la campagne jouir des douceurs et des fruits du printemps; ils reviennent de temps en temps à la cabane, mais ils n'y séjournent plus : les mères y demeurent occupées à allaiter, à soigner, à élever leurs petits, qui sont en état de les suivre au bout de quelques semaines ; elles vont à leur tour se promener, se rétablir à l'air, manger du poisson, des écrevisses, des écorces nouvelles, et passent ainsi l'été sur les eaux, dans les bois. Ils ne se rassemblent qu'en automne, à moins que les inondations n'aient renversé leur digue ou détruit leurs cabanes; car alors ils se réunissent de bonne heure pour en réparer les brèches.

Il y a des lieux qu'ils habitent de préférence, où l'on a vu qu'après avoir détruit plusieurs fois leurs travaux, ils venoient tous les étés pour les réédifier, jusqu'à ce qu'enfin fatigués de cette persécution et affoiblis par la perte de plusieurs d'entr'eux, ils ont pris le parti de changer de demeure et de se retirer au loin dans les solitudes les plus profondes. C'est principalement en hiver que les chasseurs les cherchent, parce que leur fourrure n'est parfaitement bonne que dans cette saison ; et lorsqu'après avoir ruiné leurs établissemens, il arrive qu'ils en prennent en grand nombre, la société trop réduite ne se rétablit point; le petit nombre de ceux qui ont échappé à la mort ou à la captivité se disperse; ils deviennent fuyards; leur génie flétri par la crainte ne s'épanouit plus; ils s'enfouissent eux et tous leurs talens dans un terrier, où rabaissés à la condition des autres animaux, ils mènent une vie timide, ne s'occupent plus que des besoins pressans, n'exercent que leurs facultés individuelles, et perdent sans retour les qualités sociales que nous venons d'admirer.

Quelqu'admirables en effet, quelque merveilleuses que puissent paroître les choses que nous venons d'exposer au sujet de la société et des travaux de nos castors, nous osons dire qu'on ne peut douter de leur réalité. Toutes les relations faites en différens temps par un grand nombre de témoins oculaires, s'accordent sur tous les faits que nous avons rapportés; et si notre récit diffère de celui de quelques-uns d'entr'eux, ce n'est que dans les points où ils nous ont paru enfler le merveilleux, aller au-delà du vrai, et quelquefois même de toute vraisemblance. Car on ne s'est pas borné à dire que les Castors avoient des mœurs sociales et des talens évidens pour l'architecture, mais on a assuré qu'on ne pouvoit leur refuser des idées générales de police et de gouvernement ; que leur société étant une fois formée, ils savoient réduire en esclavage les voyageurs, les étrangers ; qu'ils s'en servoient pour porter leur terre, traîner leur bois ; qu'ils traitoient de même les paresseux d'entr'eux qui ne vouloient, et les vieux qui ne pouvoient pas travailler ; qu'ils les renversoient sur le dos, les faisoient servir de charrette pour voiturer leurs matériaux ; que ces républicains ne s'assembloient jamais qu'en nombre impair, pour que dans leurs conseils il y eût toujours une voix prépondérante ; que la société entière avoit un président ; que chaque tribu avoit son intendant ; qu'ils avoient des sentinelles établies pour la garde publique ; que quand ils étoient poursuivis, ils ne manquoient pas de s'arracher les testicules pour satisfaire à la cupidité des chasseurs ; qu'ils se montroient ainsi mutilés pour trouver grâce à leurs yeux, etc. etc. Autant nous sommes éloignés de croire à ces fables, ou de recevoir ces exagérations, autant il nous paroît difficile de se refuser à admettre des faits constatés, confirmés, et moralement très-certains. On a mille fois vu, revu, détruit, renversé leurs ouvrages ; on les a mesurés, dessinés, gravés ; enfin ce qui ne laisse aucun doute, ce qui est plus fort que tous les témoignages passés, c'est que nous en avons de récens et d'actuels ; c'est qu'il en subsiste encore de ces ouvrages singuliers qui, quoique moins communs que dans les premiers temps de la découverte de l'Amérique septentrionale, se trouvent cependant en assez grand nombre pour que tous les missionnaires, tous les voyageurs, même les plus nouveaux, qui se sont avancés dans les terres du nord, assurent en avoir rencontré.

On peut aisément apprivoiser ces animaux. Kalm assure en avoir vu en Amérique qu'on envoyoit à la pêche et qui rapportoient leurs prises à leurs maîtres. Il parle aussi de loutres si fort accoutumées avec les chiens et avec leurs maîtres, qu'elles les suivoient, les accompagnoient dans le bateau, sautoient dans l'eau et le moment d'après revenoient avec un poisson.

Nous vîmes, dit Gmelin, dans une petite ville de Sibérie, un castor qu'on élevoit dans la chambre et qu'on manioit comme on vouloit. On m'assura qu'il faisoit quelquefois des voyages à une distance très-considérable, qu'il enlevoit aux autres castors leurs femelles qu'il ramenoit à la maison, et qu'après le temps de la chaleur passé, elles s'en retournoient seules et sans qu'il les conduisît.

Les voyageurs s'accordent à dire qu'outre les castors qui sont en société, on rencontre partout dans le même climat des castors solitaires, lesquels rejetés, disent-ils, de la société pour leurs défauts, ne participent à aucun de ses avantages, n'ont ni maison, ni magasin et demeurent comme le blaireau dans un boyau sous terre; on a même appelé ces castors solitaires, castors terriers. Ils sont aisés à reconnoître; leur robe est sale, le poil est rongé sur le dos par le frottement de la terre; ils habitent comme les autres assez volontiers au bord des eaux, où quelques-uns même creusent une fosse de quelques pieds de profondeur, pour former un petit étang qui arrive jusqu'à l'ouverture de leur terrier qui s'étend quelquefois à plus de cent pieds en longueur, et va toujours en s'élevant afin qu'ils aient la facilité de se retirer en haut à mesure que l'eau s'élève dans les inondations ; mais il s'en trouve aussi, de ces castors solitaires, qui habitent assez loin des eaux dans les terres. Tous nos bièvres d'Europe sont des castors terriers et solitaires, dont la fourrure n'est pas à beaucoup près aussi belle que celle des castors qui vivent en société. Tous diffèrent par la couleur, suivant le climat qu'ils habitent : dans les contrées du nord les plus reculées ils sont tous noirs, et ce sont les plus beaux ; parmi ces castors noirs il s'en trouve quelquefois de tout blancs, ou de blancs tachés de gris et mêlés de roux sur le chignon et sur la croupe. A mesure qu'on s'éloigne du nord, la couleur s'éclaircit et se mêle ; ils sont couleur de marron dans la partie septentrionale du Canada, châtains vers la partie méridionale, et jaunes ou couleur de paille chez les Illinois. On trouve des castors en Amérique depuis le trentième degré de latitude nord jusqu'au soixantième et au-delà ; ils sont très-communs vers le nord, et toujours en moindre nombre à mesure qu'on avance vers le midi : c'est la même chose dans l'ancien continent ; on n'en trouve en quantité que dans les contrées les plus septentrionales, et ils sont très-rares en France, en Espagne, en Italie, en Grèce et en Égypte. Il y en a cependant encore quelques-uns dans les îles du Rhône ; mais il y en avoit autrefois en bien plus grand nombre, et il paroît qu'ils aiment encore moins les pays trop peuplés que les pays trop chauds : ils n'établissent leur société que dans des déserts éloignés de toute habitation ; et dans le Canada même, qu'on doit encore regarder comme un vaste désert, ils se sont retirés fort loin des habitations de toute la colonie.

Les anciens connoissoient les Castors ; il étoit défendu de les tuer dans la religion des Mages ; ils étoient communs sur les rives du Pont-Euxin ; mais apparemment qu'ils n'étoient pas assez tranquilles sur les bords de cette mer, qui en effet sont fréquentés par les hommes de temps immémorial, puisqu'aucun des anciens ne parle de leur société ni de leurs travaux. Élien sur-tout, qui marque un si grand foible pour le merveilleux, et qui, je crois, a écrit le premier que le castor se coupe les testicules pour les laisser ramasser au chasseur, n'auroit pas manqué de parler des merveilles de leur république, en exagérant leur génie et leurs talens pour l'architecture. Pline lui-même, Pline dont l'esprit fier, triste et sublime déprise toujours l'homme pour exalter la Nature, se seroit-il abstenu de comparer les travaux de Romulus à ceux de nos Castors ? Il paroît donc certain qu'aucun des anciens n'a connu leur industrie pour bâtir ; et quoiqu'on ait trouvé dans les derniers siècles des castors cabanés en Norwège et dans les autres provinces les plus septentrionales de l'Europe, et qu'il y ait apparence que les anciens castors bâtissoient aussi bien que les castors modernes, comme les Romains n'avoient pas pénétré jusque-là, il n'est pas surprenant que leurs écrivains n'en fassent aucune mention.

Plusieurs auteurs ont écrit que le Castor étant un animal aquatique, il ne pouvoit vivre sur terre et sans eau : cette opinion n'est pas vraie ; car le castor que nous avons vivant, ayant été pris tout jeune en Canada, et ayant été toujours élevé dans la maison, ne connoissoit pas l'eau lorsqu'on nous l'a remis ; il craignoit et refusoit d'y entrer; mais l'ayant unefois plongé et retenu d'abord par force dans un bassin, il s'y trouva si bien au bout de quelques minutes, qu'il ne cherchoit point à en sortir ; et lorsqu'on le laissoit libre, il y retournoit très-souvent de lui-même ; il se vautroit aussi dans la boue et sur le pavé mouillé. Un jour il s'échappa, et descendit par un escalier de cave dans les voûtes des carrières qui sont sous le terrein du jardin royal ; il s'enfuit assez loin, en nageant sur les mares d'eau qui sont au fond de ces carrières ; cependant, dès qu'il vit la lumière des flambeaux que nous y fîmes porter pour le chercher, il revint à ceux qui l'appeloient, et se laissa prendre aisément. Il est familier sans être caressant ; il demande à manger à ceux qui sont à table ; ses instances sont un petit cri plaintif et quelques gestes de la main : dès qu'on lui donne un morceau, il l'emporte et se cache pour le manger à son aise. Il dort assez souvent et se repose sur le ventre; il mange de tout, à l'exception de la viande qu'il refuse constamment, cuite ou crue ; il ronge tout ce qu'il trouve, les étoffes, les meubles, le bois, et l'on a été obligé de doubler de fer-blanc le tonneau dans lequel il a été transporté.

Les Castors habitent de préférence sur les bords des lacs, des rivières et des autres eaux douces ; cependant il s'en trouve au bord de la mer, mais c'est principalement sur les mers septentrionales, et surtout dans les golfes méditerranés qui reçoivent de grands fleuves, et dont les eaux sont peu salées. Ils sont ennemis de la loutre, ils la chassent, et ne lui permettent pas de paroître sur les eaux qu'ils fréquentent. La fourrure du Castor est encore plus belle et plus fournie que celle de la loutre : elle est composée de deux sortes de poils ; l'un plus court, mais très-touffu, fin comme le duvet, impénétrable à l'eau, revêt immédiatement la peau ; l'autre plus long, plus ferme, plus lustré, mais plus rare, recouvre ce premier vêtement, lui sert pour ainsi dire de surtout, le défend des ordures, de la poussière, de la fange ; ce second poil n'a que peu de valeur ; ce n'est que le premier que l'on emploie dans nos manufactures. Les fourrures les plus noires sont ordinairement les plus fournies, et par conséquent les plus estimées : celles des castors terriers sont fort inférieures à celles des castors cabanés. Les Castors sont sujets à la mue pendant l'été, comme tous les autres quadrupèdes ; aussi la fourrure de ceux qui sont pris dans cette saison n'a que peu de valeur. La fourrure des castors blancs est estimée à cause de sa rareté, et les parfaitement noirs sont presque aussi rares que les blancs.

Mais indépendamment de la fourrure qui est ce que le Castor fournit de plus précieux ; il donne encore une matière dont on a fait un grand usage en médecine. Cette matière que l'on a appelée *castoreum*, est contenue dans deux grosses vésicules que les anciens avoient prises pour les testicules de l'animal : nous n'en donnerons pas la description ni les usages, parce qu'on les trouve dans toutes les pharmacopées (1). Les sau-

---

(1) On prétend que les castors font sortir la liqueur de leurs vésicules en les pressant avec le pied, qu'elle leur donne de

vages tirent, dit-on, de la queue du Castor une huile dont ils se servent comme de topique pour différens maux. La chair du Castor, quoique grasse et délicate, a toujours un goût amer assez désagréable : on assure qu'il a les os excessivement durs, mais nous n'avons pas été à portée de vérifier ce fait n'en ayant disséqué qu'un jeune : ses dents sont très-dures, et si tranchantes qu'elles servent de couteau aux sauvages pour couper, creuser et polir le bois. Ils s'habillent de peaux de castors, et les portent en hiver le poil contre la chair : ce sont ces fourrures imbibées de la sueur des sauvages que l'on appelle castors gras, dont on ne se sert que pour les ouvrages les plus grossiers.

Le Castor se sert de ses pieds de devant comme des mains, avec une adresse au moins égale à celle de l'écureuil; les doigts en sont bien séparés, bien divisés, au lieu que ceux des pieds de derrière sont réunis entr'eux par une forte membrane; ils lui servent de nageoires et s'élargissent comme ceux de l'oie, dont le Castor a aussi en partie la démarche sur la terre. Il nage beaucoup mieux qu'il ne court : comme il a les jambes de devant bien plus courtes que celles de derrière, il marche toujours la tête baissée et le dos arqué. Il a les sens très-bons, l'odorat très-fin, et même susceptible; il paroît qu'il ne peut supporter ni la malpropreté, ni les mauvaises odeurs : lorsqu'on

---

l'appétit lorsqu'ils sont dégoûtés, et que les sauvages en frottent les piéges qu'ils leur tendent pour les y attirer. Ce qui paroît plus certain, c'est qu'il se sert de cette liqueur pour se graisser le poil.

1. LE RATON. 2. LE CASTOR.

le retient trop longtemps en prison, et qu'il se trouve forcé d'y faire ses ordures, il les met près du seuil de la porte, et dès qu'elle est ouverte, il les pousse dehors. Cette habitude de propreté leur est naturelle, et notre jeune castor ne manquoit jamais de nétoyer ainsi sa chambre. A l'âge d'un an, il a donné des signes de chaleur, ce qui paroît indiquer qu'il avoit pris dans cet espace de temps la plus grande partie de son accroissement; ainsi la durée de sa vie ne peut être bien longue, et c'est peut-être trop que de l'étendre à quinze ou vingt ans. Ce castor étoit très-petit pour son âge, et l'on ne doit pas s'en étonner; ayant presque dès sa naissance toujours été contraint, élevé pour ainsi dire à sec; ne connoissant pas l'eau jusqu'à l'âge de neuf mois, il n'a pu ni croître, ni se développer comme les autres, qui jouissent de leur liberté et de cet élément qui paroît leur être presque aussi nécessaire que l'usage de la terre.

DE LA LOUTRE (1).

La Loutre est un animal vorace, plus avide de poisson que de chair, qui ne quitte guère le bord des rivières ou des lacs, et qui dépeuple quelquefois les étangs ; elle a plus de facilité qu'un autre pour nager, plus même que le castor ; car il n'a des membranes qu'aux pieds de derrière, et il a les doigts séparés dans les pieds de devant, tandis que la Loutre a des membranes à tous les pieds : elle nage presqu'aussi vîte qu'elle marche ; elle ne va point à la mer, comme le castor ; mais elle parcourt les eaux douces, et remonte ou descend les rivières à des distances considérables : souvent elle nage entre deux eaux, et y demeure assez long-temps ; elle vient ensuite à la surface, afin de respirer. Elle n'est pas conformée d'ailleurs pour demeurer dans ce dernier élément ; si même il arrive qu'elle s'engage dans une nasse à la poursuite d'un poisson, on la trouve noyée, et l'on voit qu'elle n'a pas eu le temps d'en couper tous les osiers pour en sortir. Elle a les dents comme la fouine, mais plus grosses et plus fortes relativement au volume de son corps. Faute de poisson, d'écrevisses, de grenouilles, de rats d'eau ou d'autre nourriture, elle coupe les jeunes rameaux, et mange l'écorce des arbres aquatiques ; elle mange aussi de l'herbe nouvelle au printemps : elle ne craint pas plus le froid que l'humidité ; elle devient en chaleur en hiver, et met bas au mois de mars : on m'a souvent apporté des petits au commencement d'avril ; les por-

---

(1) Lat. *Lutrix* ; it. *Lodra* ; all. *Fischotter*.

tées

tées sont de trois ou quatre. Ordinairement les jeunes animaux sont jolis ; les jeunes loutres sont plus laides que les vieilles. La tête mal faite, les oreilles placées bas, des yeux trop petits et couverts, l'air obscur, les mouvemens gauches, toute la figure ignoble, informe, un cri qui paroît machinal et qu'elles répètent à tout moment, sembleroient annoncer un animal stupide ; cependant la Loutre devient industrieuse avec l'âge, au moins assez pour faire la guerre avec grand avantage aux poissons, qui pour l'instinct et le sentiment sont très-inférieurs aux autres animaux ; mais j'ai grande peine à croire qu'elle ait, je ne dis pas les talens du castor, mais même les habitudes qu'on lui suppose, comme celle de commencer toujours par remonter les rivières, afin de revenir plus aisément et de n'avoir plus qu'à se laisser entraîner au fil de l'eau, lorsqu'elle s'est rassasiée ou chargée de proie ; celle d'approprier son domicile et d'y faire un plancher, pour n'être point incommodée de l'humidité ; celle d'y faire une ample provision de poisson, afin de n'en pas manquer ; et enfin la docilité et la facilité de s'apprivoiser au point de pêcher pour son maître, et d'apporter le poisson jusque dans la cuisine. Tout ce que je sais, c'est que les Loutres ne creusent point leur domicile elles-mêmes ; qu'elles se gîtent dans le premier trou qui se présente, sous les racines des peupliers, des saules, dans les fentes des rochers, et même dans les piles de bois à flotter ; qu'elles y font aussi leurs petits sur un lit fait de bûchettes et d'herbes ; que l'on trouve dans leur gîte des têtes et des arêtes de poisson ; qu'elles changent souvent de lieu ; qu'elles emmènent ou dispersent leurs petits au bout de six semaines ou de deux mois ; qu'enfin la Loutre est méchante de son naturel ; que quand elle peut entrer dans un vivier, elle y fait ce que le putois fait dans un poulailler ; qu'elle tue beaucoup plus de poissons qu'elle ne peut en manger, et qu'ensuite elle en emporte dans sa gueule.

Le poil de la Loutre ne mue guère ; sa peau d'hiver est cependant plus brune et se vend plus cher que celle d'été ; elle fait une très-bonne fourrure. Sa retraite est infectée de la mauvaise odeur des débris du poisson qu'elle y laisse pourrir ; elle sent elle-même assez mauvais, et sa chair a un mauvais goût de poisson ou plutôt de marais. Les chiens la chassent volontiers et l'atteignent aisément, lorsqu'elle est éloignée de son gîte et de l'eau ; mais quand ils la saisissent, elle se défend, les mord cruellement, et quelquefois avec tant de force et d'acharnement, qu'elle leur brise les os des jambes, et qu'il faut la tuer pour la faire démordre. Le castor cependant, qui n'est pas un animal bien fort, chasse la Loutre, et ne lui permet pas d'habiter sur les bords qu'il fréquente.

Nous avions pensé que la Loutre n'étoit pas susceptible d'éducation, parce que nous n'avions pas pu réussir à l'apprivoiser ; mais des tentatives sans succès ne démontrent rien, et nous avons souvent reconnu qu'il ne falloit pas trop restreindre le pouvoir de l'éducation sur les animaux : ceux même qui semblent le plus s'y refuser, cèdent néanmoins et s'y soumettent dans certaines circonstances ; le tout est de rencontrer ces circonstances favorables, et de trouver le point flexible de leur naturel, d'y appuyer ensuite assez pour former une première habitude de nécessité ou de besoin, qui bientôt s'assujétit toutes les autres. L'éducation de la loutre dont on va parler, en est un exemple : voici ce qu'un de mes confrères à l'académie des sciences, m'a écrit en 1779, sur une loutre très-privée et très-docile qu'il a vue à Autun.

« Vous autorisez ceux qui ont quelques observations sur les animaux à vous les communiquer, même quand elles ne sont pas absolument conformes à ce qui peut paroître avoir été votre première opinion. En relisant l'article de la Loutre, j'ai vu que vous doutez de la facilité qu'on auroit d'apprivoiser cet animal. Dans ce que je vais vous dire, je ne rapporterai rien que je n'aie vu, et que mille personnes n'aient vu comme moi, à l'abbaye de Saint-Jean-le-Grand, à Autun, dans les années 1775 et 1776 ; j'ai vu, dis-je, pendant l'espace de près de deux ans, à différentes fois, une loutre femelle, qui avoit été apportée peu de temps après sa naissance dans ce couvent, et que les tourrières s'étoient plu à élever; elles l'avoient nourrie de lait jusqu'à deux mois d'âge, qu'elles commencèrent à accoutumer cette jeune loutre à toutes sortes d'alimens; elle mangeoit des restes de soupe, de petits fruits, des racines, des légumes, de la viande et du poisson, mais elle ne vouloit point de poisson cuit, et elle ne mangeoit le poisson cru que lorsqu'il étoit de la plus grande fraîcheur ; s'il avoit plus d'un jour, elle n'y touchoit pas. J'essayai de lui donner de petites carpes, elle mangeoit celles qui étoient vives ; et pour les mortes, elle les visitoit en ouvrant l'ouïe avec sa patte, la flairoit et le plus souvent les laissoit, même quand on les lui présentoit avant de lui en donner de vives. Cette loutre étoit privée comme un chien ; elle répondoit au nom de loup-loup, que lui avoient donné les tourrières ; elle les suivoit ; je l'ai vue revenir à leur voix du bout d'une vaste cour, où elle se promenoit en liberté ; et quoiqu'étranger, je m'en faisois suivre en l'appelant par son nom ; elle étoit familiarisée avec le chat des tourrières, avec lequel elle avoit été élevée, et jouoit avec le chien du jardinier, qu'elle avoit aussi connu de bonne heure : pour tous les autres chiens et chats, quand ils approchoient d'elle, elle les battoit. Un jour, j'avois un petit épagneul avec moi ; elle ne lui dit rien d'abord ; mais le chien ayant été la flairer, elle lui donna vingt soufflets avec ses pattes de devant, comme les chats ont coutume de faire lorsqu'ils attaquent de petits chiens, et le poursuivit à coups de nez et de tête, jusqu'entre mes jambes ; et depuis, toutes les fois qu'elle le vit, elle le poursuivit de même ; tant que les chiens ne se défendoient pas, elle ne se servoit pas de ses dents ; mais s'ils faisoient tête et vouloient mordre, alors le combat devenoit à outrance ; et j'ai vu des chiens assez gros déchirés et bien mordus, prendre le parti de la fuite. »

« Cette loutre habitoit la chambre des tourrières, et la nuit elle couchoit sur leur lit ; le jour elle se tenoit ordinairement sur une chaise de paille, où elle dormoit couchée en rond ; et, quand la fantaisie lui en prenoit, elle alloit se mettre la tête et les pattes de devant dans un seau d'eau qui étoit à son usage, ensuite elle se secouoit et venoit se remettre sur sa chaise, ou alloit se promener dans la cour ou dans la maison extérieure ; je l'ai vue plusieurs fois couchée au soleil, alors elle fermoit les yeux ; je l'ai portée, maniée, prise par les pattes et flattée ; elle jouoit avec mes mains, les mordoit insensiblement, et faisoit petites dents, si cela peut se dire, comme on dit que les chats font pattes de velours. Je la menai un jour auprès d'une petite flaque d'eau, où la rivière d'Aroux en laisse lorsqu'elle est débordée ; ce qui vous paroîtra surprenant, et ce qui m'étonna aussi, c'est qu'elle parut craindre de voir de l'eau en si grand volume ; elle n'y entra pas passé le bord où elle se mouilla la tête comme dans le seau ; je la fis jeter à quelques pas dans l'eau, elle regagna le bord bien vîte, avec une sorte d'effroi, et nous suivit, très-contente de retrouver ses tourrières. Si on peut raisonner d'après un seul fait et un seul individu, la Nature paroît n'avoir pas donné à cet animal le même instinct qu'aux canards, qui barbottent aussitôt qu'ils sont éclos, en sortant de dessous une poule. »

« Cette loutre étoit très-malpropre ; le besoin de se vider paroissoit lui prendre subitement, et elle se satisfaisoit de même, quelque part qu'elle fût, excepté sur les meubles, mais à terre et dans la chambre comme ailleurs ; les tourrières n'avoient jamais pu, même par des corrections, l'accoutumer à aller, pour ses besoins, à la cour, qui étoit peu éloignée ; dès qu'elle s'étoit vidée, elle venoit flairer ses excrémens, ainsi que les chats, et faisoit un petit saut d'alégresse ensuite, comme satisfaite de s'être débarrassée de ce poids. »

« J'ai souvent eu occasion de voir cette loutre, et j'ai dîné dix fois avec elle; elle étoit de très-bonne compagnie. On me l'offrit, je l'aurois acceptée pour la mettre enchaînée sur le fossé de ma maison, où elle auroit eu occasion de se marier, si je n'avois reconnu la difficulté de l'enchaîner, à cause que le cou de cet animal est presque du même diamètre de sa tête et de son corps; je pensai qu'elle pourroit s'échapper, et multiplier chez moi les loutres, qui n'y sont que trop communes. »

Cette espèce, sans être en très-grand nombre, est généralement répandue en Europe, depuis la Suède jusqu'à Naples, et se retrouve dans l'Amérique septentrionale; elle étoit bien connue des Grecs, et se trouve vraisemblablement dans tous les climats tempérés, sur-tout dans les lieux où il y a beaucoup d'eau; car la Loutre ne peut habiter ni les sables brûlans, ni les déserts arides : elle fuit également les rivières stériles et les fleuves trop fréquentés. Je ne crois pas qu'elle se trouve dans les pays très-chauds.

Pontoppidan assure qu'en Norwège la Loutre se trouve également autour des eaux salées, comme autour des eaux douces; qu'elle établit sa demeure dans des monceaux de pierres, d'où les chasseurs la font sortir en imitant sa voix, au moyen d'un petit sifflet. Il ajoute qu'elle ne mange que les parties grasses du poisson, et qu'une loutre apprivoisée, à laquelle on donnoit toujours un peu de lait, rapportoit continuellement du poisson à la maison.

J'ai trouvé dans des notes que j'ai reçues de Cayenne, qu'il y a trois espèces de Loutres, la noire qui peut peser quarante ou cinquante livres : la seconde, qui est jaunâtre, et qui peut peser vingt ou vingt-cinq livres, et une troisième espèce beaucoup plus petite, dont le poil est grisâtre, et qui ne pèse que trois ou quatre livres. Ces animaux sont très-communs à la Guiane le long de toutes les rivières et des marécages, parce que le poisson y est fort abondant; elles vont même par troupes quelquefois fort nombreuses, elles sont farouches et ne se laissent point approcher ; pour les avoir, il faut les surprendre ; elles ont la dent cruelle, et se défendent bien contre les chiens : elles font leurs petits dans des trous qu'elles creusent au bord des eaux ; on en élève souvent dans les maisons : on a remarqué que tous les animaux de la Guiane s'accoutument facilement à la domesticité, et deviennent incommodes par leur grande familiarité.

DE LA SARICOVIENNE OU LOUTRE MARINE.

Les Russes qui demeurent au Kamtschatka donnent à la Saricovienne le nom de *bobr* ou castor, quoiqu'elle ne ressemble au castor que par la longueur de son poil, et qu'elle n'ait que peu de rapport avec lui par sa forme extérieure, car c'est une véritable loutre. Les Saricoviennes ne sont ni féroces ni farouches, étant même assez sédentaires dans les lieux qu'elles ont choisis pour demeure ; elles semblent craindre les phoques, ou du moins elles évitent les endroits qu'ils habitent et n'aiment que la société de leur espèce ; on les voit en très-grand nombre dans toutes les îles inhabitées des mers orientales du Kamtschatka ; il y en avoit en 1742 une si grande quantité à l'île Béring, que les Russes en tuèrent plus de huit cents. Comme ces animaux, dit Steller, n'avoient jamais vu d'hommes auparavant, ils n'étoient ni timides ni sauvages ; ils s'approchoient même des feux que nous allumions, jusqu'à ce qu'instruits par leur malheur, ils commencèrent à nous fuir.

Pendant l'hiver, ces Saricoviennes se tiennent tantôt dans la mer sur les glaces, et tantôt sur le rivage ; en été, elles entrent dans les fleuves, et vont même jusque dans les lacs d'eau douce, où elles paroissent se plaire beaucoup ; dans les jours les plus chauds, elles cherchent, pour se reposer, les lieux frais et ombragés ; en sortant de l'eau elles se secouent et se couchent en rond sur la terre comme les chiens ; mais avant que de s'endormir, elles cherchent à reconnoître, par l'odorat plutôt que par la vue, qu'elles ont foible et courte, s'il n'y a pas quelques ennemis à craindre dans les environs; elles ne s'éloignent du rivage qu'à de petites distances, afin de pouvoir regagner promptement l'eau dans le péril; car, quoiqu'elles courent assez vîte, un homme leste peut néanmoins les atteindre; mais en revanche elles nagent avec une très-grande célérité et comme il leur plaît, c'est-à-dire, sur le ventre, sur le dos, sur les côtés, et même dans une situation presque perpendiculaire.

Le mâle ne s'attache qu'à une seule femelle, avec laquelle il va de compagnie, et qu'il paroît aimer beaucoup, ne la quittant ni sur mer ni sur terre; il y a apparence qu'ils s'aiment en effet dans tous les temps de l'année, car on voit des petits nouveau-nés dans toutes les saisons, et quelquefois les pères et mères sont encore suivis par des jeunes de différens âges des portées précédentes, parce que leurs petits ne les quittent que quand ils sont adultes et qu'ils peuvent former une nouvelle famille; les femelles ne produisent qu'un petit à la fois, et très-rarement deux; le temps de la gestation est d'environ huit à neuf mois; elles mettent bas sur les côtes ou sur les îles les moins fréquentées, et le petit, dès sa naissance, a déjà toutes ses dents; les canines sont seulement moins avancées que les autres; la mère l'allaite pendant près d'un an, d'où l'on peut présumer qu'elle n'entre en chaleur qu'environ un an après qu'elle a produit; elle aime passionément son petit, et ne cesse de lui prodiguer des soins et des caresses, jouant continuellement avec lui, soit sur la terre, soit dans l'eau; elle lui apprend à nager, et lorsqu'il est fatigué elle le prend dans sa gueule pour lui donner quelques momens de repos; si l'on vient à le lui enlever, elle jette des cris et des gémissemens lamentables; il faut même user de précautions lorsqu'on veut le lui dérober; car, quoique douce et timide, elle le défend avec un courage qui tient du désespoir, et se fait souvent tuer sur la place plutôt que de l'abandonner.

Ces animaux se nourrissent de crustacées, de coquillages, de grands polypes et autres poissons mous qu'ils viennent ramasser sur les grèves et sur les rivages fangeux, lorsque la marée est basse; car ils ne peuvent demeurer assez longtemps sous l'eau pour les prendre au fond de la mer, n'ayant pas, comme les phoques, le trou ovale du cœur ouvert; ils mangent aussi des poissons à écailles, comme des anguilles de mer, des fruits rejetés sur le rivage en été, et même des fucus faute de tout autre aliment; mais ils peuvent se passer de nourriture pendant trois ou quatre jours de suite; leur chair est meilleure à manger que celle des phoques, sur-tout celle des femelles qui est grasse et tendre lorsqu'elles sont pleines et prêtes à mettre bas; celle des petits, qui est très-délicate, est assez semblable à la chair de l'agneau; mais la chair des vieux est ordinairement très-dure. « Ce fut, dit Steller, notre nourriture principale à l'île de Béring; elle ne nous fit aucun mal quoique mangée seule et sans pain, et souvent à demi crue; le foie, les rognons et le cœur sont absolument semblables à ceux du veau. »

On voit souvent au Kamtschatka et dans les îles Kuriles, arriver les Saricoviennes sur des glaçons poussés par un vent d'orient qui règne de temps en temps sur ces côtes en hiver; les glaçons qui viennent du côté de l'Amérique sont en si grande quantité qu'ils s'amoncèlent et forment une étendue de plusieurs milles de longueur sur la mer : les chasseurs s'exposent, pour avoir les peaux des Saricoviennes, à aller fort au loin sur ces glaçons avec des patins qui ont cinq ou six pieds de long sur environ huit pouces de large, et qui par conséquent leur donnent la hardiesse d'aller dans les endroits où les glaces ont peu d'épaisseur; mais lorsque ces glaces sont poussées au large par un vent contraire, ils se trouvent souvent en danger de périr ou de rester quelquefois plusieurs jours de suite errans sur la mer, avant que d'être ramenés à terre avec ces mêmes glaces par un vent favorable; c'est dans les mois de février, de mars et d'avril qu'ils font cette chasse périlleuse mais très-profitable; car ils prennent alors une plus grande quantité de ces animaux qu'en toute autre saison; cependant ils ne laissent pas de les chasser en été, en les cherchant sur la terre où souvent on les trouve endormis; on les prend aussi dans cette même saison, avec des filets que l'on tend dans la mer, ou bien on les poursuit en canot jusqu'à ce qu'on les ait forcés de lassitude.

Leur peau fait une très-belle fourrure; les Chinois les achètent presque toutes, et ils les paient jusqu'à soixante-dix, quatre-vingts et cent roubles chacune; et c'est par cette raison qu'il en vient très-peu en Russie. La beauté de ces fourrures varie suivant la saison; les meilleures et les plus belles sont celles des saricoviennes tuées aux mois de mars, d'avril et de mai.

Néanmoins ces fourrures ont l'inconvénient d'être épaisses et pesantes; sans cela elles seroient supérieures aux zibelines dont les plus belles ne sont pas d'un aussi beau noir. Communément les Saricoviennes ont environ deux pieds dix pouces de longueur depuis le bout du museau jusqu'à l'origine de la queue, qui a douze ou treize pouces de long. Leur poids est de soixante-dix à quatre-vingts livres. La Saricovienne ressemble à la loutre terrestre par la forme du corps, qui seulement est beaucoup plus épais en tout sens. Tous les deux ont les pieds de derrière plus près de l'anus que les autres quadrupèdes; la queue est tout-à-fait semblable dans l'une et l'autre espèces; les yeux et les paupières sont assez semblables à ceux du lièvre et à peu près de la même grandeur; la mâchoire supérieure est armée de quatorze dents, et leur nombre est ordinairement de seize dans la mâchoire inférieure.

Les pieds sont couverts de poils jusqu'auprès des ongles et ne sont point engagés dans la peau, mais apparens et extérieurs comme ceux des quadrupèdes terrestres; en sorte que la Saricovienne peut marcher et courir quoique assez lentement; le train de derrière est plus élevé que celui de devant, ce qui fait que son dos paroît un peu voûté; les pieds de devant sont assez semblables par les ongles à ceux des chats.

La verge du mâle est contenue dans un fourreau sous la peau, et l'orifice de ce fourreau est situé à un tiers de la longueur du corps. Cette verge, longue d'environ huit pouces, contient un os qui en a six. Les testicules ne sont point renfermés dans une bourse, mais seulement recouverts par la peau commune; la vulve de la femelle est assez grande et située à un pouce au-dessous de l'anus.

Il paroît, par la description qu'en ont donnée Marcgrave et Desmarchais, que cet animal amphibie est de la grandeur d'un chien de taille médiocre; qu'il a le haut de la tête rond comme le chat, le museau un peu long comme celui du chien, les dents et les moustaches comme le chat, les yeux ronds, petits et noirs; les oreilles arrondies et placées bas; cinq doigts à tous les pieds, les pouces plus courts que les autres doigts qui tous sont armés d'ongles bruns et aigus; la queue aussi longue que les jambes de derrière; le poil assez court et fort doux, noir sur tout le corps, brun sur la tête, avec une tache blanche au gosier. Son cri est à-peu-près celui d'un jeune chien, et il l'entrecoupe quelquefois d'un autre cri semblable à la voix du sagoin.

Les Saricoviennes d'Amérique varient beaucoup pour la grandeur et pour la couleur; l'espèce en est commune sur les côtes basses et à l'embouchure des grandes rivières de l'Amérique méridionale.

Leur peau est très-épaisse, et leur poil est ordinairement d'un gris plus ou moins foncé, et quelquefois argenté; leur cri est un son rauque et enroué. Ces animaux vont en troupes et fréquentent les savannes noyées; ils nagent la tête hors de l'eau, et souvent la gueule ouverte, quelquefois même, au lieu de fuir, ils entourent en grand nombre un canot en jetant des cris, et il est aisé d'en tuer en grand nombre: au reste, l'on dit qu'il est assez difficile de prendre une saricovienne dans l'eau, lors même qu'on l'a tuée; qu'elle se laisse aller au fond de l'eau dès qu'elle est blessée, et qu'on perdroit son temps a attendre le moment où elle pourroit reparoître, sur-tout si c'est dans une eau courante qui puisse l'entraîner.

Les jaguars ou couguars leur font la guerre, et ne laissent pas d'en ravir et d'en manger beaucoup ; ils se tiennent à l'affût, et lorsqu'une saricovienne passe, ils s'élancent dessus, la suivent au fond de l'eau, l'y tuent, et l'emportent ensuite à terre pour la dévorer.

DES PHOQUES, DES MORSES ET DES LAMANTINS.

Assemblons pour un instant tous les animaux quadrupèdes; faisons-en un groupe ou plutôt formons-en une troupe dont les intervalles et les rangs représentent à peu près la proximité ou l'éloignement qui se trouve entre chaque espèce; plaçons au centre les genres les plus nombreux, et sur les flancs, sur les ailes, ceux qui le sont le moins; resserrons-les tous dans le plus petit espace, afin de les mieux voir, et nous trouverons qu'il n'est pas possible d'arrondir cette enceinte; que quoique tous les animaux quadrupèdes tiennent entr'eux de plus près qu'ils ne tiennent aux autres êtres, il s'en trouve néanmoins un grand nombre qui font des pointes au dehors et semblent s'élancer pour atteindre à d'autres classes de la Nature. Les singes tendent à s'approcher de l'homme et s'en approchent en effet de très-près; les chauve-souris sont les singes des oiseaux qu'elles imitent par leur vol; les porcs-épics, les hérissons, par les tuyaux dont ils sont couverts, semblent nous indiquer que les plumes pourroient appartenir a d'autres qu'aux oiseaux; les tatous, par leur têt écailleux, s'approchent de la tortue et des crustacées; les castors, par les écailles de leur queue, ressemblent aux poissons; les fourmillers, par leur espèce de bec ou de trompe sans dents, et par leur longue langue, nous rappellent encore les oiseaux; enfin les Phoques, les Morses et les Lamantins font un petit corps à part qui forme la pointe la plus saillante pour arriver aux cétacées.

Ces mots *phoque*, *morse* et *lamantin*, sont plutôt des dénominations génériques que des noms spécifiques. Nous comprenons entr'autres sous celle de Phoque, 1°. le phoque commun ou veau-marin; 2°. le grand phoque à museau ridé; 3°. le phoque à ventre blanc; 4°. le lion-marin; 5°. l'ours-marin auquel nous joindrons le petit phoque à poil noir, qui étant pourvu d'oreilles externes ne fait qu'une variété dans l'espèce de l'ours-marin; des inductions assez plausibles m'avoient fait regarder alors ce petit ours-marin comme le phoca des anciens; mais comme Aristote, en parlant du phoca, dit expressément qu'il n'a pas d'oreilles externes, et seulement des trous auditifs; je vois qu'on doit chercher ce phoca des anciens dans quelques-unes des espèces de phoques sans oreilles, dont nous allons parler.

Par le nom de Morse, nous entendons les animaux que l'on connoît vulgairement sous celui de vaches-marines ou bêtes à la grande dent, dont nous connoissons deux espèces, l'une qui ne se trouve que dans les mers du nord, et l'autre qui n'habite au contraire que les mers du midi, à laquelle nous avons donné le nom de dugon; enfin sous celui de Lamantin nous comprenons les animaux qu'on appelle manati, bœufs-marins à Saint-Domingue, à Cayenne et dans les autres parties de l'Amérique méridionale, aussi bien que le lamantin du Sénégal et des autres côtes de l'Afrique, qui ne nous paroît être qu'une variété du lamantin de l'Amérique.

Les Phoques et les Morses sont encore plus près des quadrupèdes que des cétacées, parce qu'ils ont quatre

espèces

Tom. VI. *Pl. 48. Pag. 273.*

De Seve, Del. *L'Epine, Direx.*

1 LE LAMANTIN. *2* LE PHOQUE. *3* LE MORSE.

espèces de pieds; mais les Lamantins qui n'ont que les deux de devant, sont plus cétacées que quadrupèdes; tous diffèrent des autres animaux par un grand caractère : ils sont les seuls qui puissent vivre également et dans l'air et dans l'eau, les seuls par conséquent qu'on dût appeler amphibies. Dans l'homme et dans les animaux terrestres et vivipares, le trou de la cloison du cœur, qui permet au fœtus de vivre sans respirer, se ferme au moment de la naissance, et demeure fermé pendant toute la vie; dans ces animaux, au contraire, il est toujours ouvert, quoique la mère les mette bas sur terre, qu'au moment de leur naissance l'air dilate leurs poumons, et que la respiration commence et s'opère comme dans tous les autres animaux. Au moyen de cette ouverture dans la cloison du cœur, toujours subsistante, et qui permet la communication du sang de la veine-cave à l'aorte, ces animaux ont l'avantage de respirer quand il leur plaît et de se passer de respirer quand il le faut. Cette propriété singulière leur est commune à tous; mais chacun a d'autres facultés particulières dont nous parlerons, en faisant, autant qu'il est en nous, l'histoire de toutes les espèces de ces animaux amphibies.

Tome VI.

DES PHOQUES (1).

Lorsque j'ai écrit autrefois sur les Phoques, l'on n'en connoissoit que deux ou trois espèces ; mais les voyageurs récens en ont reconnu plusieurs autres, et nous sommes maintenant en état de les distinguer, et de leur appliquer les dénominations et les caractères qui leur sont propres. Je rectifierai donc en quelques points ce que j'avois dit d'abord au sujet de ces animaux, en ajoutant ici les nouveaux faits que j'ai pu recueillir.

J'établirai en premier lieu une distinction fondée sur la Nature et sur un caractère très-évident, en divisant en deux le genre entier des Phoques ; savoir les phoques qui ont des oreilles externes, et les phoques qui n'ont que de petits trous auditifs sans conque extérieure. Cette différence est non-seulement très-apparente, mais semble même faire un attribut essentiel, le manque d'oreilles extérieures étant un des traits par lesquels ces amphibies se rapprochent des cétacées, sur le corps desquels la Nature semble avoir effacé toute espèce de tubérosités et de proéminences qui eussent rendu la peau moins lisse et moins propre à

---

(1) Phoque, *Phoca*, en grec et en latin, mot auquel de Laët et d'autres ont donné une terminaison françoise, et que nous avons adopté comme terme générique. Dans plusieurs langues de l'Europe, on a indiqué ces animaux par les dénominations de veaux de mer, chiens de mer, loups de mer, veaux-marins, chiens-marins, loups-marins, renards-marins.

glisser dans les eaux; tandis que la conque externe et relevée de l'oreille paroît faire tenir de plus près aux Quadrupèdes ceux des phoques qui sont pourvus de cette partie extérieure, qui ne manque à aucun animal terrestre.

En général, les Phoques ont la tête ronde comme l'homme, le museau large comme la loutre, les yeux grands et placés haut, point d'oreilles externes, seulement deux trous auditifs aux côtés de la tête, des moustaches autour de la gueule, des dents assez semblables à celles du loup, la langue fourchue ou plutôt échancrée à la pointe ; le cou bien dessiné ; le corps, les mains et les pieds couverts d'un poil court et assez rude ; point de bras ni d'avant-bras apparens, mais deux mains ou plutôt deux membranes, deux peaux renfermant cinq doigts et terminées par cinq ongles ; deux pieds sans jambes tout pareils aux mains, seulement plus larges et tournés en arrière, comme pour se réunir à une queue très-courte qu'ils accompagnent des deux côtés; le corps alongé comme celui d'un poisson, mais renflé vers la poitrine, étroit à la partie du ventre, sans hanches, sans croupe et sans cuisses au dehors; animal d'autant plus étrange qu'il paroît fictif, et qu'il est le modèle sur lequel l'imagination des poëtes enfanta les Tritons, les Sirènes, et ces dieux de la mer à tête humaine, à corps de quadrupèdes, à queue de poisson; et le Phoque règne en effet dans cet empire muet par sa voix, par sa figure, par son intelligence, par les facultés, en un mot, qui lui sont communes avec les habitans de la terre, si supérieures à celles des poissons, qu'ils semblent être non-seulement d'un autre ordre, mais d'un monde différent : aussi cet amphibie, quoique d'une nature très-éloignée de celle de nos animaux domestiques, ne laisse pas d'être susceptible d'une sorte d'éducation ; on le nourrit en le tenant souvent dans l'eau ; on lui apprend à saluer de la tête et de la voix ; il s'accoutume à celle de son maître : il vient lorsqu'il entend appeler, et donne plusieurs autres signes d'intelligence et de docilité.

Il a le cerveau et le cervelet proportionnellement plus grands que l'homme, les sens aussi bons qu'aucuns des quadrupèdes, par conséquent le sentiment aussi vif, et l'intelligence aussi prompte ; l'un et l'autre se marquent par sa douceur, par ses habitudes communes, par ses qualités sociales, par son instinct très-vif pour sa femelle et très-attentif pour ses petits, par sa voix plus expressive et plus modulée que celle des autres animaux ; il a aussi de la force et des armes ; son corps est ferme et grand, ses dents tranchantes, ses ongles aigus ; d'ailleurs il a des avantages particuliers, uniques sur tous ceux qu'on voudroit lui comparer ; il ne craint ni le froid, ni le chaud, il vit indifféremment d'herbe, de chair ou de poisson ; il habite également l'eau, la terre, la glace ; il est avec le morse le seul des quadrupèdes qui ait le trou ovale du cœur ouvert, le seul par conséquent qui puisse se passer de respirer, et auquel l'élément de l'eau soit aussi convenable, aussi propre que celui de l'air ; la loutre et le castor ne sont pas de vrais amphibies, puisque leur élément est l'air, et que n'ayant pas cette ouverture dans la cloison du cœur, ils ne peuvent rester longtemps sous l'eau, et qu'ils sont obligés d'en sortir ou d'élever leur tête au-dessus pour respirer.

Mais ces avantages, qui sont très-grands, sont balancés par des imperfections qui sont encore plus grandes. Le Phoque est manchot ou plutôt estropié des quatre membres ; ses bras, ses cuisses et ses jambes, sont presqu'entièrement enfermés dans son corps ; il ne sort au-dehors que les mains et les pieds, lesquels sont à la vérité tous divisés en cinq doigts ; mais ces doigts ne sont pas mobiles séparément les uns des autres, étant réunis par une forte membrane, et ces extrémités sont plutôt des nageoires que des mains et des pieds, des espèces d'instrumens faits pour nager et non pour marcher ; d'ailleurs les pieds étant dirigés en arrière, comme la queue, ne peuvent soutenir le corps de l'animal qui, quand il est sur terre, est obligé de se traîner comme un reptile, et par un mouvement plus pénible ; car son corps ne pouvant se plier en arc, comme celui du serpent, pour prendre successivement différens points d'appui, et avancer ainsi par la réaction du terrain, le Phoque demeureroit gisant au même lieu, sans sa gueule et ses mains qu'il accroche à ce qu'il peut saisir, et il s'en sert avec tant de dextérité qu'il monte assez promptement sur un rivage élevé, sur un rocher et même sur un glaçon quoique rapide et glissant. Il marche aussi beaucoup plus vîte qu'on ne pourroit l'imaginer, et souvent quoique blessé, il échappe par la fuite au chasseur.

Les Phoques vivent en société, ou du moins en grand nombre, dans les mêmes lieux ; leur climat naturel est le nord, quoiqu'ils puissent vivre aussi dans les zônes tempérées, et même dans les climats chauds; car on en trouve quelques-uns sur les rivages de presque toutes les mers de l'Europe et jusques dans la Méditerranée.

Les femelles des Phoques mettent bas en hiver; elles font leurs petits à terre sur un banc de sable, sur un rocher ou dans une petite île, et à quelque distance du continent; elles se tiennent assises pour les allaiter, et les nourrissent ainsi pendant douze ou quinze jours dans l'endroit où ils sont nés, après quoi la mère emmène ses petits avec elle à la mer, où elle leur apprend à nager et à chercher à vivre; elle les prend sur son dos lorsqu'ils sont fatigués. Comme chaque portée n'est que de deux ou trois, ses soins ne sont pas fort partagés, et leur éducation est bientôt achevée : d'ailleurs ces animaux ont naturellement assez d'intelligence et beaucoup de sentiment; ils s'entendent, ils s'entre-aident et se secourent mutuellement; les petits reconnoissent leur mère au milieu d'une troupe nombreuse; ils entendent sa voix, et dès qu'elle les appelle, ils arrivent à elle sans se tromper. Nous ignorons combien de temps dure la gestation; mais à en juger par celui de l'accroissement, par la durée de la vie et aussi par la grandeur de l'animal, il paroît que ce temps doit être de plusieurs mois, et l'accroissement étant de quelques années, la durée de la vie doit être assez longue; je suis même très-porté à croire que ces animaux vivent beaucoup plus de temps qu'on n'a pu l'observer, peut-être cent ans et davantage : car on sait que les cétacées en général vivent bien plus longtemps que les animaux quadrupèdes, et comme le Phoque fait une nuance entre les uns et les autres, il doit participer de la nature des premiers, et par conséquent vivre plus que les derniers.

La voix du Phoque peut se comparer à l'aboiement d'un chien enroué : dans le premier âge il fait entendre un cri plus clair, à-peu-près comme le miaulement d'un chat ; les petits qu'on enlève à leur mère miaulent continuellement, et se laissent quelquefois mourir d'inanition plutôt que de prendre la nourriture qu'on leur offre. Les vieux phoques aboient contre ceux qui les frappent, et font tous leurs efforts pour mordre et se venger ; en général, ces animaux sont peu craintifs, même ils sont courageux. L'on a remarqué que le feu des éclairs ou le bruit du tonnerre, loin de les épouvanter, semble les recréer ; ils sortent de l'eau dans la tempête ; ils quittent même alors leurs glaçons pour éviter le choc des vagues, et ils vont à terre s'amuser de l'orage et recevoir la pluie qui les réjouit beaucoup. Ils ont naturellement une mauvaise odeur que l'on sent de fort loin lorsqu'ils sont en grand nombre : il arrive souvent que, quand on les poursuit, ils lâchent leurs excrémens, qui sont jaunes et d'une odeur abominable ; ils ont une quantité de sang prodigieuse, et comme ils ont aussi une grande surcharge de graisse, ils sont, par cette raison, d'une nature lourde et pesante ; ils dorment beaucoup et d'un sommeil profond ; ils aiment à dormir au soleil, sur des glaçons, sur des rochers, et on peut les approcher sans les éveiller ; c'est la manière la plus ordinaire de les prendre. On les tire rarement avec des armes à feu, parce qu'ils ne meurent pas tout de suite, même d'une balle dans la tête, ils se jettent à la mer et sont perdus pour le chasseur : mais comme l'on peut les approcher de près lorsqu'ils sont endormis, ou même quand ils sont éloignés de la mer, parce qu'ils ne peuvent fuir que très-lentement, on les assomme à coups de bâton et de perche : ils sont très-durs et très-vivaces : « Ils ne meurent pas facilement, dit un témoin oculaire ; car quoiqu'ils soient mortellement blessés, qu'ils perdent presque tout leur sang, et qu'ils soient même écorchés, ils ne laissent pas de vivre encore, et c'est quelque chose d'affreux que de les voir se rouler dans leur sang. C'est ce que nous observâmes à l'égard de celui que nous tuâmes, et qui avoit huit pieds de long ; après l'avoir écorché et dépouillé même de la plus grande partie de sa graisse, cependant, et malgré tous les coups qu'on lui avoit donnés sur la tête et sur le museau, il ne laissoit pas de vouloir mordre encore ; il saisit même une demi-pique qu'on lui présenta, avec presqu'autant de vigueur que s'il n'eût point été blessé ; nous lui enfonçâmes après cela une demi-pique au travers du cœur et du foie, d'où il sortit encore autant de sang que d'un jeune bœuf. »

Au reste, la chasse, ou si l'on veut la pêche de ces animaux, n'est pas difficile et ne laisse pas d'être utile, car la chair n'en est pas mauvaise à manger ; la peau fait une bonne fourrure ; les Américains s'en servent pour faire des ballons qu'ils remplissent d'air, et dont ils se servent comme de radeaux : l'on tire de leur graisse une huile plus claire et d'un moins mauvais goût que celle du marsouin ou des autres cétacées.

La plus grande espèce des phoques sans oreilles est

celle du phoque à museau ridé, que plusieurs voyageurs ont indiqué sous la dénomination de lion-marin, mais mal à propos, puisque le vrai lion-marin porte une crinière que celui-ci n'a pas, et qu'ils diffèrent encore entr'eux par la taille et par la forme de plusieurs parties du corps; en sorte que le phoque à museau ridé n'a de commun avec le vrai lion-marin, que d'habiter les côtes et îles désertes, et de se trouver comme lui dans les mers des deux hémisphères. Lorsque ces phoques ont pris toute leur taille, ils peuvent avoir depuis onze jusqu'à dix-huit pieds de long, et en circonférence depuis sept ou huit pieds jusqu'à onze. Ils sont si gras, qu'après avoir percé et ouvert la peau, qui est épaisse d'un pouce, on trouve au moins un pied de graisse avant de parvenir à la chair; on tire d'un seul de ces animaux jusqu'à cinq cents pintes d'huile mesure de Paris. Ils sont en même temps fort sanguins; lorsqu'on les blesse profondément et en plusieurs endroits à la fois, on voit partout jaillir le sang avec beaucoup de force. Un seul de ces animaux auquel on coupa la gorge, et dont on recueillit le sang, en donna deux bariques, sans compter celui qui restoit dans les vaisseaux de son corps. Leur peau est couverte d'un poil rude, très-court, luisant et d'une couleur cendrée mêlée quelquefois d'une légère teinte d'olive; leur corps assez épais auprès des épaules, va toujours en diminuant jusqu'à la queue; la lèvre supérieure avance de beaucoup sur la lèvre inférieure; la peau de cette lèvre est mobile, ridée et bouffie tout le long du museau; cette peau que l'animal remplit d'air à son gré, et qui se gonfle lorsqu'il est agité de quelque passion, peut être comparée pour la forme à la caroncule du dindon; et c'est par ce caractère qu'on l'a désigné sous le nom de phoque à museau ridé. Il n'y a dans la tête que deux petits trous auditifs et point d'oreilles externes. Les pieds de devant sont conformés comme ceux du phoque commun, mais ceux de derrière sont plus informes et faits en manière de nageoires; en sorte que cet animal beaucoup plus fort et plus grand que notre phoque, est moins agile et encore plus imparfaitement conformé par les parties postérieures; et c'est probablement par cette raison qu'il paroît indolent et très-peu redoutable.

Ces phoques, pendant tout le temps qu'ils sont à terre, vivent de l'herbe qui croît sur le bord des eaux courantes, et le temps qu'ils ne paissent pas, ils l'emploient à dormir dans la fange. Ils paroissent d'un naturel fort pesant, et sont fort difficiles à réveiller; mais ils ont la précaution de placer des mâles en sentinelle autour de l'endroit où ils dorment, et l'on dit que ces sentinelles ont grand soin de les éveiller dès qu'on approche. Leurs cris sont fort bruyans et de tons différens : tantôt ils grognent comme des cochons, et tantôt ils hennissent comme des chevaux; ils se battent souvent, sur-tout les mâles qui se disputent les femelles, et se font de grandes blessures à coups de dents. La chair de ces animaux n'est pas mauvaise à manger; la langue sur-tout est aussi bonne que celle du bœuf. Il est très-facile de les tuer, car ils ne peuvent ni se défendre ni s'enfuir; ils sont si lourds qu'ils ont peine à se remuer, et encore plus à se retourner; il faut seulement prendre garde à leurs dents, qui sont très-fortes et dont ils pourroient blesser si on les approchoit de face et de trop près.

Ce grand et gros animal est de tous les Phoques celui qui paroît être le moins redoutable malgré sa forte taille. Penrose dit que ses matelots s'amusoient à monter sur ces phoques comme sur des chevaux, et que quand ils n'alloient pas assez vite, ils leur faisoient doubler le pas en les piquant à coups de stilets ou de couteaux, et leur faisant même des incisions dans la peau; cependant on lit dans les Transactions philosophiques, que les mâles, comme ceux des autres phoques, sont assez méchans dans le temps de leurs amours. Les plus forts se font un troupeau de plusieurs femelles, dont ils empêchent les autres mâles d'approcher. Ces animaux passent tout l'été dans la mer, et tout l'hiver à terre; et c'est dans cette saison que les femelles mettent bas; elles ne produisent qu'un ou deux petits, qu'elles allaitent, et qui sont en naissant aussi gros qu'un veau-marin adulte.

Le grand phoque à ventre blanc, que nous avons vu vivant au mois de décembre 1778, est d'une espèce très-différente de celle du phoque à museau ridé. Nous allons rapporter aussi les observations que nous avons faites sur ce phoque, auxquelles nous ajouterons quelques faits qui nous ont été fournis par les conducteurs.

Le regard de cet animal est doux et son naturel n'est point farouche; ses yeux sont attentifs et semblent annoncer de l'intelligence; ils expriment du moins les sentimens d'affection pour son maître auquel il obéit avec toute complaisance; nous l'avons vu s'incliner à sa voix, se rouler, se tourner, lui tendre une de ses nageoires antérieures, se dresser en élevant son buste, c'est-à-dire, tout le devant de son corps hors de la caisse remplie d'eau, dans laquelle on le tenoit renfermé; il répondoit à sa voix ou à ses signes par un son rauque, qui sembloit partir du fond de la gorge, et qu'on pourroit comparer au beuglement enroué d'un jeune taureau; il paroît que l'animal produit ce son en expirant l'air aussi bien qu'en l'aspirant; seulement il est un peu plus clair dans l'aspiration, et plus rauque dans l'expiration. Avant que son maître ne l'eût rendu docile, il mordoit très-violemment lorsqu'on vouloit le forcer à faire quelques mouvemens; mais, dès qu'il fut dompté, il devint doux, au point qu'on pouvoit le toucher, lui mettre la main dans la gueule et même se reposer sans crainte auprès de lui et appuyer le bras ou la tête sur la sienne; lorsque son maître l'appeloit, il lui répondoit quelqu'éloigné qu'il fût; il sembloit le chercher des yeux lorsqu'il ne le voyoit pas, et dès qu'il l'apercevoit, après quelques momens d'absence, il ne manquoit pas d'en témoigner sa joie par une espèce de gros murmure.

Quand cet animal, qui étoit mâle, éprouvoit les irritations de l'amour, ce qui lui arrivoit à-peu-près de mois en mois, sa douceur ordinaire se changeoit tout-à-coup en une espèce de fureur qui le rendoit dangereux; son ardeur se déclaroit alors par des mugissemens accompagnés d'une forte érection; il s'agitoit et se tourmentoit dans sa caisse, se donnoit des mouvemens brusques et inquiets, et mugissoit ainsi pendant plusieurs heures de suite; c'est par des cris assez semblables qu'il exprimoit son sentiment de douleur lorsqu'on le maltraitoit; mais il avoit d'autres accens plus doux, très-expressifs et comme articulés pour témoigner sa joie et son plaisir.

Dans ces accès de fureurs amoureuses, occasionnés par un besoin que l'animal ne pouvoit satisfaire pleinement et qui duroit huit ou dix jours, on l'a vu sortir de sa caisse après l'avoir rompue; et, dans ces momens, il étoit fort dangereux et même féroce; car alors il ne connoissoit plus personne, il n'obéissoit plus à la voix de son maître, et ce n'étoit qu'en le laissant se calmer pendant quelques heures qu'il pouvoit s'en approcher. Il le saisit un jour par la manche, et l'on eut beaucoup de peine à lui faire lâcher prise en lui ouvrant la gueule avec un instrument. Une autre fois il se jeta sur un assez gros chien et lui écrasa la tête avec les dents, et il exerçoit ainsi sa fureur sur tous les objets qu'il rencontroit : ces accès d'amour l'échauffoient beaucoup; son corps se couvrit de galle, il maigrit ensuite, et enfin il mourut au mois d'août 1779.

Il nous a paru que cet animal avoit la respiration fort longue, car il gardoit l'air assez longtemps et ne l'aspiroit que par intervalles, entre lesquels ses narines étoient exactement fermées; et dans cet état, elles ne paroissoient que comme deux gros traits marqués longitudinalement sur le bout du museau; il ne les ouvre que pour rendre l'air par une forte expiration, ensuite pour en reprendre; après quoi il les referme comme auparavant, et souvent il se passe plus de deux minutes entre chaque aspiration. L'air, dans ce mouvement d'aspiration, formoit un bruit semblable à un reniflement très-fort; il découloit presque continuellement des narines une espèce de mucus blanchâtre, d'une odeur désagréable.

Ce grand phoque, comme tous les animaux de ce genre, s'assoupissoit et s'endormoit plusieurs fois par jour; on l'entendoit ronfler de fort loin, et lorsqu'il étoit endormi, on ne l'éveilloit qu'avec peine; il suffisoit même qu'il fût assoupi pour que son maître ne s'en fît pas entendre aisément, et ce n'étoit qu'en lui présentant près du nez quelques poissons, qu'on pouvoit le tirer de son assoupissement; il reprenoit dès-lors du mouvement et même de la vivacité; il élevoit la tête et la partie antérieure de son corps, en se haussant sur ses deux palmes de devant jusqu'à la hauteur de la main qui lui présentoit le poisson; car on ne le nourrissoit pas avec d'autres alimens, et c'étoit principalement des carpes, et des anguilles qu'il aimoit encore plus que les carpes : on avoit soin de les assaisonner, quoique crues, en les roulant dans du sel; il lui falloit environ trente livres de ces poissons vivans et saupoudrés de sel par vingt-quatre heures; il avaloit très-goulument les anguilles toutes entières, et même les premières carpes qu'on lui offroit; mais dès qu'il avoit avalé deux ou trois de ces carpes entières, il cherchoit à vider les autres avant de les manger, et pour cela il les saisissoit d'abord par la tête qu'il écrasoit entre ses dents; ensuite il les laissoit tomber, leur ouvroit le ventre pour en tirer le fiel avec ses appendices, et finissoit par les reprendre par la tête pour les avaler.

Ses excrémens répandoient une odeur très-fétide; ils étoient de couleur jaunâtre et quelquefois liquides, et lorsqu'ils étoient solides, ils avoient la forme d'une boule. Les conducteurs de cet animal nous assurèrent qu'il pouvoit vivre plusieurs jours et même plus d'un mois sans être dans l'eau, pourvu néanmoins qu'on eût soin de le bien laver tous les soirs avec de l'eau nette, et qu'on lui donnât pour boisson de l'eau claire et salée ; car lorsqu'il buvoit de l'eau douce et sur-tout de l'eau trouble, il en étoit toujours incommodé.

Le corps de ce grand phoque, comme celui de tous les animaux de ce genre, est de forme presque cylindrique ; cependant il diminue de grosseur sans perdre sa rondeur en approchant de la queue. Son poids total pouvoit être de six ou sept cents livres ; sa longueur étoit de sept pieds et demi depuis le bout du museau jusqu'à l'extrémité des nageoires de derrière ; il avoit près de cinq pieds de circonférence à l'endroit de son corps le plus épais, et seulement un pied neuf pouces de tour auprès de l'origine de la queue ; sa peau est couverte d'un poil court très-ras, lustré et de couleur brune, mélangé de grisâtre, principalement sur le cou et la tête où il paroît comme tigré : le poil est plus épais sur le dos et sur les côtés du corps que sous le ventre, où l'on remarque une grande tache blanche qui se termine en pointe en se prolongeant sur les flancs ; et c'est par ce caractère que nous avons cru devoir le désigner en l'appelant le grand phoque à ventre blanc.

Ce grand phoque fut pris le 28 octobre 1777, dans le golfe Adriatique, près de la côte de Dalmatie ; on lui avoit donné plusieurs fois la chasse sans succès, et il avoit déjà échappé cinq ou six fois en rompant les filets des pêcheurs ; il étoit connu depuis plus de cinquante ans au rapport des anciens pêcheurs de cette côte qui l'avoient souvent poursuivi, et qui croyoient que c'étoit à son grand âge qu'il devoit sa grande taille; et ce qui semble confirmer cette présomption, c'est que ses dents étoient très-jaunes et usées; que son poil étoit plus foncé en couleur que celui de la plupart des phoques qui nous sont connus, et que ses moustaches étoient longues, blanches et très-rudes.

Cependant quelques autres phoques de la même grandeur ont été pris dans ce même golfe Adriatique, et ont été vus et amenés comme celui-ci en France et en Allemagne. Les conducteurs de ces animaux ayant intérêt de les conserver vivans, ont trouvé les moyens de les guérir de quelques maladies qui leur surviennent par leur état de gêne et de captivité, et que probablement ils n'éprouvent pas dans leur état de liberté. Par exemple, lorsqu'ils cessent de manger et refusent le poisson, ils les tirent hors de l'eau, leur font prendre du lait mêlé avec de la thériaque; ils les tiennent chaudement en les enveloppant d'une couverture, et continuent ce traitement jusqu'à ce qu'ils aient repris de l'appétit et qu'ils reçoivent avec plaisir leur nourriture ordinaire. Il arrive souvent qu'ils refusent tout aliment pendant les cinq ou six premiers jours après avoir été pris, et les pêcheurs assurent qu'on les verroit périr d'inanition si on ne les contraignoit pas à avaler une dose de thériaque avec du lait.

Les autres espèces de phoques sans oreilles externes, sont 1°. le phoque à capuchon. Le caractère qui le distingue des autres phoques et d'où il tire sa dénomination, est ce capuchon d'une peau épaisse et velue qu'il a sur le front et qu'on appelle cache-museau, parce
que

que l'animal a la faculté d'abattre cette peau sur ses yeux pour se garantir des tourbillons de sable et de neige que le vent chasse trop impétueusement. 2°. Le phoque à croissant. Sa peau est revêtue d'un poil roide et fort; son corps est couvert d'une graisse épaisse et dont on tire une huile qui, pour le goût, l'odeur et la couleur, ressemble assez à de la vieille huile d'olive. 3°. Le phoque appelé neit-soak par les Groenlandois, plus petit que les précédens, et dont le poil est mêlé de soies brunes et aussi rudes que celles du cochon. 4°. Le phoque appelé laktak par les habitans du Kamtschatka, qui se prend dans l'Océan oriental, et dont l'espèce paroît être une des plus grandes. 5°. Celui qui est appelé Gassigiak par les Groenlandois. Cette espèce n'est pas voyageuse; la peau des jeunes est noire sur le dos et blanche sous le ventre, et celle des vieux est ordinairement tigrée. 6°. Le phoque commun que nous avons décrit au commencement de cet article. Ces phoques se trouvent pour la plupart aux environs des terres les plus septentrionales dans les mers de l'Europe, de l'Asie et de l'Amérique, tandis que le lion-marin et même le phoque à museau ridé se trouvent également répandus dans les deux hémisphères. Tous ces animaux, à l'exception du phoque à museau ridé et du phoque à ventre blanc, sont connus par les Russes et autres peuples septentrionaux, sous les noms de chien et de veau-marin; il en est de même au Kamtschatka, aux îles Kouriles et chez les Koriaques, où on les appelle *kolkha*, *betarkar* et *memel*, ce qui signifie également veau-marin dans les trois langues.

Non seulement ces animaux fournissent aux Groen-

Tome VI. T

landois le vêtement et la nourriture, mais leurs peaux sont encore employées à couvrir leurs tentes et leurs canaux; ils en tirent aussi de l'huile pour leurs lampes et se servent des nerfs et des fibres tendineuses pour coudre leurs vêtemens; les boyaux bien nétoyés et amincis sont employés au lieu de verre pour leurs fenêtres, et la vessie de ces animaux leur sert de vase pour contenir leur huile; ils en font sécher la chair pour la conserver pendant le temps qu'ils ne peuvent ni chasser ni pêcher : en un mot les phoques font la principale ressource des Groenlandois, et c'est par cette raison qu'ils s'exercent de bonne-heure à les chasser, et que celui qui réussit le mieux, acquiert autant de gloire que s'il s'étoit distingué dans un combat.

Les voyageurs qui ont vu ces animaux au Kamtschatka, disent qu'ils remontent quelquefois dans les rivières en si grand nombre, que les petites îles éparses ou voisines des côtes de la mer en sont couvertes. En général, ils ne s'éloignent guère qu'à vingt ou trente lieues des côtes ou des îles, excepté dans le temps de leurs voyages; lorsqu'ils remontent les rivières, c'est pour suivre le poisson dont ils se nourrissent; ils s'accouplent différemment des quadrupèdes, les femelles se renversant sur le dos pour recevoir le mâle; elles ne produisent ordinairement qu'un petit, ainsi que nous l'avons déjà dit, dans les grandes espèces, et deux dans les petites; la voix de tous ces animaux, selon Kracheninnikow, est fort désagréable; les jeunes ont un cri plaintif; tous ne cessent de grogner ou murmurer d'un ton rauque; ils sont dangereux des qu'on les a blessés : ils se défendent alors avec une sorte de fureur, lors même qu'ils ont le crâne brisé en plusieurs pièces.

On voit, par tout ce que nous venons d'exposer, que non-seulement ce genre des Phoques est assez nombreux en espèces, mais que chaque espèce est aussi très-nombreuse en individus, si l'on en juge par la quantité de ceux que les voyageurs ont trouvés rassemblés sur les terres nouvellement découvertes et aux extrémités des deux continens. Ces côtes désertes sont en effet le dernier asyle de ces peuplades marines qui ont fui les terres habitées, et ne paroissent plus que dispersés dans nos mers ; et réellement ces phoques en bandes, ces troupeaux du vieux Protée, que les anciens nous ont si souvent peints, et qu'ils doivent avoir vus sur la Méditerranée, puisqu'ils connoissoient très-peu l'Océan, ont presque disparu et ne se trouvent plus que dispersés près de nos côtes, où il n'est plus de déserts qui puissent leur offrir la paix et la sécurité dont leurs grandes sociétés ont besoin ; ils sont allé chercher ailleurs cette liberté qui est nécessaire à toute réunion sociale, et ne l'ont trouvée que dans les mers peu fréquentées, et sous les zônes froides des deux pôles.

DE L'OURS-MARIN (1).

Tous les phoques dont nous venons de parler, n'ont que des trous auditifs et point d'oreilles externes ; l'Ours-marin n'est pas le plus grand des phoques à oreilles ; mais c'est celui dont l'espèce est la plus nombreuse et la plus répandue ; c'est un animal tout différent de l'ours de mer blanc dont nous avons parlé. Ce dernier est un quadrupède du genre de l'ours terrestre, et l'Ours-marin dont il s'agit, est un véritable amphibie. De tous les animaux de ce genre, il paroît être celui qui fait les plus grands voyages; son tempérament s'accommode à l'influence de tous les climats ; on le trouve dans toutes les mers et autour des îles peu fréquentées ; on le trouve en troupes nombreuses dans les mers du Kamtschatka, et sur les îles inhabitées, qui sont entre l'Asie et l'Amérique. Steller nous apprend que ces animaux quittent au mois de juin les côtes de Kamtschatka, et qu'ils y reviennent à la fin d'août ou au commencement de septembre, pour y passer l'automne et l'hiver. Dans le temps du départ, c'est-à-dire au mois de juin, les femelles sont prêtes à mettre bas, et il paroît que l'objet du voyage de ces animaux, est de s'éloigner le plus qu'ils peuvent de toute terre habitée, pour faire tranquillement leurs petits et se livrer ensuite sans trouble aux plaisirs de l'amour, car les femelles entrent en chaleur

---

(1) Il est appelé *Kot* par les Russes, *loup de mer* par les François, *veau-marin* par les Anglois, et *phoque commun* par plusieurs voyageurs.

un mois après qu'elles ont mis bas ; tous reviennent fort maigres au mois d'août ; ceux que Steller a disséqués dans cette saison, n'avoient rien dans l'estomac ni dans les intestins, et il présume qu'ils ne mangent que peu ou point du tout tant que durent leurs amours; cette saison de plaisirs est en même temps celle des combats ; les mâles se battent avec fureur pour maintenir leur famille et en conserver la propriété ; car, lorsqu'un Ours-marin mâle vient pour enlever à un autre ses filles adultes ou ses femmes, ou qu'il veut le chasser de sa place, le combat est sanglant et ne se termine ordinairement que par la mort de l'un des deux.

Chaque mâle a communément huit à dix femelles, et quelquefois quinze ou vingt ; il en est fort jaloux et les garde avec grand soin; il se tient ordinairement à la tête de toute sa famille, qui est composée de ses femelles et de leurs petits des deux sexes ; chaque famille se tient séparée, et quoique ces animaux soient par milliers dans de certains endroits, les familles ne se mêlent jamais, et chacune forme une petite troupe, à la tête de laquelle est le chef mâle qui les régit en maître ; cependant il arrive quelquefois que le chef d'une autre famille arrive au combat pour protéger un de ceux qui sont aux prises, et alors la guerre devient plus générale, et le vainqueur s'empare de toute la famille des vaincus qu'il réunit à la sienne.

Ces Ours-marins ne craignent aucun des autres animaux de la mer ; cependant ils paroissent fléchir devant le lion-marin, car ils l'évitent avec soin et ne s'en approchent jamais, quoique souvent établis sur le même terrein ; mais ils font une guerre cruelle à la loutre-marine (saricovienne), qui étant plus petite et plus foible, ne peut se défendre contr'eux. Ces animaux qui paroissent très-féroces par les combats qu'ils se livrent, ne sont cependant ni dangereux ni redoutables; ils ne cherchent pas même à se défendre contre l'homme, et ils ne sont à craindre que lorsqu'on les réduit au désespoir, et qu'on les serre de si près qu'ils ne peuvent fuir ; ils se mettent aussi de mauvaise humeur lorsqu'on les provoque dans le temps qu'ils jouissent de leurs femelles ; ils se laissent assommer plutôt que de désemparer.

La manière dont ils vivent et agissent entr'eux est assez remarquable ; ils paroissent aimer passionnément leur famille : si un étranger vient à bout d'en enlever un individu, ils en témoignent leurs regrets en versant des larmes ; ils en versent encore lorsque quelqu'un de leur famille qu'ils ont maltraité, se rapproche et vient demander grâce : ainsi, dans ces animaux, il paroît que la tendresse succède à la sévérité, et que c'est toujours à regret qu'ils punissent leurs femelles ou leurs petits. Le mâle semble être en même temps un bon père de famille et un chef de troupe impérieux, jaloux de conserver son autorité, et qui ne permet pas qu'on lui manque.

Les jeunes mâles vivent pendant quelque temps dans le sein de la famille ; ils la quittent lorsqu'ils sont adultes, et assez forts pour se mettre à la tête de quelques femelles dont ils se font suivre, et cette petite troupe devient bientôt une famille plus nombreuse : tant que la vigueur de l'âge dure et qu'ils sont en état de jouir de leurs femelles, ils les régissent en maîtres et ne les quittent pas ; mais lorsque la vieillesse a diminué leurs forces et amorti leurs desirs, ils les abandonnent et se retirent pour vivre solitaires ; l'ennui ou le regret semble les rendre plus féroces, car ces vieux mâles retirés ne témoignent aucune crainte, et ne fuient pas comme les autres à l'aspect de l'homme ; ils grondent en montrant les dents, et se jettent même avec audace contre celui qui les attaque, sans jamais reculer ni fuir, en sorte qu'ils se laissent plutôt tuer que de prendre le parti de la retraite.

Les femelles, plus timides que les mâles, ont un si grand attachement pour leurs petits que, même dans les plus pressans dangers, elles ne les abandonnent qu'après avoir employé tout ce qu'elles ont de force et de courage pour les en garantir et les conserver, et souvent, quoique blessées, elles les emportent dans leur gueule pour les sauver.

Steller assure que les Ours-marins ont plusieurs cris différens, tous relatifs aux circonstances et aux passions qui les agitent ; lorsqu'ils sont tranquilles sur la terre, on distingue aisément les femelles et les jeunes d'avec les vieux mâles, par le son de leur voix dont le mélange ressemble de loin aux bêlemens d'un troupeau composé de moutons et de veaux ; quand ils souffrent ou qu'ils sont ennuyés, ils beuglent ou mugissent, et lorsqu'ils ont été battus ou vaincus, ils gémissent de douleur et font entendre un sifflement d'affliction à-peu-près semblable au cri de la saricovienne ; dans les combats, ils rugissent et frémissent comme le lion, et enfin dans la joie et après la victoire ils font un petit cri aigu qu'ils réitèrent plusieurs fois de suite.

Ils ont tous les sens et sur-tout l'odorat très-bons, car ils sont avertis par ce sens même pendant le sommeil, et ils s'éveillent lorsqu'on s'avance vers eux quoiqu'on en soit encore loin.

Ils ne marchent pas aussi lentement que la conformation de leurs pieds sembleroit l'indiquer, il faut même être bon coureur pour les atteindre; ils nagent avec beaucoup de célérité, et au point de parcourir en une heure une étendue de plus d'un mille d'Allemagne; lorsqu'ils se délectent ou qu'ils s'amusent près du rivage, ils font dans l'eau différentes évolutions; tantôt ils nagent sur le dos et tantôt sur le ventre; ils paroissent même assez souvent se tenir dans une situation presque verticale; ils se roulent, ils se plongent et s'élancent quelquefois hors de l'eau à la hauteur de quelques pieds; dans la pleine mer ils se tiennent presque toujours sur le dos, sans néanmoins que l'on voie leurs pieds de devant, mais seulement ceux de derrière qu'ils élèvent de temps en temps au-dessus de l'eau; et, comme ils ont le trou ovale du cœur ouvert, ils ont la faculté d'y rester long-temps sans avoir besoin de respirer; ils prennent au fond de la mer les crabes et autres crustacées et coquillages dont ils se nourrissent lorsque le poisson leur manque.

Les femelles mettent bas au mois de juin, dans les îles désertes de l'hémisphère boréal; et comme elles entrent en chaleur au mois de juillet suivant, on peut en conclure que le temps de la gestation est au moins de dix mois; leurs portées sont ordinairement d'un seul, et très-rarement de deux petits; les mâles en naissant sont plus gros et plus noirs que les femelles qui deviennent bleuâtres avec l'âge, et tachetées ou tigrées entre les jambes de devant; tous, mâles et femelles naissent les yeux ouverts et ont déjà trente-deux dents; mais les dents canines ou défenses ne paroissent que quatre jours après; les mères nourrissent leurs petits de leur lait jusqu'à leur retour sur les grandes terres, c'est-à-dire, jusqu'à la fin d'août; ces petits déjà forts, jouent souvent ensemble, et lorsqu'ils viennent à se battre, celui qui est vainqueur est caressé par le père, et le vaincu est protégé et secouru par la mère.

Ils choisissent ordinairement le déclin du jour pour s'accoupler; une heure auparavant le mâle et la femelle entrent tous deux dans la mer; ils y nagent doucement ensemble et reviennent ensuite à terre; la femelle qui, pour l'ordinaire, sort de l'eau la première, se renverse sur le dos, et le mâle la couvre dans cette situation; il paroît très-ardent et très-actif; il presse si fort la femelle par son poids et par ses mouvemens, qu'il l'enfonce souvent dans le sable au point qu'il n'y a que la tête et les pieds qui paroissent; pendant ce temps, qui est assez long, le mâle est si occupé, qu'on peut en approcher sans crainte, et même le toucher avec la main (1).

―――――

(1) « J'ai vu, dit Steller, un de ces animaux accouplé depuis plus d'un quart-d'heure, auquel je donnai un coup de ma main; ce coup le fit regarder, et le mit en colère, ce qu'il témoigna par un terrible rugissement; mais cela ne l'empêcha pas de continuer et d'achever son ouvrage. »

Ces animaux ont le poil hérissé, épais et long, il est de couleur noire sur le corps, et jaunâtre ou roussâtre sur les pieds et les flancs; il y a sous ce long poil une espèce de feutre, c'est-à-dire, un second poil plus court et fort doux qui est aussi de couleur roussâtre; mais, dans la vieillesse, les plus longs poils deviennent gris ou blancs à la pointe, ce qui les fait paroître d'une couleur grise un peu sombre; ils n'ont pas autour du cou de longs poils en forme de crinière comme les lions-marins. Les femelles diffèrent si fort des mâles par la couleur, ainsi que par la grandeur, qu'on seroit tenté de les prendre pour des animaux d'une autre espèce; leurs plus longs poils varient; ils sont tantôt cendrés et tantôt mêlés de roussâtre ; les petits sont du plus beau noir en naissant; on fait de leurs peaux des fourrures qui sont très-estimées; mais, dès le quatrième jour après leur naissance, il y a du roussâtre sur les pieds et sur les côtés du ventre; c'est par cette raison que l'on tue souvent les femelles qui sont pleines pour avoir la peau du fœtus qu'elles portent, parce que cette fourrure des fœtus est encore plus soyeuse et plus noire que celle des nouveau-nés.

Le poids des plus grands Ours-marins est d'environ huit cents livres, et leur longueur n'excède pas huit à neuf pieds. Pendant les neuf mois que ces grands animaux séjournent sur les côtes de Kamtschatka , c'est-à-dire, depuis le mois d'août jusqu'au mois de juin, ils ont sous la peau un panicule graisseux de près de quatre pouces sur le corps ; la graisse des mâles est huileuse et d'un goût très-désagréable, mais celle des femelles, qui est moins abondante, est aussi d'un goût plus supportable ; on peut manger de leur chair, et celle des petits est même assez bonne, tandis que celle des vieux est noire et de très-mauvais goût, quoique dépouillée de sa graisse ; il n'y a que le cœur et le foie qui soient mangeables.

Si l'on compare l'Ours-marin avec l'ours terrestre, on ne leur trouvera d'autre ressemblance que par le squelette de la tête et par la forme de la partie antérieure du corps qui est épaisse et charnue ; la tête, dans son état naturel, est revêtue d'un panicule graisseux d'un pouce d'épaisseur, ce qui la fait paroître beaucoup plus ronde que celle de l'ours de terre; elle a en effet deux pieds cinq pouces six lignes de tour derrière les oreilles, et n'est longue que d'environ huit pouces, depuis le bout du museau jusqu'aux oreilles ; mais, après l'avoir dépouillée de sa graisse, le squelette de cette tête de l'Ours-marin, est très-ressemblant à celui de l'ours de terre. Du reste, la forme de ces deux animaux est très-différente ; le corps de l'Ours-marin est fort mince dans sa partie postérieure et devient presque de figure conique, depuis les reins jusqu'auprès de la queue, qui n'a que deux pouces de longueur ; en sorte que la grosseur du corps, qui est de quatre pieds huit pouces de tour auprès des épaules, se réduit à un pied six pouces trois lignes auprès de la queue.

L'Ours-marin a des oreilles externes comme le lion-marin et la saricovienne; ces oreilles ont un pouce sept lignes de longueur ; elles sont pointues, coniques, droites, lisses et sans poil à l'extérieur ; elles ne sont ouvertes que par une fente longitudinale, que l'animal peut resserrer et fermer lorsqu'il se plonge en entier dans l'eau; les yeux sont proéminens et gros à peu près comme ceux du bœuf; l'iris en est noire; ils sont garnis de cils et de paupières, et défendus comme ceux des phoques, par une membrane qui prend naissance au grand angle de l'œil, et qui peut le recouvrir à la volonté de l'animal. Les dents sont très-pointues; il y en a trente-six en tout, vingt en haut et seize en bas.

Un caractère qui est commun aux ours et aux lions-marins et qui les distingue de tous les autres animaux, c'est la forme de leurs pieds; ils ont à peu près celle des oiseaux palmipèdes; les pieds de devant servent à l'animal à marcher sur la terre, et ceux de derrière ne lui sont utiles que pour nager et se gratter; il les traîne après lui comme des membres nuisibles sur la terre; car ces parties de l'arrière du corps, ramassent et accumulent sous son ventre du sable et de la vase en si grande quantité, qu'il est obligé de marcher circulairement; et c'est par cette raison qu'il ne peut grimper sur les rochers.

La verge est longue de dix à onze pouces; elle contient dans sa partie antérieure un os de près de cinq pouces de longueur, semblable à celui qui se trouve dans la verge de la saricovienne; la peau du scrotum, qui est située sous l'anus et qui renferme deux testicules de figure oblongue, est de couleur noire, ridée et sans poil; la femelle n'a que deux mamelles situées près de la vulve.

Nous devons encore observer que le petit phoque noir a tant de rapport avec l'Ours-marin, qu'on ne peut se dissimuler que ce ne soit un individu qui appartient à cette espèce, ou qui n'en est qu'une variété ; car il ressemble absolument au grand ours-marin par la forme du corps, par celle des pattes qui sont manchottes et entièrement dénuées de poil ; par la forme des dents incisives qui sont fendues à leur extrémité; par les oreilles qu'il a proéminentes à l'extérieur, et enfin par la qualité soyeuse et la couleur noirâtre de sa fourrure. Et comme il est à présumer que cet animal, quoique de très-petite taille, étoit néanmoins adulte, puisqu'il avoit toutes ses dents bien formées, on pourroit croire qu'il existe une seconde espèce ou race d'ours-marin plus petite que la première, et que c'est à cette seconde espèce qu'on doit rapporter ce que les voyageurs ont dit des petits ours-marins qu'ils ont vus dans différens endroits de l'hémisphère austral, mais que jusqu'ici l'on ne connoissoit pas dans l'hémisphère boréal.

Au reste, cette petite race ou espèce d'ours-marin ressemble entièrement à la grande tant par les couleurs du poil et la forme du corps, que par les mœurs et les habitudes naturelles; il paroît seulement qu'étant plus petits, ils sont aussi plus timides que les grands. « Ces animaux, dit un témoin oculaire, ne cherchent qu'à se sauver du côté de la mer, et ne mordent jamais que ce qui se trouve directement sur leur passage ; plusieurs en se sauvant passoient même entre nos jambes; ils se familiarisent promptement avec les hommes ; j'en ai conservé deux vivans pendant huit jours dans un cuvier de cinq pieds de diamètre ; le premier jour j'y avois fait mettre de l'eau de la mer à la hauteur d'un demi-pied ; mais comme ils faisoient des efforts pour l'éviter, je les mis dans de l'eau douce; ils s'y trouvèrent aussi gênés, et je les laissai à sec; dès que l'eau étoit vidée, ils se secouoient comme les chiens, ils se grattoient, se nétoyoient avec leur museau, et se serroient l'un contre l'autre; ils éternuoient aussi comme les chiens. »

« Lorsqu'il faisoit soleil je les lâchois sur le gaillard du vaisseau, où ils ne cherchoient à fuir que quand ils voyoient la mer; sur terre ils se grattoient et même prenoient plaisir à se laisser gratter par les hommes auprès desquels ils marchoient assez familièrement; ils alloient même flairer les gens de l'équipage, et ils aimoient à grimper sur les lieux élevés pour être mieux exposés au soleil. »

« Ils avoient de l'amitié l'un pour l'autre, et lorsqu'on les séparoit ils cherchoient bientôt à se rejoindre : il suffisoit d'en emporter un pour se faire suivre de l'autre. On leur offrit du poisson, du goëmon, du pain trempé dans de l'eau; ils flairoient et prenoient ce qu'on leur présentoit, mais ils ne l'avaloient pas et le rendoient tout de suite; le septième jour l'un d'eux eut des palpitations et des sanglottemens très-forts; il ouvroit la gueule en rendant une liqueur verdâtre, et il rongeoit le bois de sa cuve; je le fis jeter à la mer; le lendemain je lâchai l'autre dans une prairie, mais il n'y mangea rien; je le chassai à la mer; d'abord il nageoit assez lentement; mais s'étant plongé sous l'eau pendant fort longtemps, il revint à sa surface plus leste qu'auparavant; il venoit apparemment de prendre de la nourriture. »

« Le poil des jeunes est noirâtre; mais avec l'âge

il devient d'un gris argenté à la pointe; leurs dents sont petites, leur moustache assez longue; la physionomie est douce, et leur tête ressemble assez à celle d'un chien qui n'auroit que de petites oreilles ; celles de ces ours-marins sont étroites, peu ouvertes et n'ont que dix-sept à dix-huit lignes de longueur; le cou est gros et presque de niveau avec la tête; l'endroit le plus gros de l'animal est la poitrine d'où le corps va en diminuant jusqu'à la queue, qui n'a qu'environ deux pouces de longueur. »

Les pattes de devant sont formées par une membrane cartilagineuse qui a presque la forme des nageoires; cette membrane est plus forte à sa partie antérieure qu'en arrière : ces pattes ont cinq doigts qui ne s'étendent pas autant que la membrane; le plus intérieur est le mieux marqué, de même que ses phalanges; les deux suivans le sont moins, et les deux extérieurs le sont à peine ; chaque doigt est armé d'un ongle très-petit et à peine visible, étant caché par le poil.

Les pattes de derrière ont aussi cinq doigts, dont les trois du milieu ont leurs phalanges et leurs ongles bien marqués ; les autres sont moins caractérisés à cet égard; ils ont un ongle très-petit et très-mince; tous ces doigts sont joints par une membrane comme celle de l'oie.

DU LION-MARIN (1).

La plus grande des espèces de phoques à oreilles externes, est celle du Lion marin. Il est sans comparaison plus puissant et plus gros que l'ours-marin ; cependant jusqu'à ce jour il étoit peu connu. Forster a vu des troupes de ces Lions-marins sur les côtes des terres Magellaniques, et dans quelques endroits de l'hémisphère austral : d'autres voyageurs ont reconnu ces mêmes Lions-marins dans les mers du nord, sur les îles Kuriles et au Kamtschatka. Steller a, pour ainsi dire, vécu au milieu d'eux pendant plusieurs mois dans l'île de Bering. Ainsi l'espèce en est répandue dans les deux hémisphères, et peut-être sous toutes les latitudes, comme celle des ours-marins, de la saricovienne et de la plupart des phoques.

Les Lions-marins se tiennent et vont en grandes familles, cependant moins nombreuses que celles des ours-marins, avec lesquels on les voit quelquefois sur le même rivage. Chaque famille est ordinairement composée d'un mâle adulte, de dix à douze femelles et de quinze à vingt jeunes des deux sexes ; il y a même des mâles qui paroissent avoir un plus grand nombre de femelles, mais il y en a d'autres qui en ont beaucoup moins ; tous nagent ensemble dans la mer, et demeurent aussi réunis lorsqu'ils se reposent sur la terre ; la présence ou la voix de l'homme les fait fuir et se jeter à l'eau ; car, quoique ces animaux soient bien

---

(1) Nom que lui ont donné plusieurs voyageurs ; c'est le même que le phoque à crinière de Forster.

plus grands et plus forts que les ours-marins, ils sont néanmoins plus timides; lorsqu'un homme les attaque avec un simple bâton, ils se défendent rarement et fuient en gémissant; jamais ils n'attaquent ni n'offensent, et l'on peut se trouver au milieu d'eux sans avoir rien à craindre; ils ne deviennent dangereux que quand on les blesse grièvement ou qu'on les réduit aux abois; la nécessité leur donne alors de la fureur, ils font face à l'ennemi, et combattent avec d'autant plus de courage qu'ils sont plus maltraités. Les chasseurs cherchent à les surprendre sur la terre plutôt que dans la mer, parce qu'ils renversent souvent les barques lorsqu'ils se sentent blessés. Comme ces animaux sont puissans, massifs et très-forts, c'est une espèce de gloire parmi les Kamtschadales que de tuer un lion-marin mâle. L'homme dans l'état de nature fait plus de cas que nous du courage personnel; ces sauvages, excités par cette idée de gloire, s'exposent au plus grand péril; ils vont chercher les lions-marins en errant plusieurs jours de suite sur les flots de la mer, sans autre boussole que le soleil et la lune; ordinairement ils les assomment à coups de perches, et quelquefois ils leur lancent des flèches empoisonnées qui les font mourir en moins de vingt-quatre heures, ou bien ils les prennent vivans avec des cordes de lianes dont ils leur embarrassent les pieds.

Quoique ces animaux soient d'un naturel brut et assez sauvage, il paroit cependant qu'à la longue ils se familiarisent avec l'homme. Steller dit qu'en les traitant bien, on pourroit les apprivoiser; il ajoute qu'ils s'étoient si bien accoutumés à le voir, qu'ils ne fuyoient plus à son aspect, comme au commencement; qu'ils le regardoient paisiblement, en le considérant avec une espèce d'attention; qu'enfin ils avoient si bien perdu toute crainte, qu'ils agissoient en toute liberté et même s'accouploient devant lui. Forster dit aussi qu'il en a vu quelques-uns qui s'étoient si bien habitués à voir les hommes, qu'ils suivoient les chaloupes en mer, et qu'ils avoient l'air d'examiner ce que l'on y faisoit.

Cependant quoique les Lions-marins soient d'un naturel plus doux que les ours-marins, les mâles se livrent souvent entr'eux des combats longs et sanglans; on en a vu qui avoient le corps entamé et couvert de grandes cicatrices. Ils se battent pour défendre leurs femelles contre un rival qui vient s'en saisir et les enlever; après le combat le vainqueur devient le chef et le maître de la famille entière du vaincu; ils se battent aussi pour conserver la place que chaque mâle occupe toujours sur une grosse pierre qu'il a choisie pour domicile; et, lorsqu'un autre mâle vient pour l'en chasser, le combat commence et ne finit que par la fuite ou par la mort du plus foible.

Les femelles ne se battent jamais entr'elles ni avec les mâles; elles semblent être dans une dépendance absolue du chef de la famille; elles sont ordinairement suivies de leurs petits des deux sexes; mais lorsque deux mâles, c'est-à-dire deux chefs de familles différentes sont aux prises, toutes les femelles arrivent avec leur suite pour être témoins du combat, et si le chef de quelque autre troupe arrive de même à ce spectacle et prend parti pour ou contre l'un des deux combattans, son exemple est bientôt suivi par plusieurs autres chefs, et alors la bataille devient presque générale, et ne se termine que par une grande effusion de sang, et souvent par la mort de plusieurs de ces mâles, dont les familles se réunissent au profit des vainqueurs. On a remarqué que les trop vieux mâles ne se mêlent point dans ces combats; ils sentent apparemment leur foiblesse, car ils ont soin de se tenir éloignés et de rester tranquilles sur leur pierre, sans néanmoins permettre aux autres mâles ni même aux femelles d'en approcher. Dans la mêlée, la plupart des femelles oublient leurs petits, et tâchent de s'éloigner du lieu de la scène en fuyant; ce qui suppose un naturel bien différent de celui des ours-marins, dont les femelles emportent leurs petits, lorsqu'elles ne peuvent les défendre; cependant il y a quelquefois des mères lionnes qui emportent aussi leurs petits dans leur gueule, d'autres qui ont assez de naturel pour ne les point abandonner, et qui se font même assommer sur la place, en cherchant à les défendre; mais il faut que ce soit une exception, car Steller dit positivement que ces femelles ne paroissent avoir que très-peu d'attachement pour leurs petits, et que quand on les leur enlève, elles ne paroissent point en être émues; il ajoute qu'il a pris des petits plusieurs fois lui-même devant le père et la mère, sans courir le moindre risque et sans que ces animaux insensibles ou dénaturés se soient mis en devoir de les secourir ou de les venger.

Au reste, dit-il, ce n'est qu'entre eux que les mâles sont féroces et cruels; ils maltraitent rarement leurs petits ou leurs femelles; ils ont pour elles beaucoup d'attachement et ils se plaisent à leurs caresses qu'ils leur rendent avec complaisance; mais ce qui paroîtroit singulier si l'on n'en avoit pas l'exemple dans nos sérails, c'est que dans le temps des amours ils sont moins complaisans et plus fiers; il faut que la femelle fasse les premières avances; non-seulement le mâle sultan paroît être indifférent et dédaigneux, mais il marque encore de la mauvaise humeur, et ce n'est qu'après qu'elle a réitéré plusieurs fois ses prévenances qu'il se laisse toucher de sensibilité, et se rend à ses instances; tous deux alors se jettent à la mer; ils y font différentes évolutions, et après avoir nagé doucement pendant quelque temps ensemble, la femelle revient la première à terre et s'y renverse sur le dos pour attendre et recevoir son maître. Pendant l'accouplement qui dure huit à dix minutes, le mâle se soutient sur ses pieds de devant; et comme il a la taille d'un tiers plus grande que celle de la femelle, il la déborde de toute la tête.

Ces animaux, ainsi que les ours-marins, choisissent toujours les îles désertes pour y aller faire leurs petits et s'y livrer ensuite aux plaisirs de l'amour. Il paroît que dans les climats opposés, c'est toujours en été que les lions-marins se recherchent, et que le temps de la gestation est de près de onze mois. Selon Steller la femelle ne fait qu'un petit à chaque portée, et selon Forster elle en fait deux (1). Il se peut que comme les petits de l'année précédente suivent leur mère avec ceux de l'année suivante, ce dernier ne les ait pas

---

(1) Kracheninikow dit même jusqu'à trois et quatre, ce qui n'est pas vraisemblable.

distingués en voyant la femelle suivie de deux petits. Les mêmes voyageurs rapportent que ces animaux, et sur tout les mâles, ne mangent rien tant que durent leurs amours ; en sorte qu'après ce temps ils sont toujours fort maigres et très-épuisés. Ceux qu'ils ont ouverts dans cette saison n'avoient dans leur estomac que de petites pierres, tandis que dans tout autre temps ils sont très-gras, et que leur estomac est farci des poissons et des crustacées qu'ils mangent en grande quantité.

La voix des Lions-marins est différente selon l'âge et le sexe, et il est aisé de distinguer, même de loin, le cri des mâles adultes, de celui des jeunes et des femelles ; les mâles ont un mugissement semblable à celui du taureau ; et lorsqu'ils sont irrités, ils marquent leur colère par un gros ronflement. Les femelles ont aussi une espèce de mugissement, mais plus foible que celui du mâle, et assez semblable au beuglement d'un jeune veau ; la voix des petits a beaucoup de rapport à celle d'un agneau âgé de quelques mois ; de sorte que de loin on croiroit entendre des troupeaux de bœufs et de moutons qui seroient répandus sur les côtes, quoique ce ne soit réellement que des troupes de Lions-marins, dont les mugissemens, sur des accens et des tons différens, se font entendre d'assez loin pour avertir les voyageurs qu'ils approchent de la terre, que les brumes, dans ces parages, dérobent souvent à leurs yeux.

Les Lions-marins marchent de la même manière que les ours-marins, c'est-à-dire en se traînant sur la terre à l'aide de leurs pieds de devant, mais c'est encore plus pesamment et de plus mauvaise grâce. Il y en a qui sont si lourds, et ce sont probablement les vieux, qu'ils ne quittent pas la pierre qu'ils ont choisie pour leur siége, et sur laquelle ils passent le jour entier à ronfler et à dormir; les jeunes ont aussi moins de vivacité que les jeunes ours-marins; on les trouve souvent endormis sur le rivage, mais leur sommeil est si peu profond, qu'au moindre bruit ils s'éveillent et fuient du côté de la mer; lorsque les petits sont fatigués de nager, ils se mettent sur le dos de leur mère; mais le père ne les y souffre pas longtemps et les en fait tomber, comme pour les forcer de s'exercer et de se fortifier dans l'exercice de la nage. En général, tous ces Lions-marins, tant adultes que jeunes, nagent avec beaucoup de vîtesse et de légéreté; ils peuvent aussi demeurer fort longtemps sous l'eau sans respirer; ils exhalent une odeur forte et qui se répand au loin; leur chair est presque noire et d'assez mauvais goût, sur-tout celle des mâles; cependant Steller dit que la chair des pieds ou nageoires de derrière est très-bonne à manger, mais peut-être n'est-ce que pour des voyageurs, d'autant moins difficiles que ceux-ci manquoient, pour ainsi dire, de tout autre aliment; ils disent que la chair des jeunes est blanchâtre et peut se manger, quoiqu'elle soit un peu fade et assez désagréable au goût; leur graisse est très-abondante et assez semblable à celle de l'ours-marin, et quoique moins huileuse que celle des autres phoques, elle n'en est pas plus mangeable. Cette grande quantité de graisse et leur fourrure épaisse les défendent contre le froid dans les régions glaciales; mais il semble qu'elles devroient leur nuire dans les climats chauds, d'autant qu'on ne s'est point aperçu d'aucune mue dans le poil, ni de diminution de leur embonpoint dans quelque latitude qu'on les ait rencontrés : ces animaux amphibies diffèrent donc en cela des animaux terrestres, qui changent de poil lorsqu'on les transporte dans des climats différens.

Le Lion-marin diffère aussi de tous les autres animaux de la mer par un caractère qui lui a fait donner son nom, et qui lui donne en effet quelque ressemblance extérieure avec le lion terrestre ; c'est une crinière de poils épais, ondoyans, longs de deux à trois pouces et de couleur jaune foncé qui s'étend sur le front, les joues, le cou et la poitrine ; cette crinière se hérisse lorsqu'il est irrité, et lui donne un air menaçant ; la femelle, qui a le corps plus court et plus mince que le mâle, n'a pas le moindre vestige de cette crinière ; tout son poil est court, lisse, luisant et d'une couleur jaunâtre assez claire ; celui du mâle, à l'exception de la crinière, est de même luisant, poli et court ; seulement il est d'un fauve brunâtre et plus foncé que celui de la femelle ; il n'y a point de feutre ou petits poils lanugineux au-dessous des longs poils comme dans l'ours-marin ; au reste, la couleur de ces animaux varie suivant l'âge ; les vieux mâles ont le pelage fauve comme les femelles, et ils ont quelquefois du blanc sur le cou et la tête ; les jeunes ont ordinairement la même couleur fauve foncée des mâles adultes ; mais il y en a qui sont d'un brun presque noir, et d'autres qui sont d'un fauve pâle comme les vieux et les femelles.

La tête paroît être trop petite à proportion d'un corps

aussi gros ; le museau est assez semblable à celui d'un gros dogue ; la lèvre supérieure déborde sur la lèvre inférieure, et toutes deux sont garnies de cinq rangs de soies rudes en forme de moustaches, qui sont longues et noires; ces soies sont des tuyaux dont on peut faire des cure-dents ; elles deviennent blanches dans la vieillesse; les oreilles sont coniques et longues seulement de six à sept lignes; les yeux sont grands et proéminens; les dents sont au nombre de trente-six, comme dans l'ours-marin et sont disposées de même.

Le Lion-marin, au lieu de pieds de devant, a des nageoires qui sortent de chaque côté de la poitrine ; elles sont lisses et de couleur noirâtre sans apparence de doigts, avec une foible trace d'ongle au milieu que l'on distingue à peine ; cependant ces nageoires renferment cinq doigts avec des phalanges et leurs articulations.

Les nageoires postérieures sont, comme celles de devant, couvertes d'une peau noirâtre, lisse et sans aucun poil, mais elles sont divisées à l'extérieur en cinq doigts longs et aplatis, qui sont terminés par une membrane mince, comprimée et qui s'étend au-delà de l'extrémité des doigts ; les petits ongles qui sont au-dessus de ces doigts, ne servent à l'animal que pour se gratter le corps.

Dans les phoques, la conformation des pieds est très-différente; tous ont des pattes en devant assez bien conformées, avec des doigts distincts et bien marqués qui sont seulement joints par une membrane ; leurs pieds et leurs doigts sont garnis de poil comme le reste du corps, au lieu que dans le Lion-marin, comme dans l'ours-marin, ces quatre extrémités sont plutôt des nageoires que des pattes.

La verge du Lion-marin est à-peu-près de la grosseur de celle du cheval, et la vulve, dans la femelle, est placée fort bas vers la queue qui n'a qu'environ trois pouces de longueur.

Le poids de ce gros animal est d'environ quinze à seize cents livres, et sa longueur de dix à douze pieds lorsqu'il a pris tout son accroissement ; les femelles qui sont beaucoup plus minces, sont aussi plus petites, et n'ont communément que sept à huit pieds de longueur ; le corps des uns et des autres, dont le diamètre est à peu près égal au tiers de sa longueur, a presque partout une épaisseur égale, et se présente aux yeux comme un gros cylindre, plutôt fait pour rouler que pour marcher sur la terre ; aussi ce corps trop arrondi n'y trouve d'assiette que parce qu'étant recouvert partout d'une graisse excessive, il prête aisément aux inégalités du terrein et aux pierres sur lesquelles l'animal se couche pour reposer.

DU MORSE OU DE LA VACHE MARINE (1).

Le nom de vache marine sous lequel le Morse est le plus généralement connu, a été très-mal appliqué, puisque l'animal qu'il désigne ne ressemble en rien à la vache terrestre : le nom d'éléphant de mer que d'autres lui ont donné est mieux imaginé, parce qu'il est fondé sur un rapport unique et sur un caractère très-apparent. Le Morse a comme l'éléphant deux grandes défenses d'ivoire qui sortent de la mâchoire supérieure, et il a la tête conformée ou plutôt déformée de la même manière que l'éléphant, auquel il ressembleroit en entier par cette partie capitale, s'il avoit une trompe; mais le Morse est non-seulement privé de cet instrument qui sert de bras et de main à l'éléphant, il l'est encore de l'usage des vrais bras et des jambes; ces membres sont, comme dans les phoques, enfermés sous sa peau; il ne sort au dehors que les deux mains et les deux pieds; son corps est alongé, renflé par la partie de l'avant, étroit vers celle de l'arrière, partout couvert d'un poil court; les doigts des pieds et des mains sont envelopés dans une membrane et terminés par des ongles courts et pointus; de grosses soies en forme de moustaches environnent la gueule; la langue est échancrée; il n'y a point de conques aux oreilles; en sorte qu'à l'exception des deux grandes défenses qui lui changent la forme de la tête, et des dents incisives qui lui manquent en haut et en bas, le Morse ressemble

(1) Nom de cet animal en langue russe.

pour tout le reste au phoque; il est seulement beaucoup plus grand, plus gros et plus fort. Il a encore de commun avec les phoques d'habiter les mêmes lieux, et on les trouve presque toujours ensemble; ils ont beaucoup d'habitudes communes; ils se tiennent également dans l'eau, ils vont également à terre; ils montent de même sur les glaçons; ils allaitent et élèvent de même leurs petits; ils se nourrissent des mêmes alimens; ils vivent de même en société et voyagent en grand nombre; mais l'espèce du Morse ne varie pas autant que celle du phoque; il paroît qu'il ne va pas si loin, qu'il est plus attaché à son climat, et que l'on en trouve très-rarement ailleurs que dans les mers du nord : aussi le phoque étoit connu des anciens et le Morse ne l'étoit pas.

La plupart des voyageurs qui ont fréquenté les mers septentrionales de l'Asie, de l'Europe et de l'Amérique, ont fait mention de cet animal; mais Zorgdrager nous paroît être celui qui en parle avec le plus de connoissance. « On trouvoit autrefois, dit-il, dans la baie d'Horisont et dans celle de Klock, beaucoup de morses et de phoques; mais aujourd'hui il en reste fort peu; les uns et les autres se rendent dans les grandes chaleurs de l'été dans les plaines qui sont voisines de la mer, et on en voit quelquefois des troupeaux de quatre-vingts, cent et jusqu'à deux cents, particulièrement des morses, qui peuvent y rester quelques jours de suite et jusqu'à ce que la faim les ramène à la mer. »

« Ces animaux ressemblent beaucoup à l'extérieur aux phoques, mais ils sont plus forts et plus gros; ils ont cinq doigts aux pattes comme les phoques, mais leurs ongles sont plus courts, et leur tête est plus épaisse, plus ronde et plus forte. La peau du Morse principalement vers le cou, est épaisse d'un pouce, ridée et couverte d'un poil très-court de différentes couleurs; sa mâchoire supérieure est armée de deux dents d'une demi-aune ou d'une aune de longueur: ces défenses, qui sont creuses à la racine, deviennent encore plus grandes à mesure que l'animal vieillit; on en voit quelquefois qui n'en ont qu'une, parce qu'ils ont perdu l'autre en se battant ou seulement en vieillissant; la bouche du morse ressemble à celle d'un bœuf, elle est garnie en haut et en bas de poils creux, pointus et de l'épaisseur d'un tuyau de paille; au-dessus de la bouche il y a deux naseaux desquels ces animaux soufflent de l'eau comme la baleine, sans cependant faire beaucoup de bruit; leurs yeux sont étincelans, rouges et enflammés pendant les chaleurs de l'été; et comme ils ne peuvent souffrir alors l'impression que l'eau fait sur leurs yeux, ils se tiennent plus volontiers dans les plaines en été que dans tout autre temps. »

« On voit beaucoup de Morses vers le Spitzberg; on les tue sur-tout avec des lances; on les chasse pour le profit qu'on tire de leurs dents et de leur graisse; l'huile en est plus estimée que celle de la baleine; leurs deux dents valent autant que toute leur graisse; l'intérieur de ces dents a plus de valeur que l'ivoire, sur-tout dans les grosses dents qui sont d'une substance plus compacte et plus dure que les petites; une dent médiocre pèse trois livres, et un morse ordinaire fournit une demi-tonne d'huile; ainsi l'animal entier produit trente-six florins, savoir, dix-huit pour ses dents à trois florins la livre, et autant pour sa graisse. Autrefois on trouvoit de grands troupeaux de ces animaux sur terre ; mais nos vaisseaux, qui vont tous les ans dans ce pays pour la pêche de la baleine, les ont tellement épouvantés, qu'ils se sont retirés dans des lieux écartés, et que ceux qui y restent ne vont plus sur la terre en troupes, mais demeurent dans l'eau, ou dispersés çà et là sur les glaces; lorsqu'on a joint un de ces animaux sur la glace ou dans l'eau, on lui jette un harpon fort et fait exprès, et souvent ce harpon glisse sur sa peau dure et épaisse ; mais lorsqu'il a pénétré, on tire l'animal avec un cable vers le timon de la chaloupe, et on le tue en le perçant avec une forte lance faite exprès; on l'amène ensuite sur la terre la plus voisine ou sur un glaçon plat ; il est ordinairement plus pesant qu'un bœuf. On commence par l'écorcher, et on jette sa peau parce qu'elle n'est bonne à rien ; on sépare de la tête avec une hache les deux dents, ou l'on coupe la tête pour ne pas endommager les dents, et on la fait bouillir dans une chaudière ; après cela on coupe la graisse en longues tranches, et on la porte au vaisseau. »

« Anciennement et avant d'avoir été persécutés, les Morses s'avançoient fort avant dans les terres, de sorte que dans les hautes marées ils étoient assez loin de l'eau, et que dans les temps de la basse mer la distance étoit encore beaucoup plus grande. On les abordoit aisément ; on marchoit de front vers ces animaux, pour leur couper la retraite du côté de la mer. Ils voyoient tous ces préparatifs sans aucune crainte, et souvent chaque chasseur en tuoit un avant qu'il pût regagner l'eau. On faisoit une barrière de leurs cadavres, et on laissoit quelques gens à l'affût pour assommer ceux qui restoient ; on en tuoit quelquefois trois ou quatre cents. »

« On voit par la prodigieuse quantité d'ossemens de ces animaux dont la terre est jonchée, qu'ils ont été autrefois très-nombreux. Quand ils sont blessés, ils deviennent furieux, frappant de côté et d'autre avec leurs dents : ils brisent les armes ou les font tomber des mains de ceux qui les attaquent; et à la fin, enragés de colère, ils mettent leur tête entre leurs pattes ou nageoires, et se laissent ainsi rouler dans l'eau. Quand ils sont en grand nombre, ils deviennent si audacieux, que pour se secourir les uns les autres, ils entourent les chaloupes, cherchant à les percer avec leurs dents ou à les renverser en frappant contre le bord. Au reste, cet éléphant de mer, avant de connoître les hommes, ne craignoit aucun ennemi, parce qu'il avoit su dompter les ours cruels qui se tiennent dans le Groenland, qu'on peut mettre au nombre des voleurs de mer. »

En ajoutant à ces observations, celles qui se trouvent dans le recueil des voyages du nord (1), et les autres

---

(1) « Le cheval-marin (Morse) ressemble assez au veau-marin (Phoque), si ce n'est qu'il est beaucoup plus gros, puisqu'il est de la grosseur d'un bœuf; ses pattes sont comme celles du veau-marin, et celles du devant, aussi bien que celles du derrière, ont cinq doigts ou griffes, mais les ongles en sont plus courts ; il a aussi la tête plus grosse, plus ronde

qui sont éparses dans différentes relations, nous aurons une histoire assez complète de cet animal. Il paroît que l'espèce des Morses étoit autrefois beaucoup plus répandue qu'elle ne l'est aujourd'hui; on la trouvoit dans

et plus dure que le veau-marin. Sa peau a bien un pouce d'épaisseur, sur-tout autour du cou : les uns l'ont couverte d'un poil de couleur de souris, les autres ont très-peu de poil : ils sont ordinairement pleins de galles et d'écorchures, de sorte qu'on diroit qu'on leur auroit enlevé la peau, sur-tout autour des jointures où elle est fort ridée ; ils ont à la mâchoire d'en haut, deux grandes et longues dents, qui ont deux pieds de long et quelquefois davantage ; les jeunes n'ont point ces défenses, mais elles leur viennent avec l'âge. Ces deux dents sont plus estimées et plus chères que l'ivoire; elles sont solides en dedans, mais la racine en est creuse. Ces animaux ont l'ouverture de la gueule aussi large que celle d'un bœuf, et au-dessus et au-dessous des babines, ils ont plusieurs soies qui sont creuses en dedans et de la grosseur d'une paille ; ils ont au-dessus de la barbe d'en haut, deux naseaux en forme de demi-cercle, par où ils rejettent l'eau comme les baleines, mais avec bien moins de bruit; leurs yeux sont assez élevés au-dessus du nez. Ces yeux sont aussi rouges que du sang, lorsque l'animal ne les tourne pas, et je n'ai point observé de différence lorsqu'il les tournoit : leurs oreilles sont peu éloignées de leurs yeux et ressemblent à celles des veaux-marins : leur langue est pour le moins aussi grosse que celle d'un bœuf; ils ont le cou si épais, qu'ils ont de la peine à tourner la tête, ce qui les oblige à tourner extrêmement les yeux ; ils ont la queue courte comme celle des veaux-marins; on ne peut point leur enlever la graisse comme l'on fait aux veaux-marins, parce qu'elle est entrelardée avec la chair ; leur membre génital est un os dur, de la longueur d'environ deux pieds, qui va en diminuant par le bout, et les mers des zônes tempérées, dans le golfe du Canada, sur les côtes de l'Arcadie; mais elle est maintenant confinée dans les mers arctiques. On ne trouve de morses que dans cette zône froide, et même il y en a peu dans les endroits fréquentés. L'espèce qui se trouve sous la zône torride et dans les mers des Indes est différente de nos morses du nord. Ceux-ci craignent vraisemblablement ou la chaleur ou la salure des mers méridionales, et comme ils ne les ont jamais traversées, on ne les a pas trouvés vers l'autre pôle, tandis qu'on y voit les grands et les petits phoques de notre nord, et que même ils y sont plus nombreux que dans nos terres arctiques. Cependant le Morse peut vivre quelque temps dans un climat tempéré. Evrard Worst dit avoir vu

qui est un peu courbe par le milieu ; tout près du ventre, ce membre est plat, mais hors de-là il est rond et tout couvert de nerfs. Il y a apparence que ces animaux vivent d'herbes et de poisson ; leur fiente ressemble à celle du cheval ; quand ils plongent, ils se jettent la tête la première dans l'eau, comme les veaux-marins ; ils dorment et ronflent, non-seulement sur la glace, mais aussi dans l'eau, de sorte qu'ils paroissent souvent comme s'ils étoient morts ; ils sont furieux et courageux ; tant qu'ils sont en vie, ils se défendent les uns les autres ; ils font tous leurs efforts pour délivrer ceux qu'on a pris ; ils se jettent à l'envi sur la chaloupe, mordant et faisant des mugissemens épouvantables ; et si par leur grand nombre ils obligent les hommes à prendre la fuite, ils poursuivent fort bien la chaloupe jusqu'à ce qu'ils la perdent de vue. On ne les prend que pour leurs dents, mais entre cent, on n'en trouvera quelquefois qu'un qui ait les dents bonnes, parce que les uns sont encore trop jeunes, et que les autres ont les dents gâtées. » *Recueil des voyages du nord.*

en Angleterre un de ces animaux vivant et âgé de trois mois, que l'on ne mettoit dans l'eau que pendant un petit espace de temps chaque jour, et qui se traînoit et rampoit sur la terre : il ne dit pas qu'il fut incommodé de la chaleur de l'air ; il dit au contraire que lorsqu'on le touchoit il avoit la mine d'un animal furieux et robuste, et qu'il respiroit très-fortement par les narines. Cet animal grondoit comme un sanglier et quelquefois crioit d'une voix grosse et forte. On l'avoit apporté de la nouvelle Zemble ; il n'avoit point encore les grandes dents ou défenses, mais on voyoit à la mâchoire supérieure les bosses d'où elles devoient sortir ; on le nourrissoit avec de la bouillie d'avoine ou de mil, il suçoit lentement plutôt qu'il ne mangeoit ; il approchoit de son maître avec grand effort et en grondant ; cependant il le suivoit lorsqu'on lui présentoit à manger.

Cette observation, qui donne une idée assez juste du Morse, fait voir en même temps qu'il peut vivre dans un climat tempéré ; néanmoins il ne paroît pas qu'il puisse supporter une grande chaleur, ni qu'il ait jamais fréquenté les mers du midi pour passer d'un pôle à l'autre ; plusieurs voyageurs parlent de vaches marines qu'ils ont vues dans les Indes, mais elles sont d'une autre espèce ; celle du Morse est toujours aisée à reconnoître par ses longues défenses : l'éléphant est le seul animal qui en ait de pareilles. Cette production est un effet rare dans la Nature, puisque de tous les animaux terrestres et amphibies, l'éléphant et le Morse, auxquels elle appartient, sont des espèces isolées, uni-

Tome VI.

ques dans leur genre, et qu'il n'y a aucune autre espèce d'animal qui porte ce caractère.

On assure que les Morses ne s'accouplent pas à la manière des autres quadrupèdes, mais à rebours; il y a, comme dans les baleines, un gros et grand os dans le membre du mâle; la femelle met bas en hiver sur la terre ou sur la glace, et ne produit ordinairement qu'un petit, qui est, en naissant, déjà gros comme un cochon d'un an : nous ignorons la durée de la gestation ; mais, à en juger par celle de l'accroissement, et aussi par la grandeur de l'animal, elle doit être de plus de neuf mois ; les Morses ne peuvent pas toujours rester dans l'eau, ils sont obligés d'aller à terre, soit pour allaiter leurs petits, soit pour d'autres besoins : lorsqu'ils se trouvent dans la nécessité de grimper sur des rivages quelquefois escarpés, et sur des glaçons, ils se servent de leurs défenses pour s'accrocher, et de leurs mains pour faire avancer la lourde masse de leur corps. On prétend qu'ils se nourrissent de coquillages qui sont attachés au fond de la mer, et qu'ils se servent aussi de leurs défenses pour les arracher; d'autres disent qu'ils ne vivent que d'une certaine herbe à larges feuilles qui croît dans la mer, et qu'ils ne mangent ni chair ni poisson ; mais je crois ces opinions mal fondées, et il y a apparence que le Morse vit de proie comme le phoque, et sur-tout de harengs et d'autres petits poissons ; car il ne mange pas lorsqu'il est sur la terre, et c'est le besoin de nourriture qui le contraint de retourner à la mer.

Frédéric Martens qui a observé les habitudes naturelles de ces animaux, assure qu'ils sont forts et courageux, et qu'ils se défendent les uns les autres avec une résolution extrême. « Lorsque j'en blessois un, dit-il, les autres s'assembloient autour du bateau, et le perçoient à coups de défenses; d'autres s'élevoient hors de l'eau, et faisoient tout leur possible pour s'élancer dedans; nous en tuâmes plusieurs centaines. On se contente ordinairement d'en emporter la tête pour arracher les défenses. »

On voit par les relations de tous les voyageurs qui ont fréquenté les mers du nord, qu'on a fait une énorme destruction de ces grands animaux et que l'espèce en est maintenant bien moins nombreuse qu'elle ne l'étoit jadis; ils se sont retirés vers le nord et dans les lieux les moins fréquentés par les pêcheurs qui n'en rencontrent plus dans les mêmes endroits où ils étoient autrefois en si grand nombre. Il en est de même des phoques et de tous ces amphibies marins dont le naturel les porte à se réunir en troupeaux et former une espèce de société: l'homme a rompu toutes ces sociétés, et la plupart de ces animaux vivent actuellement dans un état de dispersion et ne peuvent se rassembler qu'auprès des lieux déserts et inconnus.

DU LAMANTIN (1).

Dans le règne animal c'est ici que finissent les peuples de la terre et que commencent les peuplades de la mer; le Lamantin, qui n'est plus quadrupède, n'est pas entièrement cétacée; il retient des premiers deux pieds ou plutôt deux mains; mais les jambes de derrière qui, dans les phoques et les morses, sont presqu'entièrement engagées dans le corps, et raccourcies autant qu'il est possible, se trouvent absolument nulles et oblitérées dans le Lamantin; au lieu de deux pieds courts et d'une queue étroite encore plus courte, que les morses portent à leur arrière dans une direction horizontale, les Lamantins n'ont pour tout cela qu'une grosse queue qui s'élargit en éventail dans cette même direction, en sorte qu'au premier coup d'œil il sembleroit que les premiers auroient une queue divisée en trois, et que, dans les derniers, ces trois parties se seroient réunies pour n'en former qu'une seule; mais, par une inspection plus attentive, et surtout par la dissection, l'on voit qu'il ne s'est point fait de réunion, et qu'il n'y a nul vestige des os, des cuisses et des jambes, et que ceux qui forment la queue des Lamantins sont de simples vertèbres isolées et semblables à celles des cétacées qui n'ont point de pieds; ainsi, ces

---

(1) On a prétendu que ce mot venoit de ce que cet animal faisoit des cris lamentables : c'est une fable. Ce mot est une corruption du nom de cet animal dans la langue des Galibis, habitans de la Guiane, et des Caribes ou Caraïbes habitans des Antilles.

animaux sont cétacées par ces parties de l'arrière de leur corps, et ne tiennent plus aux quadrupèdes que par les deux pieds ou deux mains qui sont en avant à côté de leur poitrine. Oviédo me paroît être le premier auteur qui ait donné une espèce d'histoire et de description du Lamantin; « on le trouve assez fréquemment, dit-il, sur les côtes de Saint-Domingue; c'est un très-gros animal d'une figure informe, qui a la tête plus grosse que celle d'un bœuf, les yeux petits, deux pieds ou deux mains près de la tête, qui lui servent à nager; il n'a point d'écailles, mais il est couvert d'une peau ou plutôt d'un cuir épais; c'est un animal fort doux; il remonte les fleuves, et mange les herbes du rivage, auxquelles il peut atteindre sans sortir de l'eau; il nage à la surface. Il est si pesant, qu'il faut une voiture attelée de deux bœufs pour le transporter; sa chair est excellente, et quand elle est fraîche, on la mangeroit plutôt comme du bœuf que comme du poisson; en la découpant et la faisant sécher et mariner, elle prend, avec le temps, le goût de la chair du thon, et elle est encore meilleure. Il y a de ces animaux qui ont plus de quinze pieds de longueur, sur six pieds d'épaisseur; la partie de l'arrière du corps est beaucoup plus menue, et va toujours en diminuant jusqu'à la queue, qui ensuite s'élargit à son extrémité. Comme les Espagnols donnent le nom de mains aux pieds de devant de tous les quadrupèdes, et comme cet animal n'a que des pieds de devant, ils lui ont donné la dénomination d'animal à mains, manati; il n'a point d'oreilles externes, mais seulement deux trous par lesquels il entend; sa peau n'a que quelques poils assez rares ; elle est d'un gris cendré et de l'épaisseur d'un pouce ; on en fait des semelles de souliers et des baudriers. La femelle a deux mamelles sur la poitrine, et elle produit ordinairement deux petits qu'elle allaite. » Tous ces faits, rapportés par Oviédo, sont vrais, et il est singulier que Cieça, et plusieurs autres après lui, aient assuré que le Lamantin sort souvent de l'eau pour aller paître sur la terre ; ils lui ont faussement attribué cette habitude naturelle, induits en erreur par l'analogie du morse et des Phoques, qui sortent en effet de l'eau et séjournent à terre ; mais il est certain que le Lamantin ne quitte jamais l'eau, et qu'il préfère le séjour des eaux douces à celui de l'eau salée.

Clusius dit avoir vu et mesuré la peau d'un de ces animaux, et l'avoir trouvée de seize pieds et demi de longueur et de sept pieds et demi de largeur. Gomara assure qu'il s'en trouve quelquefois qui ont vingt pieds de longueur, et il ajoute que ces animaux fréquentent aussi-bien les eaux des fleuves que celles de la mer ; il raconte qu'on en avoit élevé et nourri un jeune dans un lac à S. Domingue, pendant vingt-six ans ; qu'il étoit si doux et si privé qu'il prenoit doucement la nourriture qu'on lui présentoit ; qu'il entendoit son nom, et que quand on l'appeloit il sortoit de l'eau et se traînoit en rampant jusqu'à la maison pour y recevoir sa nourriture ; qu'il sembloit se plaire à entendre la voix humaine et le chant des enfans ; qu'il n'en avoit nulle peur ; qu'il les laissoit asseoir sur son dos, et qu'il les passoit du bord d'un lac à l'autre sans se plonger dans l'eau et sans leur faire aucun mal. Ce fait ne peut être vrai dans toutes ses circonstances ; il paroît accommodé à la fable du dauphin des anciens ; car le Lamantin ne peut absolument se traîner sur la terre.

La Condamine parle plus précisément et mieux que tous les autres des habitudes naturelles du Lamantin. « Sa chair, dit-il, et sa graisse ont assez de rapport à celle du veau ; il n'est pas amphibie à proprement parler, puisqu'il ne sort jamais de l'eau entièrement et n'en peut sortir n'ayant que deux nageoires assez près de la tête, plates et en forme d'ailerons, de quinze à seize pouces de long, qui lui tiennent lieu de bras et de mains ; il ne fait qu'avancer sa tête hors de l'eau pour atteindre l'herbe sur le rivage. Celui que je dessinai étoit femelle ; sa longueur étoit de sept pieds et demi, et sa plus grande largeur de deux pieds. J'en ai vu depuis de plus grands. Les yeux de cet animal n'ont aucune proportion avec la grandeur de son corps ; ils sont ronds et n'ont que trois lignes de diamètre. L'ouverture de ses oreilles est encore plus petite et ne paroît qu'un trou d'épingle. Le manati n'est pas particulier à la rivière des Amazones ; il n'est pas moins commun dans l'Orénoque ; il se trouve aussi, quoique moins fréquemment, dans l'Oyapoc et dans plusieurs autres rivières des environs de Cayenne et des côtes de la Guiane ; il ne se rencontre pas en haute mer ; il est même rare près des embouchures des rivières ; mais on le trouve à plus de mille lieues de la mer, dans la plupart des grandes rivières qui descendent dans celle des Amazones. »

Ces êtres mitoyens placés au-delà des limites de chaque classe, nous paroissent imparfaits, quoiqu'ils ne soient qu'extraordinaires et anomaux ; car en les considérant avec attention, l'on s'aperçoit bientôt qu'ils possèdent tout ce qui leur étoit nécessaire pour remplir la place qu'ils doivent occuper dans la chaîne des êtres. Aussi les Lamantins, quoiqu'informes à l'extérieur, sont à l'intérieur très-bien organisés; et si l'on peut juger de la perfection d'organisation par le résultat du sentiment, ces animaux seront peut-être plus parfaits que les autres à l'intérieur ; car leur naturel et leurs mœurs semblent tenir quelque chose de l'intelligence et des qualités sociales ; ils ne craignent pas l'aspect de l'homme; ils affectent même de s'en approcher et de le suivre avec confiance et sécurité. Cet instinct pour toute société est au plus haut degré pour celle de leurs semblables ; ils se tiennent presque toujours en troupes et serrés les uns contre les autres avec leurs petits au milieu d'eux, comme pour les préserver de tout accident; tous se prêtent dans le danger des secours mutuels ; on en a vu essayer d'arracher le harpon du corps de leurs compagnons blessés, et souvent l'on voit les petits suivre de près le cadavre de leurs mères jusqu'au rivage, où les pêcheurs les amènent en les tirant avec des cordes ; ils montrent autant de fidélité dans leurs amours que d'attachement à leur société; le mâle n'a communément qu'une seule femelle qu'il accompagne constamment avant et après leur union ; ils s'accouplent dans l'eau, la femelle renversée sur le dos, car ils ne viennent jamais à terre et ne peuvent même se traîner dans la vase ; ils ont le trou ovale du cœur ouvert, et par conséquent la femelle peut rester sous l'eau pendant la copulation.

Ces animaux ne se trouvent pas dans les hautes mers à une grande distance des terres ; ils habitent au voisinage des côtes et des îles, et particulièrement sur les plages qui produisent les fucus et les autres herbes marines dont ils se nourrissent.

Nous connoissons cinq espèces de Lamantins; la première est le grand lamantin de Kamtschatka ; elle se trouve en assez grand nombre dans les mers orientales au-delà de Kamtschatka, sur-tout aux environs de l'île Bering, où Steller en a décrit et même disséqué quelques individus. Ce grand lamantin paroît aimer les plages vaseuses des bords de la mer ; il se tient aussi volontiers à l'embouchure des rivières ; mais il ne les remonte pas pour se nourrir de l'herbe qui croît sur leurs bords, car il habite constamment les eaux salées ou saumâtres.

Ces grands lamantins que l'on voit en troupes autour de l'île Bering, sont si peu farouches qu'ils se laissent approcher et toucher avec la main ; ils veillent si peu à leur sûreté, qu'aucun danger ne les émeut, et qu'à peine lèvent-ils la tête hors de l'eau lorsqu'ils sont menacés ou frappés, sur-tout dans le temps qu'ils prennent leur nourriture : il faut les frapper très-rudement pour qu'ils prennent le parti de s'éloigner ; mais un moment après, on les voit revenir au même lieu ; ils semblent avoir oublié le mauvais traitement qu'ils viennent d'essuyer ; et si la plupart des voyageurs ne disoient pas à peu près la même chose des autres espèces de lamantins, on croiroit que ceux-ci ne sont si confians et si peu sauvages autour de l'île déserte de Bering, que parce que l'expérience ne leur a pas encore appris ce qu'il en coûte à tous ceux qui se familiarisent avec l'homme.

Chaque mâle ne paroît s'attacher qu'à une seule femelle, et tous deux sont ordinairement accompagnés ou suivis d'un petit de la dernière portée, et d'un autre plus grand de la portée précédente ; ainsi, dans cette espèce, le produit n'est que d'un ; et comme le temps de la gestation est d'environ un an, on peut en inférer que les jeunes ne quittent leurs père et mère, que quand ils sont assez forts pour se conduire eux-mêmes, et peut-être assez âgés pour devenir à leur tour les chefs d'une nouvelle famille.

Ces animaux s'accouplent au printemps, et plus souvent vers le déclin du jour qu'à toute autre heure; ils profitent cependant des momens où la mer est la plus tranquille, et préludent à leur union par des signes et des mouvemens qui annoncent leurs desirs ; la femelle nage doucement, en faisant plusieurs circonvolutions comme pour inviter le mâle qui bientôt s'en approche, la suit de très-près et attend impatiemment quelle se renverse sur le dos pour le recevoir; dans ce moment, il la couvre avec des mouvemens très-vifs ; ils sont non-seulement susceptibles des sentimens d'un amour fidèle et mutuel, mais aussi d'un fort attachement pour leur famille et même pour leur espèce entière; ils se donnent des secours réciproques lorsqu'ils sont blessés ; ils accompagnent ceux qui sont morts et que les pêcheurs traînent au bord de la mer. « J'ai vu, dit Steller, l'attachement de ces animaux l'un pour l'autre, et sur-tout celui du mâle pour sa femelle; en ayant harponé une, le mâle la suivit à mesure qu'on l'entraînoit au rivage, et les coups qu'on lui donnoit de toutes parts ne purent le rebuter; il ne l'abandonna pas même après sa mort, car le lendemain, comme les matelots alloient pour mettre en pièces la femelle, qu'ils avoient tuée la veille, ils trouvèrent le mâle au bord de la mer, qui ne l'avoit pas quittée. ».

On harpone les lamantins d'autant plus aisément qu'ils ne s'enfoncent presque jamais en entier sous l'eau; mais il est plus aisé d'avoir les adultes que les petits ou les jeunes, parce que ces derniers nagent beaucoup plus vîte, et que souvent ils s'échappent en laissant le harpon teint de leur sang ou chargé de leur chair. Le harpon, dont la pointe est de fer, est attaché à une longue corde; quatre ou cinq hommes se mettent sur une barque; le premier qui est en avant tient et lance le harpon, et lorsqu'il a frappé et percé le lamantin, vingt-cinq ou trente hommes qui tiennent l'extrémité de la corde sur le rivage, tâchent de le tirer à terre; ceux qui sont sur la barque tiennent aussi une corde qui est attachée à la première, et ils ne cessent de tirer l'animal jusqu'à ce qu'il soit tout-à-fait hors de l'eau.

Le lamantin rend beaucoup de sang par ses blessures; « j'ai remarqué, dit Steller, que le sang jaillissoit comme une fontaine, et qu'il s'arrêtoit dès que l'animal avoit la tête plongée dans l'eau; mais que le jet se renouveloit toutes les fois qu'il l'élevoit au-dessus pour respirer; d'où j'ai conclu que dans ces animaux, comme dans les phoques, le sang avoit une double voie de circulation; savoir, sous l'eau, par le trou ovale du cœur, et dans l'air, par le poumon. »

C'est avec leurs lèvres, dont la substance est très-dure, qu'ils coupent la tige des herbes dont ils se nourrissent ; ils enfoncent la tête dans l'eau pour les saisir, et ne la relèvent que pour rendre l'air et en prendre de nouveau ; en sorte que, pendant qu'ils mangent, ils ont toujours la partie antérieure du corps dans l'eau, la moitié des flancs et toute la partie postérieure au-dessus de l'eau ; lorsqu'ils sont rassasiés, ils se couchent sur le dos, sans sortir de l'eau, et dorment dans cette situation fort profondément ; leur peau, qui est continuellement lavée, n'est pas plus nette, elle produit et nourrit une grande quantité de vermines, que les mouettes et quelques autres oiseaux viennent manger sur leur dos. Au reste, ces lamantins, qui sont très-gras au printemps et en été, sont si maigres en hiver, qu'on voit aisément, sous la peau, le dessin de leurs vertèbres et de leurs côtes ; et c'est dans cette saison qu'on en rencontre quelques-uns qui ont péri entre les glaces flottantes.

La graisse, épaisse de plusieurs pouces, enveloppe tout le corps de l'animal ; lorsqu'on l'expose au soleil, elle y prend la couleur jaune du beurre ; elle est de très-bon goût et même de bonne odeur; on la préfère à celle de tous les quadrupèdes, et la propriété qu'elle a d'ailleurs de pouvoir être conservée longtemps, même pendant les chaleurs de l'été, lui donne encore un plus grand prix; on peut l'employer aux mêmes usages que le beurre, et la manger de même ; celle de la queue sur-tout est très-délicate ; elle brûle aussi très-bien sans odeur forte ni fumée désagréable ; la chair a le goût de celle du bœuf; seulement elle est moins tendre et exige une plus forte cuisson, sur-tout celle des vieux, qu'il faut faire bouillir longtemps pour la rendre mangeable.

La peau est un espèce de cuir d'un pouce d'épaisseur, plus ressemblante à l'extérieur à l'écorce rude d'un arbre, qu'à la peau d'un animal; elle est de couleur noirâtre et sans poil; il y a seulement quelques soies rudes et longues autour des nageoires, autour de la gueule et dans l'intérieur des narines, ce qui doit faire présumer que le Lamantin ne les a pas aussi souvent ni aussi longtemps fermées que les phoques, dont l'intérieur des narines est dénué de poil; cette peau du Lamantin est si dure, sur-tout lorsqu'elle est sèche, qu'on a peine à l'entamer avec la hache. Les Tschutchis s'en servent pour faire des nacelles, comme d'autres peuples du nord en font avec la peau des grands phoques.

Le lamantin décrit par Steller pesoit environ huit milliers; sa longueur étoit de vingt-trois pieds; la tête fort petite en comparaison du corps, est de figure oblongue, elle est aplatie au sommet, et va toujours en diminuant jusqu'à l'extrémité du museau qui est rabattu, de manière que la gueule se trouve tout-à-fait au-dessous; l'ouverture en est petite et environnée de doubles lèvres tant en haut qu'en bas; les lèvres supérieures et inférieures externes sont spongieuses, épaisses et très-gonflées; l'on voit à leur surface un grand nombre de tubercules, et c'est de ces tubercules que sortent des soies blanches ou moustaches de quatre ou cinq pouces de longueur : ces lèvres font les mêmes mouvemens que celles des chevaux lorsque l'animal mange.

La mâchoire inférieure est plus courte que la supérieure ; mais ni l'une ni l'autre ne sont garnies de dents ; il y a seulement deux os durs et blancs, dont l'un est fixé au palais supérieur, et l'autre à la mâchoire inférieure ; ces os sont criblés de plusieurs petits trous ; leur surface extérieure est néanmoins solide et crénelée de manière que la nourriture se broye entre ces deux os en assez peu de temps.

Les yeux sont fort petits, et sont situés précisément dans les points milieux, entre l'extrémité du museau et les petits trous qui tiennent lieu d'oreilles ; il n'y a point de sourcils ; mais dans le grand angle de chaque œil il se trouve une membrane cartilagineuse en forme de crête, qui peut, comme dans la loutre-marine (saricovienne), couvrir le globe de l'œil en entier, à la volonté de l'animal.

Il n'y a point d'oreilles externes ; ce ne sont que deux trous de figure ronde, si petits, que l'on pourroit à peine y faire entrer une plume à écrire ; et, comme ces conduits auditifs ont échappé à l'œil de la plupart des voyageurs, ils ont cru que les lamantins étoient sourds, d'autant qu'ils semblent être muets, car Steller assure que ceux de Kamtschatka ne font jamais entendre d'autre bruit que celui de leur forte respiration ; cependant Kracheninnikow dit qu'il brait ou qu'il beugle.

Dans le lamantin de Kamtschatka, le cou ne se distingue presque pas du corps ; il est seulement un peu moins épais auprès de la tête que sur le reste de sa longueur ; mais un caractère singulier par lequel cet animal diffère de tous les autres animaux terrestres ou marins, c'est que les bras qui partent des épaules auprès du cou, et qui ont plus de deux pieds de longueur, sont formés et articulés comme le bras et l'avant-bras dans l'homme ; cet avant-bras du Lamantin finit avec le métacarpe et le carpe, sans aucun vestige de doigts ni d'ongles : caractère qui éloigne encore cet animal de la classe des Quadrupèdes.

Le membre du mâle qui ressemble beaucoup à celui du cheval, mais dont le gland est encore plus gros, a deux pieds et demi de longueur ; il est situé dans un fourreau adhérent à la peau du ventre, et il s'étend jusqu'au nombril ; dans la femelle, la vulve est située à huit pouces de distance au-dessus de l'anus ; le clitoris est apparent, il est presque cartilagineux et long de six lignes ; les deux mamelles sont placées sur la poitrine, elles ont environ six pouces de diamètre dans le temps de la gestation, et tant que la mère allaite son petit ; mais dans tout autre temps elles n'ont que l'apparence d'une grosse verrue ou d'un simple bouton ; le lait est gras et d'un goût à peu près semblable à celui de la brebis.

La seconde espèce est celle du grand lamantin des Antilles, que nous appelons de ce nom, parce qu'elle paroît se trouver encore aujourd'hui aux environs de ces îles, quoiqu'elle y soit néanmoins devenue rare depuis qu'elles sont bien peuplées. Sa peau rude et épaisse est parsemée de quelques poils qui sont de couleur d'ardoise ainsi que la peau ; il a dans les mains cinq ongles apparens assez semblables à ceux de l'homme. Ces ongles sont fort courts ; il a de plus non-seulement une callosité osseuse au-devant de chaque mâchoire, mais encore trente-deux dents molaires au fond de la gueule; et, au contraire, il paroît certain que, dans le lamantin de Kamtschatka, la peau est absolument dénuée de poil, les mains sans phalanges, ni doigts, ni ongles, et les mâchoires sans dents; toutes ces différences sont plus que suffisantes pour en faire deux espèces distinctes et séparées; ces lamantins sont d'ailleurs très-différens par les proportions et par la grandeur du corps; celui des Antilles est moins grand que celui de Kamtschatka; il a aussi le corps moins épais. Malgré toutes ces différences, ces deux espèces de lamantins se ressemblent par tout le reste de leur conformation; ils ont aussi les mêmes habitudes naturelles; tous deux également aiment la société de leur espèce, et sont d'un naturel doux, tranquille et confiant; ils semblent ne pas craindre la présence de l'homme.

Le grand lamantin des Antilles a, comme celui de Kamtschatka, le cou fort court, le corps très-gros et très-épais jusqu'à l'endroit où commence la queue, qui va toujours en diminuant jusqu'à la pinne qui la termine; tous deux ont encore les yeux fort petits et de très-petits trous au lieu d'oreilles; tous deux se nourrissent de fucus et d'autres herbes qui croissent dans la mer, et leur chair et leur graisse, lorsqu'ils ne sont pas trop vieux, sont également bonnes à manger; tous deux ne produisent qu'un seul petit, que la mère embrasse et porte souvent entre ses mains; elle l'allaite pendant un an, après quoi il est en état de se pourvoir lui-même et de manger de l'herbe.

Le grand lamantin de la mer des Indes, qui est le troisième lamantin, nous paroît avoir plusieurs rapports

ports de ressemblance avec celui des Antilles; cependant nous ne le croyons pas de la même espèce; car il n'est guère possible que ces animaux aient fait la traversée de l'Amérique aux grandes Indes.

La quatrième espèce, plus petite que les trois précédentes, est en même temps plus nombreuse et plus répandue que la seconde dans les climats chauds du nouveau monde. Nous la distinguons sous le nom de petit lamantin d'Amérique.

Les grands lamantins des Antilles ne quittent pas la mer; mais le petit lamantin préfère les eaux douces et remonte dans les fleuves à mille lieues de distance de la mer. C'est cette espèce que la Condamine a vue dans la rivière des Amazones; on ne les rencontre jamais dans les endroits voisins des côtes escarpées où les eaux sont profondes, ni dans les hautes mers à de grandes distances des terres, car ils n'y pourroient vivre, puisqu'il ne paroît pas qu'ils mangent du poisson. Les voyageurs s'accordent à dire que le petit lamantin d'Amérique dont il est ici question, se nourrit non-seulement des herbes qui croissent sous les eaux, mais qu'il broute encore celles qui bordent les rivages lorsqu'il peut les atteindre, en avançant sa tête sans sortir entièrement de l'eau; car il n'a pas plus que les autres lamantins la faculté de marcher sur la terre, ni même de s'y traîner.

Les femelles, dans cette espèce, produisent ordinairement deux petits, au lieu que les grands lamantins n'en produisent qu'un: la mère porte ces deux petits sous chacun de ses bras et serrés contre ses mamelles, dont ils ne se séparent point, quelque mouvement qu'elle puisse se donner ; et lorsqu'ils sont devenus assez forts pour nager, ils la suivent constamment, et ne l'abandonnent pas lorsqu'elle est blessée, ni même après sa mort; car ils persistent à l'accompagner lorsque les pêcheurs la tirent avec des cordes pour l'amener au rivage. La peau de ces petits lamantins adultes est, comme celle des grands, rude et fort épaisse; leur chair est aussi très-bonne à manger.

La cinquième espèce, le petit lamantin du Sénégal, est de la même grandeur que celui d'Amérique; mais il paroit en différer, en ce qu'il a des dents molaires et quelques poils rares sur le corps. Adanson rapporte que les plus grands de ceux qu'il a vus au Sénégal n'avoient que huit pieds de longueur, et pesoient environ huit cents livres. Leur couleur est cendrée-noire; la tête est conique et d'une grosseur médiocre relativement au volume du corps : les yeux sont ronds et très-petits; la queue est horizontale comme celle des baleines, et elle a la forme d'une pelle à four. Les femelles ont deux mamelles plus elliptiques que rondes, placées près de l'aisselle des bras ; la peau est un cuir épais de six lignes sous le ventre, de neuf lignes sur le dos, et d'un pouce et demi sur la tête ; la graisse est blanche et épaisse de deux ou trois pouces. La chair est d'un rouge pâle, et plus délicate que celle du veau; il vit d'herbe et se trouve à l'embouchure du fleuve Niger.

NOTICES.

I.

Quadrupèdes propres au nouveau continent.

1. *Le Tapeti.* Le Tapeti me paroît être une espèce très-voisine, et peut-être une variété de celle du lièvre ou du lapin. On le trouve au Brésil et dans plusieurs autres endroits de l'Amérique ; il ressemble au lapin d'Europe par la figure, au lièvre par la grandeur, et par le poil qui seulement est un peu plus brun. Il a les oreilles très-longues et de la même forme; son poil est roux sur le front et blanchâtre sous la gorge. Quelques-uns ont un cercle de poil blanc autour du cou. Tous sont blancs sous la gorge, la poitrine et le ventre. Ils ont les yeux noirs et des moustaches comme nos lapins, mais ils n'ont point de queue. Le Tapeti ressemble encore au lièvre par sa manière de vivre, par sa fécondité et par la qualité de sa chair, qui est très-bonne à manger ; il demeure dans les champs ou dans les bois comme le lièvre, et ne se creuse pas un terrier comme le lapin.

2. *L'Akouchi.* Ce quadrupède diffère de l'agouti, en ce qu'il a une queue et que l'agouti n'en a point. Il en diffère encore beaucoup par la grandeur, n'étant

guère plus gros qu'un lapereau de six mois ; voilà les seules différences que nous connoissions entre ces deux animaux, qui néanmoins nous paroissent suffisantes pour constituer deux espèces distinctes et séparées. Il ne se trouve que dans les grands bois; il vit des mêmes fruits, et il a presque les mêmes habitudes que l'agouti. Dans les îles de Sainte-Lucie et de la Grenade, on l'appelle Agouti ; sa chair est un des meilleurs gibiers de l'Amérique méridionale; elle est blanche et a du fumet comme celle du lapereau. Lorsque les Akouchis sont poursuivis par les chiens, ils se laissent prendre plutôt que de se jeter à l'eau. On prétend qu'ils ne produisent qu'un petit ou deux tout au plus ; mais je doute de ce fait. On les apprivoise aisément dans les maisons ; ils ont un petit cri qui ressemble à celui du cochon-d'Inde ; mais ils ne le font entendre que rarement.

3. *L'Apéréa.* Cet animal qui se trouve au Brésil, n'est ni lapin ni rat, et paroît tenir quelque chose de tous deux. Il a environ un pied de long, sur sept pouces de circonférence. Le poil de la même couleur que nos lièvres, et blanc sous le ventre ; il a aussi la lèvre fendue de même. L'Apéréa n'a point de queue; sa tête est un peu plus alongée que celle du lièvre, et sa chair est comme celle du lapin, auquel il ressemble par la manière de vivre ; il se recèle aussi dans les trous, mais il ne creuse pas la terre comme le lapin ; c'est plutôt dans des fentes de rochers et de pierres, que dans des sables qu'il se retire, aussi est-il bien aisé à prendre dans sa retraite; on le chasse comme un

très-bon gibier, ou du moins aussi bon que nos meilleurs lapins.

4. *Le Coquallin.* Quoique cet animal ressemble assez à l'écureuil par la figure et par le panache de sa queue, ce n'est point un écureuil, car il est beaucoup plus grand, et il en diffère non-seulement par plusieurs caractères extérieurs, mais aussi par le naturel et les mœurs. C'est un joli animal et très-remarquable par ses couleurs ; il a le ventre d'un beau jaune, et la tête aussi-bien que le corps variés de blanc, de noir, de brun et d'orangé ; il se couvre de sa queue comme l'écureuil, mais il n'a pas comme lui des pinceaux de poil à l'extrémité des oreilles ; il ne monte pas sur les arbres ; il habite comme l'écureuil de terre, que nous avons appelé le suisse, dans des trous et sous les racines des arbres ; il y fait sa bauge, et y élève ses petits ; il remplit aussi son domicile de grains et de fruits pour s'en nourrir pendant l'hiver ; il est défiant et rusé, et même assez farouche pour ne jamais s'apprivoiser. Il paroît que le Coquallin ne se trouve que dans les parties méridionales de l'Amérique : les écureuils blonds ou orangés des Indes orientales sont bien plus petits, et leurs couleurs sont uniformes ; ce sont de vrais écureuils qui grimpent sur les arbres et y font leurs petits, au lieu que le Coquallin et le suisse d'Amérique se tiennent sous terre comme les lapins, et n'ont d'autre rapport avec l'écureuil que de lui ressembler par la figure.

5. *Les Guerlinguets.* Il y a deux espèces ou varié-

tés constantes de ces petits animaux à la Guiane où on leur donne ce nom; la première est de plus du double plus grande que la seconde. J'ai eu raison de croire que cet animal n'étoit point un véritable écureuil; il n'y a point de vrais écureuils à la Guiane; l'animal qu'on y appelle Guerlinguet ressemble à la vérité à l'écureuil d'Europe par la forme de la tête, par les dents et par l'habitude de relever la queue sur le dos; mais il en diffère en ce qu'il l'a plus longue et moins touffue; et en général son corps n'a pas la même forme ni les mêmes proportions que celui de notre écureuil; la petite espèce en est encore plus éloignée. On lui a même donné à Cayenne un autre nom; car on l'appelle rat des bois, parce qu'il n'est pas en effet plus gros qu'un rat. L'autre guerlinguet est à peu près de la même taille que nos écureuils de France, mais il a le poil moins long et moins roux, et le petit guerlinguet a le poil encore plus court et la queue moins fournie que le premier; tous deux vivent des fruits du palmier; ils grimpent très-lestement sur les arbres, où néanmoins ils ne se tiennent pas constamment, car on les voit souvent courir à terre.

6. *Le Lérot à queue dorée.* « Ce petit Lérot a été envoyé de Surinam en Hollande, dit M. le professeur Allamand, sans aucune notice ni du nom qu'on lui donne dans le pays, ni des lieux où il habite. C'est par la singularité et la beauté de ses couleurs que cet animal se fait remarquer. Son corps est de couleur de marron tirant sur le pourpre, plus foncée aux côtés de la tête et sur le dos, et plus claire sous le ventre. Cette

couleur s'étend sur la queue à une petite distance de son origine. Là, les poils fins et courts qui la couvrent deviennent tout-à-fait noirs jusqu'à la moitié de sa longueur où ils sont plus longs, et où ils prennent, sans aucune nuance intermédiaire, une belle couleur d'orange approchant de celle de l'or, et qu'ils gardent jusqu'à l'extrémité de la queue. Une longue tache de cette même couleur jaune orne aussi le front. Elle prend son origine au-dessus du nez ; là elle est fort étroite, ensuite elle va en s'élargissant jusqu'à la hauteur des oreilles où elle finit. Cet assemblage de couleurs si fort tranchantes et si rares dans les Quadrupèdes, offre un coup-d'œil très-frappant. »

C'est dommage qu'un si joli animal ne soit connu que par ce seul échantillon, dont les couleurs ont sans doute perdu une partie de leur beauté. Il paroît être fait pour grimper sur les arbres dont il mange les fruits.

7. *La Taupe du Canada.* Le voyageur à qui l'on doit la connoissance de cet animal singulier, dit qu'il n'a de la taupe vulgaire que quelques parties ; dans d'autres il porte un caractère qui le rapproche beaucoup plus de la classe des rats ; il en a la forme et la légéreté ; sa queue, longue de trois pouces, est noueuse et presque nue ; ses yeux sont cachés sous le poil ; le museau est relevé d'une moustache qui lui est particulière, et ce museau n'est pas pointu ni terminé par un cartilage propre à fouiller la terre, mais il est bordé de muscles charnus et très-déliés qui ont l'air d'autant d'épines ; toutes ces pointes sont nuancées d'une belle couleur de rose et

jouent à la volonté de l'animal, de façon qu'elles se rapprochent et se réunissent au point de ne former qu'un corps aigu et très-délicat. Quelquefois aussi ces muscles épineux s'ouvrent et s'épanouissent à la manière du calice des fleurs ; ils enveloppent et renferment le conduit nazal auquel ils servent d'abri : il seroit difficile de décider à quels autres usages qu'à fouiller la terre cette taupe fait servir une partie aussi extraordinaire. Elle se trouve au Canada où cependant elle n'est pas fort commune.

8. *Le Tucan.* Fernandès donne le nom de Tucan à un petit quadrupède de la Nouvelle Espagne, dont la grandeur, la figure et les habitudes naturelles approchent plus de celle de la taupe que d'aucun autre animal ; il me paroît que c'est le même qu'a décrit Séba, sous le nom de taupe rouge d'Amérique ; au moins les descriptions de ces auteurs s'accordent assez pour qu'on doive le présumer. Le Tucan est peut-être un peu plus grand que notre taupe ; il est comme elle gras et charnu, avec des jambes si courtes que le ventre touche à terre ; il a la queue courte, les oreilles petites et rondes, les yeux si petits qu'ils lui sont, pour ainsi dire, inutiles ; mais il diffère de la taupe par la couleur du poil, qui est d'un jaune-roux, et par le nombre des doigts, n'en ayant que trois aux pieds de devant et quatre à ceux de derrière, au lieu que la taupe a cinq doigts à tous les pieds ; il paroît en différer encore, en ce que sa chair est bonne à manger, et qu'il n'a pas l'instinct de la taupe pour retrouver sa retraite lorsqu'il en est sorti ; il creuse à chaque fois un nouveau

trou, en sorte que dans de certaines terres qui lui conviennent, les trous que font ces animaux sont en si grand nombre et si près les uns des autres, qu'on ne peut y marcher qu'avec précaution.

9. *Le Loup du Mexique.* Comme le Loup est originaire des pays froids, il a passé par les terres du nord et se trouve également dans les deux continens; il paroît que cette espèce s'est répandue jusqu'à la Nouvelle Espagne et au Mexique, et que dans ce climat plus chaud elle a subi des variétés, sans cependant avoir changé ni de nature ni de naturel. Le Loup du Mexique ou plutôt de la Nouvelle Espagne, où on le trouve bien plus communément qu'au Mexique, a cinq doigts aux pieds de devant, quatre à ceux de derrière; les oreilles longues et droites et les yeux étincelans comme nos loups; mais il a la tête un peu plus grosse, le cou plus épais et la queue moins velue. Au-dessus de la gueule il a quelques piquans aussi gros, mais moins roides que ceux du hérisson, sur un fond de poil gris son corps est marqué de quelques taches jaunes; la tête, de la même couleur que le corps, est traversée de raies brunes et le front est taché de fauve; la queue est grise et marquée d'une tache fauve dans son milieu; les jambes sont rayées de haut en bas de gris et de brun. Ce Loup est comme l'on voit le plus beau des loups, et sa fourrure doit être recherchée par la variété des couleurs; mais au reste rien n'indique qu'il soit d'une espèce différente des nôtres, qui varient du gris au blanc, du blanc au noir et au mêlé, sans pour cela changer d'espèce; et l'on voit par le témoignage de Fernandès,

que ces loups de la Nouvelle Espagne dont nous venons de donner la description, d'après Recchi et Fabri, varient comme le loup d'Europe, puisque dans ce pays même ils ne sont pas tous marqués comme nous venons de le dire, et qu'il s'en trouve qui sont de couleur uniforme et même tout blancs.

10. *Le Pekan et le Vison*. Le Pekan ressemble si fort à la marte et le Vison à la fouine, que nous croyons qu'on peut les regarder comme des variétés dans chacune de ces espèces. Ils ont non-seulement la même forme de corps, les mêmes proportions, les mêmes longueurs de queue, la même qualité de poil, mais encore le même nombre de dents et d'ongles, le même instinct, les mêmes habitudes naturelles; ainsi nous nous croyons fondés à regarder le Pekan comme une variété dans l'espèce de la marte, et le Vison comme une variété dans celle de la fouine, ou du moins comme des espèces si voisines qu'elles ne présentent aucune différence réelle : le Pekan et le Vison ont seulement le poil plus brun, plus lustré et plus soyeux que la marte et la fouine; mais cette différence, comme l'on sait, leur est commune avec le castor, la loutre et les autres animaux du nord de l'Amérique, dont la fourrure est plus belle que celle de ces mêmes animaux dans le nord de l'Europe. Nous ignorons l'origine des deux noms de ces animaux, et nous savons seulement qu'ils appartiennent à l'Amérique septentrionale.

11. *La grande Marte de la Guiane*. Cet animal, qui nous a été envoyé de Cayenne, est plus grand que

notre marte de France. Il a deux pieds de long; son poil est noir à l'exception de celui de la tête et du cou qui est grisâtre; sa queue est plus longue à proportion que celle de notre marte, car elle est des trois quarts de la longueur du corps, tandis que dans cette dernière elle n'est que de la moitié.

12. *Le Grison.* Voici une espèce voisine de celle de la belette, et que nous ne connoissions pas. « Le nom de grison, dit M. Allamand, indique assez bien sa couleur. La tête de cet animal est fort grosse à proportion de son corps, qui n'a que sept pouces de longueur; ses oreilles sont plus larges que hautes; ses yeux sont grands; le museau, tout le dessous du corps et les jambes sont d'un noir qui contraste singulièrement avec sa couleur grise; les pieds sont partagés en cinq doigts armés de forts ongles jaunâtres. Il a été envoyé de Surinam sous le nom de belette grise; cependant ce n'est pas une belette quoiqu'il lui ressemble par le nombre et la forme de ses dents; il n'a pas le corps aussi alongé et ses pieds sont beaucoup plus hauts. »

13. *Le Touan.* Nous ne pouvons rapporter qu'au genre de la belette le petit quadrupède qui nous a été envoyé de Cayenne sous le nom de Touan. Il est dit seulement dans la notice qu'il étoit adulte; qu'il se tient dans des troncs d'arbres et qu'il se nourrit de vers et d'insectes. La femelle produit deux petits qu'elle porte sur le dos. Ce Touan adulte est plus petit que la belette d'Europe; mais il lui ressemble par la forme de la tête et par celle de son corps alongé sur ses petites jambes; et il en diffère par les couleurs du poil.

14. *Le Tayra ou le Galera.* Cet animal, dont Brown nous a donné la description et la figure, est de la grandeur d'un petit lapin, et ressemble assez à la belette ou à la fouine; il se creuse un terrier; il a beaucoup de force dans les pieds de devant, qui sont considérablement plus courts que ceux de derrière; son museau est alongé, un peu pointu et garni d'une moustache; la mâchoire inférieure est beaucoup plus courte que la supérieure; il a six dents incisives et deux canines à chaque mâchoire, sans compter les mâchelières; ses oreilles sont plates et assez semblables à celles de l'homme; ses pieds sont forts et faits pour creuser; le corps est oblong et ressemble beaucoup à celui d'un gros rat; il est couvert de poils bruns, dont les uns sont assez longs et les autres beaucoup plus courts. Cet animal nous paroît être une petite espèce de fouine ou de putois.

15. *Le Rat d'eau blanc.* On trouve au Canada, le Rat d'eau d'Europe, mais avec des couleurs différentes; il n'est brun que sur le dos, presque tout le reste du corps est blanc et fauve; la tête et le museau même sont blancs, ainsi que l'extrémité de la queue. Le poil paroît plus doux et plus lustré que celui de notre rat d'eau; mais au reste tout est semblable, et on ne peut pas douter que ces deux animaux ne soient de la même espèce. Le blanc du poil vient du froid du climat, et l'on peut présumer qu'en cherchant les animaux dans le nord de l'Europe, on y trouvera comme au Canada ce Rat d'eau blanc.

16. *La Musaraigne du Brésil.* Nous indiquons cet animal par la dénomination de Musaraigne du Brésil, parce que nous en ignorons le nom, et qu'il ressemble plus à la musaraigne qu'à aucun autre animal; il est cependant considérablement plus grand, ayant environ cinq pouces depuis l'extrémité du museau jusqu'à l'origine de la queue, qui n'a pas deux pouces, et qui par conséquent est plus courte à proportion que celle de la musaraigne commune; il a le museau pointu et les dents très-aiguës : sur un fond de poil brun, on remarque trois bandes noires assez larges, qui s'étendent longitudinalement depuis la tête jusqu'à la queue, au-dessous de laquelle on remarque aussi la bourse avec les testicules qui sont pendans entre les pieds de derrière : cet animal, dit Marcgrave, jouoit avec les chats, qui d'ailleurs ne se soucient pas de le manger; et c'est encore une chose qu'il a de commun avec la musaraigne d'Europe, que les chats tuent mais qu'ils ne mangent pas.

17. *Le Crabier.* Le nom Crabier ou Chien crabier, que l'on a donné à cet animal, vient de ce qu'il se nourrit principalement de crabes. Il a très-peu de rapport au chien ou au renard, auxquels les voyageurs ont voulu le comparer; il auroit plus de rapport avec les sarigues; mais il est beaucoup plus gros, et d'ailleurs la femelle du Crabier ne porte pas, comme la femelle du sarigue, ses petits dans une poche sous le ventre : ainsi le Crabier nous paroît être d'une espèce isolée et différente de toutes celles que nous avons décrites. Comme cet animal est fort bas de jambes, il a de loin

quelques ressemblances avec le chien basset : la longueur du corps est d'environ dix-sept pouces, et sa hauteur de six à sept pouces ; la queue qui est grisâtre, écailleuse et sans poil, a quinze pouces et demi de longueur, et elle est très-menue à son extrémité. Le poil du corps est laineux et parsemé d'autres grands poils roides et noirâtres qui vont en augmentant sur l'épine du dos ; ce qui forme à cet animal une espèce de crinière depuis le milieu du dos jusqu'au commencement de la queue.

Un de nos correspondans m'a écrit qu'il est fort commun à Cayenne, et qu'il habite toujours les palétuviers et autres endroits marécageux. « Il est, dit-il, fort leste pour grimper sur les arbres, sur lesquels il se tient plus souvent qu'à terre, sur-tout pendant le jour. Il a de bonnes dents et se défend contre les chiens ; les crabes font sa principale nourriture et lui profitent, car il est toujours gras. Quand il ne peut pas tirer les crabes de leur trou avec sa patte, il y introduit sa queue dont il se sert comme d'un crochet ; le crabe, qui lui serre quelquefois la queue, le fait crier ; ce cri ressemble assez à celui d'un homme et s'entend de fort loin ; mais sa voix ordinaire est une espèce de grognement semblable à celui des petits cochons ; il produit quatre ou cinq petits, et les dépose dans des vieux arbres creux : les naturels du pays en mangent la chair, qui a quelque rapport à celle du lièvre. Au reste, ces animaux se familiarisent aisément, et on les nourrit à la maison comme les chiens et les chats, c'est-à-dire avec toutes sortes d'alimens ; ainsi leur goût pour la chair du crabe n'est point du tout un goût exclusif. »

18. *Le Raton crabier.* Ce quadrupède qui nous a été envoyé de Cayenne sous la dénomination impropre de chien crabier, n'a d'autre rapport avec le crabier que l'habitude de manger également des crabes; mais il tient beaucoup du Raton par la grandeur, la forme et les proportions de la tête, du corps et de la queue; et comme nous ignorons le nom qu'il porte dans son pays natal, nous lui donnerons, en attendant que nous en soyons informés, la dénomination de Raton crabier, pour le distinguer du raton et du crabier. La queue de ce Raton crabier est environnée de six anneaux noirs, dont les intervalles sont d'un fauve-grisâtre, ce qui établit encore une différence entre cet animal et le vrai raton, dont la queue longue, grosse et touffue est seulement annelée sur la face supérieure; elle est d'ailleurs beaucoup plus courte et beaucoup plus mince que celle du raton. Ces deux espèces de raton diffèrent encore entr'elles par la couleur du poil, qui dans le raton est sur le corps d'un noir mêlé de gris et de fauve pâle, et sur les jambes de couleur blanchâtre, au lieu que dans celui-ci il est d'un fauve mêlé de noir et de gris sur le corps, et d'un brun noirâtre sur les jambes. Ainsi, quoique ces deux animaux aient plusieurs rapports entr'eux, leurs différences nous paroissent suffisantes pour en faire deux espèces distinctes.

19. « *Le Kinkajou.* Cet animal, qui a été apporté vivant de la Nouvelle Espagne, a quelque ressemblance avec le coati; mais il en diffère par plusieurs caractères et sur-tout par sa queue prenante, avec

laquelle il se suspend et s'accroche à tout ce qu'il rencontre lorsqu'il veut descendre ; il ne la redresse même que quand ses pieds sont assurés ; il s'en sert heureusement pour saisir et approcher de lui les choses auxquelles il ne peut atteindre ; il se couche et dort dès qu'il voit le jour, et s'éveille à l'approche de la nuit. Alors il est d'une vivacité extraordinaire. Il grimpe avec une grande facilité, et furete par-tout. Il arrache tout ce qu'il trouve, soit en jouant, soit en cherchant des insectes ; sans cela on pourroit le laisser en liberté ; et même, avant d'être en France, on ne l'attachoit pas du tout ; il sortoit et alloit où il vouloit pendant la nuit, et le lendemain matin on le retrouvoit toujours couché à la même place. On vient à bout de l'éveiller en l'excitant pendant le jour ; mais il semble que le soleil ou sa réverbération l'effraie ou le suffoque. Il est assez caressant, sans cependant être docile, il sait seulement distinguer son maître et le suivre. Il boit de tout, de l'eau, du café, du lait, du vin et même de l'eau-de-vie, sur-tout s'il y a du sucre, et il en boit jusqu'à s'enivrer, ce qui le rend malade pendant plusieurs jours ; il mange aussi de tout indistinctement, du pain, de la viande, des légumes, des racines, principalement des fruits ; on lui a donné longtemps pour nourriture ordinaire du pain trempé de lait, des légumes et des fruits ; il aime passionnément les odeurs et est très-friand de sucre et de confitures ; son attitude favorite est d'être assis d'à-plomb sur son cul et ses pattes de derrière, le corps droit avec un fruit dans les pattes de devant, et la queue roulée en volute horizontale. Il se jette sur les

volailles,

volailles, et c'est toujours sous l'aile qu'il les saisit ; il paroît en boire le sang, et il les laisse sans les déchirer ; quand il a le choix, il préfère un canard à une poule, et cependant il craint l'eau ; il a différens cris ; quand il est seul pendant la nuit, on l'entend très-souvent jeter des sons qui ressemblent assez en petit à l'aboiement d'un chien, et il commence toujours par éternuer ; quand il joue et qu'on lui fait du mal, il se plaint par un petit cri pareil à celui d'un jeune pigeon ; quand il menace, il siffle à peu près comme une oie ; quand il est en colère, ce sont des cris confus et éclatans. Il ne se met guère en colère que quand il a faim ; il tire une langue d'une longueur démesurée lorsqu'il bâille ; c'étoit une femelle, et l'on a cru remarquer que, depuis trois ans qu'elle est en France, elle n'a été qu'une fois en chaleur ; elle étoit alors presque toujours furieuse. » *Note communiquée.*

20. *Le Cayopollin.* Le premier auteur qui ait parlé de cet animal, est Fernandès ; le Cayopollin, dit-il, est un petit animal un peu plus grand qu'un rat, ressemblant au sarigue par le museau, les oreilles et la queue, qui est plus épaisse et plus forte que celle d'un rat, et de laquelle il se sert comme d'une main ; il a les oreilles minces et diaphanes ; le ventre, les jambes et les pieds blancs. Les petits, lorsqu'ils ont peur, tiennent la mère embrassée ; elle les élève sur les arbres : cette espèce s'est trouvée dans les montagnes de la Nouvelle Espagne. Celui que nous avons vu étoit plus grand, et il avoit le museau moins pointu et la queue plus longue que la marmose ; en tout il nous a

paru approcher encore plus que la marmose de l'espèce du sarigue. Ces trois animaux se ressemblent beaucoup par la conformation des parties intérieures et extérieures, par les os surnuméraires du bassin, par la forme des pieds, par la naissance prématurée, la longue et continuelle adhérence des petits aux mamelles, et enfin par les autres habitudes de nature ; ils sont aussi tous trois du nouveau monde et du même climat ; on ne les trouve point dans les pays froids de l'Amérique : ils sont naturels aux contrées méridionales de ce continent, et peuvent vivre dans les régions tempérées ; au reste, ce sont tous des animaux très-laids ; leur gueule fendue comme celle d'un brochet, leurs oreilles de chauve-souris, leur queue de couleuvre et leurs pieds de singe, présentent une forme bizarre, qui devient encore plus désagréable par la mauvaise odeur qu'ils exhalent, et par la lenteur et la stupidité dont leurs actions et tous leurs mouvemens paroissent accompagnés.

21. *Le Philandre de Surinam.* Cet animal est du même climat et d'une espèce voisine de celle du sarigue, de la marmose, du cayopollin et du phalanger; il a, dit Séba, les yeux très-brillans et environnés d'un cercle de poil brun foncé, et le corps couvert d'un poil doux ou plutôt d'une espèce de laine, et d'un jaune roux ou rouge, clair sur le dos; les petits de ces animaux ont un grognement assez semblable à celui d'un petit cochon de lait; les mamelles de la mère ressemblent à celles de la marmose ; ces Philandres produisent cinq ou six petits ; ils ont la queue très-longue et prenante

comme celles des sapajous ; les petits montent sur le dos de leur mère, et s'y tiennent en accrochant leur queue à la sienne : dans cette situation, elle les porte et transporte avec autant de sûreté que de légéreté.

22. *Le Coendou.* Dans chaque article que nous avons à traiter, il se présente toujours plus d'erreurs à détruire que de vérités à exposer ; cela vient de ce que l'histoire des animaux n'a, dans ces derniers temps, été traitée que par des gens à préjugés, à méthode, et qui prenoient la liste de leurs petits systèmes pour les registres de la Nature. Il n'existe en Amérique aucuns des animaux du climat chaud de l'ancien continent, et, réciproquement, il ne se trouve sous la zône brûlante de l'Afrique et de l'Asie, aucun de ceux de l'Amérique méridionale. Le porc-épic, est, comme nous l'avons dit, originaire des pays chauds de l'ancien monde ; et ne l'ayant pas trouvé dans le nouveau, on n'a pas laissé de donner son nom aux animaux qui ont paru lui ressembler, particulièrement à celui dont il est ici question. Mais le Coendou n'est point le porc-épic ; il est de beaucoup plus petit ; il a la tête à proportion moins longue et le museau plus court ; il n'a point de panache sur la tête, ni de fente à la lèvre supérieure ; ses piquans sont trois ou quatre fois plus courts et beaucoup plus menus ; il a une longue queue, et celle du porc-épic est très-courte ; il est carnassier plutôt que frugivore (1) et cherche à surprendre les

---

(1) Ce fait assuré par Marcgrave et Pison n'est pas certain. Hermandès dit au contraire que le Coendou se nourrit de fruits.

oiseaux, les petits animaux, les volailles, au lieu que le porc-épic ne se nourrit que de légumes, de racines et de fruits. Il dort pendant le jour comme le hérisson, et court pendant la nuit; il monte sur les arbres et se retient aux branches avec sa queue, ce que le porc-épic ne fait ni ne pourroit faire; sa chair, disent tous les voyageurs, est très-bonne à manger ; on peut l'apprivoiser; il demeure ordinairement dans les lieux élevés, et on le trouve dans toute l'étendue de l'Amérique, depuis le Brésil et la Guiane jusqu'à la Louisiane et aux parties méridionales du Canada ; au lieu que le porc-épic ne se trouve que dans les pays chauds de l'ancien continent. La Guiane fournit deux espèces de Coendous ; les plus grands pèsent douze à quinze livres. Ils se tiennent sur le haut des arbres et sur les lianes qui s'élèvent jusqu'aux plus hautes branches. Ils ne mangent pas le jour. Leur odeur est très-forte, et on les sent de fort loin. Ils font leurs petits dans des trous d'arbre, au nombre de deux. Les femelles ne quittent jamais l'arbre où elles font leurs petits. Ceux de la petite espèce peuvent peser six livres.

23. *Le Coendou à longue queue*. Il est couvert de piquans noirs et blancs à la tête, sur le corps, les jambes et une partie de la queue ; et sa longue queue le distingue de toutes les autres espèces de ce genre : elle n'a pas de houpe ou bouquet de piquans à son extrémité comme celle des autres porcs-épics.

24. *L'Urson*. Cet animal n'a jamais été nommé. Placé par la Nature dans les terres désertes du nord

de l'Amérique, il existoit indépendant, éloigné de l'homme, et ne lui appartenoit pas même par le nom qui est le premier signe de son empire. Hudson ayant découvert la terre où il se trouve, nous lui donnerons un nom qui rappelle celui de son premier maître, et qui indique en même temps sa nature poignante et hérissée. L'Urson auroit pu s'appeler le castor épineux ; il est du même pays, de la même grandeur, et à peu près de la même forme de corps ; il a comme lui à l'extrémité de chaque mâchoire, deux dents incisives, longues, fortes et tranchantes ; indépendamment de ces piquans qui sont assez courts et presque cachés dans le poil, l'Urson a comme le castor une double fourrure, la première de poils longs et doux, et la seconde d'un duvet ou feutre encore plus doux et plus mollet. Dans les jeunes, les piquans sont à proportion plus grands, plus apparens, et les poils plus courts et plus rares que dans les adultes ou les vieux. Cet animal fuit l'eau et craint de se mouiller, il se retire et fait sa bauge sous les racines des arbres creux, il dort beaucoup, et se nourrit principalement d'écorce de genièvre ; en hiver, la neige lui sert de boisson ; en été, il boit de l'eau et lappe comme un chien. Les sauvages mangent sa chair, et se servent de sa fourrure, après en avoir arraché les piquans qu'ils emploient au lieu d'épingles et d'aiguilles.

25. *La Chauve-souris fer-de-lance.* Cette Chauve-souris tire sa dénomination d'une crête ou membrane qu'elle présente en forme de trèfle très-pointu et qui ressemble parfaitement à un fer de lance garni de ses

oreillons. Quoique ce caractère suffise seul pour la faire reconnoître et distinguer de toutes les autres, on peut encore ajouter qu'elle n'a presque point de queue; qu'elle est à peu près du même poil et de la même grosseur que la chauve-souris commune; mais qu'au lieu d'avoir comme elle et comme la plupart des autres chauve-souris, six dents incisives à la mâchoire inférieure, elle n'en a que quatre. Les chauve-souris qui ont déjà de grands rapports avec les oiseaux par leur vol, par leurs ailes et par la force des muscles pectoraux, paroissent s'en approcher encore par ces membranes ou crêtes qu'elles ont sur la face; ces parties excédantes, qui ne se présentent d'abord que comme des difformités superflues, sont les caractères réels et les nuances visibles de l'ambiguité de la Nature entre ces quadrupèdes volans et les oiseaux; car la plupart de ceux-ci ont aussi des membranes et des crêtes autour du bec et de la tête, qui paroissent tout aussi superflues que celles des chauve-souris.

26. *La grande Serotine de la Guiane.* C'est à la chauve-souris que nous avons appelée Serotine de notre climat, que cette grosse chauve-souris de la Guiane ressemble le plus; mais elle en diffère beaucoup par la grandeur; elle a aussi le museau plus long, et indépendamment de la très-grande différence de grandeur, elle ne peut pas être regardée comme une variété dans l'espèce de la serotine de notre climat. On voit ces grandes chauve-souris se rassembler en nombre le soir et voltiger dans les endroits découverts, sur-tout au-dessus des prairies. Les tette-chèvres ou engoulevents se mê-

lent avec ces légions de chauve-souris, et quelquefois ces troupes mêlées d'oiseaux et de quadrupèdes volans sont si nombreuses et si serrées, que l'horizon en paroît couvert.

II.

Quadrupèdes qui ont rapport aux Babouins et aux Guenons.

1. *Le Babouin des bois.* Ce Babouin a le museau alongé et semblable à celui d'un chien; sa face est couverte d'une peau noire un peu luisante; les pieds et les mains sont unis et noirs comme la face, mais les ongles sont blancs; son poil est très-long et agréablement mélangé de noir et de brun. Le babouin des bois se trouve en Guinée, où les Anglois l'ont appelé l'homme des bois.

2. *Le Babouin à longues jambes.* Ce Babouin est plus haut monté sur ses jambes qu'aucun autre babouin, et même qu'aucune guenon; il a la face incarnate, le front noir et avancé en forme de bourlet, le poil très-long et très-touffu sur le cou; la queue très-courte, très-relevée et presqu'entièrement dénuée de poil, sur-tout dans sa partie inférieure. Ce quadrumane tient ordinairement ses pouces et ses gros orteils écartés de manière à former un angle droit avec les autres doigts. Il se nourrit, ainsi que les autres babouins, de fruits, de feuilles de tabac, d'oranges, d'insectes, et particulièrement de scarabées, de fourmis et de mouches, qu'il saisit avec beaucoup d'adresse pendant

qu'elles volent. Lorsqu'on lui donne de l'avoine, il en remplit ses abajoues, dont il retire les grains l'un après l'autre pour les peler. Il aime à boire de l'eau-de-vie, du vin, de la bière même jusqu'à s'enivrer. M. Hermann, professeur d'Histoire Naturelle à Strasbourg, a vu vivans un mâle et une femelle de cette espèce. La femelle étoit fort douce; elle se laissoit toucher sans peine, et paroissoit se plaire à être caressée; elle aimoit beaucoup les enfans; mais elle paroissoit haïr les femmes.

3. *Le Choras*. Ce grand et gros Babouin, qu'on trouve dans les parties méridionales des grandes Indes, et particulièrement dans l'île de Ceylan, suivant quelques voyageurs, peut se distinguer des autres babouins par une touffe de poil qui se relève en forme de houpe au-dessus de sa tête, et par la couleur de sa peau sur le nez, qui forme une bande d'un rouge très-vif, et sur le milieu de sa face dont les joues sont violettes. Les oreilles de ce Babouin sont petites et nues; son museau est très-alongé, et son nez paroît tronqué par le bout, ce qui lui donne de la ressemblance avec le boutoir d'un sanglier. On a observé que cet animal se nourrissoit de fruits, de citrons, d'avoine, de noix, qu'il écrasoit entre ses dents et qu'il avaloit avec la coque; il les serroit dans ses abajoues qui pouvoient en contenir jusqu'à huit sans paroître très-remplies. Il mangeoit la viande cuite, et refusoit la crue; il aimoit les boissons fermentées, telles que le vin et l'eau-de-vie. On a observé aussi qu'il étoit moins agile, plus grave et moins malpropre que la plupart des autres singes.

Tous les Naturalistes qui ont vu ce Babouin, s'accordent à dire qu'il est très-ardent en amour, même pour les femmes.

4. *Le Babouin à museau de chien.* Ce Babouin a le museau très-alongé, très-épais, et semblable à celui du chien; ce qui lui a fait donner sa dénomination. Sa face est couverte d'une peau rouge, garnie de poils gris très-clair-semés, et la plupart fort courts; le bout du museau est violet, les yeux sont petits; les oreilles sont pointues et cachées dans le poil. La tête est couverte, tout autour de la face, de poils touffus d'un gris plus ou moins mêlé d'un vert-jaunâtre, dirigés en arrière, beaucoup plus longs au-dessus de chaque oreille, et y formant une houpe bien fournie; le corps est gros et couvert d'un poil épais de la même couleur que celui de la tête, et très-long sur le devant et au milieu du corps; la queue est velue, plus mince vers l'extrémité qu'à son origine, presqu'aussi longue que le corps, et communément relevée. Ce Babouin se trouve en Arabie, en Abyssinie, en Guinée, et en général dans tout l'intérieur de l'Afrique, jusqu'au cap de Bonne-Espérance. Edwards avoit reçu un individu de cette espèce, qui avoit près de cinq pieds de hauteur, et qui avoit été pris dans l'Arabie. Ces animaux s'y rassemblent par centaines; ce qui oblige les propriétaires des plantations de café, à être continuellement sur leurs gardes contre leurs déprédations. Celui qu'Edwards a vu vivant, étoit fier, indomptable, et si fort, qu'il auroit terrassé aisément un homme fort et vigoureux. Son inclination pour les femmes

s'exprimoit d'une manière très-violente et très-énergique. Quelqu'un étant allé le voir avec une jeune fille, et l'ayant embrassée devant ce Babouin pour exciter sa jalousie, l'animal devint furieux, il saisit un pot d'étain qui étoit à sa portée, et le jeta avec tant de force contre son prétendu rival, qu'il lui fit une blessure très-considérable à la tête.

5. *Le Macaque à queue courte.* Nous ne donnons cette dénomination à l'animal dont il s'agit que faute d'un nom propre, et parce qu'il nous paroît approcher un peu plus du macaque que des autres guenons : cependant il en diffère par un grand nombre de caractères même essentiels. Il a la face moins large et plus effilée, la queue beaucoup plus courte, les fesses nues, couleur de sang, aussi bien que toutes les parties voisines de la génération. Il n'a du macaque que la queue, très-grosse à son origine, où la peau forme des rides profondes, ce qui le rend différent du maimon ou singe à queue de cochon, avec lequel il a néanmoins beaucoup de rapport par le caractère de la queue courte; et comme ce macaque et le singe à queue de cochon ont tous deux la queue beaucoup plus courte que les autres guenons, on peut les regarder comme faisant à cet égard la nuance entre le genre des babouins qui ont la queue courte, et celui des guenons qui l'ont très-longue. Tout le bas du corps de ce macaque qui étoit femelle, est couvert depuis les reins de grandes rides qui forment des inégalités sur cette partie et jusqu'à l'origine de la queue. Il a des abajoues et des callosités sur les fesses qui sont d'un rouge très-

vif, aussi bien que le dedans des cuisses, le bas du ventre, l'anus, la vulve; mais on pourroit croire que l'animal ne porte cette belle couleur rouge que lorsqu'il est vivant et en bon état de santé; car étant tombé malade, elle disparut entièrement, et après sa mort (le 7 février 1778) il n'en paroissoit plus aucun vestige. Il étoit aussi doux qu'un petit chien; il accueilloit tous les hommes, mais il refusoit les caresses des femmes, et lorsqu'il étoit en liberté, il se jetoit après leurs jupons. Ce macaque femelle n'avoit que quinze pouces de longueur.

6. *Le Mangabey*. Nous avons eu deux individus de cette espèce de guenon ou singe à longue queue; tous deux nous ont été donnés sous la dénomination de singe de Madagascar: il est facile de les distinguer de tous les autres par un caractère très-apparent. Les Mangabeys ont les paupières nues et d'une blancheur frappante; ils ont aussi le museau gros, large et alongé, et un bourlet saillant autour des yeux. Ils varient pour les couleurs.

7. *La Guenon à long nez*. Cette Guenon ou singe à longue queue nous a été envoyée des grandes Indes, et n'étoit connue d'aucun Naturaliste, quoique très-remarquable par un trait apparent, et qui n'appartient à aucune des autres espèces de guenons, ni même à aucun autre animal; ce trait est un nez large proéminent, assez semblable par la forme à celui de l'homme, mais encore plus long, mince à son extrémité, et sur le milieu duquel règne un sillon qui semble le diviser

en deux lobes. Les narines sont posées et ouvertes horizontalement comme celles de l'homme; leur ouverture est grande et la cloison qui les sépare est mince; et comme le nez est très-alongé en avant, les narines sont éloignées des lèvres, étant situées à l'extrémité du nez. La face entière est dénuée de poil comme le nez; la peau est d'un brun mêlé de bleu et de rougeâtre. La bouche est grande et garnie de fortes dents canines et de quatre incisives à chaque mâchoire, semblables à celle de l'homme. Le corps est gros et couvert d'un poil d'un brun marron plus ou moins foncé sur le dos et sur les flancs, orangé sur la poitrine, et d'un fauve mêlé de grisâtre sur le ventre, les cuisses et les bras, tant au dedans qu'au dehors. Il y a sous le menton, autour du col et sur les épaules, des poils bien plus longs que ceux du corps, et qui forment une espèce de camail dont la couleur contraste avec celle de la peau nue de la face. La longueur du corps du museau à l'anus, est d'un pied onze pouces neuf lignes.

Des Cochinchinois qui sont venus au cabinet, ont reconnu ce quadrumane dont on y conserve la dépouille; ils ont dit qu'il étoit très-commun dans leur pays, où on le nomme *khí dóc*, c'est-à-dire grand singe. Il devient en effet très-grand et très-gros; il va par troupes nombreuses; il ne se nourrit que de fruits. Son naturel est cependant presque féroce, et lorsqu'on l'attaque, il se défend avec beaucoup de force et de courage.

8. *La Guenon à museau alongé.* Cette Guenon a en effet le museau très-long, très-délié et couvert d'une peau nue et rougeâtre. Son poil est très-long sur tout

le corps, mais principalement sur les épaules, la poitrine et la tête ; la couleur en est d'un gris-de-fer mêlé de noir, excepté sur la poitrine et le ventre où elle est d'un cendré-clair ; la queue est très-longue. Cet animal a deux pieds de haut lorsqu'il est assis : son naturel est fort doux. On croit qu'il a été apporté d'Afrique.

Cette espèce ressemble beaucoup, par sa conformation, à celle dont nous avons parlé sous le nom de babouin à museau de chien ; mais indépendamment de ses habitudes qui sont plus douces que celles des babouins, elle en diffère par les couleurs de son poil et sur-tout par la longueur de sa queue.

9. *La Guenon couronnée.* Ce quadrumane, dont l'espèce nous paroît très-voisine de celle du malbrouck et encore plus de celle du bonnet chinois, étoit à la foire Saint-Germain en 1774 ; ses maîtres l'appeloient singe couronné, à cause du toupet en hérisson qui étoit au-dessus de sa tête. Ce toupet formoit une espèce de couronne qui, quoiqu'interrompue par derrière, paroissoit assez régulière en le regardant de face ; il étoit mâle, et une femelle de même espèce que nous avons eu occasion de voir aussi, avoit également sur la tête des poils hérissés, mais plus courts que ceux du mâle ; ce qui prouve que si ce n'est pas une espèce, c'est au moins une variété constante.

10. *La Guenon à camail.* Le sommet de la tête, le tour de la face, le cou, les épaules et la poitrine de cette Guenon sont couverts d'un poil long, touffu, flot-

tant, d'un jaune mêlé de noir, qui lui forme une sorte de camail. Elle a trois pieds de hauteur lorsqu'elle est debout ; elle a la face noire ; le corps, les bras et les jambes sont garnis d'un poil très-court, luisant et d'un beau noir ; ce qui fait ressortir la couleur de la queue qui est d'un blanc de neige, et qui se termine par une touffe de poils également blancs : tous les membres de cette Guenon sont très-déliés. Elle habite dans les forêts de Sierra-Leone et de Guinée, où les nègres lui donnent le nom de roi des singes, apparemment à cause de la beauté de ses couleurs, et à cause de son camail qui représente une sorte de diadème. Ils estiment fort sa fourrure dont ils se font des ornemens, et qu'ils emploient aussi à différens usages.

11. *Le Blanc-nez.* C'est le nom que les Hollandois ont donné à cette Guenon, que je croyois être de la même espèce que le moustac, mais qui est d'une espèce très-différente. « J'ai actuellement chez moi, dit le professeur Allamand, une Guenon de cette espèce, qui m'a été envoyée de Surinam, où elle avoit été apportée des côtes de Guinée. Son nez est couvert d'un poil court, d'un blanc très-éclatant, tandis que le reste de sa face est d'un beau noir, ce qui rend saillante cette partie, et fait qu'elle frappe d'abord plus que toute autre. C'est le plus aimable animal que j'aie jamais vu. Il est extrêmement familier avec tout le monde, et on ne se lasse point de jouer avec lui, parce que jamais singe n'a joué de meilleure grâce. Il ne déchire ni ne gâte jamais rien ; s'il mord, c'est en badinant, et de façon que la main la plus délicate

n'en rapporte aucune marque. Cependant il n'aime pas qu'on l'interrompe quand il mange, ou qu'on se moque de lui quand il a manqué ce qu'il médite de faire; alors il se met en colère, mais sa colère dure peu, et il ne garde point de rancune. Il marche sur quatre pieds, excepté quand il veut examiner quelque chose qu'il ne connoît pas; alors il s'en approche en marchant sur ses deux pieds seulement. La longueur de son corps et de sa tête, pris ensemble, est d'environ treize pouces, et celle de sa queue de vingt. La couleur de la partie supérieure de son corps et de sa queue, est un agréable mélange d'un vert couleur d'olive et de noir, mais où le vert domine; les pieds sont sans poils et tout-à-fait noirs, de même que les ongles qui sont plats; la racine du nez et les yeux sont un peu enfoncés, ce qui fait paroître le museau alongé, quoiqu'il soit aplati. Les poils du menton sont plus longs que ceux des autres parties, et forment une barbe, qui est surtout visible quand l'animal a ses abajoues remplies de manger : il n'aime pas à l'avoir mouillée, et il a soin de l'essuyer, dès qu'il a bu, contre quelque corps sec. Cette Guenon est d'une légéreté étonnante, et tous ses mouvemens sont si prestes, qu'elle semble voler plutôt que sauter. Quand elle est tranquille, son attitude favorite est de reposer et soutenir sa tête sur un de ses pieds de derrière, et alors on la diroit occupée de quelque profonde méditation. Quand on lui offre quelque chose de bon à manger, avant que de le goûter, elle le roule avec ses mains, comme un pâtissier roule sa pâte. »

12. *Le Mona.* Cet animal mâle, apporté de la côte

de Guinée, doit être regardé comme une variété dans l'espèce de la mone, à laquelle il ressemble assez par sa grosseur et la couleur du poil : il a seulement plus de légéreté dans les mouvemens et dans la forme de ses membres ; la tête a aussi plus de finesse, ce qui lui rend la physionomie agréable ; les oreilles n'ont point, comme celles de la mone, une échancrure sur le bord supérieur, et ce sont-là les caractères par lesquels il diffère de la mone ; mais au reste il a comme elle des abajoues et des callosités sur les fesses. Les joues sont garnies de grands poils grisâtres et jaunes-verdâtres, qui lui forment comme une barbe épaisse, qui s'étend jusque sous le menton. La queue est longue de plus de vingt pouces, et garnie de poils courts et noirâtres On remarque de chaque côté de l'origine de la queue, une tache blanche de figure oblongue. Les pieds et les mains sont tout noirs, ainsi que le poignet. Le naturel de cette Guenon paroît être fort doux ; elle est même craintive et semble peureuse. Elle mange volontiers du pain, des fruits et des racines ; elle a seize à dix-sept pouces de longueur, depuis le museau jusqu'à l'anus.

13. *Le Roloway, ou la Palatine.* Cette Guenon qui a été envoyée sous le nom de Roloway, des côtes de Guinée à Amsterdam, dit M. Allamand, n'a point encore été décrite. C'est un fort joli animal, doux et caressant pour son maître ; mais il se défie de ceux qu'il ne connoît pas, et il se met en posture de défense quand ils veulent s'en approcher ou le toucher. Sa longueur est d'environ un pied et demi ; le poil qui couvre son dos est d'un brun très-foncé ; les poils qui couvrent

vrent la poitrine, le ventre, le contour des fesses et la partie inférieure des bras et des cuisses, sont blancs; mais on assure que cette couleur ne leur est pas naturelle, et qu'en Guinée ils sont d'une belle couleur orangée qui se perd en Europe et se change en blanc, soit par l'influence du climat, soit par la qualité de la nourriture. Ces guenons ont la face noire et de forme presque triangulaire; leurs yeux sont assez grands et bien fendus; leurs oreilles sont sans poil et peu éminentes; un cercle de poils blanchâtres leur environne le sommet de la tête; leur cou ou plutôt le contour de la face, est aussi recouvert d'une raie de longs poils blancs qui s'étend jusqu'aux oreilles. Elles ont au menton une barbe de la même couleur, longue de trois ou quatre pouces, qui se termine en deux pointes, et qui contraste singulièrement avec le poil de la face. Quand elles sont dans une situation où cette barbe repose sur la poitrine et se confond avec ses poils, on la prendroit pour la continuation de ceux qui forment le collier, et alors ces animaux vus à une certaine distance, paroissent avoir autour du cou une palatine semblable à celles que les dames portent en hiver, et même je leur en ai d'abord donné le nom. Leurs fesses sont nues et calleuses.

14. *La Guenon à face pourpre.* Elle est remarquable par sa face et ses mains qui sont d'un violet pourpre, et par une grande barbe blanche et triangulaire, courte et pointue sur la poitrine, mais s'étendant de chaque côté en forme d'aile jusqu'au-delà des oreilles. Le poil du corps est noir; la queue est très-longue et se termine par une houpe de poils blancs

très-touffus. Cette espèce habite dans l'île de Ceylan. Ses habitudes sont très-douces ; elle demeure dans les bois où elle se nourrit de fruits et de bourgeons ; lorsqu'on l'a prise, elle devient bientôt privée et familière.

15. *La Guenon à crinière.* Nous donnons cette dénomination à une Guenon qui nous étoit inconnue, et qui a une crinière autour du cou et un flocon de poils au bout de la queue comme le lion. Nous conjecturons que cette espèce de grande Guenon à crinière se trouve en Abyssinie, sur le témoignage d'Alvarès, qui dit qu'aux environs de Bernacasso, il rencontra de grands singes aussi gros que des brebis, qui ont une crinière comme le lion, et qui vont par nombreuses compagnies.

16. *La Guenon nègre.* Cette Guenon a été ainsi nommée à cause d'une sorte de ressemblance des traits de la face avec ceux du visage des nègres ; sa face est aplatie et présente des rides qui s'étendent obliquement depuis le nez jusqu'au bas des joues ; la queue est aussi longue que le corps, et le poil qui la garnit est noirâtre comme celui du dos. Au reste, l'espèce de cette Guenon est peut-être la plus petite de toutes celles de l'ancien continent, car elle n'est guère plus grosse qu'un sagoin, et n'a communément que six ou sept pouces de longueur de corps. Edwards et d'autres Naturalistes, qui l'ont vue vivante, s'accordent sur la petitesse de sa taille : celle que cite Edwards étoit très-agile, assez douce, amusante par la légéreté de ses mouvemens, et aimoit beaucoup à jouer, sur-tout avec les petits chats. Son pays natal est la Guinée.

III.

Quadrupèdes qui ont rapport aux Sapajous et Sagoins.

1. *Le Saï.* Les voyageurs ont indiqué ces animaux sous le nom de pleureurs, parce qu'ils ont un cri plaintif, et que pour peu qu'on les contrarie, ils ont l'air de se lamenter; d'autres les ont appelés singes musqués, parce qu'ils ont, comme le macaque, une odeur de faux musc. Les saïs n'ont ni abajoues ni callosités sur les fesses; ils n'ont qu'un pied ou quatorze pouces de grandeur; leur queue est plus longue que le corps et la tête pris ensemble; ils marchent à quatre pieds. Les femelles ne sont pas sujettes à l'écoulement périodique; elles n'ont que deux mamelles et ne produisent qu'un ou deux petits. Ces animaux sont doux, dociles et si craintifs, que leur cri ordinaire qui ressemble à celui du rat, devient un gémissement dès qu'on les menace. Dans ce pays-ci ils mangent des hannetons et des limaçons de préférence à tous les autres alimens qu'on peut leur présenter; mais au Brésil, dans leur pays natal, ils vivent principalement de graines et de fruits sauvages qu'ils cueillent sur les arbres où ils demeurent, et d'où ils ne descendent que rarement à terre.

2. *Le Saïmiri.* Le Saïmiri est connu vulgairement sous le nom de sapajou aurore. Il est assez commun à la Guiane. Par la gentillesse de ses mouvemens, par sa petite taille, par la couleur brillante de sa robe, par la grandeur et le feu de ses yeux, par son petit visage arrondi, le Saïmiri a toujours eu la préférence sur tous

les autres sapajous ; et c'est en effet le plus joli, le plus mignon de tous ; mais il est aussi le plus délicat, le plus difficile à transporter et à conserver : par tous ces caractères, et particulièrement encore par celui de la queue, il paroît faire la nuance entre les sapajous et les sagoins ; car la queue, sans être absolument inutile et lâche comme celle des sagoins, n'est pas aussi musclée que celle des sapajous ; elle n'est, pour ainsi dire, qu'à demi prenante ; et quoiqu'il s'en serve pour s'aider à monter et descendre, il ne peut ni s'attacher fortement, ni saisir avec fermeté, ni amener à lui les choses qu'il desire ; et l'on ne peut plus comparer cette queue à une main, comme nous l'avons fait pour les autres sapajous. Il n'a guère que dix à onze pouces de longueur.

3. *Le Saki.* Le Saki, qu'on appelle vulgairement singe à queue de renard, parce qu'il a la queue garnie de poils très-longs, est le plus grand des sagoins. Lorsqu'il est adulte, il a environ dix-sept pouces de longueur, au lieu que le plus grand des autres sagoins n'en a que neuf ou dix. Le Saki a le poil très-long sur le corps, et encore plus long sur la queue. Il a la face rousse et couverte d'un duvet blanchâtre.

4. *L'Ouistiti*, ainsi nommé d'un son articulé qu'il fait entendre. Il est plus petit que le tamarin, et n'a pas un demi-pied de longueur, le corps et la tête compris ; sa queue a plus d'un pied de long ; elle est marquée comme celle du moccoco par des anneaux alternativement noirs et blancs ; l'Ouistiti a la face nue et d'une couleur de chair assez foncée ; il est coiffé

fort singulièrement par deux toupets de longs poils blancs au-devant des oreilles; en sorte que, quoiqu'elles soient grandes, on ne les voit pas en regardant l'animal en face. Edwards dit en avoir vu plusieurs, et que les plus gros ne pesoient guère que six onces, et les plus petits quatre onces et demie; il dit encore que cet animal lorsqu'il est en bonne santé a le poil très-fourni et très-touffu; que l'un de ceux qu'il a vus, et qui étoit des plus vigoureux, se nourrissoit de plusieurs choses, comme de biscuits, fruits, légumes, insectes, limaçons; et qu'un jour étant déchaîné, il se jeta sur un petit poisson doré de la Chine qui étoit dans un bassin, qu'il le tua et le dévora avidement; qu'ensuite on lui donna de petites anguilles qui l'effrayèrent d'abord en s'entortillant autour de son cou, mais que bientôt il s'en rendit maitre et les mangea; enfin Edwards ajoute un exemple qui prouve que ces petits animaux pourroient peut-être se multiplier dans les contrées méridionales de l'Europe; ils ont, dit-il, produit des petits en Portugal, où le climat leur est favorable; ces petits sont d'abord fort laids, n'ayant presque point de poil sur le corps; ils s'attachent fortement aux tettes de leur mère; quand ils sont devenus un peu plus grands, ils se cramponnent fortement sur son dos ou sur ses épaules, et quand elle est lasse de les porter, elle s'en débarrasse en se frottant contre la muraille; lorsqu'elle les a écartés, le mâle en prend soin sur le champ, et les laisse grimper sur son dos pour soulager la femelle.

5. *Le Marikina.* Le Marikina est assez vulgaire-

ment connu sous le nom de petit singe-lion ; nous n'admettons pas cette dénomination composée, parce que le Marikina n'est point un singe mais un sagoin, et que d'ailleurs il ne ressemble pas plus au lion qu'une alouette ne ressemble à une autruche, et qu'il n'a de rapport avec lui que par l'espèce de crinière qu'il porte autour de la face et par le petit flocon de poils qui termine sa queue ; il a le poil touffu, long, soyeux et lustré. Cet animal a les mêmes manières, la même vivacité et les mêmes inclinations que les autres sagoins, et il paroît être d'un tempérament un peu plus robuste ; car nous en avons vu un qui a vécu cinq ou six ans à Paris, avec la seule attention de le garder pendant l'hiver dans une chambre, où tous les jours on allumoit du feu.

6. *Le Pinche.* C'est le nom qu'on donne aux petites espèces de sagouins dans les terres de l'Orénoque. Le Pinche, quoique fort petit, l'est cependant moins que l'ouistiti, et même que le tamarin ; il a environ neuf pouces de long, la tête et le corps compris, et sa queue est au moins une fois plus longue. Il est remarquable par l'espèce de chevelure blanche et lisse qu'il porte au-dessus et au côté de la tête, d'autant que cette couleur tranche merveilleusement sur celle de la face qui est noire et ombrée par un petit duvet gris. C'est encore un joli animal et d'une figure très-singulière ; sa voix est douce, et ressemble plus au chant d'un petit oiseau qu'au cri d'un animal ; il est très-délicat, et ce n'est qu'avec de grandes précautions qu'on peut le transporter d'Amérique en Europe.

7. *Le Mico.* C'est à la Condamine que nous devons la connoissance de cet animal, et ainsi nous ne pouvons mieux faire que de rapporter ce qu'il en écrit dans la relation de son voyage sur la rivière des Amazones : « Celui-ci, dont le gouverneur du Para m'avoit fait présent, étoit l'unique de son espèce qu'on eût vu dans le pays ; le poil de son corps étoit argenté et de la couleur des plus beaux cheveux blonds, celui de sa queue étoit d'un marron lustré approchant du noir. Il avoit une autre singularité plus remarquable ; ses oreilles, ses joues et son museau étoient teints d'un vermillon si vif, qu'on avoit peine à se persuader que cette couleur fût naturelle ; je l'ai gardé pendant un an ; malgré les précautions continuelles que je prenois pour le préserver du froid, la rigueur de la saison l'a vraisemblablement fait mourir. »

8. *Le Sagoin*, vulgairement appelé *Singe de nuit*. Il ressemble au saki par la grandeur des yeux, les narines et la forme de la face, et par sa longue queue touffue, mais il en diffère par la distribution et la teinte des couleurs du poil

I V.

Quadrupède qui a rapport au Morse.

Le Dugon. Le Dugon est un animal de la mer d'Afrique et des Indes orientales, qui par la tête ressemble plus au morse qu'à tout autre animal. Il a à la mâchoire supérieure deux dents longues d'un demi-pied, mais qui ne s'étendent pas directement hors de la gueule comme celles du morse, et qui sont beaucoup plus courtes et plus minces. Les dents mâchelières du Dugon diffèrent aussi des dents du morse tant pour le nombre que pour la position et la forme. Ainsi nous ne doutons pas qu'il ne soit d'espèce différente.

Il y auroit bien encore quelques espèces d'animaux à ajouter à ceux qui sont compris dans les notices précédentes, mais ils sont si mal indiqués qu'elles deviendroient trop incertaines; et j'aime mieux me borner à ce que l'on sait avec certitude, que de me livrer à des conjectures, et tomber dans l'inconvénient de donner pour existans des êtres fabuleux, et pour des espèces réelles des animaux défigurés : avec cette limite, et malgré ce retranchement que j'ai cru nécessaire, les personnes instruites s'apercevront aisément que notre histoire des animaux est aussi complète qu'on pouvoit l'espérer : elle contient un grand nombre d'animaux nouveaux; et il n'y en a aucun de ceux qui étoient anciennement connus, dont il ne soit fait mention dans le cours de cet ouvrage.

FIN DE L'HISTOIRE DES QUADRUPÈDES.

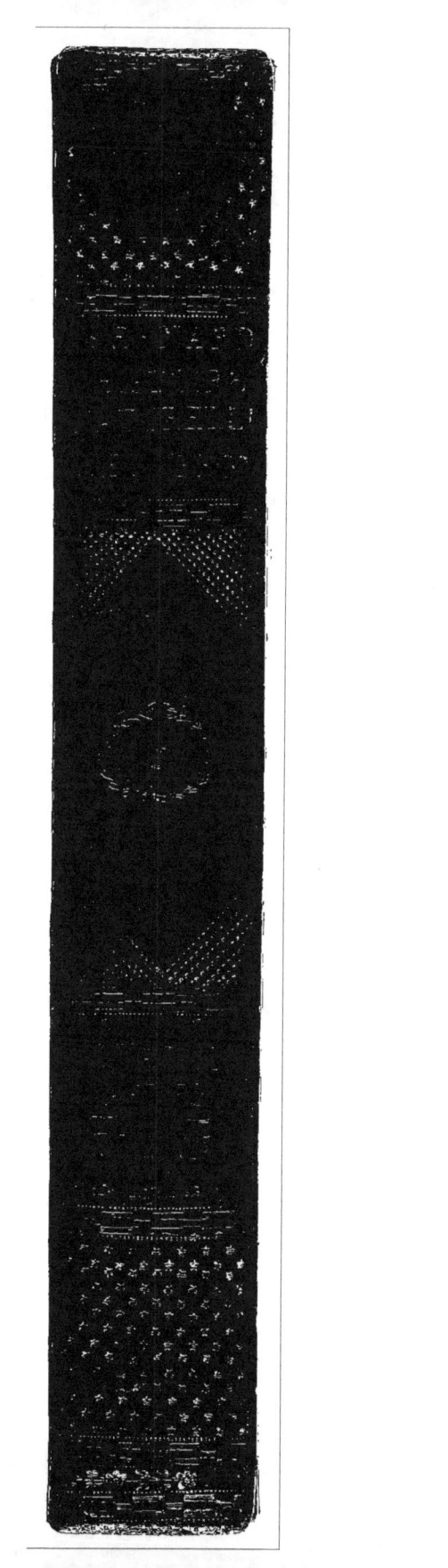

www.ingramcontent.com/pod-product-compliance
Lightning Source LLC
Chambersburg PA
CBHW071239240426
43671CB00031B/1187

BIBLIOTHÈQUE LATINE-FRANÇAISE

PUBLIÉE

PAR

C. L. F. PANCKOUCKE.

SUR LA VIE

ET LES OUVRAGES DE PLAUTE.

Après avoir cité quelques sages coutumes de certaines peuplades du Nouveau-Monde et quelques dits notables d'un de
leurs chefs, Montaigne s'écrie, avec sa naïveté maligne : « Tout
cela ne va pas trop mal. Mais quoi! ces gens-là ne portent pas
de hauts-de-chausses! »

En effet, c'était un préjugé fort commun de son temps (je
veux croire qu'il n'existe plus), de s'imaginer qu'il n'y avait
que des gens portant hauts-de-chausses qui pussent avoir le
sens commun; ou, en d'autres termes, que ce qui ne ressem-
blait point aux habitudes et aux manières de chez nous était faux
et ridicule.

Long-temps après lui, des littérateurs d'un goût très-pur et
très-classique n'ont pas été assez exempts de cette prévention,
en soumettant à leur critique les auteurs anciens, surtout les
comiques, et particulièrement Plaute. Ils le blâment très-sévè-
rement, et ne trouvent guère chez lui qu'à blâmer. Pourquoi?
par la raison qu'il choque leurs idées reçues et leurs opinions sur
les convenances. Montaigne leur dirait : « Cet homme n'est pas
dépourvu d'esprit. Mais quoi! il ne porte pas de hauts-de-
chausses! »

M. de La Harpe me paraît trop absolu dans sa rigueur envers
Plaute, lorsqu'il analyse les comédies de cet auteur d'après les
mêmes lois qu'il aurait appliquées à des pièces présentées en 1780
à MM. les comédiens ordinaires du roi.

L'assemblée aurait sans doute confirmé d'une voix unanime la
condamnation. Ces messieurs auraient écrit sur leurs bulletins :
Point d'entente de la scène; composition décousue; intrigue

THÉATRE DE PLAUTE

TRADUCTION NOUVELLE

ACCOMPAGNÉE DE NOTES

PAR J. NAUDET

MEMBRE DE L'INSTITUT (INSCRIPTIONS ET BELLES-LETTRES).

TOME PREMIER

AMPHITRYON. — L'ASINAIRE.

PARIS

C. L. F. PANCKOUCKE

MEMBRE DE L'ORDRE ROYAL DE LA LÉGION D'HONNEUR
ÉDITEUR, RUE DES POITEVINS, N° 14

M DCCC XXXI.

PARIS, IMPRIMERIE DE C. L. F. PANCKOUCKE,
Rue des Poitevins, n. 14.

trop simple et trop commune; plaisanteries indignes d'un grand théâtre. « Des courtisanes! se seraient écriées ces dames ; des courtisanes! et leurs amours effrontées! et l'audace grossière de leurs propos et de leurs façons d'agir! fi! quelle horreur! cela n'est pas tolérable sur la scène. » Et les hommes de lettres, juges-rapporteurs, ayant déjà reconnu que les règles de l'art et des bienséances étaient violées, les comédies, attendu que l'auteur était incorrigible, n'auraient pas même été reçues à correction, c'est-à-dire, pour n'être jamais jouées.

Très-bien jugé pour le théâtre du faubourg Saint-Germain! Mais autrement en pensaient et le peuple romain, et les édiles ordonnateurs des jeux, et le comité de lecture de Rome. Car il y avait à Rome des comités de lecture, et qui faisaient en même temps fonctions de comités de censure. Tant on a été convaincu, par tout pays et en tout temps, que les comités de censure étaient aussi indispensables pour la sûreté des États, que les comités de lecture pouvaient être utiles aux progrès de la poésie!

Mais que conclure de là, dira-t-on? Que le goût du public français n'est pas le même que celui du public romain, et que les modernes ont tort?

Je ne touche pas cette question ; tout est bien en son temps et en son lieu. Je crois seulement qu'il ne fallait pas affecter tant de dédain pour un poète dont plusieurs Romains qui ne manquaient pas de lumières, Cicéron entre autres, ont fait leurs délices[1]. Et d'ailleurs, ne regardât-on ses œuvres que comme un fait historique, un des fruits de la civilisation romaine, elles mériteraient encore un grand intérêt. Ce sont les seules productions qui subsistent presque entières, au milieu du débris de cet âge de la littérature latine.

---

[1] Que penser du jugement d'Horace? En général on l'a pris d'une manière trop absolue; le critique ne blâme que l'abus des plaisanteries sans nier le génie du poète. D'ailleurs il est en ce moment un peu de mauvaise humeur contre la manie de ses contemporains de rabaisser les modernes en comparaison des anciens, et Plaute a pu s'en ressentir. *Voyez* aussi les réflexions de M. Eusèbe Salverte, dans son ingénieux écrit intitulé : *Horace et l'empereur Auguste*, p. 105.

La longévité seule dont jouirent les comédies de Plaute, par un privilège unique, sur le théâtre de Rome, nous avertit qu'elles doivent être respectées. Il fallait qu'elles portassent en elles-mêmes un principe de vie bien puissant, pour s'être soutenues florissantes pendant plusieurs siècles après la mort de l'auteur. Cette force, qui résistait à la vieillesse en même temps qu'aux révolutions du goût et de la mode, il n'y eut qu'un talent supérieur qui pût la leur donner. Rejeter dans l'oubli de pareils ouvrages serait plutôt une preuve d'ignorance que de délicatesse. Redemandés souvent par les vainqueurs de Carthage et de Numance, auraient-ils été applaudis encore par les sujets de Dioclétien, s'ils n'avaient offert que des fantaisies burlesques, bonnes pour l'amusement de la populace? Il y avait quelque chose de sympathique pour les spectateurs dans les personnages de Plaute : c'est un de ses grands avantages sur Térence. Celui-ci fut le copiste élégant et poli de la comédie grecque; l'autre latinisa ses imitations par les ressorts dramatiques, par l'esprit du dialogue, par une foule de dessins originaux. Il présentait aux Romains le miroir de la société romaine.

Certes, ce n'est pas un objet indigne de studieuse curiosité, que ce théâtre qui nous retrace les formes d'une vie sociale si éloignée de la nôtre : la relégation des filles et des femmes des citoyens dans l'ombre du gynécée, et la grave et froide monotonie des foyers domestiques, interrompue seulement par des querelles de ménage et de famille; nulle idée de nos cercles, de nos assemblées, de nos réunions de convives, où la présence d'un sexe à qui l'on veut plaire en le respectant aiguise l'esprit et polit les manières des hommes; tout le mouvement et l'éclat de ce qu'on appelle le monde, et le tourbillon des plaisirs transportés chez les courtisanes; les liaisons d'amour avec ces maîtresses mercenaires avouées sans honte, publiquement tolérées parmi les honnêtes gens, et la débauche et l'ivrognerie crapuleuse dans les lieux de prostitution converties en habitudes de bonne compagnie, et favorisées même par les mères indulgentes pour leurs fils; d'un autre côté, les contradictions perpétuelles de l'existence des esclaves, la licence moqueuse et provoquante de leurs procédés et de leurs propos envers leurs maîtres mêmes, avec l'idée toujours présente des misères de leur déplorable condition, leurs facéties empreintes de la férocité des lois qui les opprimaient, et au milieu de leur jactance bouffonne des énumérations de supplices à faire frémir [1] ; en même temps, l'éducation de l'enfance, la conduite de la jeunesse abandonnée à ces êtres dégradés des droits de l'humanité : inconséquence d'où il arrivait de voir tantôt le fils du citoyen frappé par l'esclave, tantôt l'instituteur battu par son disciple, presque toujours l'adolescent corrompu par celui qui devait le surveiller [2].

En lisant les historiens, vous avez vu les Romains dans le forum, les jours de comices, ou dans les camps autour des aigles de leurs légions ; le sénat dans la gravité de ses délibérations ou dans l'appareil de sa majesté impérieuse, lorsqu'il reçoit les ambassadeurs des peuples vaincus et de ceux qu'il s'apprête à vaincre. Mais voulez-vous voir en passant le Vélabre avec ses boutiques pleines de fripons, et la promenade de Vénus Cluacine, rendez-vous des hommes du bel air ? Voulez-vous visiter le forum, qui fourmille de gens affairés, de gens désœuvrés, et de marchands, et de banquiers, et d'étourdis de quarante ans, qui se ruinent pour des belles qui les trompent, et de bavards qui ennuient les uns et médisent des autres pour s'occuper ? Voulez-vous pénétrer dans l'intérieur des maisons, surprendre les Ro-

---

[1] Voici une ordonnance d'un empereur sur les tortures : *Reus homicidii sit* (dominus), *si..... suspendi laqueo* (servum) *præceperit, vel... præcipitandum esse mandaverit, aut veneni virus infuderit ; vel dilaniaverit pœnis publicis, ferarum vestigiis latera persecando, vel exurendo admotis ignibus membra; aut tabescentes artus, atro sanguine permixta sanie defluentes prope in ipsis adegerit cruciatibus vitam linquere.....* (Cod. Theod., lib. IX, tit. XII, l. 1). Voici des bravades d'esclaves goguenards :

> *Qui advorsum stimulos, laminas, crucesque, conpedesque,*
> *Nervos, catenas, carceres, numellas pedicas, boias.....*
>   ASIN., III, 2.

Ce qui révolte l'humanité du prince est un jeu pour l'esclave de la comédie.

[2] De là toutes les intrigues de la comédie ancienne, conduites par des valets, pédagogues indignes, qui jouent le premier rôle. C'était une image de la vérité. Mais ces intrigues, transportées sur la scène française par imitation, n'étaient nullement en rapport avec nos usages, et n'avaient rien de réel.

mains en partie de plaisir avec leurs maîtresses ou en dispute avec leurs femmes ; enfin, non plus sous les armes ou sous la prétexte, mais en négligé, en déshabillé? Lisez Plaute. Son théâtre est le supplément nécessaire des livres historiques : c'est l'histoire secrète et anecdotique de la vie romaine ; ce sont les mémoires des hommes ordinaires, qui ne sont point nommés dans les annales, et qui forment la mesure commune du caractère national, dont les personnages illustres ne sont que les exceptions.

Eh bien! que les érudits le consultent comme témoin du vieux temps ; que ce soit là son triomphe. Mais il est resté si loin de Térence pour le fini des détails, la liaison des scènes, l'observation des convenances, la vraisemblance du dialogue!

Était-il moins judicieux et plus ignorant que lui? N'était-ce pas aussi un habile et savant écrivain, que celui dont les littérateurs les plus distingués du siècle suivant disaient que, si les Muses avaient voulu parler latin, elles auraient emprunté son langage? ne s'était-il pas formé à la même école que Térence? N'avait-il pas les mêmes modèles? Ni l'un ni l'autre ne créait, ne perfectionnait l'art que les Grecs leur donnaient en pleine maturité. Ils en avaient tous deux une connaissance égale; ils n'eurent pas tous deux un public également instruit. Voilà le fait à observer. Ne cherchez point en eux-mêmes, mais hors d'eux, la principale cause de cette disparité de leurs compositions. Considérez la diversité des deux époques.

Tandis que les Romains jouissaient d'un repos victorieux après leur première lutte avec les Carthaginois, et que ceux-ci se préparaient sourdement à venger la défaite du père d'Annibal, dans un bourg de l'Ombrie, à Sarsine, naissait un enfant d'une famille obscure[1], qui devait remplir un jour l'Italie de sa renommée, et rehausser la gloire littéraire de Rome, en égayant les fêtes triomphales des Marcellus et des Scipions.

L'Ombrien Marcus Accius Plautus fut attiré à Rome probablement par le même motif que le Campanien Névius et le Gaulois Statius Cécilius, par le désir de faire fortune et de produire son talent.

[1] Au commencement du cinquième siècle de Rome, peut-être à la fin du quatrième.

Il était à la fois poète et chef d'une troupe de comédiens, et sans doute, comme c'était généralement l'usage, acteur lui-même dans ses propres comédies. Il louait sa troupe et vendait ses pièces aux édiles. Son métier d'entrepreneur de spectacle l'enrichit, quoique les subventions annuelles pour les théâtres nationaux ne fussent pas très-fortes à Rome en ce temps-là, et que les spéculateurs ne connussent pas encore la ressource des banqueroutes fortunées.

On ne sait quel caprice ou quel dégoût le détourna quelque temps de cette carrière, et le jeta dans les hasards du commerce. Il s'y ruina. De quoi s'avisait-il aussi, d'entrer en relation de négoce avec les hommes pour devenir leur dupe, au lieu de se tenir au-dessus d'eux par ses contemplations philosophiques, pour satiriser leurs ridicules ? Les pertes qu'il éprouva le réduisirent à une telle détresse, qu'il fut obligé de se mettre aux gages d'un meûnier, et de tourner la meule. Il fit même, assure-t-on, trois comédies pendant la durée de sa servitude.

Mais la facilité de sa verve répara les malheurs causés par son imprudence, et il eut le bon esprit désormais de n'être plus infidèle à sa vocation.

Un grand nombre de pièces contribuèrent à établir sa fortune en même temps que sa renommée. On en comptait jusqu'à cent vingt, qui lui étaient attribuées, mais qui ne lui appartenaient pas toutes. Tantôt l'erreur provenant d'une ressemblance de noms, tantôt la fraude qui usurpait pour des ouvrages apocryphes la recommandation de sa célébrité, grossirent les recueils qu'on fit de ses comédies après lui. Varron n'en reconnaissait que vingt-trois pour certaines et authentiques. De savans grammairiens en admettaient davantage, avec raison, je crois, car Plaute était fécond, et il vécut long-temps [1]. La mort l'enleva au théâtre en l'année 570 de Rome.

[1] On pense vulgairement qu'il mourut à quarante-trois ans; il était plus âgé. Cette erreur vient d'une interprétation fausse d'un passage d'Aulu-Gelle, et elle s'est perpétuée par tradition. L'auteur des *Nuits* dit au chap. 21 du dix-septième livre, après avoir cité un fait de l'an 520 : *Ac deinde annis fere post xv, bellum adversus Pœnos sumptum est. Atque non nimium longe M. Cato orator in civitate et Plautus poeta in scena floruerunt. Si Plaute florissait*

Lorsque Plaute fit son début chez les Romains, il n'y avait peut-être pas plus de vingt ans que Livius Andronicus leur avait montré la première ébauche dramatique. On ne connut d'abord que les improvisations fescennines de la jeunesse romaine, dans la licence des fêtes: espèce de chant tantôt à une seule voix, tantôt répété en chœur, tantôt coupé en dialogue, sans mètre, sans règle, et mesuré seulement par un rhythme arbitraire et confus. Le seul perfectionnement qu'on eût apporté à ces jeux de gaîté plutôt que d'esprit, était l'alliance de la musique et la substitution des bateleurs de profession aux amateurs bénévoles. C'est l'origine des *saturæ*, nom latin qui correspond aux mots français *farce* et *mélange*. La cadence musicale à laquelle commença d'être assujetti le discours des interlocuteurs, formait une ombre de versification, les gestes étaient plus d'accord avec les paroles. C'est tout ce que le spectacle avait gagné du côté de l'art. Mais pour une succession de scènes liées ensemble par l'intérêt d'une action principale, pour ce qui est de nœud, de péripétie, de dénouement, d'éthopée, pour la comédie en un mot, les *saturæ* n'en donnaient nulle idée. Des monologues et des conversations sans plan, sans dessein autre que d'exciter le rire par des propos joyeux, et plus encore par des images grotesques, voilà tout ce qui avait paru sur les tréteaux de Rome, ce qui faisait l'amusement du peuple et des sénateurs depuis cent vingt ans, lorsque Livius Andronicus, en l'an 514, leur enseigna ce qu'était une fable comique. Névius arriva presque en même temps; il introduisit les atellanes, dont le principal agrément consistait dans l'étrangeté du vieil idiôme des Osques, peuple qui n'existait plus en corps de nation, mais dont la langue se conservait dans quelques pays des Volsques et de la Campanie. La rusticité romaine aimait à se moquer d'un patois provincial; outre ce qu'il y avait de divertissant dans les scènes des atellanes, c'était encore un

---

peu de temps après l'année 535 de Rome, la première de la seconde guerre punique, il fallait qu'il fût né plus tôt que l'an 527, à moins qu'il n'eût fait des comédies à treize ou quatorze ans. Cicéron, dans le *Traité de la vieillesse* (c. 14), nomme Plaute au nombre des hommes qui conservèrent la force de leur esprit dans un âge avancé.

plaisir de vanité pour les habitans de Rome, de se donner ainsi un air de supériorité intellectuelle sur les vaincus[1].

Plaute ne tarda pas à suivre Andronicus et Névius. Plus jeune qu'eux, il fut aussi leur contemporain. Quand Plaute vint à Rome, l'éducation théâtrale du peuple romain était à faire; quand Térence parut, elle était faite. Amphitryon, l'Aululaire, l'Épidique, le Fanfaron, les Ménechmes, les Captifs, les Deux Bacchis, la *Mostellaria*, le Carthaginois, le *Trinumus*, le *Rudens*, avaient familiarisé les Romains avec les artifices les plus compliqués des jeux de la scène. Le génie de l'auteur pouvait s'élancer à la suite des Grecs, sans que le défaut d'intelligence du public le retînt malgré lui et le ramenât en arrière. Depuis les guerres contre Philippe et contre Antiochus, des colonies de littérateurs, de savans et d'artistes venaient à Rome des îles et des continens de la Grèce asiatique et de la Grèce d'Europe. Les Grecs avaient prodigué aux légions victorieuses qui parcouraient leurs contrées, les amusemens de leurs fêtes et de leurs spectacles, et à Rome même les jeux scéniques étaient devenus beaucoup plus fréquens et plus complets. Dix-huit ans seulement séparent la mort de Plaute du premier succès de Térence. Mais ces dix-huit ans sont un siècle.

Autre cause de la différence qu'on remarque entre eux : Térence avait pour amis, pour patrons, des patriciens très-éclairés, très-spirituels, amateurs passionnés de la belle littérature grecque, fins appréciateurs des grâces et de la pureté de Ménandre, et contempteurs très-prononcés des opinions populaires, en tout ce qui n'était pas du ressort des comices. Il écrivit sous leur influence et presque sous leur dictée.

Point d'intermédiaire entre Plaute et le peuple. Il est presque le seul des poètes de ce temps dont on ne cite pas un seul protecteur parmi les grands. Il s'était fait client du peuple, il n'avait affaire qu'au peuple, j'entends pour le succès de la représentation au théâtre; car il sut, comme écrivain, se recommander aux

---

[1] Plaute, dans la suite, flattait ce penchant, lorsqu'il se moqua des locutions défectueuses des Prénestins : *conia* pour *ciconia* (in Truculento), et *tammodo* pour *tantummodo* (in Trinumo).

personnes instruites. Ses comédies devinrent un livre classique, un manuel pour les études littéraires.

Donat appelle Térence un poëte d'un art consommé [1], voulant dire apparemment, qu'il fait agir et parler si à propos et avec tant de justesse tous les personnages, que chez lui la fiction approche de la réalité, et que l'art se cache à force d'art et devient l'image de la nature.

Plaute n'a point travaillé pour remporter un pareil éloge, quoique l'auteur des pièces que nous venons de nommer et de quelques autres que nous pourrions citer encore, pût se vanter d'être un grand poëte, un observateur plein de tact et de sens. On voit qu'il connaît le cœur humain ; il sait peindre le vice et les ridicules en traits énergiques et vrais ; rien de plus franc, de plus naturel que son dialogue, tant qu'il veut se tenir dans les bornes de la saine raison et d'un enjouement de bon goût. Mais de moment en moment il s'échappe par des saillies folles et désordonnées ; car je lui rends justice, et je ne l'admire pas avec idolâtrie. Il eut trop en vue les derniers gradins où se pressait la foule des plébéiens, derrière les sénateurs et les nobles [2], ou plutôt il s'efforçait de plaire à la grande majorité des spectateurs de tout rang et de toute condition ; les esprits délicats n'étaient pas en majorité parmi les superbes qui portaient la toge blanche et fine comme chez la gent demi-vêtue d'épaisses tuniques brunes [3]. C'était le temps où le sénat faisait brûler des livres anciens qu'on venait de découvrir, parce qu'ils renfermaient des œuvres de philosophie [4] ; plus tard encore, un consul imposait aux entrepreneurs qui se chargeaient de transporter de Corinthe à Rome les chefs-d'œuvre des arts, l'obligation d'en fournir de tout pareils, si l'on venait à les briser en chemin.

Les habiles et les savans étaient clairsemés dans la cavea. Quoique Plaute eût ce qu'il fallait pour s'attirer leurs applaudissemens, cependant je crois qu'un Scipion, un Lélius, un Sulpi-

---

[1] *Poeta artificiosissimus.*
[2] *Verba ad summam caveam spectantia.* (SENEC., *ad Lucil.*)
[3] *Tunicatus popellus, pullata plebes.* (HORAT. CALPURN. egl.)
[4] *Quia philosophiæ scripta essent.* (PLIN., *Hist. nat.*)

cius Gallus devaient blâmer les excès de cette humeur grivoise, de cette loquacité facétieuse, qui va jusqu'à l'extravagance, et qui dégénère même en turpitudes; ils se plaignaient sans doute tout bas, tandis qu'on riait aux éclats autour d'eux, de ce qu'un auteur si heureusement doué tombait souvent du comique dans la farce, prêtant à ses acteurs un langage par lequel ils semblaient se moquer et de leurs rôles, et d'eux-mêmes, et du public. Ce ne ne sont plus alors les personnages mêmes qui s'expriment conformément à leur caractère, à leur situation, c'est le poète, ou plutôt le baladin qui se met en leur place, et se livre à la fougue d'une imagination déréglée, ivre de licence comme une bacchante. Mais voulez-vous corriger ses comédies? Il n'est besoin de rien refaire, de rien suppléer; émondez seulement le feuillage parasite, les superfétations d'une sève qui s'emporte: il restera des ouvrages pleins d'esprit et de sel. On voudrait quelquefois ajouter à Térence, il ne faut que retrancher dans Plaute.

Je continue à noter les différences de systèmes de l'un et de l'autre poète.

Térence s'applique surtout à conserver l'illusion; Plaute s'amuse à découvrir la machine théâtrale, à faire tomber le masque de la tête de l'acteur, à dissiper le prestige des formes dramatiques [1]. Ces espiègleries de l'auteur révélant tout-à-coup par moment les fictions du spectacle et le jeu de l'imitation, étaient encore une source de traits divertissans pour les spectateurs, qui riaient à la fois et du personnage représenté et du contraste inattendu de l'histrion, qui se laissait apercevoir sous son déguisement. Les hommes encore peu curieux de la régularité des œuvres de l'art, éprouvaient quelque chose de semblable au plaisir des enfans, qui brisent leurs jouets pour en voir l'intérieur et les ressorts cachés. Il faut avouer que Plaute savait profiter si adroitement de ces écarts, et en tirer de tels effets, que les plus sévères ne pouvaient, ce me semble, se dérober à la contagion de l'hilarité qui saisissait la multitude. Il s'inquiète si peu de conserver la vérité du costume, qu'il met des triumvirs à Thèbes, sous le gouvernement du roi Créon, des édiles à Athènes, un

---

[1] *Hæc res agetur nobis, vobis fabula.*

Capitole à Épidaure. Chez les Romains de son temps, tout préoccupés d'eux-mêmes, ce n'est point une faute, c'est plutôt un motif d'intérêt.

Quant à la composition de ses fables, je pense que personne alors ne s'avisa de lui reprocher la monotonie et la stérilité d'invention, comme l'en a repris M. de La Harpe, avec un ton de grand mépris : « Toujours de jeunes courtisanes, des vieillards ou des vieilles femmes qui les vendent, des amoureux qui se servent de valets fripons ! etc. » C'est bien à nous de nous tant récrier sur l'uniformité des sujets, nous, modernes imitateurs de la comédie ancienne, qui, pendant près de deux cents ans, n'avons pas osé risquer une seule action comique sans une intrigue d'amour, comme si l'amour entrait de toute nécessité dans tous les évènemens de notre existence, et qui terminons invariablement ces intrigues d'amour par un mariage, conclusion obligée, comme la mort est le dernier acte inévitable de la vie.

N'est-ce pas chez nous, comme chez les Romains, l'éternelle guerre de la jeunesse amoureuse et folâtre contre la vieillesse chagrine, intéressée ou prudente? et puis l'astuce des valets, providence toujours présente des amans contrariés et des libertins sans argent? Mais dans ces peintures, dont l'idée fondamentale reste toujours la même, les groupes et les figures se renouvellent sans cesse. Et Plaute aussi, ou ses modèles ont su revêtir un même canevas de broderies variées à l'infini.

Ne nous pressons pas trop non plus de dire mal de ses prologues verbeux, espèce de préfaces dramatiques, dans lesquels il instruit le spectateur, non-seulement de l'avant-scène, mais de l'action de la pièce et du dénoûment. Ces explications, qui nous semblent si prolixes et si chargées de redites, ces expositions en dehors du cadre de la comédie et si vicieuses de tout point, selon nos règles, se trouvent au devant des meilleurs ouvrages de Plaute et des plus artistement travaillés.

Elles étaient en quelque sorte une nécessité de sa position; mais de cette nécessité même il se faisait un avantage. Tant de milliers de spectateurs, échauffés par le vin et par l'agitation des fêtes[1], ne s'assemblaient pas, ne se rangeaient pas en un ins-

---

[1] *Potus et calex.*

tant avec calme ; et leur intelligence ne fut pas, dans le commencement, plus ouverte aux finesses des indications ménagées et des demi-mots, que leur attention n'était soutenue assez pour comprendre l'ensemble. Il fallait leur faire saisir d'avance le fait principal avec ses circonstances et la marche de l'action ; il fallait répéter plusieurs fois les mêmes choses pour suppléer aux paroles qui se perdaient dans ce brouhahas d'une foule si nombreuse et si peu contenue. Plaute prenait de là occasion de converser familièrement avec le public, et de le mettre tout d'abord en belle humeur par les incartades vives et hardies de ces allocutions badines, de ce bavardage spirituel.

Un reproche plus grave s'est élevé contre le cynisme de ses dialogues et de plusieurs images repoussantes. Lui-même il affiche, il proclame son scandale, et prononce sa condamnation, dans ce passage des *Captifs* : « Vous n'entendrez pas ici de vers dont on craigne de souiller sa mémoire ; point de personnages infâmes. » On s'est emparé avec trop de chaleur de cet aveu et de quelques jovialités toutes romaines ou d'origine grecque, pour en conclure que son théâtre était une école de perdition. On a confondu le fonds avec les formes, la bonté des mœurs avec les bienséances de l'urbanité. C'est une grande erreur de penser, d'après l'état de notre civilisation, que les sentimens honnêtes ne peuvent jamais exister sans une honnête réserve dans les manières et les discours.

Lira-t-on, sans frémir ou sans éprouver des nausées, dans Aristophane, ce qui amusait le peuple de Périclès? Combien de turlupinades lascives se mêlaient aux parades des jongleurs et des comédiens chez nos aïeux! Que d'ordures et d'obscénités profanaient les dévotions des mystères! Supporterait-on aujourd'hui les quolibets que Shakespeare et d'autres, qui n'avaient pas son génie, faisaient écouter aux seigneurs et aux nobles dames de la cour d'Élisabeth, à Élisabeth elle-même, vierge roi, également jalouse de l'honneur de ces deux titres, quoiqu'elle eût plus de droit au second qu'au premier, peut-être plus jalouse de celui-ci, justement parce qu'il était, sinon plus contesté, au moins plus contestable?

A Rome, plus qu'en aucun lieu du monde, presque toujours

la chasteté manqua de pudeur, la vertu de décence. Il y a d'étranges inconséquences dans la conduite des hommes. Les Romains, qui interdisaient à leurs filles l'approche des festins, de peur que leurs oreilles ne fussent blessées ou salies par des paroles indiscrètes, mettaient entre leurs mains les œuvres de Plaute. Auguste, imitateur affecté de la sévérité antique, jusque là qu'il reprimanda durement un chevalier d'avoir fait visite à ses filles, dans un voyage aux eaux de Baies, ce même Auguste encourageait les mimes effrontés.

Ayons égard aux temps, aux intentions. Il n'est pas impossible de trouver chez un auteur une moralité très-sensée et très-salutaire sous la luxure du style, de même qu'une malignité circonspecte peut couvrir d'un voile qui les montre à demi pour exciter un désir curieux, les séductions les plus contagieuses.

Si l'on ferme le théâtre de Plaute pour cause d'outrage à la pudeur, il faudra envelopper dans la même réprobation une foule d'auteurs anciens qu'on a toujours regardés comme d'excellens moralistes. Perse lui-même ne serait point entièrement à l'abri du blâme; Térence pourrait être noté, soit pour les gentillesses de son capitaine Thrason [1], soit pour le récit de ce qui se passe à la table du vieux Chrémès [2], soit pour d'autres témérités. Il est vrai qu'elles ne sont pas fréquentes dans ses ouvrages, qu'il châtiait pour complaire à l'élite de la bonne compagnie. Plaute fut le poète des bourgeois de Rome; les figures de son style s'en ressentent. Mais considérez sa pensée.

Je ne crois pas avancer un paradoxe sans raison, en affirmant qu'un des plus utiles précepteurs de philosophie pratique, un des plus sages conseillers qu'aient eus les Romains en ce siècle, ce fut Plaute. Cette assertion n'étonnera que ceux qui ne le connaissent pas.

Serai-je plus éloigné de la commune opinion, si je pense qu'un magistrat veillant au maintien des mœurs publiques, ou un père de famille, auraient dû redouter les comédies de Térence plus que celles de Plaute, l'un pour les citoyens, l'autre pour ses enfans?

[1] Dans l'*Eunuque*.
[2] Dans l'*Heautontimorumenos*.

Voyez combien, avec la tendresse de ses inspirations et sa douce mélancolie, Térence vous engage à prendre intérêt, non-seulement aux amoureux, mais aussi à leurs amours. Presque tous ses personnages sont bons ; les courtisanes elles-mêmes, excepté une seule[1], ont des sentimens généreux, estimables, délicats. Ainsi les jeunes gens sortaient de ces spectacles l'esprit fasciné, tout émus d'une effervescence dangereuse, et abusés par des rêves de voluptueux enchantement. Leur imagination, séduite par ces perfections romanesques, par ces figures idéales, embellissait à leurs yeux leurs propres passions. L'espérance d'avoir rencontré une Thaïs fidèle, une honnête Bacchis, les livrait sans défense aux pièges de leurs corruptrices, dont l'engeance pullulait à Rome, dépouillant les spoliateurs du monde, et faisant de ces conquérans leurs tributaires. Tel était, ce me semble, l'effet moral des pièces de Térence, à moins qu'on ne pense qu'elles devaient plutôt convertir à la vertu les Phrynés romaines par les beaux exemples qui leur étaient offerts. Mais l'histoire ne dit pas que le poète ait opéré ce miracle.

Plaute, au contraire, saisit presque toujours le côté plaisant de l'amour. Les caractères dominans de ses amoureux sont la dissipation, la violence, l'étourderie, l'extravagance. Ses héroïnes se signalent presque toutes par leur malice, leur impudence, leur astuce, leur perfidie ; les moins perverses ne sont pas exemptes des goûts et des penchans de leur profession, et causent d'ordinaire le déshonneur et la ruine de leurs amans, même quand elles leur sont attachées d'amour véritable.

Dans l'*Eunuque* de Térence, un esclave bien intentionné souhaite que son jeune maître puisse voir l'intérieur hideux des maisons de courtisanes, afin que le dégoût le guérisse de sa frénésie. Plaute avait d'avance réalisé cette idée pour l'enseignement de la jeunesse romaine. Caresses trompeuses, paroles emmiellées, coquetteries décevantes, faux prétextes pour demander des cadeaux et de l'argent, trahisons calculées pour achever de troubler les sens par la jalousie, tout le manège des courtisanes est dévoilé. Il montre tous les replis de ces cœurs ardens de cupidité, flétris par la dé-

---

[1] Celle de l'*Heautontimorumenos*.

bauche, et, lors même qu'il leur arrive d'avoir quelque bonté naturelle, avilis par l'habitude de leur opprobre et par l'influence des leçons et de l'exemple. Rien de plus frappant, de plus effrayant de vérité, que, dans quelques-uns de ses portraits, cette monstrueuse union de qualités aimables et d'affreuses turpitudes, cette corruption profonde sans méchanceté, ces affections douces et sincères avec de la bassesse, enfin cette espèce d'ingénuité du vice, qui n'a pas conscience de sa difformité[1]. Plaute offrant de tels objets, agissait en moraliste, et non en libertin. S'il ne rendait les Romains meilleurs, il les renvoyait mieux avisés.

Il y a deux genres de moralités dans les ouvrages dramatiques : l'une, par des scènes nobles et pathétiques, par des discours touchans, inspire l'enthousiasme de la vertu : sensations trop sérieuses pour la comédie ; l'autre détourne de mal faire par la peur des dangers, des pertes, de la douleur : moralité d'égoïsme, et non d'exaltation, de prudence et non de beaux sentimens, mais la plus appropriée au commun des hommes, la plus aisément sentie par eux; elle persuade par le ridicule ; c'est celle que Plaute a mise en action.

Si l'on considère sous ce point de vue ses comédies, elles seront plus justement appréciées, leur dessein mieux compris. Je n'allègue point celles où s'annonce explicitement le précepteur de sagesse et de probité ; les Captifs, bel exemple de fidélité d'un esclave envers son maître, et de la reconnaissance du maître envers son esclave ; le *Trinumus*, leçon donnée aux dissipateurs ; le *Rudens*, prédication éloquente du dogme de la Providence; l'Aululaire, satire de l'avarice, et en même temps éloge d'une sage libéralité ; le Fanfaron, caricature des présomptueux et des sots. Mais ses comédies mêmes qui révoltent le plus les critiques trop timorés, sont empreintes d'un esprit de philosophie très-remarquable pour quiconque n'est pas prévenu. L'auteur se proposait de faire beaucoup rire les spectateurs, mais il voulait aussi qu'ils se corrigeassent en riant. Lui-même a pris soin d'en avertir en termes exprès[2] ; mais les modernes ont refusé de l'entendre

---

[1] Philématie dans la *Mostellaria*, Gymnasie dans la *Cistellaria*.

[2] *Voyez* le premier monologue de la *Mostellaria*, le dénouement et l'épi-

et ont crié au scandale. Les Romains s'amusaient et profitaient. A la vérité le contemporain de Caton l'Ancien ne devina pas nos bienséances; mais les Romains se reconnaissaient sous le pallium des Déménètes et des Philolachès. Libertins imberbes, libertins à cheveux blancs, spéculateurs de mariage, comptant la dot pour tout, et prenant une femme comme une des charges du contrat, patrons avares et exigeans, cliens faméliques et flatteurs, citoyens créés d'hier par la baguette du préteur, et fiers comme des Claudius, marchands prodigues de parjures, pédagogues pervertisseurs, sots infatués du mérite qu'ils se croyaient, et engraissant des fripons qui les repaissaient de fumée, calomniateurs faisant de délation et procès métier et marchandise, oisifs sans cesse occupés à dire ce qu'ils savaient et ce qu'ils ne savaient pas pour troubler la paix commune, et tant d'autres fous ou méchans furent gaiement admonestés ou stigmatisés de ridicule par la censure de Plaute : voilà la comédie romaine.

Considérés seulement comme tableau historique, il faudrait étudier ses ouvrages, quand les imitations des plus grands poètes parmi les modernes ne le recommanderaient pas à l'attention des littérateurs.

Et pour ne nous attacher qu'aux deux pièces qui composent ce volume, Molière a copié la première entièrement, et a mis la seconde à contribution plus d'une fois.

Assurément madame Dacier se montre plus que de raison admiratrice des anciens, lorsqu'elle croit faire un très-beau compliment à Molière, en l'appelant un demi-Aristophane et un autre Plaute; mais on serait injuste envers le comique latin, si on ne lui accordait pas une place au dessous de Molière, près de Régnard. Boileau ne lui aurait pas refusé ce qu'il reconnaissait en ce dernier; le don de n'être pas médiocrement plaisant.

Parlerai-je à présent de la traduction? Mieux vaudrait peut-être

---

logue de l'*Asinaria*, l'allocution qui termine les Bacchis : « Nous ne vous donnerions pas un tel spectacle, si nous n'avions pas vu que les choses se passaient ainsi dans le monde, etc.; » et les doléances du vieux libertin à la fin de Casine :

Flagitium'st : cavebunt qui audierint.

la laisser subir le jugement des lecteurs bénévoles ou sévères, sans essayer de les prévenir en sa faveur. Mais le moyen, quand on soumet son travail au public, de contenir certaines démangeaisons qui vous prennent de faire observer les difficultés qu'on a dû vaincre, de recommander la méthode qu'on a suivie? Je n'y résiste pas.

Un traducteur de comédies étrangères, et surtout de comédies de l'antiquité, marche toujours entre deux écueils. Si les périphrases, les périodes, les figures de la langue oratoire, sont autant de contre-sens, les tournures et les paroles trop communes et trop basses peuvent dégrader l'œuvre de l'art. L'embarras de la traduction littérale éteindrait la chaleur dramatique; l'envie excessive de naturaliser en français la phrase latine effacerait toute couleur locale. Aucun style ne demande plus de liberté, de naturel, d'abandon sans trivialité. Aucun n'est plus rempli de locutions originales, indigènes, caractéristiques. C'est la langue usuelle, populaire avec plus d'élégance et de correction; c'est la poésie dans la vulgarité, et marquée d'un type de physionomie nationale.

On devra donc substituer les idiotismes de sa propre langue à ceux de l'auteur, mais seulement pour les tours et les allures de la diction. Quant aux métaphores, aux comparaisons, aux proverbes, expressions vivantes du génie d'un peuple et des coutumes du temps, il faut en reproduire les images telles qu'elles sont, et non pas des équivalens. On ne craindra pas de présenter des idées étranges. Eh! n'est-ce pas pour voir quelque chose d'étrange, qu'on lit un auteur mort depuis deux mille ans? Connaîtrait-on les personnages de Plaute, si on les affublait de dentelles et d'habits brodés, et si on leur mettait des talons rouges au lieu de brodequins?

C'est par ce motif que j'ai pris un grand parti sur une question qui importait à la traduction entière, et pour la solution de laquelle j'ai auparavant beaucoup réfléchi, beaucoup consulté.

Le tutoiement, qui, dans les langues anciennes, ne distingue ni rang, ni sexe, ni âge, ni condition, ni degré de liaison et d'intimité, est tout-à-fait opposé aux usages des modernes. C'est chose révoltante pour nous, d'entendre un jeune homme tutoyer un vieillard; un homme bien élevé, la femme d'un autre citoyen; un esclave, son maître et l'épouse même de son maître. Mais cette rudesse de formes veut être conservée; ou sinon, vous travestirez le vieux Latium en politesse française. C'est quand toutes les différences de personnes sont oubliées dans les habitudes de la conversation, que l'on peut concevoir comment Sosie traite Alcmène de folle, comment le serviteur du noble vieillard Nicobule, sans colère, sans emportement qui l'entraîne hors des bornes, l'appelle bête et imbécille. Que d'autres détails de mœurs s'expliquent encore par le langage!

Être français par la forme grammaticale, et rester latin par le style, voilà ce que doit chercher le traducteur de Plaute.

Mon but constant a été de reproduire, même dans les détails accessoires, la ressemblance de l'auteur. J'ai supprimé les divisions d'actes inconnues à cette haute antiquité, et qui ne se trouvent pas même dans les vieux manuscrits.

Quant à l'orthographe du texte, j'ai tâché, sinon de rendre entièrement celle de l'époque, au moins d'en donner une qui s'en rapprochât le plus possible, sans devenir trop étrange pour les lecteurs modernes.

Je ne parlerai point des versions françaises de Plaute qui ont paru avant la mienne. Quand je l'ai entreprise, on convenait généralement que Plaute n'avait point encore été traduit. Aurai-je été assez heureux pour qu'on ne croie plus devoir le dire?

PLAUTE.

AMPHITRYON.

AVANT-PROPOS D'AMPHITRYON.

L'Amphitryon de Plaute est un des plus insignes exemples des inconséquences de l'esprit humain. C'est peut-être au sortir du Capitole, où ils venaient d'adresser au très-Bon et très-Grand des actions de grâces ou des supplications, que les Romains allaient applaudir les histrions qui bafouaient Jupiter avec son fils sur le proscenium; contradiction d'autant plus étrange, que les jeux scéniques ne se donnaient qu'aux fêtes solennelles, et que toutes ces fêtes étaient religieuses[1].

Mais le scrupule une fois mis de côté, on ne s'étonne pas que cette pièce ait tant et si long-temps diverti les Romains. Quiconque a vu ou lu l'*Amphitryon* de Molière, connaît celui de Plaute. Mêmes personnages, excepté Cléanthis, qui peut-être existait en germe dans quelques paroles du Sosie latin, comme dans une graine est contenue la fleur qui doit éclore[2]; mêmes scènes, même succession d'imbroglios plaisans. Cependant quelle différence dans les physionomies des personnages! Comparez au Mercure français ce Mercure, bateleur goguenard, qui s'amuse à trahir le secret de

---

[1] Les jeux scéniques faisaient essentiellement partie de la religion à tel point, que si le danseur ou le joueur de flûte venaient à s'arrêter par inadvertence ou par maladresse, la fête était profanée, il fallait faire des expiations, et tout recommençait (Cic., *De har. resp.*, cap. II). Sans doute les édiles qui fournissaient à ces dépenses ruineuses devaient frémir, en songeant que la régularité des cérémonies, et par suite leur propre fortune, pouvaient dépendre d'une embouchure vicieuse ou d'un faux pas. Les écrivains ecclésiastiques, saint Augustin, Arnobe et d'autres ne manquèrent pas de relever cette contradiction choquante de la destination des spectacles avec le caractère de certaines comédies. Qu'on ne dise pas que les spectateurs distinguaient le Jupiter mythologique du Jupiter Capitolin. Le peuple romain n'y entendait pas tant de finesse. Pour lui c'était toujours Jupiter.

[2] *Quid? me non rere exspectatum amicæ venturum meæ?*

AVANT-PROPOS D'AMPHITRYON.

la machine théâtrale, et à montrer sous son masque et sous le deguisement du maître des dieux les pauvres esclaves histrions. Comparez aux subtilités galantes et coquettes du Jupiter moderne, les paroles caressantes de l'autre Jupiter, telles que d'un père de famille romain dans un entretien affectueux et grave avec sa matrone. Comparez au courroux généreux de notre Amphitryon contre son faussaire, les poltronneries du héros de la pièce latine, et sa joie débonnaire quand le roi de l'Olympe lui apprend l'association dont il l'a honoré.

Ce sont deux spectacles tout divers sur un seul fond comique. Les deux auteurs ont bien fait, chacun pour le goût de son temps et de son pays.

DRAMATIS PERSONÆ.

SOSIA.
MERCURIUS.
JUPITER.
ALCUMENA.
AMPHITRUO.
THESSALA, ancilla.
BLEPHARO, dux Thebanus.
BROMIA, ancilla.

PERSONNAGES.

SOSIE.
MERCURE.
JUPITER.
ALCMÈNE.
AMPHITRYON.
THESSALA, esclave.
BLÉPHARON, général Thébain.
BROMIA, esclave.

ARGUMENTUM.

In faciem vorsus Amphitruonis Jupiter,
Dum bellum gereret cum Telebois hostibus,
Alcmenam uxorem cepit usurariam.
Mercurius formam Sosiae servi gerit
Absentis : his Alcmena decipitur dolis.
Postquam rediere veri Amphitruo et Sosia,
Uterque luduntur dolis mirum in modum.
Hinc jurgium, tumultus, uxori et viro;
Donec, cum tonitru voce missa ex aethere,
Adulterum se Jupiter confessus est.

ALIUD ARGUMENTUM

(UT QUIBUSDAM VIDETUR)

PRISCIANI.

*A*more captus Alcumenas Jupiter,
*M*utavit sese in ejus formam conjugis,
*P*ro patria Amphitruo dum cernit cum hostibus;
*H*abitu Mercurius ei subservit Sosiae :
*I*s advenienteis servom ac dominum frustra habet.
*T*urbas uxori ciet Amphitruo; atque invicem
*R*aptant pro moechis. Blepharo captus arbiter,
*U*ter sit, non quit, Amphitruo, decernere.
*O*mnem rem gnoscunt : geminos illa enititur.

ARGUMENT.

Tandis qu'Amphitryon faisait la guerre aux Téléboens, Jupiter, à la faveur d'une métamorphose, a usurpé les droits d'époux auprès d'Alcmène. Mercure a pris la figure de l'esclave Sosie, aussi absent. Alcmène est dupe de leur ruse. Au retour, le véritable Amphitryon et le vrai Sosie subissent d'étranges et risibles épreuves. Querelle, brouillerie entre le mari et la femme. Mais enfin Jupiter, faisant entendre sa voix dans les cieux au milieu des tonnerres, se déclare auteur du larcin.

ARGUMENT ACROSTICHE
attribué
A PRISCIEN LE GRAMMAIRIEN.

Jupiter, amoureux d'Alcmène, a pris les traits d'Amphitryon, son époux, pendant que celui-ci combat les ennemis de la patrie. Mercure le sert sous la figure de Sosie, et, quand reviennent le maître et l'esclave, il s'amuse à leurs dépens. Le mari fait une querelle à sa femme. Les deux Amphitryons s'accusent réciproquement d'adultère. Blépharon choisi pour juge entre l'un et l'autre, n'ose prononcer. Enfin le mystère se découvre. Alcmène accouche de deux jumeaux.

M. ACCII PLAUTI

SARSINATIS UMBRI

AMPHITRUO.

PROLOGUS.

MERCURIUS.

Ut vos in vostris voltis mercimoniis
Emundis vendundisque me lætum lucris
Adficere, atque adjuvare in rebus omnibus,
Et ut res rationesque vostrorum omnium
Bene expedire voltis peregrique et domi,
Bonoque atque amplo auctare perpetuo lucro,
Quasque incepistis res, quasque inceptabitis;
Et uti bonis vos vostrosque omneis nuntiis
Me adficere voltis, ea adferam, ea uti nuntiem,
Quæ maxume in rem vostram conmunem sient,
(Nam vos quidem id jam scitis concessum et datum
Mi esse ab dis aliis, nuntiis præsim et lucro);
Hæc ut me voltis adprobare, adnitier
Lucrum ut perenne vobis semper subpetat;

L'AMPHITRYON

DE

PLAUTE.

PROLOGUE.

MERCURE.

Vous voulez, n'est-ce pas, que je vous favorise dans votre commerce, soit pour les ventes, soit pour les achats, et que mon secours assure vos gains en toute occasion; que, grâce à moi, les affaires de tous ceux qui vous touchent s'arrangent bien chez vous et au dehors, que d'amples profits couronnent toujours vos entreprises présentes et futures; vous voulez encore que je ne cesse de vous réjouir vous et les vôtres par d'heureuses nouvelles, et que je vous apporte et vous annonce les succès les plus fortunés pour la république; car, vous le savez, les autres dieux m'ont commis l'emploi de présider aux messages et au commerce : eh bien! si vous voulez que je m'en acquitte à votre satisfaction, et que mes soins tendent constamment à

Ita huic facietis fabulæ silentium,
Itaque æqui et justi heic eritis omneis arbitri.

  Nunc quojus jussu venio, et quamobrem venerim,
Dicam, simulque ipse eloquar nomen meum.
Jovi' jussu venio; nomen Mercuri est mihi.
Pater huc me misit ad vos oratum meus,
Tametsi, pro inperio vobis quod dictum foret,
Scibat facturos : quippe qui intellexerat
Vereri vos se et metuere, ita ut æquom 'st Jovem.
Verum profecto hoc petere me precario
A vobis jussit leniter dictis bonis.
Etenim ille, quoju' huc jussu venio, Jupiter,
Non minu' quam vostrum quivis formidat malum.
Humana matre natus, humano patre,
Mirari non est æquom sibi si prætimet.
Atque ego quoque etiam, qui Jovis sum filius,
Contagione mei patris metuo malum.
  Propterea pace advenio, et pacem ad vos adfero;
Justam rem et facilem esse oratum a vobis volo :
Nam juste ab justis justus sum orator datus;
Nam injusta ab justis inpetrare non decet;
Justa autem ab injustis petere, insipientia'st;
Quippe olli iniqui jus ingnorant, neque tenent.
Nunc jam huc animum ad ea quæ loquar advortite.
Debetis velle quæ velimus; meruimus
Et ego et pater de vobis et republica.
Nam quid ego memorem, ut alios in tragœdiis
Vidi, Neptunum, Virtutem, Victoriam,
Martem, Duellonam, conmemorare quæ bona

vous enrichir, il vous faut tous écouter cette comédie en silence, et nous juger aujourd'hui avec une parfaite équité.

Maintenant je vais expliquer de quelle part je viens, et quel est l'objet de ma venue; je vous dirai aussi mon nom. C'est Jupiter qui m'envoie; je m'appelle Mercure. Mon père m'a chargé d'une requête auprès de vous, quoiqu'il pensât bien qu'il n'avait qu'à commander, et que vous obéiriez; il sait que vous lui rendez l'hommage de respect et de crainte qu'on doit à Jupiter. Toutefois, il m'a bien recommandé de vous faire cette demande humblement, en termes fort polis et fort doux; car le Jupiter qui m'envoie craint, autant que pas un de vous, pour son dos les mésaventures. Né de race humaine, tant du côté de sa mère, que du chef de son père, faut-il s'étonner qu'il soit timide? Et moi aussi, moi, le fils de Jupiter, je me sens de la condition de mon père, je ne suis pas non plus très-rassuré.

Je viens donc pacifiquement, porteur de paroles de paix, vous demander une chose honnête et facile. On m'envoie par un honnête motif solliciter honnêtement une honnête assemblée. En effet, obtenir d'honnêtes gens une chose déshonnête, ne se doit pas; et faire à des gens déshonnêtes une honnête demande, c'est folie. Savent-ils seulement, comprennent-ils ce que c'est qu'honnêteté? Or, prêtez attention à mes discours. Vous devez vouloir tout ce que nous voulons, mon père et moi; c'est bien le moins, après tout ce que nous avons fait pour vous et pour la république. Mais que sert de nous en vanter, comme d'autres font dans les tragé-

Vobis fecissent? Quîs benefactis meus pater,
Deûm regnator, architectus omnibus.
Sed mos illic nunquam fuit patri meo,
Ut exprobraret quod bonis faceret boni.
Gratum arbitratur esse id a vobis sibi,
Meritoque vobis bona se facere quæ facit.

Nunc, quam rem oratum huc veni, primum proloquar;
Post, hujus argumentum eloquar tragœdiæ.
Quid contraxistis frontem, quia tragœdiam
Dixi futuram hanc? Deus sum; conmutavero
Eamdem hanc, si voltis; faciam, ex tragœdia
Comœdia ut sit, omnibus îsdem versibus.
Utrum sit, an non, voltis? Sed ego stultior,
Quasi nesciam vos velle, qui divos siem.
Teneo quid animi vostri super hac re siet.
Faciam, ut conmista sit tragico-comœdia.
Nam me perpetuo facere, ut sit comœdia,
Reges quo veniant et di, non par arbitror.
Quid igitur? Quoniam heic servos quoque parteis habet,
Faciam, sit, proinde ut dixi, tragi-comœdia.

Nunc hoc me orare a vobis jussit Jupiter,
Conquisitores singuli in subsellia
Ut eant per totam caveam spectatoribus;
Si quoi fautores delegatos viderint,
Ut his in cavea pignus capiantur togæ.
Seu qui ambissent palmam histrionibus,
Seu quoiquam artifici (seu per scribtas literas,
Seu qui ipsi ambissent, seu per internuntium),
Sive adeo ædileis perfidiose quoi duint,

dies, comme j'ai vu Neptune, la Valeur, la Victoire, Mars, Bellone, se vanter de leurs bienfaits envers vous? Et tous ces bienfaits, mon père, souverain des dieux, en est le premier auteur. Mais ce n'est pas son habitude de reprocher aux gens de bien le bien qu'il leur fait. Il est persuadé qu'il n'oblige pas des ingrats, et que vous êtes dignes de ses bontés.

Or ça, je vais vous dire d'abord l'objet de mon ambassade, je vous expliquerai ensuite le sujet de la tragédie. Pourquoi froncer le sourcil, parce que je vous annonce une tragédie? Je suis dieu; il m'est possible de la transformer, si vous le souhaitez. D'une tragédie je ferai une comédie, sans y changer un seul vers. Le voulez-vous, ou ne le voulez-vous pas? sotte question! comme si je ne le savais pas par ma science divine! Oui, je connais votre désir à cet égard. Faisons un mélange, une tragi-comédie. Car, qu'une pièce où figurent des princes et des dieux soit tout-à-fait une comédie, c'est ce qui ne me paraît pas convenable. Eh bien donc! puisqu'un esclave y joue son rôle, je la convertirai, comme je viens de vous le promettre, en une tragi-comédie.

Voici maintenant ce que Jupiter m'a chargé de vous demander. Il faut que des inspecteurs, à chacun des gradins, surveillent dans toute l'enceinte les spectateurs. S'ils voient une cabale montée, qu'ils saisissent ici même les toges des cabaleurs pour cautionnement. Si quelqu'un a sollicité la palme pour des acteurs ou pour tout autre artiste, soit par des missives, soit par ses démarches personnelles, soit par des intermédiaires; ou si les édiles eux-mêmes prévariquent dans leur jugement, Jupiter

Sirempse legem jussit esse Jupiter,
Quasi magistratum sibi alterive ambiverit.
Virtute dixit vos victores vivere,
Non ambitione, neque perfidia. Quî minus
Eadem histrioni sit lex, quæ summo viro?
Virtute ambire oportet, non favitoribus;
Sat habet favitorum semper, qui recte facit;
Si ollis fides est, quibus est ea res in manu.

Hoc quoque etiam dedit mi in mandatis, uti
Conquisitores fierent histrionibus,
Qui sibi mandassent delegati ut plauderent,
Quive, quo placeret alter, fecissent, minus;
Eis ornamenta et corium uti conciderent.
Mirari nolim vos quapropter Jupiter
Nunc histriones curet; ne miremini:
Ipse hanc acturu'st Jupiter comœdiam.
Quid admirati estis? quasi vero novom
Nunc proferatur, Jovem facere histrioniam!
Etiam histriones anno quom in proscenio heic
Jovem invocarunt, venit; auxilio eis fuit.
Præterea certo prodit in tragœdia.
Hanc fabulam, inquam, heic Jupiter hodie ipse aget,
Et ego una cum illo.
                    Nunc animum advortite,
Dum hujus argumentum eloquar comœdiæ.
Hæc urbs est Thebæ; in illisce habitat ædibus
Amphitruo, natus Argus ex Argo patre,
Quicum Alcumena est nubta, Electri filia.
Is nunc Amphitruo præfectu'st legionibus:

ordonne qu'on poursuive les délinquans, comme ceux qui cabalent dans les élections pour eux-mêmes ou au profit des autres. Il prétend en effet que c'est à la vertu que vous devez vos succès, et non à l'intrigue, à la mauvaise foi. Pourquoi donc un comédien ne serait-il pas soumis aux mêmes lois que les plus grands citoyens? Il faut se recommander par son mérite sans cabale. On a toujours assez d'appui, quand on remplit bien son devoir, pourvu qu'on trouve des juges consciencieux.

Encore une autre ordonnance de Jupiter : qu'il y ait aussi des surveillans auprès des acteurs; et si quelques-uns s'avisent de poster des amis pour les applaudir ou pour nuire à leurs rivaux, qu'on leur enlève leur costume, et même aussi la peau sur les épaules.

Il n'est pas étonnant que Jupiter prenne intérêt aux comédiens. N'en soyez pas surpris, lui-même il va jouer cette pièce. Vous ouvrez de grands yeux, comme si c'était la première fois qu'on vous montrât Jupiter faisant le métier de comédien. Ici même, l'an dernier, lorsque les acteurs l'invoquèrent sur la scène, il vint et leur prêta son secours. Il est certain d'ailleurs qu'il paraît dans les tragédies. Ainsi Jupiter jouera lui-même aujourd'hui cette comédie, et je la jouerai avec lui.

Maintenant écoutez bien, je vais exposer le sujet de la pièce.

Cette ville, que vous voyez, c'est Thèbes. Cette maison est celle d'Amphitryon, né dans Argos, d'un père Argien, et mari d'Alcmène, fille d'Électryon. Il commande à présent l'armée du peuple thébain en guerre

Nam cum Telebois bellum'st Thebano poplo.
Is, priusquam hinc abiit ipsemet in exercitum,
Gravidam Alcumenam uxorem fecit suam.
Nam ego vos gnovisse credo jam ut sit pater meus;
Quam liber harum rerum multarum siet,
Quantusque amator sit quod conplacitum'st semel.
   Is amare obcœpit Alcumenam clam virum,
Usuramque ejus corporis cepit sibi,
Et gravidam fecit is eam conpressu suo.
Nunc, de Alcumena ut rem teneatis rectius,
Utrimque est gravida, et ex viro et ex summo Jove.
Et meus pater nunc intus heic cum illa cubat;
Et hæc ob eam rem nox est facta longior,
Dum ille, quacum volt, voluptatem capit :
Sed ita adsimulavit se quasi Amphitruo siet.
   Nunc ne hunc ornatum vos meum admiremini,
Quod ego huc processi sic cum servili schema;
Veterem atque antiquam rem novam ad vos proferam;
Propterea ornatus in novom incessi modum.
   Nam meus pater intus nunc est, eccum, Jupiter,
In Amphitruone vortit sese imaginem,
Omneisque eum esse censent servi qui vident :
Ita vorsipellem se facit, quando lubet.
Ego servi sumsi Sosiæ mihi imaginem,
Qui cum Amphitruone hinc abiit in exercitum,
Ut præservire amanti meo possem patri,
Atque ut ne, qui essem, familiareis quærerent,
Vorsari crebro heic quom viderent me domi.
Nunc quom esse credent servom et conservom suum,
Haud quisquam quæret qui siem, aut quid venerim.

avec les Téléboens. En partant il a laissé son épouse enceinte. Je n'ai pas besoin de vous dire de quelle humeur est mon père, et tout ce qu'il s'est permis en fait d'aventures galantes, et comme il se passionne pour les beautés qui lui plaisent.

Il est devenu l'amant d'Alcmène à l'insu d'Amphitryon; il jouit de tous les droits d'époux et l'a fécondée par ses embrassemens. Il faut que vous sachiez au juste l'état d'Alcmène : elle est doublement enceinte, du fait de son mari et de celui du grand Jupiter. En ce moment mon père est là-dedans, qui partage sa couche. Aussi cette nuit a-t-elle été prolongée, tandis qu'il satisfait à son gré ses désirs amoureux, mais sous un déguisement; car il feint d'être Amphitryon.

Quant à moi, ne soyez pas surpris de mon accoutrement et de cet habit d'esclave sous lequel je me présente. Il s'agit d'une vieille et ancienne histoire que nous rajeunirons. Voilà pourquoi j'ai revêtu ce nouveau costume.

Or donc, mon père est là dans cette maison; c'est Jupiter, qui s'est transformé en la ressemblance d'Amphitryon, et tous les esclaves en le voyant croient voir leur maître. Oui-dà, il est très-habile à se contrefaire. Moi, j'ai pris la figure de l'esclave Sosie, qui a suivi Amphitryon à l'armée. Il fallait bien que je pusse accompagner et servir mon père dans ses amours, sans que les gens de la maison vinssent m'assaillir de questions, quand ils me verraient aller et venir à chaque instant. Ils me croiront un esclave, leur camarade, et personne ne me dira : Qui es-tu? Que veux-tu?

Pater nunc intus suo animo morem gerit;
Cubat conplexus, quojus cupiens maxume'st.
Quæ illei ad legionem facta sunt, memorat pater
Meus Alcumenæ; at illa illum censet virum
Suum esse, quæ cum mœcho est; ibi nunc meus pater
Memorat, legiones hostium ut fugaverit;
Quo pacto sit donis donatus plurimis.
Ea dona, quæ illeic Amphitruoni sunt data,
Abstulimus : facile meus pater quod volt facit.
 Nunc hodie Amphitruo veniet huc ab exercitu,
Et servos, quojus hanc fero ego imaginem.
Nunc intergnosse ut nos possitis facilius,
Ego has habebo heic usque in petaso pinnulas;
Tum meo patri autem torulus inerit aureus
Sub petaso; id signum Amphitruoni non erit.
Ea signa nemo horum familiarium
Videre poterit, verum vos videbitis.
 Sed Amphitruonis ille est servos Sosia;
A portu illic nunc cum laterna advenit.
Abigam jam ego illum advenientem ab ædibus.
Adest. Erit operæ pretium heic spectantibus
Jovem et Mercurium facere histrioniam.

Mon père, à l'heure qu'il est, ne se fait faute de plaisir; il tient en même lit, dans ses bras, l'objet de son ardeur. Il lui raconte les évènemens de la guerre. Alcmène croit être auprès de son époux, elle se livre à un amant. Mon père lui dit comment il a défait les ennemis, quelles récompenses il a reçues. Ces récompenses décernées à Amphitryon, nous les avons dérobées; tout est possible à mon père.

Aujourd'hui Amphitryon va revenir de l'armée, et avec lui l'esclave dont vous voyez le portrait en ma personne. Mais, pour qu'on puisse aisément nous reconnaître, j'aurai toujours ce petit plumet sur mon chapeau; mon père portera sous le sien un cordon d'or, Amphitryon n'en portera pas. Ces signes ne seront visibles à personne de la maison, vous seuls pourrez les voir.

Mais l'esclave d'Amphitryon, Sosie, arrive du port avec sa lanterne. Je vais pour sa bienvenue le chasser de ce logis. Le voici. Regardez, cela en vaut la peine; Jupiter et Mercure joueront la comédie.

AMPHITRUO.

SOSIA, MERCURIUS*.

SOSIA.

Qui me alter est audacior homo, aut qui confidentior,
Juventutis mores qui sciam, qui hoc noctis solus ambulem?
Quid faciam nunc, si treis viri me in carcerem conpegerint?
Inde cras e promtuaria cella depromar ad flagrum,
Nec causam liceat dicere mihi, neque in hero quidquam
      auxili siet,
Nec quisquam sit quin me omneis esse dignum deputent; ita
Quasi incudem me miserum homines octo validi cædant; ita
Peregre adveniens hospitio publicitus adcipiar.
Hæc heri inmodestia coegit, me qui hoc
Noctis a portu ingratis excitavit.
Nonne idem hoc luci me mittere potuit?
Opulento homini hoc servitus dura est;
Hoc magis miser est divitis servos;
Nocteisque diesque adsiduo satis superque est,
Quo facto aut dicto est opus, quietus ne sis.
Ipse dominus dives operis et laboris expers,
Quodcumque homini adcidit libere, posse retur,

---

* Actus I, Scena 1.

AMPHITRYON.

SOSIE, MERCURE*.

SOSIE.

Quelle audace! Vit-on jamais homme plus téméraire que moi? Quand je sais comment se comporte notre jeunesse aujourd'hui, cheminer seul, la nuit, à l'heure qu'il est! Mais que deviendrais-je, si les triumvirs me fourraient en prison? Demain on me tirerait de la cage pour me régaler d'étrivières. Je ne pourrais pas m'expliquer; mon maître ne serait pas là pour me défendre, et personne n'aurait pitié de moi, pendant que huit robustes gaillards battraient mon pauvre dos comme une enclume. Voilà la belle réception que me fera la république à mon retour. C'est la faute de mon maître, aussi. Quelle dureté, à peine dans le port, de m'envoyer, bon gré mal gré, à cette heure de la nuit! Ne pouvait-il pas attendre jusqu'au jour pour ce message? Que la servitude chez les riches est une rude condition, et que malheureux est l'esclave d'un grand! Nuit et jour, à chaque instant, mille choses à dire ou à faire. Jamais de repos. Le maître, exempt de travail, vous taille largement la be-

* Acte I, Scène 1.

Æquom esse putat; non reputat laboris quid sit,
Nec, æquom anne iniquom inperet, cogitabit.
Ergo in servitute expetunt multa iniqua;
Habendum et ferendum hoc onu'st cum labore.

MERCURIUS.

Satius est me queri illo modo servitutem; hodie
Qui fuerim liber, eum nunc potivit pater
Servitutis : hic, qui verna natus est, queritur.
Sum vero verna verbero.

SOSIA.

    Numero mihi in mentem fuit
Dîs advenientem gratias pro meritis agere atque adloqui.
Næ illi, edepol, si merito meo referre studeant gratias,
Aliquem hominem adlegent, qui mî advenienti os oc-
  cillet probe;
Quoniam bene quæ in me fecerunt ingrata ea habui
  atque inrita.

MERCURIUS.

Facit ille, quod volgo haud solent, ut quid se sit dignum
  sciat.

SOSIA.

Quod nunquam opinatus fui, neque alius quisquam civium
Sibi eventurum, id contigit, ut salvi potiremur domum.
Victores victis hostibus legiones reveniunt domum,
Duello exstincto maxumo atque internecatis hostibus.
Quod multa Thebano poplo acerba objecit funera,
Id vi et virtute militum victum atque expugnatum op-
  pidum'st,

sogne. Tout ce qui lui passe par la tête lui semble juste et raisonnable. Que ses ordres vous donnent beaucoup de mal, qu'ils excèdent ou non vos forces, il n'en tient compte, il n'y songe seulement pas. Ah! qu'on a d'injustices à souffrir quand on sert! et cependant il faut garder, supporter ce fardeau avec tous ses ennuis.

MERCURE, à part.

J'aurais plus droit de pester contre la servitude, moi qui étais libre, et que mon père a réduit à servir. Il lui sied bien de se plaindre, lui esclave de naissance, quand me voilà devenu un franc maraud à étriller.

SOSIE.

Il m'est venu tout-à-l'heure à la pensée de prier les dieux et de leur rendre les actions de grâce qu'ils ont méritées. Certes, s'ils me récompensaient selon mes mérites, ils m'enverraient quelque égrillard, qui me labourerait comme il faut le visage; car j'ai si mal reconnu et si peu mis à profit leurs bontés pour moi.

MERCURE, à part.

Il fait là ce que ne font pas ordinairement les hommes, il se rend justice.

SOSIE.

Nous sommes plus heureux que je ne l'espérais et que nous ne l'espérions tous; nous voilà revenus chez nous sains et saufs. Une terrible guerre est mise à fin, l'ennemi vaincu et taillé en pièces; et nos soldats rentrent victorieux dans leurs foyers. Ce peuple, qui fut cause de tant de funérailles prématurées pour la nation thébaine, vient d'être battu et conquis par la force et le courage de nos

Inperio atque auspicio heri mei Amphitruonis maxume.
Præda atque agro adoreaque adfecit populareis suos,
Regique Thebano Creonti regnum stabilivit suum.

Me a portu præmisit domum, ut hæc nuntiem uxori suæ,
Ut gesserit rempublicam ductu, inperio, auspicio suo.
Ea nunc meditabor, quomodo illi dicam, quom illo advenero.
Si dixero mendacium, solens meo more fecero;
Nam quom pugnabant maxume, ego fugiebam maxume.
Verumtamen quasi adfuerim simulabo, atque audita eloquar.
Sed quomodo et verbis quibus me deceat fabularier,
Prius ipse mecum etiam volo heic meditari; sic hoc proloquar :
Principio ut illo advenimus, ubi primum terram tetigimus,
Continuo Amphitruo delegit viros primorum principes,
Eos legat, Telebois jubet sententiam ut dicant suam :
Si sine vi et sine bello velint rapta et raptores tradere,
Si, quæ absportassent, redderent, se exercitum extemplo domum
Reducturum, abituros agro Argivos, pacem atque otium
Dare illis; sin aliter sient animati, neque dent quæ petat,
Sese igitur summa vi virisque eorum oppidum expugnassere.
Hæc ubi Telebois ordine iterarunt quos præfecerat
Amphitruo, magnanimi viri, freti virtute et viribus,
Superbi, nimis ferociter legatos nostros increpant,
Respondent bello se et suos tutari posse; proinde uti

troupes, sous le commandement et sous les auspices d'Amphitryon, mon maître. Amphitryon a enrichi ses concitoyens de butin, de terre et de gloire, et a raffermi le trône de Créon, roi des Thébains.

Aujourd'hui, il me dépêche en avant pour annoncer à son épouse ces triomphes dus à son habileté, à sa fortune. Essayons un peu de quelle manière je ferai mon récit. Si je mens, j'agirai comme de coutume et selon mon génie. Au plus fort du combat, je me cachais bien fort. N'importe, je ferai comme si j'avais été présent à l'action, je répéterai ce qu'on m'a dit. Mais, pour m'exprimer en termes convenables, il est bon que je me prépare. Je débuterai ainsi : d'abord, lorsque nous fûmes arrivés et que nous eûmes pris terre, Amphitryon, sans perdre temps, choisit parmi ses principaux officiers une ambassade pour déclarer aux Téléboens ses résolutions. S'ils veulent restituer de bon gré ce qu'ils ont enlevé, et livrer les objets ravis avec les ravisseurs, il remmènera sans délai son armée hors de leur territoire, et les Argiens les laisseront tranquilles et en paix; mais s'ils s'obstinent à lui refuser la justice qu'il demande, leur ville succombera sous l'effort de ses armes.

Les chefs de l'ambassade s'acquittent exactement du message; mais les fiers Téléboens, pleins d'une confiance insolente en leur puissance et en leur valeur, répondent par l'injure et la menace à nos ambassadeurs;

Propere de finibus suis exercitus deducerent.

    Hæc ubi legati pertulere, Amphitruo castris inlico
Producit omnem exercitum : contra Teleboæ ex oppido
Legiones educunt suas, nimis pulchris armis præditas.
Postquam utrimque exitum'st maxuma copia,
Dispartiti viri, dispartiti ordines;
Nos nostras more nostro et modo instruximus legiones;
Item hosteis contra legiones suas instruunt.
Deinde utrique inperatores in medium exeunt
Extra turbam ordinum, conloquontur; simul
Convenit, victi utri sint eo prælio,
Urbem, agrum, aras, focos, seque uti dederent.
Postquam id actum'st, tubæ utrimque canunt, contra
Consonat terra; clamorem utrimque ecferunt.
Inperator utrimque hinc et illinc Jovi
Vota suscipere, hortari exercitum.
Pro se quisque id quod quisque potest et valet,
Edit, ferro ferit; tela frangunt; boat
Cœlum fremitu virum; ex spiritu atque anhelitu
Nebula constat; cadunt volneris vi et virium.
Denique, ut voluimus, nostra superat manus;
Hosteis crebri cadunt, nostri contra ingruunt.
Vicimus vi feroceis.

    Sed fugam in se tamen nemo convortitur,
Nec recedit loco, quin statim rem gerat.
Animam amittunt priusquam loco demigrent :
Quisque, uti steterat, jacet, obtinetque ordinem.

    Hoc ubi Amphitruo herus conspicatus est,
Inlico equites jubet dextera inducere.

ils sauront bien se défendre et protéger leur pays ; ainsi, que les Thébains se hâtent d'en retirer leurs troupes.

A peine Amphitryon a-t-il reçu cette réponse, il met aussitôt toute son armée en campagne ; les Téléboens sortent de leurs murs, couverts de magnifiques armes ; on déploie de part et d'autre des forces redoutables. Les soldats prennent leur poste, les rangs s'alignent ; nos légions ont fait leurs dispositions ordinaires, celles de l'ennemi se forment en bataille. Alors les généraux s'avancent entre les deux armées, et conviennent ensemble que les vaincus se livreront avec leur ville, leurs champs, leurs autels et leurs foyers. Aussitôt la trompette sonne des deux côtés ; des deux côtés on pousse des cris de guerre ; la plaine retentit. Les généraux adressent leurs vœux à Jupiter, et des exhortations à leurs armées. Chacun montre par les coups qu'il porte tout ce qu'il a de vigueur et de courage. Les traits se brisent ; le ciel mugit du frémissement de la mêlée, et la vapeur des haleines se condense en nuage. Partout des blessés abattus par la violence de la charge. Enfin nous avons l'avantage ; les rangs de l'ennemi sont moissonnés ; nos soldats plus terribles le pressent et l'accablent. La victoire est à nous.

Mais pas un combattant ne songe à la fuite, pas un ne recule. Tous de pied ferme et de cœur intrépide, ils se font tuer plutôt que de céder ; chacun tombe mort en sa place et garde encore son rang.

A cette vue, Amphitryon, mon maître, commande soudain un mouvement de droite à sa cavalerie. L'ordre

Equites parent citi, ab dextera maxumo
Cum clamore involant inpetu alacri,
Fœdant et proterunt hostium copias jure injustas.

MERCURIUS.

Nunquam etiam quidquam adhuc verborum est prolo-
    cutus perperam :
Namque ego fui illeic in re præsenti, et meus, quom
    pugnatum'st, pater.

SOSIA.

Perduelleis penetrant se in fugam; ibi nostris animus
    additu'st,
Vortentibus Telebois; telis complebantur corpora.
Ipsusque Amphitruo regem Pterelam sua obtruncavit
    manu.
Hæc illeic est pugnata pugna usque a mane ad vesperum.
Hoc adeo hoc conmemini magis, quia illo die inpransus fui.
Sed prælium id tandem diremit nox interventu suo.
Postridie in castra ex urbe ad nos veniunt flenteis prin-
    cipes;
Velatis manibus orant ingnoscamus peccatum suum;
Deduntque se, divina humanaque omnia, urbem et liberos,
In ditionem atque in arbitratum cuncti Thebano poplo.
Post ob virtutem hero Amphitruoni patera donata aurea'st,
Qui Pterela potitare rex solitu'st. Hæc sic dicam heræ.
Nunc pergam heri inperium exsequi et me domum ca-
    pessere.

MERCURIUS.

Atat; illic huc ituru'st! ibo ego illi obviam.

s'exécute avec la rapidité de l'éclair; les cavaliers fondent sur les bataillons en poussant de grands cris, les rompent, les écrasent sous leurs pieds; juste vengeance de l'injure!

MERCURE, à part.

Jusqu'à présent son récit est exact de tout point. J'étais présent à l'action avec mon père.

SOSIE.

Les ennemis se dispersent, les nôtres redoublent d'ardeur en voyant fuir les Téléboens; ils les percent d'une grêle de traits; Amphitryon lui-même tue de sa main leur roi Ptérélas. Ainsi se termina la bataille, qui avait duré depuis le matin jusqu'à la nuit. Je dois m'en souvenir; car il me fallut rester l'estomac vide toute la journée. Le lendemain les chefs de la cité viennent au camp, le visage en larmes, les mains voilées de bandelettes; ils nous prient de leur pardonner leur faute, et se livrent corps et biens, avec leurs dieux, leur ville, leurs enfans au pouvoir et à la merci du peuple thébain. Ensuite Amphitryon reçut pour prix de sa valeur la coupe dont le roi Ptérélas avait coutume de se servir à table. Voilà comme je raconterai les choses à ma maîtresse. Mais hâtons-nous d'exécuter les ordres de mon maître et de rentrer chez nous.

MERCURE, à part.

Oh! oh! il vient de ce côté. Je vais lui barrer le che-

Neque ego hunc hominem hodie ad ædeis has sinam unquam adcedere.

Quando imago'st hujus in me, certum'st hominem eludere.
Etenim vero, quoniam formam cepi hujus in me et statum,
Decet et facta moresque hujus habere me simileis item.
Itaque me malum esse oportet, callidum, astutum admodum,
Atque hunc telo suo sibi, malitia, a foribus pellere.
Sed quid illuc est? cœlum adspectat; observabo quam rem agat.

SOSIA.

Certo, edepol, scio, si aliud quidquam'st quod credam aut certo sciam,
Credo ego hac noctu Nocturnum obdormivisse ebrium.
Nam neque se Septemtriones quoquam in cœlo conmovent,
Neque se Luna quoquam mutat atque uti exorta est semel,
Nec Jugulæ, neque Vesperugo, neque Vergiliæ obcidunt.
Ita statim stant signa; neque nox quoquam concedit die.

MERCURIUS.

Perge, nox, ut obcepisti; gere patri morem meo.
Optume optumo optumam operam das; datam polchre locas.

SOSIA

Neque ego hac nocte longiorem me vidisse censeo,
Nisi item unam, verberatus quam pependi perpetem.
Eam quoque, edepol, etiam multo hæc vicit longitudine.
Credo, edepol, equidem dormire Solem, atque adpotum probe.
Mira sunt, nisi invitavit sese in cœna plusculum.

MERCURIUS.

Ain' vero, verbero? deos esse tui simileis putas?

min, et je l'empêcherai bien d'approcher de cette maison de toute la journée. Je porte son image, il faut que je m'amuse à ses dépens. Et vraiment oui, puisque j'ai pris son port et sa figure, je dois lui ressembler par les actions et par le caractère. Soyons fourbe, rusé, armons-nous de malice, et chassons-le d'ici avec ses propres armes. Mais qu'a-t-il donc? Il regarde le ciel? Que veut-il? Voyons.

SOSIE.

Oh! c'est sûr, rien n'est plus sûr; le bon Nocturnus se sera endormi trop aviné. Le char de Bootès ne bouge pas dans le ciel; la lune reste comme un terme au point où elle s'est levée; les étoiles d'Orion ne se couchent pas, non plus que Vesper, ni les Pléiades. Les astres demeurent cloués en place; et la nuit ne veut pas faire place au jour.

MERCURE, à part.

Continue, ainsi que tu as commencé, ô nuit; exécute l'ordre de mon père. Tu sers très-dignement un très-digne maître. Ta peine ne sera point perdue.

SOSIE.

Je ne vis jamais de nuit aussi longue, si ce n'est cependant une certaine nuit où, meurtri de coups, je restai au gibet tant qu'elle dura. Pour celle-là, ma foi, sa longueur fut bien plus grande encore. Vraiment je crois que Phébus fait un somme pour cuver son vin. Il se sera sans doute un peu trop festoyé à table.

MERCURE, à part.

Qu'est-ce à dire, maraud? crois-tu que les dieux te

Ego, pol, te istis tuis pro dictis et malefactis, furcifer,
Adcipiam; modo, sis, veni huc, invenies infortunium.

SOSIA.

Ubi sunt isti scortatores, qui soli inviti cubant?
Hæc nox scita'st exercendo scorto conducto male.

MERCURIUS.

Meus pater nunc pro hujus verbis recte et sapienter facit,
Qui conplexus cum Alcumena cubat amans, animo ob-
  sequens.

SOSIA.

Ibo, ut, herus quod inperavit, Alcumenæ nuntiem.
Sed quis hic est homo, quem ante ædeis video hoc noctis? non placet.

MERCURIUS.

Nullus est hoc meticulosus æque.

SOSIA.

        Mi in mentem venit,
Illic homo hoc denuo volt pallium detexere.

MERCURIUS.

Timet homo, deludam ego illum.

SOSIA.

        Perii! denteis pruriunt.
Certe advenientem me hic hospitio pugneo adcepturus est.
Credo, misericors est; nunc propterea quod me meus herus
Fecit ut vigilarem, hic pugnis faciet hodie ut dormiam.
Oppido interii: obsecro, hercle, quantus et quam validus est!

ressemblent? Je vais te payer pour ces insolences et pour tous tes méfaits, coquin. Tu n'as qu'à venir, ton arrivée ne sera pas joyeuse.

SOSIE.

Où sont les galans qui n'aiment pas à coucher seuls? Voici une nuit excellente pour faire gagner aux belles l'argent qu'on leur prodigue.

MERCURE, à part.

Eh bien! à son compte, mon père en use fort sagement; il goûte à présent dans les bras d'Alcmène tous les plaisirs de l'amour.

SOSIE.

Allons nous acquitter du message dont Amphitryon m'a chargé pour Alcmène. *(Apercevant Mercure)* Mais qui est-ce qui se tient là devant la maison à cette heure de nuit? Cela ne me dit rien de bon.

MERCURE, à part.

Il n'y a pas de plus grand poltron.

SOSIE, à part.

Je me figure que cet homme est venu tout exprès pour rebattre mon manteau.

MERCURE, à part.

Il a peur. Je veux m'en amuser.

SOSIE, à part.

C'est fait de moi. La mâchoire me démange. Certainement il va me régaler d'une provision de coups pour mon arrivée. Il est trop bon : mon maître m'a fait veiller, lui avec ses gourmades veut me faire dormir. Je suis mort! Voyez, qu'il est grand et robuste!

MERCURIUS.

Clare advorsum fabulabor; hic auscultet quæ loquar.
Igitur magi'modum in majorem in sese concipiet metum.
Agite, pugni; jam diu'st, quod ventri victum non datis:
Jam pridem videtur factum, here quod homines quatuor
In soporem conlocastis nudos.

SOSIA.

Formido male,
Ne ego heic nomen meum conmutem, et Quintus fiam e
Sosia.
Quatuor viros sopori se dedisse hic autumat;
Metuo ne numerum augeam illum.

MERCURIUS.

Hem! nunc jam ergo: sic volo.

SOSIA.

Cingitur certe, expedit se.

MERCURIUS.

Non feret, quin vapulet.

SOSIA.

Quis homo?

MERCURIUS.

Quisquis homo huc profecto venerit, pugnos edet.

SOSIA.

Apage, non placet me hoc noctis esse; cœnavi modo;
Proin tu istam cœnam largire, si sapis, esurientibus.

MERCURIUS.

Haud malum huic est pondus pugno.

MERCURE, à part.

Parlons haut, pour qu'il m'entende, il faut redoubler son effroi. *(Haut)* Allons, mes poings; ne soyez pas de mauvais pourvoyeurs. Il me semble qu'il s'est passé un siècle, depuis qu'hier vous couchâtes par terre ces quatre hommes bien endormis et nus comme vers.

SOSIE, à part.

Ah! que je crains de changer de nom aujourd'hui! de Sosie je deviendrai Quintus! Il dit qu'il a couché par terre quatre hommes; je tremble d'augmenter le nombre.

MERCURE, dans l'attitude d'un homme qui se prépare à frapper.

Or çà, qu'on se dispose; comme cela.

SOSIE, à part.

Le voilà qui s'apprête et qui se met sous les armes.

MERCURE, à part.

Il ne s'en ira pas sans tâter de mes gourmades.

SOSIE, à part.

Qui donc?

MERCURE.

Le premier que je rencontrerai..., je lui fais avaler mes poings.

SOSIE, à part.

Non, non, je ne mange pas la nuit, si tard; je viens de souper. Tu feras mieux de servir ce repas à des gens en appétit.

MERCURE, à part.

Ces poings-là sont d'un assez bon poids.

SOSIA.

       Perii! pugnos ponderat.

MERCURIUS.

Quid si ego illum tractim tangam ut dormiat?

SOSIA.

          Servaveris;
Nam continuas has treis nocteis pervigilavi.

MERCURIUS.

           Pessumum'st
Facinus! nequiter ferire malam male discit manus.
Alia forma oportet esse quem tu pugno legeris.

SOSIA.

Illic homo me interpolabit, meumque os finget denuo.

MERCURIUS.

Exossatum os esse oportet, quem probe percusseris.

SOSIA.

Mirum ni hic me quasi muraenam exossare cogitat.
Ultro istunc qui exossat homines, perii! si me adspexerit.

MERCURIUS.

Olet homo quidam malo suo.

SOSIA.

       Hei! numnam ego obolui?

MERCURIUS.

Atque haud longe abesse oportet; verum longe hinc abfuit.

SOSIE, à part.

Je suis perdu! il essaie la pesanteur de ses poings.

MERCURE.

Si je commençais à le caresser pour l'endormir?

SOSIE, à part.

Tu me ferais grand bien. Voilà trois nuits que je ne dors pas.

MERCURE.

Je suis très-mécontent de ma main. Elle ne sait plus frapper comme il faut un visage. Un homme ne doit plus être reconnaissable, quand on lui a frotté le museau avec le poing.

SOSIE, à part.

Il va me mettre en presse, et me façonner à neuf la figure.

MERCURE, à part.

Il faut qu'il ne reste pas un seul os à une mâchoire, si les coups sont bien appliqués.

SOSIE, à part.

Il a sans doute envie de me désosser comme une murène. Va-t'en, vilain désosseur d'hommes. C'est fait de moi, s'il m'aperçoit.

MERCURE, à part.

Ne sens-je pas ici quelqu'un? C'est tant pis pour lui.

SOSIE, à part.

O ciel! est-ce que j'ai de l'odeur?

MERCURE.

Il ne peut pas être éloigné. *(Avec une ironie menaçante)* Mais il faut qu'il revienne de loin.

SOSIA.
Illic homo superstitiosu'st.

MERCURIUS.
Gestiunt pugni mihi.

SOSIA.
Si in me exerciturus, quæso in parietem ut primum domes.

MERCURIUS.
Vox mi ad aureis advolavit.

SOSIA.
Næ ego homo infelix fui,
Qui non alas intervelli; volucrem vocem gestito.

MERCURIUS.
Illic homo a me sibi malam rem arcessit jumento suo.

SOSIA.
Non equidem ullum habeo jumentum.

MERCURIUS.
Onerandu'st pugnis probe.

SOSIA.
Lassus sum, hercle, e navi, ut vectus huc sum; etiam
    nunc nauseo.
Vix incedo inanis; ne ire posse cum onere existumes.

MERCURIUS.
Certe enim hic nescio quis loquitur.

SOSIA.
Salvos sum, non me videt.
Nescio quem loqui autumat; mihi certo nomen Sosia'st.

MERCURIUS.
Hinc enim mihi dextera vox aureis, ut videtur, verberat.

SOSIE, à part.

C'est un sorcier.

MERCURE, à part.

Les poings me grillent.

SOSIE, à part.

Si tu les apprêtes pour moi, attendris-les un peu contre la muraille.

MERCURE, à part.

Des paroles ont volé jusqu'à mes oreilles.

SOSIE, à part.

Que je suis malheureux, d'avoir des paroles volantes ! Il fallait leur couper les ailes.

MERCURE, à part.

Il vient au galop chercher sa ruine.

SOSIE, à part.

Je ne suis pas à cheval.

MERCURE, à part.

Allons, une bonne charge de coups.

SOSIE, à part.

La traversée m'a bien assez fatigué. J'ai encore mal au cœur. A peine si je puis marcher sans rien porter, comment veux-tu que j'aille avec ton fardeau ?

MERCURE, à part.

Assurément j'entends ici parler je ne sais qui.

SOSIE, à part.

Je suis sauvé. Il ne m'a pas vu. Il dit qu'il a entendu parler je ne sais qui ; moi je m'appelle Sosie.

MERCURE, à part.

Une voix, ce me semble, est venue de ce côté frapper mon oreille.

SOSIA.
Metuo vocis ne vice hodie heic vapulem, quæ hunc verberat.

MERCURIUS.
Optume, eccum, incedit ad me.

SOSIA.
Timeo, totus torpeo.
Non, edepol, nunc ubi terrarum sim scio, si quis roget,
Neque miser me conmovere possum præ formidine.
Ilicet, mandata heri perierunt una et Sosia.
Verum certum'st confidenter hominem contra conloqui,
Quî possim videri huic fortis, igitur abstineat manum.

MERCURIUS.
Quo ambulas tu, qui Volcanum in cornu conclusum geris?

SOSIA.
Quid id exquiris tu, qui pugnis os exossas hominibus?

MERCURIUS.
Servos esne, an liber?

SOSIA.
Utcunque animo conlubitum'st meo.

MERCURIUS.
Ain' vero?

SOSIA.
Aio enim vero.

MERCURIUS.
Verbero!

SOSIA.
Mentiri'nunc.

SOSIE, à part.

J'ai peur de payer aujourd'hui pour ma voix qui le frappe.

MERCURE.

Le voici justement qui s'approche.

SOSIE, à part.

Je tremble de tout mon corps. Je ne saurais dire en quel lieu de la terre je suis dans ce moment. La terreur me rend perclus, immobile; c'en est fait de Sosie et du message de mon maître. Mais non, parlons lui vertement, pourqu'il me croie homme de cœur, il n'osera pas me toucher.

MERCURE.

Où vas-tu, toi qui portes Vulcain dans cette prison de corne?

SOSIE.

Qu'est-ce que cela te fait, à toi qui brises les os des gens à coups de poing?

MERCURE.

Es-tu esclave, ou libre?

SOSIE.

L'un ou l'autre selon mon bon plaisir.

MERCURE.

Ah! ça, vraiment, répondras-tu?

SOSIE.

Je te réponds, vraiment.

MERCURE.

Enclume à coups de bâton.

SOSIE.

A l'instant tu mens.

MERCURIUS.
At jam faciam ut verum dicas dicere.
SOSIA.
Quid eo'st opus?
MERCURIUS.
Possum scire quo profectus, quojus sis, aut quid veneris?

SOSIA.
Huc eo; heri mei sum servos : numquid nunc es certior?
MERCURIUS.
Ego tibi istam hodie scelestam conprimam linguam.
SOSIA.
Haud potes?
Bene pudiceque adservatur.
MERCURIUS.
Pergin'argutarier?
Quid apud hasce aedeis negotium'st tibi?
SOSIA.
Imo quid tibi'st?
MERCURIUS.
Rex Creo vigiles nocturnos singulos semper locat.
SOSIA.
Bene facit; quia nos eramus peregre, tutatu'st domum :
At nunc abi sane, advenisse familiareis dicito.

MERCURIUS.
Nescio quam tu familiaris sis : nisi actutum hinc abis,
Familiaris adcipiere faxo haud familiariter.

MERCURE.

Je te ferai bientôt convenir que je dis vrai.

SOSIE.

Ce n'est pas nécessaire.

MERCURE.

Puis-je enfin apprendre où tu vas? à qui tu es? ce qui t'amène?

SOSIE.

Je vais là; j'appartiens à mon maître. Es-tu plus savant?

MERCURE.

Je contraindrai bien ta coquine de langue à me céder.

SOSIE.

Ma langue est honnête fille, elle ne cède point aux hommes.

MERCURE.

Tu ne cesseras pas de faire le bel-esprit? Que cherches-tu auprès de cette demeure?

SOSIE.

Qu'y cherches-tu, toi-même?

MERCURE.

Le roi Créon met ici toutes les nuits une sentinelle.

SOSIE.

Grand merci d'avoir protégé notre logis en notre absence, mais tu peux t'en aller à présent; dis-lui que les gens de la maison sont de retour.

MERCURE.

Je ne sais à quel titre tu peux en être; mais si tu ne t'éloignes au plus vite, notre ami, tu ne seras pas reçu en ami de la maison.

SOSIA.

Heic, inquam, habito ego, atque horunc servos sum.

MERCURIUS.

        At scin' quomodo?
Faciam ego hodie te superbum, nisi hinc abis.
SOSIA.

          Quonam modo?
MERCURIUS.

Auferere, non abibis, si ego fustem sumsero.

SOSIA.

Quin, me esse hujus familiæ familiarem prædico.

MERCURIUS.

Vide, sis; quam mox vapulare vis, nisi actutum hinc abis!
SOSIA.

Tun' domo prohibere peregre me advenientem postulas?

MERCURIUS.

Hæccine tua domu'st?
SOSIA.

  Ita, inquam.
MERCURIUS.

      Quis herus est igitur tibi?
SOSIA.

Amphitruo, qui nunc præfectu'st Thebanis legionibus;
Quicum nubta'st Alcumena.
MERCURIUS.

      Quid ais? quid nomen tibi'st?

SOSIE.

Mais je demeure ici, te dis-je, et je suis serviteur des maîtres de ce logis.

MERCURE.

Sais-tu bien...? Je ferai de toi un personnage supérieur, si tu ne t'en vas.

SOSIE.

Comment cela?

MERCURE.

Oui, on t'emportera, tu ne t'en iras pas, si je prends un bâton.

SOSIE.

Tu as beau dire, je soutiens que je suis un des serviteurs de cette maison.

MERCURE.

Prends garde; tu vas être battu; dépêche-toi de partir.

SOSIE.

Comment! tu voudrais, quand j'arrive, m'interdire l'entrée de chez nous?

MERCURE.

C'est ici ta demeure?

SOSIE.

Je te dis que oui.

MERCURE.

Qui donc est ton maître?

SOSIE.

Amphitryon, maintenant général des Thébains, époux d'Alcmène.

MERCURE.

Dis-moi quel est ton nom?

SOSIA.
Sosiam vocant Thebani, Davo prognatum patre.
MERCURIUS.
Næ tu istic hodie malo tuo conpositis mendaciis
Advenisti, audaciæ columen, consutis dolis.
SOSIA.
Imo equidem tunicis consutis huc advenio, non dolis.

MERCURIUS.
At mentiris etiam : certo pedibus, non tunicis, venis.

SOSIA.
Ita profecto.
MERCURIUS.
    Nunc profecto vapula ob mendacium.
SOSIA.
Non, edepol, volo profecto.
MERCURIUS.
        At pol profecto ingratiis.
Hoc quidem profecto certum'st, non est arbitrarium.
SOSIA.
Tuam fidem obsecro!
MERCURIUS.
        Tun'te audes Sosiam esse dicere,
Qui ego sum?
SOSIA.
Perii!
MERCURIUS.
    Parum etiam, præut futurum'st, prædicas.
Quojus nunc es?

SOSIE.

A Thèbes on m'appelle Sosie, fils de Dave.

MERCURE.

O comble de l'effronterie! tu te repentiras de venir avec un tissu de fourberies et de mensonges.

SOSIE.

Point du tout, je viens avec un tissu de laine et non de mensonges.

MERCURE.

C'est toi qui mens; car tu viens avec tes pieds et non avec un tissu de laine.

SOSIE.

Oui-dà.

MERCURE.

Oui-dà, tu mérites d'être rossé pour tes impostures.

SOSIE.

Oui-dà, je m'en passerai.

MERCURE.

Oui-dà, tu le seras malgré toi. Tiens, voilà qui est fait; on ne te demande pas ton avis. *(Il le bat)*

SOSIE.

Grâce! par humanité!

MERCURE.

Oses-tu dire encore que tu es Sosie, quand c'est moi qui le suis?

SOSIE.

Je suis perdu!

MERCURE.

Tu n'y es pas encore : ce sera bien autre chose. A qui appartiens-tu maintenant?

SOSIA.

Tuus : nam pugnis usu fecisti tuum.
Proh fidi Thebani civeis!

MERCURIUS.

Etiam clamas, carnufex?
Loquere, quid venisti?

SOSIA.

Ut esset quem tu pugnis cæderes.

MERCURIUS.

Quojus es?

SOSIA.

Amphitruonis, inquam, Sosia.

MERCURIUS.

Ergo istoc magis,
Quia vaniloquos, vapulabis : ego sum, non tu, Sosia.

SOSIA.

Ita di faciant, ut tu potius sis, atque ego, te ut verberem.

MERCURIUS.

Etiam mutis?

SOSIA.

Jam tacebo.

MERCURIUS.

Quis tibi heru'st?

SOSIA.

Quem tu voles.

MERCURIUS.

Quid igitur? qui nunc vocare?

SOSIA.

Nemo; nisi quem jusseris.

SOSIE.

A toi, puisque ton poing t'a mis en possession de ma personne. O Thébains! citoyens! à l'aide!

MERCURE.

Tu cries, bourreau. Parle : pourquoi viens-tu?

SOSIE.

Pour exercer ton humeur battante.

MERCURE.

A qui appartiens-tu?

SOSIE.

A Amphitryon, te dis-je, moi Sosie.

MERCURE.

Je t'assommerai pour mentir ainsi. C'est moi qui suis Sosie; ce n'est pas toi.

SOSIE, à part.

Plût aux dieux que tu le fusses au lieu de moi, comme je t'étrillerais!

MERCURE.

Tu murmures?

SOSIE.

Je me tais.

MERCURE.

Qui est ton maître?

SOSIE.

Qui tu voudras.

MERCURE.

Et ton nom?

SOSIE.

Aucun, que celui qu'il te plaira que je porte.

MERCURIUS.

Amphitruonis ted esse aibas Sosiam.

SOSIA.

Peccaveram :
Nam Amphitruonis socium næ me esse volui dicere.

MERCURIUS.

Scibam equidem nullum esse nobis, nisi, me servom Sosiam.
Fugit te ratio.

SOSIA.

Utinam istuc pugni fecissent tui!

MERCURIUS.

Ego sum Sosia ille, quem tu dudum esse aibas mihi.

SOSIA.

Obsecro, per pacem liceat te adloqui, ut ne vapulem.

MERCURIUS.

Imo induciæ parumper fiant, si quid vis loqui.

SOSIA.

Non loquar nisi pace facta, quando pugnis plus vales.

MERCURIUS.

Dicito, quid vis, non nocebo.

SOSIA.

Tuæ fidei credo?

MERCURIUS.

Meæ.

SOSIA.

Quid, si falles?

MERCURE.

Tu me disais que tu étais Sosie, à Amphitryon?

SOSIE.

Je me suis trompé; c'est associé à Amphitryon, que je voulais dire.

MERCURE.

Je savais bien que nous n'avions pas d'autre esclave Sosie, que moi. Tu as perdu l'esprit.

SOSIE, à part.

Que n'en as-tu fait autant de tes poings!

MERCURE.

C'est moi qui suis ce Sosie, que, tout-à-l'heure, tu prétendais être.

SOSIE.

Je t'en supplie, permets-moi de te parler en paix et sans que les poings soient de la partie.

MERCURE.

Eh bien! faisons trêve pour un moment, et parle.

SOSIE.

Je ne parlerai pas, que la paix ne soit conclue; tu es trop fort quand on en vient aux coups.

MERCURE.

Dis tout ce que tu voudras, je ne te ferai pas de mal.

SOSIE.

Tu me le promets?

MERCURE.

Oui.

SOSIE.

Et si tu me trompes?

MERCURIUS.

Tum Mercurius Sosiæ iratus siet.

SOSIA.

Animum advorte : nunc licet mihi libere quidvis loqui.
Amphitruonis ego sum servos Sosia.

MERCURIUS.

Etiam denuo?

SOSIA.

Pacem feci, fœdus feci, vera dico.

MERCURIUS.

Vapula.

SOSIA.

Ut lubet, quod tibi lubet fac, quoniam pugnis plus vales.
Verum, utut es facturus, hoc quidem, hercle, haud
    reticebo tamen.

MERCURIUS.

Tu me vivos hodie nunquam facies, quin sim Sosia.

SOSIA.

Certe, edepol, tu me alienabis nunquam, quin noster
    siem.
Nec nobis præter med alius quisquam'st servos Sosia,
Qui cum Amphitruone hinc una iveram in exercitum.

MERCURIUS.

Hic homo sanus non est.

SOSIA.

Quod mihi prædicas vitium, id tibi'st.
Quid, malum! nonne ego sum servos Amphitruonis
    Sosia?
Nonne hac noctu nostra navis huc ex portu Persico

MERCURE.

Qu'alors retombe sur Sosie la colère de Mercure.

SOSIE.

Écoute donc. A présent je peux parler librement sans rien déguiser. Je suis Sosie, esclave d'Amphitryon.

MERCURE.

Encore!

SOSIE.

J'ai fait la paix, j'ai fait un traité. Je dis la vérité.

MERCURE.

Mille soufflets!

SOSIE.

Ce que tu voudras, comme tu voudras, tu es le plus fort. Mais tu auras beau faire; par Hercule! je ne me renierai pas.

MERCURE.

Par la mort! tu ne m'empêcheras pas aujourd'hui d'être Sosie.

SOSIE.

Et toi, par Pollux, tu ne m'empêcheras pas d'être moi, et d'appartenir à mon maître. Il n'y a pas ici d'autre esclave nommé Sosie, que moi, qui ai suivi Amphitryon à l'armée.

MERCURE.

Il est fou.

SOSIE.

Tu me gratifies de ton propre mal. Quoi! diantre! est-ce que je ne suis pas Sosie, l'esclave d'Amphitryon? Notre vaisseau ne m'a-t-il pas conduit ici, cette nuit, du port Persique? Mon maître ne m'a-t-il pas en-

Venit, quæ me advexit? nonne me huc herus misit meus?

Nonne ego nunc sto ante ædeis nostras? non mi'st laterna in manu?

Non loquor? non vigilo? non hic homo modo me pugnis contudit?

Fecit, hercle, nam etiam misero [misere] nunc malæ dolent.

Quid igitur ego dubito? aut cur non introeo in nostram domum?

MERCURIUS

Quid, domum vostram?

SOSIA.

Ita enimvero.

MERCURIUS.

Quin, quæ dixisti modo,
Omnia ementitu's : equidem Amphitruonis Sosia sum.
Nam noctu hac soluta'st navis nostra e portu Persico ;
Et, ubi Pterela rex regnavit, oppidum expugnavimus,
Et legiones Teleboarum vi pugnando cepimus,
Et ipsus Amphitruo obtruncavit regem Pterelam in prælio.

SOSIA.

Egomet mihi non credo, quum illæc autumare illum audio.

Hic quidem certe, quæ illeic sunt res gestæ, memorat memoriter.

Sed quid ais? quid Amphitruoni a Telebois datum hostibu'st?

MERCURIUS.

Pterela rex qui potitare solitus est, patera aurea.

voyé ici? N'est-ce pas moi qui suis devant notre maison ? N'ai-je pas une lanterne à la main? Ne parlé-je pas? Ne suis-je pas éveillé. Ne m'a-t-il pas tout-à-l'heure meurtri de coups? Vraiment oui; ma pauvre mâchoire ne s'en ressent que trop. C'est trop tarder; entrons chez nous.

MERCURE.

Chez vous?

SOSIE.

Oui, sans doute.

MERCURE.

Non, tu n'as dit que des mensonges. C'est moi qui suis Sosie, esclave d'Amphitryon. Notre vaisseau est parti cette nuit du port Persique, et nous avons pris la ville où régna Ptérélas, et nous avons défait les légions des Téléboens, et mon maître a tué de sa propre main Ptérélas dans le combat.

SOSIE.

Je m'en crois à peine, quand je l'entends parler de la sorte. C'est qu'il dit tout, de point en point, exactement. Mais voyons. Sur le butin enlevé aux Téléboens, qu'a-t-on donné à Amphitryon?

MERCURE.

La coupe d'or qui servait au roi Ptérélas dans ses repas.

SOSIA.
Elocutus est. Ubi patera nunc est?
MERCURIUS.
In cistula
Amphitruonis obsignata signo'st.
SOSIA.
Signi dic quid est?
MERCURIUS.
Cum quadrigis Sol exoriens : quid me captas, carnufex?

SOSIA.
Argumentis vincit : aliud nomen quærundum'st mihi.
Nescio unde hæc hic spectavit. Jam ego hunc decipiam
    probe;
Nam quod egomet solus feci, nec quisquam alius adfuit
In tabernaculo, id quidem hodie nunquam poterit dicere.
Si tu Sosia es, legiones quom pugnabant maxume,
Quid in tabernaculo fecisti? victus sum, si dixeris.
MERCURIUS.
Cadus erat vini; inde inplevi hirneam.

SOSIA.
Ingressu'st viam.
MERCURIUS.
Eam ego, ut matre fuerat natum, vini eduxi meri.

SOSIA.
Mira sunt, nisi latuit intus illic in illac hirnea.
Factum'st illud, ut ego illeic vini hirneam ebiberim
    meri.

SOSIE.

C'est cela. Et où est-elle à présent?

MERCURE.

Dans un coffret scellé du cachet d'Amphitryon.

SOSIE.

Et quel signe porte le cachet?

MERCURE.

Un Soleil levant sur un quadrige. Pourquoi toutes ces questions insidieuses, bourreau?

SOSIE, à part.

Voilà des preuves convaincantes. Je n'ai plus qu'à trouver un autre nom. D'où a-t-il vu tout cela? Mais je vais bien l'attraper. Ce que j'ai fait tout seul, sans témoin, dans notre tente, c'est ce qu'il ne pourra pas me dire. *(Haut)* Si tu es Sosie, pendant le fort de la bataille, que faisais-tu dans la tente? Je m'avoue vaincu si tu le dis.

MERCURE.

Il y avait un tonneau de vin; je remplis de ce vin un grand flacon.

SOSIE.

L'y voilà.

MERCURE.

Et tel qu'il était sorti du sein maternel, je l'avalai tout pur.

SOSIE.

C'est merveille, s'il n'était caché dans le flacon. Le fait est vrai. J'ai bu un grand flacon de vin pur.

MERCURIUS.

Quid nunc? vincon' argumentis, te non esse Sosiam?

SOSIA.

Tu negas me esse?

MERCURIUS.

Quid ego ni negem, qui egomet siem?

SOSIA.

Per Jovem juro me esse, neque me falsum dicere.

MERCURIUS.

At ego per Mercurium juro, tibi Jovem non credere;
Nam injurato, scio, plus credet mihi, quam jurato tibi.

SOSIA.

Quis ego sum saltem, si non sum Sosia? te interrogo.

MERCURIUS.

Ubi ego Sosia nolim esse, tu esto sane Sosia.
Nunc quando ego sum, vapulabis, ni hinc abis ingnobilis.

SOSIA.

Certe, edepol, quom illum contemplo, et formam congnosco meam,
Quemadmodum ego sæpe in speculum inspexi, nimis simili'st mei.
Itidem habet petasum, ac vestitum : tam consimili'st atque ego.
Sura, pes, statura, tonsus, oculi, nasum, vel labra,
Malæ, mentum, barba, collum : totus! quid verbis opu'st?
Si tergum cicatricosum, nihil hoc simili'st similius.
Sed quom cogito, equidem certo idem sum qui semper fui.
Gnovi herum, gnovi ædeis nostras; sane sapio et sentio.

MERCURE.

Eh bien ! t'ai-je convaincu que tu n'es pas Sosie ?

SOSIE.

Tu prétends que je ne le suis pas ?

MERCURE.

Oui, certes, puisque c'est moi qui le suis.

SOSIE.

J'atteste Jupiter que je n'en impose pas.

MERCURE.

Et moi, j'atteste Mercure que Jupiter ne te croit pas. Il s'en rapportera plus, j'en suis sûr, à ma simple parole qu'à tous tes sermens.

SOSIE.

Qui suis-je donc, au moins, si je ne suis pas Sosie ? je te le demande.

MERCURE.

Quand je ne voudrai plus être Sosie, alors tu pourras l'être. Mais à présent que je le suis, je t'assommerai, si tu ne t'en vas, mortel sans nom.

SOSIE.

Par Pollux, plus je l'examine et plus je reconnais ma figure. Voilà bien ma ressemblance, comme je me suis vu souvent dans un miroir. Il a le même chapeau, le même habit. Il me ressemble comme moi-même. Le pied, la jambe, la taille, les cheveux, les yeux, la bouche, les joues, le menton, le cou ; tout enfin. Vraiment, s'il a le dos labouré de cicatrices, il n'y a pas de ressemblance plus ressemblante. Cependant quand j'y pense, je suis toujours ce que j'étais. Certes, je connais mon maître, je connais notre maison ; j'ai l'usage de ma raison et de mes sens. Ne nous arrêtons pas à ce qu'il peut dire, frappons.

Non ego illi obtempero quod loquitur; pultabo foreis.

MERCURIUS.

Quo agis te?

SOSIA.

Domum.

MERCURIUS.

Quadrigas si nunc inscendas Jovis,
Atque hinc fugias, ita vix poteris ecfugere infortunium.

SOSIA.

Nonne heræ meæ nunciare, quod herus meus jussit,
    licet?

MERCURIUS.

Tuæ, si quid vis nunciare; hanc nostram adire non sinam.
Nam, si me inritassis, hodie lumbifragium hinc abferes.

SOSIA.

Abeo potius. Di inmortales, obsecro vostram fidem!
Ubi ego perii? ubi inmutatus sum? ubi ego formam
    perdidi?
An egomet me illeic reliqui, si forte oblitus fui?
Nam hic quidem omnem imaginem meam, quæ ante-
    hac fuerat, possidet.
Vivo fit, quod nunquam quisquam mortuo faciet mihi.
Ibo ad portum, atque, hæc uti sunt facta, hero dicam
    meo.
Nisi etiam is quoque me ingnorabit; quod ille faciat
    Juppiter!
Ut ego hodie raso capite calvos capiam pileum.

MERCURE.

Où vas-tu?

SOSIE.

A la maison.

MERCURE.

Quand tu monterais sur le char de Jupiter, pour t'enfuir au plus tôt, tu aurais peine encore à éviter l'orage qui te menace.

SOSIE.

Ne m'est-il pas permis de rapporter à ma maîtresse ce que mon maître m'a chargé de lui dire?

MERCURE.

A ta maîtresse, oui, tant que tu voudras; mais pour la nôtre, ici, je ne souffrirai pas que tu lui parles. Si tu m'irrites, tu n'emporteras d'ici que le débris de tes reins.

SOSIE.

J'aime mieux me retirer. O dieux immortels, secourez-moi! Que suis-je devenu? Où m'a-t-on changé? Comment ai-je perdu ma figure? Est-ce que je me serais laissé là-bas par mégarde? car il possède mon image, celle qui fut mienne jusqu'aujourd'hui. Vraiment on me fait de mon vivant un honneur qu'on ne me rendra pas après ma mort. Allons retrouver au port Amphitryon, je lui raconterai tout ce qui s'est passé, si toutefois il ne me méconnaît pas aussi. O Jupiter! fais-moi ce bonheur, et puissé-je aujourd'hui, devenu chauve par l'office du rasoir, me coiffer du chapeau d'affranchi.

(Il sort.)

MERCURIUS*.

Bene prospereque hoc hodie processit mihi.
Abmovi a foribus maxumam molestiam,
Patri ut liceret tuto illam amplexarier.
Jam ille illuc ad herum quom Amphitruonem advenerit,
Narrabit servom hinc sese a foribus Sosiam
Abmovisse; ille adeo illum mentiri sibi
Credet, neque credet huc profectum, ut jusserat.
Erroris ambo ego illos et dementiæ
Conplebo atque omnem Amphitruonis familiam:
Adeo usque satietatem dum capiet pater
Illius quam amat; igitur demum omneis scient,
Quæ facta. Denique Alcumenam Jupiter
Rediget antiquam conjugis in concordiam.
Nam Amphitruo actutum uxori turbas conciet,
Atque insimulabit eam probri : tum meus pater
Eam seditionem in tranquillum conferet.
Nunc de Alcumena dudum quod dixi minus,
Hodie illa pariet filios geminos duos :
Alter decumo post mense nascetur puer,
Quam seminatus; alter mense septumo.
Eorum Amphitruonis alter est, alter Jovis.
Verum minori puero major est pater,
Minor majori. Jamne hoc scitis, quid siet?
Sed, Alcumenæ hujus honoris gratia,
Pater curavit, uno ut fœtu fieret;

---

* Actus I, Scena II.

MERCURE[*].

Nos affaires vont le mieux du monde. J'ai éloigné de cette maison un fâcheux personnage. Mon père peut en toute sécurité embrasser la belle. Sosie va raconter à son maître qu'un autre Sosie l'a chassé quand il voulait entrer. Amphitryon criera au mensonge, et ne voudra pas croire que son esclave soit venu ici, comme il le lui avait ordonné. Grâce à moi, ce sera pour tous deux et pour toute la maison une confusion à perdre la tête, cependant que mon père se rassasiera de plaisir dans les bras de celle qu'il aime. Ensuite tout s'éclaircira, et Jupiter à la fin réconciliera l'époux avec l'épouse ; car Amphitryon va bientôt faire une grande querelle à sa femme ; il l'accusera d'infidélité. Puis mon père fera succéder le calme à l'orage. Au sujet d'Alcmène, j'aurais dû tout-à-l'heure vous dire qu'elle donnera aujourd'hui la vie à deux fils jumeaux. Ils viendront au monde l'un dix mois, l'autre sept, après avoir été conçus. Le premier est d'Amphitryon, le second de Jupiter. Ainsi le cadet est plus grand par son père que l'aîné par le sien. Vous comprenez bien cela ? Il n'y aura qu'un seul enfantement. Jupiter l'a voulu par intérêt pour Alcmène ; ainsi elle se délivre d'un double mal par un seul travail, et elle est garantie du soupçon d'adultère ; le mystère de leur union ne se trahit point. Cependant Amphitryon, comme je l'ai déjà dit, en sera instruit à la fin. Après tout, l'honneur

[*] Acte I, Scène II.

Uno ut labore absolvat ærumnas duas,
Et clandestina ut celetur subspicio.
Quamquam, ut jamdudum dixi, resciscet tamen
Amphitruo rem omnem. Quid igitur? nemo id probro
Profecto ducet Alcumenæ. Nam deum
Non par videtur facere, delictum suum
Suamque culpam expetere in mortalem ut sinat.
Orationem conprimam : crepuit foris.
Amphitruo subditivos, eccum, exit foras
Cum Alcumena uxore usuraria.

JUPITER, ALCUMENA, MERCURIUS*.

JUPITER.

Bene vale, Alcumena; cura rem conmunem, quod facis.
Atque inparce, quæso; menseis jam tibi esse actos vides.
Mihi necesse'st ire hinc; verum, quod erit gnatum, tol-
    lito.

ALCUMENA.

Quid istud est, mî vir, negoti, quod tu tam subito domo
Abeas ?

JUPITER.

Edepol, haud quod tui me, neque domi, distædeat :
Sed ubi summus inperator non adest ad exercitum,
Citius quod non facto'st usus, fit, quam quod facto'st
    opus.

* Actus I, Scena III.

d'Alcmène ne peut assurément pas souffrir d'un tel accident; et il serait injuste à un dieu de laisser peser sur une mortelle le blâme de sa propre faute. Trêve à mes discours, j'entends le bruit de la porte. Le faux Amphitryon sort avec son épouse d'emprunt.

JUPITER, ALCMÈNE, MERCURE*.

JUPITER.

Adieu, Alcmène, continue à veiller pour le bien de notre maison. Mais ménage-toi, je t'en prie; car ton terme approche. Il faut que je parte. J'adopte d'avance l'enfant qui doit naître.

ALCMÈNE.

Quel soin, cher époux, t'éloigne si tôt de ta demeure?

JUPITER.

Ah! ce n'est pas que le temps me semble long près de toi et au sein de mes foyers; mais dans une armée, en l'absence du chef, le mal arrive plus vite que le bien.

---

* Acte I, Scène III.

MERCURIUS.

Nimis hic scitu'st sycophanta, qui quidem sit meus pater.
Observatote, quam blande mulieri palpabitur.

ALCUMENA.

Ecastor, te experior, quanti facias uxorem tuam.

JUPITER.

Satin' habes, si feminarum nulla'st, quam æque diligam?

MERCURIUS.

Edepol, næ illa si istis rebus te sciat operam dare,
Ego faxim te Amphitruonem esse malis, quam Jovem.

ALCUMENA.

Experiri istuc mavellem me, quam mî memorarier.
Prius abis, quam, ubi cubuisti, lectus concaluit locus.
Here venisti media nocte, nunc abis : hoccin' placet?

MERCURIUS.

Adcedam, atque hanc adpellabo, et subparasitabor patri.
Nunquam, edepol, quemquam mortalem credo ego uxo-
  rem suam
Sic ecflictim amare, proinde ut hic te ecflictim deperit.

JUPITER.

Carnufex, non ego te gnovi? abin'e conspectu meo?
Quid tibi hanc curatio est rem, verbero, aut mutitio?
Quoi ego jam hoc scipione...

ALCUMENA.

Ah! noli.

JUPITER.

Mutito modo.

####### MERCURE, à part.

Le rusé trompeur, que mon digne père! Voyez comme il va doucement la cajoler.

####### ALCMÈNE.

Certes, tu me montres le pouvoir qu'une épouse a sur ton cœur.

####### JUPITER.

Ne te suffit-il pas que tu sois pour moi la plus chère des femmes?

####### MERCURE, à part.

Par Pollux, si celle de là haut te savait si galamment occupé, tu voudrais être Amphitryon plutôt que Jupiter.

####### ALCMÈNE.

J'aimerais mieux des preuves de tendresse que des protestations. A peine ton corps a-t-il échauffé la place que tu avais prise dans le lit conjugal; arrivé hier au milieu de la nuit, tu pars déjà. Est-ce ainsi que l'on se conduit?

####### MERCURE, à part.

Je vais m'approcher d'elle et lui parler, et servir mon père en adroit parasite. (*Haut*) Par Pollux, je ne connais pas un mari qui crève d'amour pour sa femme, autant que mon maître s'en meurt pour toi.

####### JUPITER.

Bourreau, ne te voilà-t-il pas? Va-t'en de ma présence! Pourquoi te mêles-tu de mes affaires? Oses-tu bien ouvrir la bouche? Ce bâton.....

####### ALCMÈNE, l'arrêtant.

Ah! de grâce.

####### JUPITER.

Dis encore un mot.

MERCURIUS.

Nequiter pæne expedivit prima parasitatio.

JUPITER.

Verum quod tu dicis, mea uxor, non te mi irasci decet.
Clanculum abii a legione; operam hanc subripui tibi,
Ex me primo prima scires, rem ut gessissem publicam.
Ea tibi omnia enarravi: nisi te amarem plurimum,
Non facerem.

MERCURIUS.

Facitne ut dixi? timidam palpo percutit.

JUPITER.

Nunc, ne legio persentiscat, clam illuc redeundum'st mihi;
Ne me uxorem prævortisse dicant præ republica.

ALCUMENA.

Lacrumantem ex abitu concinnas tu tuam uxorem.

JUPITER.

Tace.
Ne conrumpe oculos; redibo actutum.

ALCUMENA.

Id actutum diu'st.

JUPITER.

Non ego te heic lubens relinquo, neque abeo abs te.

ALCUMENA.

Sentio;
Nam qua nocte ad me venisti, eadem abis.

MERCURE, à part.

Mon début a failli être malencontreux dans le métier de parasite.

JUPITER.

Tu as tort d'être fâchée, mon Alcmène. Je me suis absenté secrètement de l'armée. J'ai dérobé pour toi ces momens à mon devoir : je voulais que tu fusses la première instruite de mes succès, je voulais être le premier à te les apprendre. Si je ne t'aimais pas, aurais-je un tel empressement?

MERCURE, à part.

Que disais-je? elle s'est effarouchée; mais il sait l'adoucir.

JUPITER.

Maintenant je dois retourner en secret à l'armée, avant qu'on s'aperçoive de mon absence. Il ne faut pas qu'on me reproche d'avoir préféré ma femme au bien public.

ALCMÈNE.

Ton départ coûte des pleurs à ton épouse.

JUPITER.

Calme-toi. Ménage tes yeux. Je serai bientôt de retour.

ALCMÈNE.

Ce bientôt sera long encore.

JUPITER.

C'est à regret que je te laisse, à regret que je m'éloigne.

ALCMÈNE.

En effet, car la nuit même de ton arrivée tu me fuis.

5.

JUPITER.

Cur me tenes?
Tempus est : exire ex urbe, priusquam luciscat, volo.
Nunc tibi hanc pateram, quæ dono mî illeic ob virtutem data'st,
Pterela rex quî potitavit, quem ego mea obcïdi manu,
Alcumena, tibi condono.

ALCUMENA.

Facis, ut alias res soles.
Ecastor, condignum donum, quali'st qui donum dedit.

MERCURIUS.

Imo sic condignum donum, quali'st quoi dono datum'st.

JUPITER.

Pergin' autem? nonne ego possum, furcifer, te perdere?

ALCUMENA.

Noli, amabo, Amphitruo, irasci Sosiæ causa mea.

JUPITER.

Faciam ita ut vis.

MERCURIUS.

Ex amore hic admodum quam sævos est?

JUPITER.

Numquid vis?

ALCUMENA.

Ut, quom absim, me ames, me tuam absentem tamen.

MERCURIUS.

Eamus, Amphitruo, luciscit hoc jam.

JUPITER.

Abi præ, Sosia,

JUPITER.

Ne me retiens plus. Le temps presse. Je veux sortir de la ville avant le jour. (*Lui présentant un coffret*) Voici la coupe qui m'a été donnée comme prix de ma valeur. Elle appartenait au roi Ptérélas, que j'ai tué de ma main ; chère Alcmène, je t'en fais don.

ALCMÈNE.

Cette générosité ne me surprend pas. Certes, le présent est digne de la main qui le donne.

MERCURE.

Dis plutôt de celle qui le reçoit.

JUPITER.

Encore ! est-ce que je ne t'assommerai pas, pendard ?

ALCMÈNE.

Je t'en prie, Amphitryon, ne t'emporte pas contre Sosie ; pour l'amour de moi !

JUPITER.

Je t'obéirai.

MERCURE, à part.

Comme son amour le rend irritable !

JUPITER.

Tu ne me veux plus rien ?

ALCMÈNE.

Si ; qu'absent tu aimes toujours celle qui est toute à toi, quoiqu'absent.

MERCURE.

Partons, Amphitryon, le jour paraît.

JUPITER.

Marche devant, Sosie, je te suis. (*A Alcmène*) Adieu.

Jam ego sequar : numquid vis?

ALCUMENA.

Etiam, ut actutum advenias.

JUPITER.

Licet.
Prius tua opinione heic adero; bonum animum habe.
Nunc te, nox, quae me mansisti, mitto ut cedas die,
Ut mortalibus inluciscat luce clara et candida.
Atque, quanto nox fuisti longior hac proxuma,
Tanto brevior dies ut fiat faciam, ut æque disparet,
Et dies e nocte adcedat : ibo, et Mercurium sequar.

AMPHITRUO, SOSIA*.

AMPHITRUO.

Age, i tu secundum.

SOSIA.

Sequor, subsequor te.

AMPHITRUO.

Scelestissumum te arbitror.

SOSIA.

Nam quamobrem?

AMPHITRUO.

Quia id, quod neque est, neque fuit, neque futurum'st,
Mihi praedicas.

* Actus II, Scena 1.

ALCMÈNE.

Adieu; mais un prompt retour.

JUPITER.

Oui. Tu me verras plus tôt que tu ne crois. Ne sois point en peine. (*Alcmène sort.*) Maintenant, ô nuit, tu n'as plus à m'attendre; fais place au jour, et laisse briller sa vive et pure lumière sur les mortels. Tout ce que tu as eu d'excédant en durée sur la nuit prochaine, sera ôté au jour, pour que les deux inégalités se compensent, et que l'ordre se maintienne entre les jours et les nuits. Je vais suivre Mercure.

(Il sort.)

AMPHITRYON, SOSIE*.

AMPHITRYON.

Allons, marche, suis-moi.

SOSIE.

Je te suis, je marche sur tes pas.

AMPHITRYON.

Tu m'as l'air d'un grand malheureux.

SOSIE.

Et pourquoi?

AMPHITRYON.

Parce que tu me dis des choses qui ne sont point, qui n'ont jamais été et qui ne seront jamais.

* Acte II, Scène 1.

SOSIA.

Eccere, jam tuatim
Facis, ut tuis nulla apud te sit fides.

AMPHITRUO.

Quid est? quo modo? jam quidem, hercle, ego tibi istam
Scelestam, scelus, linguam abscindam.

SOSIA.

Tuus sum;
Proinde ut conmodum'st et lubet, quidque facias :
Tamen, quin loquar hæc uti facta sunt heic,
Nunquam ullo modo me potes deterrere.

AMPHITRUO.

Scelestissume, audes mihi prædicare id,
Domi te esse nunc, qui heic ades?

SOSIA.

Vera dico.

AMPHITRUO.

Malum! quod tibi di dabunt, atque ego hodie dabo.

SOSIA.

Istuc tibi est in manu; nam tuus sum.

AMPHITRUO.

Tun'me, verbero, audes herum ludificari?
Tun' id dicere audes, quod nemo unquam homo antehac
Vidit, nec potest fieri, tempore uno
Homo idem duobus locis ut simul sit?

SOSIA.

Profecto, ut loquor, ita res est.

AMPHITRUO.

Jupiter te perdat!

SOSIE.

C'est cela, voilà ton habitude, jamais de confiance dans tes serviteurs.

AMPHITRYON.

Qu'est-ce à dire? Comment? par tous les dieux, coquin, je t'arracherai ta coquine de langue!

SOSIE.

Tu es mon maître. Fais de moi ce qu'il te plaira; mais tu auras beau faire, tu ne m'empêcheras pas de dire la chose comme elle est.

AMPHITRYON.

Oses-tu bien, malheureux, soutenir que tu es à la maison, quand tu es ici?

SOSIE.

C'est la vérité.

AMPHITRYON.

Malheur à toi, de par les dieux, et de par moi bientôt.

SOSIE.

Mon sort est en tes mains. Je t'appartiens.

AMPHITRYON.

Quoi! maraud, tu oses te railler de ton maître? Tu oses affirmer une chose impossible, inouïe! qu'un homme est en deux endroits en même temps!

SOSIE.

Je t'assure que je dis la pure vérité.

AMPHITRYON.

Jupiter te confonde!

SOSIA.

Quid mali sum, here, tua ex re promeritus?

AMPHITRUO.

Rogasne, inprobe, etiam, qui ludos facis me?

SOSIA.

Merito maledicas mihi, si non id ita factum'st.
Verum haud mentior, resque uti facta, dico.

AMPHITRUO.

Homo hic ebrius est, ut opinor.

SOSIA.

       Utinam ita essem!

AMPHITRUO.

Optas quæ facta.

SOSIA.

Egone?

AMPHITRUO.

     Tu istic : ubi bibisti?

SOSIA.

Nusquam equidem bibi.

AMPHITRUO.

     Quid hoc sit hominis?

SOSIA.

Equidem decies dixi :
Domi ego sum, inquam;
Ecquid audis? et apud te adsum Sosia idem.
Satin' hoc plane,
Satin' diserte, here, nunc videor tibi locutus?

AMPHITRUO.

Vah! apage te a me.

SOSIE.

De quoi suis-je coupable envers toi, mon maître?

AMPHITRYON.

Tu le demandes, insolent, et tu te moques de moi!

SOSIE.

Tu aurais sujet de me traiter de la sorte, si j'avais cette audace; mais je ne mens pas, et je te rapporte exactement le fait.

AMPHITRYON.

Il est ivre, je pense.

SOSIE.

Ma foi, je le voudrais.

AMPHITRYON.

Tu n'as pas besoin de le souhaiter.

SOSIE.

Moi?

AMPHITRYON.

Toi-même. Où as-tu bu?

SOSIE.

Nulle part.

AMPHITRYON.

Quel drôle est-ce là?

SOSIE.

Je te l'ai déjà répété dix fois. Je suis à la maison, m'entends-tu? et je suis auprès de toi, moi-même, Sosie. M'expliqué-je en termes assez intelligibles, assez clairs?

AMPHITRYON.

Ah! éloigne-toi d'ici.

SOSIA.

Quid est negoti?

AMPHITRUO.

Pestis te tenet.

SOSIA.

Nam cur istuc dicis?
Equidem valeo, et salvos sum recte, Amphitruo.

AMPHITRUO.

At te ego faciam hodie, proinde ac meritus es,
Ut minus valeas, et miser sis,
Salvos domum si rediero : jam
Sequere, sis, herum qui ludificas dictis delirantibus :
Qui quoniam, herus quod inperavit, neglexisti persequi,
Nunc venis etiam ultro inrisum dominum : quæ neque fieri
Possunt, neque fando unquam adcepit quisquam, profers, carnufex ;
Quojus ego hodie in tergo faxo ista expetant mendacia.

SOSIA.

Amphitruo, miserruma istæc miseria est servo bono,
Apud herum qui vera loquitur, si id vi verum vincitur.

AMPHITRUO.

Quo id, malum, pacto potest (nam mecum argumentis puta)
Fieri, nunc uti tu heic sis et domi? Id dici volo.

SOSIA.

Sum profecto et heic et illeic : hoc quoivis mirari licet.
Neque tibi istuc mirum magi' videtur, quam mihi [Amphitruo].

SOSIE.

Qu'y a-t-il?

AMPHITRYON.

Je ne sais quel mal te possède.

SOSIE.

Comment cela? Je suis sain et d'esprit et de corps, Amphitryon.

AMPHITRYON.

Mais tu ne seras pas toujours si dispos. On te traitera selon tes mérites. Que je rentre chez moi sans encombre, et ton sort sera digne de pitié. Allons, suis-moi, toi qui abuses de la patience de ton maître par tes balivernes, et qui non content d'avoir négligé ma commission, viens encore te moquer de moi en face... Le bourreau! me conter ce qu'on n'a jamais ouï, ce qui est impossible! Ton dos paiera pour tous tes mensonges.

SOSIE.

Amphitryon, c'est une grande misère pour un misérable et bon serviteur, qui dit la vérité à son maître, d'avoir tort, parce qu'il est le plus faible.

AMPHITRYON.

Eh! que diantre! Comment se fait-il (car je veux bien raisonner avec toi) que tu sois ici et à la maison? Voyons, dis-le-moi.

SOSIE.

Je t'assure que je suis ici et là. Qu'on s'en étonne tant qu'on voudra, on n'en sera pas plus étonné que moi.

AMPHITRUO.

Quo modo?

SOSIA.

Nihilo, inquam, mirum magi' tibi istuc, quam mihi.
Neque, ita me di ament, credebam primo mihimet Sosiæ,
Donec Sosia, ille egomet, fecit sibi uti crederem.
Ordine omne uti quidque actum'st, dum apud hosteis sedimus,
Edissertavit: tum formam una abstulit cum nomine;
Neque lacte lacti magis est simile, quam ille ego simili'st mei.
Nam ut dudum ante lucem a portu me præmisisti domum.....

AMPHITRUO.

Quid igitur?

SOSIA.

Prius multo ante ædeis stabam, quam illo adveneram.

AMPHITRUO.

Quas, malum, nugas! satin' tu sanus es?

SOSIA.

Sic sum, ut vides.

AMPHITRUO.

Huic homini nescio quid est mali mala objectum manu,
Postquam a me abiit.

SOSIA.

Fateor; nam sum obtusus pugnis pessume.

AMPHITRUO.

Quis te verberavit?

AMPHITRYON.

Comment !

SOSIE.

Non, te dis-je, tu ne saurais être étonné plus que moi. Que les dieux me punissent si je m'en croyais d'abord, moi Sosie, jusqu'à ce que ce Sosie, l'autre moi, m'ait forcé de l'en croire. Il m'a dit en détail, de point en point, tout ce qui s'est passé pendant que nous étions chez les ennemis. Il m'a volé ma figure avec mon nom. Deux gouttes de lait ne se ressemblent pas plus qu'il ne me ressemble. Lorsque tu m'as dépêché en avant, du port à la maison....

AMPHITRYON.

Ensuite ?

SOSIE.

J'étais en sentinelle à la porte, long-temps avant que je fusse arrivé.

AMPHITRYON.

Quelles impertinences ! drôle ! Es-tu dans ton bon sens ?

SOSIE.

Comme tu vois.

AMPHITRYON.

Une main malfaisante lui aura jeté quelque maléfice, depuis que je l'ai fait partir.

SOSIE.

Maléfice ! sans doute ; car je suis terriblement maléficié de coups de poing.

AMPHITRYON.

Qui est-ce qui t'a frappé ?

SOSIA.

Egomet memet, qui nunc sum domi.

AMPHITRUO.

Cave quidquam, nisi quod rogabo te, mihi responderis.
Omnium primum, iste qui sit Sosia, hoc dici volo.

SOSIA.

Tuus est servos.

AMPHITRUO.

Mihi quidem uno te plus etiam'st quam volo:
Neque, postquam sum gnatus, habui, nisi te, servom Sosiam.

SOSIA.

At ego nunc, Amphitruo, dico; Sosiam servom tuum,
Praeter me alterum, inquam, adveniens faciam ut obfendas domi,
Davo prognatum patre eodem quo ego sum, forma, aetate item
Qua ego sum : quid opu'st verbis? geminus Sosia heic factu'st tibi.

AMPHITRUO.

Nimia memoras mira : sed vidistin' uxorem meam?

SOSIA.

Quin, introire in aedeis nunquam licitum'st.

AMPHITRUO.

Quis te prohibuit?

SOSIA.

Sosia ille, quem jamdudum dico, is qui me contudit.

SOSIE.

Moi-même, moi qui suis maintenant à la maison.

AMPHITRYON.

Songe à répondre à toutes mes questions, mais sans divaguer. D'abord je veux savoir quel est ce Sosie.

SOSIE.

C'est ton esclave.

AMPHITRYON.

Ce m'est déjà trop d'un drôle comme toi : je n'eus jamais, depuis que j'existe, d'autre esclave que toi de ce nom.

SOSIE.

Et moi je te dis, Amphitryon, que tu as un second Sosie avec moi; tu le trouveras en arrivant à la maison; fils de Dave; même père, même figure, même âge. Que te dirai-je? ton Sosie est devenu double.

AMPHITRYON.

Ce que tu dis est bien étrange. Mais as-tu vu ma femme?

SOSIE.

Bah! il ne m'a pas été permis de passer la porte.

AMPHITRYON.

Qui t'en a empêché?

SOSIE.

Ce Sosie dont je te parle, qui m'a battu.

AMPHITRUO.

Quis istic Sosia'st?

SOSIA.

Ego, inquam: quoties dicundum'st tibi?

AMPHITRUO.

Sed quid ais? num obdormivisti dudum?

SOSIA.

Nusquam gentium.

AMPHITRUO.

Ibi forte istum si vidisses quemdam in somnis Sosiam.

SOSIA.

Non soleo ego somniculose heri inperia persequi.
Vigilans vidi, vigilans nunc te video, vigilans fabulor,
Vigilantem ille me jamdudum vigilans pugnis contudit.

AMPHITRUO.

Quis homo?

SOSIA.

Sosia, inquam, ego ille: quæso, nonne intellegis?

AMPHITRUO.

Quî, malum, intellegere quisquam potis est? ita nugas blatis.

SOSIA.

Verum actutum gnosces?

AMPHITRUO.

Quem?

SOSIA.

Illum gnosces, servom Sosiam.

AMPHITRYON.
Qui est ce Sosie?

SOSIE.
Moi, te dis-je. Combien de fois faut-il te le redire?

AMPHITRYON.
Ah! ça, ne t'es-tu pas endormi?

SOSIE.
Pas du tout.

AMPHITRYON.
Peut-être tu as vu ce Sosie en songe?

SOSIE.
Je ne m'endors jamais en exécutant les ordres de mon maître. Je l'ai vu bien éveillé, bien éveillé je te vois, bien éveillé je te parle, j'étais bien éveillé, comme il l'était aussi, quand il m'a rossé d'importance.

AMPHITRYON.
Qui donc?

SOSIE.
Sosie, dis-je, l'autre moi. Est-ce que tu ne me comprends pas?

AMPHITRYON.
Eh! qui peut rien comprendre, maraud, aux sottises que tu débites?

SOSIE.
Eh bien! tu vas le voir.

AMPHITRYON.
Qui?

SOSIE.
Ce Sosie, ton esclave.

AMPHITRUO.

Sequere hac igitur me : nam mi istuc primum exquisito'st opus.
Sed vide ex navi ecferantur, quæ inperavi, jam omnia.

SOSIA.

Et memor sum, et diligens, ut, quæ inperes, conpareant.
Non ego cum vino simitu ebibi inperium tuum.

AMPHITRUO.

Utinam dî faxint, infecta dicta re eveniant tua!

ALCUMENA, AMPHITRUO, SOSIA, THESSALA*.

ALCUMENA.

Satin' parva res est voluptatum in vita,
Atque in ætate agunda,
Præ quam quod molestum'st? ita quoique conparatum
Est in ætate hominum,
Ita dis placitum, voluptatem ut mœror comes consequatur;
Quin, inconmodi plus malique inlico adsit, boni si obtigit quid.
Nam ego id nunc experior domo, atque ipsa de me scio, quoi voluptas
Parumper data'st, dum viri mei mihi potestas vidundi fuit
Noctem unam modo; atque is repente abiit a me hinc ante lucem.

---

* Actus II, Scena II.

AMPHITRYON.

Suis-moi, viens, je veux au plus vite pénétrer ce mystère. Aie soin de faire apporter à l'instant du vaisseau ce que j'ai commandé.

SOSIE.

Je ne manque ni de mémoire ni d'exactitude pour faire tout ce que tu commandes. Je n'ai pas mangé tes ordres avec mon souper.

AMPHITRYON.

Veuillent les dieux que les faits démentent tes paroles!

ALCMÈNE, AMPHITRYON, SOSIE, THESSALA*.

ALCMÈNE, ne voyant ni Amphitryon, ni Sosie.

Hélas! que dans la vie les plaisirs sont courts en comparaison des chagrins! Telle est la condition humaine; ainsi en ont ordonné les dieux : au bonheur succède la peine, elle vient avec lui, et le mal dépasse toujours le bien, si l'on a pu avoir quelque jouissance. J'en fais moi-même l'épreuve. Je fus heureuse quelques instans de revoir mon époux; une seule nuit, et soudain il me quitte sans attendre le jour. Il me semble que je suis dans un désert, depuis le départ de ce que j'ai de plus cher au monde. Son absence me cause plus de douleur, que sa présence ne me donnait de joie..... Du moins sa gloire me console; sa victoire sur les ennemis de l'état charme

* Acte II, Scène II.

Sola heic mihi nunc videor, quia ille hinc abest, quem
    ego amo præter omneis.
Plus ægri ex abitu viri, quam ex adventu voluptatis cepi.
Sed hoc me beat saltem, quod perduelleis vicit, et do-
    mum
Laudis conpos revenit : id solatio'st. Absit, dummodo
Laude parta domum recipiat se : feram et perferam
    usque
Abitum ejus animo forti atque obfirmato, id modo si
    mercedis
Datur mihi, ut meus victor vir belli clueat; satis
Mihi esse ducam. Virtus præmium'st optumum.
Virtus omnibus rebus anteit profecto.
Libertas, salus, vita, res, parenteis,
Patria et prognati tutantur, servantur;
Virtus omnia in se habet; omnia adsunt bona, quem
    penes est virtus.

AMPHITRUO.

Edepol, me uxori exoptatum credo adventurum domum,
Quæ me amat, quam contra amo; præsertim re gesta
    bene,
Victis hostibus, quos nemo posse superari ratu'st :
Eos auspicio meo atque ductu primo cœtu vicimus.
Certe enim me illi exspectatum optato venturum scio.

SOSIA.

Quid me non rere exspectatum amicæ venturum meæ?

ALCUMENA.

Meus vir hic quidem'st.

mon âme. Qu'il s'éloigne de moi, pourvu qu'il rentre avec honneur dans ses foyers. J'aurai le courage, j'aurai la force de supporter cette séparation. Non, je ne me plaindrai pas, si l'on proclame mon époux vainqueur de l'ennemi. Je serai satisfaite. La valeur est un don céleste. Oui la valeur est d'un prix à qui tout cède. Liberté, puissance, richesses, existence, famille, patrie, parens, tout est défendu, tout est conservé par la valeur. La valeur renferme en elle tout ce qu'on estime; c'est avoir tous les biens qu'avoir la valeur.

AMPHITRYON, sans apercevoir Alcmène.

Mon épouse m'aime comme je la chéris. Sans doute sa joie sera grande à me voir de retour, surtout après de tels succès, après cette victoire remportée sur des ennemis qu'on croyait invincibles. C'est sous mes auspices et sous mon commandement qu'ils ont été vaincus à la première rencontre. Mon arrivée, j'en suis sûr, comblera tous ses vœux.

SOSIE.

Et moi, penses-tu que je ne comblerai pas aussi les vœux de ma belle?

ALCMÈNE, apercevant Amphitryon.

C'est mon époux!

AMPHITRUO.
Sequere hac tu me.
ALCUMENA.
Nam quid ille revortitur,
Qui dudum properare sese aibat? an ille me tentat sciens?
Atque si id volt experiri, suum abitum ut desiderem,
Ecastor, med haud invita se domum recipit suam.
SOSIA.
Amphitruo, redire ad navem meliu'st nos.

AMPHITRUO.
Qua gratia?
SOSIA.
Quia domi daturus nemo'st prandium advenientibus.

AMPHITRUO.
Quî tibi istuc in mentem venit?
SOSIA.
Quia enim sero advenimus.
AMPHITRUO.
Quî?
SOSIA.
Quia Alcumenam ante aedeis stare saturam intellego.

AMPHITRUO.
Gravidam ego illanc heic reliqui, quom abeo.
SOSIA.
Hei perii miser!
AMPHITRUO.
Quid tibi'st?

AMPHITRYON, à Sosie, sans voir Alcmène.

Viens, suis-moi.

ALCMÈNE.

Pourquoi revient-il? Tout-à-l'heure il était si pressé de partir! Est-ce qu'il a dessein de me surprendre? Veut-il voir comme on le regrette ici? Assurément son retour ne me contrarie pas.

SOSIE, regardant Alcmène.

Amphitryon, si tu m'en crois, nous retournerons au vaisseau.

AMPHITRYON.

Pourquoi?

SOSIE.

Parce qu'il n'y a point de repas de bienvenue pour nous à la maison.

AMPHITRYON.

D'où te vient cette pensée?

SOSIE.

Nous arrivons trop tard.

AMPHITRYON.

Comment?

SOSIE, montrant Alcmène enceinte.

Ne vois-tu pas Alcmène à la porte? Il me paraît qu'elle n'est pas à jeun.

AMPHITRYON.

Je l'ai laissée enceinte en partant.

SOSIE.

Ah! pauvre Sosie! que vas-tu devenir?

AMPHITRYON.

Qu'est-ce que tu as?

SOSIA.

Ad aquam præbendam conmodum adveni domum,
Decumo post mense, ut rationem te dictare intellego.

AMPHITRUO.

Bono animo es.

SOSIA.

Scin' quam bono animo sim? si situlam cepero,
Nunquam, edepol, tu mihi divini quidquam creduis post hunc diem,
Ni ego illi puteo, si obcepso, animam omnem intertraxero.

AMPHITRUO.

Sequere hac me modo. Alium ego isti rei adlegabo, ne time.

ALCUMENA.

Magis nunc meum obficium facere, si huic eam advorsum, arbitror.

AMPHITRUO.

Amphitruo uxorem salutat lætus speratam suam,
Quam omnium Thebis vir unam esse optumam dijudicat,
Quamque adeo civeis Thebani vero rumificant probam.
Valuistin' usque? exspectatusne advenio?

SOSIA.

Haud vidi magis
Exspectatum! eum salutat magis haud quisquam, quam canem.

AMPHITRUO.

Et quom te gravidam, et quom pulchre plenam adspicio, gaudeo.

AMPHITRYON.

SOSIE.

Je vois, d'après ton compte, que j'arrive tout à point le dixième mois, pour tirer de l'eau.

AMPHITRYON.

Sois tranquille.

SOSIE.

Oui, sois tranquille! Je vais avoir le seau en main, et me mettre à l'œuvre. Par Pollux! il me faudra tirer l'âme du puits. Tu verras, si je mens.

AMPHITRYON.

Viens toujours. Je chargerai un autre de ce soin. Sois sans crainte.

ALCMÈNE, à part.

Le devoir n'exige pas que j'aille au devant de lui.

AMPHITRYON.

Amphitryon salue avec joie son épouse, sa bien-aimée, celle que son mari estime par-dessus toutes les femmes de Thèbes, et à qui l'opinion commune rend pleine justice. T'es-tu bien portée? Désirais-tu de me revoir?

SOSIE, à part.

Jamais on ne revint plus désiré. Personne ne le salue non plus que si c'était un chien.

AMPHITRYON.

Je me réjouis et de ta fécondité et de ton heureuse grossesse.

ALCUMENA.

Obsecro, ecastor, quid tu me derídiculi gratia
Sic salutas atque adpellas, quasi dudum non videris,
Quasique nunc primum recipias te domum huc ex hostibus,
Atque me nunc proinde adpellas, quasi multo post videris?

AMPHITRUO.

Imo equidem te, nisi nunc hodie, nusquam vidi gentium.

ALCUMENA.

Cur negas?

AMPHITRUO.

Quia vera didici dicere.

ALCUMENA.

Haud æquom facit,
Qui, quod didicit, id dediscit. An periclitamini,
Quid animi habeam? sed quid huc vos revortimini tam cito?
An te auspicium conmoratum'st? an tempestas continet,
Qui non abiisti ad legiones, ita uti dudum dixeras?

AMPHITRUO.

Dudum! quamdudum istuc factum'st?

ALCUMENA.

Tentas; jam dudum, modo?

AMPHITRUO.

Quî istuc potis est fieri, quæso, ut dicis, jam dudum, modo?

ALCUMENA.

Quid enim censes? te ut deludam contra, lusorem meum,

ALCMÈNE.

Par Castor! te moques-tu de m'aborder ainsi, et de me saluer comme si tu ne m'avais pas vue il n'y a qu'un moment? Il semblerait à tes discours que tu me rencontres pour la première fois depuis ton retour de la guerre, et qu'il y a long-temps que nous ne nous sommes vus.

AMPHITRYON.

Sans doute, je te vois aujourd'hui, en ce moment, pour la première fois.

ALCMÈNE.

Pourquoi dire cela?

AMPHITRYON.

Parce que je ne sais dire que la vérité.

ALCMÈNE.

On a tort d'oublier ce qu'on sait si bien. Viens-tu éprouver mes sentimens? Pourquoi ce brusque retour? Sont-ce les auspices qui t'ont arrêté? Le mauvais temps t'aura-t-il empêché d'aller rejoindre tes légions, comme tu le disais tantôt?

AMPHITRYON.

Tantôt! et quand cela, s'il te plaît?

ALCMÈNE.

Tu t'amuses! oui tantôt, tout-à-l'heure.

AMPHITRYON.

Comment expliquer ce langage: tantôt! tout-à-l'heure!

ALCMÈNE.

A ton avis, ne puis-je pas me railler de qui se raille

Qui nunc primum te advenisse dicas, modo qui hinc abieris?

AMPHITRUO.
Hæc quidem deliramenta loquitur.

SOSIA.
Paulisper mane,
Dum edormiscat unum somnum.

AMPHITRUO.
Quæne vigilans somniat.

ALCUMENA.
Equidem, ecastor, vigilo, et vigilans id, quod factum'st, fabulor.
Nam dudum ante lucem et istunc et te vidi.

AMPHITRUO.
Quo in loco?

ALCUMENA.
Heic, in ædibus, ubi tu habitas.

AMPHITRUO.
Nunquam factum'st.

SOSIA.
Non taces?
Quid si e portu navis huc nos dormienteis detulit?

AMPHITRUO.
Etiam tu quoque adsentaris huic?

SOSIA.
Quid vis fieri?
Non tu scis, Bacchæ bacchanti si velis advorsarier,
Ex insana insaniorem facies, feriet sæpius:
Si obsequare, una resolvas plaga.

de moi? Tu me soutiens bien qu'on te revoit en ce moment pour la première fois, quand tu viens de me quitter!

AMPHITRYON.

Elle déraisonne.

SOSIE.

Attends un peu qu'elle ait fini son somme.

AMPHITRYON.

Oh! elle rêve tout éveillée.

ALCMÈNE.

Non, assurément, je ne rêve pas; je suis bien éveillée; je dis l'exacte vérité : je t'ai vu tantôt avant le jour, et Sosie t'accompagnait.

AMPHITRYON.

Où?

ALCMÈNE.

Ici même, dans ta propre demeure.

AMPHITRYON.

Jamais.

SOSIE, ironiquement.

Prends-y garde. Si le vaisseau nous avait transportés ici tout endormis?

AMPHITRYON.

Oui, flatte sa manie.

SOSIE.

Que veux-tu? Si l'on contrarie une bacchante qui fait ses bacchanales, sa folie devient fureur; elle redouble les coups; si on lui cède, on en est quitte pour un seul.

AMPHITRUO.

At, pol, quin certa res
Hanc est objurgare, quæ me hodie advenientem domum
Noluerit salutare.

SOSIA.

Inritabis crabrones.

AMPHITRUO.

Tace.
Alcumena, unum rogare te volo.

ALCUMENA.

Quid vis rogare? roga.

AMPHITRUO.

Num tibi aut stultitia adcessit, aut superat superbia?

ALCUMENA.

Quî istuc in mentem tibi, mî vir, percontarier?

AMPHITRUO.

Quia salutare advenientem me solebas antidhac,
Adpellare itidem, ut pudicæ suos viros, quæ sunt, solent.
Eo more expertem te factam adveniens obfendi domi.

ALCUMENA.

Ecastor, equidem te certo heri advenientem inlico
Et salutavi, et valuissesne usque, exquisivi simul,
Mî vir, et manum prehendi et osculum tetuli tibi.

SOSIA.

Tun' heri hunc salutavisti?

ALCUMENA.

Et te quoque etiam, Sosia.

AMPHITRYON.

Non, non, par Pollux, je ne souffrirai pas si patiemment son mauvais accueil.

SOSIE.

N'irrite pas les frelons.

AMPHITRYON, à Sosie.

Silence..... *(Se tournant vers son épouse)* Alcmène, une seule question.

ALCMÈNE.

Toutes celles que tu voudras.

AMPHITRYON.

As-tu perdu la raison? ou veux-tu m'insulter?

ALCMÈNE.

Amphitryon, comment peux-tu me faire une pareille demande?

AMPHITRYON.

Parce que tu avais coutume autrefois de me bien recevoir à mon arrivée, et de me parler comme une épouse fidèle qui revoit son mari. Mais aujourd'hui je te trouve bien changée.

ALCMÈNE.

Je te proteste qu'hier, à ton arrivée, je te dis bonjour, je te demandai des nouvelles de ta santé, je te pris la main et je t'embrassai.

SOSIE.

Tu lui as dit bonjour hier?

ALCMÈNE.

Et à toi aussi, Sosie.

SOSIA.

Amphitruo, speravi ego istam tibi parituram filium;
Verum non est puero gravida.

AMPHITRUO.

    Quid igitur?

SOSIA.

        Insania.

ALCUMENA.

Equidem sana sum, et deos quæso, ut salva pariam filium.
Verum tu magnum malum habebis, si hic suum opfi-
  cium facit :
Ob istuc omen, ominator, capies quod te condecet.

SOSIA.

Enim vero prægnati oportet et malum malum dari,
Ut, quod obrodat, sit, animo si male esse obcœperit.

AMPHITRUO.

Tu me heri heic vidisti?

ALCUMENA.

   Ego, inquam, si vis decies dicere.

AMPHITRUO.

In somnis fortasse.

ALCUMENA.

   Imo vigilans vigilantem.

AMPHITRUO.

      Væ misero mihi!

SOSIA.

Quid tibi'st?

AMPHITRYON.

SOSIE.

J'espérais que ta femme te donnerait un fils; mais ce n'est pas d'un enfant qu'elle est grosse.

AMPHITRYON.

Hé bien quoi?

SOSIE.

C'est de folie.

ALCMÈNE.

Non, j'ai toute ma raison, et veuillent les dieux que j'accouche heureusement d'un fils; mais toi tu auras ce que tu mérites, si Amphitryon fait ce qu'il doit, et tu recueilleras le fruit de tes sinistres paroles, sinistre discoureur.

SOSIE, faisant le geste d'un homme qui frappe.

C'est aux femmes en couches qu'il faut donner des fruits un peu durs à ronger, pour les ranimer, si elles tombent en faiblesse.

AMPHITRYON.

Tu me vis hier ici?

ALCMÈNE.

Oui; faut-il le redire cent fois?

AMPHITRYON.

Probablement en songe?

ALCMÈNE.

Non, je ne dormais pas, non plus que toi.

AMPHITRYON.

Quel malheur!

SOSIE.

Qu'est-ce qui t'arrive?

AMPHITRUO.

Delirat uxor.

SOSIA.

Atra bili percita'st.
Nulla res tam deliranteis homines concinnat cito.

AMPHITRUO.

Ubi primum tibi sensisti, mulier, inpliciscier?

ALCUMENA.

Equidem, ecastor, sana et salva sum.

AMPHITRUO.

Cur igitur prædicas,
Te heri me vidisse, qui hac noctu in portum advecti
    sumus?
Ibi cœnavi, atque ibi quievi in navi noctem perpetem.
Neque meum pedem huc intuli etiam in ædeis, ut cum
    exercitu
Hinc profectus sum ad Teleboas hosteis, eosque ut vi-
    cimus.

ALCUMENA.

Imo mecum cœnavisti, et mecum cubuisti.

AMPHITRUO.

Quid id est?

ALCUMENA.

Vera dico.

AMPHITRUO.

Non quidem, hercle, de hac re; de aliis nescio.

AMPHITRYON.
Ma femme est en démence.

SOSIE.
Elle a des humeurs noires; il n'y a rien qui trouble autant l'esprit.

AMPHITRYON.
Alcmène, quand as-tu ressenti les premières atteintes de ce mal?

ALCMÈNE.
Vraiment, je ne me sens ni la tête ni le corps malades.

AMPHITRYON.
Pourquoi soutenir que tu me vis hier ici, quand nous sommes arrivés cette nuit dans le port? J'ai soupé à bord, j'y ai passé la nuit entière, et je n'ai pas encore mis les pieds chez moi, depuis que je partis avec l'armée pour combattre les Téléboens, et depuis que nous les avons vaincus.

ALCMÈNE.
Et moi je te dis que tu as soupé avec moi, sur le même lit.

AMPHITRYON.
Que dis-tu là?

ALCMÈNE.
La vérité.

AMPHITRYON.
Oh! pour cela, non, certainement. Quant au reste, je n'en sais rien.

ALCUMENA.
Primulo diluculo abivisti ad legiones.

AMPHITRUO.
Quomodo?

SOSIA.
Recte dicit; ut conmeminit, somnium narrat tibi.
Sed, mulier, postquam experrecta's, prodigiali Jovi
Aut mola salsa hodie, aut thure conprecatam oportuit.

ALCUMENA.
Væ capiti tuo!

SOSIA.
Tua istuc refert, si curaveris.

ALCUMENA.
Iterum jam hic in me inclementer dicit, atque id sine malo!

AMPHITRUO.
Tace tu. Tu dic : egone abs te abii hinc hodie cum diluculo?

ALCUMENA.
Quis igitur, nisi vos, narravit mi, illei ut fuerit prælium?

AMPHITRUO.
An et id tu scis?

ALCUMENA.
Quippe quæ ex te audivi : ut urbem maxumam
Expugnavisses; regemque Pterelam tute obcideris.

AMPHITRUO.
Egone istuc dixi?

ALCMÈNE.

Tu es allé à la pointe du jour rejoindre tes légions.

AMPHITRYON.

Comment ?

SOSIE.

Elle a raison. Elle te raconte son rêve, comme il est resté dans sa mémoire. *(A Alcmène)* Mais tu aurais dû, en t'éveillant, invoquer Jupiter qui détourne les prodiges, et lui offrir de l'encens ou l'orge avec le sel.

ALCMÈNE.

Misérable !

SOSIE.

C'est ton affaire, au surplus, de conjurer le mal.

ALCMÈNE.

Il m'outrage encore, et impunément !

AMPHITRYON, à Sosie.

Tais-toi. *(A Alcmène)* Et toi, réponds-moi : je t'ai quittée ce matin, à la pointe du jour ?

ALCMÈNE.

Qui donc, si ce n'est vous deux, m'a raconté les détails de l'expédition ?

AMPHITRYON.

Tu les connais aussi ?

ALCMÈNE.

Puisque je les tiens de toi-même : tu as pris une ville très-forte ; tu as tué de ta main Pterelas.

AMPHITRYON.

Moi, je t'ai dit tout cela ?

ALCUMENA.

Tute istic, etiam adstante hoc Sosia.

AMPHITRUO.

Audivistin'tu me narrare hoc hodie?

SOSIA.

Ubi ego audiverim?

AMPHITRUO.

Hanc roga.

SOSIA.

Me quidem præsente nunquam factum'st, quod sciam.

ALCUMENA.

Mirum, quin té advorsus dicat.

AMPHITRUO.

Sosia, age, me huc adspice.

SOSIA.

Specto.

AMPHITRUO.

Vera volo loqui te, nolo adsentari mihi.
Audivistin'tu hodie me illi dicere ea, quæ illa autumat?

SOSIA.

Quæso, edepol, num tu quoque etiam insanis, quom
    id me interrogas,
Qui ipsus equidem nunc primum istanc tecum conspi-
    cio simul?

AMPHITRUO.

Quin nunc, mulier, audin' illum?

ALCUMENA.

Ego vero; ac falsum dicere.

ALCMÈNE.

Toi-même; et Sosie était présent.

AMPHITRYON, à Sosie.

Est-ce que tu m'as entendu faire ce récit aujourd'hui?

SOSIE.

Et où veux-tu que je l'aie entendu?

AMPHITRYON.

Demande-lui.

SOSIE.

Il n'y a pas eu de conversation pareille en ma présence, du moins que je sache.

ALCMÈNE.

Il est bien étonnant qu'il ne te démente pas!

AMPHITRYON.

Sosie, or çà, regarde-moi.

SOSIE.

Je te regarde.

AMPHITRYON.

Je veux que tu dises la vérité, sans aucune complaisance pour moi. M'as-tu entendu raconter aujourd'hui ce que dit Alcmène?

SOSIE.

Par Pollux, as-tu aussi perdu l'esprit, de me faire une pareille question? puisque je ne la vois que dans ce moment-ci avec toi pour la première fois.

AMPHITRYON.

Tu l'entends, Alcmène.

ALCMÈNE.

Oui, j'entends un menteur.

AMPHITRUO.

Neque tu illi, neque mî viro ipsi credis?

ALCUMENA.

Eo fit, quia mihi
Plurimum credo, et scio istæc facta proinde ut proloquor.

AMPHITRUO.

Tun' me heri advenisse dicis?

ALCUMENA.

Tun' te abisse hodie hinc negas?

AMPHITRUO.

Nego enim vero; et me advenire nunc primum aio ad te domum.

ALCUMENA.

Obsecro, etiamne hoc negabis, te auream pateram mihi
Dedisse dono hodie, qua te illeic donatum esse dixeras?

AMPHITRUO.

Neque, edepol, dedi, neque dixi; verum ita animatus fui,
Itaque nunc sum, ut ea te patera donem. Sed qui istuc tibi
Dixit?

ALCUMENA.

Ego quidem ex te audivi, et ex tua adcepi manu
Pateram.

AMPHITRUO.

Mane, mane, obsecro te. Nimis demiror, Sosia,
Quî illæc illeic me donatum esse aurea patera sciat,

AMPHITRYON.

Tu n'en crois ni lui, ni même ton époux?

ALCMÈNE.

Non; car je m'en crois davantage moi-même, et je sais que les choses sont comme je le dis.

AMPHITRYON.

Tu affirmes que je vins hier?

ALCMÈNE.

Tu nies que tu m'as quitté ce matin?

AMPHITRYON.

Sans doute; et j'assure que je reviens à présent seulement, et que je ne t'avais pas encore vue.

ALCMÈNE.

Nieras-tu aussi, je te prie, que tu m'as fait présent d'une coupe d'or qu'on t'avait donnée à l'armée, comme récompense?

AMPHITRYON.

Je ne t'ai point fait ce présent, ni ne t'en ai parlé. J'en avais, il est vrai, l'intention, comme je l'ai encore. Mais qui te l'a dit?

ALCMÈNE.

Toi-même; et c'est de ta main que j'ai reçu la coupe.

AMPHITRYON.

Un moment, un moment, je te prie. Voilà qui me surprend, Sosie. Comment sait-elle qu'on m'a donné la

Nisi tu dudum hanc convenisti, et narravisti hæc omnia.

SOSIA.

Neque, edepol, ego dixi, neque istam vidi, nisi tecum
simul.

AMPHITRUO.

Quid hoc sit hominis?

ALCUMENA.

Vin' proferri pateram?

AMPHITRUO.

Proferri volo.

ALCUMENA.

Fiat. Tu, Thessala, intus pateram proferto foras,
Qua hodie meus vir donavit me.

AMPHITRUO.

Secede huc tu, Sosia.
Enim vero illud præter alia mira miror maxume,
Si hæc habet pateram illam.

SOSIA.

An etiam id credis, quæ in hac cistellula
Tuo signo obsignata fertur?

AMPHITRUO.

Salvom signum'st?

SOSIA.

Inspice.

AMPHITRUO.

Recte ita'st, ut obsignavi.

coupe d'or là bas, si tu ne l'as vue tantôt, et si tu ne lui as tout conté?

SOSIE.

Je jure que je n'ai rien dit, et que je ne l'ai pas vue sans toi.

AMPHITRYON.

Quel drôle est-ce là?

ALCMÈNE.

Veux-tu qu'on te montre la coupe?

AMPHITRYON.

Oui.

ALCMÈNE.

Eh bien, soit. Thessala, va chercher à la maison la coupe que mon mari m'a donnée aujourd'hui, et apporte-la.

AMPHITRYON.

Sosie, viens de ce côté; car si elle possède la coupe, c'est une merveille qui me surprend plus que toutes les autres.

SOSIE, montrant le coffret qu'il tient.

Est-ce que tu crois cela? Elle est dans ce coffret, scellée de ton cachet.

AMPHITRYON.

Le cachet n'est pas rompu?

SOSIE.

Vois.

AMPHITRYON.

Non, il est bien comme je l'ai mis.

SOSIA.

Quæso quin tu istanc jubes
Pro cerita circumferri?

AMPHITRUO.

Edepol, quin facto'st opus.
Nam hæc quidem, edepol, larvarum plena'st.

ALCUMENA.

Quid verbis opu'st?
Hem tibi pateram, eccam.

AMPHITRUO.

Cedo mi.

ALCUMENA.

Age, adspice huc, sis, nunc jam,
Tu, qui, quæ facta, infitiare; quem ego jam heic con-
    vincam palam.
Estne hæc patera, qua donatus illei?

AMPHITRUO.

Summe Jupiter,
Quid ego video! hæc ea'st profecto patera : perii, Sosia.

SOSIA.

Aut, pol, hæc præstigiatrix mulier multo maxuma'st,
Aut pateram heic inesse oportet.

AMPHITRUO.

Agedum, solve cistulam.

SOSIA.

Quid ego istam exsolvam? obsignata'st recte : res ges-
    ta'st bene;
Tu peperisti Amphitruonem; ego alium peperi Sosiam :
Nunc si pateram patera peperit, omneis congeminavi-
    mus.

AMPHITRYON.

SOSIE.

Tu devrais lui faire administrer les purifications des ensorcelés.

AMPHITRYON.

Elle en a besoin. Sa tête est remplie de visions.

ALCMÈNE, prenant la coupe que Thessala lui apporte.

Sans plus discourir, voici la coupe; tiens.

AMPHITRYON, prenant la coupe des mains d'Alcmène.

Voyons.

ALCMÈNE.

Regarde, et cesse de nier des faits certains. Tu seras convaincu par l'évidence. Est-ce là la coupe qu'on t'a donnée?

AMPHITRYON.

O grand Jupiter! Que vois-je? C'est bien elle. Sosie, je suis perdu.

SOSIE.

Ou c'est la plus fine sorcière, ou la coupe doit être ici *(montrant le coffret)*.

AMPHITRYON.

Vite, ouvre le coffret.

SOSIE.

A quoi bon l'ouvrir? Le sceau y est bien. Tout se passe dans l'ordre. Tu as fait un second Amphitryon, comme moi un second Sosie. Si la coupe a fait aussi une seconde coupe, nous sommes tous doublés.

AMPHITRUO.

Certum'st aperire, atque inspicere.

SOSIA.

Vide, sis, signi quid siet :
Ne posterius in me culpam conferas.

AMPHITRUO.

Aperi modo :
Nam hæc quidem nos deliranteis facere dictis postulat.

ALCUMENA.

Unde hæc igitur est, nisi abs te, quæ mihi dono data'st?

AMPHITRUO.

Opus mi est istuc exquisito.

SOSIA.

Jupiter, proh Jupiter!

AMPHITRUO.

Quid tibi'st?

SOSIA.

Heic patera nulla in cistula'st.

AMPHITRUO.

Quid ego audio?

SOSIA.

Id quod verum'st.

AMPHITRUO.

At cum cruciatu jam, ni adparet, tuo.

ALCUMENA.

Hæc quidem adparet.

AMPHITRUO.

Quis igitur tibi dedit?

AMPHITRYON.

Ouvre, je veux voir.

SOSIE.

Regarde bien en quel état est le cachet, pour que tu ne m'accuses pas ensuite.

AMPHITRYON.

Ouvre sans plus tarder; car elle prétend nous rendre fous avec ses discours.

ALCMÈNE.

D'où me peut venir cette coupe, si tu ne me l'as pas donnée?

AMPHITRYON.

C'est ce que j'ai besoin d'examiner.

SOSIE, ouvrant le coffret.

Jupiter! ô Jupiter!

AMPHITRYON.

Qu'est-ce?

SOSIE.

Il n'y a plus de coupe dans le coffret.

AMPHITRYON.

Qu'entends-je?

SOSIE.

La vérité.

AMPHITRYON.

Malheur à toi si elle ne se retrouve pas!

ALCMÈNE.

Mais elle n'est pas perdue.

AMPHITRYON, à Alcmène.

Qui te l'a donnée?

ALCUMENA.

Qui me rogat.

SOSIA.

Me captas, quia tute ab navi clanculum huc alia via
Præcucurristi, atque hinc pateram tute exemisti, atque
 eam
Huic dedisti, posthac rursus obsignasti clanculum.

AMPHITRUO.

Hei mihi! jam tu quoque hujus adjuvas insaniam?
Ain'heri nos advenisse huc?

ALCUMENA.

Aio, adveniensque inlico
Me salutavisti, et ego te, et osculum tetuli tibi.

SOSIA.

Jam illud non placet principium de osculo.

AMPHITRUO.

Perge exsequi.

ALCUMENA.

Lavisti.

AMPHITRUO.

Quid, postquam lavi?

ALCUMENA.

Adcubuisti.

SOSIA.

Euge! optume.
Nunc exquire.

AMPHITRUO.

Ne interpella. Perge porro dicere.

ALCUMENA.

Cœna adposita'st : cœnavisti mecum : ego adcubui simul.

ALCMÈNE.

Celui qui me le demande.

SOSIE, à Amphitryon.

Allons, tu veux m'attraper. Tu seras venu ici secrètement par un autre chemin, et tu m'auras devancé; puis tu auras retiré la coupe du coffret, et, après la lui avoir donnée, tu auras reposé le cachet sans qu'on te voie.

AMPHITRYON.

O misère! tu encourages sa folie. *(A Alcmène)* Et toi, tu soutiens que je vins hier ici?

ALCMÈNE.

Oui; et tu me saluas en arrivant; et j'en fis de même pour toi, et je t'embrassai.

SOSIE, à part.

Cet embrassement ne me plaît pas pour commencer.

AMPHITRYON.

Que se passa-t-il ensuite?

ALCMÈNE.

Tu allas au bain.

AMPHITRYON.

Et après le bain?

ALCMÈNE.

Tu te mis à table.

SOSIE.

Très-bien! A merveille! Poursuis l'interrogatoire.

AMPHITRYON.

Ne nous interromps pas. *(A Alcmène)* Continue.

ALCMÈNE.

On servit le souper. Nous soupâmes ensemble; j'étais placée à côté de toi.

AMPHITRUO.
In eodem lecto?

ALCUMENA.
In eodem.

SOSIA.
Hei! non placet convivium.

AMPHITRUO.
Sine modo argumenta dicat. Quid, postquam cœnavimus?

ALCUMENA.
Te dormitare aibas : mensa ablata'st, cubitum hinc abiimus.

AMPHITRUO.
Ubi tu cubuisti?

ALCUMENA.
In eodem lecto tecum una in cubiculo.

AMPHITRUO.
Perdidisti!

SOSIA.
Quid tibi'st?

AMPHITRUO.
Hæc me modo ad mortem dedit.

ALCUMENA.
Quid jam, amabo?

AMPHITRUO.
Ne me adpella.

SOSIA.
Quid tibi'st?

AMPHITRUO.
Perii miser!
Quia pudicitiæ hujus vitium me heic absente'st additum.

AMPHITRYON.

Sur le même lit?

ALCMÈNE.

Oui.

SOSIE.

Aie! Mauvaise familiarité!

AMPHITRYON.

Laisse-la s'expliquer. Et le souper fini?

ALCMÈNE.

Tu dis que tu avais sommeil; on enleva la table, et nous allâmes nous coucher.

AMPHITRYON.

Et toi, où as-tu couché?

ALCMÈNE.

Dans notre appartement, dans le même lit que toi.

AMPHITRYON.

Je suis assassiné!

SOSIE.

Quoi donc?

AMPHITRYON.

Elle m'a donné le coup de la mort.

ALCMÈNE.

Qu'est-ce donc, mon cher Amphitryon?

AMPHITRYON.

Ne me parle pas.

SOSIE.

Qu'as-tu?

AMPHITRYON.

Malheureux! je suis perdu. On a séduit, déshonoré ma femme en mon absence.

ALCUMENA.

Obsecro, ecastor, cur istuc, mî vir, ex ted audio?

AMPHITRUO.

Vir ego tuus sim? ne me adpella falso falso nomine.

SOSIA.

Hæret hæc res, siquidem hæc jam mulier facta'st ex viro.

ALCUMENA.

Quid ego feci, qua istæc propter dicta dicantur mihi?

AMPHITRUO.

Tute edictas facta tua, ex me quæris quid deliqueris?

ALCUMENA.

Quid ego tibi deliqui, si, quoi nubta sum, tecum fui?

AMPHITRUO.

Tun' mecum fueris? quid illac inpudente audacius?
Saltem tute, si pudoris egeas, sumas mutuum.

ALCUMENA.

Istuc facinus, quod tu insimulas, nostro generi non decet.
Tu si me inpudicitiæ captas, capere non potes.

AMPHITRUO.

Proh di inmortaleis! congnoscin'tu me saltem, Sosia?

SOSIA.

Propemodum.

AMPHITRUO.

Cœnavin'ego heri in navi in portu Persico?

AMPHITRYON.

ALCMÈNE.

Par Castor! mon mari peut-il m'injurier de la sorte?

AMPHITRYON.

Moi ton mari! Ah! ne mens plus en me nommant ainsi d'un faux nom.

SOSIE, à part.

Voilà bien une autre enclouure! Est-ce qu'il serait devenu la femme au lieu du mari?

ALCMÈNE.

Qu'ai-je fait pour m'attirer de pareils outrages?

AMPHITRYON.

Tu t'accuses toi-même, et tu demandes de quoi tu es coupable!

ALCMÈNE.

Quel crime est-ce à ta femme d'avoir passé la nuit avec toi?

AMPHITRYON.

Avec moi? Quelle effronterie! quelle audace! Si tu n'as pas de pudeur, tâche d'en emprunter.

ALCMÈNE.

La honte que tu me reproches est indigne de ma race. Moi infidèle! on peut me calomnier, on ne peut me convaincre.

AMPHITRYON.

O dieux immortels! et toi du moins, Sosie, me reconnais-tu?

SOSIE.

Je le crois.

AMPHITRYON.

N'ai-je pas soupé hier à bord dans le port Persique?

ALCUMENA.

Mihi quoque adsunt testeis, qui illud, quod ego dicam,
    adsentiant.

SOSIA.

Nescio quid istuc negoti dicam, nisi si quispiam est
Amphitruo alius, qui forte heic absente te tamen
Tuam rem curet, teque absente, heic munus fungatur
    tuum :
Namque de illo subditivo Sosia mirum nimi'st.
Certe de istoc Amphitruone jam alterum mirum'st magis.
Nescio qui præstigiator hanc frustratur mulierem.

ALCUMENA.

Per supremi regis regnum juro, et matrem familias
Junonem, quam me vereri et metuere'st par maxume,
Ut mi, extra unum te, mortalis nemo corpus corpore
Contigit, quo me inpudicam faceret.

AMPHITRUO.

                        Vera istæc velim.

ALCUMENA.

Vera dico, sed nequidquam, quoniam non vis credere.

AMPHITRUO.

Mulier es, audacter juras.

ALCUMENA.

                    Quæ non deliquit, decet
Audacem esse, confidenter pro se et proterve loqui.

AMPHITRUO.

Satis audacter.

ALCUMENA.

    Ut pudicam decet.

ALCMÈNE.

J'ai aussi des témoins pour prouver ce que je dis.

SOSIE.

Je n'y comprends rien, à moins qu'il n'y ait un autre Amphitryon qui fasse tes affaires ici en ton absence, et qui remplisse tes fonctions à ton défaut. Sosie l'intrus est fort étonnant; mais pour ton Amphitryon, c'est bien un autre prodige. Je ne sais quel enchanteur abuse ta femme.

ALCMÈNE.

J'en atteste le pouvoir suprême de Jupiter et la chaste Junon que je révère et que j'honore, autant que je le dois, le corps d'aucun mortel, excepté toi, n'a touché le mien, et ma pudeur n'a souffert aucune atteinte.

AMPHITRYON.

Puisses-tu dire la vérité!

ALCMÈNE.

Je la dis, mais en vain; tu ne veux pas me croire.

AMPHITRYON.

Tu es femme, les sermens ne t'effraient pas.

ALCMÈNE.

La hardiesse sied bien à qui n'a point failli. On peut alors se défendre sans timidité, sans faiblesse.

AMPHITRYON.

Tu es hardie, en effet.

ALCMÈNE.

Comme lorsqu'on est sans reproche.

AMPHITRUO.
Tu verbis probas.

ALCUMENA.
Non ego illam mi dotem duco esse, quæ dos dicitur;
Sed pudicitiam, et pudorem, et sedatum cupidinem,
Deum metum, parentum amorem, et congnatum concordiam :
Tibi morigera, atque ut munifica sim bonis, prosim probis.

SOSIA.
Næ ista, edepol, si hæc vera loquitur, examussim'st optuma.

AMPHITRUO.
Delenitus sum profecto ita, ut me qui sim nesciam.

SOSIA.
Amphitruo es profecto : cave, sis, ne tu te usu perduis :
Ita nunc homines inmutantur, postquam peregre advenimus.

AMPHITRUO.
Mulier, istam rem inquisitam certum'st non amittere.

ALCUMENA.
Edepol, me lubente facies.

AMPHITRUO.
Quid ais? responde mihi.
Quid si adduco tuum congnatum huc a navi Naucratem,
Qui mecum una vectu'st una navi, atque is si denegat
Facta, quæ tu facta dicis, quid tibi æquom'st fieri ?

AMPHITRYON.

Oui, si l'on en croit tes paroles.

ALCMÈNE.

Il est une dot que je me flatte d'avoir apportée, non pas celle qu'on entend ordinairement par ce mot, mais la chasteté, la modestie, la sage tempérance, la crainte des dieux, l'amour de mes parens, une humeur conciliante à l'égard de ma famille, la soumission à mon époux, une âme généreuse et bienveillante, selon les mérites de chacun.

SOSIE, à part.

Par ma foi, si elle ne ment pas, c'est une femme parfaite.

AMPHITRYON.

Quel prestige! c'est au point que je ne sais plus qui je suis.

SOSIE.

Tu es certainement Amphitryon. Prends-garde qu'on ne te dépossède de toi-même, car on change étrangement les hommes, depuis notre retour.

AMPHITRYON.

Alcmène, je n'en resterai pas là, il faut que tout s'éclaircisse.

ALCMÈNE.

C'est ce que je souhaite.

AMPHITRYON.

Ah! ça, réponds-moi. Si ton parent Naucrate que le même vaisseau a conduit ici avec moi vient dénier toutes tes assertions, que mérites-tu? Le divorce ne sera-t-il pas ta juste punition?

Numquid causam dicis, quin te hoc multem matrimo-
nio?

ALCUMENA.

Si deliqui, nulla causa'st.

AMPHITRUO.

Convenit. Tu, Sosia,
Duc hos intro : ego huc ab navi mecum adducam Naucratem.

SOSIA.

Nunc quidem præter nos nemo'st : dic mihi verum serio,
Ecquis alius Sosia intu'st, qui mei similis siet?

ALCUMENA.

Abin' hinc a me dignus domino servos?

SOSIA.

Abeo, si jubes.

ALCUMENA.

Nimis, ecastor, facinus mirum'st, quî illi conlubitum
siet
Meo viro, sic me insimulare falsum facinus tam malum.
Quidquid est, jam ex Naucrate congnato id congnoscam meo.

ALCMÈNE.

Si je suis coupable, rien de plus juste.

AMPHITRYON.

Voilà qui est convenu. Toi, Sosie, fais entrer ces captifs. Je vais au vaisseau et je ramènerai Naucrate.

(Il sort.)

SOSIE.

Maintenant nous sommes seuls. Dis-moi vrai, là, sérieusement, y a-t-il là-dedans un autre Sosie qui me ressemble?

ALCMÈNE.

Fuis de ma présence, digne serviteur de ton maître.

SOSIE.

Je m'enfuis, si tu l'ordonnes.

(Il sort.)

ALCMÈNE, seule.

Je ne peux comprendre, en vérité, par quel caprice il m'accuse faussement d'une action si honteuse. Quoi qu'il en soit, je serai instruite de tout par mon parent Naucrate.

(Elle sort.)

JUPITER[*].

Ego sum ille Amphitruo, quoju'st servos Sosia,
Idem Mercurius qui fit, quando conmodum'st,
In superiore qui habito coenaculo,
Qui interdum fio Jupiter, quando lubet.
Huc autem quom extemplo adventum adporto, inlico
Amphitruo fio, et vestitum inmuto meum.
Nunc huc honoris vostri venio gratia,
Ne hanc inchoatam transigam comoediam,
Simul Alcumenae, quam vir insontem probri
Amphitruo adcusat, veni, ut auxilium feram :
Nam mea sit culpa, quod egomet contraxerim,
Si id Alcumenae innocenti expetat.
Nunc Amphitruonem memet, ut obcoepi semel,
Esse adsimulabo, atque in horum familiam
Frustrationem hodie injiciam maxumam :
Post igitur demum faciam res fiat palam,
Atque Alcumenae in tempore auxilium feram,
Faciamque ut uno fetu, et quod gravida'st viro,
Et me quod gravida'st, pariat sine doloribus.
Mercurium jussi me continuo consequi,
Si quid vellem inperare. Nunc hanc adloquar.

---

[*] Actus III, Scena 1.

JUPITER*.

Vous voyez cet Amphitryon, qui a pour valet Sosie, le Sosie qui devient, quand il faut, Mercure. J'habite les hauts étages, et je suis Jupiter, lorsqu'il me plaît. Mais en descendant ici, tout à coup je deviens Amphitryon, et je change de costume. Si je parais maintenant, c'est à cause de vous, pour que la comédie commencée ne se termine pas brusquement. Alcmène aussi, que son mari accuse injustement d'adultère, réclame mon secours. C'est moi qui ai tout fait; puis-je souffrir qu'elle en soit l'innocente victime? Je vais encore une fois me donner pour Amphitryon, et je répandrai dans leur maison la confusion la plus grande. A la fin, je dévoilerai le mystère, et j'assisterai Alcmène à son terme, en sorte qu'elle mettra au jour et le fils qu'elle a de son mari, et celui qu'elle a de moi par un seul enfantement sans douleur. J'ai dit à Mercure de me suivre à l'instant même, au cas que j'eusse des ordres à lui donner. Alcmène vient, je vais lui parler.

---

* Acte III, Scène 1.

ALCUMENA, JUPITER*.

ALCUMENA.

Durare nequeo in ædibus : ita me probri,
Stupri, dedecoris a viro argutam meo!
Ea quæ sunt facta, infecta esse adclamitat.
Quæ neque sunt facta, neque ego in me admisi, arguit:
Atque id me susque deque esse habituram putat.
Non, edepol, faciam, neque me perpetiar probri
Falso insimulatam, quin ego illum aut deseram,
Aut satisfaciat mihi, atque adjuret insuper,
Nolle esse dicta, quæ in me insontem protulit.

JUPITER.

Faciundum'st mi illud, fieri quod illæc postulat,
Si me illam amantem ad sese studeam recipere:
Quando, ego quod feci, factum id Amphitruoni obfuit,
Atque illi dudum meus amor negotium
Insonti exhibuit; nunc autem insonti mihi
Illius ira in hanc et maledicta expetent.

ALCUMENA.

Et, eccum, video, qui me miseram arguit
Stupri, dedecoris.

JUPITER.

      Te volo, uxor, conloqui.
Quonam te avortisti?

ALCUMENA.

      Ita ingenium meum'st :
Inimicos semper osa' sum obtuerier.

---

* Actus III, Scena II.

JUPITER, ALCMÈNE*.

ALCMÈNE, se croyant seule.

Je ne puis rester dans cette maison. Quoi! me voir accusée d'infidélité, d'adultère, d'infamie par mon mari! Il nie ce qui est, il s'emporte, il m'impute des crimes imaginaires, et il pense que je serai insensible à cet affront. Non, assurément, je ne me laisserai pas calomnier, outrager de la sorte. Je vais le quitter, ou il me fera réparation, et il désavouera par serment les injures qu'il m'a si gratuitement prodiguées.

JUPITER, à part.

Il me faudra faire ce qu'elle exige, si je veux que ma tendresse ne soit pas mal accueillie. Ce pauvre Amphitryon, qui n'en peut mais, souffre à cause de moi, et mon amour vient de le jeter dans de grands ennuis; à mon tour, quoiqu'innocent de ses violences et de ses mauvais propos, j'en essuierai le reproche.

ALCMÈNE.

Le voici, je l'aperçois, celui qui me désespère par ses imputations d'adultère infâme.

JUPITER.

Alcmène, je veux te parler, pourquoi te détourner de moi?

ALCMÈNE.

Telle est mon humeur : il m'est insupportable de regarder en face mes ennemis.

---

* Acte III, Scène II.

JUPITER.

Heia autem inimicos!

ALCUMENA.

Sic est, vera prædico :
Nisi etiam hoc falso dici insimulaturus es.

JUPITER.

Nimis verecunda's.

ALCUMENA.

Potin' es ut abstineas manum?
Nam certo si sis sanus, aut sapias satis,
Quam tu inpudicam esse arbitrere et prædices,
Cum ea tu sermonem nec joco, nec serio
Tibi habeas, nisi sis stultior stultissumo.

JUPITER.

Si dixi, nihilo magis es, neque esse arbitror,
Et id huc revorti, uti me purgarem tibi.
Nam nunquam quidquam meo animo fuit ægrius,
Quam postquam audivi, te esse iratam mihi.
Cur dixisti? inquies : ego expediam tibi.
Non, edepol, quo te esse inpudicam crederem;
Verum periclitatus animum sum tuum,
Quid faceres, et quo pacto id ferre induceres.
Equidem joco illa dixeram dudum tibi,
Ridiculi causa : vel rogato hunc Sosiam.

ALCUMENA.

Quin huc adducis meum congnatum Naucratem,
Testem quem dudum te adducturum dixeras,
Te huc non venisse?

JUPITER.

Si quid dictum'st per jocum,

JUPITER.

Ah! tes ennemis?

ALCMÈNE.

Oui, mes ennemis. A moins que tu ne dises encore que je mens.

JUPITER, *faisant un geste pour attirer vers lui Alcmène, qui détourne la tête.*

Ne sois pas si timide.

ALCMÈNE.

Laisse-moi, ne me touche pas : pour peu que tu aies de sens et de raison, puisque je suis infidèle, comme tu le crois, comme tu le dis, tu ne dois avoir avec moi aucune conversation ou plaisante ou sérieuse. Tu serais le plus inconséquent des hommes.

JUPITER.

Quoi que j'aie pu dire, non tu n'es pas coupable, je ne le crois pas, et je viens tout exprès pour m'excuser; rien ne pouvait m'être plus pénible que de te savoir fâchée contre moi. Mais pourquoi tenir un pareil langage? diras-tu. Je vais te l'expliquer. Assurément je ne te croyais pas coupable; mais j'ai voulu éprouver tes sentimens et voir ce que tu ferais, comment tu prendrais la chose. Tout cela n'est qu'un badinage, une plaisanterie. Demande plutôt à Sosie qui est là *(montrant la maison)*.

ALCMÈNE.

Que n'amènes-tu mon parent Naucrate, pour attester que tu n'es point venu?

JUPITER.

Il ne faut pas faire d'un badinage une affaire sérieuse.

Non æquom'st id te serio prævortier.

ALCUMENA.

Ego illud scio quam doluerit cordi meo.

JUPITER.

Per dexteram tuam te, Alcumena, oro, obsecro,
Da mihi hanc veniam, ingnosce; irata ne sies.

ALCUMENA.

Ego istæc feci verba virtute inrita :
Nunc quando factis me inpudicis abstines,
Ab inpudicis dictis avorti volo.
Valeas, tibi habeas res tuas, reddas meas.
Juben' mi ire comites?

JUPITER.

    Sanan' es?

ALCUMENA.

                  Si non jubes,
Ibo ego, pudicitiam mi comitem duxero.

JUPITER.

Mane, arbitratu tuo jusjurandum dabo,
Me meam pudicam esse uxorem arbitrarier.
Id ego si fallo, tum te, summe Jupiter,
Quæso, Amphitruoni ut semper iratus sies.

ALCUMENA.

Ah! propitius sit potius.

JUPITER.

        Confido fore :
Nam jusjurandum verum te advorsum dedi.
Jam nunc irata non es?

ALCMÈNE.

Mais je sais combien il m'a causé de chagrin.

JUPITER.

Par cette main si chère, Alcmène, je t'en prie, je t'en conjure, grâce; pardonne-moi, ne sois plus fâchée.

ALCMÈNE.

Ma vertu réfutait tes injures. Maintenant, tu ne me reproches plus de me déshonorer par ma conduite; moi je ne veux plus m'exposer à entendre des discours qui me déshonorent. Adieu, reprends tes biens, rends-moi les miens, et donne-moi des femmes pour m'accompagner.

JUPITER, la prenant par la main.

Y penses-tu?

ALCMÈNE.

Tu ne le veux pas? je m'en irai accompagnée de ma vertu.

JUPITER.

Un moment; je vais, par tous les sermens que tu voudras, te jurer que je te tiens pour une chaste épouse. Et si je mens, que Jupiter tout-puissant accable Amphitryon de son courroux.

ALCMÈNE.

Ah! plutôt qu'il le protège!

JUPITER.

Tu dois l'espérer; car mon serment n'est pas trompeur! eh bien, tu ne m'en veux plus?

ALCUMENA.
Non sum.
JUPITER.
Bene facis.
Nam in hominum ætate multa eveniunt hujusmodi :
Capiunt voluptates, capiunt rursum miserias.
Iræ interveniunt; redeunt rursum in gratiam.
Verum iræ si quæ forte eveniunt hujusmodi
Inter eos, rursum si reventum in gratiam'st,
Bis tanto amici sunt inter se, quam prius.

ALCUMENA.
Primum cavisse oportuit ne diceres;
Verum eadem si isdem purgas, mihi patiunda sunt.

JUPITER.
Jube vero vasa pura adornari mihi,
Quæ apud legionem vota vovi, si domum
Redissem salvos, ea ego exsolvam omnia.

ALCUMENA.
Ego istuc curabo.

JUPITER.
Evocate huc Sosiam;
Gubernatorem, qui in mea navi fuit,
Blepharonem arcessat, qui nobiscum prandeat.
Is adeo inpransus ludificabitur, quom ego
Amphitruonem collo hinc obstricto traham.

ALCUMENA.
Mirum quid solus secum secreto ille agat!
Atque aperiuntur ædeis : exit Sosia.

ALCMÈNE.

Non.

JUPITER.

Quelle bonté! Ainsi va le cours de la vie humaine : les plaisirs et les chagrins se succèdent. On se brouille, puis on se réconcilie. Survient-il quelque fâcherie, comme celle d'aujourd'hui; après le raccommodement, on s'en aime une fois davantage.

ALCMÈNE.

Tu aurais mieux fait d'être plus réservé dans tes discours. Mais puisque tu les désavoues, je n'en ai pas de ressentiment.

JUPITER.

Fais préparer les vases purs. J'ai promis un sacrifice aux dieux, pendant l'expédition, si je revenais heureusement; je veux m'acquitter.

ALCMÈNE.

Je vais tout préparer.

JUPITER.

Qu'on fasse venir Sosie, et qu'il aille inviter Blépharon, le pilote de mon vaisseau, à dîner avec nous. *(A part)* Il dînera par cœur, et sera dans un risible embarras, quand il me verra prendre Amphitryon à la gorge, et le traîner hors d'ici.

ALCMÈNE.

Qu'a-t-il donc à parler seul? Quel secret? On ouvre; c'est Sosie.

SOSIA, JUPITER, ALCUMENA*.

SOSIA.

Amphitruo, adsum; si quid opus est, inpera, inperium exsequar.

JUPITER.

Optume advenis.

SOSIA.

Jam pax est inter vos duos?
Nam quia vos tranquillos video, gaudeo et volupe'st mihi.
Atque ita servom par videtur frugi sese instituere,
Proinde heri ut sint, ipse item sit, voltum e voltu conparet;
Tristis sit, si heri sint tristeis, hilarus sit, si gaudeant.
Sed age, responde : jam vos redistis in concordiam?

JUPITER.

Derides, qui scis jam dudum hæc me dixisse per jocum.

SOSIA.

An id joco dixisti? equidem serio ac vero ratus.

JUPITER.

Habui expurgationem; facta pax est.

SOSIA.

Optume'st.

JUPITER.

Ego rem divinam intus faciam, vota quæ sunt.

* Actus III, Scena III.

SOSIE, JUPITER, ALCMÈNE*.

SOSIE.

Amphitryon, me voici. Ordonne, je suis tout prêt à exécuter tes ordres.

JUPITER.

Tu viens très à propos.

SOSIE.

Vous avez fait la paix? votre air me l'annonce. J'en suis content, ravi. Un bon serviteur doit avoir pour principe de régler ses sentimens sur les dispositions de ses maîtres, et de composer son visage sur le leur : triste, s'ils sont tristes; gai, s'ils se réjouissent. Mais, dis-moi, vous êtes donc remis en bonne intelligence?

JUPITER.

Tu te moques; comme si tu ne savais pas que j'avais plaisanté.

SOSIE.

Tu plaisantais? J'ai cru que c'était sérieux et tout de bon.

JUPITER.

J'ai donné satisfaction. La paix est faite.

SOSIE.

C'est très-bien!

JUPITER.

Je vais rentrer pour faire le sacrifice que j'ai promis.

* Acte III, Scène III.

SOSIA.

Censeo.

JUPITER.

Tu gubernatorem a navi huc evoca verbis meis
Blepharonem, ut, re divina facta, mecum prandeat.

SOSIA.

Jam heic ero, quum illeic censebis esse me.

JUPITER.

Actutum huc redi.

ALCUMENA.

Numquid vis, quin abeam jam intro, ut adparentur
 quibus opu'st?

JUPITER.

I sane, et, quantum pote'st, parata fac sint omnia.

ALCUMENA.

Quin venis, quando vis, intro? faxo haud quidquam
 sit moræ.

JUPITER.

Recte loquere, et proinde diligentem ut uxorem decet.
Jam hi ambo et servos et hera frustra sunt duo,
Qui me Amphitruonem rentur esse; errant probe.
Nunc tu divine fac huc adsis, Sosia.
Audis quæ dico, tametsi præsens non ades.
Fac Amphitruonem advenientem ab ædibus
Ut abigas quovis pacto; fac conmentus sies.
Volo deludi illum, dum cum hac usuraria
Uxore nunc mihi morigero. Hæc curata sint
Fac, sis, proinde adeo, ut me velle intelligis,
Atque ut ministres mihi, quom mihi sacruficem.

SOSIE.

Tu as raison.

JUPITER.

Vas à mon vaisseau inviter de ma part Blépharon, je veux qu'il dîne avec nous après le sacrifice.

SOSIE.

Je serai revenu, que tu me croiras encore bien loin.

JUPITER.

Dépêche-toi. *(Sosie sort.)*

ALCMÈNE.

Tu n'as plus rien à me dire? Je vais faire apprêter tout ce qui est nécessaire.

JUPITER.

Va, et aie soin qu'on fasse diligence le plus possible.

ALCMÈNE.

Tu peux venir quand tu voudras, tout sera prêt.

JUPITER.

Très-bien; c'est parler en femme qui sait son devoir. *(Alcmène sort.)* La maîtresse et l'esclave sont tous deux abusés. Ils me prennent pour Amphitryon. L'erreur est bonne. Toi maintenant, divin Sosie, arrive. Tu m'entends, quoique tu ne sois pas présent en ce lieu. Amphitryon va venir; il faut l'éconduire de chez lui, n'importe comment. Invente un moyen. Je veux qu'il soit bafoué, tandis que je passerai le temps à mon gré avec mon épouse d'emprunt. Songe à remplir mes intentions, que tu devines; et viens me servir pendant le sacrifice que je m'offrirai à moi-même.

(Il sort.)

MERCURIUS*.

Concedite atque abscedite omneis, de via decedite,
Nec quisquam tam audax fuat homo, qui obviam obsistat mihi.
Nam mihi quidem, hercle, quî minus liceat Deo minitarier
Populo, ni decedat mihi, quam servolo in comœdiis?
Ille navem salvam nunciat, aut irati adventum senis :
Ego sum Jovi dicto audiens, ejus jussu nunc huc me adfero.
Quamobrem mi magis par est via decedere et concedere.
Pater vocat me, eum sequor, ejus dicto inperio sum audiens :
Ut filium bonum patri esse oportet, itidem ego sum patri.
Amanti subparasitor, hortor, adsto, admoneo, gaudeo.
Si quid patri volupe'st, voluptas ea mihi multo maxuma'st.
Amat; sapit, recte facit, animo quando obsequitur suo :
Quod omneis homines facere oportet, dum id modo fiat bono.
Nunc Amphitruonem volt deludi meus pater; faxo probe.
Jam hic deludetur, spectatores, vobis spectantibus.
Capiam coronam mi in caput; adsimulabo me esse ebrium;
Atque illuc sursum escendero : inde optume cispellam virum

* Actus III, Scena IV.

MERCURE*.

Gare! place! que tout le monde se range sur ma route. Qu'il ne se rencontre pas de mortel assez audacieux pour gêner mon passage. Eh! mais, par Hercule, un dieu ne peut-il pas commander d'un ton menaçant qu'on se range devant lui, aussi bien qu'un chétif esclave de comédie? Cet esclave annonce l'heureuse arrivée d'un vaisseau ou la venue d'un vieillard grondeur; et moi j'obéis à Jupiter; c'est par son ordre que je me transporte ici. Combien donc ai-je plus droit de faire ranger le peuple à mon passage! mon père m'appelle; je suis là, empressé d'obéir, comme un bon fils doit agir avec son père. Je le sers dans ses amours en parasite alerte, de bonne humeur et de bon conseil. Est-il heureux : je suis au comble du bonheur. Il aime; il a raison, c'est très-bien fait à lui de suivre son penchant. Tous les hommes doivent en faire de même, tant qu'ils ne vont pas toutefois à se compromettre. Maintenant il veut qu'on bafoue Amphitryon, je vais le satisfaire. Spectateurs, vous allez voir bafouer notre homme. Je me mets une couronne sur la tête, et je fais semblant d'être ivre. Mon poste est là sur la terrasse, d'où j'aurai belle à le repousser. Qu'il s'approche; je lui enverrai de là haut de quoi l'humecter sans qu'il ait bu. Et puis son esclave Sosie portera la peine de mes incartades. Ce sera sur le pauvre Sosie que tombera sa colère; tant pis. Je dois obéissance à mon père, ses fantaisies sont ma loi. Mais voici venir Amphi-

*Acte III, Scène IV.

De supero, quom huc adcesserit; faciam ut sit madidus
 sobrius.
Deinde illi actutum subferet suus servos pœnas Sosia :
Eum fecisse ille hodie arguet, quæ ego fecero heic :
 quid id mea?
Meo me æquom'st morigerum patri, ejus studio servire
 addecet.
Sed eccum Amphitruonem; advenit : jam ille heic de-
 ludetur probe,
Siquidem vos voltis auscultando operam dare.
Ibo intro, ornatum capiam, qui potis decet.
Dein sursum adscendam in tectum, ut illum hinc pro-
 hibeam.

AMPHITRUO*.

Naucratem quem convenire volui, in navi non erat :
Neque domi, neque in urbe invenio quemquam, qui
 illum viderit.
Nam omneis plateas perreptavi, gymnasia et myropolia;
Apud emporium, atque in macello; in palæstra atque
 in foro,
In medicinis, in tonstrinis, apud omneis ædeis sacras.
Sum defessus quæritando, nusquam invenio Naucratem.
Nunc domum ibo, atque ex uxore hanc rem pergam
 exquirere,

* Actus IV, Scena 1.

tryon, il sera bafoué de la bonne manière, si toutefois vous voulez nous prêter attention. J'entre et je prends le costume des buveurs ; puis monté là haut, sur la terrasse, je l'empêcherai bien d'approcher.

(Il sort.)

AMPHITRYON*.

J'espérais trouver Naucrate dans le vaisseau, il n'y est pas ; et personne ni chez lui, ni dans la ville, ne l'a vu. Je me suis traîné dans les places, les gymnases, les parfumeries et le rendez-vous des négocians, et le marché, et la grande place; puis dans les boutiques des médecins et des barbiers, et dans tous les temples ; je suis harassé à force de chercher, et sans pouvoir le trouver. Rentrons. J'interrogerai encore Alcmène. Je veux connaître enfin le séducteur qui l'a souillée d'un tel opprobre. Je mourrai plutôt aujourd'hui que de ne point pousser à bout

---

* Acte IV, Scène I.

Quis fuerit, quem propter corpus suum stupri conpleverit.
Nam me, quam illam quæstionem inquisitam hodie amittere,
Mortuum satiu'st. Sed ædeis obcluserunt : eugepæ!
Pariter hoc fit, atque ut alia facta sunt. Feriam foreis.
Aperite hoc : heus, ecquis heic est? ecquis hoc aperit ostium?

MERCURIUS, AMPHITRUO*.

MERCURIUS.
Quis ad foreis est?

AMPHITRUO.
Ego sum.

MERCURIUS.
Quid ego sum?

AMPHITRUO.
Ita loquor.

MERCURIUS.
Tibi Jupiter
Dique omneis irati certo sunt, qui sic frangas foreis.

AMPHITRUO.
Quo modo?

MERCURIUS.
Eo modo, ut profecto vivas ætatem miser.

*Actus IV, Scena II.

cette enquête. Mais ma porte m'est fermée. A merveille ! c'est pour répondre à tout le reste. Frappons. Ouvrez. Holà ! quelqu'un. M'ouvrira-t-on ?

MERCURE, AMPHITRYON*

MERCURE.

Qui est là ?

AMPHITRYON.

C'est moi.

MERCURE.

C'est moi ! qui ?

AMPHITRYON.

C'est moi, te dis-je.

MERCURE.

Il faut, certes, que tu sois haï de Jupiter et de tous les dieux, toi qui viens briser notre porte.

AMPHITRYON.

Comment ?

MERCURE.

Voici comme : ils t'apprêtent des misères à ne t'en relever jamais.

* Acte IV, Scène II.

AMPHITRUO.

Sosia!

MERCURIUS.

Ita sum Sosia, nisi me esse oblitum existumas.
Quid nunc vis?

AMPHITRUO.

Sceleste, at etiam quid velim, id tu me rogas?

MERCURIUS.

Ita rogo : pene ecfregisti, fatue, foribus cardines.
An foreis censebas nobis poplicitus præberier?
Quid me adspectas, stolide? quid nunc vis tibi? aut
quis tu es homo?

AMPHITRUO.

Verbero, etiam quis ego sim me rogitas, ulmorum
acheruns?
Quem, pol, ego hodie ob istæc dicta faciam ferventem
flagris.

MERCURIUS.

Prodigum te fuisse oportet olim in adulescentia.

AMPHITRUO.

Quîdum?

MERCURIUS.

Quia senecta ætate a me mendicas malum.

AMPHITRUO.

Cum cruciatu tuo istæc hodie, verna, verba funditas.

MERCURIUS.

Sacrufico ego tibi.

AMPHITRYON.

Sosie!

MERCURE.

Oui, je suis Sosie. Crains-tu pas que j'oublie mon nom? Que veux-tu?

AMPHITRYON.

Scélérat, tu me demandes ce que je veux?

MERCURE.

Oui, je te le demande. Maître fou, tu as failli briser les gonds de la porte. T'imagines-tu qu'on nous en fournisse aux frais de l'état? Qu'as-tu à me regarder, imbécille? Que veux-tu? Qui es-tu?

AMPHITRYON.

Pendard, tu me demandes qui je suis? fléau des étrivières! Par Pollux, les verges te brûleront le dos aujourd'hui pour toutes ces insolences.

MERCURE.

Il faut que tu aies été dissipateur dans ta jeunesse.

AMPHITRYON.

Pourquoi?

MERCURE.

Parce que, dans ton âge mûr, tu viens quêter... des horions.

AMPHITRYON.

Ton supplice paiera ces beaux discours, valet impertinent.

MERCURE.

Je t'offre un sacrifice.

AMPHITRUO.
Quî?

MERCURIUS.
Quia enim te macto infortunio.

(Supposita.)

AMPHITRUO.
« Tun' me mactes, carnufex? nisi formam dii hodie meam perduint,
« Faxo ut bubulis coriis onustus sis, Saturni hostia.
« Ita ego te certo cruce et cruciatu mactabo : exi foras,
« Mastigia.

MERCURIUS.
Larva umbratilis, tu me minis territas?
« Nisi hinc actutum fugias, si denuo pultaveris,
« Si minusculo digito increpuerint foreis, hac tegula
« Tuum deminuam caput, ut cum dentibus linguam exscrees.

AMPHITRUO.
« Tun', furcifer, meis me procul prohibessis ædibus?
« Tun' meas pulsare foreis? hasce inlico toto demoliar cardine.

MERCURIUS.
« Pergin'?

AMPHITRUO.
Pergo.

MERCURIUS.
Adcipe.

AMPHITRUO.
Scelesie, in herum? si te hodie adprehendero,

AMPHITRYON.

Comment?

MERCURE.

Un sacrifice, dont tu seras la victime.

(Ces vers passent pour supposés.)

AMPHITRYON.

Moi, ta victime, bourreau! Si les dieux ne dénaturent aujourd'hui ma personne, tu seras chargé de nerfs de bœuf, vraie oblation de Saturne, et je te ferai aussi un sacrifice de coups et de tortures. Sors, maraud!

MERCURE.

Vieux fantôme, tu voudrais m'effrayer par tes menaces! Si tu ne fuis sans plus tarder, si tu frappes encore, si tu fais craquer la porte du bout du doigt, cette tuile ira te casser la tête, et te fera cracher ta langue avec tes dents.

AMPHITRYON.

Coquin, tu m'interdiras l'entrée de ma maison? Tu m'empêcheras de frapper à ma porte? Je vais la jeter hors des gonds.

MERCURE.

Essaie.

AMPHITRYON.

A l'instant.

MERCURE, lui jetant une tuile.

Tiens.

AMPHITRYON.

Scélérat, à ton maître! Si tu tombes aujourd'hui entre

« Ad id redigam miseriarum, ut semper sis miser.

MERCURIUS.

« Bacchanal te exercuisse oportuit, senex.

AMPHITRUO.

Quîdum?

MERCURIUS.

« Quando tu me tuum servom censes.

AMPHITRUO.

Quid? censeo?

MERCURIUS.

« Malum tibi : præter Amphitruonem, herum gnovi neminem.

AMPHITRUO.

« Num formam perdidi? mirum, quin me gnorit Sosia.
« Scrutabor : eho dic mihi, quis videor? num satis
  Amphitruo?

MERCURIUS.

« Amphitruo? sanusne es? nonne tibi prædictum, senex,
« Bacchanal te exercuisse, quom, qui sis, alium rogites?
« Abscede, moneo : molestus ne sies, dum Amphitruo
« Cum uxore, modo ex hostibus adveniens, voluptatem
  capit.

AMPHITRUO.

« Qua uxore?

MERCURIUS.

Alcumena.

AMPHITRUO.

Quis homo?

mes mains, je t'arrangerai si bien que tu t'en ressentiras toute ta vie.

MERCURE.

Tu viens de faire tes bacchanales, bonhomme.

AMPHITRYON.

Comment?

MERCURE.

Oui, puisque tu me crois ton esclave.

AMPHITRYON.

Qu'est-ce à dire? je crois?

MERCURE.

Le ciel te confonde! Je ne connais pas d'autre maître qu'Amphitryon.

AMPHITRYON.

Est-ce que j'ai perdu ma figure? Quoi! Sosie ne me reconnaît pas! interrogeons-le. Dis-moi, pour qui me prends-tu? Ne suis-je pas Amphitryon?

MERCURE.

Amphitryon? tu es fou. Ne disais-je pas bien, que tu sortais des bacchanales, bonhomme, puisque tu me demandes qui tu es? Va-t-en, je te le conseille, ne nous ennuie pas, tandis qu'Amphitryon, pour se délasser des travaux guerriers, goûte les plus doux plaisirs avec son épouse.

AMPHITRYON.

Avec quelle épouse?

MERCURE.

Avec Alcmène.

AMPHITRYON.

Qui donc?

MERCURIUS.

Quotiens vis dictum? Amphitruo,
« Herus meus : molestus ne sies.

AMPHITRUO.

Quicum cubat?

MERCURIUS.

« Vide, ne infortunium quæras, qui me sic ludifices?

AMPHITRUO.

« Dic, quæso, mi Sosia.

MERCURIUS.

Blandire? cum Alcumena.

AMPHITRUO.

In eodemne
« Cubiculo?

MERCURIUS.

Imo, ut arbitror, corpore corpus incubat.

AMPHITRUO.

Væ misero mihi!

MERCURIUS.

« Lucri'st, quod miseriam deputat : nam uxorem usurariam
« Perinde est præbere, ac si agrum sterilem fodiendum
loces.

AMPHITRUO.

« Sosia.

MERCURIUS.

Quid, malum, Sosia?

AMPHITRUO.

Non me gnovisti, verbero?

AMPHITRYON.

MERCURE.

Combien de fois veux-tu que je le redise? Amphitryon, mon maître. Cesse de m'ennuyer.

AMPHITRYON.

Avec qui est-il couché?

MERCURE.

Tu veux qu'il t'arrive malheur de te jouer ainsi de moi.

AMPHITRYON.

Dis, mon cher Sosie.

MERCURE.

Ah! des douceurs! Eh bien! c'est avec Alcmène.

AMPHITRYON.

Dans la même chambre?

MERCURE.

Mieux que cela, je pense, dans le même lit.

AMPHITRYON.

Ah! malheureux!

MERCURE, à part.

Il s'afflige de son bonheur. Prêter sa femme à un autre, c'est comme si on lui donnait un mauvais terrain à cultiver.

AMPHITRYON.

Sosie!

MERCURE.

Malepeste! Eh bien, Sosie?

AMPHITRYON.

Est-ce que tu ne me reconnais pas, pendard?

MERCURIUS.

« Gnovi te hominem molestum, qui ne emas litigium.

AMPHITRUO.

Adhuc
« Amplius : nonne ego herus sum tuus Amphitruo?

MERCURIUS.

Tu Bacchus es,
« Haud Amphitruo : quotiens tibi dictum vis? num denuo?
« Meus Amphitruo uno cubiculo Alcumenam conplexu
　　tenet.
« Si pergas, eum heic sistam, neque sine tuo magno malo.

AMPHITRUO.

« Cupio adcersi : utinam ne pro benefactis hodie patriam,
« Ædeis, uxorem, familiam cum forma una perduam!

MERCURIUS.

« Adcersam equidem : sed de foribus tu interea, sis, vide.
« Si molestus sis, evades nunquam, quin te sacruficem.

AMPHITRUO, BLEPHARO, SOSIA*.

AMPHITRUO.

« Di vostram fidem! quæ intemperiæ nostram agunt
　　familiam! quæ mira

* Actus IV, Scena III.

MERCURE.

Si; je te reconnais pour un ennuyeux personnage. Ne te fais pas de méchantes affaires.

AMPHITRYON.

Encore une fois; ne suis-je pas Amphitryon, ton maître?

MERCURE.

Tu es Bacchus en délire, et non pas Amphitryon. Faudra-t-il te le répéter cent fois? Amphitryon est à présent dans les bras d'Alcmène. Si tu continues, je le ferai venir, et tu t'en repentiras.

AMPHITRYON.

Oui, qu'il vienne. *(A part)* Grands dieux! faut-il aujourd'hui que, pour prix de mes services, je perde patrie, maison, femme, esclaves, tout, jusqu'à ma figure?

MERCURE.

Je vais le chercher. En attendant, songe à ménager notre porte. Si tu nous importunes, tu ne m'échapperas pas, je t'immole.

(Il rentre dans l'intérieur de la maison.)

AMPHITRYON, BLÉPHARON, SOSIE*.

AMPHITRYON, d'abord seul.

Justes dieux! Quel délire trouble toute ma maison! Quels prodiges depuis mon retour! Ainsi se vérifierait ce

---

* Acte IV, Scène III.

« Video, postquam advenio peregre! nam verum'st,
  quod olim est auditum
« Fabularier, mutatos Atticos in Arcadia homines,
« Et sævas beluas mansitasse, nec unquam denuo parentibus
« Cognitos.

BLEPHARO.

Quid illuc Sosia? magna sunt, quæ mira prædicas.
« Ain' tu alterum te reperisse domi consimilem Sosiam?

SOSIA.

« Aio : sed heus tu, quom ego Sosiam, Amphitruonem
  Amphitruo, quid scis an
« Tu forte alium Blepharonem parias? o Di faciant,
  ut tu quoque
« Concisus pugnis, et inlisis dentibus, id inpransus creduas.
« Nam ego, ille alter Sosia, qui illcic sum, me malis mulcavit modis.

BLEPHARO.

« Mira profecto : sed gradus condecet grandire : nam
  ut video,
« Exspectat Amphitruo, et vacuus mihi venter crepitat.

AMPHITRUO.

                             Et quid aliena
« Fabulor? in nostro olim Thebano genere plusquam
  mira memorant;
« Martigenam ille adgressus beluam magnus Europæ
  quæstor, anguineo
« Repente hosteis peperit seminio : et, pugnata illac pugna,

que l'on raconte de ces Athéniens, qui demeurèrent transformés en bêtes féroces dans l'Arcadie, et qui devinrent méconnaissables pour toujours à leurs parens.

BLÉPHARON, ne voyant pas Amphitryon.

Que me dis-tu là, Sosie? voilà une merveille étrange. Tu as trouvé chez vous un autre Sosie tout-à-fait semblable à toi?

SOSIE.

Oui. Ah! ça, et toi? puisque j'ai mon Sosie, et Amphitryon son Amphitryon, que sais-tu si tu n'auras pas fait aussi un autre Blépharon? Il faudrait encore que tu eusses le corps meurtri, les dents cassées, avec le ventre vide, pour être mieux convaincu; car cet autre moi, qui suis là dedans, m'a battu d'une rude manière.

BLÉPHARON.

C'est étonnant! Mais allongeons le pas; car je vois Amphitryon qui attend, et mon estomac se plaint d'inanition.

AMPHITRYON, continuant à parler seul.

Mais pourquoi chercher ailleurs des exemples? Quels prodiges signalent l'origine des Thébains! Le héros qui cherchait Europe, vainqueur du serpent de Mars, fit naître soudain d'une semence monstrueuse une foule de guerriers qui se livrèrent combat; le frère égorgeait le frère dans cette mêlée sanglante. L'auteur de notre race,

« Frater trudebat fratrem hasta et galea : et nostræ auctorem gentis

« Cum Veneris filia angueis repsisse tellus Epirotica

« Vidit : de summo summus Jupiter sic statuit, sic fatum habet.

« Optumi omnes nostrateis, pro claris factis, diris aguntur malis.

« Fata istæc me premunt, pertolerarem vim tantam, cladeisque

« Exanclarem inpatibileis.

SOSIA.

Blepharo.

BLEPHARO.

Quid est?

SOSIA.

Nescio quid mali suspicor.

BLEPHARO.

« Quid?

SOSIA.

Vide, sis, herus salutator obpessulatas ante foreis graditur.

BLEPHARO.

« Nihil est, famem exspectat obambulans.

SOSIA.

Curiose quidem : foreis enim
« Clausit, ne prævorteretur foras.

BLEPHARO.

Obgannis.

SOSIA.

Nec gannio, nec latro.

uni à la fille de Vénus, ne traîna-t-il pas dans les plaines de l'Épire un corps de serpent? Telle est la volonté suprême du grand Jupiter! ainsi l'ordonne la fatalité! Tous les héros thébains sont récompensés de leurs brillans exploits par les maux les plus cruels. Cette destinée s'étend sur moi; mon courage devait passer aussi par des épreuves affreuses, intolérables.

SOSIE.

Blépharon.

BLÉPHARON.

Qu'est-ce?

SOSIE.

J'augure mal de ce que je vois.

BLÉPHARON.

Comment?

SOSIE.

Il se promène, comme un client, devant la porte fermée.

BLÉPHARON.

Ce n'est rien. Il fait de l'exercice en attendant que l'appétit vienne.

SOSIE.

Il s'y prend bien. Il a fermé la porte, de peur de le laisser échapper.

BLÉPHARON.

Qu'est-ce que tu chantes?

SOSIE.

Je ne chante, ni n'aboie. Crois-moi, écoutons; je ne

« Si me audias, observes. Nescio quid secum solus, puto,
« Rationes conligit : quid memoret, hinc excipiam, ne propera.

AMPHITRUO.

« Ut metuo, ne, victis hostibus, Di partam expungant gloriam.
« Totam miris modis nostram video turbatam familiam.
« Tum vero uxor vitio, stupro, dedecore me plena enicat.
« Sed de patera mirum'st : erat tamen signum obsignatum probe.
« Quid enim? pugnas pugnatas prolocuta, et Pterelam obpugnatum,
« Nostris obcisum manibus fortiter : atat! gnovi jam ludum :
« Id Sosiæ factum'st opera, qui me hodie quoque præsentem ausit
« Indigne prævortier.

SOSIA.

De me locutus, et quæ velim minus.
« Hominem ne congrediamur, quæso, priusquam stomachum detexerit.

BLEPHARO.

« Ut lubet.

AMPHITRUO.

Si illum datur hodie mastigiam adprehendere, ostendam quid sit
« Herum fallere, minis et dolis incessere.

SOSIA.

Audin'tu illum?

BLEPHARO.

Audio.

sais ce qu'il rumine à part lui. Attends un peu; je vais tâcher d'entendre ce qu'il dit.

AMPHITRYON, parlant toujours seul.

Je crains bien que les dieux ne veuillent abolir la gloire que mon triomphe m'avait acquise. Toute ma maison est étrangement bouleversée; ma femme, séduite, flétrie, déshonorée. Cela me tue. Et cette coupe! Je n'y conçois rien. Le cachet est demeuré intact. Et puis elle rapporte les détails du combat, la défaite de Ptérélas, qui a péri sous mes coups,..... Ah! j'y suis. C'est un jeu. Sosie a conduit la machine. N'a-t-il pas eu aussi l'insolence de m'arrêter à la porte?

SOSIE.

Il parle de moi, et pas très-avantageusement. Ne l'abordons pas, je te prie, avant de savoir ce que médite sa colère.

BLÉPHARON.

Comme tu voudras.

AMPHITRYON.

Si je peux le tenir, ce vaurien, je lui montrerai ce que c'est que de s'attaquer à son maître, de le tromper, de le menacer.

SOSIE.

L'entends-tu?

BLÉPHARON.

Oui.

SOSIA.

« Illæc machina meas onerat scapulas : conpellemus,
   sis, hominem.
« Scin' quid vulgo dici solet ?

BLEPHARO.

Quid dicturus sis, nescio :
« Quid tibi patiundum, fere hariolor.

SOSIA.

Vetu'st adagium : Fames et mora
« Bilem in nasum conciunt.

BLEPHARO.

Verum quidem. E loco conpellemus
« Alacre. Amphitruo!

AMPHITRUO.

Blepharonem audio : mirum quid ad me veniat.
« Obportune tamen se obfert, ut uxoris facta convincam
   turpia.
« Quid huc ad me, Blepharo?

BLEPHARO.

Oblitus tam cito, quam diluculo
« Misisti ad navim Sosiam, ut hodie tecum converem?

AMPHITRUO.

« Nusquam factum gentium : sed ubi illic scelestus ?

BLEPHARO.

Quis?

AMPHITRUO.

Sosia.

BLEPHARO.

« Eccum illum.

SOSIE.

Voilà une batterie dressée contre mes épaules. Allons le trouver. Tu sais ce qu'on a coutume de dire?

BLÉPHARON.

J'ignore ce que tu diras, mais je sais ce qui t'attend.

SOSIE.

Il y a un vieux proverbe qui dit que la faim et l'impatience échauffent la bile.

BLÉPHARON.

C'est vrai. Ne tardons plus à le saluer. Amphitryon!

AMPHITRYON.

J'entends Blépharon! (*A part*) Quel soin l'attire ici? Mais il se présente à propos pour m'aider à confondre ma criminelle épouse. (*A Blépharon*) Qu'est-ce qui t'amène, Blépharon?

BLÉPHARON.

As-tu donc si tôt oublié que tu as envoyé de grand matin Sosie au vaisseau pour m'engager à dîner?

AMPHITRYON.

Pas du tout. Mais où est-il, ce traître?

BLÉPHARON.

Qui?

AMPHITRYON.

Sosie.

BLÉPHARON.

Le voilà.

AMPHITRUO.

Ubi?

BLEPHARO.

Ante oculos : non vides?

AMPHITRUO.

Vix video præ ira, adeo me istic
« Hodie delirum fecit. Ne te sacruficem nunquam evades.
« Sine me, Blepharo.

BLEPHARO.

Ausculta, precor.

AMPHITRUO.

Dic, ausculto : tu vapula.

SOSIA.

« Qua de re? num satis tempori? non ocius quivi, si me
« Dædaleis tulissem remigiis.

BLEPHARO.

Abstine, quæso; non potuimus
« Nostros grandius grandire gradus.

AMPHITRUO.

Sive grallatorius, sive
« Testudineus fuerit, certum'st mihi hunc scelestum perdere :
« En tectum! en tegulas! en obductas foreis! en ludificatum herum!
« En verborum scelus!

BLEPHARO.

Quid mali fecit tibi?

AMPHITRYON.

Où?

BLÉPHARON.

Devant tes yeux. Tu ne le vois pas?

AMPHITRYON.

J'y vois à peine, tant je suis en colère, tant il m'a mis hors de moi. *(A Sosie)* Tu ne m'échapperas pas; je t'immole. Ne me retiens pas, Blépharon.

BLÉPHARON.

Écoute-moi, je t'en prie.

AMPHITRYON.

Parle, je t'écoute. *(A Sosie)* Et toi, cent coups de bâton.

SOSIE.

Pourquoi? Me suis-je fait attendre? Je n'ai pas pu aller plus vite, quand même j'aurais eu la voiture de Dédale.

BLÉPHARON.

Ne le frappe pas, je te supplie. Nous n'avons pas pu marcher à plus grands pas.

AMPHITRYON.

Qu'il ait marché à pas de géant ou de tortue, je veux absolument l'exterminer, le scélérat! *(Battant Sosie)* Voilà pour la terrasse! Voilà pour les tuiles! Voilà pour la porte fermée! Voilà pour t'être moqué de ton maître! Voilà pour tes insolentes paroles!

BLÉPHARON.

Quel mal t'a-t-il fait?

AMPHITRUO.

             Rogas? ex illo
« Tecto, exclusum foribus, me deturbavit ædibus.

SOSIA.

                Egone?

AMPHITRUO.

« Tu, quid minitabas te facturum, si istas pepulissem
  foreis?
« Negas, sceleste?

SOSIA.

  Quin negem? en testis ampliter, quicum venio:
« Missus sedulo, ut ad te vocatum ducerem.

AMPHITRUO.

            Quis te misit,
« Furcifer?

SOSIA.

  Qui me rogat.

AMPHITRUO.

    Quando gentium?

SOSIA.

           Dudum, modo,
« Ubi cum uxore domi redisti in gratiam.

AMPHITRUO.

           Bacchus te inritassit.

SOSIA.

« Nec Bacchum salutem hodie, nec Cererem. Tu purgari
  jusseras
« Vasa, ut rem divinam faceres : et hunc me adcersi-
  tum mittis,
« Ut tecum prandeat.

AMPHITRYON.

Ce qu'il m'a fait! Il était sur cette terrasse, et moi à la porte, et il m'a chassé de ma maison.

SOSIE.

Moi?

AMPHITRYON.

Toi. De quoi me menaçais-tu, si je frappais à cette porte? Le nieras-tu, scélérat?

SOSIE.

Assurément. Et Blépharon, que j'amène, pourra bien me servir de témoin. Tu m'as dépêché vers lui, pour l'inviter.

AMPHITRYON.

Qui t'a envoyé, coquin?

SOSIE.

Celui qui m'interroge.

AMPHITRYON.

Quand?

SOSIE.

Tantôt, tout-à-l'heure, après t'être réconcilié avec ta femme à la maison.

AMPHITRYON.

Que Bacchus te trouble le cerveau!

SOSIE.

Plaise aux dieux que je ne rencontre aujourd'hui ni Bacchus ni Cérès! Tu avais ordonné qu'on préparât les vases pour faire un sacrifice, et tu m'as envoyé chercher Blépharon pour qu'il dînât avec toi.

AMPHITRUO.

Blepharo, disperéam, si aut intus adhuc fui,
« Aut si hunc miserim : dic, ubi me liquisti?

SOSIA.

Domi cum Alcumena conjuge.
« Ego a te abiens portum vorsus volito, hunc tuis verbis voco.
« Venimus, nec te, nisi nunc, video postea.

AMPHITRUO.

Scelestum caput! cum uxore?
« Nunquam abis, quin vapules.

SOSIA.

Blepharo.

BLEPHARO.

Amphitruo, mitte hunc mea gratia,
« Et me audias.

AMPHITRUO.

En mitto; quid vis, loquere.

BLEPHARO.

Istic jam dudum mihi
« Maxuma memoravit mira : præstigiator forte, aut veneficus
« Hanc excantat tibi familiam : inquire aliunde, vide quid siet.
« Nec ante hunc excruciatum miserum facias, quam rem intellegas.

AMPHITRUO.

« Recte mones; eamus, te advorsum uxori etiam advocatum volo.

AMPHITRYON.

Blépharon, que je meure, si je suis entré encore chez moi, ou si je lui ai donné cette commission. *(A Sosie)* Dis; où m'as-tu laissé?

SOSIE.

Chez toi, avec Alcmène. En te quittant j'ai volé au port, et j'ai invité Blépharon de ta part. Nous voici; je ne t'avais pas vu depuis.

AMPHITRYON.

Maudit vaurien! J'étais avec ma femme! Je t'assommerai sur la place.

SOSIE.

Blépharon!

BLÉPHARON.

Amphitryon, laisse-le, pour l'amour de moi, et veuille m'écouter.

AMPHITRYON, lâchant Sosie.

Je le laisse, et je t'écoute.

BLÉPHARON.

Il me racontait tout-à-l'heure des choses surprenantes. Peut-être un magicien, un enchanteur a-t-il ensorcelé tout ton monde. Prends d'autres informations. Vois ce que c'est, et n'inflige pas de châtiment à ce pauvre malheureux avant d'être assuré du fait.

AMPHITRYON.

Tu as raison. Allons; tu me serviras de témoin contre mon épouse.

JUPITER, AMPHITRUO, SOSIA, BLEPHARO *.

JUPITER.

« Quis tam vasto impete has foreis toto convolsit cardine ?
« Quis ante ædeis tantas tamdiu turbas concitat ? quem conperero,
« Telebois sacruficabo manibus. Nihil est, ut dici solet,
« Quod hodie bene subcedat mihi : deserui Blepharonem, et Sosiam,
« Ut congnatum Naucratem convenirem : hunc non reperi, et illos perdidi.
« Sed eos video : ibo advorsum, ut si quid habent, scisciter.

SOSIA.

Blepharo, illic qui
« Ex ædibus, heru'st, hic vero veneficus.

BLEPHARO.

Proh Jupiter !
« Quid intueor ? hic non est, sed ille, Amphitruo : istic si fuat,
« Illum sane non esse oportuit, nisi quidem sit geminus.

JUPITER.

« Eccum cum Blepharone Sosiam : conpellabo hos prius. Sosia,
« Tandem ad nos ? esurio.

SOSIA.

Dixin' tibi hunc veneficum ?

---

* Actus IV, Scena IV.

JUPITER, AMPHITRYON, SOSIE, BLÉPHARON *.

JUPITER, feignant de ne pas voir les autres personnages.

Quel est le brutal dont la violence arrache ainsi ma porte des gonds, et qui fait tout ce vacarme devant ma demeure? Si je l'y prends, je le sacrifie aux mânes des Téléboens. Rien ne me réussit aujourd'hui. J'ai quitté Blépharon et Sosie pour chercher Naucrate, et sans trouver l'un je me suis privé des autres; mais je les aperçois. Allons leur demander ce qui les retient.

SOSIE.

Blépharon, voilà mon maître qui sort de chez nous. Celui-ci est un sorcier.

BLÉPHARON.

O Jupiter! Que vois-je? C'est là Amphitryon! Ce n'est donc pas celui-ci? Ce ne peut pas être lui *(montrant Amphitryon)* et lui *(montrant Jupiter)*, à moins qu'il ne soit double.

JUPITER.

Voici Blépharon avec Sosie; il faut leur parler. M'as-tu fait assez attendre, Sosie? j'ai faim.

SOSIE, montrant Amphitryon.

Ne te le disais-je pas, que celui-ci n'était qu'un fourbe

* Acte IV, Scène IV.

AMPHITRUO.

« Imo ego hunc, Thebani civeis, qui domi uxorem meam
« Inpudicitia inpetivit, per quem teneo thesaurum stupri.

SOSIA.

« Here, si tu nunc esuris, ego satur pugnis ad te volito.

AMPHITRUO.

« Pergin', mastigia?

SOSIA.

Abi ad Acheruntem, venefice.

AMPHITRUO.

Men' veneficum?
« Vapula.

JUPITER.

Quæ, hospes, intemperiæ, ut tu meum verberes?

AMPHITRUO.

Tuum?

JUPITER.

Meum.

AMPHITRUO.

« Mentiris.

JUPITER.

Sosia, i intro : dum hunc sacrufico, fac paretur prandium.

SOSIA.

« Ibo. Amphitruonem, arbitror, ita comiter Amphitruo
« Adcipiet, ut dudum memet ego ille alter Sosia Sosiam.

AMPHITRYON.

Non, Thébains, c'est lui *(montrant Jupiter)*; ce traître qui a séduit ma femme, et qui a fait de ma maison un trésor d'adultère.

SOSIE, à Jupiter.

Mon maître, si tu as faim, moi j'ai tout mon saoul de coups de poing.

AMPHITRYON.

Tu continues, pendard?

SOSIE.

Va-t'en aux enfers, vilain sorcier.

AMPHITRYON.

Moi, sorcier! Voilà pour toi *(il le frappe)*.

JUPITER.

Étranger, quel est cet emportement? frapper mon esclave!

AMPHITRYON.

Ton esclave?

JUPITER.

Oui.

AMPHITRYON.

Tu mens!

JUPITER.

Sosie, rentre; et tandis que j'immole cet impertinent, fais préparer le dîner.

SOSIE.

J'y vais. *(A part)* Amphitryon, je pense, traitera civilement Amphitryon, comme l'autre moi m'a traité ce

« Interea dum isti certant, in popinam devortundum'st
    mihi :
« Lanceis detergam omneis, omneisque trullas hauriam.

JUPITER.

                                                    Tun' me
« Mentiri ais?

AMPHITRUO.

Mentiris, inquam, meæ conruptor familiæ!

JUPITER.

« Ob istuc indignum dictum, te obstricto collo hac ad-
    ripiam.

AMPHITRUO.

« Væ misero mihi!

JUPITER.

At id præcavisse oportuit.

AMPHITRUO.

                        Blepharo, subpetias mihi.

BLEPHARO.

« Consimileis sunt adeo, ut utri adsim, nesciam : rixam
    tamen,
« Ut pote'st, dirimam. Amphitruo, noli Amphitruonem
    duello perdere ;
« Linque collum, precor.

JUPITER.

            Hunc tu Amphitruonem dictitas?

BLEPHARO.

« Quid ni? unus olim ; nunc vero partus est geminus.
« Dum tu vis esse, alter quoque esse forma non desinit.
« Interea, quæso, collum linque.

matin. Tandis qu'on se bat, courons au cabaret; je vais nettoyer tous les plats et vider tous les pots.

(Il sort.)

JUPITER.

Ah! je mens, à ce que tu dis?

AMPHITRYON.

Oui, tu mens, perturbateur de ma maison!

JUPITER.

Pour cet indigne propos, je vais te serrer à la gorge, et te forcer à me suivre.

AMPHITRYON.

Hélas! hélas!

JUPITER.

Il fallait être plus réservé.

AMPHITRYON.

Blépharon, à l'aide!

BLÉPHARON.

Ils se ressemblent tant, que je ne sais de quel côté me ranger. Cependant je tâcherai de les séparer. *(A Jupiter)* Amphitryon, n'étrangle pas Amphitryon. Ne vous battez pas. Lâche-le, je t'en prie.

JUPITER.

Tu l'appelles toujours Amphitryon!

BLÉPHARON.

Eh! oui. Il n'y en avait qu'un, maintenant il est doublé. Si tu prétends l'être, il n'en a pas moins la même figure. Lâche-lui le cou, je t'en conjure.

JUPITER.

Linquo : sed dic mihi, videturne tibi
« Istic Amphitruo?

BLEPHARO.

Uterque quidem.

AMPHITRUO.

Proh summe Jupiter! ubi hodie
« Mihi formam adimis! pergo quærere : tune Amphitruo?

JUPITER.

Tu negas?

AMPHITRUO.

« Pernego, quando Thebis, præter me, nemo'st alter
Amphitruo.

JUPITER.

« Imo, præter me, nemo; atque adeo tu, Blepharo,
judex sies.

BLEPHARO.

« Faciam id, si queo, signis palam : tu responde prius.

AMPHITRUO.

Lubens.

BLEPHARO.

« Antequam cum Taphiis a te pugna sit inita, quid
mandasti mihi?

AMPHITRUO.

« Parata navi, clavo hæreres sedulo.

JUPITER.

J'y consens. Mais dis-moi : tu crois que c'est là Amphitryon ?

BLÉPHARON.

Vous semblez l'être tous les deux.

AMPHITRYON.

O grand Jupiter! Comment m'as-tu dérobé aujourd'hui ma figure ? *(S'adressant au faux Amphitryon)* Je te le demande encore : oses-tu dire que tu es Amphitryon ?

JUPITER.

Oses-tu le nier ?

AMPHITRYON.

Si je le nie! Puisqu'il n'y a pas à Thèbes d'autre Amphitryon que moi.

JUPITER.

Ce n'est pas vrai; il n'y en a pas d'autre que moi. Et je veux que Blépharon soit notre juge.

BLÉPHARON.

Je vais tâcher de découvrir la vérité par quelque épreuve. *(A Amphitryon)* Réponds-moi le premier.

AMPHITRYON.

Soit.

BLÉPHARON.

Avant de livrer bataille aux Taphiens, que m'ordonnas-tu ?

AMPHITRYON.

De tenir le vaisseau tout prêt, et de ne pas quitter un moment le gouvernail.

JUPITER.

« Ut si nostri fugam facerent, illuc me tuto reciperem.

BLEPHARO.

« Item aliud?

AMPHITRUO.

Ut bene nummatum servaretur marsupium.

JUPITER.

« Quæ pecuniæ?

BLEPHARO.

Tace, sis, tu; meum'st quærere : scisti numerum?

JUPITER.

« Talenta quinquaginta Attica.

BLEPHARO.

Hic ex amussim rem enarrat; et tu,
« Quot Philippei?

AMPHITRUO.

Duo millia.

JUPITER.

Oboli vero bis totidem.

BLEPHARO.

Uterque
« Rem tenet probe, intus in crumena clausum alterum
    esse oportuit.

JUPITER.

« Attende, sis : hac dextera, ut gnosti, regem mactavi
    Pterelam;
« Spolia ademi; et pateram, qua ille potare solitu'st,
    in cistella

JUPITER.

Afin que si les nôtres étaient mis en fuite, j'y trouvasse un asile sûr.

BLÉPHARON.

Et puis?

AMPHITRYON.

Qu'on eût soin de garder ma bourse bien garnie.

JUPITER.

Combien contenait-elle d'argent?

BLÉPHARON.

Tais-toi. C'est à moi d'interroger. Combien y avait-il?

JUPITER.

Cinquante talens attiques.

BLÉPHARON.

C'est cela même. *(A Amphitryon)* Et toi, combien de philippes?

AMPHITRYON.

Deux mille.

JUPITER.

Avec deux fois autant d'oboles.

BLÉPHARON.

L'un et l'autre savent parfaitement le compte; il fallait qu'un des deux fût caché dans la bourse.

JUPITER.

Fais attention. Tu sais que ce bras a donné la mort à Ptérélas, et que j'ai enlevé au vaincu ses dépouilles; j'ai apporté ici dans un coffret la coupe qui lui servait à table, et je l'ai donnée à ma femme, qui a pris le bain

« Pertuli, dono uxori meæ dedi, quicum hodie domi lavi,
« Sacruficavi, cubui.

AMPHITRUO.

Hei mihi! quid audio? vix apud me sum :
« Vigilans quippe dormio, vigilans somnio, vivos et sanus intereo.
« Ego idem ille sum Amphitruo, Gorgophones nepos, imperator Thebanorum,
« Et Creontis unicus, Teleboarum perduellis, qui Acarnanes
« Et Taphios vi vici, et summa regem virtute bellica.
« Illisce præfeci Cephalum, magni Deionei filium.

JUPITER.

« Ego idem latrones hosteis bello et virtute contudi.
« Electryonem perdiderant, nostræ et germanos conjugis;
« Achaiam, Ætoliam, Phocidem, per freta Ionium et Ægeum et Creticum
« Vagati, vi vortebant piratica.

AMPHITRUO.

Di inmortales! mihimet
« Non credo, ita omnia, quæ facta illeic, ex amussim loquitur. Vide,
« Blepharo.

BLEPHARO.

Unum superest : id si fuat, Amphitruones fitote gemini.

avec moi, m'a assisté pendant le sacrifice, et m'a reçu ensuite dans son lit.

AMPHITRYON.

O ciel! Qu'entends-je? Je ne me connais plus. Je dors les yeux ouverts; je rêve tout éveillé; je meurs tout vivant. C'est moi cependant, moi-même qui suis Amphitryon, petit-fils de Gorgophone, général des Thébains, l'ami le plus cher de Créon, le vainqueur des Téléboens, dont la haute valeur a mis en déroute les Acarnaniens et les Taphiens avec leur roi, et qui leur ai imposé pour les gouverner Céphale, fils du grand Deionée.

JUPITER.

C'est moi qui ai réduit par la force des armes les ennemis, meurtriers d'Électryon et des frères de ma femme, et dont les brigandages et les pirateries dévastaient l'Achaïe, l'Étolie, la Phocide et la mer Égée, et les rivages de Crète et d'Ionie.

AMPHITRYON.

Dieux immortels! je m'en crois à peine. Avec quelle exactitude il rapporte toutes les circonstances! Examine, Blépharon.

BLÉPHARON.

Il n'y a plus qu'un seul signe à vérifier : si vous l'avez tous deux, vous serez deux Amphitryons.

JUPITER.

« Quid dicas, gnovi : cicatricem in dextro musculo ex
   illoc volnere
« Quod mihi inpegit Pterela.

BLEPHARO.

Eam quidem.

AMPHITRUO.

Adposite.

JUPITER.

Viden'? en adspice.

BLEPHARO.

« Detegite, adspiciam.

JUPITER.

Deteximus, vide.

BLEPHARO.

Supreme Jupiter,
« Quid intueor! utrique in musculo dextero, eodem in
   loco,
« Signo eodem adparet probe, ut primum coivit, cica-
   trix rufula,
« Sublurida. Rationes jacent, judicium silet, quid agam
   nescio.

JUPITER.

Je sais ce que tu veux dire, la cicatrice de la blessure que me fit Ptérélas au bras droit.

BLÉPHARON.

C'est cela même.

AMPHITRYON.

Très-bien.

JUPITER.

Tiens, regarde.

BLÉPHARON.

Découvrez vos bras, que je voie.

JUPITER.

Ils sont découverts, regarde.

BLÉPHARON.

O Jupiter souverain! Que vois-je? Tous deux, au bras droit, à la même place, le même signe!... Voilà bien la cicatrice qui vient de se fermer, encore un peu rouge et jaunâtre. Tous mes raisonnemens sont déroutés, mon jugement confondu. Je ne sais que dire.

BLEPHARO, AMPHITRUO, JUPITER.*

BLEPHARO.

Vos inter vos [istæc] partite: ego abeo, mi negotium'st.
Neque ego unquam tanta mira me vidisse censeo.

AMPHITRUO.

Blepharo, quæso, ut advocatus mihi adsis, neve abeas.

BLEPHARO.

              Vale.
Quid opu'st me advocato, qui, utri sim advocatus, nescio?

JUPITER.

Intro ego hinc eo; Alcumena parturit.

AMPHITRUO.

             Perii miser!
Quid ego? quem advocati jam atque amici deserunt.
Nunquam, edepol, me inultus istic ludificabit, quisquis est.
Nam jam ad regem recta me ducam, resque ut facta'st, eloquar.
Ego, pol, illum ulciscar hodie Thessalum veneficum,

---

* Actus IV, Scena v.

(Le texte reconnu authentique reprend ici.)

BLÉPHARON, AMPHITRYON, JUPITER*.

BLÉPHARON.

Arrangez-vous ensemble; moi je me retire; j'ai affaire; jamais je ne vis un prodige pareil.

AMPHITRYON.

Blépharon, je t'en prie, sois mon défenseur, ne m'abandonne pas.

BLÉPHARON.

Adieu. Ton défenseur? à quoi bon? je ne sais de quel côté me ranger.

(Il sort.)

JUPITER, à part.

Je rentre. Alcmène est en mal d'enfant.

(Il sort.)

AMPHITRYON.

Malheureux! je suis perdu! Que faire, quand mes défenseurs et mes amis me désertent? Non, par Pollux, il ne se jouera pas de moi impunément, quel qu'il soit. Je cours tout droit à Créon. Je lui dirai ce qui s'est passé. Je tirerai vengeance de cet enchanteur thessalien, qui a mis sens dessus dessous l'esprit de tous mes gens. Mais où est-il? Il est retourné, je pense, là dedans, au-

---

* Acte IV, Scène v.

Qui pervorse perturbavit familiæ mentem meæ.
Sed ubi ille'st? intro, edepol, abiit, credo, ad uxorem meam.
Qui me Thebis alter vivit miserior? quid nunc agam?
Quem omneis mortaleis ingnorant, et ludificant, ut lubet.
Certum'st, introrumpam in ædibus; ubi quemque hominem adspexero,
Sive ancillam, sive servom, si uxorem, si adulterum,
Si patrem, si avom videbo, obtruncabo in ædibus.
Neque me Jupiter, neque di omneis id prohibebunt, si volent,
Quin sic faciam uti constitui. Pergam in ædibus nunc jam.

BROMIA, AMPHITRUO*.

BROMIA.

Spes atque opes vitæ meæ jacent sepultæ in pectore,
Neque ulla'st confidentia jam in corde, quin amiserim;
Ita mihi videntur omnia, mare, terra, cœlum, consequi,
Jam ut obprimar, ut enicer : me miseram! quid agam nescio.
Ita tanta mira in ædibus sunt facta : væ miseræ mihi!
Animo male'st : aquam velim! conrupta sum, atque absumta sum.

*Actus V, Scena 1.

près de ma femme. Y a-t-il à Thèbes un mortel plus à plaindre que moi? Que devenir? Personne ne me reconnaît; tout le monde se moque de moi et s'en fait un plaisir. Ne délibérons plus. Je forcerai l'entrée de ma maison, et le premier que j'aperçois, valet, servante, femme, séducteur, père, aïeul, n'importe, je le tue sur la place. Jupiter et tous les dieux tâcheraient en vain de me retenir. La résolution en est prise, il faut agir. Courons.

(On entend gronder la foudre, Amphitryon tombe évanoui.)

BROMIA, AMPHITRYON*.

BROMIA.

O désolation! Ma force est éteinte! Je suis morte! Je ne sais plus à quel dieu me vouer : la mer, la terre, le ciel, semblent s'ébranler et fondre sur moi pour m'écraser. Pauvre Bromia! Où te cacher? Quels prodiges arrivés dans notre maison! C'est fait de moi! Le cœur me manque. Si l'on me donnait un peu d'eau fraîche. Je suis toute bouleversée, anéantie. La tête me fait mal; mes oreilles n'entendent plus, mes yeux ne voient plus.

*Acte V, Scène 1.

Caput dolet, neque audio, neque oculis prospicio satis.
Nec me miserior femina'st, neque ulla videatur magis.
Ita herae meae hodie contigit : nam ubi parturit, deos sibi invocat.
Strepitus, crepitus, sonitus, tonitrus :
Ut subito, ut propere, ut valide tonuit!
Ubi quisque institerat, concidit crepitu. Ibi nescio quis maxuma
Voce exclamat : Alcumena, adest auxilium, ne time :
Et tibi, et tuis propitius coeli cultor advenit.
Exsurgite, inquit, qui terrore meo obcidistis prae metu.
Ut jacui, exsurgo. Ardere censui aedeis, ita tum confulgebant.
Ibi me inclamat Alcumena; jam ea res me horrore adficit.
Herilis praevortit metus; ocius adcurro, ut sciam quid velit :
Atque illam geminos filios pueros peperisse conspicor;
Neque nostrum quisquam sensimus, quom peperit, neque praevidimus.
Sed quid hoc? quis is est senex,
Qui ante aedeis nostras sic jacet? numnam hunc percussit Jupiter?
Credo, edepol : nam, proh Jupiter! sepultu'st, quasi sit mortuus.
Ibo et congnoscam, quisquis est. Amphitruo hic quidem'st herus meus.
Amphitruo!

AMPHITRUO.

Perii!

Dans quel état je suis! Y a-t-il un trouble égal au mien? Qu'ai-je vu? Ma chère maîtresse! Quand elle a senti son travail commencer, elle implora les dieux. Quel bruit soudain! Quel fracas! Quels éclats redoublés! Quels tonnerres! A ces coups effroyables chacun tombe immobile. Alors on entend une voix imposante : « Alcmène, il t'arrive un protecteur; sois sans crainte. C'est un habitant des cieux, propice à toi et à ta famille; et vous, que la terreur a jetés par terre, levez-vous. » Je me relève en place; la maison me parut tout en feu, tant elle brillait de lumière. En ce moment, Alcmène m'appelle. Sa voix me fait frissonner. La crainte de ma maîtresse l'emporte. J'accours pour savoir ce qu'elle veut, et je vois qu'elle a mis au monde deux jumeaux, sans que pas un de nous se fût aperçu de l'enfantement, ou même s'en fût douté. (*Apercevant Amphitryon*) Mais qu'est-ce que ceci? Quel est ce vieillard étendu par terre devant notre maison? Jupiter l'a-t-il frappé? En vérité, je le crois. Il est gisant comme s'il était mort. Voyons qui ce peut être. Ciel! c'est Amphitryon, mon maître. Amphitryon!

AMPHITRYON.

Je n'existe plus!

AMPHITRUO.

BROMIA.
Surge.

AMPHITRUO.
Interii!

BROMIA.
Cedo manum.

AMPHITRUO.
Quis me tenet?

BROMIA.
Tua Bromia ancilla.

AMPHITRUO.
Totus timeo, ita me increpuit Jupiter.
Nec secus est, quam si ab Acherunte veniam. Sed quid tu foras
Egressa's?

BROMIA.
Eadem nos formido timidas terrore inpulit:
In aedibus, ubi tu habitas, nimia mira vidi. Væ mihi,
Amphitruo; ita mihi animus etiam nunc abest.

AMPHITRUO.
Agedum, expedi:
Scin' me tuum esse herum Amphitruonem?

BROMIA.
Scio.

AMPHITRUO.
Viden' etiam nunc?

BROMIA.
Scio.

AMPHITRYON.

BROMIA.

Lève-toi.

AMPHITRYON.

Je suis trépassé !

BROMIA.

Donne-moi la main.

AMPHITRYON.

Qui est-ce qui me prend ?

BROMIA.

Bromia, ton esclave.

AMPHITRYON.

Je tremble de tout mon corps. Jupiter m'a foudroyé. Il me semble que je reviens des bords de l'Achéron. Mais pourquoi es-tu sortie ?

BROMIA.

La même épouvante nous a consternées ! Nous venons de voir de grands prodiges s'opérer chez toi. O dieux, je n'ai pas encore repris l'usage de mes sens.

AMPHITRYON.

D'abord tire-moi d'un doute. Reconnais-tu bien ton maître, Amphitryon ?

BROMIA.

Oui.

AMPHITRYON.

Regarde encore.

BROMIA.

Oui, c'est toi.

AMPHITRUO.

Hæc sola sanam mentem gestat meorum familiarium.

BROMIA.

Imo omneis sani sunt profecto.

AMPHITRUO.

At me uxor insanum facit
Suis fœdis factis.

BROMIA.

At ego faciam, tu idem ut aliter prædices,
Amphitruo, piam et pudicam esse tuam uxorem ut scias.
De ea re signa atque argumenta paucis verbis eloquar.
Omnium primum Alcumena geminos peperit filios.

AMPHITRUO.

Ain' tu geminos?

BROMIA.

Geminos.

AMPHITRUO.

Di me servant.

BROMIA.

Sine me dicere,
Ut scias tibi tuæque uxori deos esse omneis propitios.

AMPHITRUO.

Loquere.

BROMIA.

Postquam parturire hodie uxor obcœpit tua,
Ubi utero exorti dolores, ut solent puerperæ,
Invocat deos inmortaleis, ut sibi auxilium ferant,
Manibus puris, capite operto. Ibi continuo contonat
Sonitu maxumo; ædeis primo ruere rebamur tuas.

AMPHITRYON.

Cette fille est la seule de tous mes gens qui n'ait pas perdu l'esprit.

BROMIA.

Aucun ne l'a perdu, je t'assure.

AMPHITRYON.

Mais moi, j'ai la tête tournée de la conduite infâme d'Alcmène.

BROMIA.

Si tu veux m'entendre, Amphitryon, tu changeras de langage, et tu verras par des preuves évidentes qu'elle est honnête et vertueuse. D'abord il faut que tu saches qu'elle vient d'accoucher de deux fils.

AMPHITRYON.

Vraiment! deux fils?

BROMIA.

Oui.

AMPHITRYON.

Les dieux me sont en aide.

BROMIA.

Laisse-moi parler, je t'apprendrai à quel point les dieux te favorisent ainsi que ton épouse.

AMPHITRYON.

Je t'écoute.

BROMIA.

Lorsque le travail de l'enfantement commença, et qu'elle sentit les douleurs que les femmes éprouvent en pareil cas, elle invoqua le secours des dieux immortels, non sans avoir les mains purifiées et la tête voilée. Aussitôt il s'est fait un grand bruit de tonnerre. Il nous

Ædeis totæ confulgebant tuæ, quasi essent aureæ.

AMPHITRUO.

Quæso, absolvito hinc me extemplo, quando satis de-
 luseris.
Quid fit deinde?

BROMIA.

Dum hæc aguntur, interea uxorem tuam
Neque gementem, neque plorantem nostrum quisquam
 audivimus :
Ita profecto sine dolore peperit.

AMPHITRUO.

Jam istuc gaudeo,
Utut erga me merita'st.

BROMIA.

Mitte istæc, atque hæc, quæ dicam, adcipe.
Postquam peperit, pueros lavere jussit nos : obcœpimus.
Sed puer ille, quem ego lavi, ut magnu'st, et multum
 valet!
Neque eum quisquam conligare quivit incunabulis.

AMPHITRUO.

Nimia mira memoras : si istæc vera sunt, divinitus
Non metuo quin meæ uxori latæ subpetiæ sient.

BROMIA.

Magi' jam, faxo, mira dices : postquam in cunas con-
 ditu'st,
Devolant angueis jubati deorsum in inpluvium duo
Maxumi; continuo extollunt ambo capita.

semblait que la maison allait s'écrouler, et elle devint si resplendissante, qu'on eût dit qu'elle était d'or.

AMPHITRYON.

Quel ennui! Au fait, promptement. C'est assez t'amuser à mes dépens. Qu'arriva-t-il alors?

BROMIA.

Pendant tout ce tumulte, sans faire entendre aucun gémissement, aucun cri, ton épouse est accouchée; elle n'avait point eu de douleurs.

AMPHITRYON.

J'en suis bien aise, quelle qu'ait été sa conduite envers moi.

BROMIA.

Cesse tes plaintes, et écoute la fin de mon récit. Elle nous ordonne de laver les deux nouveau-nés. Nous nous empressons d'obéir. Dieux! que celui que j'ai lavé est grand et robuste! Jamais il n'a été possible de l'envelopper dans les langes.

AMPHITRYON.

Que tout cela me surprend! Si tu dis vrai, je ne doute pas que les dieux ne soient venus au secours de ma femme.

BROMIA.

Tu vas être bien plus émerveillé. Lorsque nous eûmes placé cet enfant dans son berceau, voici que du haut de l'air volent dans la cour deux serpens énormes dressant leur tête menaçante.

AMPHITRUO.

Hei mihi!

BROMIA.

Ne pave : sed angueis oculis omneis circumvisere.
Postquam pueros conspicati, pergunt ad cunas citi.
Ego cunas recessim rursum prorsum trahere et ducere,
Metuens pueris, mihi formidans : tantoque angueis acrius
Persequi. Postquam conspexit angueis ille alter puer,
Citus e cunis exsilit, facit recta in angueis inpetum;
Alterum altera adprehendit eos manu perniciter.

AMPHITRUO.

Mira memoras! nimis formidolosum facinus prædicas.
Nam mihi horror membra misero percipit dictis tuis.
Quid fit deinde? porro loquere.

BROMIA.

Puer ambo angueis enicat.
Dum hæc aguntur, voce clara exclamat uxorem tuam...

AMPHITRUO.

Quis homo?

BROMIA.

Summus inperator divom atque hominum, Jupiter.
Is se dixit cum Alcumena clam consuetum cubilibus,
Eumque filium suum esse, qui illos angueis vicerit :
Alterum tuum esse dixit puerum.

AMPHITRUO.

Pol, me haud pœnitet,
Scilicet boni dimidium mihi dividere cum Jove.
Abi domum, jube vasa pura actutum adornari mihi,

AMPHITRYON.

Je frémis.

BROMIA.

Tranquillise-toi. Ces deux serpens nous parcourent des yeux tous; puis, apercevant les deux jumeaux, ils vont droit à eux. Moi de tirer le berceau en avant, en arrière, de ci, de là, craignant pour les enfans, et très-effrayée pour mon propre compte. Les serpens n'en sont que plus acharnés à nous poursuivre. Mais le plus fort des jumeaux voyant les deux monstres, s'élance de son berceau, se précipite sur eux, et en saisit un de chaque main aussi vite que l'éclair.

AMPHITRYON.

Quelles merveilles! Je tremble d'épouvante à les entendre seulement raconter. Et après, qu'arriva-t-il? dis-moi.

BROMIA.

L'enfant étouffa les deux serpens. Cependant une voix sonore appelle Alcmène.

AMPHITRYON.

Quelle voix?

BROMIA.

Celle du souverain des dieux et des hommes, Jupiter. Il déclare qu'il a eu commerce avec Alcmène mystérieusement, et que l'enfant vainqueur des serpens est son fils, et que l'autre t'appartient.

AMPHITRYON.

Par Pollux! ce m'est un grand honneur d'être commun en biens avec Jupiter. Cours à la maison, fais préparer les vases sacrés; je veux que des victimes nom-

Ut Jovis supremi multis hostiis pacem expetam.
Ego Tiresiam conjectorem advocabo, et consulam,
Quid faciundum censeat; simul hanc rem, ut facta'st,
    eloquar.
Sed quid hoc? quam valide tonuit! Di, obsecro vostram
    fidem.

JUPITER*.

Bono animo es, adsum auxilio, Amphitruo, tibi et
    tuis;
Nihil est quod timeas : hariolos, haruspices
Mitte omneis; quæ futura et quæ facta, eloquar,
Multo adeo melius, quam illi, quom sim Jupiter.
Primum omnium Alcumenæ usuram corporis
Cepi, et concubitu gravidam feci filio.
Tu gravidam item fecisti, quom in exercitum
Profectus : uno partu duos peperit simul.
Eorum alter, nostro qui est susceptus semine,
Suis factis te inmortali adficiet gloria.
Tu cum Alcumena uxore antiquam in gratiam
Redi; haud promeruit, quamobrem vitio vorteres;
Mea vi subacta'st facere. Ego in cœlum migro.

---

* Actus V, Scena II.

breuses m'obtiennent sa faveur. On ira chercher le devin Tirésias, et je le consulterai sur ce que je dois faire, après lui avoir conté ce qui vient de se passer. Mais qu'entends-je? Quels éclats de tonnerre! Justes dieux, ayez pitié de moi.

JUPITER, dans les nuages*.

Rassure-toi, Amphitryon; je viens te protéger avec tous les tiens. Tu n'as rien à redouter. Laisse là les devins et les aruspices. Je t'instruirai mieux qu'ils ne pourraient le faire, et du passé et de l'avenir; car je suis Jupiter. D'abord, j'ai joui des embrassemens d'Alcmène; et de cette union elle a conçu un fils. Toi aussi, tu la rendis mère, lorsque tu partis pour l'armée. Les deux enfans sont nés en même temps. Celui qui est formé de mon sang te couronnera d'une gloire immortelle. Rends à ton épouse ton affection première; elle ne mérite point tes reproches; elle a cédé à ma puissance. Je remonte dans les cieux.

---

*Acte V, Scène II.

AMPHITRUO*.

Faciam ita, ut jubes, et te oro, promissa ut serves tua.
Ibo ad uxorem intro; missum facio Tiresiam senem.
Nunc, spectatores, Jovis summi causa clare plaudite.

* Actus V, Scena III.

AMPHITRYON*.

J'obéirai; accomplis, je te prie, ta promesse. Allons revoir ma femme; le vieux Tirésias peut rester chez lui.

Maintenant, spectateurs, en considération du grand Jupiter, faites retentir vos applaudissemens.

* Acte V, Scène III.

L'ASINAIRE.

AVANT-PROPOS DE L'ASINAIRE.

Un jeune écervelé qui se ruine pour une courtisane, et qui se résigne à la partager pour la posséder encore; un vieillard, mari imbécile et père corrupteur, qui s'est soumis au joug d'une femme hautaine, en épousant une riche dot, et qui se rend complice des fredaines de son fils, pour s'associer à ses plaisirs clandestins; deux esclaves, docteurs en fourberie, fripons goguenards, qui volent la maîtresse de la maison au profit et par les ordres du maître, et se paient de leur peine en se moquant de lui et de son fils; une courtisane émérite, trafiquant des appas de sa fille, depuis que les siens ne sont plus, et devenue préceptrice en l'art de tromper, qu'elle pratiqua long-temps elle-même; voilà les principaux personnages qui figurent dans cette comédie. Ce serait un scandale pour les modernes; chez les Romains, c'était un divertissement honnête, et surtout, ce qui est plus remarquable, une source d'excellens enseignemens offerts à qui voulait en profiter.

La vieille Cléérète, par une profession de principes impertinente et railleuse, trahit les secrets du métier, tout ce qu'il a de perfide, d'hostile, d'infâme. En voyant Argyrippe éconduit avec des sarcasmes par cette même Cléérète qui le flattait naguère, et salué du compliment piquant d'avoir pris soin de leurs intérêts plus que de son honneur; en le voyant, après cela, forcé par la frénésie de l'amour à endurer les insolentes mystifications de deux esclaves pour obtenir leur assistance, les amoureux, assis dans la cavea, ne faisaient-ils pas un retour sur eux-mêmes? L'opprobre de Déménète, sénateur crapuleux, père de famille dégradé, n'était-il pas une leçon pour les barbons libertins, qui ne manquaient pas à Rome, non plus qu'en aucun lieu du monde. Certes on ne pouvait pas se tromper à cette ironique approbation de l'épilogue : « Si ce vieillard s'est passé d'agréables caprices en cachette de son épouse, il n'y a là rien d'extraordinaire ni d'étrange, etc. »

Et le commentaire de ces paroles se trouve d'avance dans les dernières scènes de la pièce. Qui n'aurait pas tremblé de paraître mériter une pareille félicitation, méprisé par ses esclaves, humilié par sa femme, désavoué par son fils, bafoué par une courtisane?

Plaute a poursuivi d'une dérision mordante, en plus d'une comédie[1], les galans surannés. Sa gaîté satirique semble fouler aux pieds toutes les bienséances, et violer le respect qu'on doit à la vieillesse; il la venge de ceux qui en compromettent la dignité par leurs extravagances. Il faut s'en prendre aux vices des Romains, et non au poëte, qui déclarait la guerre aux vicieux[2].

Telle est la force de l'intention morale qui préside à son œuvre, qu'ayant à peindre, dans la jeune courtisane Philénie, une amante tendre et sincère, de peur qu'elle ne devienne intéressante, et qu'elle ne semble faire indirectement par sa conduite l'apologie des femmes de sa condition, il la met aussitôt dans des situations ridicules : on ne s'attache pas à ceux dont on rit. D'ailleurs Cléérète est là pour représenter, devant ceux qui doivent être avertis, l'esprit et les maximes de cette classe, dans laquelle Philénie est une exception.

La composition de la pièce est irrégulière et décousue en plusieurs endroits, à en juger d'après nos usages; tellement qu'on y a soupçonné quelques lacunes. Je ne crois pas qu'il y en ait, mais ce qui n'est point sujet à contestation, c'est la vivacité plaisante et souvent gracieuse du dialogue, c'est la force comique de plusieurs scènes. Molière, qui ne s'y trompait pas, en a su profiter.

[1] *Voyez* les deux Bacchis, Casine, le Marchand.

[2] Entendez l'orateur de la troupe, à la fin des deux Bacchis :
Neque adeo hæc faceremus, ni antehac vidissemus fieri,
Ut apud lenones rivales filiis fierent patres.

DRAMATIS PERSONÆ.

LIBANUS, servus.
DEMÆNETUS, senex.
ARGYRIPPUS, adolescens.
CLEÆRETA, lena.
LEONIDA, servus.
PHILENIUM, meretrix.
DIABOLUS, adolescens.
PARASITUS.
ARTEMONA, uxor.
MERCATOR.

PERSONNAGES.

LIBAN, esclave de Déménète.
DÉMÉNÈTE, vieillard.
ARGYRIPPE, fils de Déménète, amant de Philénie.
CLÉÉRÈTE, vieille courtisane, mère de Philénie.
LÉONIDAS, esclave de Déménète.
PHILÉNIE, courtisane, fille de Cléérète, et amante d'Argyrippe.
DIABOLE, jeune homme, amant de Philénie.
UN PARASITE de Diabole.
ARTÉMONE, femme de Déménète.
UN MARCHAND étranger.

ARGUMENTUM

(UT QUIBUSDAM VIDETUR)

PRISCIANI.

*A*manti argento filio auxiliarier
*S*ub inperio vivens volt senex uxorio.
*I*taque ob asinos relatum pretium Saureæ
*N*umerarier jussit servolo Leonidæ.
*A*d amicam id fertur; cedit noctem filius.
*R*ivinus amens ob præreptam mulierem;
*I*s rem omnem uxori per parasitum nuntiat.
*A*dcurrit uxor, ac virum e lustris rapit.

ARGUMENT ACROSTICHE

ATTRIBUÉ

A PRISCIEN LE GRAMMAIRIEN.

Un vieillard [Déménète] veut favoriser les amours de son fils par un secours d'argent; mais il vit en la puissance de sa femme. Que fait-il? on vient pour payer des ânes à Sauréa (le factotum); il fait compter l'argent à son esclave Léonidas. L'argent arrive à la maîtresse du jeune homme, qui cède une nuit à son père. Mais un autre amant, furieux d'être supplanté par son rival, envoie son parasite conter tout ce qui se passe à la femme du vieillard; elle accourt, et arrache son mari du lieu de prostitution.

M. ACCII PLAUTI

SARSINATIS UMBRI

ASINARIA.

PROLOGUS.

Hoc agite, soltis, spectatores, nunc jam,
Quæ quidem mihi atque vobis res vortat bene,
Gregique, et dominis, atque conductoribus.
Face jam nunc tu, præco, omnem auritum poplum.
Age, nunc reside; cave modo ne gratiis.
Nunc, quid processerim huc, et mihi quid voluerim,
Dicam : ut sciretis nomen hujus fabulæ.
Nam quod ad argumentum adtinet, sane breve'st.
Nunc, quod me dixi velle vobis dicere,
Dicam : Huic nomen græce Onago'st fabulæ.
Demophilus scripsit, Marcus vortit barbare.
Asinariam volt esse, si per vos licet.
Inest lepos ludusque in hac comœdia;
Ridicula res est : date benigne operam mihi;
Ita vos, ut alias, pariter nunc, Mars adjuvet.

L'ASINAIRE

DE

PLAUTE.

PROLOGUE.

Attention, s'il vous plaît, spectateurs, sur-le-champ; et ainsi les dieux vous soient en aide, aussi bien qu'à moi, à la troupe, à ses maîtres, et aux magistrats qui l'emploient. Maintenant, héraut, fais que le peuple soit tout oreilles. *(Après l'avertissement donné par le héraut)* C'est bien : rassieds-toi. Songe seulement à n'avoir pas travaillé gratis. *(Au public)* A cette heure je vais vous dire dans quel dessein je me présente ici. Je veux vous faire connaître le titre de la pièce. Quant au sujet, il est très-simple. Je vous dirai donc seulement que cette pièce a pour titre en grec *Onagos**; que Démophile en est l'auteur, et que Plaute l'a traduite en latin. Il veut la nommer l'Asinaire, si vous le permettez. Elle est gaie, amusante, et l'action est risible. Écoutez-moi comme il faut, et en récompense que Mars continue à vous protéger à présent comme autrefois.

* Ὀνηγός, Dor. ὀναγός, muletier, de ὄνος, âne, ἄγω, conduire.

ASINARIA.

LIBANUS, DEMÆNETUS.[*]

LIBANUS.

Sicut tuum vis unicum gnatum tuæ
Superesse vitæ, sospitem et superstitem :
Ita te obtestor, per senectutem tuam,
Perque illam, quam tu metuis, uxorem tuam :
Si quid med erga tu hodie falsum dixeris,
Ut tibi superstes uxor ætatem siet,
Atque, illa viva, vivos ut pestem obpetas.

DEMÆNETUS.

Per deum Fidium! [quæ] quæris, jurato mihi
Video necesse esse eloqui, quidquid roges;
Ita me obstinate adgressus, ut non audeam
Profecto, percontanti quin promam omnia.
Proinde actutum illud, quid sit, quod scire expetis,
Eloquere : ut ipse scibo, te faciam ut scias.

LIBANUS.

Dic, obsecro, hercle, serio, quod te rogem.
Cave mi mendaci quidquam.

DEMÆNETUS.

     Quin tu ergo rogas?

[*] Actus I, Scena I.

L'ASINAIRE.

LIBAN, DÉMÉNÈTE*.

LIBAN.

Je t'en conjure par ton fils unique, que tu désires laisser après toi plein de vie et de santé, par la vieillesse qui te pèse, par ta femme que tu redoutes, ne me trompe pas; ou sinon, puisse-t-elle être ta compagne éternelle, et vivre assez pour te survivre et t'enterrer.

DÉMÉNÈTE.

Par Fidius! je vois qu'il faut jurer mes grands dieux, te répondre catégoriquement, et que je ne me débarrasserai de tes questions opiniâtres qu'en ne te cachant rien de ce que tu veux savoir. Explique-toi donc vitement, et je t'apprendrai tout ce que je pourrai t'apprendre.

LIBAN.

Parle-moi, je te prie, sincèrement. Ne va pas mentir.

DÉMÉNÈTE.

Voyons, interroge-moi.

Acte I, Scène 1.

LIBANUS.
Num me illuc ducis, ubi lapis lapidem terit?

DEMÆNETUS.
Quid istuc est? aut ubi istuc est terrarum loci?

LIBANUS.
Apud fustitudinas ferricrepinas insulas,
Ubi vivos homines mortui incursant boves.

DEMÆNETUS.
Quid istuc sit, aut ubi istuc sit, nequeo gnoscere.

LIBANUS.
Ubi flent nequam homines, qui polentam pransitant.

DEMÆNETUS.
Modo, pol, percepi, Libane, quid istuc sit loci;
Ubi fit polenta, te fortasse dicere.

LIBANUS.
      Ah!
Neque, hercle, ego istuc dico, nec dictum volo.
Teque obsecro, hercle, ut, quæ locutus, despuas.

DEMÆNETUS.
Fiat, geratur mos tibi.

LIBANUS.
     Age, age, usque exscrea.

DEMÆNETUS.
Etiamne?

LIBAN.

Est-ce que tu me conduis en certain endroit où la pierre bat la pierre?

DÉMÉNÈTE.

Qu'est-ce que cet endroit-là? En quelle partie du monde le trouve-t-on?

LIBAN.

Dans les îles Bâtonnières et Ferricrepantes, où les bœufs écorchés se ruent sur le dos des hommes vivans.

DÉMÉNÈTE.

Quel est ce lieu? Où se trouve-t-il? Je ne devine pas.

LIBAN.

Oui, ce lieu où gémissent les vauriens qui voudraient manger la polente.

DÉMÉNÈTE.

Ah! je comprends à la fin quel est cet endroit, Liban. C'est peut-être celui où l'on broie la polente, que tu veux dire.

LIBAN.

Fi! je ne dis pas cela, je ne veux pas qu'il soit dit ainsi. Par Hercule! crache sur ces vilaines paroles-là.

DÉMÉNÈTE.

Soit; je le veux bien *(Il crache)*.

LIBAN.

Allons, allons, crache toujours.

DÉMÉNÈTE.

Encore?

LIBANUS.

Age, quæso, hercle, usque ex penitis faucibus.

DEMÆNETUS.

Etiam?

LIBANUS.

Amplius.

DEMÆNETUS.

Nam quousque?

LIBANUS.

Usque ad mortem volo.

DEMÆNETUS.

Cave, sis, malam rem.

LIBANUS.

Uxoris dico, non tuam.

DEMÆNETUS.

Dono te ob istuc dictum, ut expers sis metu.

LIBANUS.

Di tibi dent, quæcumque optes.

DEMÆNETUS.

Redde operam mihi :
Cur hoc ego ex te quæram? aut cur miniter tibi,
Propterea quod me non scientem feceris?
Aut cur postremo filio subcenseam,
Patres ut faciunt cæteri?

LIBANUS.

Quid istuc novi est?
Demiror, quid sit, et quo evadat, sum in metu.

LIBAN.

Ah! je te prie, du fond du gosier.

DÉMÉNÈTE.

Encore?

LIBAN.

Va toujours.

DÉMÉNÈTE.

Jusques à quand?

LIBAN.

Jusqu'à la mort.

DÉMÉNÈTE.

Prends garde à la correction.

LIBAN.

Je disais la mort de ta femme, et non la tienne.

DÉMÉNÈTE.

Puisque tu parles si bien, en récompense sois libre de toute crainte.

LIBAN.

Que les dieux comblent tous tes souhaits!

DÉMÉNÈTE.

Écoute-moi à ton tour. Je ne veux pas éclater en menaces, et te faire un crime de ne m'avoir pas averti. Je ne me fâcherai pas non plus contre mon fils, comme font ordinairement les pères.

LIBAN.

Qu'y a-t-il de nouveau? *(A part)* Voilà qui me surprend. Qu'est-ce? Où veut-il en venir? Je ne suis pas rassuré.

DEMÆNETUS.

Equidem scio jam filius quod amet meus
Isthanc meretricem e proxumo Philenium.
Estne hoc, ut dico, Libane?

LIBANUS.

Rectam instas viam.
Ea res est. Sed eum morbus invasit gravis.

DEMÆNETUS.

Quid morbi est?

LIBANUS.

Quia non subpetunt dictis data.

DEMÆNETUS.

Tune es adjutor nunc amanti filio?

LIBANUS.

Sum vero, et alter noster est Leonida.

DEMÆNETUS.

Bene, hercle, facitis, et a me initis gratiam.
Verum meam uxorem, Libane, nescis quali'sit.

LIBANUS.

Tu primus sentis, nos tamen prægnoscimus.

DEMÆNETUS.

Fateor eam esse inportunam atque inconmodam.

LIBANUS.

Posterius istuc dicis, quam credo tibi.

DEMÆNETUS.

Omneis parenteis, Libane, liberis suis,
Qui mi auscultabunt, facient obsequelam;
Quippe qui mage amico utantur gnato et benevolo :

DÉMÉNÈTE.

Je sais que mon fils est l'amant de la courtisane Philénie, notre voisine. Est-ce vrai, Liban?

LIBAN.

Tu y arrives tout droit. C'est vrai. Mais il est bien malade.

DÉMÉNÈTE.

Quelle est sa maladie?

LIBAN.

L'impuissance de donner ce qu'il promet.

DÉMÉNÈTE.

Tu aides mon fils dans ses amours?

LIBAN.

Oui, et j'ai pour second Léonidas.

DÉMÉNÈTE.

J'en suis ravi, ma foi, et je vous en sais gré. Mais ma femme, Liban, tu ne sais pas quelle femme c'est.

LIBAN.

Tu es le premier à t'en ressentir, mais non pas à le deviner.

DÉMÉNÈTE.

C'est bien la plus incommode, la plus fâcheuse personne.

LIBAN.

Avant que tu le dises, je le crois.

DÉMÉNÈTE.

Si les parens m'écoutaient, Liban, ils auraient de la complaisance pour leurs enfans, ils s'en feraient des amis qui les chériraient. C'est ce que je tâche de faire.

Atque ego me id facere studeo; volo amari a meis,
Volo me patris mei similem, qui causa mea
Nauclerio ipse ornatu per fallaciam,
Quam amabam, abduxit ab lenone mulierem.
Neque puduit eum id ætatis sycophantias
Struere, et beneficiis me emere gnatum suum sibi.
Eos me decretum est persequi mores patris.
Nam me hodie oravit Argyrippus filius,
Uti sibi amanti facerem argenti copiam;
Et id ego percupio obsequi gnato meo,
Volo amori obsecutum illius, volo amet me patrem;
Quamquam illum mater arcte contenteque habet,
Patres ut consueverunt. Ego mitto omnia hæc;
Præsertim quom is me dignum, quoi concrederet,
Habuit, me habere honorem ejus ingenio decet :
Quom me adiit, ut pudentem gnatum æquom'st, patrem;
Cupio esse amicæ quod det argentum suæ.

LIBANUS.

Cupis id, quod cupere te nequidquam intellego.
Dotalem servom Sauream uxor tua
Adduxit, quoi plus in manu sit, quam tibi.

DEMÆNETUS.

Argentum adcepi, dote inperium vendidi.
Nunc verba in pauca conferam, quid te velim.
Viginti jam usu'st filio argenti minis.
Face id ut paratum jam sit.

LIBANUS.

Unde gentium?

DEMÆNETUS.

Me defrudato.

Je veux qu'on m'aime chez moi. Je veux imiter mon père qui se fit mon auxiliaire, et se déguisa en nautonnier pour attraper un marchand d'esclaves et lui enlever une fille que j'aimais. Il n'eut pas de scrupule à son âge de machiner une intrigue, afin de gagner l'amitié de son fils par sa bonté. C'est un parti pris, je suivrai l'exemple de mon père. Mon fils Argyrippe est amoureux; il m'a prié de lui procurer de l'argent; je désire vivement le satisfaire. Je veux qu'il aime son père, je veux favoriser ses amours, en dépit que sa mère en ait. Elle le tient à l'étroit, à la gêne. C'est elle qui fait l'office d'un père. Indépendamment de ces motifs, le plus fort c'est que mon fils m'a jugé digne d'une confiance entière, et qu'il est juste que j'y réponde par ma complaisance. Il est venu à moi, comme un bon fils doit en agir avec son père. Je désire donc qu'il ait de l'argent pour donner à sa maîtresse.

LIBAN.

Tu désires, mais, je crois, inutilement. Sauréa, l'esclave dotal de ta femme, est plus maître des affaires que toi.

DÉMÉNÈTE.

Oui, en recevant l'argent de la dot, j'ai vendu ma puissance. Allons au fait, en peu de mots. Mon fils a besoin de vingt mines, il faut sans retard les lui trouver.

LIBAN.

Eh! où donc, s'il te plaît?

DÉMÉNÈTE.

Dérobe-les-moi

LIBANUS.

Maxumas nugas agis.
Nudo detrahere vestimenta me jubes.
Defrudem te ego? age, sis, tu sine pennis vola.
Tene ego defrudem, quoi nihil est ipsi in manu?
Nisi quid tu porro uxorem defrudaveris.

DEMÆNETUS.

Qua me, qua uxorem, qua tu servom Sauream
Potes, circumduce, aufer; promitto tibi
Non obfuturum, si id hodie ecfeceris.

LIBANUS.

Jubeas una opera me piscari in aere,
Venarier autem jaculo in medio mari.

DEMÆNETUS.

Tibi optionem sumito Leonidam.
Fabricare quidvis, quidvis conminiscere.
Perficito, argentum hodie ut habeat filius,
Amicæ quod det.

LIBANUS.

Quid ais tu, Demænete?
Quid, si forte in insidias devenero?
Tu redimes me, si me hosteis interceperint?

DEMÆNETUS.

Redimam.

LIBANUS.

Tum tu igitur aliud cura quidlubet.

DEMÆNETUS.

Ego eo ad forum, nisi quid vis.

LIBAN.

Quels contes! Tu veux que je déshabille un homme nu? Moi dérober à toi! Oui dà, quand tu voleras sans ailes. Que puis-je te dérober? tu n'as rien à ta disposition, à moins que tu n'aies soustrait quelque chose à ta femme.

DÉMÉNÈTE.

Escroque ou à moi, ou à ma femme, ou à notre esclave Sauréa, comme tu pourras; il faut que tu attrapes quelqu'un : je te garantis qu'il ne t'arrivera rien, si tu réussis.

LIBAN.

C'est comme si tu me disais de pêcher en l'air, ou de chasser en pleine mer avec un épieu.

DÉMÉNÈTE.

Prends Léonidas pour ton adjudant. Invente une ruse, un stratagème, quoi que ce soit; fais en sorte que mon fils ait aujourd'hui de l'argent pour sa maîtresse.

LIBAN.

Dis-moi, Déménète; si je tombe dans une embuscade, paieras-tu ma rançon pour me tirer des mains de l'ennemi?

DÉMÉNÈTE.

Oui.

LIBAN.

Cela étant, tu peux t'occuper d'autres soins.

DÉMÉNÈTE.

Je vais au forum, si je ne te suis bon à rien.

LIBANUS.
        Etiamne ambulas?
DEMÆNETUS.
Atque audin' etiam?
LIBANUS.
    Ecce.
DEMÆNETUS.
        Si quid te volam, ubi eris?
LIBANUS.
Ubicumque lubitum fuerit animo meo.
Profecto nemo'st, quem jam dehinc metuam, mihi
Ne quid nocere possit, quom mihi tua
Oratione omnem animum ostendisti tuum.
Quin te quoque ipsum facio haud magni, si hoc patro.
Pergam, quo obcœpi, atque ibi consilia exordiar.
DEMÆNETUS.
Audin' tu? apud Archibulum ego ero argentarium.
LIBANUS.
Nempe in foro?
DEMÆNETUS.
    Ibi; si quid opus fuerit.
LIBANUS.
        Meminero.

DEMÆNETUS.
Non esse servos pejor hoc quisquam potest,
Nec magi' vorsutus, nec quo ab caveas ægrius.
Eidem homini, si quid recte curatum velis,
Mandes : moriri sese misere mavolet,
Quam non perfectum reddat, quod promiserit.

LIBAN.

Va donc.

DÉMÉNÈTE.

Encore un mot.

LIBAN.

J'écoute.

DÉMÉNÈTE.

Si je veux te parler, où seras-tu?

LIBAN.

Où je voudrai, selon qu'il me plaira. A présent je ne crains plus personne, et je suis au dessus de tous les dangers, depuis que tu m'as déclaré tes intentions, et toi-même je te brave, si j'arrive à mes fins. En attendant, je me rends où j'allais, quand tu m'as arrêté. J'y ruminerai mon plan.

DÉMÉNÈTE.

Écoute. Je serai chez le banquier Archibule.

LIBAN.

Au forum?

DÉMÉNÈTE.

Oui; en cas que tu aies besoin de moi.

LIBAN.

Je m'en souviendrai.

(Il sort.)

DÉMÉNÈTE, seul.

Il n'y a pas d'esclave plus astucieux, plus malin, plus dangereux. Mais si l'on veut qu'une commission soit bien faite, on n'a qu'à l'en charger. Il mourrait plutôt à la peine que de ne pas tenir tout ce qu'il a promis. C'est comme si mon fils avait son argent dans la main; j'en

Nam ego illud argentum tam paratum filio
Scio esse, quam me hunc scipionem contui.
Sed quid ego cesso ire ad forum, quo inceperam?
(Ibo) atque ibi manebo apud argentarium.

ARGYRIPPUS*.

Siccine hoc fit? foras aedibus me ejici?
Promerenti optume hoccine preti redditur?
Bene merenti mala es, male merenti bona es.
At malo cum tuo : nam jam ex hoc loco
Ibo ego ad treisviros, vostraque ibi nomina
Faxo erunt : capitis te perdam ego et filiam,
Perlecebrae, pernicies, adulescentum exitium.
Nam mare haud est mare, vos mare acerrumum.
Nam in mari reperi, heic elavi bonis.
Ingrata atque inrita esse omnia intellego,
Quae dedi, et quod benefeci : at posthac tibi,
Male quod potero facere, faciam, meritoque id faciam tuo.
Ego, pol, te redigam eodem, unde orta es, ad egestatis terminos.
Ego, edepol, te faciam, ut, quae sis nunc, et quae fueris, scias.
Quae, priusquam istam adii, atque amans ego animum meum isti dedi,

* Actus I, Scena II.

suis sûr tout comme je tiens ce bâton. Mais je devrais être au forum, c'est tarder trop long-temps. Allons ; j'attendrai chez le banquier.

(Il sort.)

ARGYRIPPE, sortant de la maison de Cléérète*.

Est-ce ainsi qu'on agit? Me mettre à la porte! Voilà comme on me récompense du bien que j'ai fait. Bonne avec les méchans, méchante avec les bons. Tu t'en repentiras. Je cours tout de ce pas vous dénoncer aux triumvirs, toi et ta fille ; je veux vous faire condamner, vous perdre, séductrices funestes, fléaux de la jeunesse! Les gouffres dévorans de la mer sont moins dévorans que vous ; car la mer m'avait enrichi, et j'ai noyé chez vous mon bien. Tous mes dons, tous mes bienfaits sont en pure perte, sans aucun retour de votre part. Désormais je te ferai tout le mal que je pourrai, autant que tu le mérites. Oui, je veux te réduire à l'état d'où je t'avais tirée ; tu seras dans la misère. Alors, alors tu feras la différence de ta fortune présente et de ta première condition. Avant que j'eusse connu ta fille et que l'amour lui eût asservi mon âme, tu vivais dans la détresse, vêtue de haillons, faisant tes délices d'un pain grossier, encore lorsqu'il ne te manquait pas, et tu remerciais tous les dieux. Et à présent que ton sort est devenu meilleur par

* Acte I, Scène II.

Sordido vitam oblectabas pane, in pannis, inopia.
Atque ea si erant, magnas habebas omnibus dis gratias.
Eadem nunc, quom est melius, me, cujus opera est,
ingnoras, mala.
Reddam ego te ex fera, fame mansuetem; me specta
modo.
Nam isti quod subcenseam ipsi, nihil est : nihil quid-
quam meret.
Tuo facit jussu, tuo inperio paret : mater tu, eadem
hera es.
Te ego ulciscar, te ego, ut digna es, perdam, atque ut
de me meres.
At, scelesta, viden' ut ne id quidem me dignum esse
existumat,
Quem adeat, quem conloquatur, quoique irato subplicet?
Atque, eccam, inlecebra exit tandem; opinor heic ante
ostium
Meo modo loquar, quæ volam, quoniam intus non licitum'st mihi.

CLEÆRETA, ARGYRIPPUS*.

CLEÆRETA.

Unumquodque istorum verbum nummis Philippeis aureis
Non potest auferre hinc a me, si quis emtor venerit.
Nec recte quæ tu in nos dicis, aurum atque argentum
merum'st.

* Actus I, Scena III.

mes dons, tu me méconnais, indigne! La faim te rendra moins farouche et plus douce. Tu verras! Elle, je ne peux lui en vouloir; elle n'est point coupable. C'est toi qui la fais agir. Tu commandes, elle obéit. Tu es sa mère, elle est en ta puissance. Je te punirai comme tu le mérites. Je te perdrai, puisque tu te conduis ainsi envers moi... La malheureuse! voyez si elle daigne seulement venir me parler, apaiser mon courroux par des prières! La voici enfin qui sort, cette corruptrice; je vais lui dire son fait ici à sa porte, puisqu'elle ne me le permet pas chez elle.

CLÉÉRÈTE, ARGYRIPPE*.

CLÉÉRÈTE.

Il n'y a pas une seule de ces paroles que je donnasse pour un philippe d'or, si on venait me les acheter. Tes injures, c'est tout or et tout argent. Ton cœur est enchaîné ici par les liens de l'amour. Tu as beau faire; tâche

* Acte I, Scène III.

Fixus heic apud nos est animus tuus clavo Cupidinis.
Remigio veloque, quantum poteris, festina et fuge;
Quam magis te in altum capessis, tam æstus te in portum refert.

ARGYRIPPUS.

Ego, pol, istum portitorem privabo portorio.
Ego te dehinc, ut merita es de me et mea re, tractare exsequar :
Quom tu me, ut meritus sum, non tractas, quæ ejicis domo.

CLEÆRETA.

Magis istuc percipimus lingua dici, quam factis fore.

ARGYRIPPUS.

Solus solitudine ego ted atque ab egestate abstuli :
Solus si ductem, referre gratiam nunquam potes.

CLEÆRETA.

Solus ductato, si semper solus, quæ poscam, dabis.
Semper tibi promissum habeto hac lege, dum superes datis.

ARGYRIPPUS.

Qui modus dandi? nam nunquam tu quidem expleri potes.
Modo quod adcepisti, haud multo post aliquid, quod poscas, paras.

CLEÆRETA.

Quid modi'st ductando, amando? nunquamne expleri potes?
Modo remisisti, continuo jam ut remittam ad te, rogas.

de fuir bien vite à force de voiles et de rames, gagne la pleine mer, la tourmente te ramènera dans notre port.

ARGYRIPPE.

Par Pollux ! tes receveurs n'auront point mon péage. Désormais je vais te traiter selon tes mérites envers moi et ma bourse, puisque tu ne me traites pas selon les miens, toi qui me chasses de ta maison.

CLÉÉRÈTE.

Cela est plus facile à dire qu'à faire, nous le savons bien.

ARGYRIPPE.

Moi seul je t'ai sauvée de l'indigence et de l'abandon. Quand elle n'aurait jamais d'autre amant que moi, tu ne saurais encore me récompenser suffisamment.

CLÉÉRÈTE.

Possède-la seul, si tu es toujours le seul qui me donnes ce que je demanderai. Elle est à toi, je te le promets, à condition que tu seras le plus généreux.

ARGYRIPPE.

Ton exigence n'a point de terme; on ne peut jamais te satisfaire. A peine as-tu reçu un présent, que tu t'apprêtes à demander encore.

CLÉÉRÈTE.

Et toi, mets-tu un terme à ton exigence amoureuse? Jamais tu n'es rassasié de jouissance. A peine me l'as-tu rendue, que tu demandes que je te la renvoie encore.

ARGYRIPPUS.

Dedi equidem, quod mecum egisti.

CLEÆRETA.

Et tibi ego misi mulierem.
Par pari datum hostimentum'st, opera pro pecunia.

ARGYRIPPUS.

Male agis mecum.

CLEÆRETA.

Quid me adcusas, si facio opficium meum?
Nam neque usquam fictum, neque pictum, neque scri-
    btum in poematis,
Ubi lena bene agat cum quiquam amante, quæ frugi
    esse volt.

ARGYRIPPUS.

Mihi quidem te parcere æquom'st tandem, ut tibi durem
    diu.

CLEÆRETA.

Non tu scis? quæ amanti parcet, eadem sibi parcet pa-
    rum.
Quasi piscis, itidem'st amator lenæ; nequam'st, nisi re-
    cens.
Is habet succum, is suavitatem; eum quovis pacto con-
    dias,
Vel patinarium vel assum; vorses quo pacto lubet.
Is dare volt, is se aliquid posci: nam ubi de pleno pro-
    mitur,
Neque ille scit quid det, quid damni faciat; illi rei studet,
Volt placere sese amicæ, volt mihi, volt pedisequæ,
Volt famulis, volt etiam ancillis, et quoque catulo meo

ARGYRIPPE.

Je t'ai payé le prix que tu avais fixé.

CLÉÉRÈTE.

Et je t'ai envoyé ta belle. Nous ne nous devons rien. On t'a servi pour ton argent.

ARGYRIPPE.

C'est bien mal agir.

CLÉÉRÈTE.

Pourquoi me reprocher de faire mon métier? Tu n'as jamais vu, ni en peinture, ni en sculpture, ni chez les poètes, une femme de ma sorte, délicate avec les amans, pour peu qu'elle ait de conduite.

ARGYRIPPE.

Tu devrais me ménager, pour me conserver long-temps.

CLÉÉRÈTE.

Sais-tu? quand on ménage les amans, on se fait tort à soi-même. L'amant est pour nous comme le poisson; il ne vaut rien, s'il est ancien; tout frais, il est succulent, délicieux; on peut le mettre à toute sauce : grillé, sur le plat, n'importe; on l'arrange comme on veut. Il est toujours prêt à donner; tout ce qu'il désire, c'est qu'on lui demande. En effet, il puise à plein sac. Il donne sans compter; les sacrifices ne lui coûtent rien. Une seule chose l'occupe; il veut plaire à son amante, plaire à moi, plaire à la suivante, plaire aux domestiques, plaire aux servantes; et il n'y a pas jusqu'à mon petit chien, que le nouvel amant ne caresse et ne flatte, pour qu'il

Subblanditur novos amator, se ut quom videat, gaudeat.
Vera dico. Ad suum quemque hominem quæstum esse
  æquom'st callidum.

ARGYRIPPUS.

Perdidici isthæc esse vera, damno cum magno meo.

CLEÆRETA.

Si, ecastor, nunc habeas, quod des, alia verba perhibeas :
Nunc quia nihil habes, maledictis te eam ductare postulas.

ARGYRIPPUS.

Non meum'st.

CLEÆRETA.

 Nec meum quidem, edepol, ad te ut mittam gratiis.
Verum ætatis atque honoris gratia hoc fiet tui :
Quia nobis lucro fuisti potius, quam decori tibi,
Si mihi dantur duo talenta argenti numerata in manum,
Hanc tibi noctem honoris causa gratiis dono dabo.

ARGYRIPPUS.

Quid, si non est?

CLEÆRETA.

  Tibi non esse credam; illa alio ibit tamen.

ARGYRIPPUS.

Ubi illæc, quæ dedi ante?

CLEÆRETA.

  Abusa : nam si ea durarent mihi,
Mulier mitteretur ad te : nunquam quidquam poscerem.

lui fasse fête, quand il le voit arriver. Ce que je dis est vrai. Chacun doit savoir se gouverner pour son profit.

ARGYRIPPE.

Oui, tu dis la vérité; je ne l'ai que trop appris à mes dépens.

CLÉÉRÈTE.

Si tu avais du comptant, tu tiendrais un autre langage. Mais n'ayant rien, tu veux qu'on te la donne pour de mauvaises paroles.

ARGYRIPPE.

Ce n'est pas là mon compte.

CLÉÉRÈTE.

Et ce n'est pas le mien non plus, certes, de te la donner pour rien. Cependant par égard, par considération pour toi, et parce que tu as plus soigné nos intérêts que ton honneur, si tu me donnes de la main à la main deux talens, moi, pour te faire plaisir, je te donnerai gratuitement ta compagne de nuit.

ARGYRIPPE.

Et si je n'ai pas d'argent?

CLÉÉRÈTE.

Je t'en croirai sur parole; mais elle sera pour un autre.

ARGYRIPPE.

Et l'argent que je t'ai donné?

CLÉÉRÈTE.

Il est dépensé. S'il durait toujours, je t'enverrais celle que tu aimes, sans te demander jamais rien. L'eau, le

Diem, aquam, solem, lunam, noctem, hæc argento non emo :
Cætera, quæque volumus uti, græca mercamur fide.
Quom a pistore panem petimus, vinum ex œnopolio,
Si æs habent, dant mercem. Eadem nos disciplina utimur.
Semper oculatæ manus sunt nostræ; credunt, quod vident.
Vetus est : Nihili cocio est... scis quojus? non dico amplius.

ARGYRIPPUS.

Aliam nunc mi orationem despoliato prædicas;
Longe aliam, inquam, præhibes nunc atque olim, quom dabam,
Aliam atque olim, quom inliciebas me ad te blande ac benedice.
Tum mihi ædeis quoque adridebant, quod ad te veniebam, tuæ.
Me unice unum ex omnibus te atque illam amare, aibas mihi.
Ubi quid dederam, quasi columbæ pulli, in ore ambæ meo
Usque eratis; meo de studio studia erant vostra omnia.
Usque adhærebatis. Quod ego jusseram, quod volueram,
Faciebatis; quod nolebam ac vetueram, de industria
Fugiebatis, neque conari id facere audebatis prius.
Nunc neque quid velim, neque nolim, facitis magni, pessumæ.

CLEÆRETA.

Non tu scis? hic noster quæstus aucupi simillimu'st.
Auceps quando concinnavit aream, obfundit cibum.

soleil, la lune, le jour, la nuit, quand nous voulons en jouir, ne nous coûtent pas d'argent. Il n'en est pas ainsi du reste. On nous vend tout au crédit des Grecs. Que je demande au boulanger du pain, au cabaretier du vin, ils me donnent leur marchandise, si je paie. C'est chez nous la même chose. Nos mains ont des yeux, elles croient ce qu'elles voient. Le vieux proverbe dit : A mauvais marchand.... Tu sais quoi? Suffit.

ARGYRIPPE.

Maintenant que tu m'as mis à sec, tes discours sont changés. Quelle différence autrefois, lorsque je donnais! Quelle différence alors que tu me cajolais par tes doucereuses paroles! Ta maison même semblait me sourire en s'ouvrant pour moi. Toi et ta fille, vous me chérissiez uniquement, j'étais préféré à tous, tu me l'assurais. A chaque présent que je faisais, vous étiez à me becqueter comme deux colombes. Vous ne me quittiez pas d'un instant. Mes volontés étaient les vôtres. J'avais à peine le temps de demander, de désirer. Si je défendais quelque chose, si quelque chose me déplaisait, vous mettiez tous vos soins à l'éviter, et vous n'osiez rien faire de votre chef. Maintenant, que je veuille ou ne veuille pas, vous ne vous en souciez guère, traîtresses que vous êtes!

CLÉÉRÈTE.

Tu ne sais donc pas? Notre industrie est tout-à-fait pareille à celle de l'oiseleur. Il prépare son terrain, il

Aveis adsuescunt. Necesse'st facere sumtum, qui quærit lucrum.
Sæpe edunt. Semel si captæ sunt, rem solvont aucupi.
Itidem heic apud nos : ædis nobis area'st, auceps sum ego,
Esca est meretrix, lectus inlex est, amatores aveis :
Bene salutando consuescunt, conpellando blanditer,
Osculando, oratione vinnula, venustula.
Si papillam pertractavit, haud est ab re aucupis.
Savium si sumsit, sumere eum licet sine retibus.
Hæccine te esse oblitum, in ludo qui fuisti tamdiu?

ARGYRIPPUS.

Tua ista culpa'st, quæ discipulum semidoctum abs te amoves.

CLEÆRETA.

Remeato audacter, mercedem si eris nactus; nunc abi.

ARGYRIPPUS.

Mane, mane, audi : dic, quid me æquom censes pro illa tibi dare,
Annum hunc ne cum quiquam alio sit.

CLEÆRETA.

Tene? viginti minas,
Atque ea lege : si alius ad me prius adtulerit, tu vale.

ARGYRIPPUS.

At ego... est etiam, priusquam abis, quod volo loqui.

CLEÆRETA.

Dic quod lubet.

y répand des graines pour attirer sa proie. Car on ne gagne pas sans faire des avances. Les oiseaux viennent souvent manger. Mais une fois pris, ils dédommagent l'oiseleur. C'est tout de même chez nous. Moi, je suis l'oiseleur ; mon terrain, c'est ma maison ; ma fille est l'amorce, le lit est le piège, les amans sont les oiseaux. On les attire avec un accueil flatteur et des manières engageantes, et un parler doucet et gracieux. S'ils ont touché le bout de la gorge, tant mieux pour l'oiseleur. S'ils cueillent le baiser d'amour, on n'a pas besoin de filets pour les prendre. Peux-tu ignorer cela, toi, un si ancien disciple de mon école ?

ARGYRIPPE.

C'est ta faute ; tu renvoies ton disciple avant que son éducation soit achevée.

CLÉÉRÈTE.

Tu reviendras quand tu auras de quoi payer les leçons. Adieu.

ARGYRIPPE.

Un moment, un moment. Écoute-moi. Combien veux-tu, pour qu'elle soit à moi cette année sans partage ?

CLÉÉRÈTE.

Parce que c'est toi, passe pour vingt mines ; à cette condition toutefois, que si un autre me les apporte avant toi, tu peux aller ailleurs *(elle va pour se retirer)*.

ARGYRIPPE.

Eh bien ! j'ai encore... attends... quelque chose à te dire.

CLÉÉRÈTE.

Parle tant que tu voudras.

ARGYRIPPUS.

Non omnino jam perii : est reliquom, quo peream magis.
Habeo, unde istuc tibi, quod poscis, dem; sed in leges meas
Dabo, ut scire possis, perpetuum annum hunc mihi uti serviat,
Nec quemquam interea alium admittat prorsus, quam me, ad se virum.

CLEÆRETA.

Quin, si tu voles, domi servi qui sunt, castrabo viros.
Postremo, ut voles nos esse, syngrapham facito adferas.
Ut voles, ut tibi lubebit, nobis legem inponito :
Modo tecum una argentum adferto, facile patiar cætera.
Portitorum simillumæ sunt januæ lenoniæ :
Si adfers, tum patent; si non est quod des, ædeis non patent.

ARGYRIPPUS.

Interii, si non invenio ego illas viginti minas.
Et profecto, nisi illud perdo argentum, pereundum'st mihi.
Nunc pergam ad forum, atque experiar opibus, omni copia.
Subplicabo, exobsecrabo, ut quemque amicum videro;
Dignos, indignos adire, atque experiri certum'st mihi.
Nam si mutuas non potero, certum'st, sumam fœnore.

ARGYRIPPE.

Je ne suis pas tout-à-fait ruiné. Il me reste encore de quoi achever ma ruine. Je puis trouver les moyens de te satisfaire. Mais je prescrirai les conditions du marché. D'abord il est bien entendu que je la possèderai seul ; qu'elle ne recevra chez elle point d'autre homme que moi.

CLÉÉRÈTE.

Oui, et même, si tu veux, nous ferons eunuques les hommes qui sont à notre service. Rédige l'acte dans les termes que tu voudras. Impose les conditions qu'il te plaira; à ta fantaisie. Pourvu que tu apportes de l'argent, je me soumettrai à tout. Les portes des courtisanes sont comme les barrières des villes; elles s'ouvrent à qui peut payer; quand on ne paie pas, fermées.

(Elle sort.)

ARGYRIPPE, seul.

C'est fait de moi, si je ne trouve pas ces vingt mines. Oui, il faut perdre encore cet argent, ou périr moi-même. Je cours à la grande place, j'essaierai de toutes les ressources, de tous les moyens. Je prierai, je supplierai ceux de mes amis qui se rencontreront. Honnêtes gens, ou fripons, n'importe, je suis résolu d'implorer tout le monde. Si l'on ne me prête pas généreusement, j'aurai recours aux usuriers.

LIBANUS*.

Hercle vero, Libane, nunc te meliu'st expergiscier,
Atque argento conparando fingere fallaciam.
Jam diu'st factum, quom discesti ab hero, atque abisti
   ad forum,
Igitur inveniundo argento ut fingeres fallaciam.
Ibi tu ad hoc diei tempus dormitasti in otio.
Quin tu abs te socordiam omnem reici', et segnitiem
   amoves,
Atque ad ingenium vetus vorsutum te recipis tuum.
Serva herum : cave tu idem faxis, alii quod servi solent,
Qui ad heri fraudationem callidum ingenium gerunt.
Unde sumam? quem intervortam? quo hanc celocem
   conferam?
Inpetritum, inauguratum'st : quovis admittunt aveis.
Picus et cornix ab læva est; corvos porro ab dextera.
Consuadent : certum, hercle, est, vostram consequi
   sententiam.
Sed quid hoc, quod picus ulmum tundit? non temera-
   rium'st.
Certe, hercle, ego, quantum ex augurio auspicioque
   intellego,
Aut mihi in mundo sunt virgæ, aut atriensi Saureæ.
Sed quid illuc, quod exanimatus currit huc Leonida?
Metuo, quod illic obscævavit meæ falsæ fallaciæ.

* Actus II, Scena 1.

LIBAN, seul*.

Pardieu, c'est aujourd'hui, Liban, qu'il faut être alerte, et imaginer quelque supercherie pour faire de l'argent. Voilà déjà long-temps que tu as quitté ton maître en te rendant au forum, où tu devais inventer une ruse qui grossît vos finances. Jusqu'ici tu t'es endormi à rien faire. Allons, point de lenteur, secoue la paresse, et appelle à ton aide ton ancien génie d'intrigue. Tu as ton maître à sauver. Ne va pas faire comme le commun des esclaves, qui n'ont d'esprit et de finesse que pour tromper les leurs. Où prendre? Qui duper? De quel côté tourner ma barque? *(Il regarde en l'air.)* Grand succès! Le ciel nous favorise. Tous les augures se présentent bien. Le pivert et la corneille à gauche, le corbeau à droite. Ils m'encouragent. Oui, oui, j'y suis résolu, je suivrai vos avis. Mais qu'est-ce là? le pivert frappe du bec un ormeau. Il y a quelque chose là-dessous. Oui certes, les verges se préparent, ou pour moi, ou pour l'intendant Sauréa. Mais pourquoi Léonidas accourt-il tout hors d'haleine? Mauvaise rencontre, pronostic alarmant pour le fourbe et pour ses fourberies.

* Acte II, Scène I.

LEONIDA, LIBANUS*.

LEONIDA.
Ubi ego nunc Libanum requiram, aut familiarem filium?
Uti ego illos lubentiores faciam, quam Lubentia'st?
Maxumam prædam et triumphum eis adfero adventu meo.
Quando mecum pariter potant, pariter scortari solent,
Hanc quidem, quam nactus prædam, pariter cum illis partiam.

LIBANUS.
Illic homo ædeis conpilavit, more si fecit suo.
Væ illi, qui tam indiligenter observavit januam.

LEONIDA.
Etiam de tergo ducentas plagas prægnateis dabo.

LIBANUS.
Largitur peculium, omnem in tergo thesaurum gerit.

LEONIDA.
Ætatem velim servire, Libanum ut conveniam modo.

LIBANUS.
Mea quidem, hercle, opera liber nunquam fies ocius.

LEONIDA.
Nam si se huic obcasioni tempus sese subterduxerit,

*Actus II, Scena II.

LÉONIDAS, LIBAN*.

LÉONIDAS, sans voir Liban.

En quel lieu pourrai-je trouver Liban, ou notre jeune maître, pour les rendre plus joyeux que la joie même? Quel triomphe! quel butin je leur apporte! Puisqu'ils partagent avec moi les bonnes lippées et les parties fines, il est juste que je partage avec eux la proie que j'ai trouvée.

LIBAN, à part.

Sans doute il a volé dans quelque maison, s'il a suivi sa louable coutume. Tant pis pour qui ne garde pas bien sa porte.

LÉONIDAS.

Je pourrais de plus détacher de mon dos deux cents coups bien dodus.

LIBAN, à part.

Le voilà qui distribue son pécule. Son dos est un trésor.

LÉONIDAS.

Je voudrais, pour un siècle de servitude, rencontrer Liban à l'instant même.

LIBAN, à part.

Ah! si tu n'attendais que moi pour t'affranchir, tu attendrais long-temps.

LÉONIDAS.

S'il laisse échapper l'occasion qui se présente, jamais

---

*Acte II, Scène II.

Nunquam, edepol, quadrigis albis indipiscet postea :
Herum in obsidione linquet, inimicum animos auxerit.
Sed si mecum obcasionem obprimere hanc, quæ obvenit, studet,
Maxumas opimitates gaudio ecfertissumas
Suis heris ille una mecum pariet, gnatoque et patri :
Adeo ut ætatem ambo ambobus nobis sint obnoxii,
Nostro devincti beneficio.

LIBANUS.

                    Vinctos nescio quos ait.
Non placet : metuo in conmune, ne quam fraudem frausu' sit.

LEONIDA.

Perii ego oppido, nisi Libanum invenio jam, ubi ubi est gentium.

LIBANUS.

Illic homo socium ad malam rem quærit, quem adjungat sibi.
Non placet : pro monstro exemplum'st, quando, qui sudat, tremit.

LEONIDA.

Sed quid ego heic properans concesso pedibus, lingua largior ?
Quin ego hanc jubeo tacere, quæ loquens lacerat diem ?

LIBANUS.

Edepol, hominem infelicem, qui patronam conprimat !
Nam si quid sceleste fecit, lingua pro illo pejerat.

LEONIDA.

Adproperabo, ne post tempus prædæ præsidium parem.

il ne la rattrapera, eût-il le char des dieux ; il laissera son maître en prise, et fera triompher l'ennemi ; au lieu que si nous saisissons cette occasion au passage, nous procurerons à nos maîtres une victoire toute pleine d'allégresse et d'opulence. Le père et le fils nous en auront une obligation éternelle. Nous les tiendrons par les liens de la reconnaissance.

LIBAN, à part.

Que parle-t-il de liens ? cela ne présage rien de bon. Pourvu qu'il n'ait pas commis quelque méfait pour son compte et le mien !

LÉONIDAS.

Je suis un homme perdu, si je ne rencontre pas tout de suite Liban, où qu'il soit fourré ?

LIBAN, à part.

Le drôle cherche un compagnon de gibet. Je ne suis pas sans inquiétude ; c'est un prodige de voir un homme suer et trembler à la fois.

LÉONIDAS.

Mais je suis pressé, et mes pieds ne se remuent pas, tandis que ma langue est trop agissante. Je la forcerai bien à se taire au lieu de perdre le temps à babiller.

LIBAN, à part.

Le malheureux, qui veut faire violence à sa protectrice ! car c'est elle qui prodigue tous les jours le parjure pour lui sauver la peine de ses crimes.

LÉONIDAS.

Hâtons-nous ; n'attendons pas qu'il ne soit plus temps d'appeler du renfort pour enlever le butin.

LIBANUS.

Quæ illæc præda est? ibo advorsum, atque electabo quidquid est.
Jubeo te salvere voce summa, quoad vires valent.

LEONIDA.

Gymnasium flagri, salveto.

LIBANUS.

Quid agis, custos carceris?

LEONIDA.

O catenarum colone.

LIBANUS.

Virgarum o lascivia.

LEONIDA.

Quot pondo te esse censes nudum?

LIBANUS.

Non, edepol, scio.

LEONIDA.

Scibam ego te nescire : at, pol, ego, qui te expendi, scio.
Nudus vinctus centum pondo es, quando pendes per pedes.

LIBANUS.

Quo argumento istuc?

LEONIDA.

Ego dicam, quo argumento et quo modo.
Ad pedes quando adligatum'st æquom centupondium,
Ubi manus manicæ conplexæ sunt, atque adductæ ad trabem,
Nec dependis, nec propendis, quin malus nequamque sis.

LIBAN, à part.

Quel est ce butin ? Je cours à lui, et, quoi que ce soit, j'en prendrai ma part. *(Haut)* Bonjour; de toute la force de mes poumons, je te le souhaite.

LÉONIDAS.

Gymnase des houssines, salut!

LIBAN.

Comment t'en va, pilier des prisons!

LÉONIDAS.

Conservateur des chaînes!

LIBAN.

Délice des étrivières!

LÉONIDAS.

Combien crois-tu peser, quand tu es tout nu?

LIBAN.

Je n'en sais rien.

LÉONIDAS.

Je m'en doutais. Mais moi je le sais certainement, car je t'ai pesé. Nu et garotté, les pieds pendans, tu pèses cent livres.

LIBAN.

Et la preuve?

LÉONIDAS.

Je vais te le dire. Tu vas voir comment. Quand on a attaché un bon poids de cent livres à tes pieds, que tes mains sont prises dans les menottes et amenées contre les poulies, tu ne pèses ni plus ni moins qu'un vaurien.

LIBANUS.

Væ tibi!

LEONIDA.

Hoc testamento Servitus legat tibi.

LIBANUS.

Verbis velitationem fieri conpendi volo.
Quid istuc est negoti?

LEONIDA.

Certum'st credere?

LIBANUS.

Audacter licet.

LEONIDA.

Sis amanti subvenire familiari filio,
Tantum adest boni inproviso, verum conmistum malo.
Omneis de nobis carnuficum concelebrabuntur dies.
Libane, nunc audacia usu'st nobis inventa et dolis.
Tantum facinus modo inveni ego, ut nos dicamur duo
Omnium dignissumi esse, quo cruciatus confluant.

LIBANUS.

Ergo mirabar, quod dudum scapulæ gestibant mihi,
Hariolari quæ obceperunt esse sibi in mundo malum.
Quidquid est, eloquere.

LEONIDA.

Magna est præda cum magno malo.

LIBANUS.

Siquidem omneis conjurati cruciamenta conferant,
Habeo, opinor, familiarem tergum, ne quæram foris.

LEONIDA.

Si istanc firmitudinem animi obtines, salvi sumus

LIBAN.

Malheur à toi!

LÉONIDAS.

C'est l'héritage que la servitude te laisse par testament.

LIBAN.

Ah ça! trêve de gentillesses. Quelles nouvelles apportes-tu?

LÉONIDAS.

Peut-on te confier quelque chose?

LIBAN.

En toute sûreté.

LÉONIDAS.

Si tu veux secourir notre jeune maître dans ses amours, une bonne fortune inespérée nous arrive, mais non sans péril. Les bourreaux nous devront de n'être plus un seul de leurs jours à chômer. Liban, c'est aujourd'hui qu'il faut de l'audace et de l'adresse. Je viens d'imaginer un complot qui doit nous acquérir la renommée de deux héros patibulaires.

LIBAN.

Aussi je m'étonnais tout à l'heure de la démangeaison de mes épaules! c'était le présage des supplices qui s'apprêtent. Parle sans crainte.

LÉONIDAS.

Grand butin, mais aussi grands coups d'étrivières.

LIBAN.

N'importe. Que tous les bourreaux conjurent ensemble pour me torturer, je n'aurai pas besoin, j'espère, d'emprunter un dos, j'en ai un à mon service.

LÉONIDAS.

Si cette vaillance ne se dément pas, nous sommes sauvés.

LIBANUS.

Quin si tergo res solvenda'st, rapere cupio publicum :
Pernegabo atque obdurabo, perjurabo denique.

LEONIDA.

Hem! ista virtus est, quando usu'st, qui malum fert fortiter.
Fortiter malum qui patitur, idem post patitur bonum.

LIBANUS.

Quin rem actutum edisseris? cupio malum nanciscier.

LEONIDA.

Placide ergo unumquidquid erogita, adquiescam : non vides
Me ex cursura anhelitum etiam ducere?

LIBANUS.

Age age, mansero
Tuo arbitratu, vel adeo usque dum peris.

LEONIDA.

Ubi nam est herus?

LIBANUS.

Major apud forum'st, minor heic est intus.

LEONIDA.

Jam satis est mihi.

LIBANUS.

Tum igitur tu dives factus?

LEONIDA.

Mitte ridicularia.

LIBANUS.

Mitto : istuc, quod adfers, aureis exspectant meæ.

LIBAN.

Oui, s'il ne s'agit que de payer avec mes épaules, qu'on me donne même le trésor public à piller. Ensuite je saurai nier, mentir effrontément, et jurer, s'il le faut.

LÉONIDAS.

Voilà du courage! Voilà un homme qui sait braver le péril au besoin. Pour qui a la force de supporter le mal, le bien arrive après.

LIBAN.

Explique-toi promptement : il me tarde d'encourir la bastonnade.

LÉONIDAS.

Un moment donc, ne précipite pas les questions; laisse-moi respirer. Ne vois-tu pas que je suis tout essoufflé de courir?

LIBAN.

A ton aise. J'attendrai même jusqu'à ce que tu rendes l'âme.

LÉONIDAS.

Où est notre maître?

LIBAN.

Le vieux? il est au forum. Le fils est à la maison.

LÉONIDAS.

J'ai ce qu'il me faut.

LIBAN.

Tu es donc devenu riche?

LÉONIDAS.

Point de plaisanteries.

LIBAN.

Soit. Mes oreilles attendent ta nouvelle.

LEONIDA.
Animum advorte, ut æque mecum hæc scias.
LIBANUS.
Taceo.
LEONIDA.
Beas.
Meministin' asinos Arcadicos mercatori vendere
Pellæo nostrum atriensem?
LIBANUS.
Memini. Quid tum postea?
LEONIDA.
Hem! ergo is argentum huc remisit, quod daretur Saureæ
Pro asinis: adulescens venit modo, qui id argentum adtulit.
LIBANUS.
Ubi is homo'st?
LEONIDA.
Jam devorandum censes, si conspexeris.
LIBANUS.
Ita enimvero: sed tamen tu nempe eos asinos prædicas
Vetulos, claudos, quibus subtritæ ad femina jam erant ungulæ.
LEONIDA.
Ipsos, qui tibi subvectabant rure huc virgas ulmeas.
LIBANUS.
Teneo: atque iidem te hinc vexerunt vinctum rus.

LÉONIDAS.

Attention, si tu veux en savoir autant que moi.

LIBAN.

J'écoute.

LÉONIDAS.

C'est heureux! Te souviens-tu que notre intendant a vendu des ânes d'Arcadie à un marchand de Pella?

LIBAN.

Oui. Après?

LÉONIDAS.

Eh bien, le marchand a envoyé de l'argent pour les payer à Sauréa. J'ai vu l'homme qui l'apporte.

LIBAN, avec empressement.

Où est-il?

LÉONIDAS.

On dirait que tu vas l'avaler, s'il se présente.

LIBAN.

Oui, vraiment. Mais tu parles de ces ânes vieux, boiteux, dont la corne était usée jusqu'au jarret?

LÉONIDAS.

Oui, ceux-là même qui apportaient des provisions d'orme pour toi.

LIBAN.

J'y suis : les mêmes qui te portèrent enchaîné aux travaux des champs.

LEONIDA.

Memor es probe.
Verum in tonstrina, ut sedebam, me infit percontarier :
Ecquem filium Stratonis gnoverim Demænetum?
Dico me gnovisse extemplo, et me ejus servom prædico
Esse, et ædeis demonstravi nostras.

LIBANUS.

Quid tum postea?

LEONIDA.

Ait se ferre ob asinos argentum atriensi Saureæ,
Viginti minas; sed eum se non gnovisse hominem, qui siet :
Ipsum vero se gnovisse callide Demænetum.
Quoniam ille elocutus hæc sic...

LIBANUS.

Quid tum?

LEONIDA.

Ausculta ergo; scies.
Extempulo facio me facetum atque magnificum virum,
Dico me esse atriensem; sic hoc respondit mihi :
Ego, pol, Sauream non gnovi, neque qua facie sit scio :
Te non æquom est subcensere : si herum vis Demænetum,
Quem ego gnovi, adduce; argentum non morabor, quin feras.
Ego me dixeram adducturum, et me domi præsto fore.
Ille in balineas ituru'st, inde huc veniet postea.
Quid nunc consilio captandum censes? dic.

LIBANUS.

Hem istuc ago,

LÉONIDAS.

Ta mémoire est bonne. Or donc, comme j'étais assis dans la boutique du barbier, cet homme est venu me demander si je connaissais Déménète, fils de Straton. Oui, lui dis-je, c'est mon maître; et je lui enseigne notre maison.

LIBAN.

Ensuite?

LÉONIDAS.

Je viens, ajoute-t-il, apporter vingt mines à l'intendant Sauréa pour des ânes qu'il a vendus. Mais je ne le connais pas; je connais très-bien Déménète. Lorsqu'il m'eut parlé ainsi..

LIBAN.

Au fait.

LÉONIDAS.

Écoute, tu l'apprendras. Aussitôt je prends un air d'importance; je fais le capable, et je me donne pour l'intendant. Sauréa m'est inconnu, répond-il. Je n'ai jamais vu sa figure. Il ne faut donc pas te fâcher. Amène-moi Déménète que je connais, et alors tu toucheras l'argent. Je lui ai promis de l'aller chercher et de le conduire à la maison. En attendant il doit aller au bain; il sera ici bientôt. Maintenant que ferons-nous? Dis?

LIBAN.

C'est à quoi je songe. Par quel moyen escamoter l'ar-

Quomodo argentum intervortam, et adventorem, et
   Ream.
Jam hoc opus est exasciatum : nam si ille argentum prius
Hospes huc adfert, continuo nos ambo exclusi sumus.
Nam me hodie senex seduxit solum, seorsum ab ædibus :
Mihi, tibique interminatu'st, nos futuros ulmeos,
Ni hodie Argyrippo viginti essent argenti minæ.
Jussit vel nos atriensem, vel nos uxorem suam
Defrudare : sese dixit operam promissam dare.
Nunc tu abi ad forum ad herum, et narra, hæc ut nos
   acturi sumus.
Te ex Leonida futurum esse atriensem Sauream,
Dum argentum adferat mercator pro asinis.

LEONIDA.
Faciam uti jubes.

LIBANUS.
Ego illum interea heic oblectabo, prius si forte advenerit.

LEONIDA.
Quid ais?

LIBANUS.
Quid vis?

LEONIDA.
Pugno malam si tibi percussero,
Mox quom Sauream imitabor, caveto ne subcenseas.

LIBANUS.
Hercle vero, tu cavebis, ne me adtigas : si me tagis,
Næ hodie malo cum auspicio nomen conmutaveris.

LEONIDA.
Quæso, æquo animo patitor.

gent à l'étranger et à Sauréa? Voilà l'ouvrage en train. Si l'homme apporte ici l'argent avant que Déménète arrive, nous sommes éconduits. Le vieillard m'a tiré à part aujourd'hui pour me déclarer qu'il nous couvrirait d'orme de la tête aux pieds, si son fils Argyrippe n'avait dans la journée vingt mines. Il veut que nous volions ou sa femme ou l'intendant. Il a promis de nous seconder. Vas donc à la grande place, l'instruire de la pièce que nous voulons jouer. Dis-lui que Léonidas se métamorphose en Sauréa pour recevoir du marchand le prix des ânes.

LEONIDAS.

J'y cours.

LIBAN.

Moi, j'amuserai ici notre homme, s'il vient auparavant.

LEONIDAS.

Dis-moi donc?

LIBAN.

Qu'est-ce?

LEONIDAS.

Si je te donne quelque bon soufflet tantôt, quand je ferai le rôle de Sauréa, tu ne te fâcheras pas?

LIBAN.

Par Hercule! garde-toi de me toucher; car il t'arriverait mal de ton changement de nom.

LEONIDAS.

Je t'en prie, laisse-moi te souffleter.

LIBANUS.

Patitor tu item, quom ego te referiam.

LEONIDA.

Dico, ut usus'st fieri.

LIBANUS.

Dico, hercle, ego quoque ut facturu'sum.

LEONIDA.

Ne nega.

LIBANUS.

Quin promitto inquam hostire contra, ut merueris.

LEONIDA.

Ego abeo; tu, jam scio, patiere. Sed quis hic est? is est;
Ille est ipsus. Jam ego recurro huc : tute hunc interea heic tene.
Volo seni narrare.

LIBANUS.

Quin tu opficium facis ergo, ac fugis?

MERCATOR, LIBANUS*.

MERCATOR.

Ut demonstratæ sunt mihi, hasce ædeis esse oportet,
Demænetus ubi dicitur habitare. I, puere, pulta.
Atque atriensem Sauream, si est intus, evocato huc.

---

*Actus II, Scena III.

LIBAN.
Laisse-toi faire aussi, quand je te rendrai les coups.
LÉONIDAS.
Je t'assure que cela serait excellent.
LIBAN.
Et je t'assure, moi, que je ne te manquerai pas.
LÉONIDAS.
Ne fais pas le récalcitrant.
LIBAN.
Tiens-toi pour averti que je ne serai pas en reste de bons procédés.
LÉONIDAS.
Je m'en vais. Tu seras endurant, j'en suis persuadé. Mais qui est-ce qui vient? C'est lui, oui, c'est lui-même. Je reviens à l'instant. Toi, songe à le retenir. Je vole avertir le vieillard.

LIBAN.
Fais donc ton office, et fuis sans plus tarder.

(Léonidas sort.)

LE MARCHAND, LIBAN, un esclave du marchand*.

LE MARCHAND.
Selon qu'on m'a enseigné, ce doit être ici la maison de Déménète. *(A son esclave)* Vas frapper, et demande si l'intendant Sauréa y est. Qu'il vienne.

* Acte II, Scène III.

LIBANUS.

Quis nostras sic frangit foreis? Ohe, inquam, si quid audis.

MERCATOR.

Nemo etiam tetigit; sanusne es?

LIBANUS.

At censebam adtigisse,
Propterea, huc quia habebas iter : nolo ego meas conservas
A te verberarier : sane ego sum amicus nostris.

MERCATOR.

Pol, haud periclum'st, cardines ne foribus ecfringantur,
Si istoc exemplo tu omnibus, qui quærunt, respondebis.

LIBANUS.

Ita hæc morata'st janua : extemplo janitorem
Clamat, procul si quem videt ire ad sese calcitronem.
Sed quid venis? quid quæritas?

MERCATOR.

Demænetum volebam.

LIBANUS.

Si sit domi, dicam tibi.

MERCATOR.

Quid? ejus atriensis?

LIBANUS.

Nihilo mage intus est.

MERCATOR.

Ubi est?

LIBANUS.

Ad tonsorem ire dixit.

LIBAN.

Qui est-ce qui brise ainsi notre porte? Holà! m'entends-tu?

LE MARCHAND.

On n'y a pas touché. Est-ce que tu as perdu le sens?

LIBAN.

Je le croyais, parce que tu allais de ce côté-là. Je ne veux pas laisser frapper ma camarade; tout ce qui est de la maison m'est cher.

LE MARCHAND.

Certes, il n'y a pas de danger qu'on brise vos gonds, si tu reçois de la sorte ceux qui veulent entrer.

LIBAN.

C'est l'habitude de notre porte, d'appeler le portier, dès qu'elle voit s'approcher qui la brutaliserait. Mais que veux-tu? Que demandes-tu?

LE MARCHAND.

J'ai affaire à Déménète.

LIBAN.

S'il était à la maison, je te le dirais.

LE MARCHAND.

Et l'intendant?

LIBAN.

Pas davantage.

LE MARCHAND.

Où est il?

LIBAN.

Il a dit qu'il allait chez le barbier.

MERCATOR.
Quom venisset, post non rediit?
LIBANUS.
Non, edepol : quid volebas?
MERCATOR.
Argenti viginti minas, si adesset, adcepisset.
LIBANUS.
Qui pro istuc?
MERCATOR.
Asinos vendidit Pellæo mercatori
Mercatu.
LIBANUS.
Scio, tu id nunc refers? jam heic credo eum
adfuturum.
MERCATOR.
Qua facie voster Saurea'st? si is est, jam scire-potero.
LIBANUS.
Macilentis malis, rufulus, aliquantum ventriosus,
Truculentis oculis, conmoda statura, tristi fronte.
MERCATOR.
Non potuit pictor rectius describere ejus formam.
Atque, hercle, ipsum adeo contuor, quassanti capite
incedit.
LIBANUS.
Quisque obviam huic heic obcesserit irato, vapulabit.
MERCATOR.
Siquidem, hercle, Æacidinis minis animisque expletu'
cedit,
Si me iratus tetigerit, iratus vapulabit.

LE MARCHAND.

Il n'est pas revenu depuis ?

LIBAN.

Non, par Dieu. Qu'est-ce que tu lui voulais ?

LE MARCHAND.

S'il était là, je lui remettrais vingt mines.

LIBAN.

Pourquoi ?

LE MARCHAND.

Il a vendu des ânes à un marchand de Pella, dans le marché.

LIBAN.

Je comprends. Tu lui en apportes le prix ? Il sera bientôt de retour.

LE MARCHAND.

Quelle figure a votre Sauréa ? Je verrai bien si c'est lui.

LIBAN.

Visage maigre, cheveux roux, un peu de ventre, le regard farouche, la taille moyenne, l'air dur.

LE MARCHAND.

Un peintre ne ferait pas mieux son portrait. Et par dieu ! je l'aperçois lui-même. Il vient en secouant la tête.

LIBAN.

Gare au premier qu'il rencontrera dans sa colère.

LE MARCHAND.

Par Hercule ! quand il viendrait avec le courroux menaçant d'Achille, si sa fureur le porte à me frapper, sa fureur lui attirera des coups.

LEONIDA, MERCATOR, LIBANUS.

LEONIDA.

Quid hoc est negoti? neminem meum dictum magnifa-
cere!
Libanum in tonstrinam ut jusseram venire, is nullus
venit.
Næ ille, edepol, tergo et cruribus consuluit haud decore.

MERCATOR.

Nimis imperiosu'st.

LIBANUS.

Væ mihi hodie!

LEONIDA.

Salvere jussi
Libanum libertum! jam manu emissus?

LIBANUS.

Obsecro te.

LEONIDA.

Næ tu, hercle, cum magno malo mihi obviam obces-
sisti.
Cur non venisti, ut jusseram, in tonstrinam?

LIBANUS.

Hic me moratu'st.

LEONIDA.

Siquidem, hercle, nunc summum Jovem te dicas deti-
nuisse,
Atque is precator adsiet, malam rem ecfugies nunquam.
Tu, verbero, inperium meum contempsisti!

* Actus II, Scena IV.

Les précédens, LÉONIDAS*.

LEONIDAS, se parlant à lui-même.

Qu'est-ce donc que cela? on ne fait nul cas de ce que je dis! J'avais donné ordre à Liban de venir chez le barbier; il n'est pas venu. Par Pollux! il prend peu de soin de conserver ses jambes et son dos.

LE MARCHAND, à part.

Qu'il est arrogant!

LIBAN, feignant de craindre.

Hélas! que je suis malheureux!

LEONIDAS.

Salut à l'affranchi Liban. Il paraît que tu es émancipé.

LIBAN.

De grâce.

LEONIDAS.

Par tous les dieux! C'est ton mauvais sort qui t'amène devant moi. Pourquoi n'es-tu pas venu, selon mes ordres, chez le barbier?

LIBAN, montrant le marchand.

Cet homme m'a retenu.

LEONIDAS.

Par Hercule! quand le grand Jupiter viendrait me dire qu'il t'a retenu, et prier pour toi, tu n'éviteras pas un châtiment terrible. Maraud, ne pas tenir compte de mon commandement!

* Acte II, Scène IV.

LIBANUS.

Perii, hospes.

MERCATOR.

Quæso, hercle, noli, Saurea, mea causa hunc verberare.

LEONIDA.

Utinam nunc stimulus in manu mihi sit!

MERCATOR.

Quiesce, quæso.

LEONIDA.

Quî latera conteram tua, quæ obcalluere plagis.
Abscede, et sine me hunc perdere, qui semper ira incendit.
Quoi nunquam unam rem me licet semel præcipere furi,
Quin centies eadem inperem, atque obganniam : itaque jam, hercle,
Clamore ac stomacho non queo labori subpeditare.
Jussin', sceleste, ab janua hoc stercus hinc auferri?
Jussin' columnis dejici operas aranearum?
Jussin' in splendorem dari bullas has foribus nostris?
Nihil est : tamquam si claudus sim, cum fusti'st ambulandum.
Quia triduum hoc unum modo foro operam adsiduam dedi,
Dum reperiam, qui quæritet argentum in fœnus, heic vos
Dormitis interea domi, atque herus in hara, haud ædibu', habitat.
Hem ergo, hoc tibi.

LIBAN.

Étranger, je suis perdu!

LE MARCHAND.

Je t'en prie, Sauréa, ne le bats pas, par égard pour moi.

LÉONIDAS, *feignant de ne pas prendre garde au marchand.*

Si j'avais un bâton sous la main!...

LE MARCHAND.

Calme-toi, je t'en prie.

LÉONIDAS.

Pour briser tes reins endurcis sous les coups. *(Au marchand)* Retire-toi, laisse-moi tuer ce misérable, qui me met toujours hors de moi. Il ne suffit jamais de lui dire une fois les choses; il faut répéter mes ordres cent fois, et m'égosiller. Aussi, je n'en puis plus à force de crier et de gronder. Ne t'avais-je pas dit, coquin, de retirer le fumier de cette entrée? Ne t'avais-je pas dit d'ôter les toiles d'araignée de ces colonnes? de nettoyer les clous de ces portes? Rien! Il faut toujours marcher comme un boîteux, un bâton à la main. Parce que je suis resté seulement trois jours de suite à courir le forum pour chercher un placement de notre argent; vous profitez de mon absence pour vous endormir, et mon maître habite une étable à porc, et non une maison. Tiens, voilà pour toi.

(Il fait le geste de donner un coup à Liban.)

LIBANUS.

Hospes, te obsecro, defende.

MERCATOR.

Saurea, oro,
Mea causa ut mittas.

LEONIDA.

Eho, ecquis pro vectura olivi
Resolvit?

LIBANUS.

Resolvit.

LEONIDA.

Quoi datum'st?

LIBANUS.

Sticho vicario ipsi
Tuo.

LEONIDA.

Vah! delenire adparas : scio mihi vicarium esse,
Neque eo esse servom in ædibus heri, qui pluris sit
    quam ille.
Sed vina quæ heri vendidi vinario Exærambo,
Jam pro iis satisfecit Sticho?

LIBANUS.

Fecisse satis opinor :
Nam vidi huc ipsum adducere trapezitam Exærambum.

LEONIDA.

Sic dedero : prius quæ credidi, vix anno post exegi.
Nunc satagit : adducit domum etiam ultro, et scribit
    numos.
Dromo mercedem rettulit?

LIBAN.

Étranger, je t'en supplie, protège-moi.

LE MARCHAND.

Sauréa, je te prie, fais-lui grâce, à ma considération.

LÉONIDAS, feignant de ne pas entendre ni voir le marchand.

Or sus! est-on venu payer le charriage de l'huile?

LIBAN.

Oui.

LÉONIDAS.

A qui?

LIBAN.

A Stichus, ton suppléant.

LÉONIDAS.

Je te conseille d'essayer de me prendre par flatterie. Je sais que j'ai un suppléant, et il n'y a pas dans la maison de mon maître un meilleur esclave. Et le marchand de vin Exerambe, s'est-il acquitté entre les mains de Stichus pour le vin que je lui ai vendu?

LIBAN.

Je le crois; car je l'ai vu amener ici un banquier.

LÉONIDAS.

A la bonne heure. Pour le crédit que je lui avais fait l'autre fois, il a fallu le presser pendant un an au moins. Aujourd'hui il est exact, et sans se faire tirer l'oreille il amène son banquier et souscrit son billet. Dromon a-t-il rapporté son salaire?

LIBANUS.

              Dimidio minus, opinor.

LEONIDA.

Quid reliquom?

LIBANUS.

    Aibat reddere, quam extemplo redditum esset :
Nam retineri, ut, quod sit sibi operis locatum, ecficeret.

LEONIDA.

Scyphos, quos utendos dedi Philodamo, rettulitne?

LIBANUS.

Non etiam.

LEONIDA.

    Hem! non? si velis, da, conmoda homini amico.

MERCATOR.

Perii, hercle! jam hic me abegerit suo odio.

LIBANUS.

                  Heus, jam satis tu :
Audin' quæ loquitur?

LEONIDA.

        Audio et quiesco.

MERCATOR.

                  Tandem, opinor,
Conticuit : nunc adeam optumum'st, priusquam incipit
    tinnire.
Quam mox mihi operam das?

LEONIDA.

    Ehem, optume, quamdudum tu advenisti?
Non, hercle, te provideram : quæso, ne vitio vortas,
Ita iracundia obstitit oculis.

LIBAN.

La moitié seulement, à ce que je crois.

LÉONIDAS.

Et le reste?

LIBAN.

Il a dit qu'il le donnerait dès qu'il l'aurait reçu. On le lui retient pour garantie de l'achèvement de l'ouvrage.

LÉONIDAS.

Et les gobelets que j'avais prêtés à Philodame, les a-t-il rendus?

LIBAN.

Pas encore.

LEONIDAS.

Pas encore? Hem! Autant vaut donner que prêter à un ami.

LE MARCHAND.

Par ma foi! il m'assomme. Quel ennui! je vais quitter la place.

LIBAN, bas à Léonidas.

Ah ça! en voilà assez. Tu l'entends?

LÉONIDAS, bas à Liban.

Oui. Je ne dis plus mot.

LE MARCHAND, à part.

A la fin il se taît, je crois. Il faut me dépêcher de lui parler, avant qu'il recommence à brailler. *(A Léonidas)* Me donneras-tu bientôt audience?

LÉONIDAS, faisant l'étonné.

Oh! oh! brave homme! Y a-t-il long-temps que tu es ici? Par Hercule! je ne te voyais pas. Ne m'en sache pas mauvais gré, je te prie. La colère m'offusquait la vue.

MERCATOR.

Non mirum factum'st.
Sed si domi'st, Demænetum volebam.

LEONIDA.

Negat esse intus.
Verum istuc argentum tamen mihi si vis denumerare,
Repromittam istoc nomine solutam rem futuram.

MERCATOR.
Sic potius, ut Demæneto tibi hero præsente reddam.

LIBANUS.
Herus istunc gnovit, atque herum hic.

MERCATOR.

Hero huic præsente reddam.

LIBANUS.
Da modo meo periculo; rem salvam ego exhibebo :
Nam si sciat noster senex fidem non esse huic habitam,
Subcenseat, quoi omnium rerum ipsus semper credit.

LEONIDA.
Non magni pendo; ne duit, si non volt : sic sine adstet.

LIBANUS.
Da, inquam : vah! formido miser, ne hic me tibi arbitretur
Suasisse, sibi ne crederes. Da, quæso, ac ne formida.
Salvom, hercle, erit.

MERCATOR.
Credam fore, dum quidem ipse in manu habeo.
Peregrinus ego sum, Sauream non gnovi.

LE MARCHAND.

C'est tout naturel. Mais j'aurais voulu parler à Déménète, s'il y était.

LÉONIDAS.

On te dit qu'il est absent. Mais si tu veux me compter cet argent, je te garantirai ta dette bien soldée.

LE MARCHAND.

J'aime mieux cependant te le donner en présence de Déménète.

LIBAN.

Son maître le connaît bien, et il connaît bien son maître.

LE MARCHAND.

Il faut que Déménète soit là.

LIBAN.

Paie-lui. J'en réponds ; je me porte caution du tout. Car si le vieillard savait que tu t'es méfié de Sauréa, il se fâcherait. Son intendant a toute sa confiance.

LÉONIDAS.

Je m'en soucie peu. Qu'il garde son argent ; comme il voudra. Laisse-le attendre.

LIBAN.

Paie, te dis-je. Ah ciel ! je tremble qu'il ne s'imagine que je t'ai conseillé de te méfier de lui. Paie, je t'en conjure, et ne crains rien. Par Hercule ! ton argent sera en sûreté.

LE MARCHAND.

Oui, tant que je le tiendrai. Je suis étranger, je ne connais pas Sauréa.

LIBANUS.

                      At gnosce sane.

MERCATOR.

Sit, non sit, non, edepol, scio : si is est, eum esse oportet.
Ego certe me incerto scio hoc daturum nemini homini.

LEONIDA.

Hercle, istum di omneis perduint. Verbo cave subplicassis.
Ferox est, viginti minas meas tractare sese.
Nemo adcipit : aufer te domum : abscede hinc, molestus ne sis.

MERCATOR.

Nimis iracunde. Non decet superbum esse hominem servom.

LIBANUS.

Malo, hercle, jam magno tuo nunc isti nec recte dicis.
Inpure, nihili, non vides irasci?

LEONIDA.

                      Perge porro.

LIBANUS.

Flagitium hominis, da, obsecro, argentum huic, ne male loquatur.

MERCATOR.

Malum, hercle, vobis quæritis.

LEONIDA.

                      Crura, hercle, disfringentur,
Ni istum inpudicum percies.

LIBAN.
Eh bien! le voilà; regarde.
LE MARCHAND.
Est-ce lui? n'est-ce pas lui? Je ne le sais pas, ma foi! Que ce soit lui, je ne le nie pas. Mais ce qu'il y a de sûr, c'est que je ne remettrai pas l'argent à quelqu'un dont je ne suis pas sûr.
LÉONIDAS.
Par tous les dieux! que le ciel le confonde. *(A Liban)* Ne t'avise pas de le supplier. Il est fier d'avoir en sa possession mes vingt mines. *(Au marchand.)* Va-t-en chez toi; déloge, et ne m'échauffe pas les oreilles.

LE MARCHAND.
Pas tant d'emportement et d'insolence. Ces tons-là ne conviennent pas à un esclave.
LIBAN.
Par Hercule! tu te repentiras de lui dire des injures. Traître, vaurien, ne vois-tu pas qu'il est en colère?
LÉONIDAS.
Bien, continue.
LIBAN.
Scélérat d'homme! donne-lui l'argent, je t'en prie, pour qu'il ne t'insulte pas.
LE MARCHAND.
Vous voulez, certainement, tous les deux vous faire un mauvais parti.
LÉONIDAS, à Liban.
Ah! je te ferai rompre les jambes, si tu ne l'appelles infâme.

LIBANUS.

Perii, hercle : age, inpudice,
Sceleste, non audes mihi scelesto subvenire?

LEONIDA.

Pergin' precari pessumo?

MERCATOR.

Quæ res? tun' libero homini
Male servos loquere?

LEONIDA.

Vapula.

MERCATOR.

Id quidem tibi, hercle, fiet,
Ut vapules, Demænetum simul ac conspexero hodie.
In jus voco te.

LEONIDA.

Non eo.

MERCATOR.

Non is? memento.

LEONIDA.

Memini.

MERCATOR.

Dabitur, pol, subplicium mihi de tergo vostro.

LEONIDA.

Væ, te!
Tibi quidem subplicium, carnufex, de nobis?

MERCATOR.

Atque etiam.
Pro vostris dictis maledicis pœnæ pendentur mi hodie.

LIBAN, *contrefaisant l'effrayé.*

Je suis perdu. Allons, infâme, misérable, veux-tu bien avoir pitié du misérable qui te sollicite?

LÉONIDAS.

Encore! tu le pries, ce faquin!

LE MARCHAND.

Comment! un esclave outrager un homme libre!

LEONIDAS.

Va te faire pendre.

LE MARCHAND.

C'est ce qui t'arrivera tout-à-l'heure à toi-même, dès que je verrai Déménète. Suis-moi devant le juge.

LÉONIDAS.

Je ne veux pas.

LE MARCHAND.

Tu ne veux pas. Souviens-t'en?

LÉONIDAS.

Oui.

LE MARCHAND.

Assurément, on me fera justice, aujourd'hui même, sur votre dos.

LÉONIDAS.

Peste de toi, bourreau; on nous infligerait un supplice pour te complaire?

LE MARCHAND.

Oui, certes. Vous ne tarderez pas à être punis pour toutes vos injures.

LEONIDA.

Quid, verbero? ain' tu, furcifer? herum nosmet fugi-
    tare censes?
I nunc jam ad herum, quo vocas jamdudum, quo vo-
    lebas.

MERCATOR.

Nunc demum? tamen nunquam hinc feres argenti nu-
    mum, nisi me
Dare jusserit Demænetus.

LEONIDA.

                  Ita facito; age, ambula ergo.
Tu contumeliam alteri facias, tibi non dicatur?
Tam ego homo sum, quam tu.

MERCATOR.

         Scilicet ita res est.

LEONIDA.

                      Sequere hac ergo.
Præfiscini hoc nunc dixerim; nemo etiam me adcusavit
Merito meo, neque me Athenis est alter hodie quisquam,
Quoi credi recte æque putent.

MERCATOR.

                    Fortassis! sed tamen me
Nunquam hodie induces, ut tibi credam hoc argentum
    ingnoto.
Lupus est homo homini, non homo, quom, qualis sit,
    non gnovit.

LEONIDA.

Jam nunc secunda mihi facis : scibam huic te capitulo
    hodie

LÉONIDAS.

Voyez ce maraud. Oui-dà! crois-tu, pendard, que nous soyons hommes à fuir notre maître? Viens donc le trouver, lui dont tu nous menaces et que tu demandes depuis une heure.

LE MARCHAND.

Il est temps! Cependant tu n'auras pas de moi une obole, que Déménète ne m'ait autorisé à donner l'argent.

LÉONIDAS.

Comme tu voudras. Allons, marche donc. Tu feras outrage aux autres, et on ne pourra te rien dire? Je suis homme comme toi.

LE MARCHAND.

Je n'en disconviens pas.

LÉONIDAS.

Suis-moi donc. Soit dit sans me vanter, je n'ai jamais mérité un seul reproche, et l'on ne trouverait pas dans Athènes mon pareil pour la bonne réputation.

LE MARCHAND.

Peut-être. Mais tu ne me persuaderas point de te livrer cet argent sans savoir qui tu es. L'homme qu'on ne connaît pas est un loup, et non un homme.

LÉONIDAS.

Tu en viens pourtant à des termes plus doux. Je savais bien que tu ferais réparation à ce pauvre Sauréa pour

Facturum satis pro injuria. Quamquam ego sum sordidatus,
Frugi tamen sum, nec potest peculium enumerari.

MERCATOR.

Fortasse!

LEONIDA.

Etiam nunc dico : Periphanes Rhodo mercator,
Absente hero, dives solus mihi talentum argenti
Soli adnumeravit, et mi credidit, neque in eo deceptus.

MERCATOR.

Fortasse!

LEONIDA.

Atque etiam tu quoque ipse, si esses percontatus
Me ex aliis, scio, pol, crederes nunc, quod fers.

MERCATOR.

Haud negassim.

CLEÆRETA, PHILENIUM*.

CLEÆRETA.

Nequeon' ego te interdictis facere mansuetam meis?
An ita tu es animata, utquî expers matris inperi sies?

PHILENIUM.

Ubi piem Pietatem, si isto more moratam tibi
Postulem placere, mater, mihi quo pacto præcipis?

*Actus III, Scena 1.

tes injures. Sous ce vil accoutrement, on vaut son prix. Mon pécule ne peut se compter.

LE MARCHAND.

Possible.

LÉONIDAS.

Je puis ajouter que Périphane, un gros marchand de Rhodes, me compta, sans aucun témoin, un talent en l'absence de mon maître, et que sa confiance ne fut pas déçue.

LE MARCHAND.

Peut-être.

LÉONIDAS.

Et toi-même, si tu avais pris des renseignemens sur moi, tu me confierais l'argent que tu portes, j'en suis sûr.

LE MARCHAND.

Je ne dis pas non.

(Ils sortent.)

CLÉÉRÈTE, PHILÉNIE*.

CLÉÉRÈTE.

Quand je défends une chose, ne puis-je me faire obéir? Es-tu d'humeur à te soustraire à mon autorité maternelle?

PHILÉNIE.

Eh! puis-je obéir au devoir, si j'adopte pour te complaire les maximes que tu me prescris?

*Acte III, Scène 1.

CLEÆRETA.

An decorum'st advorsari meis te præceptis?

PHILENIUM.

Quid est?

CLEÆRETA.

Hoccine est pietatem colere, matris inperium minuere?

PHILENIUM.

Neque, quæ recte faciunt, culpo; neque, quæ delin-
quont, amo.

CLEÆRETA.

Satis dicacula es amatrix.

PHILENIUM.

Mater, is quæstu'st mihi:
Lingua poscit, corpus quærit, animus orat, res monet.

CLEÆRETA.

Ego te volui castigare, tu mi adcusatrix ades.

PHILENIUM.

Neque, edepol, te adcuso, neque id me facere fas exis-
tumo.
Verum ego meas queror fortunas, quom illo, quem
amo, prohibeor.

CLEÆRETA.

Ergo una pars orationis de die dabitur mihi?

PHILENIUM.

Et meam partem loquendi, et tuam trado tibi.
Ad loquendum, atque ad tacendum tute habeas portis-
culum.
Quin, pol, si reposivi remum, sola ego in casteria

CLÉÉRÈTE.

Sied-il bien à ma fille de contrevenir à mes volontés?

PHILÉNIE.

Comment?

CLÉÉRÈTE.

Est-ce respecter le devoir, que d'être rebelle aux volontés de sa mère?

PHILÉNIE.

Jamais je n'approuve qui fait mal, jamais je ne blâme qui fait bien.

CLÉÉRÈTE.

Tu as beaucoup de caquet, notre amoureuse.

PHILÉNIE.

Ma mère, tel est mon métier. Ma personne se vend, ma langue demande; mon cœur parle, c'est le résultat de mes habitudes.

CLÉÉRÈTE.

Je voulais te gronder, et c'est toi qui me fais des reproches!

PHILÉNIE.

Je ne t'en fais point, certainement, je ne me le permettrais pas; mais je me plains de mon sort, qui me prive de celui que j'aime.

CLÉÉRÈTE.

Aurai-je donc aujourd'hui une seule fois mon tour de parler.

PHILÉNIE.

Parle, et pour toi, et pour moi. Faut-il qu'on parle; faut-il qu'on se taise? A toi de commander la manœuvre. Toutefois, quand j'ai déposé la rame, et que je reste seule oisive sur mon banc, les affaires de la maison ne vont plus.

Ubi quiesco, omnis familiæ causa consistit tibi.

CLEÆRETA.

Quid ais tu, quam ego unam vidi mulierem audacissumam?
Quoties te vetui Argyrippum, filium Demæneti,
Conpellare aut contrectare, conloquive aut contui?
Quid dedit? quid deportari jussit ad nos? an tibi
Verba blanda esse aurum rere? dicta docta pro datis?
Ultro amas, ultro expetessis, ultro ad te arcessi jubes.
Illos qui dant, eos derides : qui deludunt, deperis.
An te id exspectare oportet, si quis promittat tibi,
Te facturum divitem, si moriatur mater sua?
Ecastor, periculum magnum familiæ portenditur,
Dum ejus exspectamus mortem, ne nos moriamur fame.
Nunc adeo, nisi mihi huc argenti adfert viginti minas,
Næ ille, ecastor, hinc trudetur largus lacrumarum foras.
Hic dies summu'st apud me inopiæ excusatio.

PHILENIUM.

Patiar, si cibo carere me jubeas, mater mea.

CLEÆRETA.

Non veto te amare, qui dant, qua amentur gratia.

PHILENIUM.

Quid si hic animus obcupatu'st, mater, quid faciam? mone.

CLEÆRETA.

Hem!
Meum caput contemples, siquidem ex re consultas tua.

CLÉÉRÈTE.

Ah! ça, dis-moi, toi qui n'as pas ton égale en audace, ne t'ai-je pas défendu cent fois de hanter Argyrippe, le fils de Déménète, de le toucher, de parler avec lui, de le regarder en face. Que donne-t-il? que fait-il porter chez nous? Prends-tu des cajoleries pour de l'argent comptant, et de belles paroles pour des cadeaux? Tu l'aimes, tu le recherches, tu l'appelles. Tes mépris sont pour ceux qui paient, ta tendresse pour qui nous attrape. Je te conseille d'attendre les promesses d'un amant qui doit nous enrichir quand sa mère sera morte. Par tous les dieux! nous courons grand risque de mourir de faim en attendant cette mort. Or donc, s'il ne m'apporte vingt mines, c'est un point résolu, nous mettrons à la porte le galant qui n'a que des pleurs à donner. Qu'il cesse aujourd'hui d'alléguer l'excuse de sa détresse.

PHILÉNIE.

J'obéirai, ma mère, quand tu m'ordonnerais de me passer de nourriture.

CLÉÉRÈTE.

Je ne te défends pas d'aimer ceux qui paient pour qu'on les aime.

PHILÉNIE.

Mais si mon cœur est épris, que puis-je faire? Dis.

CLÉÉRÈTE.

Tiens. Regarde ma tête, si tu me demandes un avis profitable. (*Elle lui montre ses cheveux blancs*).

PHILENIUM.

Etiam opilio, qui pascit, mater, alienas oveis,
Aliquam habet peculiarem, quî spem soletur suam.
Sine me amare unum Argyrippum, animi causa, quem
     volo.

CLEÆRETA.

Intro abi : nam te quidem, edepol, nihil est inpudentius.

PHILENIUM.

Audientem dicto, mater, produxisti filiam.

LEONIDA, LIBANUS*.

LEONIDA.

Perfidiæ laudes gratiasque habemus merito magnas,
Quom nostris sycophantiis, dolis, astutiisque,
Scapularum confidentia, virtute ulmorum freti,
Qui advorsum stimulos, laminas, crucesque, conpedesque,
Nervos, catenas, carceres, numellas, pedicas, boias,
Indoctoresque acerrumos gnarosque nostri tergi,
Qui sæpe ante in nostras scapulas cicatrices indiderunt :
Eæ nunc legiones, copiæ, exercitusque eorum,
Vi, pugnando, perjuriis nostris, euge, potiti.
Id virtute hujus conlegæ, meaque comitate
Factum'st.

* Actus III, Scena II.

PHILÉNIE.

Le pâtre même qui soigne les brebis des autres, en a une à lui, ma mère; c'est son bien ; c'est son espoir et sa consolation. Permets-moi aussi d'avoir pour satisfaire mon cœur, Argyrippe que j'aime.

CLÉÉRÈTE.

Rentre. Je ne vis jamais, par Pollux! de fille plus effrontée.

PHILÉNIE.

Ma mère, tu as appris à ta fille à t'être soumise.

(Elles sortent.)

LÉONIDAS, LIBAN*.

LÉONIDAS.

Honneur, cent fois honneur et gloire à la fourberie! Par la finesse de nos ruses et de nos machinations, par la confiance en nos robustes épaules, et par notre force à braver les houssines, les bâtons, les lames ardentes, les croix, les entraves, les liens, les chaînes, les prisons, les tortures, les gênes, les carcans, et ces docteurs énergiques si familiarisés avec notre dos et si habiles à sillonner nos omoplates de cicatrices ; nous avons enfoncé les troupes de l'ennemi et pris toutes ses munitions. Grand combat! victoire à nos parjures! Beau succès dû à la vaillance de mon collègue *(montrant Liban)* et à ma dextérité.

---

* Acte II, Scène II.

LIBANUS.

Quî me vir fortior est ad subferendas plagas?

LEONIDA.

Edepol, virtutes qui tuas nunc possit conlaudare,
Sicut ego possim, quæ domi duellique male fecisti?
Næ illa, edepol, pro merito nunc tuo memorari multa
    possunt,
Ubi fidentem fraudaveris, ubi hero infidelis fueris,
Ubi verbis conceptis sciens libenter perjuraris,
Ubi parietes perfoderis, in furto ubi sis prehensus,
Ubi sæpe causam dixeris pendens advorsus octo
Astutos, audaceis viros, valenteis virgatores.

LIBANUS.

Fateor profecto, ut prædicas, Leonida, esse vera.
Verum, edepol, næ etiam tua quoque malefacta iterari
    multa
Et vero possunt, ubi sciens fideli infidus fueris,
Ubi prehensus in furto sies manifesto verberatus,
Ubi perjuraris, ubi sacro manus sis admolitus,
Ubi heris damno, molestiæ, et dedecori sæpe fueris,
Ubi creditum tibi quod sit, tibi datum esse pernegaris,
Ubi amicæ, quam amico tuo, fueris magis fidelis,
Ubi sæpe ad languorem tua duritia dederis octo
Validos lictores, ulmeis adfectos lentis virgis.
Num male relata'st gratia? ut conlegam conlaudavi!

LEONIDA.

Ut meque teque maxume atque ingenio nostro decuit.

LIBAN.

Y a-t-il un mortel plus courageux que moi pour supporter les étrivières?

LÉONIDAS.

Par Pollux! je peux, mieux que personne, faire le panégyrique de tes vertus éprouvées dans la guerre et dans la paix. Certes, il y aurait plus d'un exploit mémorable à citer; des abus de confiance, des infidélités envers ton maître, de faux sermens jurés à bon escient sans hésiter dans les termes les plus solennels, des effractions de murailles, des vols manifestes, et tant d'éloquentes défenses plaidées en lieu haut contre huit madrés, intrépides et forts licteurs.

LIBAN.

Tu dis vrai, Léonidas, je dois l'avouer. Mais par Pollux! on peut raconter de toi aussi de nombreux méfaits sans mentir. Que de fois tu as récompensé les procédés honnêtes par l'infidélité; que de fois, pris en flagrant délit, tu as été fustigé pour tes larcins! Que de parjures! que de vols sacrilèges! que de dommage, d'ennui, de scandale causés à tes maîtres! que de dettes et de dépôts reniés! que de rencontres où tu as gardé ta foi à ta maîtresse, plus qu'à tes amis! que de luttes où tu as mis sur les dents par la dureté de ta peau huit grands estafiers armés de bouleaux pliants! T'ai-je rendu galamment la pareille? comme j'ai loué mon collègue!

LÉONIDAS.

Oh! d'une manière tout-à-fait digne de toi, de moi, de notre génie.

LIBANUS.

Jam omitte ista, atque hoc, quod rogo, responde.

LEONIDA.

Rogita quod vis.

LIBANUS.

Argenti viginti minas habesne?

LEONIDA.

Hariolare.
Edepol, senem Demænetum lepidum fuisse nobis.
Ut adsimulabat Sauream med esse, quam facete!
Nimis ægre risum continui, ubi hospitem inclamavit,
Quod, se absente, mihi fidem habere noluisset.
Ut memoriter me Sauream vocabat atriensem!

LIBANUS.

Mane dum.

LEONIDA.

Quid est?

LIBANUS.

Philenium estne hæc, quæ intus exit?
Atque Argyrippus una.

LEONIDA.

Obprime os : is est : etiam subauscultemus.
Lacrumantem lacinia tenet lacrumans : quidnam esse
 dicam?
Tacite auscultemus.

LIBANUS.

Attate! modo, hercle, in mentem venit.
Nimis vellem habere perticam.

LEONIDA.

Quoi rei?

LIBAN.

Trève à ce propos, et satisfais ma curiosité.

LÉONIDAS.

Tu n'as qu'à me questionner.

LIBAN.

As-tu les vingt mines?

LÉONIDAS.

Tu as deviné. Vive Déménète! le charmant vieillard! Avec quelle adresse il mentait! comme il m'appelait Sauréa! J'avais grand' peine à m'empêcher de rire, quand il a gourmandé l'étranger pour s'être défié de moi, en son absence; moi, son cher Sauréa! Sa mémoire n'a pas bronché.

LIBAN.

Attends.

LÉONIDAS.

Qu'est-ce?

LIBAN.

N'est-ce pas Philénie qui sort de chez elle? Argyrippe l'accompagne.

LÉONIDAS.

Tais-toi. C'est lui-même. Écoutons. Il pleure, elle pleure aussi, et elle le tient par le bout de son manteau. Qu'ont-ils donc? Chut! Écoutons-les.

LIBAN.

Mais da! j'y pense, un gourdin nous serait bien nécessaire.

LÉONIDAS.

Pourquoi?

LIBANUS.

Quî verberarem
Asinos, si forte obceperint clamare hinc ex crumina.

ARGYRIPPUS, PHILENIUM, LIBANUS, LEONIDA*.

ARGYRIPPUS.

Cur me retentas?

PHILENIUM.

Quia tui amans abeuntis egeo.

ARGYRIPPUS.

Vale.

PHILENIUM.

Aliquanto amplius valerem, si heic maneres.

ARGYRIPPUS.

Salve.

PHILENIUM.

Salvere me jubes, quoi tu abiens adfers morbum.

ARGYRIPPUS.

Mater supremum mihi tua dixit, domum ire jussit.

PHILENIUM.

Acerbum funus filiæ faciet, si te carendum est.

LIBANUS.

Homo, hercle, hinc exclusu'st foras.

LEONIDA.

Ita res est.

* Actus II, Scena III.

LIBAN.

Pour frotter nos ânes, s'ils se mettent à braire là, dans la sacoche.

ARGYRIPPE, PHILÉNIE, LIBAN, LÉONIDAS*.

ARGYRIPPE.
Pourquoi chercher à me retenir?
PHILÉNIE.
Tu me quittes, et mon cœur a besoin de toi.
ARGYRIPPE.
Bonjour.
PHILÉNIE.
J'en aurais de bons jours, si tu restais.
ARGYRIPPE.
Bonne santé!
PHILÉNIE.
Souhait inutile, quand ton départ me tue.
ARGYRIPPE.
Ta mère a prononcé mon arrêt; elle me renvoie.
PHILÉNIE.
Elle fera bientôt les funérailles de sa fille, s'il faut que je te perde.
LIBAN, bas à Léonidas.
Sans doute notre amant vient d'être éconduit.
PHILÉNIE.
Certainement.

*Acte II, Scène III.

ARGYRIPPUS.

Mitte, quæso.

PHILENIUM.

Quo nunc abis? quin tu heic manes?

ARGYRIPPUS.

Nox, si voles, manebo.

LIBANUS.

Audin' hunc? opera ut largus est nocturna : nunc enim est

Negotiosus interdius, videlicet Solonem,
Leges ut conscribat, quibus se populus teneat: gerræ!
Qui sese parere adparent hujus legibus, profecto
Nunquam bonæ frugi sient, dies nocteisque potent.

LEONIDA.

Næ iste, hercle, ab ista non pedem discedat, si licessit,
Qui nunc festinat, atque ab hac minatur sese abire.

LIBANUS.

Sermoni jam finem face tuo : hujus sermonem adcipiam.

ARGYRIPPUS.

Vale.

PHILENIUM.

Quo properas?

ARGYRIPPUS.

Bene vale : apud Orcum te videbo :
Nam equidem me jam, quantum pote'st, a vita abjudicabo.

PHILENIUM.

Cur tu, obsecro, inmerito meo me morti dedere optas?

ARGYRIPPE.

Laisse-moi, je te prie.

PHILÉNIE.

Où vas-tu? Reste plutôt.

ARGYRIPPE.

Je resterai, si tu veux, la nuit.

LIBAN, bas à Léonidas.

L'entends-tu? comme il est peu ménager de son repos nocturne! Il a trop d'affaires le jour! C'est un Solon qui rédige des lois pour le maintien de la morale publique. Fadaises! ceux qui suivront ces lois ne seront pas très-rangés. Ils feront jour et nuit bombance.

LÉONIDAS, bas à Liban.

Ah! par Hercule! qu'elle le laisse faire, il ne s'éloignera point d'elle d'un seul pas, quoiqu'il se presse et qu'il menace de la quitter.

LIBAN.

Cesse ton bavardage. Je veux entendre ce qu'ils disent.

ARGYRIPPE.

Adieu.

PHILÉNIE.

Tu me fuis? Où vas-tu?

ARGYRIPPE.

Adieu, Philénie. Je te reverrai chez Pluton; car je suis résolu de me défaire promptement de la vie.

PHILÉNIE.

Que t'ai-je fait pour me donner le coup de la mort?

ARGYRIPPUS.

Ego te? quam si intellegam deficere vita, jam ipse
Vitam meam tibi largiar, et de mea ad tuam addam.

PHILENIUM.

Cur ergo minitaris tibi te vitam esse amissurum?
Nam quid me facturam putas, si istuc, quod dicis,
  faxis?
Mihi certum'st eficere in me omnia eadem, quæ tu in
  te faxis.

ARGYRIPPUS.

O melle dulci dulcior mihi tu es.

PHILENIUM.

Certe enim tu vita es
Mihi : conplectere.

ARGYRIPPUS.

Facio lubens.

PHILENIUM.

Utinam sic ecferamur!

LEONIDA.

O Libane, ut miser est homo, qui amat!

LIBANUS.

Imo, hercle, vero,
Qui pendet, multo est miserior.

LEONIDA.

Scio, qui periculum feci.
Circumsistamus : alter hinc, hinc alter adpellemus.

LIBANUS.

Here, salve : sed num fumus est hæc mulier, quam
  amplexare?

ARGYRIPPE.

Moi à toi ! pour qui je sacrifierais mes jours, si les tiens étaient près de s'éteindre, et si je pouvais les prolonger à ce prix !

PHILÉNIE.

Hé bien ! pourquoi donc ces menaces de t'arracher la vie ? Car que deviendrais-je, si tu te portais à cette extrémité ? Le dessein en est pris, si tu meurs, je meurs.

ARGYRIPPE.

Douce amie, plus douce que le nectar !

PHILÉNIE.

Ame de ma vie ! presse-moi dans tes bras.

ARGYRIPPE.

Que cet ordre m'est cher !

PHILÉNIE.

Puissions-nous être portés ainsi à la sépulture !

LÉONIDAS, bas à Liban.

O Liban, qu'on est à plaindre quand on est amoureux !

LIBAN, bas à Léonidas.

Bien plus à plaindre est-on, ma foi ! quand on pend au gibet.

LÉONIDAS, de même.

Je le sais par expérience. Entourons-les, toi d'un côté, moi de l'autre.

LIBAN.

Bonjour, mon maître. Mais est-ce que la belle que tu embrasses est une fumée ?

ARGYRIPPUS.
Quîdum?

LIBANUS.
Quia oculi sunt tibi lacrumantes, eo rogavi.

ARGYRIPPUS.
Patronus qui vobis fuit futurus, perdidistis.

LIBANUS.
Equidem, hercle, nullum perdidi : ideo, quia nunquam ullum habui.

LEONIDA.
Philenium, salve.

PHILENIUM.
Dabunt di, quæ velitis, vobis.

LIBANUS.
Noctem tuam et vini cadum velim, si optata fiant.

ARGYRIPPUS.
Verbum cave faxis, verbero.

LIBANUS.
Tibi equidem, non mihi opto.

ARGYRIPPUS.
Tum tu igitur loquere, quod lubet.

LIBANUS.
Hunc, hercle, verberare.

LEONIDA.
Quisnam istuc adcredat tibi, cinæde calamistrate?

ARGYRIPPE.

Pourquoi ?

LIBAN.

Je te fais cette question, parce que je vois tes yeux qui pleurent.

ARGYRIPPE.

Celui qui allait devenir votre patron est perdu pour vous.

LIBAN.

A coup sûr mon patron n'est pas perdu; car je n'en ai jamais eu.

LÉONIDAS.

Bonjour, Philénie.

PHILÉNIE, aux deux esclaves.

Les dieux comblent vos souhaits !

LIBAN.

Une nuit avec toi et un tonneau de vin, voilà ce que je souhaite.

ARGYRIPPE.

Prends garde à ce que tu dis, maraud.

LIBAN, à Argyrippe.

Ce que je souhaite pour toi, non pas pour moi.

ARGYRIPPE

Alors liberté entière à tes souhaits.

LIBAN.

Hé bien, cent coups de fouet à donner à lui *(montrant Léonidas)*.

LÉONIDAS.

Vraiment on t'écoutera, beau mignon frisé. C'est bien

Tun' verberes, qui pro cibo habeas te verberari?

ARGYRIPPUS.

Ut vostræ fortunæ meis præcedunt, Libane, longe,
Qui hodie nunquam ad vesperum vivam!

LIBANUS.

      Quapropter, quæso?

ARGYRIPPUS.

Quia ego hanc amo, et hæc me amat : huic quod ego
  dem, nusquam quidquam'st.
Hinc med amantem ex ædibus delegit hujus mater.
Argenti viginti minæ me ad mortem adpulerunt,
Quas hodie adulescens Diabolus ipsi daturus dixit :
Ut hanc ne quoquam mitteret, nisi ad se, hunc annum
  totum.
Videtin' viginti minæ quid pollent, quidve possunt?
Ille, qui illas perdit, salvos est : ego, qui non perdo,
  pereo.

LIBANUS.

Jam dedit argentum?

ARGYRIPPUS.

    Non dedit.

LIBANUS.

    Bono animo es, ne formida.

LEONIDA.

Secede huc, Libane, te volo.

LIBANUS.

    Si quid vis.

à toi de battre les autres, quand tu avales plus de coups que de morceaux de pain !

ARGYRIPPE.

Ah! Liban, que vous êtes plus heureux que moi, tous les deux! Ce soir je ne serai plus au nombre des vivans.

LIBAN.

Et pourquoi, je te prie ?

ARGYRIPPE.

Je l'aime, je suis aimé d'elle. Mais je n'ai pas d'argent. Sa mère m'a banni sans pitié de chez elle. Vingt mines seront la cause de ma mort. Diabole a promis de les donner aujourd'hui pour avoir Philénie à lui seul toute cette année. Voyez de quel prix, de quelle importance vingt mines peuvent être. Celui qui les sacrifie est heureux. Moi, faute de les perdre, je péris.

LIBAN.

A-t-il déjà donné cet argent ?

ARGYRIPPE.

Pas encore.

LIBAN.

Bon courage ! Ne crains rien.

LÉONIDAS.

A moi, Liban, deux mots.

LIBAN.

Volontiers.

(Ils se retirent à l'écart, et approchent leurs têtes l'une de l'autre pour se parler bas.)

ARGYRIPPUS.

Obsecro vos,
Eadem istac opera suaviu'st conplexos fabulari.

LIBANUS.

Non omnia eadem æque omnibus, here, suavia esse scito :
Vobis est suave amantibus conplexos fabulari :
Ego conplexum hujus nihil moror. Meum autem hæc adspernatur.
Proinde istud facias ipse, quod faciamus, nobis suades.

ARGYRIPPUS.

Ego vero, et quidem, edepol, lubens : interea si videtur,
Concedite istuc.

LEONIDA.

Vin' herum deludi?

LIBANUS.

Dignu'st sane.

LEONIDA.

Vin' faciam ut me Philenium, præsente hoc, amplexetur?

LIBANUS.

Cupio, hercle.

LEONIDA.

Sequere hac.

ARGYRIPPUS.

Ecquid est salutis? satis locuti?

ARGYRIPPE.

Hé bien, vous n'avez plus qu'à vous embrasser en parlant, cela sera plus agréable.

LIBAN.

Songe que tout baiser n'est pas également agréable à tout le monde. Pour vous autres amans, c'est délice de vous embrasser en conversant ensemble. Mais il fait peu de cas de mes baisers *(Montrant Léonidas)*, et je ne suis pas amateur des siens. Ainsi fais toi-même ce que tu nous conseilles.

ARGYRIPPE.

Assurément, de grand cœur. Pendant ce temps-là, vous jaserez à l'écart, tant qu'il vous plaira.

LÉONIDAS, bas à Liban.

Veux-tu nous amuser aux dépens de notre maître?

LIBAN.

Ce sera bien fait, sur ma foi.

LÉONIDAS.

Veux-tu que je me fasse embrasser par Philénie sous ses yeux?

LIBAN.

Vraiment, je suis curieux de le voir.

LÉONIDAS.

Viens.

(Ils reviennent auprès des deux amans.)

ARGYRIPPE.

Eh bien! suis-je sauvé? Votre conférence a été assez longue.

LEONIDA.

Auscultate, atque operam date, et mea dicta devorate.
Primum omnium, servos tuos nos esse non negamus :
Sed si tibi viginti minæ argenti proferentur,
Quo nos vocabis nomine?

ARGYRIPPUS.

Libertos.

LEONIDA.

Non patronos?

ARGYRIPPUS.

Id potius.

LEONIDA.

Viginti minæ heic insunt in crumina.
Has ego, si vis, tibi dabo.

ARGYRIPPUS.

Di te servassint semper,
Custos herilis, decus popli, thesaurus copiarum,
Salus interioris hominis, amorisque inperator.
Heic pone, heic istam conloca cruminam in collo plane.

LEONIDA.

Nolo ego te, qui herus sis mihi, onus istuc sustinere.

ARGYRIPPUS.

Quin tu labore liberas te, atque istam inponis in me.

LEONIDA.

Ego bajulabo : tu, ut decet dominum, ante me ito inanis.

ARGYRIPPUS.

Quid nunc? quid est? quin tradis huc cruminam pressuram hunc?

LÉONIDAS.

Attention, écoutez bien, et dévorez mes paroles. D'abord nous avouons que nous sommes tes esclaves; mais si l'on te procure aujourd'hui vingt mines, comment nous appelleras-tu?

ARGYRIPPE.

Mes affranchis.

LÉONIDAS.

Et non pas tes patrons?

ARGYRIPPE.

Si; encore mieux.

LÉONIDAS.

Il y a vingt mines dans cette sacoche. Je te les donnerai, si tu veux.

ARGYRIPPE.

Que les dieux te soient toujours propices, appui de ton maître, la perle des hommes, trésor des trésors, conservateur de ma vie, protecteur des amours! Allons, mets la sacoche sur mon épaule, pose-la bien.

LÉONIDAS.

Fi donc! je sais ce que je dois à mon maître. Tu ne la porteras pas.

ARGYRIPPE.

Si, si. Délivre-toi de cette gêne, et charge-moi de ton fardeau.

LÉONIDAS.

C'est moi qui aurai la fatigue; et toi, selon qu'il sied à un maître, tu marcheras devant, leste et léger.

ARGYRIPPE.

Eh! pourquoi? qu'est-ce que cela te fait? Laisse-le plutôt venir peser sur moi.

LEONIDA.

Hanc, quoi daturus hanc, jube petere atque orare mecum.
Nam istuc proclive'st, quod jubes, me plane conlocare.

PHILENIUM.

Da, meus ocellus, mea rosa, mi anime, da, mea voluptas,
Leonida, argentum mihi, ne nos dejunge amanteis.

LEONIDA.

Dic igitur me tuum passerculum, gallinam, coturnicem
Agnellum, hœdillum me tuum dic esse, vel vitellum :
Prehende auriculis, conpara labella cum labellis.

ARGYRIPPUS.

Ten' osculetur, verbero?

LEONIDA.

Quam vero indignum visum'st!
Atqui, pol, hodie non feres, ni genua confricantur.

ARGYRIPPUS.

Quidvis egestas inperat; fricentur. Da nunc, quod oro.

PHILENIUM.

Age, mi Leonida, obsecro, fer amanti hero salutem.
Redime istoc beneficio te ab hoc, et tibi eme hunc isto argento.

LEONIDA.

Nimis bella es atque amabilis, et, si hoc esset meum, hodie
Nunquam me orares, quin darem : illum te orare meliu'st.

LÉONIDAS.

C'est à elle que je la donnerai *(Montrant Philénie).* Dis-lui de venir me parler et de me la demander. Car je suis tout disposé à la placer bien, comme tu le désires.

PHILÉNIE, s'approchant de Léonidas.

Donne, mon cher ami, mon cœur, ma rose; donne, mon amour; donne-moi cet argent, Léonidas : ne sépare pas deux amans.

LÉONIDAS.

Appelle-moi ton passereau, ton poulet, ton tourtereau, ton biquet, ton agneau, ou bien encore ton petit chat. Prends-moi par les deux oreilles, et applique tes lèvres sur mes lèvres.

ARGYRIPPE.

Scélérat, qu'elle t'embrasse!

LÉONIDAS.

Voyez le grand mal! C'est comme cela! par Pollux! Tu n'auras rien, si tu ne me caresses les genoux.

ARGYRIPPE.

Le besoin fait tout supporter. J'embrasse tes genoux. Donne-moi à présent ce que je te demande.

PHILÉNIE.

Allons, mon cher Léonidas, je t'en supplie, sois le sauveur de ton maître. Tu gagnes ta liberté par ce bienfait, et ton argent va t'acquérir un serviteur.

LÉONIDAS.

Tu es bien jolie et bien aimable; et, si cela m'appartenait, tu ne m'aurais pas prié vainement. Il vaut mieux que tu t'adresses à lui *(Montrant Liban).* Il me l'avait

Illic hanc mihi servandam dedit : i sane, bella, belle.
Cape hoc sis, Libane.

ARGYRIPPUS.

Furcifer, etiam me delusisti?

LEONIDA.

Nunquam, hercle, facerem, genua ni tam nequiter fricares.
Agesis tu, in partem nunc jam hunc delude, atque amplexare hanc.

LIBANUS.

Taceas, me spectes.

ARGYRIPPUS.

Quin ad hunc, Philenium, adgredimur,
Virum quidem, pol, optumum, et non similem furis hujus.

LIBANUS.

Inambulandum'st : nunc mihi vicissim subplicabunt.

ARGYRIPPUS.

Quæso, hercle, Libane, sis herum tuis factis sospitari,
Da mihi istas viginti minas : vides me amantem egere.

LIBANUS.

Videbitur, factum volo, redito huc conticinio.
Nunc istanc tantisper jube, sis, petere atque orare mecum.

PHILENIUM.

Amandone exorarier vis te, an osculando?

donné à garder. Va, ma gentille, gentiment. Tiens, Liban *(Il lui donne la sacoche)*.

ARGYRIPPE.

Coquin, tu m'as joué !

LÉONIDAS.

Je n'agirais pas ainsi, vraiment, si tu ne m'avais pas caressé trop mal les genoux. *(Bas à Liban)* Allons, amuse-toi à ton tour, et embrasse-la.

LIBAN.

Sois tranquille, regarde-moi faire.

ARGYRIPPE, montrant Liban.

Adressons-nous à lui, Philénie. C'est un honnête homme, certainement, et qui ne ressemble pas à ce fripon.

LIBAN, à part.

Promenons-nous ; ils vont me supplier l'un après l'autre.

ARGYRIPPE.

Je t'en conjure, Liban, prête un secours salutaire à ton maître ; donne-moi ces vingt mines. Tu vois mon amour et ma détresse.

LIBAN, d'un air d'importance.

On verra ; je le veux bien. Reviens ce soir. Maintenant, dis-lui *(Montrant Philénie)* de venir un peu me parler et me faire sa demande.

PHILÉNIE.

Pour te laisser fléchir, qu'exiges-tu ? mon amitié, ou un baiser ?

LIBANUS.

Enimvero utrumque.

PHILENIUM.

Ego obsecro te, et tu utrumque nostrum serva.

ARGYRIPPUS.

O Libane, mi patrone, mihi trade istuc. Magis decorum'st,
Libertum potius, quam patronum, onus in via portare.

PHILENIUM.

Mi Libane, ocellus aureus, donum decusque amoris,
Amabo, faciam, quod voles, da istuc argentum nobis.

LIBANUS.

Dic igitur me anaticulam, columbam, vel catellum,
Hirundinem, monedulam, passerculum, putillum.
Fac proserpentem bestiam me, duplicem ut habeam linguam,
Circumdatoque me brachiis, meum collum circumplecte.

ARGYRIPPUS.

Ten' conplectatur, carnufex?

LIBANUS.

Quam vero indignus videor!
Ne istuc necquidquam dixeris tam indignum dictum in me,
Vehes, pol, hodie me, siquidem hoc argentum ferre speres.

ARGYRIPPUS.

Ten' ego veham?

LIBAN.

Eh! mais, l'un et l'autre.

PHILÉNIE.

Tu me vois suppliante, et tu peux nous sauver tous deux.

ARGYRIPPE.

O Liban, mon patron, donne-moi cela. C'est à l'affranchi plutôt qu'au patron à porter les paquets en chemin.

PHILÉNIE.

Mon cher Liban, lumière de ma vie, charme et délice d'amour, je ferai tout ce que tu voudras; donne-moi, je te prie, cet argent.

LIBAN.

Dis-moi : mon oisillon, ma colombe, mon petit chien, mon hirondelle, mon alouette, mon passereau, mon petit-fils. Métamorphose-moi en serpent, que j'aie une double langue dans la bouche; et puis serre-moi contre ton sein, et presse mon cou dans tes bras.

ARGYRIPPE.

Qu'elle t'embrasse, bourreau!

LIBAN.

Voyez, quelle indignité! Tu ne m'auras pas outragé ainsi pour rien. Par Pollux! il faut que je monte à cheval sur toi, si tu veux obtenir cet argent.

ARGYRIPPE.

Monter à cheval sur moi?

LIBANUS.

Tun' hoc feras argentum hinc aliter a me?

ARGYRIPPUS.

Perii hercle! si verum quidem'st decorum, herum ve-
   here servom,
Inscende.

LIBANUS.

Sic isti solent superbi subdomari.
Adsta igitur, ut consuetus es puer olim : scin' ut dicam?
Hem sic : abi, laudo : nec te equo magis est equos ul-
   lus sapiens.

ARGYRIPPUS.

Inscende actutum.

LIBANUS.

Ego fecero : hem! quid istuc est? ut tu incedis!
Demam, hercle, jam de ordeo, tolutim ni badizas!

ARGYRIPPUS.

Amabo, Libane, jam sat est.

LIBANUS.

Nunquam, hercle, hodie exorabis.
Nam jam calcari quadrupedem agitabo advorsum clivom,
Postidea ad pistores dabo, ut ibi cruciere currens.
Adsta, ut descendam nunc jam in proclivi, quamquam
   nequam es.

ARGYRIPPUS.

Quid nunc? quoniam ambo, ut est lubitum, nos ambo
   delusistis,
Datisne argentum?

LIBAN.

Autrement, pas d'argent.

ARGYRIPPE.

O jour de ma ruine! est-il permis? un maître porter ainsi sur son dos son esclave! Monte.

LIBAN.

Voilà comme on dompte les cœurs superbes! Pose-toi comme tu avais coutume dans ton enfance : me comprends-tu? Tiens, comme çà *(Il le met dans l'attitude d'un quadrupède).* Pas mal; fort bien. Tu es un coursier très-docile.

ARGYRIPPE.

Dépêche-toi de monter.

LIBAN.

M'y voilà. Qu'est-ce que c'est que cela? comme il marche! Assurément, je te retrancherai de ton orge, si tu ne te mets à trotter.

ARGYRIPPE.

De grâce, Liban, assez.

LIBAN.

Par Hercule! je suis inexorable. Je te ferai galoper sur une montée à grands coups d'éperon; ensuite je t'enverrai au moulin pour que tu meures à la peine. Mais non, arrête; je veux bien descendre en beau chemin. Je suis trop bon.

ARGYRIPPE.

Eh bien! à présent que vous nous avez joués à votre aise, nous donnerez-vous l'argent?

LIBANUS.

Siquidem mi statuam et aram statuis,
Atque ut Deo mihi heic inmolas bovem : nam ego tibi
Salus sum.

LEONIDA.

Etiam tu, here, istunc amoves abs te, atque ipse me
adgredire?
Atque illa, sibi quæ hic jusserat, mihi statuis, subpli-
casque?

ARGYRIPPUS.

Quem te autem Deum nominem?

LEONIDA.

Fortunam, atque Obsequentem.

ARGYRIPPUS.

Jam istoc es melior.

LIBANUS.

An quid est olim homini salute melius?

ARGYRIPPUS.

Licet laudem Fortunam, tamen, ut ne Salutem culpem.

PHILENIUM.

Ecastor, ambæ sunt bonæ.

ARGYRIPPUS.

Sciam, ubi boni quid dederint.

LEONIDA.

Opta id, quod, ut contingat, tibi vis.

ARGYRIPPUS.

Quid, si optaro?

LEONIDA.

Eveniet.

LIBAN.

Oui, à condition que tu m'érigeras une statue et un autel, et que tu m'immoleras un bœuf comme à un dieu : car je suis pour toi le dieu Salut.

LÉONIDAS.

Chasse-moi ce drôle-là, mon maître, et viens à Léonidas. C'est à moi qu'il faut offrir de tels honneurs avec tes prières.

ARGYRIPPE.

Quel dieu seras-tu?

LÉONIDAS.

La Fortune, et même la Fortune complaisante.

ARGYRIPPE.

Oh bien! c'est toi que je préfère.

LIBAN.

Y a-t-il rien au dessus du Salut pour les hommes?

ARGYRIPPE.

Je rends hommage à la Fortune, mais sans mépriser le dieu Salut.

PHILÉNIE.

Assurément, ce sont deux divinités bienfaisantes.

ARGYRIPPE.

Il faut que leurs bienfaits me le prouvent.

LÉONIDAS.

Quel bonheur veux-tu qu'il t'arrive? Souhaite.

ARGYRIPPE.

Et si je fais un souhait?

LÉONIDAS.

Il s'accomplira.

ARGYRIPPUS.

Opto annum hunc perpetuum mihi hujus operas.

LEONIDA.

Inpetrasti.

ARGYRIPPUS.

Ain' vero?

LEONIDA.

Certe, inquam.

LIBANUS.

Ad me adi vicissim, atque experire.
Exopta id, quod vis maxume tibi evenire, fiet.

ARGYRIPPUS.

Quid ego aliud exoptem amplius, nisi illud quojus inopia'st?
Viginti argenti conmodas minas, hujus quas dem matri.

LIBANUS.

Dabuntur; animo sis bono face; exoptata obtingent.

ARGYRIPPUS.

Ut consuevere, homines Salus frustratur et Fortuna.

LEONIDA.

Ego caput huic argento fui hodie reperiundo.

LIBANUS.

Ego pes fui.

ARGYRIPPUS.

Quin nec caput, nec pes sermonum adparet.
Nec quid dicatis, nec, me cur ludatis, scire possum.

LIBANUS.

Satis jam delusum censeo : nunc rem, ut est, eloquamur.

ARGYRIPPE.

Puissé-je posséder Philénie, cette année entière!

LÉONIDAS.

Elle est à toi.

ARGYRIPPE.

Quoi! vraiment?

LÉONIDAS.

Oui, te dis-je.

LIBAN.

A mon tour; viens éprouver ma puissance. Souhaite ce qui peut te plaire davantage. Tu l'auras.

ARGYRIPPE.

Puis-je souhaiter autre chose que ce qui me manque? vingt mines de bon aloi pour les donner à sa mère.

LIBAN.

Tu les donneras. Prends confiance : tes vœux seront exaucés.

ARGYRIPPE.

Le dieu Salut et la Fortune nous trompent, selon leur coutume.

LÉONIDAS.

Dans le complot qui te procure l'argent, c'est moi qui suis la tête.

LIBAN.

Et moi, le pied.

ARGYRIPPE.

Vos discours n'ont ni pied ni tête. Je ne comprends ni ce que vous dites, ni pourquoi vous me jouez.

LIBAN, bas à Léonidas.

C'est assez de plaisanterie. Disons maintenant la vé-

Animum, Argyrippe, advorte, sis; pater nos ferre hoc
 jussit
Argentum ad te.

ARGYRIPPUS.

 Ut tempore obportuneque adtulistis!

LIBANUS.

Heic inerunt viginti minæ bonæ, mala opera partæ:
Has tibi nos pactis legibus dare jussit.

ARGYRIPPUS.

      Quid id est, quæso?

LIBANUS.

Noctem hujus et cœnam sibi ut dares.

ARGYRIPPUS.

     Jube advenire [quæso].
Meritussumo ejus, quæ volet, faciemus, qui hosce
 amores
Nostros dispulsos conpulit.

LEONIDA.

    Patieris, Argyrippe,
Patrem hanc amplexari tuum?

ARGYRIPPUS.

     Hæc facile faciet, ut patiar.
Leonida, curre, obsecro; patrem huc orato ut veniat.

LIBANUS.

Jamdudum'st intus.

ARGYRIPPUS.

 Hac quidem non venit.

LIBANUS.

       Angiporto
Illac per hortum circuit clam, ne quis se videret

rité. Prête-moi attention, Argyrippe. Ton père nous a chargés de te remettre cet argent.

ARGYRIPPE.

O bonheur! que vous venez à propos!

LIBAN.

Il y a là-dedans vingt mines de bon aloi mal acquises. Il te les donne à de certaines conditions.

ARGYRIPPE.

Lesquelles? dis-moi.

LIBAN.

Il lui faut à souper, et une nuit de Philénie.

ARGYRIPPE.

Qu'il vienne; il mérite bien que nous condescendions à ses désirs; lui par qui nos amours qu'on séparait, sont réunies.

LÉONIDAS.

Tu souffriras, Argyrippe, qu'elle passe dans les bras de ton père?

ARGYRIPPE, montrant la sacoche.

Voici qui me fera prendre patience. Léonidas, cours, je te prie, inviter mon père à venir.

LIBAN, montrant la maison de Philénie.

Il y a déjà long-temps qu'il est entré.

ARGYRIPPE.

Je ne l'ai pas vu passer par ici.

LIBAN.

Il a pris la ruelle, et a fait le tour par le jardin, mystérieusement, pour n'être aperçu d'aucun des gens de la

Huc ire familiarium : ne uxor resciscat, metuit.
De argento, si mater tua sciat ut sit factum.....

ARGYRIPPUS.

Heia !
Benedicite. Ite intro cito; valete.

LEONIDA.

Et vos amate.

DIABOLUS, PARASITUS*.

DIABOLUS.

Agedum, istum ostende, quem conscribsti, syngraphum
Inter me et amicam et lenam; leges perlege.
Nam tu poeta es prorsus ad eam rem unicus.

PARASITUS.

Horrescet faxo lena, leges quom audiet.

DIABOLUS.

Age, quæso, mî, hercle, translege.

PARASITUS.

Audin' ?

DIABOLUS.

Audio.

PARASITUS.

Diabolus, Glauci filius, Cleæretæ

---

*Actus IV, Scena 1.

maison. Il craint qu'on n'avertisse sa femme. Si ce qu'on a fait pour cet argent venait à la connaissance de ta mère...

ARGYRIPPE.

Ah! des paroles de meilleur augure! Allez vite à la maison. Adieu.

LÉONIDAS.

Bien du plaisir.

(Ils sortent.)

DIABOLE, LE PARASITE*.

DIABOLE.

Vite; montre-moi le traité que tu as rédigé, et que je dois souscrire avec ma maîtresse et sa mère. Lis les articles. Tu es un auteur excellent pour ce genre de composition.

LE PARASITE.

Par Hercule! la vieille frémira, en les entendant.

DIABOLE.

Hâte-toi de lire, je t'en prie.

LE PARASITE.

Y es-tu?

DIABOLE.

J'écoute.

LE PARASITE, lisant.

Diabole, fils de Glaucus, a donné à la courtisane Cléé-

*Acte IV, Scène 1.

Lenæ dedit dono argenti viginti minas,
Philenium ut secum esset nocteis et dies
Hunc annum totum.

DIABOLUS.

Neque cum quiquam alio quidem.

PARASITUS.

Addone?

DIABOLUS.

Adde, et scribas, vide, plane et probe.

PARASITUS.

Alienum hominem intromittat neminem.
Quod illa aut amicum aut patronum.....

DIABOLUS.

Neminem.

PARASITUS.

Aut quod illa amicæ suæ amatorem prædicet;
Foreis obclusæ omnibus sient, nisi tibi.
In foribus scribat, obcupatam esse se.
Aut quod illa dicat peregre adlatam epistolam;
Ne epistola quidem ulla sit in ædibus,
Nec cerata adeo tabula : et si qua inutilis
Pictura sit, eam vendat : ni quatriduo
Abalienarit, quo abs te argentum adceperit,
Tuus arbitratus sit, conburas, si velis;
Ne illi sit cera, ubi facere possit literas.
Vocet convivam neminem illa, tu voces.
Ad eorum ne quem oculos adjiciat suos.
Si quem alium adspexit, cæca continuo siet.
Tecum una postea æque pocula potitet.

rète vingt mines d'argent, à condition de posséder Philénie nuit et jour durant toute l'année.

DIABOLE.

Et sans partage aucun.

LE PARASITE.

Ajouterai-je?

DIABOLE.

Oui, et songe à écrire en toutes lettres et lisiblement.

LE PARASITE, *écrivant*.

Elle n'admettra aucun étranger dans sa maison. (*Reprenant la lecture*) Si elle a un patron ou un ami.....

DIABOLE.

Personne.

LE PARASITE.

S'il se présente un soi-disant amoureux d'une de ses amies, porte fermée pour tout le monde, excepté pour toi. Elle écrira à l'entrée de sa maison : Je suis prise. Point de lettres chez elle, même celles qu'elle prétendrait avoir reçues de pays étrangers ; point de tablettes enduites de cire ; si elle a quelque vieux tableau de cette espèce, elle le vendra, dans l'espace de quatre jours, à dater de celui où elle aura touché l'argent ; ou sinon, tu auras le droit, selon qu'il te plaira, de jeter l'ouvrage au feu. Il ne faut point qu'il y ait de cire chez elle pour écrire. Elle ne fera aucune invitation ; ce sera toi qui les feras. Elle ne tournera les yeux sur aucun convive. Si elle aperçoit un homme, elle doit devenir aveugle aussitôt. Elle boira en même temps que toi et comme toi. Elle recevra de toi

Abs ted adcipiat, tibi propinet, tu bibas :
Ne illa minus, aut plus, quam tu, sapiat.

DIABOLUS.

Satis placet.

PARASITUS.

Subspiciones omneis abs se segreget;
Neque illæc ulli pede pedem homini premat,
Quom surgat, neque in lectum inscendat proxumum;
Neque, quom descendat, inde det quoiquam manum.
Spectandum ne quoi anulum det, neque roget.
Talos ne quoiquam homini admoveat, nisi tibi.
Quom jaciat, Te, ne dicat : nomen nominet.
Deam invocet sibi, quam lubebit, propitiam,
Deum nullum : si magis religiosa fuerit,
Tibi dicat, tu pro illa ores, ut sit propitius.
Neque illa ulli homini nutet, nictet, adnuat.
Post, si lucerna exstincta est, ne quid sui
Membri conmoveat quidquam in tenebris.

DIABOLUS.

Optumum'st :
Ita scilicet facturam. Verum in cubiculo...
Deme istuc : equidem illam moveri gestio.
Nolo habere illam causam, et votitam dicere.

PARASITUS.

Scio, captiones metuis.

DIABOLUS.

Verum.

PARASITUS.

Ergo, ut jubes,
Tollam.

seul la coupe, elle présentera à boire à toi seul. Elle aura même sens que toi, ni plus, ni moins.

DIABOLE.

J'aime cet article.

LE PARASITE.

Elle aura soin d'écarter tout soupçon, et se gardera de presser le pied de personne en se levant, et d'enjamber sur le lit voisin. Elle ne prendra la main de qui que ce soit pour descendre. Elle ne prêtera point sa bague aux curieux, ne demandera point à voir celles des autres; elle ne présentera les dés à personne, qu'à toi. En les jetant, elle ne dira point : toi, sans nommer. Elle invoquera toutes les déesses qu'elle voudra, mais aucun dieu. Au cas que sa piété exige davantage, elle te chargera de prier pour elle celui dont elle invoque la faveur. Elle ne fera ni clins d'yeux, ni mouvemens de tête, ni aucun signe d'intelligence. De plus, si la lumière vient à s'éteindre, elle ne bougera pas, tant qu'il ne fera pas clair.

DIABOLE.

Très-bien. Ainsi arrêté... Mais dans la chambre à coucher... Raye cet article. Je désire fort qu'elle se remue; elle pourrait se servir de ce prétexte, et dire que je le défends.

LE PARASITE.

Je vois, tu crains les chicanes.

DIABOLE.

C'est vrai.

LE PARASITE.

Hé bien, donc, à ta volonté, j'effacerai.

DIABOLUS.

Quidni?

PARASITUS.

Audi reliqua.

DIABOLUS.

Loquere, audio.

PARASITUS.

Neque ullum verbum faciat perplexabile.
Neque ulla lingua sciat loqui, nisi Attica.
Forte si tussire obcœpsit, ne sic tussiat,
Ut quoiquam linguam in tussiendo proferat.
Quod illa autem simulet, quasi gravedo profluat,
Hoc ne sic faciat : tu labellum abstergeas
Potius, quam quoiquam savium faciat palam.
Nec mater lena ad vinum adcedat interim,
Nec ulli verbo male dicat : si dixerit,
Hæc multa ei esto, vino viginti dies
Ut careat.

DIABOLUS.

Polchre scribsti : scitum syngraphum!

PARASITUS.

Tum si coronas, serta, unguenta jusserit
Ancillam ferre Veneri aut Cupidini,
Tuos servos servet, Venerine eas det, an viro.
Si forte pure velle habere dixerit,
Tot nocteis reddat spurcas, quot pure habuerit :
Hæc sunt non nugæ : non enim mortualia.

DIABOLE.

Oui.

LE PARASITE.

Écoute le reste.

DIABOLE.

Parle, je t'écoute.

LE PARASITE.

Elle n'emploiera pas de mots à double sens. Elle ne saura point parler d'autre langue que la langue attique. S'il lui arrive de tousser, elle ne toussera pas ainsi *(Il tousse en tirant la langue)*, pour montrer sa langue en toussant. Si elle fait semblant d'avoir un flux de pituite, elle ne fera pas comme cela *(Il passe sa langue sur ses lèvres)*; tu lui essuieras plutôt les lèvres toi-même, de peur qu'elle n'envoie un baiser à quelqu'un. Sa mère ne prendra point place aux festins, elle ne dira d'injures à personne. Si cela lui arrive, en punition elle sera privée de vin pendant vingt jours.

DIABOLE.

Excellent! l'admirable traité!

LE PARASITE.

Si elle donne commission à une esclave d'aller offrir des couronnes, des guirlandes ou des parfums à Cupidon ou à Vénus, un de tes gens sera là pour observer si c'est à Vénus qu'on les donne, ou à un homme. Que si elle veut remplir un devoir de chasteté, autant elle aura passé de nuits chastes, autant elle rendra de nuits voluptueuses. Hem! ce ne sont pas là des sornettes; ce ne sont pas des chansons d'enterrement.

DIABOLUS.

Placent profecto leges : sequere intro.

PARASITUS.

Sequor.

DIABOLUS, PARASITUS*.

DIABOLUS.

Sequere hac : egon' hæc patiar? aut taceam? emori
Me malim, quam hæc non ejus uxori indicem.
Ain' tu? apud amicam munus adulescentuli
Fungare? uxori excuses te, et dicas senem?
Præripias scortum amanti, atque argentum obicias
Lenæ? subpiles clam domi uxorem tuam?
Suspendas potius me, quam tacita hæc abferas.
Jam quidem, hercle, ad illam hinc ibo, quam tu propediem,
Nisi quidem illa ante obcupassit te, ecfliges, scio,
Luxuriæ sumtus subpeditare ut potsies.

PARASITUS.

Ego sic faciundum censeo : me honestiu'st,
Quam te, palam hanc rem facere, ne illa existumet
Amoris causa percitum id fecisse te
Magis, quam sua causa.

* Actus IV, Scena II.

DIABOLE.

J'approuve très-fort ta rédaction. Entre avec moi.

LE PARASITE.

Je te suis.

(Ils entrent dans la maison de Cléérète, et en sortent quelques instans après.)

DIABOLE, LE PARASITE*.

DIABOLE.

Suis-moi. Je supporterais cet affront sans rien dire! Plutôt mourir que de ne pas le dénoncer à sa femme *(Se tournant du côté de la maison de Cléérète, où Déménète est à souper)*. Tu feras le jeune homme chez une maîtresse, et à ta femme tu allègueras l'excuse de l'âge! Tu souffleras une jolie fille à celui qui l'aime, en prodiguant les espèces à la vieille, et puis chez toi tu voleras ta femme! On me pendrait plutôt que de me contraindre à te garder le secret. Je cours tout de ce pas vers celle que tu feras crever dans peu, j'en suis sûr, à moins qu'elle ne te prévienne. Il te tarde de n'être plus gêné dans les dépenses de ton libertinage.

LE PARASITE.

Veux-tu écouter mon avis? Il est plus convenable que ce soit moi qui fasse la révélation. Artémone pourrait penser que tu agis par jalousie plutôt que par intérêt pour elle.

*Acte IV, Scène II.

DIABOLUS.

At, pol, quin dixti rectius.
Tu ergo face, ut illi turbas, liteis concias,
Cum suo sibi gnato unam ad amicam de die
Potare, illam expilare.

PARASITUS.

Jam ne me mone.
Ego istuc curabo.

DIABOLUS.

At ego te obperiar domi.

ARGYRIPPUS, DEMÆNETUS*.

ARGYRIPPUS.

Agedum, decumbamus, sis, pater.

DEMÆNETUS.

Ut jusseris,
Mi gnate, ita fiet.

ARGYRIPPUS.

Pueri, mensam adponite.

DEMÆNETUS.

Numquid nam tibi molestum'st, gnate mi, si hæc nunc
mecum adcubat?

ARGYRIPPUS.

Pietas, pater, oculis dolorem prohibet : quamquam ego
istanc amo,

---

* Actus V, Scena 1.

DIABOLE.

Par Pollux! tu as bien raison. Fais en sorte de susciter au galant des disputes et des orages. Raconte qu'il est à table, pendant le jour, avec son fils, chez leur commune maîtresse; qu'il vole sa femme.

LE PARASITE.

Instructions superflues! je sais ce que j'ai à faire.

DIABOLE.

Je t'attendrai chez moi.
(Ils sortent.)

ARGYRIPPE, DÉMÉNÈTE*.

ARGYRIPPE.

Allons, mettons-nous sur le lit, mon père.

DÉMÉNÈTE.

On sera docile à ton commandement, mon cher fils.
(Ils se placent sur le lit.)

ARGYRIPPE.

Esclaves, posez la table.

DÉMÉNÈTE.

Est-ce que tu as du chagrin, mon fils, de la voir couchée auprès de moi *(Montrant Philénie)*?

ARGYRIPPE.

Le respect m'interdit la douleur; quoique je l'aime, je puis me résigner, et je ne m'afflige pas de cette vue.

* Acte V, Scène 1.

Potsum equidem inducere animum, ne ægre patiar, quia
    tecum adcubat.

DEMÆNETUS.

Decet verecundum esse adulescentem, Argyrippe.

ARGYRIPPUS.

　　　　　　　　　　　　　　　　Edepol, pater,
Merito tuo facere potsum.

DEMÆNETUS.

　　　　　　　　Age ergo, hoc agitemus convivium
Vino et sermone suavi : nolo ego metui, amari mavolo,
Mi gnate, me abs te.

ARGYRIPPUS.

　　Pol, ego utrumque facio, ut æquom'st filium.

DEMÆNETUS.

Credam istuc, si esse te hilarum videro.

ARGYRIPPUS.

　　　　　　　　　　　An tu esse me tristem putas?

DEMÆNETUS.

Putem ego? quem videam æque esse mœstum, ut quasi
    dies si dicta sit.

ARGYRIPPUS.

Ne dixis istuc.

DEMÆNETUS.

　　　　　Ne sic fueris, inlico ego non dixero.

ARGYRIPPUS.

Hem! adspecta; rideo.

DEMÆNETUS.

　　　　　Utinam, male qui mihi volunt, sic rideant!

DÉMÉNÈTE.

La réserve sied à un jeune homme, Argyrippe.

ARGYRIPPE.

Assurément, mon père, je ne fais que ce que tu mérites en me résignant.

DÉMÉNÈTE.

Allons donc, que le vin et les doux propos animent ce festin. Je veux que tu m'aimes, et non pas que tu me craignes, mon cher fils.

ARGYRIPPE.

Ces deux sentimens sont les miens; c'est le devoir d'un fils.

DÉMÉNÈTE.

Je t'en croirai, si je te vois plus gai.

ARGYRIPPE.

Est-ce que tu penses que je suis triste?

DÉMÉNÈTE.

Si je le pense? Tu as l'air consterné comme un homme qu'on vient de citer en justice.

ARGYRIPPE.

Ne dis pas cela.

DÉMÉNÈTE.

Prends donc un autre air, si tu ne veux pas que je le dise.

ARGYRIPPE, s'efforçant de prendre l'air riant.

Tiens, regarde, je ris.

DÉMÉNÈTE.

Mes ennemis puissent-ils rire ainsi!

ARGYRIPPUS.

Scio equidem quamobrem me, pater, tu tristem credas nunc tibi :
Quia istæc est tecum; atque ego quidem, hercle, ut verum tibi dicam, pater,
Ea res male habet; ac non eo, quin tibi non cupiam, quæ velis.
Verum istam amo; aliam tecum esse equidem facile potsim perpeti.

DEMÆNETUS.

At ego hanc volo.

ARGYRIPPUS.

Ergo sunt, quæ exoptas : mihi quæ ego exoptem, volo.

DEMÆNETUS.

Unum hunc diem perpetere, quoniam tibi potestatem dedi,
Cum hac annum ut esses, atque amanti argenti feci copiam.

ARGYRIPPUS.

Hem istoc me facto tibi devinxti.

DEMÆNETUS.

Quin te ergo hilarum das mihi?

ARGYRIPPE.

Sans doute, mon père, tu me crois triste de la voir avec toi. Hé bien, pour ne te rien déguiser, mon père, oui, certes, cela me fait de la peine : non pas toutefois que je fasse des vœux contraires à tes plaisirs; mais je l'aime. Qu'une autre fût à toi, je n'en serais pas fâché.

DÉMÉNÈTE.

Mais c'est elle que je veux.

ARGYRIPPE.

Ainsi donc tu as ce que tu désires. Que n'en peut-on dire autant de moi!

DÉMÉNÈTE.

Prends patience pour aujourd'hui seulement, puisque je t'ai procuré le moyen de la posséder une année entière, et que tu as l'argent nécessaire à tes amours.

ARGYRIPPE.

Ah! que je suis reconnaissant de ce bienfait!

DÉMÉNÈTE.

Montre-moi donc un visage réjoui.

ARTEMONA, PARASITUS, DEMÆNETUS, ARGYRIPPUS, PHILENIUM*.

ARTEMONA.

Ain' tu? meum virum heic potare, obsecro, cum filio?
Et ad amicam detulisse argenti viginti minas?
Meoque filio sciente, id facere flagitium patrem?

PARASITUS.

Neque divini, neque mi humani posthac quidquam ad-
 creduas,
Artemona, si hujus rei me esse mendacem inveneris.

ARTEMONA.

At scelesta ego, præter alios meum virum fui rata
Siccum, frugi, continentem, amantem uxoris maxume.

PARASITUS.

At nunc dehinc scito, illum ante omneis minumi mortalem preti,
Madidum, nihili, incontinentem, atque osorem uxoris
 suæ.

ARTEMONA.

Pol, ni vera ista essent, nunquam faceret ea, quæ nunc
 facit.

PARASITUS.

Ego quoque, hercle, illum antehac hominem semper
 sum frugi ratus.

---
* Actus V, Scena II.

Les précédens, ARTÉMONE, LE PARASITE*.

(Ils sont tous les deux dans la rue.)

ARTÉMONE.

Est-il vrai? mon mari est ici à boire, avec son fils! il a donné vingt mines d'argent à sa maîtresse! Et prendre son fils pour complice de ses déportemens! un père!

LE PARASITE.

N'ajoute jamais foi ni à mes paroles ni à mes sermens, si ce que je te dis n'est pas l'exacte vérité.

ARTÉMONE.

Malheureuse que j'étais! je le prenais pour un sage entre tous les hommes, un modèle de sobriété, de tempérance, le meilleur des maris.

LE PARASITE.

Sache à présent que c'est de tous les hommes le plus grand vaurien, un modèle d'ivrognerie et de libertinage, le plus infidèle des maris.

ARTÉMONE.

Ah! il faut bien que cela soit, puisqu'il se conduit de la sorte.

LE PARASITE.

Et moi aussi, vraiment, je l'avais toujours cru un homme très-rangé; mais il montre bien de quoi il est

* Acte V, Scène II.

Verum hoc facto sese ostendit, qui quidem cum filio
Potet una, atque una amicam ductet decrepitus senex.

ARTEMONA.

Hoc, ecastor, est, quod ille it ad coenam cotidie.
Ait sese ire ad Archidemum, Chaeream, Chaerestratum,
Cliniam, Chremem, Cratinum, Diniam, Demosthenem.
Is apud scortum conruptelae et liberis lustris studet.

PARASITUS.

Quin tu illum jubes ancillas rapere sublimem domum?

ARTEMONA.

Tace modo : nae illum, ecastor, miserum habebo.

PARASITUS.

Ego istuc scio
Ita fore illi, dum quidem cum illo nubta eris.

ARTEMONA.

Ego censeo
Eum etiam hominem aut in senatu dare operam, aut
  clientibus :
Ibi labore delassatum noctem totam stertere.
Ille opere foris faciundo lassus noctu advenit :
Fundum alienum arat, incultum familiarem deserit.
Is etiam conruptus, porro suum conrumpit filium.

PARASITUS.

Sequere hac me modo, jam faxo ipsum hominem manifesto obprimas.

ARTEMONA.

Nihil, ecastor, est, quod facere mavelim.

capable. Etre en frairie avec son fils, et partager ses amours, un galant décrépit!

ARTÉMONE.

Par Castor! voilà donc de quelle manière il dîne en ville tous les jours! c'est Archidême qui l'invite, puis Chérée, Chérestrate, Clinias, Chrémès, Cratinus, Dinias, Démosthènes! Il le dit, et il va se livrer au vice et à la débauche avec des courtisanes!

LE PARASITE.

Crois-moi, fais-le saisir et emporter chez toi par tes femmes.

ARTÉMONE.

Patience, patience, son bonheur ne durera pas.

LE PARASITE.

Oh! je pense que tu y mettras bon ordre, tant que tu seras sa femme.

ARTÉMONE.

Eh mais oui; je m'imagine qu'il donne ses soins aux affaires du sénat, ou de ses cliens, et qu'en rentrant fatigué de ses occupations il a besoin de dormir toute la nuit! Le traître! il cultive un champ étranger, et néglige et délaisse le sien. Et ce n'est pas assez d'être si corrompu, il se fait le corrupteur de son fils!

LE PARASITE.

Suis-moi, tu surprendras le coupable en flagrant délit.

ARTÉMONE.

Par Castor! je ne souhaite rien tant au monde.

PARASITUS.

Mane dum.

ARTEMONA.

Quid est?

PARASITUS.

Potsis, si forte adcubantem tuom virum conspexeris,
Cum corona amplexum amicam, si videas, congnoscere?

ARTEMONA.

Potsum, ecastor.

PARASITUS.

Hem tibi hominem.

ARTEMONA.

Perii!

PARASITUS.

Paulisper mane.
Aucupemus ex insidiis clanculum, quam rem gerant.

ARGYRIPPUS.

Quid modi, pater, amplexandi facies?

DEMÆNETUS.

Fateor, gnate mi.

ARGYRIPPUS.

Quid fatere?

DEMÆNETUS.

Me ex amore hujus conruptum oppido.

PARASITUS.

Audin' quid ait?

ARTEMONA.

Audio.

LE PARASITE.

Attends.

ARTÉMONE.

Qu'est-ce?

LE PARASITE.

Si tu voyais ton mari à table, couronné de fleurs, embrassant sa maîtresse, le reconnaîtrais-tu bien?

ARTÉMONE.

Sans doute.

LE PARASITE.

Tiens, regarde-le.

(Il la conduit à la porte, qu'il entr'ouvre pour qu'elle regarde dans l'intérieur.)

ARTÉMONE.

O mort!

LE PARASITE.

Silence! guettons-les sans être aperçus, et voyons ce qui se passe.

ARGYRIPPE.

Eh! mon père, quand finiras-tu de l'embrasser?

DÉMÉNÈTE.

Je t'avoue, mon fils.....

ARGYRIPPE.

Quoi?

DÉMÉNÈTE.

Que je raffolle d'amour pour elle.

LE PARASITE, à Artémone.

Tu l'entends?

ARTÉMONE.

Oui.

DEMÆNETUS.

Egon' ut non domo uxori meæ
Subripiam in deliciis pallam quam habet, atque ad te
 deferam?
Non, edepol, conduci potsum vita uxoris annua.

PARASITUS.

Censen' tu illum hodie primum ire adsuetum esse in
 ganeum?

ARTEMONA.

Ille, ecastor, subpilabat me, quod ancillas meas
Subspicabar, atque insonteis miseras cruciabam.

ARGYRIPPUS.

Pater,
Jube dari vinum; jamdudum factum'st, quom primum
 bibi.

DEMÆNETUS.

Da, puere, ab summo; age, tu interibi ab infimo da
 savium.

ARTEMONA.

Perii misera! ut osculatur carnufex, capuli decus.

DEMÆNETUS.

Edepol, animam suaviorem aliquanto, quam uxoris meæ.

PHILENIUM.

Dic, amabo, an fœtet anima uxoris tuæ?

DÉMÉNÈTE.

Et je ne déroberai pas à ma femme son manteau le plus précieux pour t'en faire présent! Non, je n'y renoncerais pas, même pour l'assurance de sa mort avant la fin de l'année.

LE PARASITE.

Crois-tu qu'il commence d'aujourd'hui à fréquenter les mauvais lieux?

ARTÉMONE.

Scélérat! c'était lui qui me volait, et le soupçon tombait sur mes femmes. Les pauvres innocentes! je les faisais mettre à la question.

ARGYRIPPE.

Mon père, ordonne qu'on verse à boire : il y a longtemps que j'ai vidé la première coupe.

DÉMÉNÈTE.

Esclave, commence par le haut bout *(Argyrippe est couché à sa droite)*; et toi, d'en bas *(à Philénie, qui est couchée à sa gauche, la tête près de la poitrine du vieillard)*, donne-moi un baiser.

ARTÉMONE, à part.

Mort de ma vie! comme il la baise, le bourreau! digne parure de cercueil!

DÉMÉNÈTE.

Voilà une haleine un peu plus douce que celle de ma femme.

PHILÉNIE.

Comment? est-ce que ta femme a l'haleine mauvaise?

DEMÆNETUS.

Nauteam
Bibere malim, si necessum'st, quam illam oscularier.

ARTEMONA.

Ain' tandem? edepol næ tu istuc cum malo magno tuo
Dixisti in me : sine! venias modo domum, faxo ut scias
Quid pericli sit dotatæ uxori vitium dicere.

PHILENIUM.

Miser, ecastor, es.

ARTEMONA.

Mecastor, dignus est.

ARGYRIPPUS.

Quid ais, pater?
Ecquid matrem amas?

DEMÆNETUS.

Egone? illam nunc amo, quia non adest.

ARGYRIPPUS.

Quid, quom adest?

DEMÆNETUS.

Periisse cupio.

PARASITUS.

Amat homo hic te, ut prædicat.

ARTEMONA.

Næ ille, ecastor, fœnerato funditat : nam si domum
Redierit hodie, osculando ego ulciscar potissumum.

ARGYRIPPUS.

Jace, pater, talos, ut porro nos jaciamus.

DÉMÉNÈTE.

J'aimerais mieux, s'il le fallait, boire l'eau d'une sentine que de l'embrasser.

ARTÉMONE, à part.

En vérité? Ah! que tu paîras cher ces impertinences. Laisse faire; quand tu rentreras, je te montrerai ce que c'est que d'insulter une épouse qui t'as enrichi.

PHILÉNIE.

Tu es malheureux, ma foi!

ARTÉMONE, à part.

Pas tant qu'il le mérite.

ARGYRIPPE.

Dis-moi, mon père, aimes-tu ma mère?

DÉMÉNÈTE.

Moi? je l'aime à présent, parce qu'elle est loin.

ARGYRIPPE.

Et quand elle est auprès de toi?

DÉMÉNÈTE.

Je voudrais qu'elle fût morte.

LE PARASITE, à Artémone.

Il t'aime tendrement, à ce qu'il paraît.

ARTÉMONE.

Par Castor! il sème en ce moment, la moisson sera bonne. S'il revient aujourd'hui à la maison, je le baiserai de manière à me venger.

ARGYRIPPE.

Mon père, jette les dés, pour que nous les jetions à notre tour.

DEMÆNETUS.

Maxume.
Te, Philenium, mihi, atque uxori mortem. Hoc Venerium'st.
Pueri, plaudite, et mihi ob jactum cantharo mulsum
  date.

ARTEMONA.

Non nequeo durare.

PARASITUS.

Si non didicisti, fullonicam,
Non mirandum'st. In oculos invadi nunc est optumum.

ARTEMONA.

Ego, pol, vivam, et tu isthæc hodie cum tuo magno
  malo
Invocavisti.

PARASITUS.

Ecquis currit pollinctorem arcessere?

ARGYRIPPUS.

Mater, salve.

ARTEMONA.

Sat saluti'st.

PARASITUS.

Mortuu'st Demænetus.
Tempus est subducere hinc me; polchre hoc gliscit prœ-
  lium.
Ibo ad Diabolum, mandata dicam facta, ut voluerit.
Atque interea ut decumbamus suadebo, hi dum liti-
  gant.

DÉMÉNÈTE.

Volontiers. *(Il jette les dés)* A moi Philénie, à ma femme la mort. Le coup de Vénus! Esclaves, applaudissez, et versez-moi rasade pour une si belle chance.

ARTÉMONE, à part.

Je trépigne.

LE PARASITE.

Apparemment tu sais le métier de foulon. A présent il est temps de leur arracher les yeux.

ARTÉMONE, entrant.

Non, mon mari, je vivrai, et tu paîras cher tes invocations.

LE PARASITE, à part.

Qu'on aille chercher la pompe funèbre.

ARGYRIPPE.

Salut, ma mère.

ARTÉMONE.

Garde tes saluts.

LE PARASITE, à part.

Déménète est mort. Retirons-nous sans bruit. A merveille! la mêlée s'échauffe. Je vais raconter à Diabole le succès de ma mission, et nous nous mettrons à table, pendant qu'on se querelle ici. Demain je l'amènerai pour qu'il donne vingt mines à la vieille, et qu'il ait part aux faveurs de sa fille. Nous obtiendrons d'Argyrippe qu'il

Post, eum demum huc cras adducam ad lenam, ut viginti minas
Ei det, in parte hac amanti ut liceat ei potirier.
Argyrippus exorari, spero, poterit, ut sinat
Sese alternas cum illo nocteis hac frui : nam ni inpetro,
Regem perdidi : ex amore tantum'st homini incendium.

ARTEMONA.

Quid tibi huc receptio ad te est meum virum?

PHILENIUM.

Pol, me quidem
Miseram odio enicavit.

ARTEMONA.

Surge, amator; i domum.

DEMÆNETUS.

Nullus sum.

ARTEMONA.

Imo es, ne nega, omnium, pol, nequissumus.
At etiam cubat cuculus : surge, amator; i domum.

DEMÆNETUS.

Væ mihi!

ARTEMONA.

Vera hariolare : surge, amator, i domum.

DEMÆNETUS.

Abscede ergo paululum istuc.

ARTEMONA.

Surge, amator; i domum.

DEMÆNETUS.

Jam, obsecro, uxor.

consente à ce partage. Il le faut, ou sinon j'ai perdu mon roi, tant est violent l'incendie de son amour.

(Il sort.)

ARTÉMONE, à Philénie.

Pourquoi te permets-tu de recevoir mon mari?

PHILÉNIE.

O quel ennui! c'est pour en mourir.

ARTÉMONE.

Debout, amoureux, à la maison!

DÉMÉNÈTE.

Je suis mort.

ARTÉMONE.

Non, non, mais tu es bien le plus grand misérable. Est-ce qu'il ne sortira pas de son nid, ce bel oiseau? Debout, amoureux, à la maison!

DÉMÉNÈTE.

Malheur à moi!

ARTÉMONE.

Tu devines juste. Debout, amoureux, à la maison!

DÉMÉNÈTE.

Éloigne-toi un peu.

ARTÉMONE.

Debout, amoureux, à la maison!

DÉMÉNÈTE.

Ma femme, je t'en prie.

ARTEMONA.

Nunc uxorem me esse meministi tuam?
Modo, quom dicta in me ingerebas, odium, non uxor
eram.

DEMÆNETUS.

Totus perii!

ARTEMONA.

Quid tandem? anima fœtetne uxoris tuæ?

DEMÆNETUS.

Murrham olet.

ARTEMONA.

Jam subripuisti pallam, quam scorto dares?
Ecastor.....

ARGYRIPPUS.

Quin subrepturum pallam promisit tibi.

DEMÆNETUS.

Non taces?

ARGYRIPPUS.

Ego dissuadebam, mater.

ARTEMONA.

Bellum filium!
Istoscine patrem æquom'st mores liberis largirier?
Nihilne te pudet?

DEMÆNETUS.

Pol, si aliud nihil sit, tui me, uxor, pudet.

ARTEMONA.

Cano capite te cuculum uxor ex lustris rapit.

ARTÉMONE.

Tu te souviens à présent que tu as une femme. Tout-à-l'heure, quand tu prodiguais les lardons, j'étais un monstre, et non pas ta femme.

DÉMÉNÈTE.

C'est fait de moi.

ARTÉMONE.

Eh bien! l'haleine de ta femme est donc mauvaise?

DÉMÉNÈTE.

C'est tout baume.

ARTÉMONE.

Tu n'as pas encore volé mon manteau pour le donner à ta belle? Par Castor!....

ARGYRIPPE.

Oui, il a dit qu'il te volerait un manteau.

DÉMÉNÈTE.

Veux-tu te taire?

ARGYRIPPE.

Je tâchais de l'en dissuader, ma mère.

ARTÉMONE.

Le bon fils! *(A Déménète)* Sont-ce là les leçons de morale qu'un père donne à ses enfans? N'as-tu pas de honte?

DÉMÉNÈTE.

C'est surtout de t'avoir offensée, ma femme.

ARTÉMONE.

Ce coucou à tête grise, que sa femme est obligée de tirer d'un tel repaire!

DEMÆNETUS.
Non licet manere (cœna coquitur), dum cœnem modo?

ARTEMONA.
Ecastor, cœnabis hodie, ut te dignum'st, magnum malum.

DEMÆNETUS.
Male cubandum'st : judicatum me uxor abducit domum.

ARGYRIPPUS.
Dicebam, pater, tibi, ne matri consuleres male.

PHILENIUM.
De palla memento, amabo.

DEMÆNETUS.
    Juben' hanc hinc abscedere?

PHILENIUM.
Imo intus potius sequere hac me, mi anime.

DEMÆNETUS.
      Ego vero sequor.

ARTEMONA.
I domum.

PHILENIUM.
Da savium etiam prius, quam abis.

DEMÆNETUS.
      I in crucem.

GREX.

Hic senex, si quid, clam uxorem, suo animo fecit volup,

DÉMÉNÈTE.

On va servir le souper; est-ce que je n'aurais pas le temps d'en manger ma part?

ARTÉMONE.

De par tous les dieux! tu souperas aujourd'hui comme tu le mérites. Tes morceaux seront amers

DÉMÉNÈTE.

J'aurai un triste régal. Ma femme m'enmène à la maison. Mon arrêt est prononcé.

ARGYRIPPE.

Mon père, je te disais bien que tu devais respecter ma mère.

PHILÉNIE, à Déménète.

Souviens-toi du manteau, je t'en prie.

DÉMÉNÈTE, à Philénie.

Renvoie-la donc d'ici.

PHILÉNIE.

Entre plutôt avec moi là-dedans, mon cœur.

DÉMÉNÈTE.

J'y vais.

ARTÉMONE, le tirant à elle.

A la maison.

PHILÉNIE.

Embrasse-moi avant de partir.

DÉMÉNÈTE.

Qu'on te pende!

LE CHEF DE LA TROUPE.

Si ce vieillard s'est passé d'agréables caprices en ca-

Neque novom, neque mirum fecit, nec secus, quam
 alii solent.
Nec quisquam'st tam ingenio duro, nec tam firmo pec-
 tore,
Quin, ubi quidquam obcasionis sit, sibi faciat bene.
Nunc si voltis deprecari huic seni, ne vapulet,
Remur inpetrari posse, si plausum sic clarum datis.

chette de son épouse, il n'y a là rien d'extraordinaire ni d'étrange. Il a fait comme les autres. Quel est l'homme assez dur à lui-même, assez insensible, pour ne pas se donner, dans l'occasion, quelque jouissance? Maintenant, si vous voulez intercéder en faveur de ce vieillard et empêcher qu'il ne soit battu, vous obtiendrez sa grâce, en faisant éclater ainsi vos applaudissemens. *(Il fait le geste d'applaudir avec force.)*

NOTES
DE L'AMPHITRYON.

Argumentum. J'ai conservé ces argumens, non pas sans doute à cause de leur mérite poétique. Mais ils furent écrits dans un temps où les manuscrits entiers de Plaute n'étaient pas rares. Ils peuvent fournir des éclaircissemens précieux sur la constitution des pièces qui ont été mutilées. C'est l'ouvrage de quelque grammairien du deuxième ou du troisième siècle de l'ère chrétienne, où beaucoup de gens se piquaient d'écrire sans invention, et de mettre l'érudition en vers. On ne composait pas un seul poème, mais on faisait des analyses versifiées de poèmes anciens.

Telebois hostibus (v. 2). Une colonie pélasgique sous la conduite de Téléboas, petit-fils de Lelex, qui régnait dans le pays nommé depuis Laconie, s'empara de l'île de Taphus, située près des côtes de l'Acarnanie. Dans la suite on appela ces colons indifféremment Taphiens et Téléboens. Comme la plupart des insulaires, ils faisaient le métier de pirates. C'était une industrie reçue avant que la véritable fût connue et pratiquée. Dans l'*Odyssée*, le bon Nestor, à qui Télémaque ne s'est pas encore fait connaître, le salue ainsi, sans avoir la moindre idée de l'offenser : « n'êtes-vous pas des pilleurs » λησταὶ, *prœdatores?*

Vosirorum (PROLOGUE, v. 4). On prend ordinairement ce mot pour *Vestri*, comme étant un archaïsme. On se trompe, le vers huitième le prouve : *vos vostrosque omneis.*

Arbitri (v. 16). Beaucoup d'exemples de Plaute montrent que *arbiter* voulait dire primitivement *qui écoute*, et *arbitrari*, écouter. *Arbitri* signifie donc ici plutôt spectateurs que juges, quoique les spectateurs fussent des juges qui décernaient la palme par leurs applaudissemens et des coups d'étrivières par leurs sifflets. *Voyez* l'épilogue de la *Cistellaria.*

Malum (v. 27). Ces mots *malum*, *mala res*, dans certaines locutions, emportaient, avec l'idée de malheur et de souffrance, celle d'ignominie. On s'en servait à l'égard des personnes viles, ou de condition dépendante et précaire, comme celle des femmes, qui vivaient toujours en puissance d'autrui, soit de père, soit de mari, soit de frère. *Nunquam exuitur servitus muliebris.* Mais ce terme s'appliquait particulièrement aux esclaves. Un général romain s'avisa de l'employer dans une menace adressée aux citoyens qui lui avaient prêté le serment militaire. Aussitôt un tribun saisit l'occasion d'exciter une fureur séditieuse. « L'entendez-vous, s'écria-t-il, vous menacer comme des esclaves, *malum sicut servis minitantem ?* » Une autre fois le consulaire Metellus, piqué des satires de Névius, un Campanien, un étranger, un faquin de poète, lui décocha un trait qui marquait bien le mépris et la colère : *malum dabunt Metelli Nævio poetæ.* Il lui promettait la même vengeance que le vicomte de Chabot fit subir à Voltaire, sans daigner, après, lui en rendre raison. Metellus était gentilhomme. Aussi quel dédain superbe ! et qu'après ce grand nom de *Metellus* le nom de *poète* est jeté là à un degré profond d'abaissement et de honte !

Ab justis..... orator datus (v. 34). Je construis ainsi la phrase : *orator ab justis*, c'est-à-dire *qui petam ab justis*, par la raison que les noms formés des verbes, dans l'ancien langage, entraînent les mêmes complémens, et que le vers précédent porte *esse oratum a vobis.* Pour cette leçon *oratum* au lieu de *oratam*, consultez Aulu-Gelle, *Nuits attiques*, I, 7.

Neque tenent (v. 36). L'usage voulait que le mot *tenere* se prît souvent, comme ici, dans le sens de *savoir, comprendre.* On en profitait même pour faire des jeux de mots, comme dans ce passage de Curculion : *recte tenes. Minus formidabo ne excidat.*

Ut alios in tragœdiis, etc. (v. 41). Plaute se raille de l'artifice employé par les poètes pour se recommander par des flatteries à la bienveillance des Romains. Ils introduisaient sur le proscenium des divinités qui venaient débiter le prologue. Tout en racontant leurs bienfaits envers la république et les exploits des légions, ces êtres célestes n'oubliaient pas de témoigner l'intérêt qu'ils prenaient à la pièce. Au reste, les Grecs, Euripide entre autres, avaient prodigué les prologues à machines. Plaute en fit usage d'une manière peu circonspecte, mais fort divertissante.

Illic mos (v. 46). Les anciens disaient également *illic, istic* et *ille, iste.* Qu'il soit dit, une fois pour toutes, que pour distinguer l'adverbe j'écris *illeic, isteic, heic,* ainsi que *illei* pour *illi,* quand il est pris adverbialement.

Gratum (v. 48). *Gratus,* comme beaucoup d'adjectifs, est également susceptible du sens passif et de l'actif. Ici il veut dire ce qui devient l'objet de la reconnaissance. C'est ainsi que *ignarus* veut dire souvent inconnu, *immemorabilis,* oublieux.

Nam me perpetuo..... non par arbitror (v. 60-61). Singulière manière de déterminer le genre d'une pièce dramatique par la qualité et par l'habit des personnages. Comme s'il n'était pas possible que les évènemens de la vie d'un plébéien, d'un esclave, excitassent la terreur et la pitié, comme si les actions des hommes vêtus de la pourpre ne pouvaient pas être par fois très-risibles. Ce n'était pas là une idée athénienne, une inspiration aristophanique. Il y a là dessous de l'aristocratie romaine.

Conquisitores (v. 65). Il y avait des *conquisitores* de plus d'une espèce. Les uns, comme ici, veillaient sur les spectateurs, d'autres allaient dans les villes de la domination romaine découvrir les recrues réfractaires. Dans la suite on eut des *speculatores,* des *frumentarii,* qui furent remplacés par les *agentes in rebus.* Le ministère de la police, dans l'empire romain, ne manqua pas de suivre les progrès de la civilisation, et aussi du pouvoir.

In cavea (v. 68). L'emplacement où se tenaient les spectateurs formait un demi-cercle rempli par des gradins parallèles et dont les rangées allaient toujours en s'élevant à mesure qu'elles s'approchaient de la circonférence. De là le nom de *cavea,* creux, enfoncement. Le demi-cercle était coupé par des escaliers qui partaient du centre comme des rayons; les parties comprises entre ces rayons s'appelaient *cunei,* à cause de leur forme.

Pignus capiantur togæ (v. 68). S'il s'était agi d'un prolétaire, d'un homme de rien, de cette foule qui n'avait que des tuniques de gros drap brun, les triumvirs l'auraient fait saisir par leurs licteurs. Mais là quiconque portait la toge était un privilégié. La plupart des cas de pénalité se résolvaient en amendes, et pourvu qu'on fournît une caution proportionnée au délit, ou égale au taux présumé de l'amende qu'on pouvait encourir, on demeurait libre. C'était leur loi d'*Habeas corpus*. Les législateurs avaient pensé qu'il n'était pas permis, sans une nécessité évidente, d'infliger d'avance la peine de la détention dans l'attente du jugement. Ce fut en vertu de cette loi que le consul Philippe saisit les biens du sénateur Crassus. Mais pour les perturbateurs du théâtre de Plaute, il suffisait de leur prendre en gage leur robe. Je suppose que l'*Amphitryon* fut joué en été.

Si quoi fautores....... per internuntium (v. 67-71). Ainsi, toutes les menées des cabales, cabales d'auteurs contre auteurs (*lisez* le prologue de l'*Andrienne*, de Térence), cabales d'acteurs contre acteurs (*voyez* les vers 82, 83 de celui-ci), cabales des protecteurs pour leurs protégés (67-71), étaient connues à Rome dès le temps des guerres puniques! Il n'y a rien de nouveau dans le monde, et nous ne sommes encore pour cela que les disciples des Romains, mais disciples dignes des maîtres. A Rome, comme chez nous, ou l'on allait solliciter soi-même, ou l'on écrivait, ou l'on faisait agir ses connaissances auprès des édiles, qui étaient les gentilshommes ordinaires de la république pour l'administration des grands théâtres. Et ces gentilshommes républicains n'étaient pas toujours incorruptibles (*perfidiose*); funeste exemple pour les modernes! Mais les comédiens étaient des esclaves. Quel intérêt y prenaient des citoyens? Ces comédiens pour la plupart leur appartenaient, ils les louaient aux entrepreneurs de spectacle. (*Voyez* le prologue de l'*Asinaire*). Si un intérêt d'argent ne les avait excités à faire valoir leur marchandise, ne suffisait-il pas de l'amour-propre? N'était-ce pas aussi une gloire pour le roi Hiéron que la vitesse de ses chevaux?

Ornamenta et corium uti conciderent (v. 85). *Concidere* est un mot à double sens : en droit il veut dire saisir, parce qu'on détache une partie des biens pour les séquestrer, *secare, concidere*; mais au propre c'est *couper*. Ainsi le malin auteur veut qu'on dépouille de leurs costumes (*ornamenta concidere*) les acteurs qui cabalent, et qu'on les dépouille aussi de leur peau à coups de fouet (*corium*). Ceux qui veulent voir ici un masque de cuir feraient rire Plaute, s'il pouvait rire encore.

Naius Argus (v. 98). Amphitryon, fils d'Alcée, tua par mégarde Electryon, son oncle et son beau-père, roi de Mycène et d'Argos. Ce meurtre involontaire le força, selon la coutume des temps héroïques, de se bannir de sa patrie. Le roi des Thébains reçut le fugitif. *Argus* est ici pour *Argivus*. C'est une leçon fautive que *Argis* chez quelques éditeurs.

Nam (v. 104). Cette particule a souvent une valeur toute différente de la conjonction. Elle annonce un nouvel ordre d'idées, et correspond à notre particule or. *Voyez* les vers 40 et 120.

Illei (v. 133). *Voyez* la note du vers 46.

Juventutis mores qui sciam (AMPH., v. 2). Plaute ne fait pas l'éloge des mœurs de son siècle; car je crois qu'il ne savait pas au juste ce qui se passait à Thèbes dans le temps d'Amphitryon. Les triumvirs, espèce de magistrats de police correctionnelle, n'empêchaient pas les jeunes libertins d'attaquer dans l'ombre de la nuit les pauvres gens qui n'avaient pas le moyen de se faire accompagner par des esclaves porteurs de flambeaux. Quelques récits de Denys d'Halicarnasse et de Suétone prouvent que cette licence fut de mode dans l'antiquité comme dans les âges de corruption. Il faut avouer que les lanternes et la garde municipale valent mieux que la police des anciens.

Adsiduo (v. 14). On a fait de savantes dissertations pour démontrer que, suivant une locution antique, *adsiduo* est ici un datif qui veut dire un homme riche. Mais je persiste à ne prendre ce mot que pour ce qu'il est dans plusieurs autres vers de Plaute, pour un adverbe. Consultez le dictionnaire de Facciolati.

Me..... præmisit domum (v. 40). C'était la coutume à Rome, qu'un mari en revenant d'un voyage ou de la campagne envoyât annoncer à sa femme son arrivée. Plutarque, dans son *Traité des demandes des choses romaines*, donne de cela de belles et bonnes raisons, qui dispenseront de recourir à certain récit de La Fontaine pour la solution de la question.

Argivos (v. 53). Les légions thébaines n'étaient pas les légions d'Argos. Mais leur chef était Argien. Plaute leur a imposé le nom de la patrie du chef. Il y a tant soit peu d'habitudes de gouvernement despotique dans cette figure de diction.

Igitur (v. 55). Plaute se sert très-fréquemment de ce mot comme synonyme de *deinde*, *tum*. *Voyez* les vers 316, 715.

Magnanimi (v. 57). C'est le μεγάθυμοι des Grecs, présentant l'idée de l'élévation d'âme, tantôt comme grandeur et force, tantôt comme orgueil et insolence. Ainsi Juturne se plaint de Jupiter : *jussa superba magnanimi Jovis.*

Nimis ferociter (v. 58). L'adverbe *nimis* se prend plus souvent chez Plaute comme signe du superlatif que pour marquer l'excès. Ainsi trouve-t-on chez nos vieux auteurs cette locution *trop mieux*, pour beaucoup mieux. *Voyez* vers 284.

Fugam in (v. 83). Cette espèce d'anastrophe est familière à Plaute. On verra de même dans l'Asinaire *qui pro* au lieu de *pro qui*, c'est-à-dire *pro quo.*

Statim (v. 84). La première syllabe ici est longue; et le mot dérivé de *stare* est l'équivalent de *more stantium. Voyez* le vers 120.

Pterelam..... obtruncavit (v. 97). Les savans qui voient aussi clair dans les généalogies et les alliances des familles grecques, même avant le déluge de Deucalion, que feu M. d'Hozier dans le blason français, diront que Plaute fait tuer Ptérélas avant sa naissance. En effet, la grand'mère de ce Ptérélas était cousine-germaine d'Amphitryon. Mais les Romains n'y regardaient pas de si près.

Velatis manibus (v. 101). Les rameaux d'olivier entourés de bandelettes, annonçaient l'intention des supplians. Homère (*Il.*, I, 14) et Virgile (*Æn.*, VII, 237; VIII, 128) attestent l'antiquité de cet usage. L'auteur a dit *velatis manibus*, parce que les bandelettes retombaient sur les mains du suppliant, et les couvraient.

Suo sibi (v. 113). *Suus sibi,* pléonasme habituel dans le langage de Plaute. *Voyez* le Prologue des *Captifs.*

Die (v. 120). Archaïsme pour *diei. Voyez* PRISC., VII, ch. 19, § 93.

Quam pependi perpetem (v. 124). Qui voudra connaître tous les supplices des esclaves lira Pignorius. Il s'agit ici de la fustigation, pour laquelle on enfermait les mains du patient dans des menottes qui, en s'élevant par le moyen d'une poulie attachée à une poutre transversale, le suspendaient en l'air; et pour l'empêcher de s'agiter on attachait à ses pieds un poids de cent livres (Voyez l'*Asinaire*, p. 248, v. 289). Souvent après l'opération on le laissait suspendu encore un certain temps.

Sis (v. 130). Voici encore une de ces formes qui se rencontrent à chaque instant dans le langage familier. C'est la syncope de *si vis*. Elle donne de l'énergie à l'expression de l'impératif.

Denteis pruriunt (v. 139). La démangeaison subite qu'on éprouvait dans quelque partie du corps était un avertissement du danger qui la menaçait. On verra dans l'*Asinaire* un vaurien deviner, par l'émotion de son dos, les coups d'étrivières à venir. Les modernes ont eu aussi dans les tintemens d'oreilles des prophéties qui n'étaient pas ignorées des anciens; témoin Théocrite.

Sic volo (v. 151). J'ai adopté ici la leçon qui m'a paru la plus claire et la plus naturelle. La plupart des éditeurs donnent *hem! nunc jam ergo sic colo*, c'est-à-dire, *sic exerceo pugnos*; d'autres, *nunc jam ergo : sic colo*. Expliqué ainsi : *eia agite : ea arte pugnandi colo vitam*.

Exossatum os (v. 162). J'ai désespéré de rendre ce jeu de mots. Ce n'est pas une raison pour ne pas le faire remarquer.

Verum longe hinc abfuit (v. 166). Les interprétations qu'on donne ordinairement à ce passage ne m'ont pas paru satisfaisantes. Selon quelques-uns, l'odeur de la sueur de Sosie fait deviner qu'il vient de loin. Selon madame Dacier, ces paroles appartiennent à Sosie, qui souhaite d'être bien loin, parce que *abfuit* est un subjonctif. Je crois aussi que ce mot est en effet au mode subjonctif, mais au futur antérieur, par syncope au lieu de *abfuerit*. Mercure plaisante ainsi : « Il est près, quant à la distance, mais il est probablement encore loin d'ici (en montrant la maison d'Amphitryon); parce que je suis là pour l'éloigner. » On sait que Plaute affectionne cette forme de futur pour exprimer les actions qu'on se propose de faire.

Verbero (v. 188). *Verbero, as*, je frappe, *verbero, onis*, maraud. Le moyen de rendre le calembourg que Sosie prête à Mercure!

Usu fecisti tuum (v. 219). Terme de droit. C'est ici une espèce d'usucapion en vertu de la force des poings.

Proh! fidi Thebani civeis (v. 220). Appeler au secours se disait en latin *fidem implorare*. En effet c'est un devoir de l'humanité de prêter assistance à l'opprimé ou au malheureux. Il y a une sorte d'engagement mutuel formé par la nature même entre ceux qui ne se sont jamais vus. Tel était le sentiment qui avait inspiré cette locution, et fait du mot *fides* en quelque sorte le synonyme de secours. Quand Sosie s'écrie *proh fidi, etc.*, c'est comme s'il disait *vestram fidem imploro.*

Socium...volui dicere (v. 228). Sosie joue sur la ressemblance des noms *Sosiam socium.* Il fallait pour cela que la prononciation du *c* fût déjà devenue douce, comme le prouve une autre plaisanterie pareille dans la Casine : *senem incœnem* (act. IV, sc. I, v. 18 des éditions ordinaires).

Fugit te ratio (v. 230). Littéralement : le raisonnement t'abandonne; tu perds la raison. Locution du langage usuel. *Voyez* CATULLE, *épig.* 20.

Tu me vivos, etc. (v. 242). La surabondance du mot *vivus* dans certaines phrases était une forme usitée chez les Latins. Plaute en offre beaucoup d'exemples, entre autres au commencement de la première scène de l'*Asinaire. Voyez* aussi dans la neuvième églogue de Virgile : *O Lycida, vivi pervenimus.*

Sed quid ais? (v. 260). Voici une des locutions les plus habituelles du langage familier, et qui se répète des milliers de fois dans Plaute, et souvent dans Térence. Elle ne signifie pas du tout qu'on demande à quelqu'un ce qu'il a dit; c'est un avertissement de répondre, ou tout au moins d'être attentif à l'interpellation qu'on va faire. *Quid* est pour *an. An confirmas id quod dicam?*

A Telebois datum (v. 260). C'est comme s'il y avait *datum ex eo quod a Telebois provenit.* Mais les Romains ne trouvaient-ils pas la tournure trop hardie et peu régulière ?

Qui (v. 261). Syncope de *quoi*, qui se mettait au datif et à l'ablatif dans le vieux langage (*Voyez* la note du vers 83). *Qui* devint une sorte de mot indéclinable qui pouvait remplacer même l'ablatif pluriel *quibus* : *vehicula qui vehar,* in *Aulul.*

Quid ego ni negem (v. 278). *Quidni* est une sorte d'affirmation très-usitée.

Vivo fit quod nunquam, etc. (v. 303). Aux funérailles des morts on portait les images de leurs ayeux. Jamais le pauvre esclave Sosie n'honorera ainsi en effigie le convoi de ses descendans; jamais son image ne décorera leur atrium ; car ils auront pour atrium un misérable donjon, et pour sépulture les esquilies. Mais, de son vivant, Mercure porte son image. Tel est le sens de ce passage, auquel madame Dacier donne une interprétation fausse par un abus d'érudition.

Hujus honoris gratia (v. 329). Cette locution très-fréquente correspond parfaitement à celles-ci du langage français : « A la considération de, par égard pour. »

Subspicio (v. 333). C'est à tort que les éditeurs changent ce mot en celui de *consuetio*, pour rétablir la quantité du vers. Il paraît que Plaute avait coutume de faire la seconde syllabe longue. (*Voyez* l'*Asinaire* (v. 753) et le *Trinumus* (v. 61).

Crepuit foris (v. 339). Les portes chez les Grecs s'ouvraient en dehors. On avertissait en frappant quand on voulait sortir, afin de ne pas heurter les passans. C'est ainsi que s'annoncent toujours dans les *Palliatæ*, comédies grecques, les entrées des personnages qui viennent de l'intérieur d'une maison sur le *proscenium*, représentant la voie publique.

Quod erit gnatum, tollito (343). Ce neutre exprime bien la rudesse des mœurs anciennes. Ce qui naît de l'épouse est une propriété du mari. On le dépose par terre à ses pieds; s'il le relève, il l'adopte comme son enfant; s'il le délaisse, c'est une condamnation capitale; on exposera la victime pour qu'elle meure, ou qu'elle soit acquise comme esclave à qui la recueillera. Voilà les mœurs anciennes. Aussi est-ce une grande preuve de la tendresse d'Amphitryon pour sa femme que de l'autoriser à faire relever l'enfant en son absence, *tollito*.

Illa (v. 353). Ce mot a donné lieu à des interprétations très-diverses. Mercure montre-t-il Alcmène en le prononçant, et fait-il entendre que si elle devinait la ruse de Jupiter, elle repousserait avec indignation ses caresses? Dédaigner l'amour d'un dieu et du roi des dieux, cela ferait grand honneur à la vertu d'Alcmène. Il fallait être femme de bien à un très-haut degré pour résister à la fois aux deux démons de la curiosité et de la vanité, qui avaient tenté beaucoup de mortelles en pareille occasion. Mercure désigne-t-il Junon en levant le doigt vers le ciel? C'est pour ce dernier sens que je me suis déterminé, par la raison que *illa* indique plutôt l'objet éloigné que l'objet présent. Mais je donne ce sens comme

DE L'AMPHITRYON.   367

mien, et non comme incontestable. Ce sont là de ces mots dont le commentaire certain était dans le geste de l'acteur, que l'auteur avait instruit.

Lectus (v. 355). La vieille latinité mettait *lectus* au génitif pour *lecti*.

Subparasitabor (v. 358). En tout temps et en tout pays l'extrême inégalité des fortunes, l'inégalité héréditaire des conditions, ont engendré l'orgueil et la bassesse, la puissance qui corrompt et la complaisance qui dégrade, dans les rapports sociaux des riches et des pauvres. Les grands seigneurs républicains, comme les grands seigneurs monarchiques, ont eu leurs courtisans, leurs fous. A Rome c'étaient les cliens faméliques; on les nommait parasites, vrais amis de prince, appelant leur patron du nom de roi, amusant la table par leurs bouffonneries, et se prêtant à toute sorte de métiers pour un dîner; métiers que beaucoup d'honnêtes gens pratiquaient encore du temps de Mathurin Régnier; car je ne crois pas qu'il ait traduit du latin ces vers de la troisième satire :

> De porter un poulet je n'ai la suffisance;
> Je ne suis point adroit, etc., etc.

Hanc curatio est rem (v. 361). Les substantifs verbaux gouvernent le même régime que les verbes dont ils sortent. Ainsi plus haut (v. 12), *servitus opulento homini*.

Causa mea (v. 383). Formule de recommandation et de prière : « Pour l'amour de moi. » Si on la joignait ici au verbe *irasci*, on ferait un contre-sens. *Voyez* un exemple de tournure pareille dans l'*Asinaire* (v. 401).

Numquid vis (v. 387)? Locution usitée pour prendre poliment congé de quelqu'un; elle est aussi commune en latin qu'adieu en français. Elle se représente dans Plaute et dans Térence toutes les fois que des personnages se séparent amicalement. L'honnêteté voulait qu'on répondît à cette question obligeante par un souhait bienveillant, *ut valeas*, ce qui signifiait que la conversation se terminait là.

Neque lacte lacti, etc. (v. 447). Les anciens disaient *lacte* au lieu de *lac*. Priscien l'atteste en citant un vers des *Ménechmes*.

Malum (v. 450). C'était le jurement ordinaire des anciens

dans l'indignation et la colère. Les bienséances ne l'excluaient pas du style noble. On le trouve dans un discours que Tite-Live prête à Camille, et dans ceux de Cicéron.

Mala objectum manu (v. 451). Les Romains croyaient aux attouchemens, aux regards qui ensorcelaient.

> Spargere qui somnos cantuque manuque solebat.
> Æn., VII, 754.

« Je ne sais quel mauvais œil fascine mes agneaux, » dit un berger de Virgile. Ces superstitions sont de tous les temps et de tous les lieux. M. Pouqueville rapporte qu'Ali, pacha de Janina, portait toujours sur lui un talisman contre le mauvais œil.

Experior domo (v. 485). Lorsqu'on voulait dire qu'une chose était personnelle et non étrangère, on disait en latin : j'éprouve ou j'ai telle chose chez moi, *domi* ou *domo*, et on ajoutait quelquefois : je n'ai pas besoin d'aller la chercher ailleurs, *foris*. Voyez l'*Asinaire*, v. 303.

Decumo post mense (v. 516). Les Romains comptaient dix mois pour la grossesse, les modernes n'en comptent que neuf. Les choses cependant ne sont pas changées. Mais les Romains prenaient-ils les mois lunaires, tandis que, chez nous, c'est le soleil qui règle les divisions du temps? Aulu-Gelle (*Nuits attiques*, III, 16) rapporte doctement et longuement les opinions des savans de Rome sur ce sujet.

Malum malum dari (v. 569). D'après cette plaisanterie on peut se former une idée de la familiarité des esclaves avec leurs maîtres et du goût des spectateurs. On donnait aux femmes en couches des grenades, *mala granata*, à mordre pendant les douleurs. Sosie prononce d'abord *malum* la première syllabe brève, étrange insolence (*Voyez* la note du vers 27 du prologue); puis, se reprenant ironiquement, il répète le mot en changeant la quantité de la première syllabe. Plaute ne mériterait pas qu'on le traduisît s'il n'avait pas d'autre comique.

Me..... qui..... advecti sumus (v. 577). Cette tournure a quelque chose d'analogue à cette forme du grec οἱ περὶ Πρίαμον. *Me* représente Amphitryon avec toute sa suite. C'était un pressentiment de l'usage qui aurait paru alors si bizarre, de parler à une seule personne comme si l'on s'adressait à plusieurs : le nombre pour la qualité.

Quid hoc sit hominis? (v. 615). Cette phrase n'est qu'une expression vulgaire de mépris et d'impatience (*Voyez* le vers 419). Mais qu'Amphitryon veuille dire qu'il ne sait *quel être est sa femme*, qui lui paraît douée d'une malice surnaturelle; c'est ce que je ne puis croire, malgré de doctes commentaires.

Pro cerita (v. 622). Cérès et Bacchus troublaient les sens de ceux qu'ils rencontraient ou sur qui ils jetaient un sort. Pour délivrer les possédés, on faisait des cérémonies expiatoires et des enchantemens, dont Théocrite et Virgile ont décrit les détails dans leurs poésies bucoliques. On portait par trois fois autour des malades le soufre, la victime, l'eau lustrale. De là par hypallage *circumferri*. C'étaient les exorcismes des payens.

Amabo (v. 656). *Amabo, amabo te,* formule banale, équivalant à *te quæso*, en français *je vous prie, s'il vous plaît.* Ici elle est risiblement placée.

Matremfamilias (v. 677). On appelait alors Junon *materfamilias*, comme nos aïeux disaient « Monseigneur saint Denys, Notre Dame mère de Dieu. »

Delenitus sum (v. 690). *Delenire,* c'est ensorceler quelqu'un, troubler sa raison par des maléfices, puis généralement faire perdre l'esprit de quelque manière que ce soit. *Voyez* le vers 245 de la *Cistellaire* :

> Tu me delenis; propter te hæc pecco.

Numquid causam dicis quin, etc. (v. 698). Locution consacrée dans les contrats. L'une des parties disait à l'autre : allègues-tu quelque raison pour que telle chose n'ait pas lieu? *Numquid causam,* ou *causæ dicis,* ou *numquid causa est, quin,* etc.? Celle-ci répondait, si elle approuvait : *nulla causa est,* comme ici Alcmène, ou plus souvent : *optima,* ou *imo optima,* la chose me plaît.

In superiore..... cœnaculo (v. 709). L'histrion qui joue le rôle de Jupiter est un esclave (*Voyez* les vers 27 et 85 du prologue), et les esclaves habitaient les étages supérieurs de la maison, ce qui serait chez nous les mansardes. D'un autre côté, les poètes appelaient le séjour sublime de Jupiter *cœnacula maxima cœli*. Et voilà la majesté du maître des dieux burlesquement compromise par l'équivoque d'un maraud d'histrion, et les Romains de rire.

Aut satisfaciat mihi, aut adjuret, etc. (v. 735). La personne qui se plaignait d'une injure, citait devant les juges l'offenseur, et il fallait qu'il fît réparation (*satisfaciat*). Cette réparation variait selon les cas. C'était le plus souvent une amende, comme les vingt-cinq as que la loi des Douze Tables faisait payer pour un soufflet. On ne pensait pas que, pour avoir été insulté, un homme fût obligé de se faire donner un coup d'épée par un spadassin habile. Souvent l'offensé se contentait d'une rétractation, on jurait qu'on se repentait, *se nolle dictum*, et tout était fini. *Voyez* les *Adelphes* de Térence, act. II, sc. I, v. 8.

Verecunda (v. 742). Quelques éditeurs changent *verecunda* en *iracunda*. Les manuscrits s'y opposent, et le sens est d'accord avec eux. Alcmène se détourne et baisse les yeux, comme quelqu'un qui boude; *illa solo fixos oculos aversa tenebat*. Jupiter veut la ramener à lui en la prenant par le bras, et en même temps il plaisante doucement, et feint de se méprendre sur le sentiment d'Alcmène.

Id (v. 748). *Ob* est sous-entendu; c'est le synonyme de *propterea, itaque*.

Hunc Sosiam (v. 756). *Hic* désigne souvent, non pas la personne présente, mais celle qui est dans un lieu qu'on voit tout près. C'est comme s'il disait : *Sosiam qui nunc in hac nostra domo est*.

Juben' mi ire comites (v. 768)? Une femme de condition, une matrone, ne sortait point sans être accompagnée. C'était d'abord une précaution de sûreté pour la pudeur, bientôt l'orgueil s'en mêla. On aurait rougi de sortir sans suivantes ; on se serait exposé à passer pour une femme du commun. Quand on n'avait pas assez d'esclaves en propriété pour se faire suivre, on en louait :

> Ut spectet ludos, conducit Ogulnia vestem,
> Conducit comites.

Vasa pura (v. 785). Tout devait être pur et sans tache dans les sacrifices; rien de pollué par le contact d'un mort ou par quelque souillure. *Puræ manus, pura vestis, pura hostia, pura vasa*. Et dans ce mot *vasa* étaient compris tous les instrumens, patère, couteau, turibule, etc.

Jovi dicto audiens (v. 828). *Dicto* ne fait qu'un avec *audiens*, il est indépendant de *Jovi*. *Dicto audiens* est synonyme d'*obediens*. Ainsi deux vers plus bas *ejus dicto inperio sum audiens*, est pour *obediens sum ejus inperio*.

Capiam mi coronam in caput (v. 838). Il n'y avait pas de bons festins sans couronnes sur la tête des convives. C'était l'uniforme du buveur. Aussi le parasite de Ménechme, en le voyant sortir de chez sa belle avec une couronne, s'écrie douloureusement : on a soupé!

In medicinis, in tonstrinis (v. 852). Il a fallu de tout temps des lieux de réunion où l'on passât le temps qu'on avait à perdre. Les boutiques de parfumeurs, de pharmaciens, et surtout de barbiers, étaient les rendez-vous des causeurs. Dans nos temps modernes, avant l'heureuse invention des cafés, ces causeurs faisaient cercle aussi chez les barbiers. On montra long-temps, à Pézénas, chez un barbier, un grand fauteuil, dans lequel Molière allait s'asseoir pour observer des originaux, pendant qu'il séjourna dans cette ville avec sa troupe.

Vivas ætatem miser (v. 862). *Vivere* s'emploie au lieu de *esse*. *Ætatem* est mis adverbialement pour *semper*. Ce sont deux manières de parler très-communes, particulièrement chez Plaute.

Te macto infortunio (v. 873). Des dieux, que réjouissait la fumée des victimes, et à qui on servait des repas, des *lectisternium*, repas qui se mangeaient bien, parce que les dieux n'habitaient pas seuls dans les temples, ces dieux pouvaient se croire enrichis par des offrandes, *macti, magis aucti*, de là *mactare deos hostiis, vino, lacte*. Mais ce terme religieux avait été détourné de son sens primitif en une acception dérisoire. Voulait-on déclarer à quelqu'un qu'on se moquait de lui? on lui disait *te macto infortunio* ou *malo*.

Tun' me mactes, etc. (v. 874 et suiv.). L'origine de ces vers interpolés a toujours été un mystère, dont Niebuhr dut la révélation au vénérable Morelli, pendant un voyage à Venise. Ces vers ne sont pas l'œuvre d'un faussaire, comme l'ont imprimé plusieurs critiques. Hermolaus Barbarus les fit au quinzième siècle, très-innocemment, pour compléter la pièce, qui se jouait, ainsi que plusieurs autres du théâtre latin, à Rome et à Florence (*Voyez* la Correspondance de Politien, liv. XII, lettre 25ᵉ), et ils passèrent sans nom d'auteur dans une des premières éditions. Siècle de pédantisme, où l'on allait écouter des comédies latines! Cependant on remonte à présent aux usages d'une plus haute antiquité. On représente les choses contemporaines; le genre d'Aristophane est à la mode, sauf l'esprit et la poésie.

Capite operto (v. 1115). Pourquoi les Romains se couvrent-ils la tête pendant qu'ils prient les dieux; ce qui paraît en contradiction avec leur usage de se découvrir, s'ils veulent honorer quelqu'un qu'ils rencontrent? Plutarque se fait cette question, et y répond ainsi : « C'est qu'Énée apercevant Diomède, tandis qu'il sacrifiait, se couvrit la tête, et acheva le sacrifice. » Cela prouve que Plutarque n'avait pas de meilleure raison à donner de cette coutume religieuse.

Conligare... incunabulis (v. 1125). *Incunabula* et *cunæ* diffèrent en ce que le dernier signifie proprement le berceau, et le premier les langes et tout ce qui enveloppe l'enfant dans son berceau.

Jovis summi causa plaudite (dernier vers). N'était-ce pas se moquer un peu des spectateurs, que de se recommander de Jupiter auprès d'eux? à moins qu'ils ne voulussent se moquer de Jupiter.

NOTES DE L'ASINAIRE.

Noms des personnages. On a reproché à plusieurs de nos auteurs d'opéras et de comédies, de faire une si grande dépense d'esprit pour les noms de leurs personnages, qu'il en reste à peine pour la pièce. Ces noms significatifs sont renouvelés des anciens. Les Grecs, qui avaient tant de facilité à composer des mots, pouvaient faire naturellement des noms tout exprès pour leurs personnages. Mais, ce qui n'aurait pas dû paraître aussi naturel, ces noms indiquaient presque toujours, soit directement, soit par une antiphrase ironique, la qualité ou l'esprit de chacun. Les grammairiens n'ont pas manqué d'étaler leur érudition sur ce sujet; on peut voir les Commentaires de Donat au commencement des *Adelphes* de Térence. Ici le vieux libertin s'appelle le conseiller du peuple, δῆμος, αἰνειν. Cléérète l'infâme a un nom de gloire, κλεος αἱρεῖν. Le nom d'Argyrippe fait allusion à la complaisance par laquelle il achète le secours de son esclave ἄργυρον ἵππος (*Voyez* pages 313, 315). La tendre et patiente Philénie a un nom conforme à son caractère φίλος, ἣν ἴα. Il en est de même pour l'impérieuse Artémone, qui tient le gouvernail à la maison. Et Diabole était assurément prédestiné, en s'appelant ainsi, à faire le métier d'accusateur (*Voyez* page 331).

Hoc agite (v. 1). C'était la formule pour recommander d'être attentif à ce qu'on faisait ou à ce qu'on devait faire. Plutarque (*Vie de Coriolan*) dit que les magistrats et les pontifes ne commençaient point de sacrifices sans que le héraut leur eût crié : *hoc age.*

Gregique et dominis et conductoribus (v. 3). Les Grecs appelaient une réunion d'acteurs χορὸς, un chœur : c'était un troupeau (*grex*) chez les Romains. En Grèce cette profession n'avait rien d'avilissant; elle n'était exercée à Rome que par des esclaves ou des étrangers. Eschine et Aristodème furent acteurs et ambassadeurs de la république. A Rome, celui qui venait de représenter le maître des dieux ou le roi des rois, courait risque d'être fustigé en déposant le masque. Le chef de la troupe ne possédait pas en propre tous ses acteurs; il en prenait à loyer à des citoyens qui avaient fait apprendre cet art à quelques-uns de leurs gens (*dominis*). Les édiles passaient marché avec lui pour les représentations (*conductoribus*). Ainsi la prévention des modernes contre le métier d'acteur leur est venue des Romains; et chez les Romains ce fut d'abord la qualité des personnes qui déshonora le métier; ensuite ce fut le métier qui déshonorait les personnes. Ce procédé n'était pas d'une bien saine logique. Aussi donnait-il lieu à de grandes inconséquences. Roscius, né libre, était dégradé par sa profession au dessous des derniers prolétaires, et ses mœurs, au jugement de Cicéron, le rendaient digne de siéger au sénat; il vivait dans la familiarité des patriciens, des consulaires. Au reste, il y avait des gens qui n'étaient pas fâchés que telle fût la condition des acteurs. Elle devait rendre plus commode l'état des directeurs et diminuer les tribulations des poètes. Avec des comédiens esclaves, on n'avait pas à souffrir les effets des migraines, des maux de nerfs, des caprices, des exigences. Mais il arrivait souvent à Athènes que, pour complaire à un acteur, le pauvre auteur était obligé d'ajouter une scène inutile à la pièce. Peu importait la régularité; il fallait que l'acteur brillât, ou, sinon, il ne jouait pas le rôle. Ce ne sont pas là contes en l'air forgés à plaisir. C'est le grave Aristote qui l'a dit (*Poétiq.*, ch. 10).

Præco (v. 4). Point d'assemblée pour affaires politiques ou civiles, religieuses ou profanes, sans que le héraut en annonçât l'ouverture, les principales dispositions. C'était la voix de l'autorité qui présidait. On n'avait pas d'imprimeurs pour faire des affiches. D'ailleurs fort peu de gens savaient lire. Les communications à la multitude se faisaient de vive voix.

Demophilus (v. 11). Tous les manuscrits nomment ainsi l'auteur de la pièce grecque, et cependant ce nom ne se trouve cité nulle part ailleurs, comme celui d'un poète comique de la Grèce. Était-ce Diphile, contemporain de Ménandre, dont les copistes auraient changé le nom?

Barbare (v. 11). Les Romains ne prenaient pas comme une injure alors le nom de barbare. Cela désignait un peuple étranger aux Grecs. *Barbaria* signifie l'empire romain, *barbaræ leges*, les lois romaines, dans le dialogue de Plaute; et le vieux Caton signalait les complots des Grecs, qui avaient juré, dit-il, de perdre les *barbares*, c'est-à-dire les Romains, en leur envoyant des lettrés et des médecins (*ap. Plin.*, *Hist. nat.*, XXIX, 1.)

Asinariam (v. 12). Les vieux poètes comiques, tels que Névius, Ennius, Statius Cécilius, Plaute, affectionnaient cette espèce de titre sous une forme d'adjectif avec laquelle on sous-entendait le mot *fabula*. *Cistellaria, Mostellaria*, veulent dire la comédie où il est question d'un coffret; celle où il s'agit d'un prodige, un mort qui revient. En général les anciens n'étaient pas très-difficiles sur le choix de leurs titres. Des circonstances peu importantes, des objets peu remarquables dans la pièce, les leur fournissaient. *Voyez* pour celui-ci à la page 255.

Superstitem (v. 2). Ce mot ne serait ici qu'un pléonasme, s'il indiquait l'action de survivre. Il veut dire, dans le vieux langage, celui ou celle qui subsiste en bon état, comme au sixième vers, et comme dans ce passage de *Casine*, où sont exprimés des vœux pour une nouvelle mariée :

> Iter incipe hoc, ut viro tuo semper sis superstes, atque
> Ut potior pollentia sis, etc.

Per deum Fidium (v. 8). On ne s'étonne pas d'entendre Déménète attester une divinité romaine, ou une divinité grecque sous une dénomination romaine. Car les savans prétendaient que Fidius était Hercule υἱός (Fιος) Διός. Ce même dieu portait trois noms, Fidius, Semo, Sancus. Ici les étymologies grecques et les mots de la langue sabine se confondaient. (*Voyez* OVID., *Fast.*, VI, 213 ; DENYS D'HALIC. ; FESTUS au mot *Medius Fidius*.)

Fustitudinas, ferricrepinas insulas (v. 18). Plaute est un homme admirable pour trouver des pays inconnus sur les cartes anciennes et modernes. C'est ainsi qu'on doit au parasite Curculion la connaissance de *Perbibesia*, *Peredia*, Lybia *conterebromia*; il serait trop long d'accumuler les citations de cette géographie comique du *Miles gloriosus*, du *Trinumus*, etc. Les noms d'hommes ne sont pas non plus les productions les moins hardies de l'imagination de Plaute. Dans le *Persan*, un fripon décline ainsi ses noms : *Vaniloquidorus*, *Virginisvendonides*, *Nugipolyloquides*, etc. Je ne peux pas les transcrire tous : ils remplissent quatre vers.

Pransitant (v. 20). L'emploi du fréquentatif est remarquable : il signifie moins souvent l'action réitérée que le désir et la tentative énergique de la faire. C'est le cas ici; comme pour le v. 653 d'Amphitryon, *dormitare*, vouloir dormir, et pour ce vers de Virgile : *prensant fastigia dextris*, ils tâchent de saisir les créneaux.

Ubi fit polenta (v. 23). Veut-on savoir de quoi se composait la polente? comment elle se faisait? Pline l'enseignera parfaitement (liv. XVIII, c. 14, éd. de Lemaire).

Despuas (v. 25). Au livre XXVIII des *Histoires de Pline*, vous trouverez un long et grave chapitre intitulé *De sortilegiis et saliva hominum*. Les anciens avaient découvert quelque chose de mystérieux et de puissant dans la salive, et ils l'employaient à beaucoup de bons usages dont les modernes ne se doutent pas. Voulait-on détourner le présage de quelques paroles funestes, ou d'une rencontre sinistre; un moyen infaillible, c'était de cracher trois fois sur sa poitrine, *in sinum*. Je veux croire que les dévots se contentaient d'un simulacre, comme cela se fait de nos jours en beaucoup de pieuses pratiques. Lorsqu'on fixait les yeux sur un enfant au maillot, vite la nourrice crachait sur lui trois fois en marmottant une prière, et il était préservé du mauvais regard. La salive était d'un puissant effet en médecine. Le mal caduque ne résistait pas à des crachemens administrés par le médecin. Pline assure très-sérieusement, et comme une chose démontrée par l'expérience, que si l'on crache sur la main dont on a blessé quelqu'un, la blessure est, sinon guérie tout-à-fait, au moins fort adoucie. Ce serait un traitement à proposer à nos docteurs. Au reste, on fait de nos jours beaucoup d'ordonnances qui le valent. A quoi ne pouvait pas servir la vertu du crachement? Interrogez les amoureux de Théocrite, de Virgile : et Tibulle ne dit-il pas à sa maîtresse qu'elle a un secret excellent pour tromper la surveillance de certains jaloux? c'est de répéter trois fois une chanson qu'une vieille lui a donnée, en crachant par dessus à chaque refrain. Depuis le progrès des lumières, on chante encore quelquefois, mais on ne crache plus pour tromper les jaloux.

Nauclerio ornatu (v. 54). Ceci est une ruse d'origine grecque. Elle devait venir à l'esprit d'un habitant de ville marchande et maritime. Dans le *Miles gloriosus*, à la fin, l'amoureux se sert d'un tel déguisement.

Patres ut consueverunt (v. 64). En effet Artémone est une exception à l'usage. C'étaient les mères qui gâtaient leurs fils et qui favorisaient même les amours des étourdis, comme Dorippe dans le *Mercator*. La fermeté sévère distinguait le caractère paternel. Névius, dans je ne sais quelle poésie satirique, racontait que Scipion avait été surpris par son père chez une belle, et qu'il en était sorti en petite tunique, fort penaud, le vieillard le faisant marcher devant lui. Lorsque Névius fut banni de Rome, Scipion n'avait peut-être pas oublié la malice du poète.

Dotalem servom (v. 69). Les biens de la femme, ainsi que sa personne, passaient, aux termes de la loi, en puissance du mari, quoique, en réalité, le contraire arrivât souvent, comme chez Déménète. A ce propos tous les commentateurs citent le passage d'Aulu-Gelle (XVII, 6), qui explique ce que c'étaient que les biens et les esclaves appelés *receptitia*, mis à part de la dot, et restant à la libre disposition de la femme ; et ils en tirent la conséquence que *dotalis* est synonyme de *receptitius*; précisément le contraire de la vérité. Sauréa faisait partie des biens apportés en dot par Artémone, comme les Tyriens auraient été livrés en dot à Énée par Didon (*dotales Tyrios*). Sauréa aurait dû obéir à Déménète. Mais dot, esclave dotal et mari, tout ici était sous la main de l'épouse.

Dote imperium vendidi (v. 71). L'arrogance impérieuse des femmes richement dotées n'était pas une invention des poètes; et les maris, très-humbles serviteurs de leurs femmes, donnaient la comédie autre part qu'au théâtre. Horace a noté ce travers aussi dans son siècle : *dotata regit virum conjux* (*Od.* III, 18), et cent ans après lui Martial disait qu'il ne contractait pas de riche mariage, parce qu'il ne voulait pas être épousé par sa femme, *uxori nubere nolo meæ* (*Épigr.* VIII, 12). Un auteur comique, Turpilius, se moquait des maris qui se faisaient les servantes de leurs femmes ; *dotibus deliniti ultro etiam uxoribus ancillantur*. Plus anciennement un personnage des comédies de Névius déclarait qu'il ne voulait pas absolument de femme dotée, *nulla ad nos dotem adtollat*. Le bon Mégadore, dans l'*Aululaire*, fait à ce sujet de très-sages réflexions. Cela n'empêcha pas de courir après les dots.

Viginti minis (v. 74). C'était une somme d'argent égale à onze cents francs environ. Mais la valeur relative de l'argent était fort différente alors de ce qu'elle est à présent. Vingt mines doivent être le prix d'une possession exclusive pendant une année entière. Si toutes choses eussent été sur le même pied qu'aujourd'hui, Cléérète ne se serait pas contentée d'un tel marché. Des critiques se demandent d'où le vieillard a pu deviner ce prix de vingt mines. Est-ce qu'il n'est pas dans la confidence de son fils ?

Venarier autem jaculo in medio mari (v. 84). Les éditions ordinaires portent : *venari autem rete jaculo*, *etc.* Dans mon manuscrit le mot *rete* ne se trouve pas. Il aura été introduit dans le texte, comme glose; et la glose fait, je crois, un contre-sens. Il s'agit ici de donner des exemples de l'impossible. Or, chasser en pleine mer est bien mis à côté de pêcher en l'air. Les savans veulent trouver ici dans *jaculo* une espèce de filet. Suis-je dans l'erreur?

Optionem (v. 86). On doit remarquer que les métaphores tirées de l'état militaire abondent chez Plaute. Pour ne parler que de cette comédie, *voyez* p. 246, v. 265, p. 288, v. 534. Plaute se conformait au génie des spectateurs.

Argentarium (v. 101). Les anciens gardaient peu d'argent dans leurs maisons : ils aimaient mieux le placer à intérêt, et l'on sait que les Romains étaient de grands usuriers. Les négocians d'argent formaient une corporation nombreuse. Chaque citoyen avait un compte ouvert chez eux, et c'était par leur ministère que se faisaient les transactions. Ils s'appelaient en grec *trapezitæ*, parce qu'ils avaient des comptoirs (τράπεζα) sur la place publique. Leurs livres, *mensæ rationes*, avaient force de preuve en justice (AULU-GELLE, *Noct. att.*, XIV, 2). Mais à tort ou à raison les hommes de cette profession ne jouissaient pas d'une grande réputation de probité. Chez Plaute on les voit souvent raisonner, comme Lycon du *Curculion*, sur les moyens de ne pas rendre ce qu'ils doivent, et de se faire payer ce qu'on ne leur doit pas.

Vostra nomina (v. 116). L'accusateur déposait sa plainte (*libellus*) chez le juge; elle contenait le nom du délinquant avec le délit. Ici il s'agit d'une question de juridiction inférieure; l'affaire sera portée au tribunal des triumvirs, qui tiennent dans leur ressort les esclaves, les courtisanes et les auteurs (*scribæ*). Un autre amoureux fait encore la même menace, et pour le même cas, dans le *Truculentus* : « (quæ) *advorsum legem adcepisti a plurimis pecuniam.* » Chez les anciens, les infidélités dans ces sortes de stipulations étaient matière à procès, et les belles ne se moquaient pas impunément des bons billets qu'elles avaient signés. C'étaient de véritables contrats, dont on poursuivait la redhibition juridiquement en cas d'infraction. Je ne sais pas au juste quelles peines la coupable pouvait encourir, et quels dommages et intérêts elle était obligée de payer. Sans doute on la condamnait au moins à restituer, si la restitution était encore possible. Ces mots *capitis perdam* feraient penser qu'il y avait des peines afflictives, un bannissement peut-être. Tout ceci n'est point une fiction imaginaire. Plaute mêle dans ce discours des détails comiques ; mais le fonds est véritable. Ovide raconte assez longuement comme un fait dont il fut témoin, un procès de ce genre (*Remed. amor.*, 659-71). On ignore la moitié de la vie privée des anciens, si l'on ne connaît pas leurs relations avec les courtisanes.

Nam isti quod subcenseam nihil est (v. 131). Il y a une grande délicatesse de tact dans ces paroles. Tout-à-l'heure le premier emportement de sa colère tombait à la fois sur la mère et la fille, *te perdam ego et filiam.* Mais son cœur l'a ramené bientôt à un sentiment de justice distributive.

Nec recte (v. 140). Dans le vieux langage, *nec* s'employait pour *non*. Beaucoup d'exemples de notre auteur le prouvent. Il est resté trace de cet usage dans les mots *necdum*, *necquidquam*, *etc*.

Clavo (v. 141). En termes de navigation, *clavus* signifie la poignée du gouvernail ; ici c'est une autre métaphore. La force de l'attachement qu'on ne peut rompre est exprimée par la similitude du clou, qu'il est impossible d'arracher. Les clous étaient un des attributs de la nécessité, cette puissance qui brise tout et que rien ne peut briser. (*Voy.* HORACE, *Od.* 35, v. 18, liv. 1.)

Græca.... fide (v. 184). La foi grecque était synonyme de mauvaise foi à Rome. Je crois que la foi romaine ne jouissait pas d'une parfaite estime en Grèce. Comme l'a très-bien observé Montesquieu, c'est la victoire qui décide à qui on fera l'honneur de pareils proverbes. Des savans ne pouvant croire que dans une comédie grecque on parlât si mal de la foi grecque, voudraient qu'on interprétât ces mots en bonne part. Mais les personnages parlent pour des Romains sur un théâtre de Rome. Et l'auteur ne se gêne pas plus ici pour conserver la vraisemblance, que tout à l'heure quand Argyrippe invoquait les triumvirs, et que, dans d'autres pièces, lorsque les personnages se servent du mot *græcari* pour dire : se livrer à la débauche, par opposition à la tempérance romaine, *ritu barbaro vivere*.

Hostimentum (v. 157). C'est un mot suranné qui signifiait compensation, équivalent. Il venait de *hostire*, égaler.

Volt placere amicæ, etc. (v. 168). Molière s'est souvenu de ces vers dans la scène troisième du premier acte des *Femmes savantes* :

Jusqu'au chien du logis il s'efforce de plaire.

Nihili cocio est..... (v. 188). Voici une de ces réticences qui font la torture ou le charme des érudits ; car les érudits aiment à se torturer pour expliquer l'inexplicable, ou pour trouver la certitude dans l'incertitude la plus fugitive. Cléérète cite à demi mot un proverbe que les Romains connaissaient sans doute fort bien, mais que nous ne connaissons pas du tout, et dont on a voulu à toute force compléter l'expression. *Cocio pecuniæ haud præsentis nihili est*, le marchand qui n'a pas de quoi payer comptant ne vaut rien ; voilà ma conjecture : elle n'est pas plus mauvaise que beaucoup d'autres. Je renvoie aux *Adagia* d'Érasme.

Portitorum (v. 225). Partout où vient le commerce, on voit des barrières et des commis de barrières. Il paraît qu'ils ne se renfermaient pas, chez les anciens, dans leur ministère de finance; la police était de leur ressort. Un personnage d'une autre comédie de Plaute, le *Trinumus*, dit, à l'occasion d'une lettre qu'on présentera décachetée : « Ce n'est rien ; on dira que les commis de la barrière l'ont ouverte. » Et puis, qu'on dise que les anciens n'étaient pas avancés dans la civilisation !

Corvos porro ab dextera (v. 244). Liban possède à merveille la science des augures. Il se sert de termes sacramentels : *admittere*, qui signifie que les dieux accueillent celui qui interroge les auspices ; *inpetritum*, vieux synonyme de *impetratum*; *obscævare*, exprimant la rencontre d'un objet sinistre qui vient contrarier les augures favorables; et puis le bon présage du corbeau qui apparaît à droite. Cicéron ne parle pas autrement dans le *Traité de la Divination* (1, 39).

Quadrigis albis (v. 263). Forme proverbiale. Pour exprimer une course rapide, on supposait à quelqu'un le char de Jupiter ou d'Apollon. Voyez *Amphitryon*, p. 58, v. 294.

Quando qui sudat tremit (v. 273). Ceci a besoin d'explication, du moins pour le lecteur; au théâtre, le jeu de l'acteur tenait lieu de commentaire. Léonidas vient d'accourir à toutes jambes, fort échauffé, il suait. Le voilà qui a peur, il se dit perdu; il tremble. Tel est le motif de cette allusion à l'apophtegme des médecins grecs : « Sueur et tremblement à la fois, mauvais symptôme. » J'explique la plaisanterie, je ne la justifie pas.

Familiari filio (v. 293). C'est une expression singulière, mais qui, à ce qu'il paraît, était d'un usage commun. On trouve assez souvent dans Plaute et dans Térence, *filius herilis meus*, pour *filius heri mei*. *Filius familiaris* se disait, comme chez nous, le fils de la maison.

Habeo famil. terg..... hem! ista virtus est (v. 303). « Va, va, nous partagerons les périls en frères; et trois ans de galères de plus ou de moins ne sont pas pour arrêter un noble cœur. » (*Fourberies de Scapin*, act. I, sc. 7.)

La Branche, dans *Crispin rival de son maître*, montre la même bravoure. Ce sont tous héros d'une même race.

Exasciatum (v. 344). On trouve très-fréquemment ces mots gravés sur les monumens lapidaires : *dedicatum sub ascia*, ce qui veut dire : « dédié, consacré, lorsqu'on y travaillait encore. » *Ascia* était un instrument avec lequel on taillait la pierre pour la faire entrer dans une construction.

Quom venisset (v. 379). *Venire* est pris ici pour le simple *ire*. C'est la même chose que le grec ἀφικνέομαι.

Qui pro (v. 381). *Voyez* les notes de l'*Amphitryon*, page 363, v. 83.

Bullas (v. 410). Les portes étaient ornées de têtes de clous rondes et larges en cuivre ou en argent, selon la richesse de l'édifice. On voit une indication de cet usage dans Cicéron (*Verr.*, IV, 57).

Rettulit mercedem (v. 425). Ceci peut donner une idée de l'état de l'industrie chez les Romains. Le commerce de détail était une profession infâmante, l'exerçât-on avec probité. Mais les patriciens ne dérogeaient pas par la plus sordide et la plus cruelle usure; ils la faisaient en grand. Tout métier mécanique avilissait un homme libre; il aimait mieux rester oisif et vendre son témoignage dans les procès, et son suffrage dans les comices. Il n'y avait pas d'autres artisans que des esclaves, que leurs maîtres donnaient en location. Crassus, qui s'entendait à faire fortune, eut une multitude d'esclaves qu'il avait instruits à toute sorte de métiers. C'était un revenu immense pour lui. Mais il n'y avait rien pour eux que ce qu'ils volaient, et probablement la plupart avaient un pécule. Telle est la morale de la servitude : voilà l'homme telle qu'elle le fait.

Suo odio (v. 430). *Odium* signifiait, dans le langage familier, ennui, importunité. *Voyez* page 350, v. 898.

Memento. — Memini (v. 464). Quand on citait quelqu'un en justice, et qu'il refusait de s'y rendre, on en prenait à témoin un des assistans, en lui tirant le bout de l'oreille pour qu'il s'en souvînt, ou, à défaut de témoin, on attestait le récalcitrant lui-même, parce qu'il devait ensuite se purger de la contumace par le serment, ou confesser le délit. Cela s'appelait *antestari*. Il y eut quelque chose de semblable chez nos aieux les Francs. Ils écrivaient peu ; leurs contrats de vente se passaient verbalement en présence de douze enfans, auxquels on tirait l'oreille pour qu'ils servissent de témoins dans l'avenir.

Præfiscini (v. 472). On a craint de tout temps la mauvaise langue, *mala lingua*. Seulement les anciens lui supposaient un pouvoir magique d'ensorceler les personnes par des éloges exagérés et perfides, qui attiraient apparemment sur elles le courroux des dieux jaloux. A ce compte la flatterie serait propos de mauvaise langue, car elle ensorcelle les gens et leur trouble le cerveau. Les anciens avaient imaginé un préservatif de même force que le mal. On invoquait le dieu *Fascinus*, non pour qu'il désensorcellât, mais pour qu'il ne voulût pas fasciner ; de même que les Spartiates sacrifiaient à la peur. Quand on voulait se louer soi-même, on commençait par saluer le dieu Fascinus, et comme l'usage de la précaution était fréquent, on en abrégea la formule par cet adverbe.

Nec potest peculium enumerari (v. 481). On ne peut pas compter ce qui est infini. On peut encore moins compter ce qui n'existe pas.

Utqui (v. 487). Plaute aime les pléonasmes. Souvent il mettra *ut ne* pour *ne*. De même ici *qui* pour *quo*, *quomodo* est mis sans nécessité après *ut*.

Casteria (v. 502). Aucun éditeur, ou commentateur, ou dissertateur, ou faiseur de dictionnaire, que je sache, n'a déterminé quelle est la partie du vaisseau désignée par ce mot. On se contente de citer Nonius, qui nous apprend que c'est *le lieu où se reposent le gouvernail et les rames, quand la navigation s'arrête*. Je crois que ce mot correspond exactement à notre terme de marine *entrepont*. Ici la métaphore n'est qu'une continuation de celle dont Philénie s'est servie dans le vers précédent, *habeas portisculum*. *Portisculus* est le bâton de commandement du patron de navire.

Familiæ causa (v. 503). La signification de ce mot est remarquable ici. Il est pris dans le sens de *res familiaris*.

Perfidiæ..... factum'st (v. 528-37). Les Romains devaient bien rire en entendant ce coquin raconter d'un ton emphatique son expédition de faussaire, dans le même style, et presque avec les mêmes formules qu'un consul faisant son rapport au sénat ou au peuple sur les succès de la guerre. Furius Camillus, sauf l'énumération des instrumens patibulaires, ne parle pas autrement, dans Tite-Live, après la conquête du Latium; si ce n'est que sa phrase est construite plus régulièrement. Il faut que ce passage ait été fort altéré; hémistiches transposés, mots changés, vers omis. En effet, comment les fripons seraient-ils encouragés par la force des verges, *virtute ulmorum?* Des éditeurs ont mis *humerorum* au lieu de *ulmorum*, et je traduis ce mot pour avoir un sens raisonnable dans la construction actuelle. Mais il n'est pas impossible que ces paroles aient été seulement dérangées par les copistes, et qu'elles aient été un attribut des bourreaux dans le texte original. Faut-il croire que cette proposition *qui advorsum stimulos*, etc., demeurait sans verbe? Assurément la phrase de Plaute aura été tronquée par un vice de manuscrit. Je ne tente point de la rétablir, parce que j'ai entrepris de traduire Plaute, et non pas de le refaire. Mieux vaut expliquer ce qui est susceptible d'explication. On remarque l'irrégularité de la construction totale : *quom nostris sycophantiis..... freti..... eæ nunc legiones..... potiti*. Cette forme du passif prenant la place de l'actif *vicimus legiones* est une sorte d'anacoluthe, dont on peut rendre raison par la longueur de la période, par la liberté du langage familier, et dont il ne serait pas difficile de produire des exemples. Si tous ces détails de supplices pouvaient réjouir l'imagination de mes lecteurs, comme celle des Romains, je leur en ferais de longues descriptions. Qu'il suffise de dire que les *stimuli* étaient des bâtons garnis par un bout d'un fer pointu, *laminæ*, des lames qu'on faisait rougir au feu pour les appliquer sur différentes parties du corps ; *nervi*, des liens d'abord en nerfs d'animaux, puis en bois et en fer ; *numellæ*, un instrument de torture en bois, dans lequel on prenait le cou et les pieds ; *boiæ*, des carcans en cuir (βοέιαι).

Pendens (v. 544). *Voyez* p. 363, la note du vers 124.

Negotiosus interdius (v. 579). Voilà du grec tout pur :

Οὐ χρὴ παννύχιον, etc.
Iliad., ά, 24.

Videlicet Solonem, forme antique. Le mot composé régit le même cas que son premier élément. *Videre licet*, c'est-à-dire *ecce*.

Gerræ (v. 580). Des commentateurs veulent prendre ce mot comme synonyme de *congerones*, et, au lieu de couper ici la phrase, ils font de *gerræ* le sujet du verbe suivant. J'ai adopté le sens autorisé par plusieurs exemples de Plaute lui-même. *Voyez* ce que le grammairien Festus rapporte sur l'étymologie de cette exclamation.

Ab ista non pedem discedat, etc. (v. 584). Cette pensée est mise en action dans une charmante scène du deuxième acte de *Tartufe*. Il y a quelque chose de pareil au commencement de l'*Eunuque* de Térence, qui avait imité Ménandre. Horace et Perse, dans leurs satires, se moquent aussi des amoureux qui menacent et qu'on subjugue. Pauvre cœur humain, tu seras toujours le même, malgré les livres des philosophes !

Ego te! quam si, etc. (v. 589). *Voyez* CORNEILLE, tragédie de *Cinna*, act. v, sc. 3 ; J.-B. ROUSSEAU, liv. III, ode I, str. 17.

Utinam sic ecferamur (v. 595). A ceux qui ne soupçonnent pas que Plaute soit susceptible de grâce et de sensibilité, je dirai : lisez ce dialogue, et les vers *etiam opilio*, etc., p. 288.

Patronus qui vobis, etc. (v. 601). Manière délicate de leur annoncer qu'il avait l'intention de les affranchir, en devenant leur patron au lieu de leur maître.

Vitellum (v. 647). On me pardonnera, j'espère, les légères inexactitudes de ma traduction dans ce passage. Mon petit chat ne ressemble pas du tout à *vitellus*. Mais le moyen de dire « mon petit veau », entre autres douceurs et propos d'amour! Cela n'était pas ridicule en latin, pas plus que ces deux petits veaux, que Polyphème donne en présent amoureux à sa Galathée, et dont le galant Fontenelle s'est tant moqué dans sa poétique sur la pastorale. Les mœurs agricoles des anciens leur faisaient admettre des idées et des locutions différentes des nôtres. La même raison de l'influence des coutumes domestiques sur le langage rendait le mot *anaticula* (p. 312) fort gracieux chez les anciens, qui donnaient comme jouets à leurs enfans, toutes sortes d'oiseaux, perdrix, oies, canards. Une charmante statue antique de marbre représente un enfant jouant avec une oie (Voyez *Museo Pio-Clement.*, t. I, tab. 36).

Prehende auriculis (v. 648). Il ne faut pas croire que Léonidas, pour faire le mauvais plaisant, demande une caresse bouffonne. Toutes ces gentillesses sont d'elles-mêmes assez comiques dans la bouche d'un tel maraud. Il ne veut ici que ce qu'il y a de plus fin et de plus tendre dans les démonstrations d'amour. Une jolie bergère de Théocrite (v, 152) prend ainsi son berger par le bout de l'une et l'autre oreille, pour le baiser: *Basium Florentinum*, dit le commentateur.

Ni genua confricantur..... fricentur (v. 651). Molière a imité cette scène de Plaute, dans les *Fourberies de Scapin* (act. II, sc. 5). Mais il est supérieur à son modèle, et par la péripétie des situations et par les développemens du dialogue. Il a senti aussi que le comique s'arrêtait à ce point, et qu'au delà venait le burlesque effronté.

Sis herum..... sospitari (v. 664). *Sis* pour *si vis*, comme *sodes* pour *si audes*, est une forme d'invitation et de prière.

Verum decorum (v. 682). C'est la même chose que *vere decorum*. Plaute se sert très-souvent de l'adjectif neutre comme un adverbe avec un autre adjectif. Ainsi dans les Bacchis *insanum magnum*, dans Curculion *totum insanum* pour *omnino insanum*.

Inscende (v. 683).

> Dans le sac ridicule où Scapin s'enveloppe,
> Je ne reconnais plus l'auteur du Misanthrope.

Qu'aurait dit Boileau de cette cavalcade? la scène est curieuse, du moins sous le rapport de l'histoire. D'après ce qu'on tolérait sur le théâtre, on peut juger de ce qu'étaient les bienséances de la société.

Hæc (v. 721). Ce mot, qui détermine le sens de toute la phrase, est un de ceux que l'acteur faisait comprendre au public par son geste. En le disant, montrait-il la bourse? montrait-il Philénie? J'ai adopté la première conjecture. La seconde est soutenue avec esprit par des savans : il faudrait que Plaute vînt lui-même résoudre la difficulté.

Benedicite (v. 724). Les paroles fâcheuses, de mauvais augure, étaient redoutées des anciens. S'il en échappait à quelqu'un dans la conversation, ils le priaient de donner à son discours un tour plus heureux : *bona verba, quæso, benedicite;* εὐφημεῖτε. Telle était cette superstition, qu'un grave historien ne croit pas prêter à Scipion une sottise, lorsqu'il le fait demander à des séditieux comment ils ont pu choisir un chef d'un nom funeste *abominandi nominis ducem*. Cet homme s'appelait Atrius.

Amate (v. 724). Il nous semble que Liban fait une recommandation très-superflue aux deux amans si épris l'un de l'autre. Les Romains l'entendaient autrement. Liban n'est pas homme à prêcher l'amour parfait; mais il veut qu'on fasse joyeuse vie. Voilà ce qu'il souhaite et ce qu'il conseille à son jeune maître. Pour les anciens, aimer c'était se livrer à la débauche. *Amare, potare,* sont toujours accolés ensemble dans les discours des amoureux. De là le fameux proverbe : *Sine Cerere et Baccho friget Venus.* L'historien Dion Cassius donne une idée exacte de la manière d'aimer des anciens, dans cette phrase d'un récit de la vie de Néron (LXI, 4) : Καὶ κώμυς ἐκώμαζε καὶ ἐμέθυε καὶ ἤρα, « il faisait des festins, il s'enivrait, il aimait. »

Syngraphum (v. 725). On ne s'attendait guère à trouver un contrat en cette affaire; et un contrat bien stipulé, en bonne forme, et qui pouvait devenir même l'occasion d'un procès. *L* travers l'exagération des fantaisies comiques, on découvre ici la vérité. Nous l'avons déjà dit (*Voyez* la Préface, page iij), une très-grande partie de la vie, celle que nous donnons, nous autres modernes, à l'agrément de la société, les anciens la passaient chez les courtisanes. Ils ne connaissaient pas d'autre délassement de leurs travaux. Aussi ne doit-on pas s'étonner d'entendre un personnage de Plaute, au commencement du *Truculentus*, dire aux spectateurs : « Il y a autant de courtisanes en cette ville qu'il y a de mouches en été...... Lorsque l'ennemi est vaincu, et que la république est en paix, ceux qui ne manquent pas d'argent, n'ont rien de mieux à faire que de boire et d'aimer. » Et dieu sait ce que les anciens entendaient par le mot aimer (*Voyez* p. 386)! Le commerce avec les courtisanes devint une affaire de transaction sérieuse, comme tout autre contrat de location ; et je crois que la matière pouvait être souvent litigieuse. Cependant toutes les transactions d'amour n'étaient pas soumises à ces formalités. Elles variaient à l'infini, comme la fortune et le caprice des amans. Depuis l'esclave qui sacrifiait son pécule à une volupté furtive et rapide, jusqu'au patricien qui donnait la dépouille des provinces à sa maîtresse, chacun *aimait* selon ses moyens. Que de degrés aussi depuis la malheureuse complaisante à un quart d'as (*quadrantaria*), jusqu'à cette Flora, qui institua le peuple romain son héritier ; manière honnête de restituer en masse à la république ce que les citoyens romains lui avaient prodigué en détail !

Quod illa..... prædicet (v. 736). *Quod* est ici un adverbe, ότι (*sit*) *quod.....* au cas que. Cette forme se retrouve plusieurs fois en tête des articles, c'est comme l'*item* de nos contrats, que Crispin du *Légataire* répète à peu près de même en dictant le testament de M. Géronte.

Cerata tabula..... inutilis pictura (v. 742). Les anciens écrivaient sur des tablettes enduites de cire. On faisait aussi des tableaux avec cette matière. Le parasite ne veut pas de tablettes chez Philénie, il ne veut pas même de vieux tableaux, parce qu'on pourrait en gratter la peinture, pour les convertir en tablettes. *Inutilis* signifie ici passé, hors d'usage, qui ne peut plus servir à sa destination, comme toute image enfumée et noircie. Des commentateurs entendent par *inutilis* une peinture dangereuse pour les mœurs. Cela est trop subtil.

Sapiat (v. 752). *Sapere* signifie le sens moral et le sens physique, la sagesse et la dégustation. Le parasite bel-esprit ne néglige pas cette occasion de faire une pointe.

Te ne dicat (v. 759). Chacun en jetant les dés à son tour, invoquait l'objet aimé. On voit plus bas, p. 348, v. 882, un exemple de ces sortes d'invocation. Mais il paraît que le système des restrictions mentales était déjà connu. Les vœux qui semblaient faits pour le convive importun pouvaient s'adresser à un absent qu'on aimait.

Quom surgat (v. 755). Ce n'était pas toujours pour sortir de table qu'on se levait. La gaîté, la licence des festins excitaient des mouvemens brusques et désordonnés. On se levait aussi pour atteindre un mets éloigné. Le parasite prévoit tout en homme consommé.

Nutet, nictet, adnuat (v. 763). On est effrayé à la lecture des élégies de Tibulle et de Properce, et particulièrement de l'*Art d'aimer* d'Ovide, en songeant combien on avait imaginé de ruses pour tromper ces pauvres jaloux, il y a déjà plus de dix-huit cents ans. On est plus stupéfait encore, lorsque Plaute, Ennius, Névius même (*in Tarentilla*) nous apprennent que tout ce manège était pratiqué déjà chez les contemporains du vieux Caton, quand on se battait contre Annibal. Mais que dira-t-on, si on le trouve signalé dans les proverbes de Salomon, *annuit oculis, terit pede, digito loquitur* (c. 6)? A considérer cette antiquité de la coquetterie, on est tenté de croire que ce n'est pas un art, mais un instinct de nature.

Ad vinum adcedat (v. 778). Le parasite dit très-bien : « venir au vin, » pour « se mettre à table. » Ce langage est conforme aux mœurs des anciens. Chez eux leur repas est une réunion de buveurs συμπόσιον, *compotatio*. Dîner avec des amis, c'est boire, *potare*. La vertu du vieux Caton s'enivra plus d'une fois, *caluisse mero*. C'étaient des hommes admirables que les anciens, au forum ou sur un champ de bataille.

Pure habere (v. 785). Il y avait des fêtes solennelles, celles d'Isis et de Cérès entr'autres, pendant lesquelles on se purifiait, et toute caresse était interdite par la dévotion des belles à leurs amans. Cette séparation durait quelquefois dix jours. Il faut voir comme Properce (II, 28) et Ovide (*Amor.*, III, 10) maudissent ces fêtes, qui pouvaient servir de prétexte à la perfidie.

Nugæ...... mortualia (v. 787). Les choses les plus graves, lorsqu'elles dégénèrent en pratiques machinales et routinières, peuvent tomber dans le ridicule. Quoi de plus saint et de plus sacré, que les plaintes exhalées sur un cercueil? Quoi de plus misérable que les chants gagés de mercenaires indifférens, pour accompagner les morts à leur dernière demeure? Les chansons funèbres (*næniæ*, *mortualia*) étaient devenues chez les anciens le terme de comparaison de tout ce qui paraissait vain et insignifiant. Le parasite tire de là sa plaisanterie. Ces écrits ne sont pas des bagatelles, ce ne sont pas des chansons funèbres. En effet, cela regarde des gens qui ne pensent qu'à vivre, et à vivre joyeusement.

Sequere hac, etc. (v. 789). Les critiques ont pensé généralement qu'il y avait ici une lacune. En effet, à moins d'un entr'acte, la scène peut-elle rester vide? Je crois que Plaute n'avait pas ce scrupule, et que ses spectateurs auraient été fort embarrassés de dire ce que c'était qu'un entr'acte, attendu que la division des pièces en actes leur était inconnue. Que si vous demandiez comment on pouvait occuper l'intervalle entre la sortie et le retour des deux personnages, Pseudole m'aiderait à résoudre la question. «Je vais me retirer (dit-il dans la comédie de son nom); je veux assembler dans mon esprit mon conseil de malices. Pendant ce temps-là, spectateurs, le joueur de flûte vous amusera:» et il sort, puis revient quelque temps après.

Agedum decumbamus, etc. (v. 807). Pour se représenter l'effet de ce jeu de théâtre, il faut se souvenir que, chez les anciens, le mur ou la cloison de fond, la *scena*, s'avançait beaucoup sur le *proscenium* (devant de la scène), que ce mur était percé de trois portes d'une assez grande largeur, et qu'une de ces portes pouvait laisser voir, derrière, un intérieur plus ou moins profond.

Tristem credas nunc tibi (v. 820). *Tibi* est surabondant, πάρελκον, comme disent les annotateurs qui facilitent l'intelligence des phrases latines en parlant grec. Entre mille exemples de cette locution, je citerai un passage de Varron, parce qu'il est peut-être moins connu : *Noctu cultro coquinari se trajecit. Nondum enim mihi inventi erant cultelli.*

Ego censeo (v. 847). J'ai tâché de rendre l'équivoque plaisante du verbe *censeo*. Tout seul il indique approbation : « Je suis de cet avis. » Mais avec une proposition subordonnée, comme ici, il devient synonyme de *credo*. L'acteur devait s'arrêter un moment après l'avoir prononcé, pour donner lieu à l'amphibologie. Plaute a reproduit ce jeu de mots dans plusieurs dialogues.

A summo ab infimo (v. 868). Ici les convives sont au nombre de trois. Déménète est placé au milieu, Argyrippe à sa droite, Philénie à gauche. Le côté d'Argyrippe est le haut bout, Philénie est dans la partie inférieure. Il faut se souvenir que les convives étaient couchés sur des lits, et non pas assis ; de manière que la tête de Philénie était près de la poitrine du vieillard.

Venerium'st (v. 882). Point de festin sans un roi de la fête, point de roi désigné sans le sort des dés.

Regna vini sortiere talis.
HORAT.

On ne connaît pas très-exactement toutes les règles et toutes les circonstances de ce jeu ; on sait seulement qu'il se jouait d'ordinaire avec trois *tesseræ*, entièrement semblables à nos dés, et quatre *tali* ou osselets, auxquels le nom de dés est donné improprement dans nos versions modernes par un abus dont l'usage a fait une loi. Ces *tali* furent d'abord des osselets naturels ; l'art les imita ensuite avec plus ou moins de fidélité ; ils furent de bois dur, d'ivoire, même de verre, selon les caprices du luxe ; ils avaient quatre faces seulement, marquées de différens nombres de points, depuis 1 jusqu'à 4. Les *tesseræ* et les *tali*, quelquefois les *tali* sans les *tesseræ*, s'enfermaient dans un cornet, *orca, fritillus*, différent de ceux dont se servent à présent les joueurs de trictrac, en ce que la base était plus large que le sommet. Les diverses combinaisons ou coups de dés, *jactus*, avaient chacune son nom. La plus malheureuse s'appelait, au temps de Plaute, *les vautours*, chez les auteurs d'âge postérieur, *les chiens* : c'était lorsqu'il venait à tomber trois unités. S'il se présentait une variété de faces propre à composer la série naturelle des nombres, on était vainqueur, on avait amené le coup de Vénus ou le coup royal, *jactus venerius, basilicus ;* trois six (*senio*) étaient heureux aussi, quand on jouait avec les *tesseræ*, mais moins que Vénus.

Durare (v. 884). Les anciens ne portaient que des tissus de laine; leurs blanchisseurs étaient les foulons, espèce de teinturiers-dégraisseurs. Lorsqu'on n'avait qu'un seul habit, comme Épaminondas, il fallait rester nu chez soi, comme lui, si on l'envoyait au foulon. Il est souvent question des gens de ce métier dans les comédies de Plaute et des autres poètes latins. Névius avait même fait plusieurs pièces dont ils étaient les héros, *Fullonica, Fullones feriati.* Quand les vêtemens étaient blanchis, ils les mettaient en presse (*interpolabant*). A défaut de mécanique, ils trépignaient sur l'appareil pour opérer la pression; l'étoffe condensée devenait plus raide et plus dure; cela s'appelait *vestem durare.* Mais le même verbe *durare*, dans une acception plus ordinaire, signifiait *endurer, souffrir* (Voyez *Amphitryon*, v. 728) : et voilà le sujet de ce beau calembourg du parasite.

Ego, pol, vivam, etc. (v. 886). Molière, qui jugeait de bonne prise toutes les idées heureuses qu'il pouvait s'approprier, a imité cette scène dans le *Bourgeois gentilhomme.* Madame Jourdain la revêche a toute l'énergie d'Artémone; M. Jourdain est plus risible et moins avili que Déménète. Quant à la marquise Dorimène et à M. le comte, ce ne sont pas les livres qui en ont fourni les modèles au contemplateur. Mais à qui des deux auteurs adjuger ici la palme, pour l'effet comique de la scène et pour la vivacité de la situation?

Da savium, etc. (v. 918). Si l'on ne savait à quel point l'auteur négligeait ce qu'il pouvait y avoir de touchant dans les caractères ou les aventures de ses personnages pour s'attacher à leurs ridicules, combien il sacrifiait ce qu'on appelle intérêt à la satire comique, on pourrait en juger par les dernières paroles qu'il prête à Philénie et à son amant. Ce n'est plus le sensible et malheureux Argyrippe; ce n'est plus la tendre Philénie : on voit à présent le fils perverti, la courtisane déhontée, et toutefois ce changement n'est pas une contradiction. Tout à l'heure, quand nous étions tentés de sympathiser avec eux, leur passion parlait. En ce moment, ils parlent selon leurs mœurs. Et nous rions d'eux en les quittant; ils ne sont pas dangereux.

GREX. Ce n'était pas la troupe qui prononçait toute ensemble l'épilogue; c'était le chef, soit qu'il en fût le possesseur, soit qu'il fût seulement le premier acteur, *protagonista*, *actor primarum partium*. Plaute l'appelle *choragus*, dans le *Curculion*. Lorsqu'il venait dire ici que Déménète n'avait fait que ce qu'on voyait faire à tant d'autres, on cherchait ces autres ailleurs que sur la scène, et sans doute beaucoup de graves hypocrites étaient embarrassés des regards tournés sur eux malignement. Qui sait si l'on ne les poursuivait pas, à la sortie, du surnom de Déménètes? L'invitation ironique à suivre l'exemple du triste mari d'Artémone ne devait pas faire plus de mal que l'épilogue des Bacchis et la confusion des vieillards libertins à la fin du *Mercator* et de la *Casine*. Décidément Plaute est un poète moraliste.

FIN DU TOME PREMIER.

www.ingramcontent.com/pod-product-compliance
Lightning Source LLC
Chambersburg PA
CBHW051833230426
43671CB00008B/942